Christiane von Boehn

Neukirchener Bibel • DIE EVANGELIEN

Christiane von Boehn

Neukirchener Bibel

DIE EVANGELIEN

Übersetzt und erklärt

neukirchener

Einleitung

Die vier „Evangelien“ lassen bis heute die Ausstrahlung erahnen, die von der Person des Jesus von Nazareth ausgegangen sein muss. Er hat Menschen tief beeindruckt und beglückt, herausgefordert und verstört. Er hat sie mitgenommen in das Hoffnungsprojekt vom „Gottesreich“. Wenn sie mit ihm zusammen waren, konnten sie glauben, dass diese Hoffnung allen Grund hat. Seine Anhänger und Freundinnen spürten, dass sich in ihm Gott selbst zu Wort meldet und durch ihn handelt. Deshalb sind die Evangelien nicht ohne diesen Glauben an Jesus als den Messias, den Christus, zu haben. Sie lassen das Staunen darüber spüren, was dieser Mensch in Bewegung gebracht hat – zwischen den Menschen und Gott und den Menschen untereinander.

Dabei rankte sich dieser Glaube nicht naiv um einen Wundertäter. Bei den Augenzeuginnen und Jüngern musste er durch eine tiefe Krise, als Jesus gekreuzigt wurde. Aber dann erfuhren sie Gottes Eingreifen auf eine nie dagewesene Weise: Jesus begegnet als der Lebendige, Jesus lebt! Das ist die Erfahrung, die der Entstehung der Evangelien zugrunde liegt. Deshalb wurde die Erinnerung an Jesus aufbewahrt und dann aufgeschrieben, als die ersten Augenzeugen starben. Wer Jesus war, erschließt sich in der Gesamtheit des von ihm überlieferten Wirkens und seiner Wirkungsgeschichte. Aber Jesus von Nazareth und der Christus des Glaubens sind historisch eng miteinander verbunden.

Die Jesus-Christus-Geschichte wird in die Welt gesetzt, um die ganze Schöpfung zu Gottes Ziel zu bringen und uns bis heute in die Anliegen des Gottesreichs zu verwickeln. Es ist die Bewegung einer besonderen Welt mitten in der Welt, die sich ausbreitet: Gottesfrieden, Seelenfrieden – eine Würde, die umfassend Friedensarbeit möglich macht und letzten Endes nicht vergeblich sein wird. Sie verwandelt die Menschen von innen und die Welt ganz in Gottes Welt. Diese Gotteskraft ist nicht mehr aus der Welt zu schaffen. Die Evangelien legen auf vier verschiedene Weisen durch die Wortkraft von vier Autoren ihren Sprengsatz.

Das Matthäusevangelium ist die Tür zum Neuen „Testament“ in unserer Anordnung der Bibel. Es macht von Anfang an deutlich, dass es ein Neues Testament ohne ein Altes Testament, ein Erstes Testament, nicht geben kann. Aber in dem Messias Jesus greift die Gottesgeschichte mit Israel nach allen Menschen. Matthäus stellt Jesus als Lehrer, als jüdischen Rabbi, in den Mittelpunkt. **„Matthäus und die würdevollen Werke"** legt eine Textauswahl aus dem Matthäusevangelium vor, die Schwerpunkte bei der Auslegung der „Bergpredigt", der Zusammenstellung der weltbewegenden Lehre Jesu und der „Gleichnisse" setzt. Die hier entwickelte Methodik bildet die Grundlage für die Auslegung aller Gleichnisse in den Evangelien.

Bei **„Markus und der berührende Messias"** liegt der Schwerpunkt auf dem Wirken Jesu, seinen Macht-Taten, mit denen er die Menschen meist handgreiflich berührt und die Gottesnähe greifbar macht. Aber erst sein ganzer Weg macht durchsichtig, wer er wirklich als Messias Gottes ist. Deshalb gibt Markus dem Ende des Weges Jesu das entscheidende Gewicht, der Passion und ihren Vorankündigungen, in der sich seine Geschichte bewahrheiten muss. Dieses Evangelium ist die wahrscheinlich erste zusammenhängende Veröffentlichung der Geschichte Jesu von Nazareth.

„Lukas und das Grenzen sprengende Gottesreich" zeigt, wie Menschen reich an Gott werden. Lukas begeistert für diese Geschichte „von Anfang an". Um dieses Ganze zu verstehen, gibt es hier viele grundsätzliche Einblicke in Themen des Glaubens. Lukas zeichnet als Erster die Jesusgeschichte in die Weltgeschichte ein. Das Kommen Jesu leuchtet ein als die Mitte der Zeit. Geist und Gottesreich sprengen von da aus heilsam Grenzen von Krankheit und Geiz, sozialen, moralischen und geistlichen Festlegungen – und machen auch vor dem Tod nicht Halt.

Johannes bietet einen eigenen, vertiefenden Zugang zur Jesus-Christus-Geschichte. Er konzentriert sich auf das Sein Jesu. Er ist das Wort Gottes in Person! „Johannes und das göttliche Wort" bietet demgemäß als Schwerpunkte Überlegungen zum „Wort Gottes" und Auslegungen der „Ich-bin-Worte". Dieses Evangelium ist am stärksten von den Grundfragen nach unserer Existenz geprägt – Fragen, die die Philosophie stellt. Dabei behält es trotzdem einen starken alttestamentlichen Bezug. Es stellt eine einzigartige Verbindung her zwischen Jesus Christus als Tiefe der Zeit und unserem Dasein in Zeit und „Ewigkeit". Es ist das Evangelium der Begegnungen, die Menschen ins wahre Leben rufen – denn es gibt ein Leben vor dem Tod. So öffnet es am Ende der Evangelien in besonderer Weise für Sehnsüchtige die Tür zur Gegenwart.

Lesehinweise

- Jesusworte und -geschichten, die mehrfach vorkommen, werden in diesem Buch oft nur an einer Stelle aufgeführt und besprochen. Bei Matthäus wird eine Textauswahl getroffen, die seinem Profil entspricht. Fehlende Passagen werden bei Markus oder Lukas aufgenommen. Dort weisen farbig gedruckte Randbemerkungen jeweils den Weg zu der entsprechenden Stelle, an der die Texte behandelt werden. So ist der Ablauf beider Evangelien durch dieses „Querlesen“ möglich und nachvollziehbar. Das Johannesevangelium hingegen enthält viele Worte von und Texte über Jesus, die in den anderen Evangelien nicht vorkommen, zum Beispiel die Ich-bin-Worte, die in diesem Buch ausgelegt werden. Wegen dieses besonderen Charakters wird es daher fast vollständig erklärt.
- Der Text der Evangelien ist in Griechisch geschrieben. Manchmal kann man noch die hebräische Denk- und Schreibweise dahinter wahrnehmen bzw. das Aramäische, den hebräischen Dialekt zur Zeit Jesu. Die Texte in diesem Buch sind so nah wie möglich am griechischen Text übersetzt. Für unsere Ohren Holpriges ist so wenig wie möglich geglättet. Gleichzeitig wird versucht, so heutig wie möglich zu übersetzen.
- ( ) Worte, die nicht im Urtext stehen, aber dem Verständnis dienen oder sich als Übersetzungsmöglichkeit nahelegen, sind in Klammern dem Text hinzugefügt.
- (wörtl.:) bietet eine noch genauere Übersetzung aus dem Griechischen.
- (griech.:) Manchmal ist es interessant und wichtig, das griechische Wort im Text zu kennen.
- (auch:) gibt eine andere mögliche Übersetzungsvariante an.
- (gemeint ist:) hilft, den Sinn besser zu verstehen.
- Randbemerkungen und Klammern im Erklärungstext
- Schwarze Randbemerkungen markieren ein Stichwort oder Thema, das (auch) an anderen Stellen besprochen wird. Der Pfeil zeigt an, wo nachgeschlagen werden kann, um thematische Linien zu verfolgen.
- Farbige Randbemerkungen (besonders im Lukasevangelium) ergänzen die Stellen, die im Text ausgelassen wurden. Der Pfeil führt dorthin, wo sie besprochen werden. Er bedeutet: „Siehe bei …“

- (Pfeil mit Bibelstelle) im Erklärungstext zeigt einen „Querverweis" an: „Siehe …". Dort kann (muss nicht) vergleichend, ergänzend, bestätigend nachgelesen werden.
- (Bibelstelle) im Erklärungstext ist eine Stelle aus dem AT oder NT, die einen Nachweis oder „Beleg" für Zitate und dargestellte Inhalte angibt. Sie kann in diesem Buch meist nicht nachgeschlagen werden.
- Wo DER Gott der Bibel HERR genannt wird, ist das in Großbuchstaben wiedergegeben. Auch wenn es stört, sind meistens dazugehörende Artikel und Pronomen großgeschrieben. Das soll zum einen die Ehrfurcht vor DIESEM Gott ausdrücken. Es soll aber auch bewusst machen, dass es hier nicht „automatisch" um männliche Sprachformen geht, sondern in Bezug auf Gott weder männlich noch weiblich gedacht werden soll. Gott als DER Schöpfer ist das Ganze. Wir in unserer begrenzten Geschöpflichkeit geben nur alle zusammen, jeweils in unserer Geschlechtlichkeit, ein ganzes Gegenüber zu Gott ab. Auf die letzte Konsequenz, männliche und weibliche Formen in Bezug auf Gott zu wechseln, wurde jedoch verzichtet.

Abkürzungen für biblische Bücher

Gen ______ Genesis, 1. Buch Mose
Ex ______ Exodus, 2. Buch Mose
Lev ______ Leviticus, 3. Buch Mose
Num ______ Numeri, 4. Buch Mose
Dtn ______ Deuteronomium, 5. Buch Mose
Jos ______ Josua
Ri ______ Das Buch der Richter
1. Sam ______ Das erste Buch Samuel
2. Sam ______ Das zweite Buch Samuel
1. Kö ______ Das erste Buch der Könige
2. Kö ______ Das zweite Buch der Könige
1. Chr ______ Das erste Buch der Chronik
2. Chr ______ Das zweite Buch der Chronik
Neh ______ Das Buch Nehemia
Hi ______ Das Buch Hiob

Ps ________ Die Psalmen
Spr ________ Die Sprüche Salomos
Jes ________ Der Prophet Jesaja
Jer ________ Der Prophet Jeremia
Hes ________ Der Prophet Hesekiel (Ezechiel)
Dan ________ Der Prophet Daniel
Hos ________ Der Prophet Hosea
Am ________ Der Prophet Amos
Mi ________ Der Prophet Micha
Sach ________ Der Prophet Sacharja
Mal ________ Der Prophet Maleachi
Mt ________ Das Evangelium nach Matthäus
Mk ________ Das Evangelium nach Markus
Lk ________ Das Evangelium nach Lukas
Joh ________ Das Evangelium nach Johannes
Apg ________ Apostelgeschichte
Röm ________ Der Brief an die Römer
1. Kor ________ Der erste Brief an die Korinther
2. Kor ________ Der zweite Brief an die Korinther
Gal ________ Der Brief an die Galater
Eph ________ Der Brief an die Epheser
Phil ________ Der Brief an die Philipper
Kol ________ Der Brief an die Kolosser
1. Thess ________ Der erste Brief an die Thessalonicher
2. Thess ________ Der zweite Brief an die Thessalonicher
1. Tim ________ Der erste Brief an Timotheus
2. Tim ________ Der zweite Brief an Timotheus
1. Petr ________ Der erste Brief des Petrus
2. Petr ________ Der zweite Brief des Petrus
1. Joh ________ Der erste Brief des Johannes
2. Joh ________ Der zweite Brief des Johannes
Hebr ________ Der Brief an die Hebräer
Offb ________ Die Offenbarung des Johannes

Für die Gesamtheit werden verwendet

atl. ________ alttestamentlich
ntl. ________ neutestamentlich

Matthäus und die würdevollen Werke

Die Wurzeln des Messias in der Gottesgeschichte Mt 1–4 ____ 15

Jesu menschliche Herkunft und göttliche Identität Mt 1 ____ 15

Bewahrung, Berufung und Bewährung des Messias Jesus Mt 2–4 ____ 20

Jesus wirkt in der Öffentlichkeit und weckt Fragen und Glauben Mt 4–16 ____ 31

Die Würde der Welt Gottes – Die Bergpredigt Mt 5–7 ____ 34

Was ist das für einer, dieser Jesus? Mt 8–12 ____ 63

Die Werbung für die Welt Gottes – Die Sendungsrede Mt 10 ____ 68

Die Wirkkraft der Welt Gottes – Die Gleichnisrede Mt 13 ____ 80

Drei Glaubensgeschichten Mt 14–16 ____ 93

Jesu Weg führt in die Auseinandersetzung und stellt Menschen vor lebenswichtige Entscheidungen Mt 16–28 103

Versuchung und Verantwortung Mt 16–17 103

Das Wesen der Gemeinschaft in der Welt Gottes – Die Gemeinderede Mt 18 105

Gleichnisse von Güte und Gewalt, Himmel und Hölle und andere Reden in Jerusalem Mt 20–23 112

Das Warten auf die Weltenwende – Die Endzeitrede Mt 24 und 25 123

Die Welt Gottes siegt verborgen vor der Welt – Die Macht des Messias gilt aller Welt Mt 28 132

Wer ist Jesus von Nazareth? Das Wunder der Bibel ist, dass sie sich eine vierstimmige Antwort leistet. Die Wahrheit seiner Person kann nicht in einer einzigen Perspektive erfasst werden. Jedes Evangelium (↗ Mk 1) hat eine eigene Stimme. Das Matthäusevangelium war zeitlich wohl nicht das erste Evangelium, aber es macht den Auftakt. In seiner Ouvertüre ist auch für ungeübte Ohren nicht zu überhören, dass die Geschichte Jesu nur aus der Geschichte Gottes mit SEINEM Volk Israel gehört werden kann. Es sind SEINE Menschen, an denen ER beispielhaft zeigt, wer ER ist. Die Autoren der Evangelien sind überzeugt: In der ganzen Geschichte Jesu, in seinen Worten und Taten, macht Gott sich nun wieder vernehmbar. ER nimmt darin SEIN ganzes Ringen und Werben um SEINE Menschen wieder auf, das den „cantus firmus“, die tragende Stimme des Ersten Testaments, des hebräischen, sogenannten **„Alten Testaments“** (AT) bildet.

Autoren
↗ **Mt 9,9–13; Mk 1, Einleitung; Lk 1,1–4; Joh 2,24–25**

Testament bedeutet hier „Bund“. Gott verbündet sich mit den Menschen. Alle Initiative geht immer wieder von IHM aus. Es ist eine leidvolle Geschichte von Bundesschlüssen Gottes und Bundesbrüchen von Seiten der Menschen. Immer wieder macht Gott einen Neuanfang. Immer wieder greift ER rettend in die Geschichte SEINER Menschen ein. Beispielhaft an der Geschichte dieses „kleinsten unter den Völkern“ (Dtn 7,7) zeigt Gott, wie wirklich ER ist und wie ER wirklich ist. Die Wortkombination **Neues Testament** (NT) stammt von Jesus selbst. Er benutzt sie bei seinem Abschiedsessen für einen neuen Freundschaftsbund durch seine Lebenshingabe (↗ Lk 22,20). Das NT als Sammlung von 27 Schriften, davon vier Evangelien am Anfang, bezeugt nun: Ein neuer Abschnitt der Gottesgeschichte beginnt. Etwas ganz Neues geschieht von Gott her. Etwas nie Dagewesenes. Und doch ist es organisch verknüpft mit der Geschichte der Väter und Mütter des Glaubens.

Jes 11,1f Und es wird ein Reis (auch: Spross) hervorgehen aus dem Stamm Isais und ein Zweig aus seiner Wurzel Frucht bringen. Auf ihm wird ruhen der Geist des HERRN, der Geist der Weisheit und des Verstandes, der Geist des Rates und der Stärke, der Geist der Erkenntnis und der Furcht des HERRN.

Diese Verheißung – das biblische Wort für ein Versprechen, das kein Versprecher ist – die Gott SEINEN Menschen durch den Propheten Jesaja geschenkt hat, wurde schon lange vor dem Auftreten Jesu „messianisch“ gedeutet, wie viele andere Stellen des AT. Sie wurde mit der Hoffnung auf einen kommenden **Messias** verbunden, einen in beson-

Messias
↗ **Mt 16,13–20**

derer Weise von Gott „gesalbten“, also beauftragten und bevollmächtigten Menschen. In Jesus wächst nun endlich der neue Spross aus der alten Wurzel auf. Ein altes Weihnachtslied nimmt das auf: „Es ist ein Ros’ entsprungen aus einer Wurzel zart …“

Die Worte der Propheten des AT galten einer bestimmten politischen Situation. Aber sie gingen nicht darin auf. Es gab ein Mehr an Deutungsmöglichkeit, das Hoffnung nach vorne ermöglichte. In dunkler Geschichte öffnen sie einen Türspalt zur Zukunft Gottes. Ein Lichtstrahl der Hoffnung daraus war: Gott würde einen Retter schicken. Gott würde sich offenbaren durch SEINEN Messias. Nun öffnet sich die Tür in dieses „Neue Testament“ mit dem Matthäusevangelium, das zeigt: Jesus ist der, der sehnlichst erwartet wird. Er ist der erwartete Retter, der Messias. Er ist das Eingreifen Gottes in Person. Das, was sich in einem Winkel der Welt abgespielt hat, hat weltweite Bedeutung.

Matthäus stellt die Worte Jesu zu fünf Redeblöcken zusammen, auf die sich die Übersetzung und Erklärung des Matthäusevangeliums hier konzentriert. Wie Mose der Lehrer Israels war, nach dem die „fünf Bücher Mose“ benannt sind, ist Jesus der neue Lehrer des neuen „Volkes Gottes“ – der Menschen des Messias. Seine Leidensgeschichte und ihre Bedeutung für seine Art, der Messias Gottes zu sein, sind bei Mk 14–15, Lk 22–23 und Joh 18–19 nachzulesen.

Die Wurzeln des Messias in der Gottesgeschichte Mt 1–4

Jesu menschliche Herkunft und göttliche Identität Mt 1

Jesu menschliche Herkunft – die Urkunde seines Ursprungs in der Gottesgeschichte mit Israel Mt 1,1–17

1 Dies ist das Buch der Geschichte Jesu Christi (hebr.: Messias), des Sohnes Davids, des Sohnes Abrahams …

Das Buch der Geschichte oder auch das „Buch des Werdens“ des Messias Jesus (↗ Mk 1,1; Mt 16,13–20) öffnet sich. Es beginnt bei Matthäus mit der Urkunde des Ursprungs – einem Stammbaum. Die Wurzeln seines Wesens und Werdens reichen zurück in die Anfänge der messianischen Erwartung des AT.

2. Sam. 7,12ff … Wenn deine (Davids) Tage erfüllt sind, …will ich einen Nachkommen von dir einsetzen und seine Herrschaft festigen … Ich will den Thron seines Königreichs für immer befestigen. Ich will sein Vater sein und er wird mein Sohn sein ... dein Haus und dein Königreich sollen ewig beständig sein …

Deshalb nennt ihn Matthäus „Sohn Davids“. Jesus selbst hat sich mit diesem Titel kritisch auseinandergesetzt (↗ Mk 12,35–37). Aber Matthäus ist es wichtig, seine Verwurzelung in der Hoffnungsgeschichte Israels zu zeigen. Diese Wurzeln reichen schon von Anfang an in den weiten Raum der Glaubensgeschichte aller Menschen, die Gott eröffnet. Deshalb wird hier Jesus – und nur hier im ganzen NT – als „Sohn Abrahams“ bezeichnet.

Gen 12, 3 Gott verheißt Abram: „…und durch dich sollen gesegnet werden alle Geschlechter (alle Menschen) auf Erden.“

Von Anfang an hat die Rettungsgeschichte Gottes, die mit Jesus neu und endgültig eröffnet wird, eine universale Perspektive. Sie gilt zuerst dem wartenden Israel und dann auch „allen Völkern“ (↗ Mt 28,19). Sie hat ihre Wurzeln tief eingesenkt in die heilvolle Gottesgeschichte und wird wachsen und sich ausbreiten „bis an der Welt Ende“ (Mt 28,20). Sie will also auch uns einholen und hineinholen. Sie will unsere Perspektive entgrenzen in den Raum und die Zeit Gottes hinein.

2 Abraham zeugte Isaak, Isaak zeugte Jakob, Jakob zeugte Juda und
seine Brüder, 3 Juda zeugte Perez und Serach mit der **Tamar,** Perez zeug-
te Hezron, Hezron zeugte Ram, 4 Ram zeugte Amminadab, Amminadab
zeugte Nachschon, Nachschon zeugte Salmon, 5 Salmon zeugte Boas
mit der **Rahab,** Boas zeugte Obed mit der **Ruth**, Obed zeugte Isai, 6 Isai
zeugte den König David. David zeugte Salomo mit der **Frau des Uria**.
7 Salomo zeugte Rehabeam, Rehabeam zeugte Abija, Abija zeugte Asa, 8
Asa zeugte Joschafat, Joschafat zeugte Joram, Joram zeugte Usija, 9 Usija
zeugte Jotam, Jotam zeugte Ahas, Ahas zeugte Hiskia, 10 Hiskia zeugte
Manasse, Manasse zeugte Amon, Amon zeugte Josia, 11 Josia zeugte Jo-
jachin und seine Brüder zur Zeit der Deportation nach Babylon.

12 Nach dem babylonischen Exil zeugte Jojachin Schealtiël, Schealtiël
zeugte Serubbabel, 13 Serubbabel zeugte Abihud, Abihud zeugte Elja-
kim, Eljakim zeugte Asor, 14 Asor zeugte Zadok, Zadok zeugte Achim,
Achim zeugte Eliud, 15 Eliud zeugte Eleasar, Eleasar zeugte Mattan, Mat-
tan zeugte Jakob, 16 Jakob zeugte Josef, den Mann der **Maria**, von der
geboren ist Jesus, der da heißt Christus (hebr.: Messias).

17 So sind es nun insgesamt von Abraham bis zu David vierzehn Generationen, von David bis zum babylonischen Exil vierzehn Generationen, vom babylonischen Exil bis zu Christus vierzehn Generationen.

Stammbäume sind wichtig. Wer seine geschichtlichen Wurzeln kennt, kann die eigene Geschichte besser verstehen und einordnen. Längst wissen wir um das „Leibgedächtnis“. Erinnerungen gehen nicht spurlos an uns vorüber, sondern sitzen uns „in den Knochen“ – sogar Erinnerungen unserer Eltern und Großeltern. Was als trockene Abfolge von endlosen Namen erscheinen könnte, vertieft in Wirklichkeit Verstehen. Der Stammbaum Jesu nach Matthäus ist kunstvoll in eine Übersicht gebracht und auf drei Mal vierzehn Glieder reduziert. Vielleicht, weil die Zahl zweiundvierzig aus drei Mal sieben Mal zwei eine zutiefst symbolische Bedeutung hat. Drei ist die heilige Zahl Gottes.

Sieben ist die vollkommene Zahl, die aus der Zahl Gottes und der Zahl des Menschen (vier) besteht. Die Zwei weist auf die „Juden und Heiden" hin, die das Matthäusevangelium immer zusammen im Blick hat. „Die Heiden" sind „alle Völker" (s.o.) außer Israel, also auch wir. Die Zahlensymbolik war in der Entstehungszeit der Evangelien eine Sprache, die die Menschen verstanden.

Bei aller Reduktion wird die Erinnerungskette lückenlos und im Einklang mit den Genealogien des AT (z.B. Gen 5; Ruth 4; 1.Chr 1–8) bis auf Abraham zurückgeführt. Auch das AT übergeht dabei Frauen nicht immer. Mitten in einer patriarchalischen Zeit wird im AT die Geschichte der Frauen gewürdigt. Es verschweigt nicht, wo diese Würde verletzt und ihre Rechte missachtet werden. Diese Würdigung findet sich auch im Stammbaum Jesu wieder. In Mt 1,3.5.6 werden vier Namen von Frauen genannt. Tamar (Gen 38), Rahab (Jos 2), Ruth (Ruth), „Urias Frau"– nicht Davids Frau! – Bathseba (2. Sam 11). Alle vier Frauen waren „Ausländerinnen" aus der Sicht Israels. Tamar und Rahab waren Kanaanäerinnen, Ruth war Moabitin, Bathseba galt als Ehefrau Urias als Hethiterin. Der hebräische Messias hat keinen „reinrassigen" Stammbaum! Von Abraham und Sarah an enthält die Herkunft Jesu Wurzeln in die „heidnischen" Völker hinein. Von Anfang an ist die Hoffnung für die ganze Welt keimhaft in seiner Herkunft angelegt.

Auch das Thema „Gerechtigkeit", das für das Matthäusevangelium ein zentrales Motiv bildet (↗ Mt 5,6), wird in den Geschichten der Frauen durchlebt und durchlitten. Tamar verkleidet sich als Prostituierte, um das ihr zustehende Recht auf einen Nachkommen zu erkämpfen. Sie setzt dafür ihr Leben aufs Spiel, und Juda muss schließlich sagen: „Sie ist gerechter als ich." Rahab ist gewerbsmäßig Hure. Das hält die Bibel nicht davon ab, diese Gottsucherin, die etwas von dem Gotteswunder spürt, das Israel erlebt hat, für gerecht genug zu halten, um in die Geschichte Israels und damit die Geschichte des Messias aufgenommen zu werden. Auch Ruth, deren mutiger und bewegender Geschichte ein eigenes Bucht im AT gewidmet ist, bekommt am Ende das Recht auf einen Nachkommen. David, der seine Macht als König missbraucht, sich Bathseba einfach nimmt und ihren Mann in den Tod schickt, wird durch den Propheten Nathan von Gott zur Rechenschaft gezogen. Später wird Bathseba um das Recht der Königsnachfolge ihres zweiten Sohnes Salomo kämpfen. Der Messias kommt in eine Geschichte von Menschen, die einander Unrecht tun und aneinander schuldig werden. Die Sehnsucht nach Gerechtigkeit ist ihm ins Stammbuch geschrieben.

Sie wird sein Lebensthema werden. Um moralische Selbstgerechtigkeit wird es dabei offensichtlich nicht gehen.

Mit der Nennung der fünften Frau, Maria, geschieht die größte Überraschung in diesem Stammbaum. Josef zeugte nicht Jesus mit der Maria, wie es sprachlich im Text zu erwarten wäre, und wie es alle von ihm erwartet haben. Er ist nur der Mann der Maria, von der Jesus geboren ist. Josef gilt rechtlich als der Vater Jesu. Aber das Werden Jesu unterbricht den Lauf der Geschichte. Etwas ganz Neues wird, etwas Neues von Gott her.

Jesu göttliche Identität – die Geburtsgeschichte Mt 1,18–23

18 Mit dem Werden (wörtl.: der Genesis) des Messias aber verhielt es
sich so: Als Maria, seine Mutter, mit Josef verlobt war, zeigte sich, ehe sie
zusammen waren, dass sie schwanger war aus Heiligem Geist. 19 Josef
aber, ihr Mann, war gerecht und wollte sie nicht öffentlich bloßstellen,
beschloss aber, sie in aller Stille zu verlassen. 20 Während er das noch
überlegte, siehe, da erschien ihm ein Engel des HERRN im Traum und
sprach: „Josef, Sohn Davids, fürchte dich nicht, Maria, deine Frau, zu dir
zu nehmen, denn (das Leben), das in ihr gezeugt ist, ist von Heiligem
Geist. 21 Und sie wird einen Sohn gebären, dem sollst du den Namen
‚Jesus' geben, denn er wird sein Volk retten von ihren Sünden. 22 Das
ist aber alles geschehen, damit erfüllt wird, was der HERR durch den
Propheten gesagt hat, der sagt: 23 ‚Siehe, eine Jungfrau wird schwanger werden und einen Sohn gebären, und sie werden ihm den Namen
Immanuel geben', das heißt übersetzt: Gott mit uns (Jes 7,14)." 24 Als nun
Josef vom Schlaf erwachte, tat er, wie ihm der Engel des HERRN geboten
hatte, und nahm seine Frau zu sich, 25 und er schlief nicht mit ihr (wörtl: erkannte sie nicht), bis sie einen Sohn gebar, und er gab ihm den Namen Jesus.

Marias Perspektive
↗ Lk 1,26–38; Lk 1,39–56

Die Geschichte ereignet sich nicht spektakulär wie die Geburten großer Herrscher, deren göttliche Zeugung mythenhaft ausgeschmückt wird. Mehr als ein „schwanger durch den heiligen Geist" gibt das Matthäusevangelium nicht preis. Aber es zeigt, dass Maria sich einreiht in die Reihe der Frauen im Stammbaum Jesu, deren Recht und Ruf auf dem Spiel standen. Maria kämpft nicht selbst darum. Das tut Gott für sie. Die „Weihnachtsgeschichte" des Matthäus stellt Josef in den Mittelpunkt. Er war „gerecht": Er wollte Gott und seiner Weisung treu sein. Offensichtlich bedeutete es auch, bescheiden und barmherzig zu sein. Josef war ein junger Mann, der nicht mehr sein wollte, als er war. Die Situation, in die er geriet, überforderte ihn. Eine Verlobung war noch keine Eheschließung, bis die Verlobte ins Haus des Bräutigams in aller Öffentlichkeit und mit großen Feierlichkeiten heimgeholt wurde. „Sex vor der Ehe" – in Israel undenkbar. Eine schwangere Maria galt als Ehebrecherin. Eine Verlobung war so rechtskräftig wie die vollzogene Eheschließung. Deshalb dachte Josef an die Lösung mit einer Scheidung ohne großes Aufsehen und Anklagen, nur mit den üblichen beiden Zeugen. Da greift Gott ein. Er meldet sich bei Josef zu Wort – im Traum. Josef tut, was Gott sagt. Schlicht und einfach. Er wird Gott gerecht.

Dass Gott durch Träume redet, gehört zu den denkwürdigsten Geschichten Israels. Es gehört in den Stammbaum des Josef. Gen 41 erzählt, wie Josef, einer der Stammväter Israels, in Ägypten dem Pharao verstörende Träume auslegen kann. Gen 41,16 Josef antwortete: „...Nicht mir steht dies zu. Möge Gott antworten..."

Der **Name „Jesus"** oder „Jehoschua" bedeutet „Gott ist Rettung" (↗ Lk 2,11). Im Lukasevangelium wird er deshalb auch „Heiland", Retter, genannt (↗ Lk 4). Dieser Name bringt das tiefste Wesen und Sehnen Gottes zum Ausdruck. Hier leuchtet die geheimnisvolle Einheit zwischen Gott und Jesus für die auf, die das AT kennen.

In Jes 43,3 lässt Gott durch den Propheten über sich sagen: „Denn ich bin ... euer Retter!"

Der Name erinnert auch an „Josua", der das Volk Israel ins gelobte Land geführt hat. Jesus wird die Menschen in das Land der Verheißungen Gottes führen. Er wird sich der Schuldgeschichte der Menschen annehmen. Er wird „der Gerechte" sein, der seine Gerechtigkeit nicht für sich behält. Jesu Name ist sein Programm.

Im Matthäusevangelium bekommt er einen zweiten Namen, einen Ehrennamen. Dieser Name beschreibt sein Wesen. Wer es nicht im Jesusnamen gehört hat, soll es jetzt hören: Er ist der „Immanuel", der „Gott mit uns". Der Prophet Jesaja kündigte die Geburt eines Kindes von einer jungen Frau als Hoffnungszeichen für König Ahas 733 v. Chr. in politisch bedrängter Zeit an (Jes 7,14). Das Matthäusevangelium sieht die Verheißung dieses Immanuel über die damals konkrete Situation hinaus leuchten bis hin zum Kommen Jesu. **In Jesus kommt Gott selbst zu seinen Menschen.** Matthäus vermeidet hier in der Geschichte der Herkunft und Identität Jesu den Begriff „Gottes Sohn“. Nichts soll an mythische Göttersagen erinnern. Das passt nicht zu geschichtsbewusstem hebräischem Denken! Denn hier beginnt eine ganz neue Geschichte, die ihre Wurzeln in der vergangenen hat und sie deshalb heilen kann. Das NT beginnt mit der neuen Schöpfungstat Gottes.

Sohn Gottes
↗ Mt 16,13–20;
Mt 3,13–17

Bewahrung, Berufung und Bewährung des Messias Jesus Mt 2–4

Der Messias und die Magier Mt 2,1–12

1 Als Jesus geboren war in Bethlehem in Judäa in den Tagen des
Königs Herodes, siehe, da kamen Magier aus dem Morgenland nach Je-
rusalem und fragten: 2 „Wo ist der neugeborene König der Juden? Wir
haben seinen Stern beim Aufgehen gesehen und sind gekommen, um
ihn anzubeten.“ 3 Als das der König Herodes hörte, erschrak er und ganz
Jerusalem mit ihm. 4 Er ließ alle Hohenpriester und Schriftgelehrten des
Volkes zusammenkommen und wollte von ihnen wissen, wo der Messias
geboren werden sollte. 5 Sie aber sagten ihm: „In Bethlehem in Judäa;
denn so steht geschrieben durch den Propheten: 6 ‚Und du, Bethlehem,
im Land Juda, bist durchaus nicht die kleinste unter den führenden Städ-
ten in Juda, denn aus dir wird der Anführer kommen, der mein Volk Israel
weiden wird‘ (Micha 5,1).“ 7 Da rief Herodes die gelehrten Magier heim-
lich zu sich und erkundigte sich genau bei ihnen, zu welcher Zeit der
Stern erschienen war. 8 Er schickte sie nach Bethlehem und sagte: „Geht
hin und findet genau heraus, was das mit diesem Kind bedeutet, und
wenn ihr es herausgefunden habt, meldet es mir, damit ich auch kom-
me und es anbete.“ 9 Als sie das vom König gehört hatten, zogen sie los.
Und siehe, der Stern, den sie im Morgenland gesehen hatten, ging vor
ihnen her, bis er über dem Ort stand, wo das Kind war. 10 Als sie aber
den Stern sahen, überkam sie große und heftige Freude. 11 Als sie in das
Haus hineingingen, fanden sie das Kind mit Maria, seiner Mutter, und
sie fielen nieder und beteten es an und öffneten ihre Schatztruhen und

überreichten ihm Geschenke: Gold, Weihrauch und Myrrhe. 12 Und weil
sie im Traum die Weisung bekamen, nicht wieder zu Herodes zurückzukehren, zogen sie auf einem andern Weg wieder in ihr Land.

Von Anfang an bündelt sich in der Geschichte Jesu die Geschichte des Volkes Israel. Von Anfang an ist die alle Völker umfassende Perspektive im Blick. Das erzählt vertiefend das zweite Kapitel: Die Geburt Jesu in der Davidsstadt Bethlehem ist zugleich ein weltgeschichtliches Ereignis – bis in Naturereignisse hinein.

Der „Stern aus Jakob“ (Num 24,17) geht auf und zieht Magier aus dem Osten magisch an. Bewegende kosmische Ereignisse um die „Zeitenwende“ waren der Hallesche Komet im Jahr 6 v. Chr. und eine besondere Sternkonstellation aus Jupiter und Saturn im Jahr 7 v. Chr., die damalige Astronomen auf einen Weltherrscher aus dem Judentum schließen lassen konnte. Von der römischen Steuererhebung erzählt Matthäus im Gegensatz zu Lukas (↗ Lk 2,7) nichts. Für ihn versteht sich von selbst, auch ohne Römer, dass der Geburtsort Jesu Bethlehem war. Die „Völkerwallfahrt zum Zion“, die Hoffnung des AT, verwirklicht sich:

> Jes 60, 1 Mache dich auf, werde licht; denn dein Licht kommt und die Herrlichkeit des Herrn geht auf über dir! ... 3 Und die Heiden werden zu deinem Lichte ziehen und die Könige zum Glanz, der über dir aufgeht ... 5 Dann wirst du deine Lust sehen und vor Freude strahlen, und dein Herz wird erbeben und weit werden, wenn sie die Schätze der Völker am Meer zu dir kehren ... 6 Denn die Menge der Kamele wird dich bedecken ... Sie werden aus Saba alle kommen, Gold und Weihrauch bringen und des HERRN Lob verkündigen.

Kein Wunder, dass in der christlichen Tradition aus den schlichten Magiern des Matthäus mit ihren drei Geschenken drei heilige Könige mit einer prächtigen Karawane wurden! Diese Sterndeuter hatten damals einen nicht ganz eindeutigen Ruf. Er changierte zwischen seriösen Wissenschaftlern und unseriösen Astrologen. Wie die Frauen im Stammbaum Jesu entsprachen sie nicht „bürgerlichen Moralvorstellungen“. Diese Suchenden aus der Ferne zeigt uns Matthäus als Menschen, die genau auf dem richtigen Weg sind. Sie sind Sinnsucher, die ihr Leben für eine Sache einsetzen möchten, die sich wirklich lohnt. Sie werden mit einer gewaltigen Lebensfreude überrascht. Das Heilige, das sie Wertvolles hingeben lässt, was sie haben, finden sie in dem Jesuskind aus einfachem Haus (↗ Lk 2,7). Dieses Haus ist das Gegenbild des protzigen Herodespalasts in Jerusalem. Denn Gottes Messias wird wie in der Prophezeiung aus Mi 5,1ff das Amt des Königs als ein Hirtenamt wahrnehmen. Er wird aus Bethlehem kommen, wo auch der König David als Hirte klein angefangen hat.

Mi 5,1 Und du, Bethlehem …, du bist zwar klein, um unter den Hauptorten Judas zu sein, aber aus dir soll mir hervorgehen, der Herrscher über Israel werden soll, dessen Ursprung von Anfang, von Ewigkeit her gewesen ist … 3 Und er wird auftreten und sie weiden in der Kraft des HERRN und der Hoheit SEINES Namens, … und sie werden sicher wohnen, denn er wird groß sein bis an die Enden der Erde. Und der wird der Friede sein …

Neben der weltumspannenden Bedeutung der Geburt Jesu wird auch die Art und Weise seiner Weltherrschaft deutlich. Sie bildet einen Gegenentwurf zur Schreckensherrschaft des Herodes.

Der Messias im Flüchtlingselend Mt 2,13–23

13 Als sie aber abgereist waren, siehe, da erschien ein Engel des
Herrn dem Josef im Traum und sagte: „Steh auf, nimm das Kind und sei-
ne Mutter mit dir und flieh nach Ägypten und bleib dort, bis ich es dir
sage, denn Herodes hat vor, das Kind zu suchen, um es zu töten." 14 Da
stand er auf und nahm das Kind und seine Mutter mit sich bei Nacht
und ging fort nach Ägypten, 15 und blieb dort bis nach dem Tod des
Herodes, damit erfüllt würde, was der Herr durch den Propheten gesagt
hat, der spricht: „Aus Ägypten habe ich meinen Sohn gerufen" (Hos 11,1).
16 Als nun Herodes merkte, dass er von den Magiern hintergangen wor-
den war, wurde er sehr zornig und veranlasste, alle Kinder in Bethlehem
und der ganzen Gegend zu töten, die zweijährig und darunter waren,
entsprechend der Zeit, die er von den Magiern genau erkundet hatte.
17 So ist das Wort in Erfüllung gegangen, das durch den Propheten Je-
remia ausgesprochen worden ist: 18 „In Rama hat man ein Geschrei ge-
hört, Weinen und viel Wehklagen; Rahel beweinte ihre Kinder und wollte
sich nicht trösten lassen, weil sie nicht mehr sind" (Jeremia 31,15). 19 Als
aber Herodes gestorben war, siehe, da erschien ein Engel des Herrn dem
Josef im Traum in Ägypten 20 und sagte: „Steh auf, nimm das Kind und
seine Mutter mit dir und zieh hin in das Land Israel, denn die dem Kind
nach dem Leben trachteten, sind tot." 21 Da stand er auf und nahm das

Kind und seine Mutter mit sich und kam in das Land Israel.
22 Als er aber hörte, dass Archelaus an Stelle seines Vaters Herodes in Judäa regierte, fürchtete er sich, dorthin zu gehen. Aber nachdem er eine Weisung im Traum erhalten hatte, wich er aus in das Gebiet von Galiläa,
23 und er kam dorthin und wohnte in einer Stadt namens Nazareth, damit erfüllt würde, was gesagt ist durch die Propheten: Er wird Nazarener heißen.

Der Sohn Gottes – in Hos 11,1 gilt diese Bezeichnung für ganz Israel – wird Flüchtling. Er erfährt am eigenen Leibe, was es bedeutet, ein Migrantenkind zu sein. Er wird in eine Welt voller Gewalt hineingeboren. Aber Gott rettet den Retter, wie einst Mose gerettet wurde. Der „Exodus", der Auszug des Volkes Israel aus Ägypten, ereignet sich noch einmal, wieder mit grundlegendem Charakter. Aber es wird sich zeigen, dass dieser bewahrte Sohn dem Leid nicht aus dem Weg geht. Herodes geht für seine Macht über Leichen. Außerbiblisch ist dieser Kindermord nicht belegt, aber Morde an seinen eigenen Söhnen. Jesus wird sich an die gewalttätige Macht der Menschen ausliefern, um seine hingebende Liebe zu besiegeln. Schon als Kind ist er der ohnmächtige König, der auf Gottes Eingreifen angewiesen ist. Matthäus erklärt, warum die Familie schließlich in Nazareth landet. Der Name „Nazarener" für Jesus lässt die alte Prophezeiung aus Jes 11,1 (↗ Mt 1,1) anklingen. Der neue Spross, auf dem der Geist des Herrn bleiben wird, ist im hebräischen Text der „Nezer". Dass er es wirklich ist, wird im Folgenden (↗ Mt 3,13–17) bei seiner Taufe von Gott bestätigt.

Nazarener
↗ Joh 1,45–50

Die Berufung des Messias Mt 3

Über die Zwischenzeit erzählt Matthäus nichts. Jesus wächst verborgen vor der öffentlichen Aufmerksamkeit in Nazareth auf. Erst durch das Auftreten Johannes des Täufers tritt er aus der Anonymität heraus. **Was hat Jesus bis dahin gemacht?** Er hat in der Welt der „kleinen Leute" gelebt. Er hat den harten Alltag bestehen gelernt. Jesus ist bei seinem Vater Josef in die Lehre gegangen. Sie hatten als Zimmermänner, die damals auch in der Steinbearbeitung und im Schleusenbau tätig waren, in dem winzigen Ort Nazareth mit seinen vielleicht 200 Einwohnern sicher nicht genug Arbeit. Sie waren wahrscheinlich auf größeren Baustellen unterwegs. Jesus kannte das Leid der Landarbeiter, die für Großgrundbesitzer in Galiläa schufteten und ohne Absicherung von der Hand in den Mund lebten (↗ Mt 20,1–8). Er wusste, wie gesät, geerntet und Brot gebacken wird (↗ Mt 13,1–9,33). Er wusste, wie man Schafe hütet (↗ Lk 15,4–6). Er wusste, was man mit eventuellen Ersparnissen und Kapital machte (↗ Mt 6,19; Mt 13,44; Mt 25,14–30), wie verzweifelt jemand war, der sie verlor (↗ Lk 15,8–9), wie betrügerische Manager (↗ Lk 16,1–8) und Einbrecher am effizientesten vorgehen (↗ Mt 12,29). Er kannte die Willkür und die Rechte römischer Soldaten (↗ Mt 5,41) und der Kollaborateure aus dem eigenen Volk, die für sie arbeiteten (↗ Mk 2,13–17). Er wusste, wie großartig es war, zu einem Fest eingeladen zu werden (↗ Mt 22,1–14; 25,1–13). Gewinnen und Verlieren, Gefangenschaft und Gerechtigkeit, Hilfsbereitschaft und Abzocke, Sparsamkeit und Großzügigkeit, Kinderspiel (↗ Mt 11,16f) und Lebensschwere – Jesus lebt und kennt das Leben (↗ Mt 13, Einleitung).

Jesus war ein gebildeter Mensch. Wie alle jüdischen Jungen, die aus einem frommen Elternhaus kamen, hat Jesus lesen und schreiben gelernt, um die heiligen Schriften, unser heutiges „AT“, zu verstehen und im Gottesdienst vorlesen zu können. Anders als bei den Griechen und Römern war **Bildung** kein Privileg der Oberschicht. Seit Esras Reformen 400 v. Chr lernte man in Israel, um einen mündigen Glauben zu haben. Weil sich nur reiche Leute Schriftrollen leisten konnten, waren sie in den Synagogen, den Versammlungen (↗ Mk 1,21f), in denen man die heiligen Schriften las, für alle zugänglich. Von klein auf wurden weite Teile der Texte auswendig memoriert – das war der einfachste Weg, um die Schrift mit nach Hause zu nehmen. Lehren, auswendig lernen, nachdenken und diskutieren wird später ganz natürlich Kennzeichen der Jesusbewegung werden. Matthäus ist sehr wichtig zu zeigen, dass Jesus als jüdischer **Lehrer**, als **Rabbi** (wörtl.: mein Herr) aufgetreten ist. Seine Jünger sind trotz ihrer einfachen Berufe (↗ z. B. Mt 4,18–22) als gebildete junge Männer vorzustellen, die ihre Augen- und Ohrenzeugenschaft durch Lernen und Memorieren ernst genommen haben. In diese Jüngerschaft eintretende, lernende Frauen waren eine soziale Revolution. Dass Jesus als erwachsener Mann im Gegensatz zu den Pharisäern, einer theologischen Laienbewegung (↗ Mk 2,13–17), aus seinem Beruf ausgestiegen ist, um seiner Berufung zu folgen, ist eng mit dem Auftreten Johannes des Täufers verbunden. Seine Predigt hat die Menschen elektrisiert.

lernende Frauen
↗ **Lk 10,38–42**

Die Berufung des Johannes zum Rufer Gottes Mt 3,1–12

1 In jenen Tagen aber tritt Johannes der Täufer auf und predigt in
der Wüste von Judäa: 2 und sagt: „Dreht um (auch: ändert euer Leben
grundlegend), denn das Himmelreich ist nahe herbeigekommen!"
3 Denn er ist der, von dem der Prophet Jesaja gesprochen und gesagt
hat: „Stimme eines Rufers in der Wüste: Bereitet dem Herrn den Weg
und macht seine Pfade eben!" (Jes 40,3). 4 Er aber, Johannes, hatte ein
Gewand aus Kamelhaaren an und einen ledernen Gürtel um seine Hüf-
ten. Seine Nahrung aber bestand aus Heuschrecken und wildem Ho-
nig. 5 Da ging zu ihm hinaus Jerusalem und ganz Judäa und das ganze
Gebiet am Jordan, 6 und die Menschen ließen sich von ihm im Jordan
taufen und bekannten ihre Sünden (wo sie ihr Leben an Gott vorbei ge-
lebt hatten). 7 Als er nun viele Pharisäer und Sadduzäer zu seiner Taufe
kommen sah, sagte er zu ihnen: Schlangenbrut, wer hat denn euch auf
den Gedanken gebracht, dass ihr dem kommenden Zorn (Gottes) ent-
kommen könnt? 8 Bringt also Frucht, die der Umkehr entspricht! 9 Denkt
nur nicht, dass ihr bei euch sagen könntet: Wir haben Abraham zum
Vater. Denn ich sage euch: Gott kann dem Abraham aus diesen Steinen
Kinder erwecken. 10 Es ist aber die Axt schon den Bäumen an die Wurzel
gelegt. Jeder Baum, der nicht gute Frucht bringt, wird abgehauen und
ins Feuer geworfen werden. 11 Ich taufe euch mit Wasser hinein in die
Umkehr, der aber nach mir kommt, ist stärker als ich, und ich bin nicht
einmal wert, ihm die Sandalen zu tragen. Der wird euch mit (wörtl.: in)
Heiligem Geist und Feuer taufen. 12 Seine Schaufel (mit der er das ge-
droschene Getreide hochwirft, damit die Spreu wegfliegt), hat er schon
in der Hand. Er wird seine Tenne sauber machen und seinen Weizen in
der Scheune sammeln. Die Spreu dagegen wird er verbrennen mit un-
auslöschlichem Feuer."

Als das Volk Israel im 6. Jh. v. Chr. in Babylon, im Exil fern von Jerusalem, leben musste, weckte ein prophetischer Trompetenstoß die Menschen aus ihrer Glaubensdepression.

Jes 40,3 Stimme eines Rufers: ‚In der Wüste bereitet dem Herrn den Weg' … Eine große Heimkehr durch Gott und zu Gott wird angesagt.

Durch eine kleine Verschiebung der Satzzeichen wird das alte Prophetenwort aktuell: „Stimme eines Rufers in der Wüste: Bereitet dem HERRN den Weg." Nun geschieht ein neuer Aufbruch durch Johannes. Die

Menschen kommen in Scharen zu Johannes in die Wüste hinaus, obwohl seine Predigt unvorstellbar hart ist. Johannes der Täufer lebte asketisch in der Steinwüste Judäas und trug Prophetenkleidung. Wahrscheinlich war er geprägt und inspiriert vom Leben der **Essener** in der großen Klosteranlage in Qumran, in der Nähe des Toten Meeres. Sie wollten das ganze Gesetz Gottes gemäß der ganzen Schrift ganz einhalten. Alle sollten so heilig leben wie Priester. Wiederkehrende Waschungen gehörten zum täglichen Leben, das rein für Gott sein sollte. Der radikale Anspruch Gottes hat auch Johannes ganz erfasst. Aber Johannes geht einen eigenständigen Weg. Die einmalige Taufe, die er durchführt, ist etwas Neues. Seine Taufe bedeutet, Gottes „Gericht" über das eigene Leben anzuerkennen. Das bedeutet, Gott als einzige Instanz anzuerkennen, die ein Leben wirklich endgültig und im Tiefsten beurteilen kann. Das Gericht wird sozusagen am eigenen Leibe vollzogen, indem ein Mensch untergetaucht wird. Diese Auslieferung an Gott geschieht in der Hoffnung auf Rettung. Das Herausgezogen werden aus dem Wasser bedeutet, neu leben zu können durch Gott und für Gott. Das ist bis heute ein bleibender wichtiger Aspekt auch für das Verständnis der christlichen Taufe (↗ Joh 3).

Predigt des Johannes ↗ auch Lk 3,1–20

Die Jesusgeschichte ist in allen Evangelien an die Johannesgeschichte gebunden. Jesus und auch Teile seiner Jüngerschaft waren Johannes verbunden. Später (↗ Mt 11,7–15) wird Matthäus uns erzählen, dass Jesus ihn für den „Elia" gehalten hat, den der Prophet Maleachi für die Endzeit, die besondere Gotteszeit, angekündigt hat.

Mal 3,23 Siehe, ich will euch senden den Propheten Elia, ehe der große und schreckliche Tag des HERRN kommt …

Mit dessen „Bekehrungsauftrag" enden die prophetischen Schriften: Ohne Umkehr zu Gott und Hinkehr zueinander kann unser Leben nicht vor Gott bestehen. Unser NT setzt in unserer Bibel mit dem Matthäusevangelium direkt nach diesen Worten ein. Die Menschen ließen sich das sagen: Ändert euer Leben von Grund auf. Denn das Himmelreich, das Gottesreich, steht unmittelbar vor der Tür! Sie ließen sich in Scharen von Johannes taufen. Sie spürten: Wer noch nie über Gott erschrocken ist, ist sich selbst nicht begegnet. Wer noch nie über sich selbst erschrocken ist, kann Gott nicht begegnen.

Himmelreich ↗ Mt 4,12–25

Johannes bildet in allen Evangelien sozusagen das Scharnier in der Tür, die zur neuen Bundesgeschichte, zum Neuen Testament, aufgemacht wird. Er brennt für Gott und kündigt den kommenden Messias als einen an, dessen Feuer alles wegbrennen wird, was nicht zu Gott passt.

Die Berufung Jesu durch seine Taufe Mt 3,13–17

13 Da kommt Jesus aus Galiläa an den Jordan zu Johannes, um sich
von ihm taufen zu lassen. 14 Johannes aber wollte ihn daran hindern und
sagte: „Ich habe es nötig, von dir getauft zu werden, und du kommst zu
mir?" 15 Jesus aber antwortete und sagte zu ihm: „Lass es jetzt gesche-
hen! Denn so ist es für uns angemessen (, so passt es zu uns), alle Ge-
rechtigkeit zu erfüllen." Da ließ er es zu. 16 Und als Jesus getauft worden
war, stieg er sofort aus dem Wasser. Und siehe, da ging ihm der Himmel
auf, und er sah den Geist Gottes wie eine Taube herabkommen über ihn.
17 Und siehe, eine Stimme aus dem Himmel (, der Wirklichkeit Gottes)
sagte: „Das ist mein lieber Sohn, er gefällt mir!"

Und dann kommt der, den wir als Leser und Leserinnen des Matthäusevangeliums doch schon als den Messias kennen, zu Johannes – um sich taufen zu lassen, sich also dem Gericht Gottes auszuliefern! Der Täufer kommt ins Stocken. Der Evangelist Johannes hält diese Taufe so wenig aus, dass er sie nur indirekt erzählt (↗ Joh 1,29–34). Das erste Wort Jesu bei Matthäus ist ein Wort der tiefsten Demut Jesu. Er tritt auf als einer, der bekennt, den Dienst des Johannes nötig zu haben. Er tritt auf als einer, der Gott ganz ernst nimmt und sich deshalb nicht selbst gerecht spricht. Er tritt auf als einer, der sich der Gerechtigkeit Gottes anvertraut. So wird seine Taufe die Grundlage dafür, dass und wie Gott seine Gerechtigkeit erweisen wird.

Die Taufe Jesu wird seine Berufungserfahrung. Er wird durch sie, was er ist: **Gottes Sohn**. In einer Vision sieht er Gottes Geist, der schon bei der ersten Schöpfung über dem Wasser war. Dieser Geist konzentriert sich nun auf ihn. Die Taube, der Sympathievogel Gottes im Judentum, verbildlicht das Wort Gottes, das Jesus bei seiner Taufe erhält. Gott findet Jesus gut. Der, der meint, das Gericht Gottes nötig zu haben, wird zutiefst von Gott angenommen. Bei Matthäus ist diese Zusage der persönlichen Sohnschaft so formuliert, dass alle davon Zeugen werden. Nicht erst im 2. Jh. nachweisbare hellenistische Sagen von „göttlichen Menschen" bilden den Hintergrund der Vorstellung von der Gottessohnschaft Jesu, sondern die atl. Vorlage des prophetischen Ps 2.

In Ps 2,7 geschieht ein Wort Gottes an den König, den gesalbten Messias: „Du bist mein **Sohn**, heute habe ich dich gezeugt." In diesem Psalm, in dem die Nationen, die gegen den Gott Israels toben, vom Zepter dieses Messias-König bezwungen werden sollen, werden nicht Machtphantasien einer Großmacht laut. Hier bekommt eine unter fremdem Herrscherkult unterdrückte Gemeinde wieder Hoffnung. Der Messias-König wird einst die Weltherrschaft Gottes antreten zum Wohl aller Menschen.

Auch Jes 42,1ff klingt im Taufwort Gottes an: „Siehe, das ist mein **Knecht**. Ich halte ihn. Er ist mein Auserwählter, an dem meine Seele Wohlgefallen hat. Ich habe ihm meinen Geist gegeben. Er wird das Recht unter die Heiden bringen …. Das geknickte Rohr wird er nicht zerbrechen …"

Das bedeutet es also, der Sohn-Knecht auf dem Hintergrund des AT zu sein! Matthäus macht deutlich, **wie** er diese Sohnschaft lebt und füllt: mit Demut. **So** ist er der Sohn. Wie er der Sohn ist, erzählt auch das vierte Kapitel. Die Wüste bleibt.

Die Bewährung: Er bleibt Mensch vor und unter Gott Mt 4,1–11

1 Da wurde Jesus vom Geist in die Wüste geführt, um von dem Teufel
(griech.: diabolos, auch: Auseinanderbringer, Überschreiter, Verleumder,
Täuscher, Verschmäher) auf die Probe gestellt zu werden. 2 Und weil er
vierzig Tage und vierzig Nächte gefastet hatte, überkam ihn schließ-
lich der Hunger. 3 Und der Versucher (griech.: peirazōn) trat zu ihm und
sprach: „Bist du Gottes Sohn, so sprich, dass diese Steine zu Brot wer-
den sollen." 4 Er aber antwortete und sagte: „Es steht geschrieben: ‚Der
Mensch wird nicht vom Brot allein leben, sondern von jedem Wort, das
aus dem Mund Gottes kommt' (Dtn 8,3)." 5 Da nimmt ihn der Teufel mit
sich in die heilige Stadt und stellte ihn auf die Zinne des Tempels 6 und
sagt zu ihm: „Bist du Gottes Sohn, dann spring hinunter, denn es steht
geschrieben: ‚Er wird seinen Engeln deinetwegen befehlen, und sie wer-
den dich auf Händen tragen, damit du deinen Fuß nicht an einen Stein
stößt' (Ps 91,11–12)." 7 Da sprach Jesus zu ihm: „Aber es steht auch ge-
schrieben: ‚Du sollst den Herrn, deinen Gott, nicht auf die Probe stellen'
(Dtn 6,16)." 8 Darauf nimmt ihn der Teufel wieder mit auf einen sehr ho-
hen Berg und zeigt ihm alle Reiche der Welt und ihre Herrlichkeit 9 und
sagte zu ihm: „Das alles will ich dir geben, wenn du niederfällst und mich
anbetest." 10 Da sagt Jesus zu ihm: „Weg mit dir, Satan (hebr.: Widersa-
cher, Gegenspieler)! Es steht nämlich geschrieben: ‚Du sollst den HERRN,

deinen Gott, anbeten und IHM allein dienen' (Dtn 6,13)." 11 Da verließ ihn
der Teufel. Und siehe, da kamen Engel zu ihm und dienten (griech.: diákonoun) ihm.

Der Geist aus dem Himmel führt Jesus nun tief in die Steinwüste hinein. Die Wüste ist Israels Ort der Berufung und Bewährung. Die Wüste ist auch Jesu Ort der Berufung und Bewährung. In der Wüste werden Menschen radikal auf sich selbst zurückgeworfen. Wüstenzeit bedeutet Leere, Einsamkeit und Kampf. Aber in genau diesen Grenzerfahrungen kann es zu Reinigung, Klärung und Begegnung kommen. Nach einer Fastenzeit, die mit ihren 40 Tagen an Israels Wüstenzeit erinnert, ist der Teufel plötzlich da. Wie im „Garten Eden" in Gen 3 taucht er aus dem Nichts auf. Die Bibel erklärt nicht, woher er kommt und warum. Gott offenbart sich, der Teufel nicht! Der Teufel prüft Jesus darauf, wie er die „Sohnschaft" leben will.

Teufel ↗ Mk 1,12–13; Lk 10,17–20

Seine erste Versuchung setzt beim großen Hunger an. Ist er Gottes Sohn, hat er Anteil an Gottes Schöpfermacht. Sein Wort genügt. Hat nicht auch Israel Manna in der Wüste gehabt, die notwendige Ration zum Überleben?! Jesus verzichtet darauf, seine Macht für sich selbst einzusetzen. Er bleibt im Vertrauen, dass Gott ihn versorgt. Er gebraucht seine Macht nicht eigenständig, sondern bleibt von Gott abhängig.

Versuchung ↗ Lk 11,1–13

Die zweite Versuchung führt Jesus zum Mittelpunkt der Welt Israels, auf den Tempel. Dem frommen Sohn kommt der Teufel nun mit einem Bibelvers. Die teuflische Auslegungsweise reißt einen Vers aus dem Zusammenhang und besteht auf wörtlicher Erfüllung. Jesus verzichtet darauf, Gott zu zwingen, seine Macht für ihn einzusetzen. Er verzichtet auf die Selbstbestätigung, die eine Demonstration seines Sprungs vor den Menschen auf dem Tempelplatz bedeuten würde.

Die dritte Versuchung zeigt, dass es im Gegensatz zu Jesus dem Teufel gerade darum geht. Jesus könnte doch so viel Gutes tun, wenn er alle Macht an sich nehmen würde. Er könnte das Reich Gottes auf Erden sofort aufrichten! Jesus müsste dafür allerdings den Teufel bestätigen und ihm seine Anerkennung aussprechen. Dann wäre Jesu „Herrschaft" nicht mehr die „Gottesherrschaft". Jesus hält seine Ohnmacht aus und bleibt Mensch unter Gott.

Jesus antwortet immer mit einem Schriftwort auf die Versuchungen. Er bleibt bei seiner Auswahl in der Nähe des „Schema Israel" (Betonung auf der zweiten Silbe), des „Höre, Israel ...", dem grundlegenden Glaubensbekenntnis.

Dtn 6,4f Höre, Israel, der HERR ist unser Gott, der HERR allein. Und du sollst den HERRN, DEINEN Gott, liebhaben von ganzem Herzen, von ganzer Seele und von ganzer Kraft.

Auch in jüdischen, rabbinischen Diskussionen wog ein Argument aus dem 5. Buch Mose, dem Deuteronomium, schwerer als ein Wort z. B. aus den Psalmen. Jesus argumentiert aus dem Herzen des AT heraus.

So ist Jesus „der Sohn Gottes“: in **Demut,** nicht mehr sein zu wollen als ein Mensch vor Gott. Im **Vertrauen**, dass Gott weiß, was er und diese Welt brauchen. Im **Gehorsam**: Er lebt aus der Mitte der Heiligen Schrift und von ihr her im Ganzen der Schrift. So kann er innerlich hörend Gottes Willen erspüren. Dieser Messias bekommt nun himmlische Diakonie zu spüren.

Jesus wirkt in der Öffentlichkeit und weckt Fragen und Glauben Mt 4–16

Die Botschaft: Dreht euch um! Die Welt Gottes ist ganz nah! Mt 4,12–25

12 Als er nun hörte, dass Johannes ausgeliefert worden war, zog er
sich nach Galiläa zurück.

13 Und er verließ Nazareth, kam und wohnte in Kapernaum, das am
See liegt im Gebiet von Sebulon und Naftali. 14 So sollte das Wort in Er-
füllung gehen, das gesagt ist durch den Propheten Jesaja, der spricht:
15 „Das Land Sebulon und das Land Naftali zum See hin, das Land jen-
seits des Jordans, das heidnische Galiläa, 16 das Volk, das in Finsternis
saß, hat ein großes Licht gesehen; und denen, die im Land wohnten, über
dem der Schatten des Todes liegt, ist ein Licht aufgegangen" (Jes 8,23;
9,1). 17 Von da an fing Jesus an zu predigen: „Dreht (euch) um (auch: kehrt
um), denn das Himmelreich ist nahe herbeigekommen!"

18 Als nun Jesus am See von Galiläa entlangging, sah er zwei Brü-
der, Simon, der Petrus genannt wird, und Andreas, seinen Bruder. Die
waren dabei, ihre Netze im See auszuwerfen, denn sie waren Fischer.
19 Und er sagte zu ihnen: „Los, kommt, hinter mir her! Ich werde euch zu
Menschenfischern machen!" 20 Sie aber verließen sofort ihre Netze und
folgten ihm (auch: wurden seine Weggefährten, wollten ganz zu ihm
gehören). 21 Und als er von dort weiterging, sah er zwei andere Brüder,
Jakobus, den Sohn des Zebedäus, und Johannes, seinen Bruder, im Boot
mit ihrem Vater Zebedäus, wie sie ihre Netze bereit machten. Und er rief
sie. 22 Sie aber verließen sofort das Boot und ihren Vater und folgten ihm
(auch: wurden seine Schüler).

23 Und Jesus zog in ganz Galiläa umher, lehrte in ihren Synagogen
und predigte das Evangelium von der Welt Gottes und heilte alle Krank-
heiten und alle Gebrechen im Volk. 24 Und die Nachricht von ihm ver-
breitete sich durch ganz Syrien. Und sie brachten zu ihm alle Kranken, die
von verschiedensten Leiden und Plagen gequält wurden, von Dämonen
Besessene, Menschen, deren Krankheiten mit dem Mond zu kommen
und gehen schienen, und Gelähmte, und er heilte sie. 25 Und es folgte

ihm eine große Menschenmenge aus Galiläa, aus den Zehn Städten, aus Jerusalem, aus Judäa und von jenseits des Jordans.

Jetzt geht es los! Jesus tritt öffentlich auf, obwohl der Täufer gefangen genommen wird und sich sein eigenes Schicksal darin andeutet. Er beginnt sein Wirken in Galiläa, im „finsteren Land". Denn dort leben viele Menschen, die abwertend als „Landvolk", bezeichnet werden. Die Schriftgelehrten sehen in der verarmten Landbevölkerung jegliche frommen Bemühungen als verloren an. Dort zieht Jesus hin.

Seine Predigt vom **Himmelreich** stimmt mit dem ersten Satz der Predigt des Täufers (↗ Mt 3,2) überein. Gleichzeitig wird im Verlauf des Evangeliums deutlich, dass er mit seiner Botschaft von diesem „Reich" andere Akzente setzt als Johannes der Täufer. Matthäus verwendet für den Begriff **„(König-)Reich Gottes"** oder „Gottesherrschaft" (griech.: basileia tou theou) meist „Reich der Himmel". Im Hebräischen steht der Plural. Aber damit ist kein Jenseits gemeint! Himmel ist sozusagen der Deckname für Gott und seine Wirklichkeit. Matthäus hat als frommer Judenchrist tiefen Respekt vor dem Wort Gott und dem heiligen Gottesnamen. Mit diesem Reich, das Jesus ansagt, nimmt er einen roten Faden des AT auf. Die Botschaft Jesu vom Gottesreich, der Gottesherrschaft, schließt sich an die Erfahrung von Gottes Königsherrschaft im AT an. Sie ist die wahre Wirklichkeit und die Hoffnung des AT. Wenn Gott König ist und SEIN Reich, SEINE Herrschaft aufrichtet, dann geschieht SEINE Gerechtigkeit (↗ Mt 5,6). Die ist die Rettung der Menschen!

In Ex 15,18 bekennt Mose nach der Rettung der befreiten Sklaven aus Ägypten am Schilfmeer: „... Der HERR wird herrschen (auch: König sein) immer und ewig!"

Ps 24,7 Als Schöpfer ist der HERR „König der Ehren".

Ps 93,1 bekennt wie auch Ps 97 und Ps 99: „Der HERR ist König ... von Ewigkeit her ...."

Jes 6,1 Der Prophet Jesaja begegnet bei seiner Berufung im Tempel der heiligen und heiligenden Macht des königlich thronenden Gottes.

Jes 52,7 Evangelisten, Freudenboten sagen das Evangelium (↗ Mk 1) an: „Dein Gott ist König geworden!"

Im letzten Buch unseres AT, Mal 1,14, überbringt der Prophet den Gottesspruch: „Ich bin ein großer König, spricht der Herr der Heerscharen ..."

Zusammenfassend von Gottes Königsherrschaft spricht Jes 33,22: „Der Herr ist unser Richter, unser Gesetzgeber, unser König. Er wird uns retten."

Das Gottesreich, das Himmelreich, ist ein **heilvoller Raum** – ein Raum mitten im Diesseits: **Welt Gottes** mitten in unserer Welt. Dort ist Gottes Traum vom Leben verwirklicht. Durch das Auftreten Jesu und seine Lehre, die Matthäus in den Mittelpunkt stellt, wird dieser Heilsraum im Heute erfahrbar. Dass dieser Raum alles ausfüllen wird und die Welt ganz Gottes Welt sein wird, ist die in Jesus begründete Hoffnung. Das Reich Gottes als Welt Gottes ist eine **Bewegung** mitten in unserer Welt. Die Worte und Taten Jesu haben eine göttliche Dynamik, mitreißend und ergreifend. Im Markusevangelium ist deshalb oft die Übersetzung als Gottesherrschaft gewählt. Im Lukasevangelium vom Grenzen sprengenden Gottesreich ist beides zusammengedacht (↗ Lk 1,1–4; Lk 9 Anfang; Lk 17,21f). Dass beim Reich Gottes Raum und Bewegung zusammengehören, zeigt das Doppelgleichnis von Senfkornsamen und Sauerteig (↗ Mt 13,31–33).

Diese Bewegung hat schon angefangen in dem Moment, in dem Jesus den Mund aufmacht. Gott kommt auf uns zu. Er verwandelt die Welt. „Das Himmelreich ist nahe herbeigekommen" heißt: Eure Situation hat sich von Grund auf geändert. Deshalb ist es möglich, eure gesamte Lebensausrichtung zu ändern. Ihr braucht euch nur umzudrehen! Nicht mehr um euch selbst, sondern um die Gegenwart Gottes. Lasst zu, dass Gott das Kreisen um euch selbst aufbricht und eurem Leben eine neue Perspektive schenkt. Lasst alles in euch von Gott durchdringen, auch das, was euch verdreht. Lasst Gottes Ja in euer Leben, auch wenn das an manchen Stellen schmerzhaft ist.

Nicht das vernichtende Feuer eines kommenden Gerichts, das Johannes der Täufer mit vielen Juden seiner Zeit erwartete, steht bei Jesus im Mittelpunkt. Die Gottesherrschaft wird auch nicht erst wirksam, wenn die Menschen richtig und nach „dem Gesetz" Gottes handeln, wie das die Pharisäer lehrten. Über das Reich Gottes können die Menschen nicht verfügen. Sie können es nicht durch ihre Taten heraufbeschwören. Sie können sich nur mitreißen lassen. Dann allerdings werden weltverwandelnde Taten freigesetzt (↗ Mt 5–7). So sagt Jesus zu ganz normalen Menschen: So wichtig kann euer Alltag gar nicht sein! Eure Sehnsucht nach Gott ist kein unerreichbarer Traum. ER ist schon in Bewegung auf euch zu. Ihr erlebt es, wenn ihr mit mir mitkommt – und sie tun es. Sie lassen sich herausrufen aus ihrem bisherigen Leben. Der Himmel, Gottes Welt in unserer Welt, bewegt Menschen. Sie lassen sich berufen. Ihr Beruf wird in eine Berufung für diese Bewegung verwandelt.

Das Reich Gottes zeigt sich darin, dass Jesus heilt (↗ auch Lk 4). Gottes „Herrschaft" ist leiblich erfahrbar. Aus allen Ecken und Enden sind Menschen zu ihm hin in Bewegung. Wo er ist, entsteht heilsamer Lebensraum. Durch Wort und Tat nimmt Jesus Menschen mit hinein. Im Reich Gottes ist die Welt wieder „in Ordnung": erlöst und befreit. Nun werden wir mit der **Bergpredigt** in diesen Wort-Raum hineingeführt. Sie zeigt uns, wohin wir uns umdrehen lassen oder umkehren sollen. Hinein in die Nachfolge, hinein in den Be-Reich Gottes, hinein in den Geist der Bergpredigt. Sie weist uns in das Leben im Gottesreich ein. Sie entfaltet, was in Gottes erneuerter Welt gilt:

Die Würde der Welt Gottes – Die „Bergpredigt" Mt 5–7

Der würdevolle Zuspruch und Anspruch Mt 5

Mt 5,1 Als er aber die Menschenmenge sah, ging er auf einen Berg
hinauf und als er sich setzte, kamen seine Jünger zu ihm nach vorne.
2 Und als er (nach einer Stille?!) den Mund aufmachte, lehrte er sie, indem
er sagte: …

Viele Menschen spüren, dass die Gegenwart Jesu ein heilsamer Bereich ist. Hier spüren sie etwas direkt aus Gottes Welt. Bei ihm wird es anschaulich. Sie wollen bei ihm sein und ihn hören. Er geht auf einen Berg. Das ist ein Signalwort für Matthäus. Er möchte an den Berg Sinai (sprich: Sina-i) erinnern, an dem das Volk Israel von Mose die Gebote Gottes bekam (↗ auch Lk 6). Diese Erinnerung eröffnet die erste große Rede dieses Evangeliums, die sogenannte Bergpredigt. Hier versammelt sich nun das neue „Gottesvolk". Dass Matthäus erwähnt, wie Jesus sich hinsetzt, ist ein auch besonderes Signal: Jesus trägt wie ein Rabbi, ein Lehrer, seine Auslegung im Sitzen vor. Die Bibel Jesu ist das AT. Seine Worte tragen das AT in sich. Dennoch sind sie etwas Neues.

Rabbi ↗ Mt 3, Einleitung

Die Jünger, die einfachen jungen Leute, die Jesus in die Lebensgemeinschaft mit sich gerufen hat, bilden den engen Kreis um ihn. Sie sind die unmittelbaren Adressaten seiner Worte. Aber dass es darum herum eine große Menge sehnsüchtiger Menschen gibt, die alles mithören möchten, wird am Ende der Rede noch einmal deutlich: „Die Menschenmenge geriet außer sich über seine Lehre" (↗ Mt 7,28). Sie waren tief betroffen und berührt. Ihre Ahnung, dass durch Jesus etwas Besonderes in dieser Welt geschieht, in ihrer Welt, bestätigt sich. Die Bergpredigt richtet sich nicht an besondere Menschen, die sich moralisch höher qualifiziert haben als andere. Das Besondere ist das Wort Jesu, das sie anspricht und einlädt, herausfordert und verstört.

Die „Seligpreisungen" sagen den Himmel, Gottes Welt in unserer Welt, an und lassen ihn gleichzeitg dringend erhoffen. Das Licht geht an – aber nicht über denen, die sich für erleuchtet halten, sondern über denen, die im Schatten der Gesellschaft stehen.

So ein Glück?! Weichenstellung in die Welt Gottes – Die „Seligpreisungen" Mt 5,3–12

3 „Selig sind, die geistlich arm sind, denn ihnen gehört das Himmel-
reich. 4 Selig sind die Weinenden, denn sie werden getröstet werden.
5 Selig sind die Sanftmütigen, denn ihnen wird die Erde gehören (wörtl.:
sie werden die Erde erben). 6 Selig sind, die hungert und dürstet nach der
Gerechtigkeit, denn sie werden gesättigt werden. 7 Selig sind die Barm-
herzigen, denn sie werden Barmherzigkeit erfahren. 8 Selig sind, die rei-
nen Herzens sind, denn sie werden Gott sehen. 9 Selig sind die Friedfer-
tigen, denn sie werden Gottes Töchter und Söhne heißen. 10 Selig sind,
die um der Gerechtigkeit willen verfolgt werden, denn ihnen gehört das
Himmelreich. 11 Selig seid ihr, wenn sie euch um meinetwillen beschä-
men und verfolgen und Böses über euch reden, wenn sie damit lügen.
12 Freut euch und jubelt, denn euer Lohn im Himmel ist groß. Denn ge-
nau so haben sie die Propheten verfolgt, die vor euch da waren."

Die sogenannten Seligpreisungen richten sich nicht an Menschen, die besonders verdienstvoll gelebt haben. Kein Katalog von guten Taten qualifiziert sie für diese Auszeichnung. Die Bergpredigt ist keine Moralpredigt (↗ Mt 7,28f und Lk 6). Sie beginnt mit einem Zuspruch, nicht mit einer Forderung. „Selig sind …" ist im griechischen Text eine Gratulation: „Herzlichen Glückwunsch!" Jesus gratuliert hier Menschen, die auf der Glückwunschliste der damaligen Zeit nicht vorkamen. In der griechischen Kultur gratulierte man Reichen zu ihrem Reichtum. Man gratulierte erfolgreichen Menschen – genau wie heute. Aber die haben doch schon genug Glück – oder? Was ist eigentlich

Glück? Diese Frage stellt sich anhand der Glückwünsche Jesu ganz neu.

Was ist **Glück**? Ein Gefühl von Wohlergehen, das Menschen ersehnen und anstreben. Dieser Zustand setzt voraus, dass Glück wahrgenommen wird. In vielen heutigen Anleitungen zum Glücklichsein wird das stark betont. Die eigene Wahrnehmung wird geschult. Aber es bleibt oft ein Gefühl von „Machbarkeit", als ob Glücksempfinden nur von den eigenen Fähigkeiten abhinge. Dabei ist Glück spannend. Es spannt sich aus zwischen entgegengesetzten Polen: Es gibt zugefallenes und lernbares Glück. Materielles und immaterielles Glück. Irdisches Glück und Glück, das Ewiges und Himmlisches aufleuchten lässt – und manchmal eins im anderen. Es gibt Glücksmomente, „Sekundenglück", und auf Dauer angelegtes Glück, Glück ohne Leid und Glück, das Leid verarbeiten und in sich hineinnehmen, integrieren kann. Bei Glücksratgebern, die Glück nur einseitig beschreiben, bleibt ein Gefühl der Oberflächlichkeit zurück.

Die Seligpreisungen nehmen uns mit in die ganze Spannung und damit Fülle des Glücks. Sie helfen uns, Gottes Glück wahrzunehmen: Es ist ganz irdisch spürbar. Die Wirklichkeit, aus der es kommt und die es schenkt, macht es möglich zu hoffen. Es fällt Menschen zu, die nicht damit rechnen. Doch ihre Haltung bewirkt, dass sie dieses Glück empfangen können. Sie erfahren es in besonderen Momenten, wenn sie das Wort Jesu für sich hören. Es ist auf Dauer angelegt, wenn Gottes Welt die ganze Welt erfüllen wird und alle Gegenmächte überwunden sind. Gottes Glück ist ein Glück, das Leid kennt, durchdringt und seine Überwindung in Angriff nimmt.

Glück empfinden Menschen, wenn sie sich in einem Einssein erleben und in Übereinstimmung – mit dem, was sie wollen und für richtig erachten. Mit der Gemeinschaft, in der sie leben und ihrer Umwelt. Im AT wird dieses Glück in der Übereinstimmung mit „Gottes Willen" für das Leben wahrgenommen. Auch der Psalter, das Gebetsbuch des AT, beginnt mit einem Glückwunsch:

> Ps 1,1f Glücklich der Mensch, Gratulation dem Menschen, … der Lust hat an den Weisungen des HERRN …

Menschen erleben Gottes Glück, wenn sie im Staunen über die Schöpfung die Fürsorge des Schöpfers ahnen. Sie fühlen sich in Einklang mit der Schöpfung, wenn sie sich in Gottes Güte bergen.

Ps 8,4f Wenn ich die Himmel sehe, Werk deiner Hände … was ist das Menschenkind, dass du dich seiner annimmst…!?

Die Seligpreisungen zeigen den Willen Gottes mit der Welt. SEIN Glück ist die Grundlage für alles Glück der Welt. Auf dieser Grundlage sprechen sie Menschen in das Glück der Übereinstimmung hinein. Weil das kommende Reich Gottes, SEINE Welt, ein Glück für die ganze Schöpfung ist, leuchten jetzt schon Beispiele für die Übereinstimmung mit dem Willen dieses Gottes auf:

Mt 5,3 Glück haben die geistlich Armen. Schon im AT hat Gott eine Vorliebe für **die Armen.** Ursprünglich war Reichtum im AT ganz „unschuldig" ein Zeichen für den Segen Gottes. Der Besitz der Väter und Mütter des Glaubens im ersten Buch der Bibel, der Genesis, wird stolz aufgezählt. Gott gönnt seinen Menschen alles Gute und beschenkt sie reichlich mit dem, was seine Schöpfung zu bieten hat. In der Zeit der Könige, als das Volk Israel sesshaft geworden war, hatten sich die sozialen Verhältnisse gegenüber der alten Zeit grundlegend geändert. Es gab nun die königlichen Residenzstädte Jerusalem und Samaria mit einer kleinen Schicht Reicher und Vornehmer. Demgegenüber gab es eine große Menge mittelloser und rechtloser Menschen. Es gab kleine Bauern, die sich und ihre Familien Großgrundbesitzern als Sklaven verkaufen mussten. Es gab Witwen, die gegen Einflussreiche im Gericht keine Chance hatten. Als Reichtum auf Kosten anderer entstand, wurde nicht mehr von seinem „Segen" gesprochen. Die Propheten Gottes gehen mit dieser Art Reichtum im Namen Gottes ins Gericht. Gott stellt sich auf die Seite der Armen, die um ihr Recht und ihre Würde betrogen werden. Dieser Gegensatz zerstört die Einheit des Gottesvolks, SEINER Menschen. Im AT ist nicht der Reichtum an sich ein Problem, sondern der Reichtum, der als Kehrseite die Armut hat, der die Menschen spaltet in die Wohlhabenden und die, die nicht wissen, wie sie über die Runden kommen sollen. Gibt es in unserer globalisierten Welt noch Reichtum „an sich"? Im Lukasevangelium sind Jesusworte aufbewahrt, die sich noch pointierter als die anderen Evangelien gegen soziale Gegensätze richten. Geld und Geiz sind zentrale Themen seines Evangeliums. Deshalb überliefert Lukas auch die Seligpreisung schlichter: „Selig seid ihr Armen" und dazu einen Weheruf an die Reichen: „O weh, euch Reichen!". Armut ist biblisch aber mehr als ein Begriff, der einen sozialen Zustand kennzeichnet. Darauf will Matthäus hinaus. Als „arm" werden Menschen bezeichnet, die keine andere Hilfe

Weheruf an Reiche

↗ Lk 6,20–26

mehr haben als Gott selbst. Der Begriff „arm“ wird gleichbedeutend mit „fromm“, was bedeutet, in intensivem Gotteskontakt zu leben:

Ps 31,8 drückt die Freude über Gott aus, der „... mein Elend angesehen und auf die Not meiner Seele geachtet ... “ hat.

Armut kennzeichnet biblisch soziale Not und ganz eng damit verbunden eine tiefe Beziehung zu Gott. Je weniger einer hat, desto leichter hängt er sein Herz ganz an Gott. Je mehr eine durchschaut, dass sie im Tiefsten nichts zu bringen hat, desto mehr kann sie sich beschenken lassen von dem Reichtum, dem Gottes**reich**, die Jesus Christus anzubieten hat.

Mt 5,5 Die Armen gehören vom AT her mit den **Sanftmütigen** zusammen. In beiden Begriffen ist die Wortbedeutung „demütig“ enthalten. **Demut** bedeutet, nicht mehr sein zu wollen als ein Mensch vor und unter Gott. Die Sanftmütigen nehmen sich nicht mehr, als sie brauchen. Deshalb brauchen sie keine Gewalt, um sich mehr zu nehmen, als ihnen zusteht. Sie und die Armen werden die ganze Welt von Gott geschenkt bekommen. So ein Glück!

Wenn das so ist, bringt uns das ins Nachdenken über unsere Wertmaßstäbe. Jesu Zusage geschieht denen, die mit leeren Händen vor Gott stehen. Wenn wir uns diesen Worten aussetzen, verändern sie uns. Die Wirklichkeit des Gottesreichs erfasst uns und macht uns wichtig, was bei Gott zählt. So erwächst aus dem Zuspruch die Kraft, sich für Gottes Bereich umgestalten zu lassen und in Gottes Welt immer mehr hineinzuwachsen, um ihr zu entsprechen. Gottes Glück kommt von außen auf uns zu, ohne dass wir an diesem Glück mitwirken. Es nimmt uns mit in seinen Wort-Raum – ein Kraftfeld, das wie ein Magnetfeld unser Leben anzieht und in dem sich alles neu anordnet.

Mt 5,4 Jesus sagt den **Weinenden**, den Leidtragenden und Trauernden, das Glück Gottes zu: Sie werden getröstet werden. In diesem Passiv, der Leidensform, steckt ein höchst aktiver Gott. Die Menschen damals haben das verstanden, auch wenn ER aus Respekt nicht beim Namen genannt wurde. Dieser tröstliche Gott ringt schon im AT um das Herz SEINER Menschen. Dann gibt ER SEINEM ersehnten Messias im 61. Kapitel des Jesajabuchs den Auftrag, zerbrochene Herzen zu verbinden und den Trauernden wieder Freude zu schenken (↗ Lk 4,18). Leid ist keine Sackgasse, weil Gott Wirklichkeit ist. So liegt das Geheimnis dieser Worte darin, dass sie die Zukunft Gottes ansagen – aber schon in dem Moment, in dem Jesus das tut, diese Zukunft beginnen lassen. Das Neue seiner Rede ist, dass nur er sie sagen kann, dass nur er sie so sagen kann. Wir ahnen: Er ist Gottes Trost in Person. Das ist ein Glück. Gleichzeitig ist dieser Glückwunsch offen für die Erfahrungen, die Menschen auf dem Weg ihrer Trauer machen. Viele erleben einen Prozess von der Wucht des Schmerzes, der dumpfen Depression, der unerträglichen Leere, dem gnädigen Nichtwahrhabenwollen, dem sehnsüchtigen Suchen hin zu einer Verwandlung in vorsichtige und dann immer gewissere neue Lebensmöglichkeiten. Sie können oft im Nachhinein ihre Trostgeschichte auch als einen Gottestrost deuten.

Mt 5,6 Die hungert und dürstet nach der **Gerechtigkeit** können sich glücklich schätzen, denn ihr Hunger wird gestillt. Hungern und Dürsten nach Gerechtigkeit bedeutet vom AT her etwas höchst Aktives. Es meint nicht stummes Dulden von Unrecht, sondern ein sich Einsetzen für das Recht. Das eigentlich unübersetzbare hebräische Wort „Zedaka“ (Betonung auf der letzten Silbe) bedeutet Gerechtigkeit, Güte und Liebe zusammen. Eine lieblose Gerechtigkeit wäre im AT ein Selbstwiderspruch. Diese Zedaka vereint das Soziale mit dem Handeln aus Glauben. Wer in den Armen, den Fremden, Witwen und Waisen als den damals besonders Rechtlosen die Menschen sieht, denen Gottes Vorliebe gilt, hat Gottes Gerechtigkeit begriffen. Wenn Gott im AT nach Gerechtigkeit fragt, meint ER ein Verhalten, das SEINER Güte entspricht. ER ist der, von dem Gerechtigkeit ausgeht. ER überrascht Menschen mit SEINER Güte. Sie soll ein Verhalten hervor-rufen, das IHM entspricht. Der Einsatz für das Recht gerade der Armen entspricht zutiefst Gott selbst und SEINEM Handeln. Das ermutigt, gegen den Augenschein durchzuhalten: Die, die Unrecht tun, werden nicht das letzte Wort haben. Dafür sorgt Gott, auch wenn jetzt noch alles dagegen spricht. Das ist ein Glück! Ein Glück ist aber auch, dass unsere Versuche, gerecht zu leben und anderen gerecht zu werden, in Gottes Gerechtigkeit aufgehoben sind. Das ermutigt, sich selbst und die Welt nicht aufzugeben.

Mt 5,7 Die **Barmherzigen** werden von Gott so behandelt, wie sie mit sich und anderen umgegangen sind – nämlich zum Glück barmherzig. Im hebräischen Wortschatz gibt es zwei Wurzeln, die uns helfen, den Begriff zu verstehen. Die eine kommt von einem Wort, das „Gebärmutter“ bedeutet. So wächst Barmherzigkeit in Menschen, die sich in Gottes Mutterschoß bergen. Dort wachsen Menschen über sich selbst hinaus und werden neu geboren (↗ Joh 3). Die andere Bedeutung hängt damit zusammen. Barmherzigkeit ist Erbarmen im Sinne von Bundestreue, die den Gott der Bibel kennzeichnet. Barmherzigkeit ist dann ein Verhalten, das in Treue widerspiegelt, wie Gott ist, nämlich voller Liebe und Güte. Die Bitte „HERR, erbarme dich" soll dementsprechend nicht die Menschen klein machen, sondern sie in Mutterschoß und Gottesbund bergen, damit sie SEINEM Herzen entsprechen.

Ps 103,8 Barmherzig und gnädig ist der HERR, geduldig und von großer Güte.

Mt 5,8 Die Menschen mit einem **reinen Herzen** werden das größte Glück mit eigenen Augen sehen. Im AT kommt das Herz über 850 Mal vor. Es ist eher nicht der Sitz der Gefühle, sondern der Willensentschlüsse. Es ist Zentrum der Person und dessen, was sie ausmacht. Reinheit meint, sich auf das auszurichten, was wirklich zählt: auf Gott und SEINEN Willen. Das ist gleichzeitig ein Wunder in den Menschen, das Gott machen muss:

Ps 51,12 Schaffe in mir, Gott, ein reines Herz …

Das wissen die Propheten und sehen darin einen neuen Abschnitt der Bundesgeschichte, einen neuen Bund:

In Hes 36,26f verspricht Gott: „Ich will euch ein neues Herz geben und einen neuen Geist in euch legen …", damit ihr meine Weisungen leben könnt.

Die Worte Jesu sind Worte des neuen Bundes, des „Neuen Testaments" (↗ Mt 1, Einleitung). Seine Worte und sein ganzer Weg ermöglichen eine Erneuerung der Herzen durch seinen Geist, der seine Worte in das Herz der Menschen schreibt und sie weich und mitfühlend macht. Die Hoffnung, „Gott sehen" zu dürfen, ist keine Jenseitshoffnung, sondern beginnt hier mitten in unserer Welt. Sie schließt sich an die prophetische Hoffnung des AT an.

Jes 33,15–17 Wer in Gerechtigkeit lebt und redet, was Recht ist … wird in der Höhe wohnen … und seine Augen werden schauen den König in SEINER Schönheit.

Wenn unsere Welt durchsichtig wird für Gottes Wirklichkeit und uns SEINE Gegenwart aufleuchtet – wenn wir gütige Gerechtigkeit und

Barmherzigkeit erleben und schenken können, dann sind wir schon mitten in der Erfüllung.

Mt 5,9 Die friedfertig im Sinne von „zum **Frieden** fertig und bereit gemacht" sind, zum Frieden anstiften und Frieden machen, die werden als Töchter und Söhne Gottes SEIN verantwortliches Gegenüber sein. In Gottes Reich erwachsen werden ist ein Lebensprogramm. Es umfasst und durchdringt das Handeln der Menschen, wie Gottes „Schalom" umfassend ist. Dieses hebräische Wort für Frieden meint nicht nur die Abwesenheit von Krieg und deshalb die Wahrung der Lebensgrundlagen. Schalom meint Glück: Zufriedenheit, Gesundheit, Einverständnis unter den Menschen und Völkern und Einklang mit dem eigenen Herzen – das Einssein mit Gott, den anderen und sich selbst. Dieses Glück gründet im Heil Gottes und ist heilvolle Erwartung für die Zukunft. Dieses umfassende Glück wird im AT mit dem Kommen des Messias verbunden. Die Prophetie des Jesaja wurde über seine Zeit hinaus messianisch gedeutet. Jesus tritt diese „Herrschaft" nun an.

Jes 9,4ff … denn jeder Stiefel, der mit Gedröhn daher geht, und jeder Mantel, durch Blut geschleift, wird verbrannt und von Feuer verzehrt. Denn uns ist ein Kind geboren, ein Sohn ist uns gegeben, und die Herrschaft ruht auf seiner Schulter. Und er heißt Wunder-Rat, Gott-Held, Ewig-Vater, Friede-Fürst, auf dass seine Herrschaft groß werde und des Friedens kein Ende …

Wer in den Herrschaftsbereich dieses Messias gehört, wird sich vom Frieden schaffenden Gott und SEINEM Jesus prägen lassen. Gottes Kinder investieren in den Frieden und lernen, wie Frieden geht. Sie springen für das Licht seiner Worte über ihren eigenen Schatten. Dass sie sich von „Feindbildern" verabschieden müssen, wird Jesus noch weiter ausführen (↗ Mt 5,43ff).

Mt 5,11f Die letzten beiden Seligpreisungen sagen das Glück an, wo Menschen ihr guter Ruf genommen und ihr Leben bedroht wird. Sie geraten in Leidensdruck, weil sie Weggefährten und Nachfolgerinnen Jesu sind und im Geist der Bergpredigt ihr Leben gestalten. Ihr Einsatz für Gerechtigkeit ruft Widerstand hervor. Sie werden hier ganz persönlich angesprochen. Der Weg, den sie gehen müssen, folgt dem, der selbst das Leid nicht scheuen wird. Gott wird diesen Weg bestätigen, und das zählt am Ende und darüber hinaus.

Der Messias sagt mit den Seligpreisungen Gottes Glück an. Gleichzeitig würdigt er, was wirklich glücklich macht: Glücklich sind, die wahrnehmen, dass sie mit leeren Händen vor Gott stehen. Denn Gott wird ihnen SEINE Welt, SEINE Gegenwart schenken. Glücklich sind, die ihre Trauer leben, denn sie werden Gottes Trost erleben. Was für ein Glück haben die, die auf Gewalt verzichten, denn ihnen wird einst die ganze Erde gehören! Glücklich sind die Menschen, die sich nach gütiger Gerechtigkeit sehnen, denn Gottes Art von Gerechtigkeit ist nicht mehr aus der Welt zu schaffen. Was für ein Glück haben die, die ihre armen Herzen im Schoß der Güte Gottes bergen! Sie werden Gottes Erbarmen spüren und so mit sich selbst und anderen umgehen. Glücklich sind die, die sich ein ungeteiltes Herz von Gott schenken lassen. Sie werden das größte Glück mit eigenen Augen sehen. Glücklich sind die, die zum Frieden bereit sind, denn sie werden von Gott mit Verantwortung für SEINEN Schalom beschenkt. Glücklich sind die, denen Gottes Sache wichtiger ist als ihr guter Ruf und ihre Freiheit. Ihnen gehört jetzt schon das Wichtigste im Leben und im Sterben. Glücklich sind die, die um Jesu willen alles verlieren, denn Gott wird alles zum Gewinn machen.

Die unerwartete Würdigung geht weiter: Salz und Licht Mt 5,13–16

13 „Ihr seid das Salz der Erde. Wenn nun das Salz fade wird, womit
soll man salzen? Es ist zu nichts mehr zu gebrauchen, als dass man es
wegschüttet und es von den Leuten zertreten lässt. 14 Ihr seid das Licht
der Welt. Eine Stadt, die auf einem Berg liegt, kann nicht verborgen bleiben.
15 Man zündet auch nicht ein Licht an und setzt es unter einen Eimer
(wörtl.: Scheffel, ein Maß für Getreide), sondern auf einen Leuchter.
So leuchtet es allen im Hause. 16 So lasst euer Licht leuchten vor den
Leuten, damit sie eure guten Werke sehen und euren Vater im Himmel
glänzen lassen."

Dass Jesus Glück ansagt, wo Menschen es noch nicht sehen und spüren, wird jetzt noch einmal zu einer großen Zusage für die, die Jesus nachfolgen, und für alle, die nicht genug von ihm bekommen. Jesus sieht in ihnen das „Salz der Erde" und „das Licht der Welt". Das ist die Überschrift, die Jesus über ein Menschenleben angesichts des Gottesreichs schreibt. Das ist für viele Menschen unfassbarer und schwerer anzunehmen als hohe moralische Forderungen: es einfach zu sein!

Im damals gewonnenen Salz waren viele organische Stoffe enthalten, die tatsächlich schlecht werden konnten. Aber das Ziel der Worte Jesu ist nicht, darüber zu grübeln, warum und wann Salz unbrauchbar wird. Das Salz gehört in die Suppe! Sein Licht nicht „unter den Scheffel“ stellen! Darum geht es. Wer gar nicht anders kann, als sein Leben passend zum kommenden Reich Gottes zu gestalten, macht diese Welt hell. Dieses Licht macht die Welt durch-sichtig und transparent: Es wird sichtbar, dass Gott in ihr ist. Der Lichtschein des Reiches Gottes und seines Messias fällt auf die Menschen, und sie spiegeln es zurück. Das ist das Vorzeichen vor der ethischen Weisung, die nun folgt. **Christliche Ethik ist „Weil-Ethik“**. Sie folgt aus dem Zuspruch Gottes. Sie folgt aus dem geschenkten Glück des Messias. Sie ist das Verhalten, das passend ist, **weil** der Himmel da ist – **nicht**, **damit** wir in den Himmel kommen.

Das Herz der Welt Gottes – verwurzelt in der Liebes-Gerechtigkeit Gottes Mt 5,17–20

17 „Meint nicht, dass ich gekommen bin, um das Gesetz oder die
Propheten (, die Geltung des Ersten Bundes, des AT) aufzulösen! Ich bin
nicht gekommen, um aufzulösen, sondern um zu erfüllen. 18 Denn da-
rauf könnt ihr euch verlassen (wörtl.: amen, ich sage euch): Bis Himmel
und Erde vergehen, wird nicht der kleinste Buchstabe noch ein Pünkt-
chen vom Gesetz vergehen, bis alles geschieht. 19 Wer nun eins von
diesen kleinsten Geboten auflöst und die Leute so lehrt, der wird der
Kleinste genannt werden im Himmelreich, wer es aber tut und lehrt,
der wird groß genannt werden im Himmelreich. 20 Denn ich sage euch:
Wenn eure Gerechtigkeit nicht besser ist (überfließt aus einer anderen
Quelle) als die der Schriftgelehrten und Pharisäer, so werdet ihr nicht in
das Himmelreich kommen.“

Das Herz der Welt Gottes ist wie SEIN Messias im AT verwurzelt und pulsiert seitdem in SEINER gütigen Gerechtigkeit (↗ Mt 5,6), SEINER Liebes-Gerechtigkeit. Was das ganze Evangelium prägt, wird noch einmal grundsätzlich klargestellt: Jesus steht voll und ganz auf dem Boden des AT. Sein Reden und Handeln verstehen sich nicht von selbst, sondern nur vom Handeln Gottes im AT her. Wie er konkret „das AT erfüllt“, wird er im Folgenden zeigen. Zusammengefasst sieht er „das Gesetz“ in der „Goldenen Regel“: „Alles nun, was ihr wollt, dass euch die Leute tun sollen, das tut ihr ihnen auch, denn das ist das Gesetz und die Propheten“ (↗ Mt 7,12). Die Linie für das gesamte Verstehen gibt er

Doppelgebot der Liebe
↗ Mk 12,28–34

im „Doppelgebot der Liebe“ (Mt 22,36–40) vor: „‚Du sollst Gott, deinen HERRN, lieben, mit deinem ganzen Herzen und mit deiner ganzen Seele und mit deinem ganzen Gemüt.‘ Das ist das erste und größte Gebot. Ein anderes aber ist genauso wichtig: ‚Du sollst deine(n) Nächste(n) lieben wie dich selbst‘. An diesen zwei Geboten hängt das ganze Gesetz und die Propheten.“

Mt 5,20 macht eine Ansage, wer ins Himmelreich kommt. Nach Mt 5,3 kommen die „geistlich Armen“ hinein, Menschen, die mit leeren Händen vor Gott stehen. Wenn das die Suchrichtung für das ist, was unter „besserer Gerechtigkeit“ zu verstehen ist, ist nicht an eine Ethik gegenseitiger Überbietung zu denken. Dann kann die „bessere Gerechtigkeit“ als anderes Wort für „transparent leben“ verstanden werden. Es geht nicht um die eigene moralische Qualität, sondern um die totale Angewiesenheit auf Gott, DER dann durch das Handeln der Menschen durchscheint (↗ Mt 5,16). **Dann ist die Bergpredigt eine Anleitung, transparent zu leben.** Das sieht dann so aus, wenn Jesus loslegt:

Von der Würde des Lebens und Vergebens Mt 5,21–26

21 „Ihr habt gehört, dass zu den Alten gesagt ist: ‚Du sollst nicht töten‘ (in den Zehn Geboten: Ex 20,13). Wer aber tötet, wird dem Gericht
verfallen sein.
22 Ich aber sage euch: (Schon) wer auf seine Schwester oder seinen Bruder zornig ist, ist dem Gericht verfallen (auch: wird im Gerichtsverfahren festgehalten). Wer aber zu seinem Bruder sagt: ‚Du Idiot‘, der ist des Hohen Rats schuldig. Wer aber sagt: ‚Du Nichtsnutz‘, der ist des höllischen Feuers schuldig.

23 Darum: Wenn du deine Opfergabe zum Altar bringst und dort fällt dir ein, dass dein Bruder oder deine Schwester etwas gegen dich hat,
24 so lass deine Gabe dort vor dem Altar und geh zuerst hin und versöhne dich mit deinem Bruder oder deiner Schwester, und dann komm zurück und bringe dein Geschenk dar.
25 Einige dich schleunigst mit deinem Prozessgegner, solange du noch mit ihm auf dem Weg zur Verhandlung bist, damit dich der Gegner nicht dem Richter übergebe und der Richter dem Gerichtsdiener und du ins Gefängnis geworfen wirst.
26 Amen, ich sage dir: Du wirst nicht von dort herauskommen, bis du auch den letzten Cent bezahlt hast.“

Das berühmte Gebot „Du sollst nicht töten“ (Ex 20,13) gilt als eine Leitplanke in Grenzsituationen des Lebens. Aber wann kommt ein Durchschnittsmensch schon einmal in die Situation, jemanden tatsächlich ermordet zu haben!? Auch seine damaligen Zuhörer waren wohl eher stolz darauf, dass so etwas bei ihnen nicht vorkam. Jesus macht deutlich, dass es hier nicht um Ausnahmesituationen geht. **Er holt das Gebot von den Rändern des Lebens in die Mitte des Alltags.** Es betrifft schon eine Herzenshaltung, die die Würde der anderen nicht achtet. Das ist der Anfang, der tödliche Konsequenz hat!

Dabei liegt Jesus in der Linie des AT, das z. B. mit der haarsträubenden Geschichte von Nabots Weinberg (1. Kö 21) auch zeigt, dass Töten aus Gier schon beim Habenwollen anfängt. Auch dass die Bitte um einen Neuanfang mit Gott durch Opfer nicht zu Unversöhnlichkeit passt, ist schon im AT (Hos 6,6) klar.

Selbst wenn die Feindseligkeit vom anderen ausgeht – kümmere dich darum! Ein weiteres Beispiel: Ein Vergleich bei einem Streit ist die bessere Lösung als ein Gerichtsurteil, dessen Ausgang ungewiss ist. Wer unbedingt Recht haben will, muss unter Umständen teuer bezahlen. Auf jeden Fall ist die Wahrung der Würde wichtiger, als „es dem anderen zu zeigen“.

Von der Würde der Gedanken Mt 5,27–30

27 „Ihr habt gehört, dass gesagt ist: ‚Du sollst nicht ehebrechen‘ (in
den Zehn Geboten, Ex 20,14). 28 Ich aber sage euch: Wer eine Frau an-
sieht, um sie zu begehren (auch: für seine Begierde haben zu wollen),
der hat schon mit ihr die Ehe gebrochen in seinem Herzen. 29 Wenn dir
aber dein rechtes Auge zur Falle wird, so reiß es aus und wirf es von dir.
Es ist besser für dich, eins deiner Gliedmaßen zu verlieren, als dass dein
ganzer Leib in die Hölle geworfen werde. 30 Wenn dir deine rechte Hand
zur Falle wird, so hau sie ab und wirf sie von dir. Es ist besser für dich, eins
deiner Gliedmaßen zu verlieren, als dass dein ganzer Leib in die Hölle
kommt.“

Von der Achtung der Würde der Frau in alttestamentlicher Zeit ist zur Zeit Jesu nicht mehr viel zu spüren. Es kursierten pharisäische Anweisungen, möglichst kein vernünftiges Wort mit ihnen zu sprechen. Am Anfang der Schöpfung als Gegenüber des Mannes geschaffen – das ist die Bedeutung der Erschaffung aus der „Rippe“ des Mannes – wurden

Frauen zu einem Besitz. Frauen waren in der gesellschaftlichen Achtung weit unten. Radikal geht Jesus Gedanken an, die darauf zielen, eine verheiratete Frau „haben“ zu wollen und damit in der damaligen Zeit ihr Leben zu zerstören. Radikal kommt vom lateinischen Wort radix, das Wurzel bedeutet. Er geht mit seinen Worten an die Wurzeln des Wollens, an die Disziplin der Gedanken. Er fordert eine Wurzelbehandlung des Herzens – insofern **radikalisiert er das Gebot** „du sollst nicht ehebrechen“. Jesus wählt die „Selbstverstümmelung“ als überspitztes und symbolisches Sichtbarmachen der unsichtbaren Gedanken und ihrer bis ins letzte Ende vernichtenden Konsequenzen. Jesus verwehrt den Männern, eine Frau zum Objekt ihrer Begierde zu machen.

Eine Beispielgeschichte dafür im AT ist König Davids Habenwollen der verheirateten Bathseba, das tödliche Folgen hat (2. Sam 11f). Bei aller eigenen Verantwortung geht es auch um die Bitte des Ps 51: „Schaffe in mir, Gott, ein reines Herz“ (↗ Mt 5,8).

Von der Würde der Wehrlosen Mt 5,31–32

31 „Es ist auch gesagt (Dtn 24,1): ‚Wer seine Frau entlassen will, der
soll ihr einen Scheidebrief geben.‘ 32 Ich aber sage euch: Wer seine Frau
entlässt, es sei denn wegen Unzucht (griech.: porneia, auch: sexuelle
Perversion, sexuelle Zerrüttung, außereheliche Sexualität), der bewirkt,
dass sie die Ehe bricht, und wer eine Entlassene heiratet, der begeht
Ehebruch.“

Ehe und Ehescheidung
↗ auch Mk 10,1–12

Das Wort Jesu läuft auf eine Aufhebung des Scheidungsrechts (Dtn 24,1–4) hinaus. Eine Frau konnte damals nicht als Single leben. Das hätte ihren sozialen Tod bedeutet. Der ursprüngliche Sinn der Scheidung war eine soziale Maßnahme, nämlich die Frau zu schützen und ihr ein minimales Recht zu geben: nicht ehelos bleiben zu müssen, sondern eine neue Ehe eingehen zu dürfen. Die Möglichkeit einer Scheidung war in ntl. Zeit zu einer Praxis der nichtigen Anlässe verkommen. Es gab Auslegungen dieses atl. Rechts, die es ermöglichten, eine Frau nach Lust und Laune wieder nach Hause zu schicken. Jesus verwehrt es den Männern, eine Frau zum Spielzeug ihrer Launen zu machen. Er schützt die Würde der Frau in der Gesellschaft seiner Zeit. Das schwächere Glied in der Beziehung damals wird vor der Willkür des Stärkeren geschützt.

Für Jesus ist die Heilige Schrift des AT dabei keine formal unangreifbare Autorität, sondern sie verweist auf den dahinter liegenden Willen Gottes. Angesichts des kommenden Gottesreichs **lässt er die Ursprünglichkeit des Willens Gottes im AT aufleuchten**: gar keine Scheidung, mit der sich die damaligen Männer schmerzlos aus der Affäre ziehen können! Die Ehe wird von Jesus als eine lebenslange Verantwortungsgemeinschaft gewürdigt. Dieser wunderbare Wille Gottes ist aber kein neues Gesetz, unter dem Menschen zerbrechen sollen.

Schon damals wurden in der Urgemeinde Ausnahmen gemacht. Wiederheirat Geschiedener war deshalb verboten, weil Scheidung überhaupt nur wegen „porneia" möglich war – illegitimem und vergötzendem Ausleben von Sexualität. Aus anderem Grund Geschiedene gab es wohl nicht. Mit ihnen sollte keine neue Ehe eingegangen werden. So sollte diese Regel ein Schutz sein, der die Würde der Ehe bewahrte.

Von der Würde der Worte Mt 5,33–37

33 „Ihr habt weiter gehört, dass zu den Alten gesagt ist (Lev 19,12;
Num 30,3): ‚Du sollst keinen Meineid schwören und sollst halten, was du
dem Herrn versprochen hast.' 34 Ich aber sage euch: Schwört überhaupt
nicht! Weder beim Himmel, denn er ist Gottes Thron, 35 noch bei der
Erde, denn sie ist der Schemel seiner Füße, noch bei Jerusalem, denn sie
ist die Stadt des großen Königs, 36 noch beim (eigenen) Kopf, denn du
kannst kein einziges Haar weiß oder schwarz machen. 37 Euer Wort soll
sein: Ja, ja – nein, nein. Jedes Wort mehr stammt vom Bösen."

Im AT dient das Schwören der Wahrheitsfindung bei Gericht und bei Gelübden. Das Schwören zur Zeit Jesu war dagegen eine Art Mode. Man schwor beim Tempel und dessen Gold, beim Altar und dessen Opfer, beim Himmel und der Erde, beim Leben eines Menschen ... Wahrheit war inflationär geworden. In der Welt Gottes sollen sich Menschen aufeinander verlassen können. In der Welt Gottes geht es darum, die Wahrheit zu sagen und Gott die Bestätigung zu überlassen. Ein Ja soll ein Ja sein und ein Nein ein Nein. **Es geht darum, authentisch zu leben.**

Wenn die staatliche Rechtsordnung heute Formen braucht, um eine Aussage wie im AT rechtlich zu sichern, werden Christen nicht im Namen Gottes schwören. Christliche Gemeinschaften, die den Eid verweigern, erinnern immer wieder auf unbequeme Weise an die Worte Jesu auch in Bezug auf den Staat.

Von der eigenen Würde Mt 5,38–42

38 „Ihr habt gehört, dass gesagt ist (Ex 21,24): ‚Auge um Auge, Zahn
um Zahn.' 39 Ich aber sage euch: Setzt dem Bösen keinen Widerstand
entgegen: Wenn dich jemand auf deine rechte Wange schlägt, dem halte
auch die andere hin. 40 Und wenn jemand mit dir prozessieren und dir
dein Hemd nehmen will, dem lass auch den Mantel. 41 Und wenn dich
jemand zwingt (auch: zwangsverpflichtet), eine Meile mitzugehen, dann
geh mit ihm zwei. 42 Gib dem, der dich bittet, und weise den nicht ab,
der etwas von dir leihen will."

Das Prinzip, Gleiches mit Gleichem zu vergelten, auch Talionsprinzip genannt, ist kein atl. Rachewort. Im Gegenteil: Es war ein Lebensrecht nach dem Grundsatz der ausgleichenden Gerechtigkeit. Es war eine soziale Wohltat, weil Rache begrenzt wurde. Die Strafe durfte also nicht über die Tat hinausgehen. Die Wiedergutmachung geschah in der Praxis durch Geldzahlungen. Jesus sagt: „nicht der bösen Tat, dem Unrecht, Widerstand leisten". Das heißt: Es geht um die Bereitschaft, dem Bösen nicht mit Bösem und Gewalt zu begegnen, sondern die Gewalt ins Leere laufen zu lassen. Es geht um die Bereitschaft, neues Handeln zu ermöglichen: Güte statt Gewalt. Aus der Kraft der Güte kreativ handeln. **Auf die Kraft der Würde vertrauen …**

Beim Schlagen: Hier ist nicht an die uns bekannte „Ohrfeige" gedacht – sie würde, mit der rechten Hand ausgeführt, auf der linken Wange landen. Hier geht es um den Schlag mit dem Handrücken der rechten Hand. Er war Ausdruck von Demütigung, Beleidigung, Schmach. Das Hinhalten der anderen Wange lässt den Schlag des Gewalttäters und Menschenverächters ins Leere laufen und stellt ihn bloß.

(Probieren Sie es aus, einen verächtlichen Schlag mit dem Rücken der rechten Hand zu platzieren, wenn nach dem ersten Schlag auf die rechte Wange die linke Wange hingehalten wird. Dann würde der Schlag ins Leere laufen. Dann müssen Sie Ihre Position wechseln! Bei der Anweisung Jesu besteht also die reelle Chance, dass der Schläger ins Nachdenken kommt …)

Beim Pfänden: Nach Ex 22,25f wurde der wertvolle Mantel, die Decke des Armen in der Nacht, erst nach dem Unterkleid gepfändet und musste am Abend wieder zurückgegeben werden! Bei einem Prozess unter Menschen, die ihre Bibel kennen, kann die Aktion an das Gewissen des Prozessgegners appellieren. Vielleicht erinnert er sich an das

Armenrecht seiner heiligen Schrift?! Vielleicht denkt er daran, wie Gott ihn sieht, der die Armen liebt?

Bei der zweiten Meile: Bei Truppenbewegungen konnte man von der Besatzungsmacht, den Römern, zwangsverpflichtet werden, das eigene Lasttier oder den eigenen Körper zur Verfügung zu stellen. Die zweite Meile ist die einzige, kluge Möglichkeit in einer Zwangssituation, in der jemand keine Wahl zu haben scheint, dennoch eine freie Entscheidung zu treffen. Durch die zweite Meile bewahrt sich der Mensch einen Spielraum für eigenes Handeln. Er bleibt auch unter Zwang frei und zeigt seine Würde. Vielleicht beeindruckt das den Unterdrücker, und der kann diesen Menschen als Menschen erkennen?!

Beim Verleihen: Zur Zeit Jesu lieh man nur nichtjüdischen Mitbürgern Geld. Es war verboten, von anderen Juden Zins zu nehmen (Ex 22,24). Arme bekamen gar nichts geliehen. Die Besitzenden mahnt Jesus, anderen auszuleihen, was sie brauchen. Eigenes loslassen ist aktive Güte, die dem anderen die Würde des Zurückzahlens lässt.

Hier wird also weder Gegengewalt propagiert noch ein einfaches Geschehen-lassen. Es geht nicht darum, „sich alles gefallen zu lassen“! Jesus will erfinderisch machen. Er baut auf Gewaltüberwindung in der Linie des Liebesgebotes (↗ Mt 5,17–20). Seine Worte sollen kreative Handlungsmöglichkeiten freisetzen. Es geht um die innere Freiheit zu anderem Handeln ohne Verbitterung. Es geht um die eigene Würde und dadurch um den Appell an die Würde der anderen.

Von der Würde der Feinde Mt 5,43–48

43 „Ihr habt gehört, dass gesagt ist: ‚Du sollst deinen Nächsten lie-
ben‘ (Lev 19,18) und deinen Feind hassen. 44 Ich aber sage euch: Liebt
eure Feinde und bittet für die, die euch verfolgen, 45 damit ihr Söhne
und Töchter eures Vaters im Himmel seid. Denn er lässt seine Sonne über
Böse und Gute aufgehen und lässt es regnen über Gerechte und Unge-
rechte. 46 Denn wenn ihr nur die liebt, die euch lieben, was habt ihr für
Lohn? Tun das nicht auch die Zöllner (,die damals als unmoralisch gal-
ten)? 47 Und wenn ihr nur zu euren Schwestern und Brüdern freundlich
seid, was tut ihr Besonderes (wörtl.: Überfließendes)? Handeln so nicht
auch die Heiden (, die für die Juden gesetzlose Menschen waren)? 48 Ihr
werdet nun so vollkommen (auch: wirksam, reif, ganz) sein, wie euer Va-
ter im Himmel vollkommen ist.“

Das Gebot der Nächstenliebe findet sich im AT (Lev 19,18). Die Auslegung dagegen, die „Nächsten" nur auf jüdische Mitbürger einzugrenzen, hatte sich zur Zeit Jesu eingespielt: Irgendwo muss es ja eine Grenze geben – z.B. gegenüber den Römern! Das zeigt die gängige menschliche Praxis. Jesus ent-grenzt das Gebot. Auch hier geht es wie bei der zweiten Meile (↗ Mt5, 38–42) um ein Heraustreten aus einer Situation, die keine Wahl zu lassen scheint. Feindschaft treibt in die Enge, macht starr vor Angst. Feindschaft kann ohnmächtig im Zorn machen oder in Zugzwang bringen, zurückzuschlagen. Sie fixiert das Leben, die Gedanken und Gefühle. Sie kreisen nur noch um den Feind oder die Feindin – was wird der oder die als Nächstes tun? Jesus ruft aus dem passiven Erleiden in aktives Tun. Statt sich Rachephantasien zu überlassen, die dann das Herz bestimmen, sollen wir diese Gedanken in gute Gebete verwandeln. Die machen uns unserer Würde bewusst. Die befreien von Feindbildern. Die befreien uns selbst. Statt in Angst vor möglichen Aktionen des Gegners zu leben, sollen wir uns überlegen, wie wir ihm Gutes tun könnten. Bei dieser „Liebe" geht es also nicht um ein romantisches Liebesgefühl, sondern um würdewahrendes Denken und Handeln.

Wie kommen wir da hin? An erster Stelle stehen Zuspruch und Geschenk (↗ Mt 5,13–16). Sie nehmen uns hinein in den Schutzraum des Be-Reiches Gottes. ER gönnt uns Glück. ER sorgt für uns (↗ Mt 6). Von diesem lebenschaffenden Raum aus wird es möglich, den „Feind" mit anderen Augen zu sehen – mit den Augen der Barmherzigkeit Gottes, DER uns genug zum Leben gönnt. Von der Fürsorge Gottes her haben wir etwas zu geben und zu „vergeben". So wird unser Tun Antwort auf Gottes Gerechtigkeit sein, also Antwort auf SEINE grenzenlose Liebe und Treue. Er kommt uns immer zuvor, bevor wir etwas tun. An SEINEM gütigen Handeln sollen wir uns orientieren. Es geht also nicht um eine „Überforderung" oder „Maximalforderung". Die Worte Jesu wollen uns einladen, uns der überströmenden und kreativen Liebesgerechtigkeit Gottes zu öffnen.

Bei der Feindesliebe bekommt es seinen tiefsten Sinn, dass die Weisungen Jesu nicht an Einzelpersonen gerichtet sind, sondern an die Gemeinschaft. Die ethische Weisung des Messias Jesus ist keine Ethik für fromme Individuen. Sie wird der Gemeinschaft der mit ihm Mitgehenden zugemutet, wie auch der Zuspruch der Gemeinschaft gilt. Jesus traut der „Gemeinde" derer, die ihm folgen, die Verwirklichung zu. **Es sind keine Forderungen, die jeder einzelne Mensch immer und in**

jeder Situation erfüllen muss. Die Bergpredigt ist eine **Gemeinde-Ethik** (Johannes de Graaf). Sie weist die Menschen, die Jesus folgen wollen, aneinander. Viele schwere Situationen lassen sich nicht alleine bestehen, sondern nur gemeinsam – im gemeinsamen Kreativwerden gegen Feindschaft, gemeinsamen Mittragen, Ertragen, füreinander Sorgen.

Bei der „Feindesliebe“ wird auch am deutlichsten, dass Liebe ins Leid führen kann. Der Ausgang muss nicht immer ein „Happy End“ bedeuten! Es gehört schon tiefes Vertrauen in Gottes Gerechtigkeit und Hilfe dazu, um Würde-Kraft zu wagen. Bei Jesus ist die Sache mit der Feindesliebe nicht gut ausgegangen! Aber er hat sie durchgehalten (↗ Mk 14,22–25).

Im „Gottesknechtslied“ Jes 50,6 steht: Meinen Rücken bot ich denen dar, die mich schlugen, und meine Wangen denen, die mich rauften …

Bei diesem großen Wagnis stehen alle zusammen: die Menschen, die sich auf die Person Jesu einlassen, und die Menschen, die sich auf die Ethik Jesu im Sinne einer Lebensweisheit einlassen. Wer Würde wagt und wahrt, verändert die Welt in Gottes Richtung.

„Feindesliebe“ ist zwar zunächst einmal kein politisches Programm. Es ist das „Programm“ der Gemeinde Jesu, die dazu einander helfen muss. Es verwirklicht sich in der Großherzigkeit derer, die sich dem anschließen. Es zeigt sich in der Kraft derer, die unermüdlich um Verständigung von Gruppen und Völkern im Sinne eines „Weltethos“ ringen. Aber diese Zellen tragen einen verändernden Keim in die Gesellschaft. Wo er Menschen ansteckt, kann die Spirale von Gewalt und Gegengewalt immer wieder durchbrochen werden, bis in die Weltpolitik hinein. Nur das hat Zukunft!

Denn: **Jesus lässt die Grenzenlosigkeit des Willens Gottes aufleuchten.** „Bessere Gerechtigkeit“ (↗ Mt 5,17–20) erkennt das an. Gottes Wille gilt nicht erst in Grenzbereichen. Er gibt keine Handlungsanweisungen, durch deren Befolgen wir uns doch wieder einen privaten Bereich schaffen, in dem wir uns Gott „vom Leibe halten“. Gottes gnädiger Heilswille reicht auch in die innersten Regungen, Gefühle und Phantasien. Jesu Auslegung zeigt die Totalität des Willens Gottes! „Pharisäische Theologie“ – die Theologie unseres menschlichen Herzens – will die Reichweite der Gebote Gottes durch möglichst lückenlose Auslegung so exakt wie möglich bestimmen. So will sie Sicherheit darüber gewinnen, dass sie nicht hinter den Forderungen Gottes zurückbleibt. Das Problem: Ist die Reichweite des Gesetzes bestimmt, ist auch eine Grenze festgelegt. Hinter dieser Grenze hat der Mensch seinen eigenen Willen! Jesus will die grundsätzliche und unbeschränkte Geltung des guten Gotteswillens veranschaulichen. Ziel ist bei alldem, dass Gottes Kommen in die Welt aufleuchtet. Das geschieht immer dort, wo SEINE Menschen SEIN Wesen widerspiegeln. Wo Gutes und Güte geschehen, wo SEINE geschenkte Würde die Gedanken, Worte und Taten seiner Menschen durchdringt, ist Menschsein „vollkommen“ im Einklang mit ihm. Da wird es das reife Menschsein, das Jesus vorlebt und verschenkt. Vollkommen sein und wirksam sein bedeutet dann aber auch, der Wirksamkeit Gottes ganz und gar zu bedürfen. Das eigene Herz wahrzunehmen im Spiegel der radikalen Würde und im Gottesglück bedeutet auch, „vollkommen“ die eigene Bedürftigkeit zu erkennen.

Hier stoßen wir auf eine grundlegende Auslegungsmöglichkeit der Bergpredigt – **die christologische Auslegung:** Die Bergpredigt zeigt neue Herzen einer neuen Schöpfung.

Sie weckt Sehnsucht danach, mit allem ins Reich Gottes zu passen. Wer sich mit all dieser Sehnsucht auf die Worte Jesu einlässt, erfährt auch die eigene Unfähigkeit, dem zu entsprechen. Die Bergpredigt ist deshalb auch immer ein Spiegel, in dem wir uns selbst erkennen (↗ Lk 6). Das ist nur auszuhalten, wenn wir das Richten ihm überlassen und nicht uns (↗ Mt 7,1). Sonst kann sie in Selbstanklage und Verzweiflung enden. Die Bergpredigt kann helfen, die tiefen Verästelungen von Selbstgerechtigkeit im eigenen Herzen zu erkennen und Gott um Wurzelbehandlung zu bitten. Der Trost der christologischen Auslegung: **Die Bergpredigt ist nicht vom Bergprediger zu trennen**. Er hat sein Leben in ihrem Geist gelebt und ist an der Feindesliebe gestorben. Wer an das Ende der Selbsttäuschung geführt wird durch diese Worte, ist beim Bergprediger Jesus richtig. Er behält die Gerechtigkeit, die er gelebt und gepredigt hat, nicht, um für sich selbst gerecht zu sein, sondern um sie zu verschenken (↗ Lk 6; Mk 14,22–25). So wird sie die Welt verwandeln.

Würdevolle Spiritualität Mt 6,1

1 „Seid achtsam (, wie ihr eure Spiritualität gestaltet): Lebt eure Gerechtigkeit nicht vor den Menschen, um von ihnen gesehen zu werden,

sonst habt ihr keinen Lohn bei eurem Vater im Himmel (– ihr habt geistlich nichts davon)."

Die „bessere Gerechtigkeit", die Gottes Liebesgerechtigkeit widerspiegelt (↗ Mt 5,17–20), wird konkret. Würdewahrende Gedanken und Taten kommen aus gelebter Spiritualität. Dazu gehören für Jesus als Jude selbstverständlich Spenden, Gebet und bewusster Verzicht. Glaube will gestaltet werden, sonst verkümmert er. Wer sich dabei nur „nach außen" auf die Wirkung konzentriert, verliert den inneren Halt und verkümmert mit. Spiritualität gestaltet sich durch:

Spenden Mt 6,2–4

2 „Wenn du nun Erbarmen praktizierst, sollst du es nicht vor dir aus-
posaunen lassen, wie es die Heuchler in den Synagogen und auf den
Straßen (in der Öffentlichkeit) tun, damit sie von den Leuten geehrt wer-
den. Ihr könnt sicher sein (wörtl.: amen, ich sage euch): Sie haben damit
ihren Lohn gehabt. 3 Wenn du dich erbarmst, soll deine linke Hand nicht
wissen, was die rechte tut, 4 damit deine Barmherzigkeit im Verborge-
nen bleibt, und dein Vater, der in das Verborgene sieht, wird es dir zu-
rückgeben."

Damals wurde mit Posaunen angekündigt, wenn jemand eine große Spende machen wollte. Andere sollten es nachmachen. Eigentlich eine gute Idee. Fundraising. Diese Taten der Barmherzigkeit waren damals das einzige soziale Netz. Und „Gutes tun steht jedem gut".

Geehrt werden spornt an. Der Posaunenstoß geht aber leicht nach hinten los. Applaus macht abhängig von Menschen. Die rechte Hand steht für die aktive Seite des Menschen, die Seite der Ehre. Die linke für die Seite der Stille, des Fühlens. Unsere aktive Seite soll selbstverständlich mit Geben auf die Güte Gottes antworten. Aber die andere Seite in uns soll davon nichts mitbekommen. Schon gar nicht durch Posaunen. Sie soll vor Gott leben und aus SEINEM Blick. Sie soll unabhängig davon bleiben, gesehen zu werden und Applaus zu bekommen. Radikal nur aus Gottes Blick leben geht nicht ins Leere. Gott gibt die Fülle. Aber eine Fülle, in der wir frei bleiben.

Beten Mt 6,5–15

5 „Und wenn ihr betet, sollt ihr nicht sein wie die Heuchler, die mit
Vorliebe in den Synagogen und an den Straßenecken stehen und beten,
damit sie von den Leuten beachtet werden. Amen, ich sage euch: Sie
haben damit ihren Lohn gehabt. 6 Du aber, wenn du betest, so geh in
deine Vorratskammer (weil es ansonsten nur einen Wohnraum für alle
gibt) und schließe die Tür zu und bete zu deinem Vater, der im Verborge-
nen ist; und dein Vater, der in das Verborgene sieht, wird es dir zurück-
geben. 7 Und wenn ihr betet, sollt ihr nicht viel plappern wie die Heiden
(die keinen einzigartigen Gott haben), denn sie meinen, sie finden Gehör
durch Geschwätzigkeit. 8 Macht es nicht genauso. Denn euer Vater weiß,
was ihr braucht, noch bevor ihr ihn bittet."

Öffentliche Beachtung kann mangelnde Selbstachtung nicht ausgleichen. Die stellt sich ein, wenn wir uns selbst vor Gott finden im Gebet: Nur, wer du allein vor Gott bist, bist du in Wirklichkeit. Die „Belohnung“ ist, dabei nicht dir selbst überlassen zu sein, sondern von Gottes gütiger Gegenwart umfangen und durchdrungen zu werden. Wie sich der „Lohn“ anfühlt, kann nur ausprobiert werden. Er geht über Worte hinaus.

Beten mit dem „Vater Unser" – die Mitte der Bergpredigt Mt 6,9–15

9 „Darum sollt ihr so beten: ‚Unser Vater im Himmel, geheiligt werde
Dein Name. 10 Dein Reich komme. Dein Wille geschehe wie im Himmel
so auf Erden. 11 Unser tägliches Brot gib uns heute. 12 Und vergib uns un-
sere Schuld, wie auch wir vergeben haben unseren Schuldigern. 13 Und
führe uns nicht in Versuchung, sondern erlöse uns von dem Bösen.‘ [Erst
spätere Handschriften fügen hinzu: Denn dein ist das Reich und die Kraft
und die Herrlichkeit in Ewigkeit. Amen.]

14 Denn wenn ihr den Menschen ihre Verfehlungen vergebt, so wird
euch euer himmlischer Vater auch vergeben. 15 Wenn ihr aber den Men-
schen nicht vergebt, so wird euch euer Vater eure Verfehlungen auch
nicht vergeben."

Der Name „Vater Unser“ für das Gebet Jesu gibt zwar die Reihenfolge der Worte im griechischen Text wieder, die entsprechende Übersetzung ist aber: „Unser Vater …“. Jesus schenkt uns seine persönliche Beziehung zu Gott, die sich in der Anrede „Vater“ verdichtet. Nicht unsere Erfahrung definiert dabei, was wahres Vatersein bedeutet, sondern an Gottes liebender Zuwendung muss sich alle Vaterschaft messen lassen. Gott sucht Verbündete. Im Gebet werden Menschen in die Kraft SEINER Wirklichkeit, der Gottesherrschaft, hineingezogen. Sie werden Teil des großen Projekts Gottesreich (↗ Mt 4,12–25). Sie lernen, in diesem Bereich zu leben und die ganze Erde mit einzubeziehen. Dabei werden die eigenen Bedürfnisse nicht übersehen. Das, was jeden Tag zum Leben notwendig ist, wird erbeten. Aber weil das Gebet um Gott geht, geht es nicht nur um uns, sondern um die Welt und alle Menschen. In diesem Gebet werden unsere tiefsten Beweggründe so verwandelt, dass wir ein Teil der Antwort werden, die Gott dieser Welt gibt. Zentrum der „Transformation“, der Gestaltarbeit an unserer Person, ist die Vergebung. Menschliche Taten wirken und bewirken etwas in der Welt. Schuld geht nicht einfach aus der Welt. Böses verpufft nicht einfach. Zerstörung wird nicht von alleine wieder gut. Das ist die tiefe Einsicht biblischen Denkens (↗ Lk 22,14–23). Menschen, die sich in den Strom des Gottesreichs, Gottes zur-Welt-Kommen, hineinstellen, spüren auch die Gegenströmung. Sie spüren, wo sie herausgezogen und gerettet werden müssen. Wer den Sog kennt und wie er das eigene Herz von Gott wegziehen kann, wird barmherzig anderen gegenüber.

Bedeutung einzelner Bitten
↗ Lk 11,1–13

Biblisches Denken ist dabei **nicht dualistisch** im Sinne der Annahme zweier gleich starker Kräfte: Gott und **das Böse** (↗ Lk 10,17–20). Glauben gibt es nur als Glauben an Gott, denn nur ER verdient das Vertrauen. Nur an IHN können und sollen Menschen ihr Herz hängen. Der, die, das Böse hat weder „Angesicht“ noch „Herz“, höchstens eine Fratze. Es ist auch keine gleichgewichtige Gegenkraft. Aber es wird wahr- und ernstgenommen um der Menschen Willen, die an ihm leiden und in ihm gefangen sind. Das Böse ist unerklärliches Rätsel, das in sein Unwesen verstrickt. Es wird am Ende von Gottes Liebe ganz gelöst werden. Gott ist unergründliches und bleibendes Geheimnis, weil das das Wesen der Liebe ist. ER verbindet und verbündet sich mit den Menschen. Welches Leid zur Schöpfung und ihrem Dunkel gehört und wo Böses wirkt, können wir Menschen kaum unterscheiden. Das ist demütig anzuerkennen und auszuhalten. Wir sind heute wieder feinfühlig dafür, dass sich Schuld und Böses in die ganze Schöpfung hinein auswirken, ohne dass wir die Zusammenhänge im Einzelnen ergründen könnten.

Vergebung annehmen und gewähren ist die Strömung Gottes, die die Welt durchdringen und erlösen will. Wer nur Vergebung nimmt, driftet aus dem lebendigen Fluss in abgestandene Gewässer, wo das Wasser „umkippt“. Davon erzählt Mt 18,23–35 in der Parabel vom hartherzigen Diener. Das Gebet im Fahrwasser Jesu bittet auch darum, nicht das volle Ausmaß der Schuld unserer Herzen und der Welt einsehen und ertragen zu müssen. Wie groß seine Angst ist, bevor er selbst dort hineinmuss, erzählt die Gethsemane-Geschichte (↗ Mk 14,32–42). Deshalb bitten wir, es mit den Auswirkungen von Bösem und Schuld nicht selbst aufnehmen zu müssen. Jesus hat das getan. Das genügt für alle Ewigkeit.

Also, ganz persönlich beten und vom Egoismus erlöst werden. Ganz heimlich beten und auf Gottes öffentliche Wirkung in der Welt aus sein. Ganz kindlich beten und erwachsen werden in Gottes Perspektive für die Welt: Unser Vater im Himmel – DU, unsere tiefste Geborgenheit, wir haben Ehrfurcht vor DEINEM rettenden Namen und wollen DEIN Wesen in die Welt tragen. Die Kraft DEINER Güte soll sich durchsetzen, die ganze Welt ausfüllen und alles neu machen. DEIN Wille voller Würdekraft soll die alles bestimmende Wirklichkeit sein. Gib uns heute, soviel wir brauchen, damit wir dir auch morgen vertrauen. Lass uns eintauchen in den Strom DEINER Vergebung, sodass wir auch etwas zu vergeben haben. Lass nicht zu, dass die Beziehung zu DIR zerstört wird, und rette uns aus der Macht all dessen, was uns von DIR wegziehen will. DIR und DEINER weltbewegenden Würde wollen wir Gewicht geben und alle Ehre!

Fasten Mt 6,16–18

16 „Wenn ihr fastet, setzt keine Trauermine auf wie die Heuchlerinnen
und Heuchler, denen ihr Verzicht ins Gesicht geschrieben steht, um sich
vor den Leuten zu zeigen mit ihrer Enthaltsamkeit. Amen, ich sage euch:
Sie haben damit schon ihren Lohn. 17 Wenn du aber fastest, so pflege
dich und wasche dein Gesicht, 18 damit du dich nicht vor den Leuten
zeigst mit deinem Fasten, sondern vor deinem Vater im Verborgenen.
Und dein Vater, der in das Verborgene sieht, wird es dir zurückgeben.“

Jesus kritisiert nicht, dass Menschen fasten, um einzuüben, worauf es im Leben wirklich ankommt. Er korrigiert die Zielrichtung: nach innen, nicht nach außen soll das Fasten wirken. Fasten stellt auch gut situierte Menschen an die Seite derer, die Tag für Tag um ihr Auskommen bangen. Dort gehören wir vor Gott hin. Als Menschen sind wir bedürftig und angewiesen auf Gottes Fürsorge. Im „Kirchenjahr“ der Christinnen und Christen heute sind die Passionszeit und die Adventszeit solche festgelegten Unterbrechungszeiten. Bewusst auf etwas verzichten hilft zu spüren, dass ich mein Leben nicht durch eigene Leistung erhalten kann.

Vertrauen Mt 6,19–34

19 „Hortet nicht Schätze auf Erden, wo Motten und Wurmfraß sie zer-
stören und wo Diebe einbrechen und stehlen. 20 Sammelt euch lieber
Schätze im Himmel, wo sie weder Motten noch Wurmfraß zerstören und
wo die Diebe nicht einbrechen und stehlen. 21 Denn wo dein Schatz ist,
da wird auch dein Herz sein.

22 Die Leuchte des Leibes ist das Auge. Wenn dein Auge aufrichtig ist,
so wird dein ganzer Leib leuchtend sein. 23 Wenn aber dein Auge böse
ist, so wird dein ganzer Leib finster sein. Wenn nun das Licht, das in dir
ist, Finsternis ist, wie groß ist dann die Finsternis!

24 Niemand kann zwei Herren dienen: Entweder wird er den einen
zurückstellen und den andern lieben, oder er wird an dem einen hängen
und den anderen geringschätzen. Ihr könnt nicht Gott dienen und dem
Mammon (auch: Reichtum, mit dem Beiklang dämonischer Kraft).

25 Darum sage ich euch: Sorgt nicht um euer Leben, was ihr esst oder
trinkt, auch nicht um euren Leib, was ihr anziehen werdet. Ist nicht das
Leben mehr als die Nahrung und der Leib mehr als die Kleidung? 26 Seht
die Vögel des Himmels an: Sie säen nicht, sie ernten nicht, sie sammeln
nichts in die Scheunen, und euer himmlischer Vater ernährt sie doch!
Seid ihr denn nicht viel mehr wert als sie? 27 Wer von euch kann durch
seine Sorgen seine Lebenszeit auch nur um eine Spanne verlängern?
28 Und warum sorgt ihr euch um die Kleidung? Lernt von den Feldblu-
men, wie sie wachsen: Sie arbeiten nicht, sie spinnen nicht. 29 Ich sage
euch aber, dass nicht einmal Salomo in all seiner Herrlichkeit gekleidet
gewesen ist wie eine von ihnen.

30 Wenn nun Gott schon das Gras auf dem Feld, das heute steht und
morgen in den Ofen geworfen wird, so kleidet: Sollte er das nicht viel
mehr für euch tun, ihr klein Glaubenden?

31 Sorgt euch also nicht und sagt: ‚Was werden wir essen? Was wer-
den wir trinken? Womit werden wir uns kleiden?‘ 32 All das nämlich füllt
das Sehnen der Heiden aus (, der Menschen, die keinen EINZIGARTIGEN
Gott haben). Euer himmlischer Vater weiß doch, dass ihr das alles braucht.

33 Sucht zuerst Gottes Reich und SEINE Gerechtigkeit, so wird euch das
alles dazu gegeben. 34 Sorgt euch also nicht um morgen, denn der mor-
gige Tag wird für sich selbst sorgen. Jeder Tag hat genug eigene Plage."

Jesus gibt Lebenshilfe, weil er das Leben kennt. Er war als ältester Sohn mitverantwortlich für den Existenzkampf einer mindestens achtköpfigen Familie (↗ Mk 6,3). Er kannte Zeitdruck, Konkurrenzkampf, ungerechte Behandlung durch Vorgesetzte, harten Umgangston am Arbeitsplatz, Versagensangst (↗ Mt 3, Einleitung). Josef und er hatten keine Arbeitsunfähigkeitsversicherung, von Kranken- oder Rentenversicherung ganz zu schweigen. Mitten in diesem harten, ungesicherten Leben, dessen Plage er kennt, wagt er die Ansage, „keine Schätze zu sammeln" und nicht zu sorgen. Jesus stellt die Frage: Wie oft wird das Heute erdrückt unter dem kreisenden Planen und Entwerfen der Zukunft in Gedanken? Was ist, wenn …? Jesus schenkt Lebensweisheit: Das liegt nicht in deiner Verfügung! Aber das Jetzt ist zu gestalten. Was ist heute dran? Was ist zu tun? Was ist zu lassen? Was ist so anzunehmen, wie es ist? Was muss sich jetzt ändern? Das Heute ist deine geschenkte Gotteszeit! Sie gehört dir. Du gehörst Gott. Das genügt. Dann hast du sinnvoll gelebt, egal wieviel Zukunft dir bleibt. Sonst wirst du im Rückblick fragen: Wann habe ich eigentlich gelebt?

Licht in uns
↗ **Lk 11,33–36**

Mt 6,22–23 Und wie nebenbei fragt Jesus auch: Was bringt dich zum Strahlen? Das, womit du dich in Szene setzen kannst? Was gibt dir Sicherheit? Das, was du „verdient" hast und auf dein Konto buchen kannst?

Wer sich dem Strom der Gottesherrschaft anvertraut, dem strömt das Leben zu.

Selbsterkenntnis Mt 7,1–5

1 „Richtet nicht, damit ihr nicht gerichtet werdet. 2 Denn mit dem
Urteil, das ihr (über andere) fällt, werdet ihr gerichtet werden, und mit
dem Maß, mit dem ihr messt, werdet ihr gemessen werden. 3 Was siehst
du aber den Splitter im Auge deines Bruders oder deiner Schwester und
nimmst den Balken in deinem Auge nicht wahr? 4 Oder wie kannst du zu
deinem Bruder sagen: Lass mich den Splitter aus deinem Auge ziehen,
und schau, ein Balken (steckt) in deinem Auge?! 5 Du Heuchler, zieh zu-
erst den Balken aus deinem Auge, danach siehst du, wie du den Splitter
aus dem Auge deines Bruders oder deiner Schwester ziehen kannst."

Beim „Richten" wird der Strom der vertrauenden Lebenshaltung verlassen. Ständiges Beurteilen und Bewerten bedeutet, einen Platz oberhalb oder außerhalb der Gemeinschaft einzunehmen. Dieser Platz steht keinem Menschen zu. Eine sich selbst und andere beurteilende und vergleichende Lebenshaltung sieht dem Leben nur noch zu. Sie macht einsam. Sie spürt sich selbst nicht mehr. Sich selbst und andere Gottes Beurteilung zu überlassen, heilt vom Leben im Vergleichen. Es hilft, einfach wahrzunehmen, was ist. Ein Üben dieser Lebenshaltung ist die Grundlage dafür, auch einmal kritische Dinge anzusprechen. Dabei geht es dann nicht um ein Urteil über eine Person, sondern um konkrete Verhaltensweisen. Dann wird im Miteinander etwas geklärt – im Bewusstsein der Bedürftigkeit der anderen und des eigenen Herzens.

Selbstschutz Mt 7,6

6 „Gebt das Heilige nicht den Hunden und werft auch nicht eure Perlen vor die Säue, damit die sie nicht zertreten mit ihren Füßen und sich umwenden und euch zerreißen."

Vielleicht bedeutet dieses Wort: Bei aller verströmenden Hingabe dürft ihr euch auch schützen. Ihr müsst euch niemandem aufdrängen!

Bitten Mt 7,7–11

7 „Bittet, so wird euch gegeben, sucht, so werdet ihr finden, klopft
an, so wird euch aufgemacht. 8 Denn jeder, der bittet, empfängt, und
wer sucht, findet, und wer anklopft, dem wird geöffnet. 9 Oder gibt es
irgendjemand unter euch Menschen, der seinem Sohn, wenn er ihn um
Brot bittet, einen Stein geben würde? 10 Oder, wenn er ihn um einen
Fisch bittet, eine Schlange gäbe? 11 Wenn nun ihr, die ihr doch (im Prinzip auch) böse seid, dennoch euren Kindern gute Gaben geben könnt, wie viel mehr wird euer Vater im Himmel Gutes denen geben, die ihn bitten!"

Das Bild vom Anklopfen zeigt, dass es beim Bitten Gott gegenüber nicht um wahlloses Fordern und Wünschen geht. Wer an eine Tür klopft, will eingelassen werden. Dass sich die Tür zum „Reich Gottes", zu SEINER Welt, öffnet, ist nicht selbstverständlich. Jesus verspricht:

Eintritt frei. Jesus scheint eine einzigartige Bevollmächtigung zu haben, in Gottes Namen zu sprechen. In den Bereich dieser Worte einzutreten, ist himmlisch. Suchen und Bitten werden darin gut.

Maßstab allen Handelns Mt 7,12

12 „Alles nun, von dem ihr wollt, dass es euch die Leute tun, das tut
ihnen auch! Denn das ist das Gesetz und die Propheten (in der Zusam-
menfassung)."

Die himmlische Güte fließt über in die Haltung und das Handeln anderen gegenüber. Der sprichwörtlichen Negation: „Was du nicht willst, dass man dir tut ..." setzt Jesus hier eine „Position" gegenüber, die handelt und nicht vermeidet. Ist ein hergebendes Herz nicht ein neues Herz?! Die „goldene Regel" jedenfalls lässt ein goldenes Herz erkennen. Mit diesem Vers kommt die „Gemeindeethik" zum Abschluss, die mit Mt 5,17 eingeleitet wurde. Die goldene Regel zeigt noch einmal die Auslegungsrichtung des „Gesetzes", das Jesus ganz erfüllt.

Goldene Regel ↗ auch Lk 6,31–38

Ermutigung, gegen den Strom zu schwimmen Mt 7,13–14

13 „Geht hinein durch das enge Tor. Denn das Tor ist weit und der
Weg ist breit, der ins Verderben führt, und viele gehen dort hindurch
und entlang. 14 Wie eng ist das Tor und wie schmal der Weg, der zum
Leben führt, und wenige sind es, die ihn finden!"

Mit diesen Versen beginnt der Schlussteil der Bergpredigt. Das Bild von den zwei Wegen hat Jesus nicht neu erfunden. In der zeitgenössischen jüdischen Literatur gibt es das kräftig ausgemalte Bild der zwei Wege, zwischen denen sich der Mensch entscheiden muss. Jesus verzichtet darauf. Es geht ihm um den Vergleich zwischen dem Vielen und dem Wenigen. Das kleine Törchen in der Stadtmauer wird nur von Wenigen benutzt. Die Mehrzahl benutzt das Stadttor mit den sich anschließenden Geschäftsstraßen. Er will seine kleine Anhängerschaft auf eine Minderheitensituation vorbereiten. Sie werden nie im „Mainstream" schwimmen. Denn die begeisterte Aufnahme seiner Botschaft wird von seinem grausamen Tod und der unglaublichen Nachricht von seiner Auferweckung durch Gott behindert werden – eine schwierige, „enge" Stelle, durch die der Glaube an ihn gehen muss. Dafür

Leidensansage und Unverständnis ↗ Mk 8, 31–33

brauchen seine Jüngerinnen und Weggefährten Trost und Mut. Den sagt Jesus hier an. Die kleine Schar der Anhänger Jesu sah sich einer geschlossenen Mehrheit des Volks gegenüber, die Jesus als Messias ablehnten. Sie mussten durch den schmerzhaften Prozess der Trennung hindurch. Damals dachten die Menschen stärker gemeinschaftsbezogen als heute. Aber eine Minderheitensituation kann bis heute Angst machen. Da hinein ergeht der Zuspruch, dass sie auf dem richtigen Weg sind. Jesus gibt hier kein Schema an die Hand, um die Menschen dahingehend einzuteilen, wer wohl „in den Himmel" kommt.

Ermutigung zur Wachsamkeit Mt 7,15–23

15 „Hütet euch vor den falschen Propheten, die im Schafspelz zu euch
kommen, im Innern aber beutegierige Wölfe sind. 16 An ihren Früchten
werdet ihr sie erkennen. Kann man denn Trauben vom Dornbusch ern-
ten oder Feigen von Disteln? 17 So bringt jeder gute Baum gute Früch-
te, aber ein morscher Baum bringt schlechte Früchte. 18 Ein guter Baum
kann keine schlechten Früchte bringen und ein morscher Baum kann
keine guten Früchte bringen. 19 Jeder Baum, der keine guten Früchte
bringt, wird abgehauen und ins Feuer geworfen. 20 Darum werdet ihr
sie an ihren Früchten erkennen.

21 Nicht alle, die zu mir sagen: ‚Herr, Herr', werden in die Welt Gottes
hineinkommen, sondern die den Willen meines Vaters im Himmel tun.
22 Viele werden an jenem Tag zu mir sagen: ‚Herr, Herr', haben wir nicht
in deinem Namen prophetisch geredet? Haben wir nicht in deinem Na-
men Dämonen ausgetrieben? Haben wir nicht in deinem Namen viele
Wunder vollbracht? 23 Dann werde ich ihnen bekennen: Ich habe euch
nie gekannt! ‚Weicht von mir, die ihr gegen Gottes Gebot gehandelt
habt' (, wie es Ps 6,9 sagt)!"

Auch die Warnung vor falschen Propheten kann als tiefe Ermutigung für die „kleinen Leute" gehört werden: Lasst euch nicht zu schnell von der Ausstrahlung prominenter Prediger blenden. Bevor euch der Anspruch auffrisst, den sie an euch im Namen Gottes stellen: Schaut auf ihr Leben! Ihr könnt herausfinden, ob das, was sie sagen, etwas taugt. Die Wurzelbehandlung des Herzens (↗ Mt 5,27–30) bekommt nun das entsprechende Bild vom „guten Baum". Aus einem erneuerten Herzen entsteht nicht unbedingt ein erfolgreiches Leben, auch nicht ein erfolgreiches frommes Leben. Sich an den Bergprediger zu halten, bedeutet nicht, andere mit Machttaten und Weissagungen zu beeindrucken. „Frucht“ bedeutet das ganze Wirken eines Lebens. Es bedeutet, seine Lebenswurzeln in Gott und SEINER Güte zu haben. Daraus wird etwas Gutes wachsen! Jesus selbst ist es, der es wagt, das endgültig beurteilen zu können! Letzten Endes – im wahrsten Sinne des Wortes – zählt das, zählt ER!

Lebenswurzeln als Lebensfundament: Das Haus auf dem Fels Mt 7,24–27

24 „Jeder nun, der diese meine Worte hört und sie tut, der gleicht
einem klugen Mann, der sein Haus auf Fels gebaut hat. 25 Da ging ein
Platzregen nieder und da kamen Sturzbäche herunter und da brausten
die Winde und rüttelten am Haus – und doch fiel es nicht ein, denn es
war auf Fels gegründet. 26 Jeder nun, der diese meine Worte hört und
sie nicht tut, der gleicht einem unvernünftigen Mann, der sein Haus auf
Sand gebaut hat. 27 Da ging nun der Platzregen nieder und die Sturz-
bäche kamen und die Winde wehten und rüttelten an jenem Haus – da
fiel es ein und wurde zu einem Schutthaufen (wörtl.: sein Fall war groß).“

Es geht nicht um besondere Wundertaten (s. o.), auch nicht „im Namen Jesu“, sondern um alltägliches Tun des Gehörten. Auf das Fundament des zugesagten Gottesglücks ein Leben zu bauen, das zum Reich Gottes passt und mit dem Geist der Bergpredigt übereinstimmt, ist eine schlichte Vertrauenssache.

Die Wirkung der Bergpredigt – Fazit Mt 7,28–29

28 Und es geschah, als Jesus diese Rede vollendet hatte, geriet die
Menschenmenge außer sich über seine Lehre, 29 denn er lehrte sie wie
einer, der (von Gott) bevollmächtigt ist, und nicht wie ihre Schriftgelehr-
ten.

Auch wenn die Bergpredigt keine Moralpredigt ist, sind alle willkommen, die aufrichtige Experimente mit der Kraft der Würde und Güte lieben, die Gott seinen Geschöpfen geschenkt hat. Alle, die die Lebensweisheit des Meisters Jesus anerkennen, sind willkommen. Jeder Mensch, der sich über Jesu Worte richtig aufregt oder sich faszinieren lässt – oder beides – ist willkommen. Die Fülle an Erfahrungen, die diese Worte eröffnen, kann niemand nur für sich erfassen und ausschöpfen. Sie gehören immer in die Gemeinschaft. So wie Jesus für alle gelebt hat und gestorben ist, verheißt er der Gemeinschaft seiner Jüngerinnen und Nachfolger, dass sie so leben werden. Die Bergpredigt zeigt einen Lebensstil, den der Messias Jesus der Gemeinschaft derer zutraut, die ihm nachfolgen und sich auf ihn und seine Worte einlassen. Es ist möglich, das Leben radikal verändern zu lassen. Ein Lebensstil im Geist der Bergpredigt verändert die Welt. Allerdings wird dabei die schmerzhafte Wurzelbehandlung des Herzens einkalkuliert – immer wieder neu! Die Chance, immer wieder neu anzufangen mit dem Experiment der Liebe und des totalen Vertrauens auf Gott, wird durch den Weg des Messias Jesus eröffnet.

Christliche Ethik als Zuspruch und Anspruch
↗ Lk 6,31–38

Was ist das für einer, dieser Jesus? Mt 8–12

Wie geht es weiter nach einer solchen Ansage vom Leben in Gottes Machtbereich? Mit Wundern, die Heilung bringen. Mit Szenen der Nachfolge, die sprachlos machen und ins Glaubensgespräch bringen. Wunder und Nachfolge führen ins Wunder der Nachfolge – zum Glauben. **Er ist einer, der das „Programm" seines Lebens auch lebt. Er ist einer, der „sein Volk retten wird von ihren Sünden" (Mt 1,21), also „Jesus". Sein Wesen ist „Immanuel", Gott mit uns (Mt 1,23).**

Die Heilung eines Leprakranken Mt 8,1–4

1 Als er aber vom Berg herunter kam, folgte ihm eine große Men-
schenmenge. 2 Und siehe, ein Aussätziger (wahrscheinlich ein Lepra-
kranker) kam heran und fiel vor ihm nieder und sagte: HERR, wenn du
willst, kannst du mich rein (gemeint ist: gesund) machen. 3 Da streckte
Jesus die Hand aus, berührte ihn und sagte: „Ich will, werde rein (ge-
meint ist: gesund)!" Und sofort wurde seine Krankheit geheilt. 4 Und Je-
sus sagte zu ihm: „Pass auf, dass du niemandem etwas sagst, sondern
geh und zeige dich dem Priester und opfere die Opfergabe, die Mose
befohlen hat, zum Beweis für sie."

Aussatz, Unreinheit
↗ Mk 1,40–45; Mk 7,1–23

Jesus verkörpert in ansteckender Weise Gottes Gegenwart. Seine Macht braucht „den Aussatz“ – Lepra und andere Hautkrankheiten, die „kultisch unrein“ machten und aus der Gemeinschaft und dem Gottesdienst ausschlossen – nicht zu fürchten. Er ist eins mit Gottes heilendem Willen. Er redet nicht nur über den dazu passenden Lebensstil. Er lässt sich vom Leid berühren und berührt heilend das, was Menschen krank macht.

Der Hauptmann von Kapernaum Mt 8,5–13

5 Als Jesus aber nach Kapernaum (sprich: Kaperna-um) hineinging, kam ein Zenturio (der Römer) auf ihn zu, bat ihn 6 und sagte: Herr, mein Diener (auch: Bursche) liegt zu Hause, gelähmt und gequält. 7 Jesus sagte zu ihm: „Ich soll kommen und ihn gesund machen?“ 8 Der Hauptmann antwortete und sagte: „Herr, ich bin nicht wert, dass du unter mein Dach kommst, aber sprich nur ein Wort, so wird mein Diener gesund. 9 Denn auch ich bin ein Mensch unter Vorgesetzten und habe Soldaten unter mir, und sage ich zu einem: ‚Geh hin!‘, so geht er, und zu einem anderen: ‚Komm her!‘, so kommt er, und zu meinem Diener: ‚Tu das!‘, so tut er es.“ 10 Als das Jesus hörte, wunderte er sich und sagte zu denen, die ihm nachfolgten: „Soviel ist sicher (wörtl.: Amen, ich sage euch): Solchen Glauben habe ich in Israel bei niemandem gefunden! 11 Ich sage euch aber: Viele werden kommen von Osten und von Westen und mit Abraham und Isaak und Jakob im Himmelreich (in Gottes Welt) zusammen am Tisch sitzen, 12 aber die (eigentlichen) Kinder des Reiches Gottes werden hinausgeworfen werden in die Finsternis; da wird Weinen und Zähneknirschen sein (↗ Mt 22,13)!“ 13 Und Jesus sagte zu dem Hauptmann: „Geh hin, dir wird geschehen, wie du geglaubt hast.“ Und sein Diener wurde in jener Stunde gesund.

Jesus verkörpert die grenzüberschreitende Gottesgegenwart. Ein heidnischer Offizier konnte von einem Juden nicht erwarten, dass er sein Haus betritt. Er würde sich sonst „verunreinigen“. Dieser Mann akzeptiert das. Aber er traut dem bloßen Befehl Jesu zu, diese Grenze zu überschreiten. Ob eine homosexuelle Beziehung vorlag, was im „heidnischen Heer“ durchaus möglich und üblich war, bleibt offen. Jesus scheint es nicht zu interessieren. An keiner Stelle der Evangelien ist eine Aussage Jesu zur Homosexualität überliefert. Er äußert sich weder in negativer noch in positiver Weise. Wichtiger als die sexuelle

Orientierung ist das im Kommen begriffene Reich Gottes. In seiner ausweglosen Situation erwartet der römische Offizier von Jesus heilendes Handeln. Das ist schon Vertrauen pur. Jesus staunt über diesen Glauben.

Glaube ↗ **Mt 9,9–13; Mt 14–16 ganze Kapitel**

In Ps 107,20 wird über das Wort Gottes gesagt: „Er sandte sein Wort und machte sie gesund."

Dieses wirkmächtige Wort des Gottes Israels ist in Jesus gegenwärtig. Die Heilung des jungen Mannes, der dem Hauptmann am Herzen liegt, bereitet darauf vor, dass dieses Wort „alle Völker" erreichen wird (↗ Mt 15,21–28; Mt 28,19;).

Die Zumutungen der Nachfolge Mt 8,19–22

19 Und es kam ein Schriftgelehrter zu ihm und sagte zu ihm: „Meister,
ich will dir folgen, wohin du auch gehst." 20 Jesus sagt zu ihm: „Die Füch-
se haben ihren Bau und die Vögel unter dem Himmel haben Nester, aber
der Menschensohn hat nichts, wo er seinen Kopf hinlegen kann." 21 Und
ein anderer, ein Jünger, sagte zu ihm: „Herr, erlaube mir, zuerst wegzu-
gehen und meinen Vater zu begraben." 22 Aber Jesus sagt zu ihm: „Folge
mir und lass die Toten ihre Toten begraben!"

Die Nachfolgeworte (↗ auch Lk 9,57–62) berühren exemplarisch die wunden Punkte der Menschen: Bist du bereit, alle Sicherheiten loszulassen?! Wenn du warten willst, bis dein Vater gestorben ist und du ihm die letzte Ehre erwiesen hast – geht es dir wirklich um seine Würde oder nicht viel mehr darum, dein gewohntes Leben so lange wie möglich weiter zu führen? **Sein Ruf stört. Immer wieder stellt er uns radikal in die Frage nach unserer Lebensberufung.**

Die Berufung des Matthäus Mt 9,9–13

9 Und als Jesus von dort wegging, sah er einen Menschen am Zoll
sitzen, der hieß **Matthäus**, und er sagte zu ihm: „Folge mir!" Und er stand
auf und folgte ihm. 10 Und es geschah, als er zu Tisch saß im Haus, sie-
he, da kamen viele Zöllner und Sünder (gemeint ist: verrufene Kollegen
und moralisch zweifelhafte Leute) und saßen (wörtl.: lagen) zu Tisch zu-
sammen mit Jesus und seinen Jüngern. 11 Als das die Pharisäer sahen,

sagten sie zu seinen Jüngern: „Warum isst euer Meister mit den Zöllnern
und Sündern (gemeint ist: Warum gibt sich euer Meister mit solchem Ge-
sindel ab)?“ 12 Als er (Jesus) das hörte, sagte er: „Die Gesunden brauchen
keinen Arzt, sondern die Kranken. 13 Geht aber und lernt, was das heißt:
‚Ich will Erbarmen und nicht Opfer‘ (Hos 6,6). Ich bin nicht gekommen,
um die Gerechten zu rufen, sondern die Sünder.“

Sünde
↗ Mk 2,1–12

So wenig die Bergpredigt eine Moralpredigt ist, so wenig ist Sünde im biblischen Denken ein Moralbegriff. Im NT bedeutet er „Zielverfehlung“: Menschen verfehlen die Bestimmung ihres Lebens. Sie sind dazu berufen, Gottes Gegenüber zu sein. Sünde bedeutet, dass den Menschen diese Berufung zum Leben verloren gegangen ist. Sie haben sich an ihr Wissen und Schaffen und die von ihnen produzierten Dinge verloren. Sie haben sich nicht nur an ihre Güter, sondern auch an ihr Böses verloren. Sie haben Gott und damit sich selbst verloren. In den Berufungsgeschichten stellt Jesus die ursprüngliche Berufung wieder her.

Glaube bedeutet, die ursprüngliche Berufung unseres Menschseins zu leben. Das geschieht, indem Menschen auf den Ruf Jesu antworten, ihm das rettende Wort und die rettende Tat für das eigene Leben zutrauen (weitere Dimensionen von Glauben ↗ Mt 14–16). Exemplarisch geschieht das in der Umkehr des Matthäus. Ein Zolleinnehmer war verachtet und verhasst, weil er mit der römischen Besatzungsmacht zusammenarbeitete. Es war außerdem leicht möglich, bei den Zolleinnahmen die eigenen Leute zusätzlich „über den Tisch zu ziehen“. In Mk 2,13–17 (und Lk 5,27–32) heißt dieser Zöllner, den Jesus ruft, Levi.

Die Zwölf
↗ Mk 3,13–19

Verbirgt sich hier hinter dem umgekrempelten Leben des **Matthäus**, der auf der Liste der zwölf Jünger Jesu erscheint, der **Autor des Matthäusevangeliums**? Im Text selbst und im gesamten Evangelium gibt es darauf keinen Hinweis. Keinem der vier Evangelisten geht es um den eigenen Namen. Erst der Bischof Papias von Hierapolis (um 110 n. Chr.) führt dieses Evangelium auf die Augenzeugenschaft und Autorität dieses Jüngers zurück, deshalb hat es im 2. Jh. n. Chr. die Überschrift „Evangelium nach Matthäus“ bekommen. Vom Evangelium selbst her ist stark anzunehmen, dass der Autor Judenchrist war (↗ auch Mt 13,52). Er steht in intensiver Auseinandersetzung mit dem Judentum (z. B. Mt 23,1–12). Vielleicht schrieb er vor allem, um anderen Judenchristen das Herz für die Mission „der Heiden“, den Menschen aus „allen Völkern“, zu öffnen.

(Darauf könnten Mt 1,1–17; Mt 15,21–28 und Mt 28,16–19 hinweisen). Das Matthäusevangelium hat als schriftliche Quelle das Markusevangelium vorliegen. Diese enge literarische Verbindung betrifft nicht nur den Ablauf der Ereignisse. Wie Lukas hat er dann auch die sogenannte „Spruchquelle“ (↗ Lk 1,1–4) verarbeitet. Darüber hinaus gibt es aber auch Überlieferungen, die nur er bringt (Sondergut). Die Entstehungszeit wird meist zwischen 80 und 90 n. Chr. angesetzt. Vielleicht stand der Jünger und Apostel Matthäus als Augenzeuge hinter diesen im Evangelium zusammengefügten Traditionen und verbürgte sich für die Konzeption und Überlieferung des Evangeliums.

Jedenfalls ist der Namenspatron dieses Evangeliums einer, der seine Berufung tausend Mal verspielt hat – jeden Tag, wenn er seine Landsleute, die unter den Repressalien der römischen Herrschaft litten, zusätzlich ausgenommen hat. Jesus beruft ihn. Matthäus steht auf. Gar keine Frage. Er ergreift die Chance seines Lebens, das er bisher gut auf Kosten anderer gelebt hat. Jesus kehrt bei ihm und seinen zweifelhaften Freunden ein. Er spürt die Sehnsucht nach wahrem Menschsein hinter den Fassaden: „Die Gesunden brauchen keinen Arzt, sondern die Kranken“ (Mt 9,12).

Jesus greift in das Leben von Menschen ein und wird von Erbarmen ergriffen Mt 9,35–38

35 Und Jesus zog durch alle Städte und Dörfer, lehrte in ihren Syna-
gogen und verkündigte das Evangelium vom Reich (Gottes) und heilte
alle Krankheiten und alle Schwächen. 36 Und als er die Menschenmenge
sah, hatte er Erbarmen mit ihnen (wörtl.: es ging ihm an die Eingeweide),
denn sie waren erschöpft und hilflos wie die Schafe, die keinen Hirten
haben.

37 Da sagte er zu seinen Jüngern: „Große Ernte – wenig Arbeiter!
38 Darum bittet den HERRN der Ernte, dass er Arbeiter und Arbeiterin-
nen in seine Ernte sendet.“

Jesus sieht massenweise Menschen mit Gottessehnsucht auf ihrem Stückchen Leben, in ihren Arbeitsfeldern, auf dem Boden ihrer Tatsachen. Er sieht spirituell vernachlässigte Menschen. Längst suchen sie außerhalb der traditionellen religiösen Orte in ihren eigenen Netzwerken nach Sinn und berührenden Erfahrungen … So würde Matthäus vielleicht heute schreiben. Jesus sieht die vom Leben erschöpften Menschen, die „hirtenlosen Schafe“ Israels. In ihrer Suche nach ihrem Gott sind sie sich selbst überlassen. Er ist ergriffen von Mitgefühl. Deshalb:

Die Werbung für die Welt Gottes – Die Sendungsrede Mt 10

Jesu Antwort auf die Verlassenheit seiner Menschen beginnt damit, dass er sich vervielfältigt als Leiter. Er behält weder seine Botschaft noch seine Kraft für sich. Er gibt weiter, was er hat.

Berufung und Beauftragung der Zwölf – die Grundlegung einer missionarischen Existenz der Kirche Mt 10,1–15

1 Und nachdem er seine zwölf Jünger zusammengerufen hatte, gab
er ihnen Vollmacht über die bösen (wörtl.: unreinen) Geister, dass sie die
austrieben und heilten alle Krankheiten und alle Schwachheiten. 2 Die
Namen aber der zwölf Apostel sind diese: zuerst Simon, genannt Petrus,
und Andreas, sein Bruder, und Jakobus, der Sohn des Zebedäus, und Jo-
hannes, sein Bruder, 3 Philippus und Bartholomäus, Thomas und Matthä-
us, der Zöllner, Jakobus, der Sohn des Alphäus, und Thaddäus, 4 Simon
Kananäus und Judas Iskariot, der ihn auslieferte.

5 Diese Zwölf sandte Jesus aus und schärfte ihnen folgendes ein:
„Geht nicht den Weg hinaus zu den Heiden und geht in keine Stadt der
Samariter hinein, 6 vielmehr geht hin zu den verlorenen Schafen des
Hauses Israel. 7 Wenn ihr aber geht, verkündigt und sagt: ‚Das Himmel-
reich ist nahe herbeigekommen‘ (die Welt Gottes ist ganz nah). 8 Heilt
Kranke, weckt Tote auf, macht Aussätzige rein, treibt Dämonen aus. Um-
sonst habt ihr es empfangen, umsonst gebt es auch weiter. 9 Erwerbt
kein Gold oder Silbergeld oder Kupfermünzen, um sie in den Gürtel zu
stecken, 10 auch keinen Reisesack für den Weg, auch keine zwei Hem-
den, keine Sandalen, auch keinen Wanderstab. Denn ein Arbeiter ist sei-
nes Unterhalts würdig. 11 In welche Stadt oder in welches Dorf ihr auch
kommt, da erforscht, wer dort (eurer) würdig ist, dort bleibt, bis ihr wei-
terzieht. 12 Wenn ihr aber in ein Haus geht, grüßt es, 13 und wenn das
Haus (eurer) würdig ist, soll euer Friede auf es kommen. Ist es aber nicht
würdig, dann wird sich euer Friede wieder zu euch hinwenden. 14 Und

wenn euch jemand nicht aufnimmt und eure Worte nicht hört, so geht
heraus aus diesem Hause oder dieser Stadt und schüttelt den Staub von
euren Füßen. 15 Amen, ich sage euch: Dem Land der Sodomer und Go-
morrer (gemeint sind: die auf Gastfreundschaft angewiesene Menschen
vergewaltigen wollten, Gen 19) wird es erträglicher ergehen am Tag des
Gerichts als dieser Stadt."

Seine Mission richtet sich zunächst an sein Israel. Er wählt sozusagen für jeden Stamm Israels einen seiner Jünger als Gesandten (Apostel) aus, um deutlich zu machen, dass ganz Israel erreicht werden soll (↗ auch Mk 3,13–19). Wer die heilende Kraft seiner Worte am eigenen Leib erfährt und den Himmel ins Leben gesprochen bekommt – und dann nichts mit dieser Sache zu tun haben will, dem kann er nicht mehr helfen! Keinen Menschen aufgeben und trotzdem unter den oben genannten Umständen einladendes Verhalten beenden – diese schwierigen Entscheidungen stellen sich immer wieder.

Der Unterschied solcher mittelloser missionarischer Gemeinschaften, die auch in der Zeit der Urgemeinde unterwegs waren und durch die Geschichte der Christenheit hindurch immer wieder ungesichert losgingen und gehen, zu einer durchschnittlichen heutigen „Kirchengemeinde" ist groß! Aber auch in diesen heutigen Gemeinden können Leiterinnen und Amtsträger lernen, ihre Kraft und ihr Wissen zu vervielfältigen. Auch sesshafte Gemeinden können unterwegs zu den Menschen sein und immer neu aus Bequemlichkeiten aufbrechen.

Mission ↗ auch Mk 6,6–13; Lk 10,1–16

Der Widerstand gegen die Welt Gottes Mt 10,16–23

16 „Siehe, ich sende euch wie Schafe mitten unter die Wölfe. Darum
seid klug (auch: besonnen) wie die Schlangen und rein (auch: unver-
mischt, also eindeutig, ohne Hintergedanken) wie die Tauben. 17 Hütet
euch aber vor den Menschen. Sie werden euch Gerichten übergeben
und euch in ihren Versammlungen auspeitschen. 18 Und ihr werdet vor
Führer und Könige getrieben werden um meinetwillen, ihnen und den
Heiden zum Zeugnis (gemeint ist: sie werden spüren, dass ihr in Got-
tes liebender Gerechtigkeit verwurzelt seid und dem Messias gehört).
19 Wenn sie euch nun ausliefern, so sorgt euch nicht, wie oder was ihr
reden sollt. Denn es wird euch in jener Stunde gegeben werden, was
ihr sagen sollt. 20 Denn nicht ihr seid es, die reden, sondern eures Vaters
Geist ist es, der in euch redet.

21 Es wird aber ein Bruder den (anderen) Bruder an den Tod ausliefern und der Vater das Kind, und die Kinder werden sich gegen die Eltern stellen und werden sie dem Tod überliefern. 22 Und ihr werdet von allen gehasst werden um meines Namens willen. Wer aber aushält bis zum Ende, wird gerettet werden. 23 Wenn sie euch aber in einer Stadt verfolgen, flieht in eine andere. Amen, ich sage euch: Ihr werdet mit den Städten Israels nicht zu Ende kommen, bis der Menschensohn kommt."

Beistand in Bedrängnis

↗ Joh 16

Der missionarische Lebensstil hat auch erschreckende Perspektiven. Jesu Worte werden aber dort zu stärkendem Trost, wo Christen in einem totalitären Regime unter die Räder zu kommen drohen. Abgehört, denunziert, verhört und gefoltert zu werden – die Realität vieler Christinnen und Christen wird nicht totgeschwiegen. Die ganze Spannung von „sich selbst hüten" und „sich nicht fürchten" wird ausgebreitet.

Mt 10,23 Israel ist für Matthäus nicht irgendwann abgeschrieben. Bis zum Wiederkommen Jesu wird denen, die an DEN einzigartigen Gott Israels glauben, die Liebe Jesu bezeugt.

Zuspruch und Zumutung für die Nachfolgenden Jesu Mt 10,24–42

24 „Der Jünger steht nicht über dem Lehrer und die Dienerin nicht über ihrem Herrn. 25 Es ist genug für die Jüngerin, dass sie wie ihr Meister (wörtl.: Lehrer) wird und der Diener wie sein Herr. Wenn sie den Hausherrn Beelzebul genannt haben, wie viel mehr werden sie seine Hausgenossen so nennen! 26 Darum fürchtet sie nicht! Denn nichts ist verhüllt, was nicht aufgedeckt werden wird, und nichts ist geheim, was nicht erkannt werden wird. 27 Was ich euch in der Finsternis sage, das redet im Licht, und was euch ins Ohr gesagt wird, das verkündigt auf den Dächern (gemeint ist: benutzt Dachterrassen als „Kanzeln").

28 Und fürchtet euch nicht vor denen, die den Leib töten, aber die Seele nicht töten können – fürchtet euch vielmehr vor dem, der Leib und Seele in der Hölle zugrunderichten kann. 29 Verkauft man nicht zwei Spatzen für kleines Geld (wörtl.: ein As, kleinste Münzeinheit)? Und doch fällt keiner von ihnen auf die Erde ohne euren Vater. 30 Bei euch aber sind auch die Haare auf dem Kopf alle gezählt. 31 Darum fürchtet euch nicht – ihr unterscheidet euch doch sehr von ihnen (gemeint ist: ihr seid Gott doch noch viel mehr wert)!

32 Zu jedem, der mich vor den Menschen bekennt, zu dem und der

werde ich mich auch bekennen vor meinem himmlischen Vater. 33 Wer mich aber verleugnet (gemeint ist: abstreitet, mich zu kennen) vor den Menschen, den oder die will ich auch verleugnen vor meinem himmlischen Vater. 34 Meint nicht, dass ich gekommen bin, Frieden auf die Erde zu bringen. Ich bin nicht gekommen, um Frieden zu bringen, sondern das Schwert (gemeint ist: nicht „Heiliger Krieg“, sondern schmerzhafte Trennungen). 35 Denn ich bin dazu gekommen, ‚einen Menschen zu entzweien mit seinem Vater und die Tochter mit ihrer Mutter und eine Schwiegertochter mit ihrer Schwiegermutter, 36 und des Menschen Feinde werden seine eigenen Hausgenossen sein‘ (wovon der Prophet Micha schreibt in Mi 7,6). 37 Wer Vater oder Mutter mehr liebt als mich, der ist meiner nicht würdig, und wer Sohn oder Tochter mehr liebt als mich, der ist meiner nicht wert. 38 Und wer nicht sein Kreuz auf sich nimmt und mir nachfolgt, der ist meiner nicht wert. 39 Wer sein Leben findet, der wird es verlieren, und wer sein Leben um meinetwillen verliert, der wird es finden.

40 Wer euch aufnimmt, der nimmt mich auf, und wer mich aufnimmt, der nimmt den auf, der mich gesandt hat. 41 Wer einen Propheten aufnimmt, weil es ein Prophet ist, der wird den Lohn eines Propheten empfangen, und wer einen Gerechten aufnimmt, weil es ein Gerechter ist, der wird den Lohn eines Gerechten empfangen. 42 Und wer einem oder einer dieser Kleinen auch nur einen Becher kalten Wassers zu trinken gibt, weil es ein Jünger oder eine Jüngerin ist, wahrlich, ich sage euch: Es wird ihm nicht unbelohnt bleiben.“

Überwältigende Zusagen und ungeheure Zumutungen müssen hier ausgehalten werden. Hier wird über die Zeit der Sendung speziell an Israel hinausgeschaut. Die Zusage für die Gemeinde, die sich senden lässt, und die Zumutungen für eine Kirche, die sich selbst genügt, gelten bis heute. Menschen, die von Jesus lernen, wie Leben im Gottesreich geht, sind in einer Schicksalsgemeinschaft mit ihm verbunden. Aber Gott wird am Ende das gelebte Zeugnis seiner Botschafterinnen und Nachfolger allen Menschen einleuchten lassen. Mt 10,27: Die Mühen seiner Leute laufen nicht ins Leere. In Mt 10,28–31 geht es nicht um die „Unsterblichkeit der Seele“, also um ein Weiterleben nach dem Tod aus einer eigenen, natürlichen Kraft der Menschen. Aber es geht um die Zusage, dass das innerste Leben, das von Gott geschenkt und in Antwort IHM gegenüber gelebt wird, von IHM bewahrt werden wird. Der leibliche Tod ist nicht das Schlimmste! Das Innerste der Menschen,

Beelzebul
↗ Mt 12,22–32

ihre Person, können Gewalttäter nicht antasten. Das, was Menschen zutiefst ausmacht, ist in Gottes Schutz geborgen.

Kreuzesnachfolge
↗ **Mk 8,34–38**

Mt 10,34–41 An der Person Jesu scheiden sich die Geister. Sein Wort fügt sich nicht harmlos in das bisherige Lebenskonzept ein. Es stellt Menschen in die Entscheidung. Mitten durch die Familie kann der schmerzhafte Riss gehen. Jesus ist so wichtig wie Gott, DER der einzig Einzigartige im Leben jedes Menschen sein will! Daran orientiert sich nun das ganze Leben.

Mt 10, 40–42 Das große Herz für die Boten und damit für die Botschaft von der Gerechtigkeit Gottes zeigt sich in der kleinen Tat. Das ist die Überraschung am Ende (↗ Mt 25,31–46).

Der Personalausweis Jesu Mt 11,1–6

1 Und es geschah, als Jesus die Weisungen an seine zwölf Jünger be-
endet hatte, ging er von dort weiter, um in ihren Städten zu lehren und
zu verkündigen. 2 Als aber Johannes im Gefängnis von den Werken des
Messias (griech.: Christus) hörte, schickte er seine Jünger 3 und ließ ihn
fragen: „Bist du ‚der Kommende', oder sollen wir auf einen anderen war-
ten?" 4 Jesus antwortete und sagte zu ihnen: „Geht und sagt Johannes,
was ihr hört und seht: 5 ‚Blinde sehen und Lahme gehen, Aussätzige
werden rein (gemeint ist: gesund), und Taube hören, und Tote stehen
auf, und Armen wird das Evangelium verkündigt' – 6 und glücklich ist,
wer sich nicht über mich ärgert (griech.: skandalisthä)."

Was ist das für einer, dieser Jesus? Wer ist der, dessen Worte ein bequemes Leben so sehr in Frage stellen (↗ Mt 10)? Wer ist der, dessen Taten für ihn sprechen (↗ Mt 8–9)? Wer der Person Jesu wirklich begegnet, kann nicht neutral bleiben. Johannes der Täufer hatte Stellung zu Jesus bezogen. Er hatte ihn als „endzeitlichen Richter" angekündigt (↗ Mt 3,11). Er hoffte mit vielen anderen, dass Jesu Kommen das Ende von Ungerechtigkeit und Leid bedeuten würde. Nun ist er da, und Willkür und Gewalt sind nicht weniger geworden. War der prophetische Blick des Täufers von seiner Sehnsucht getrübt? Darf er in einer lebensbedrohenden Situation Hoffnung haben, dass nicht ungerechte und selbstsüchtige Mächte triumphieren werden? Johannes will Gewissheit in Bezug auf die Person Jesu haben – nicht vom sicheren Sessel aus, sondern als Gefangener des Königs Herodes Antipas. Jesus nimmt ihm die Antwort nicht ab. Er gibt ihm aber eine Art Ausweis,

Gefangenschaft und Tod des Täufers
↗ **Mk 6,14 ff**

mit dem Johannes seine Identität überprüfen kann. Wer die konkreten Worte und Taten Jesu anhand der prophetischen Worte des Jesajabuchs überprüft, kann Jesu „Personalien" feststellen:

Dass Blinde sehen (↗ Mk 10,46ff), Gelähmte herumlaufen (↗ Mk 2, 1–12), Aussätzige geheilt werden (↗ Mt 8,1–4), gehörlose Menschen hören (↗ Mk 7,31–37), Tote aufstehen (↗ Mk 5,21–43) und Armen die gute Nachricht von Gottes Kommen zu ihnen gesagt wird (↗ Mt 5,3), verknüpft das Reden und Handeln Jesu mit

Jes 29,18 Dann werden die Gehörlosen die Worte des Buches hören, und die Augen der Blinden werden aus Dunkel und Finsternis heraus sehen. Und die Elenden werden sich ab jetzt an dem HERRN freuen und die Armen unter den Menschen über den Heiligen Israels frohlocken …

Jes 35,5f Dann werden die Augen der Blinden aufgetan und die Ohren der Gehörlosen geöffnet werden. Dann wird der Lahme hüpfen wie ein Hirsch und die Zunge der Stummen lobsingen …

Jes 42,6f Ich will dich behüten und dem Volk zum Bund geben, den Heiden zum Licht, dass du die Augen der Blinden öffnest, die Gefesselten aus dem Gefängnis führst …

Jes 61,1ff Der Geist der HERRN ist auf mir, weil der HERR mich gesalbt hat (zum Messias gemacht), um den Elenden gute Nachrichten zu verkünden. Er hat mich gesandt, um zerbrochene Herzen zu verbinden, den Gefangenen Befreiung anzusagen, den Gefesselten Öffnung, ein Gnadenjahr des HERRN zu verkünden und einen Tag der Rache (Umkehr) unseres Gottes, zu trösten alle Traurigen …

Die Befreiung des Johannes aus dem Gefängnis wird nicht eintreten! Dennoch soll Johannes anhand dieses „Personalausweises" glauben können, dass Jesu Kommen alle Zeichen der neuen Schöpfung Gottes in sich trägt. Johannes soll Gewissheit finden, dass in Jesus die Zeit des neuen Bundes Gottes gekommen ist, die „Heilszeit", die „Endzeit", auf die sich die prophetischen Hoffnungen gerichtet haben. Dennoch bleiben bis heute auch Hoffnungen der prophetischen Worte offen.

Dass der „endzeitliche Richter" nicht mit einem Schlag alles Leid und alle Ungerechtigkeit beseitigen wird, sondern sich selbst der Ungerechtigkeit der Menschen ausliefern wird, gehört zu dem tiefsten Geheimnis um seine Person. Dass dieses Geheimnis ertragen und sogar tastend gedeutet werden konnte – auch mit der Hilfe des Jesajabuchs – war erst im Nachhinein möglich. Dass es trotz des rettenden

Kommens Jesu noch Krankheit und Tod und Gewalt gibt, macht die Frage des Täufers bis heute zu einer zentralen Frage. Mit Jesu Antwort können auch wir immer wieder Gewissheit suchen, wenn wir an Jesus zweifeln. Fragen und Zweifel zeigen, dass Menschen der Person Jesu gegenüber nicht neutral bleiben wollen und können. Dass er wirklich der „Christus", also der erwartete Messias, „der Sohn" ist, der zu sich einlädt, ist eine Erkenntnis, die immer wieder im Leben durchgerungen und durchgekämpft werden muss. Jesus bleibt trotz seines „Personalausweises" immer auch unbegreiflich. Deshalb ist es gut, dass viele uns fremd bleibende Worte der Jesusüberlieferung aufbewahrt sind (z.B. Mt 11,12) und manches offen und unerfüllt bleibt. Das macht bescheiden.

Die Würdigung des Johannes in Gottes Welt Mt 11,7–15

7 Als sie fortgingen, begann Jesus, mit der Menschenmenge über
Johannes zu reden: „Als ihr in die Wüste hinausgegangen seid – was
wolltet ihr da zu sehen kriegen? Ein Schilfrohr, das im Wind schwankt?
8 Oder was wolltet ihr sehen, als ihr hinausgegangen seid? Wolltet ihr
einen Menschen sehen, der in weiche Kleider gehüllt ist? Siehe, die wei-
che Kleider tragen, sind in den Häusern der Könige. 9 Oder was wolltet
sehen, als ihr hinausgegangen seid? Einen Propheten? Ja, ich sage euch:
Er ist mehr als ein Prophet. 10 Dieser ist es, von dem geschrieben steht:
‚Siehe, ich sende meinen Boten vor dir her, der deinen Weg vor dir berei-
ten wird (Mal 3,1).' 11 Das ist wirklich so (wörtl.: amen, ich sage euch): Un-
ter allen, die von Frauen geboren sind, ist keiner aufgetreten, der größer
ist als Johannes der Täufer. Doch der Kleinste im Himmelreich ist größer
als er. 12 Aber von den Tagen Johannes des Täufers bis heute leidet das
Himmelreich Gewalt, und die Gewalttätigen reißen es an sich. 13 Denn
alle Propheten und das Gesetz haben bis hin zu Johannes prophetisch
geredet 14 und wenn ihr es annehmen wollt: Er ist Elia, der kommen soll.
15 Wer Ohren hat, der höre!"

In Mt 11 wird nicht nur eine Deutung der Person Jesu gegeben. Es wird auch eine Deutung der Person des Täufers (↗ Mt 3,1–12) gewagt: Er ist der wiedergekommene Elia. Ein Versprechen Gottes aus dem Anfang der Wüsten-Geschichte Israels und eine Prophetie, die in unserer Bibel das Ende des AT bildet, werden auf Johannes den Täufer bezogen.

Ex 32,34 Ich sende meinen Boten vor dir her …

Mal 3,1ff Ich sende meinen Boten, der vor mir den Weg bereitet … 23 und
siehe, ich sende euch den Propheten Elia, ehe der große und schreckliche Tag
des Herrn kommt …

Er bekommt damit eine einzigartige Stellung in der heilvollen Geschichte Gottes. Er bildet eine Art Scharnier in der Tür, die sich in den neuen Bund Gottes mit seinen Menschen öffnet. Dennoch wird das umwerfend Neue dieses Kommens Gottes alle Größenvergleiche aushebeln!

Mt 11,12 Vielleicht ist mit diesem rätselhaften Wort gemeint, dass sich seit Johannes und Jesus auch der Widerstand formiert. Das kommende Reich Gottes wird nicht einfach hingenommen und schon gar nicht von allen angenommen. Der Täufer und Jesus kommen „unter die Räder“, und das Reich Gottes kommt trotzdem. Und immer wieder gibt es mächtige Menschen, die die Deutungshoheit für das Gottesreich an sich reißen, dessen Niedrigkeit vergessen und andere wegdränge (andre Deutung ↗ Lk 16,16).

Das Weh der Welt Gottes Mt 11,16–24

16 „Womit aber soll ich diese Generation vergleichen? Sie gleicht Kin-
dern, die auf dem Markt sitzen und den andern zurufen: 17 ‚Wir haben
gepfiffen und ihr habt nicht getanzt, wir haben Klagelieder gesungen
und ihr habt nicht gewehklagt.‘ 18 Johannes aber ist gekommen, aß
nicht und trank nicht und sie sagen: ‚Er hat einen Dämon.‘ 19 Der Men-
schensohn ist gekommen, isst und trinkt, da sagen sie: ‚Schaut, was ist
dieser Mensch für ein Fresser und Weinsäufer, ein Freund der Zöllner und
Sünder!‘ Und doch wird die Weisheit gerechtfertigt werden aus ihren
Werken (gemeint ist: und doch bestätigen Jesu Taten seinen Personal-
ausweis).“

Der Widerstand gegen Gottes Kommen in die Welt ist nicht nur gewaltig (s. o.), sondern auch gelangweilt. Dabei könnte es so schön sein, in das Reich Gottes einzusteigen wie in ein „göttliches Spiel“. Zum Beispiel so, wie wenn Kinder „Hochzeit“ spielen und sich ganz in ihrem Spiel verlieren. Sie machen Musik und tanzen, vergessen die Zeit. Jesus greift diese Kinderszene auf. Aber bei ihm sind alle Spielverderber. Kein Vorschlag ist gut genug. Immer wollen einige nicht mitmachen.

Das ist für Jesus ein Bild für Gottes Situation. ER lädt ein: Kommt, macht mit – wir zusammen, das wird so schön wie eine Hochzeit! Den Bräutigam, Jesus, habe ich euch schon geschickt. Aber kein Mensch hat Lust mitzuspielen. Die Menschen bleiben lieber für sich und in ihren eigenen Gedanken, wie Gottes Welt kommen soll. Sie haben an allem, was Gott vorschlägt, etwas auszusetzen: Der Täufer ist zu asketisch, Jesus zu „verfressen"! Aber Jesu Taten zeigen doch, dass das himmlische Reich so wirklich ist wie für Kinder ein Spiel. Seine Heilungen zeigen, dass er der ist, durch den Gottes Weisheit in die Welt ruft und einlädt: „Darf ich bitten?" Die Menschen, die nicht mitmachen wollen, verpassen allerdings nicht nur eine wunderbare Zeit wie beim Spielen und Tanzen, sondern ihr Leben:

20 Da fing er an, den Städten, in denen die meisten seiner Taten ge-
schehen waren, vorzuwerfen, dass sie nicht umgekehrt sind in Gottes
Welt: 21 „Wehe dir, Chorazin! Wehe dir, Betsaida! Wären solche Taten in
Tyrus und Sidon geschehen, wie sie bei euch geschehen sind, hätten sie
längst in Sack und Asche Buße getan (und damit gezeigt, dass sie ihr Le-
ben von Grund auf ändern werden). 22 Doch ich sage euch: Es wird Tyrus
und Sidon erträglicher ergehen am Tag des Gerichts als euch. 23 Und du,
Kapernaum (sprich: Kaper-na-um), wirst du etwa in den Himmel erhoben
werden? Du wirst in den Hades (gemeint ist: das Totenreich) hinunterge-
stoßen werden. Denn wenn in Sodom die machtvollen Taten geschehen
wären, die in dir geschehen sind, wäre es bis heute stehengeblieben.
24 Doch ich sage euch: Dem Gebiet von Sodom (↗ Mt 10,15) wird es er-
träglicher ergehen am Tag des Gerichts als dir."

So ein Glück: Wer seine Gottessehnsucht kennt und mit der Armut des eigenen Herzens in Kontakt ist, spielt mit in Gottes neuer Welt (↗ Mt 5,3). Verspieltes Glück: Wer die Erfüllung zum Greifen nah erlebt und nicht ergreift, für den fällt Jesus nichts mehr ein! Es gibt Orte, an denen er heilend gewirkt hat. In den Menschen hat das nichts bewegt. Sie sind zur Tagesordnung übergegangen. Für sie hat er nichts mehr übrig. Er hat ihnen doch schon alles geschenkt. Sie müssen dann auch letzten Endes ohne seine geschenkte Güte ihr Leben verantworten. O weh!

Trotzdem und deshalb macht Jesus mit seiner Einladung weiter:

Der Heilandsruf Mt 11,25–30

25 Zu jener Zeit ergriff Jesus das Wort und sagte: „Ich preise dich,
Vater, HERR des Himmels und der Erde, weil du dies den Weisen und
Wissenden verborgen und den Unwissenden offenbart hast. 25 Ja, Vater,
denn so hat es dir gefallen. 27 Alles ist mir übergeben von meinem Va-
ter, und niemand kennt den Sohn außer dem Vater, und niemand kennt
den Vater außer dem Sohn und wem es der Sohn enthüllen (auch: of-
fenbaren) wird. 28 Kommt her zu mir, alle, die ihr euch abmüht und be-
laden seid, ich will euch Ruhe schenken. 29 Nehmt mein Joch auf euch
und lernt von mir, denn ich bin sanftmütig und von Herzen demütig, ‚so
werdet ihr Ruhe finden für eure Seelen' (Jer 6,16). 30 Denn mein Joch ist
wohltuend, und meine Last ist leicht."

Wer Jesu heilendes Handeln nicht verstanden hat, bekommt nun noch einmal wunderbare Worte. Wer ist der? Die Frage wird immer neu beantwortet: alles und mehr! Mehr als ein Prophet, mehr als ein Rabbi und Meister, mehr als ein Idealist, mehr als eine moralische Instanz, mehr als ein großer Philosoph, mehr als ein weiser Mann – ja sogar mehr als die Weisheit selbst. Das Geheimnis seiner Person ist Gottes Geheimnis! Nur Gott weiß, wer Jesus wirklich ist. Sein Persongeheimnis ist so einzigartig wie das Geheimnis Gottes selbst – deshalb wird er „**der** Sohn" genannt. Diese exklusive Innigkeit wird geteilt und verschenkt. Sie wird nicht mit Verstand und Bildung erobert. Sie erschließt sich nicht denen, die sich für geeignet und gerecht halten. Sie wird nicht durch Anstrengung erarbeitet.

Heiland ↗ Lk 4

Mt 11,30 Das „Joch" ist ein Holzbalken, mit dem zwei Zugtiere vor einen Karren gespannt werden. Die Pharisäer verglichen damit ihre Unterwerfung unter Gottes Willen in der Tora, der Weisung des AT. Sie gaben sich alle Mühe, bis in die kleinsten Lebensvollzüge diesen Willen umzusetzen. Die fromme pharisäische Leistungsethik war für viele „kleine Leute" unerfüllbar. Die Gottesgemeinschaft Jesu dagegen führt nicht in die Überforderung, nicht in das permanente Getriebensein, nicht in das ständige sich selbst Bewerten. Sie lässt sich finden, wo Menschen sich auf seine Person einlassen. Sie lässt sich finden, wenn Menschen auf Jesu Wort hin Liebesexperimente wagen. Sie erfahren, dass sein Wort nicht treibt, sondern trägt – hin zur Seelenruhe, zur Herzensruhe, zum Frieden eines geheilten Herzens, die sich in alle Beziehungen hinein auswirken. Seine Art, mit den Geboten zu leben, hilft, das Leben zu er-tragen.

Die unverzeihliche Unterstellung Mt 12,22–32

22 Da wurde ein Besessener zu Jesus gebracht, der war blind und
stumm, und er heilte ihn, sodass der Stumme sprechen und sehen konn-
te. 23 Und die ganze Menschenmenge geriet außer sich und fragte: „Ist
dieser nicht doch der Sohn Davids?“ 24 Aber als die Pharisäer das hörten,
sagten sie: „Dieser treibt die Dämonen nicht anders aus als mit Beelze-
bul, dem Obersten der Dämonen.“ 25 Jesus aber kannte ihre Gedanken
und sagte zu ihnen: „Jedes Reich, das in sich gespalten ist, wird verwüs-
tet, und jede Stadt oder jedes Haus, das in sich gespalten ist, wird nicht
bestehen. 26 Wenn nun der Satan den Satan austreibt, muss er in sich
gespalten sein. Wie kann dann sein Reich bestehen? 27 Wenn ich aber
die Dämonen durch Beelzebul austreibe, durch wen treiben eure Söh-
ne (gemeint sind: Schüler) sie aus? Darum werden sie eure Richter sein.
28 Wenn ich aber durch den Geist Gottes die Dämonen austreibe, so ist ja
das Reich Gottes schon zu euch gekommen. 29 Oder wie kann jemand in
das Haus eines Starken eindringen und ihm seinen Besitz rauben, wenn
er den Starken nicht erst einmal fesselt? Erst dann kann er sein Haus aus-
rauben. 30 Wer nicht für mich ist, der ist gegen mich, und wer nicht mit
mir sammelt, der zerstreut. 31 Deshalb sage ich euch: Jede Sünde und
Lästerung (wörtl.: Blasphemie) wird den Menschen vergeben werden,
aber die Lästerung des Geistes wird nicht vergeben werden. 32 Und wer
ein Wort sagt gegen den Menschensohn, dem wird es vergeben werden,
aber wer etwas gegen den Heiligen Geist sagt, dem wird es nicht verge-
ben werden, weder in dieser Weltzeit, noch in der kommenden.“

Das „sanfte Joch“ Jesu wird von den Mühseligen und Beladenen ersehnt (s. o.). Von denen, die allein zurechtkommen, wird er verdächtigt, mit Gottes Gegenmacht zusammenzuarbeiten. Seine wohltuende Macht kann nicht geleugnet werden. Aber dass er einem blinden und beladenen Menschen das Augenlicht schenkt, soll in ein falsches Licht gerückt werden.

Die Befreiung eines Besessenen, eine schlichte Heilung, bringt die fromme Führungsschicht zu einer Festlegung: Jesus sei mit der bösen Macht im Bunde, dem „Beelzebul“. Das ist die Abwandlung eines Namens für den Gott Baal. So wurde ein Fruchtbarkeitsgott genannt, der im AT als Götze gilt. Seine mächtigen Statuen übten magische Anziehungskraft auf die Menschen aus und zogen ihre Herzen von dem unsichtbaren Geheimnis DES einzigartigen Gottes ab, DER zu ihnen gesprochen hatte. Das Handeln Jesu in diese Bewegungsrichtung einzuordnen, ist so dumm, wie es teuflisch ist. Jesus argumentiert dagegen einfach vernünftig: Wenn zwei Menschen in einem Haushalt gegeneinander arbeiten, geht das nicht lange gut. Wenn in einem Land zwei Machthaber die Führung mit militärischen Mitteln an sich reißen wollen, gibt es Bürgerkrieg. Jesus stellt eine rhetorische Frage. Durch welche Macht heilen denn andere Pharisäer, wenn sie dazu in der Lage sind? Die gleiche Antwort sollte ihm zugestanden werden.

Jesus macht eine ungeheure Zusage. Wenn er heilend in Leben eingreift, berührt das Reich Gottes die Menschen. Sie befinden sich schon mitten in der Bewegung Gottes, die die Macht des Bösen und all seiner Auswirkungen gebrochen hat, auch wenn es noch nicht beseitigt ist. Sie erfahren Gott leibhaftig! Wer das hautnah erlebt, kann nicht neutral bleiben. Dieses überwältigend präsente Handeln Gottes durch Jesus allerdings der Macht des Bösen zuzuschreiben, ist unverzeihlich! Das muss erst einmal so stehen bleiben.

Später wird sich Jesus dem unverzeihlichen Urteilen und Handeln der Menschen ausliefern, um selbst dort Vergebung möglich zu machen, wo sie eigentlich unmöglich ist. Sie zu schenken, liegt ganz bei Gott.

Wer Angst hat, die „Sünde gegen den Heiligen Geist“ begangen zu haben, darf auf jeden Fall getrost sein, sie **nicht** getan zu haben. Denn wer sich darüber quält und grämt, in dem oder der ist ja der Geist Jesu gegenwärtig, der ein feinfühliges Herz macht und Sehnsucht nach Gottesgemeinschaft bewirkt!

Aufrüttelnde Ansage Mt 12,43–45

43 „Wenn aber der unreine Geist aus einem Menschen ausgefahren
ist, durchstreift er dürre Orte, sucht Ruhe und findet sie nicht. 44 Dann
spricht er: ‚Ich will zurückkehren in mein Haus, aus dem ich ausgefahren
bin‘, und wenn er kommt, so findet er es leer, gekehrt und geschmückt.
45 Dann geht er hin und nimmt mit sich sieben andere Geister, die böser
sind als er selbst, und zieht ein und wohnt dort, und es wird am Ende
mit jenem Menschen schlimmer als vorher. So ist auch diese böse Generation.“

Von lebenszerstörenden Mächten befreit zu werden, ist Zeichen der alles neu machenden Welt Gottes. Aber das Geschenk dieser Gottesherrschaft, das Jesus in die Welt setzt, bedeutet auch, diese Art von Macht ins Leben zu lassen. Ein „präsentables“ Innenleben ist nicht alles. Es ist Vorbereitung für die Erfüllung durch Gott. Wenn die eigene Spiritualität das höchste Ziel ist und nicht Gott, bleibt der Mensch im Kreisen um sich selbst. Neue Gefangenschaften haben dann leichtes Spiel.

Die Wirkkraft der Welt Gottes – Die Gleichnisrede Mt 13

Kehrt um, denn das Himmelreich, das Reich Gottes, ist nahe herbeigekommen – so beginnt Jesus sein öffentliches Auftreten (↗ Mt 4,12–25). Wohin diese Umkehr führt, wird in der Bergpredigt entfaltet. Hier zeigt sich der Lebensstil, der in das Reich Gottes passt (↗ Mt 5–7). Welche Dynamik von Zumutungen und Zusagen die Welt Gottes mit sich bringt, zeigt die Aussendungsrede (↗ Mt 10). **Die Gleichnisrede in Mt 13 zeigt nun, wie das Reich Gottes wirkt und was es bewirkt.** Wem die Bergpredigt zu schnell zu hoch war oder wen die Aussendungsrede verschreckt hat, kann hier noch einmal klein anfangen, zum Reich Gottes umzukehren: Mitten in der Welt ist Gott am Werk. Wir müssen uns nur zu IHM umdrehen, um IHN zu bemerken.

Jesu Leben ist der Alltag der „kleinen Leute“. Das ist sein Anschauungsmaterial, um Gottes Gegenwart zu erklären. Das ist der Stoff, aus dem das Reich Gottes ist. Es ist kein Jenseits, das erst nach dem Tod beginnt! In und hinter diesem alltäglichen Material, den kleinen und großen Begebenheiten, wird auch der Mensch Jesus sichtbar (↗ Mt 3, Einleitung): Wie er als Junge seiner Mutter und den anderen Frauen im Dorf beim Brot backen hilft. Wie er mit den Mühen von Säen und Ernten vertraut ist. Wie er aufmerksam beobachtet, wie das in verschiedenen Gegenden jeweils gemacht wird. Wie viel Verantwortung der Hirtenberuf bedeutet. Wie Handlungsreisende unterwegs sind. Wenn er davon erzählt, können seine Zuhörer und Freundinnen einstimmen: Ja, so ist es. Gleichzeitig kommen sie ins Staunen: Ach, so ist das?! Mitten in ihrem kleinen Leben haben sich große Möglichkeiten aufgetan: Gott bei der Arbeit, mittendrin, nahbar, überraschend, herausfordernd.

Während Jesus erzählt und sie sich mitnehmen lassen, öffnet sich ein Raum, in dem die Entscheidung möglich ist, alles stehen und liegen zu lassen und sich auf Gottes Kommen einzulassen – um den gleichen kleinen Alltag weiter zu leben, aber ganz anders und neu mit Gott in der Mitte. Viele Gleichnisse sind aufrüttelnde Geschichten, um diese einmaligen Vorgänge und die Entscheidung, in die sie hineinführen, nicht zu verpassen. Es geht um alles. Denn die Gleichnisse bergen die Hoffnung, dass es mit dieser Welt gut ausgehen wird. DER, DESSEN Kraft schon jetzt alles berührt und verwandelt, wird am Ende alles ausfüllen. Und wer sich dafür öffnet, wird jetzt schon erfüllt. Die Gleichnisse erzählen von Gottes Wirken. Gleichzeitig haben sie auf geheimnisvolle Weise mit dem Erzähler zu tun. Sein Wort–Raum ist es, in dem Menschen einzigartig mit Gott zu tun bekommen, mitten im Jetzt, mitten in der Welt – bis heute.

Entscheidung im Wort-Raum
↗ Joh 8

Gleichnisse sind keine Erfindung Jesu, aber niemand vor ihm hat sie zu seiner „hervorragenden Sprechweise" gemacht. Man unterscheidet zwischen **Gleichnissen**, die einen kleinen, in sich abgeschlossenen und alltäglichen Vorgang beleuchten, und **Parabeln**, die einen einmaligen Vorfall mit mindestens einem Höhepunkt, also eine ausgeführte Geschichte, erzählen.

Beim **Gleichnis** liegt das Aha-Erlebnis darin, dass etwas, mit dem Menschen es dauernd zu tun haben, oder ein leicht nachzuvollziehender besonderer Vorgang plötzlich durchsichtig wird für Gottes Wirken, deshalb könnte man es auch „Vorgangsgleichnis" nennen (z. B. ↗ Mt 13,31–33).

Bei der **Parabel** oder dem „Handlungsgleichnis" geht es um eine Geschichte, die aus dem Rahmen des Normalen fällt. Es geschieht etwas Unvorhergesehenes. Wer den entscheidenden Punkt verstanden hat, muss ihn an sich heranlassen, dazu Stellung beziehen und auf die eigene Situation übertragen (z. B. ↗ Mt 20,1–16).

Lukas überliefert neben diesen beiden Formen auch noch vier **Beispielerzählungen.** Hier ist keine Übertragung eines Zielpunktes auf eine eigene Situation nötig. Die Botschaft ist schlicht: Mach es genauso! „Go and do" (z. B. ↗ Lk 10,30–7).

Wie funktioniert ein Gleichnis?

Es gibt eine **Bildebene.** Sie schildert einen kleinen, einsichtigen, meist alltäglichen Vorgang, der leicht nachvollziehbar ist. Bei den Parabeln ist es eine ungewöhnliche Geschichte. Dieser Vorgang läuft auf eine Pointe hinaus wie ein guter Witz. Auch ein guter Witz muss nicht in allen Einzelheiten erklärt werden.

Die **Sache**, woraufhin nun dieses Bild verglichen werden soll, ist manchmal angegeben. Im Folgenden werden vier dieser Gleichnisse ausgelegt, bei denen die Sache „das Reich der Himmel", also in der Sprache des Matthäusevangeliums (↗ Mt 4,12–25) das „Reich Gottes" ist. Er gibt auch Gleichnisse, bei denen die Sache, die sie in Szene setzen, aus dem Zusammenhang erschlossen werden muss.

Die folgenden vier Gleichnisse haben einen **Dativanfang**. In vielen Bibeln ist er übersetzt mit: „Das Himmelreich ist gleich einem ..." Hilfreicher ist jedoch die Übersetzung: „Mit dem Himmelreich verhält es sich wie mit ..." Dann wird deutlich, dass zum Verständnis der Sache der ganze Vorgang berücksichtigt werden muss – zum Beispiel so:

Die Gleichnisse von Senfkorn und Sauerteig Mt 13, 31–33

Das Gleichnis vom Senfkorn findet sich auch bei Markus (Mk 4,30–32). Aber als „Doppelgleichnis" wirkt es noch stärker. Die Alltagsarbeit eines Mannes und einer Frau dienen als Stoff, um den Zuhörenden das großartige und verlässliche Kommen der Gottesherrschaft zuzusprechen:

31 „Mit dem Himmelreich (, der Welt Gottes) verhält es sich wie mit
einem Senfsamenkorn, das ein Mensch nahm und auf seinen Acker säte.
32 Es ist zwar das Winzigste unter allen Samenkörnern, wenn es aber aufgewachsen ist, ist es das Größte unter allen anderen Gewächsen – (fast wie) ein Baum, so dass ‚die Vögel des Himmels' kommen und ‚in seinen Zweigen wohnen' (Anklang an Dan 4,9)."

Das Bild: Der Same des schwarzen Senfs ist mit bloßem Auge kaum wahrnehmbar. Es ist kaum so groß wie ein silberner Stecknadelkopf. Aber er wird zu einer hohen Staude mit bis zu drei Metern Höhe. Als „Baum" wird es in Anlehnung an ein Bild im AT für eine Weltmacht bezeichnet, unter der Völker Schutz finden.

Z.B. Hes 17,23, wo Gott aus einem kleinen Zweig einen Baum macht, in dem Vögel wohnen können – eine Verheißung, die messianischen Charakter hat.

Der Schwerpunkt der beiden Vorgänge liegt im orientalischen Denken nicht so sehr auf dem Wachstum, sondern auf der Gegenüberstellung von Anfangs- und Endstadium.

Die Pointe des Bildes: Ein unscheinbarer Anfang bewirkt ein riesiges Endergebnis. Zwei völlig ungleiche Zustände folgen aufeinander. Ihr könnt euch des überraschenden Kontrastes gewiss sein!

Die Sache, um die es geht: Mag die Gottesherrschaft in unseren Augen unscheinbar und leicht zu übersehen sein – Gott wird ganz sicher dafür sorgen, dass sie ganz groß wird! Dann wird Gottes Reich ein Raum, eine Heimat für alle sein.

33 Mit dem Himmelreich verhält es sich wie mit ein wenig Sauerteig,
den eine Frau nahm und unter einen Zentner Mehl mengte. Das ganze Mehl wurde durchsäuert!

Das Bild: Die Mehlmenge von etwa einem halben Zentner, die ein bisschen angesetzter Sauerteig zuverlässig durch und durch in Sauerteig verwandelt, war ungewöhnlich viel und reichte für ein ganzes Dorf.

Die Pointe des Bildes: Ganz wenig Sauerteig durchsäuert ganz sicher auch eine riesige Menge Mehl.

Die Sache, um die es geht: Die Welt Gottes fängt mit Jesu Worten und Taten (und seinen wenigen Nachfolgern) ganz klein an – aber ganz sicher wird sie einmal die ganze Welt durchwirken und durchdringen.

Die Gleichnisse von Schatz und Perle Mt 13,44–46

44 „Mit dem Himmelreich verhält es sich so, wie wenn ein Mensch
einen Schatz findet, der im Acker versteckt war. Er vergrub ihn zunächst einmal wieder. In seiner Freude geht er dann hin und verkauft alles, was er hat, und kauft diesen Acker.

45 Auch verhält es sich mit dem Himmelreich wie mit einem Händler,
der auf der Suche nach schönen Perlen war und dann eine unglaublich kostbare Perle findet. Da ging er hin und verkaufte alles, was er hatte, und kaufte sie."

Die Bilder: Mitten im Acker des Lebens, der von harter Arbeit geprägt ist, stößt ein Landarbeiter auf einen Schatz. Dass ein Vermögen auf diese Weise gesichert wurde, war im Altertum nicht ungewöhnlich. Auch dass solch ein Vermögen liegen blieb, konnte vorkommen. Der Finder versteckt den Schatz wieder. Dann macht er alles, was er hat, zu Geld und kauft den Acker. Wer jetzt in rechtlichen Fragen stecken bleibt, ob er den Schatz einfach so besitzen darf, verpasst die Pointe.

Auch der Perlenhändler, dessen Beruf es ist, schöne Perlen zu erwerben, findet plötzlich die Perle seines Lebens. Perlen wurden von Tauchern aus dem Roten Meer, dem Persischen Golf und dem Indischen Ozean gefischt. Kleopatra besaß z.B. eine Perle im Wert von 10 Millionen Euro. Die Perle steht im Altertum für den höchsten Wert im Leben.

Wer sich mit Fragen aufhält, wie der Händler denn jetzt seinen Lebensunterhalt bestreiten soll, nachdem er alles für die eine Perle eingesetzt hat, verpasst die Pointe. Auch wer einen moralischen Ton mancher „christlicher" Auslegung im Ohr hat, verpasst die Pointe. Die Gleichnis-Geschichten wollen nicht den Zeigefinger heben: Wehe, wenn du nicht alles für Gott einsetzt!

Die Pointe der Bilder: Es geht um die Entschlossenheit, mit der der Mann den Fund seines Lebens behandelt. Er setzt selbstverständlich alles ein, um ihn zu bekommen! Es geht darum, dass diese eine Perle alles wert ist und diesen unbedingten Einsatz bewirkt. Der Kaufmann kann gar nicht anders!

Die Sache, um die es geht: Jesus will uns mitreißen in eine fröhliche Selbstverständlichkeit. Wer mitten im Leben auf Gott stößt und wem plötzlich alles Sinn macht, wem mitten im Alltag der Himmel aufgeht, wird alles daran setzen, diesem Wunder einen hervorragenden Platz im Leben einzuräumen.

In den beiden Gleichnissen geht es darum, dass das Reich Gottes nicht durch eigene Anstrengung kommt. Ob jemand zufällig darauf stößt oder auf der Suche ist – die Gottesnähe ist ein unerwarteter und so großartiger Fund, dass sie aller Hingabe wert ist!

Vielleicht sind die Gleichnisse wie Perlen, die von den Nachfolgern und Jüngerinnen Jesu selbst liebevoll gelernt, gesammelt und bewahrt wurden – und in verschiedenen Situationen gelebt wurden. Manchmal erhielten sie dort eine neue Deutung. Die Evangelisten reihen sie jeweils in ihre eigene „Perlenkette" ein und verknüpfen sie auf ihre Weise miteinander.

So ist auch das folgende Gleichnis eine ganz eigene Perle: Das Gleichnis vom Sämann zielt wie die Gleichnisse von Senfkorn und Sauerteig (s.o.) auf ein überdimensionales Ergebnis – allerdings ein nicht zu erwartendes. Das Gleichnis hat einen **Nominativanfang,** wie auch die meisten Gleichnisse im Lukasevangelium: Es startet einfach mit der Geschichte.

Das Gleichnis vom nicht zu entmutigenden Sämann Mt 13,1–9

1 An diesem Tag ging Jesus aus dem Haus und setzte sich an den See.
2 Und es versammelte sich eine große Menge Menschen bei ihm, sodass
er in ein Boot stieg und sich setzte, und die ganze Menschenmenge
stand am Ufer. 3 Und er redete vieles zu ihnen in Gleichnissen und sagte:
„Stellt euch vor (wörtl.: siehe), es ging ein Sämann hinaus, um zu säen,
4 und während er säte, fiel einiges auf den Weg, und da kamen die Vögel
und fraßen es auf. 5 Einiges fiel auf felsigen Boden, wo es nicht viel Erde
hatte. Und es ging sofort auf, weil es keine tiefe Erde hatte. 6 Als aber die
Sonne aufging, verwelkte es, und weil es keine Wurzel hatte, verdorrte
es. 7 Einiges fiel unter dorniges Unkraut und das Unkraut wuchs hoch
und erstickte es. 8 Einiges fiel auf guten Boden und trug Frucht, das eine
hundertfach, das andere sechzigfach, wieder anderes dreißigfach. 9 Wer
Ohren hat, der höre!“

Das Bild: Der Vorgang ereignet sich in einer der Gegenden Israels, in denen zuerst gesät und dann erst umgepflügt wird. Obwohl einiges an Saatgut daneben geht, trotz schlechter Bodenbeschaffenheiten, die beim Säen noch nicht offensichtlich waren, trotz schnell wuchernden Unkrauts – das, was auf guten Boden fällt, entschädigt über die Maße: Der Ertrag ist astronomisch! Normalerweise war schon ein zehn- bis fünfzehnfacher Ertrag ein gutes Ernteergebnis.

Die Pointe des Bildes: Trotz deutlichen Misserfolgs gibt es einen außerordentlich hohen Ertrag.

Die Sache, um die es geht: Sie ist nicht im Gleichnis selbst benannt. Wahrscheinlich ist zunächst einmal an das Wirken des „Sämanns Jesus“ selbst zu denken. Seine Worte und Taten lassen die Welt Gottes trotz widriger Umstände aufgehen. Das tröstet in all dem „Wenn und Aber“, das gegen Gottes Wirken zu sprechen scheint.

Die Gleichnisse Jesu wirken weiter. Sie wurden schon damals in verschiedenen Situationen neu erzählt – von Jesus selbst und dann wahrscheinlich auch in seiner Gemeinde (s. o.). So bekommt noch heute jeder und jede, die anderen von Gott erzählen und seine Wirklichkeit bezeugen, den Trost dieses Wachstumsgleichnisses mit in die herausfordernde Situation.

Überraschung und Glück, sich Öffnen und Aufmachen in die Welt Gottes sind aber nicht die einzige Reaktion auf die Worte Jesu. In Mt 13 wird auch deutlich gemacht, dass die großartige Einladung auf merkwürdig verschlossene Ohren und Herzen gestoßen ist.

Die negative Außenwirkung der Gleichnisse: Wenn die Gleichnisse zu Rätseln werden Mt 13,10–17

10 Und seine Jünger kamen zu ihm und sagten: „Warum redest du zu
ihnen in Gleichnissen (, die für sie ein Rätsel sind)?“ 11 Er aber antwortete
und sagte zu ihnen: „Euch ist es gegeben worden, die Geheimnisse des
Himmelreichs zu verstehen, diesen aber ist es nicht gegeben. 12 Denn
wer hat, dem wird gegeben, dass er die Fülle habe. Wer aber nicht hat,
dem wird auch das genommen werden, was er hat. 13 Deshalb rede ich
zu ihnen in Gleichnissen (, aber für sie spreche ich in Rätseln): Obwohl sie
sehen, sehen sie nicht, und obwohl sie hören, hören sie nicht und ver-
stehen es nicht, 14 und an ihnen wird die Weissagung Jesajas erfüllt, die
sagt: ‚Mit den Ohren werdet ihr hören und werdet es doch nicht verste-
hen; und mit sehenden Augen werdet ihr sehen und es nicht wahrneh-
men. 15 Denn das Herz dieses Volkes ist unzugänglich und ihre Ohren
sind schwerhörig und ihre Augen sind geschlossen, damit sie nicht etwa
mit den Augen sehen und mit den Ohren hören und mit dem Herzen
verstehen. Vielleicht kehren sie um und ich heile sie‘ (Jes 6,9–10).

16 Aber eure Augen haben Glück, dass sie sehen, und eure Ohren,
dass sie hören. 17 Denn sicher ist (wörtl.: amen, ich sage euch): Viele Pro-
pheten und Gerechte haben sich danach gesehnt, zu sehen, was ihr seht,
und haben es nicht gesehen, und zu hören, was ihr hört, und haben es
nicht gehört.“

In der Muttersprache Jesu, dem Aramäischen, einem Dialekt des Hebräischen, bedeutet das Wort „Gleichnis“ Vergleich, bildliche Rede aller Art, aber auch Rätselwort. Wer die Art und Weise, wie Gottes Reich zu den Menschen kommt und das, was in seinem Be-Reich wichtig ist, ablehnt, versteht die Welt nicht mehr.

Viele Menschen blocken ab und verweigern sich. Die „Menschenmenge“ in Mt 13,2 teilt sich in Jüngerinnen und Jünger, denen die Worte Jesu ins Herz fallen, und die, die ihnen nichts abgewinnen können. Sie bleiben lieber in ihrer eigenen Welt, statt sich in Gottes Welt hineinlocken zu lassen. Seine Nachfolgerinnen und Jünger haben sich vom Wirken Jesu mitnehmen lassen. Für sie öffnet sich das Verstehen.
Mt 13,11 Das Verstehen ist den Seinen „gegeben worden“, noch bevor das gerade erzählte Gleichnis vom Sämann noch einmal „nach innen“ ausgelegt wird. Deshalb geht es hier wohl um ein grundsätzliches Nachdenken über die Reaktionen auf Jesus.

Mt 13,12 Wer sich öffnet, wird weiterwachsen, wer sich abwendet, wird jegliches Interesse irgendwann ganz verlieren (Mt 13,12)! Interessant ist, dass das Jesaja-Zitat nicht die ursprüngliche Fassung aus Jes 6,9 bringt, wo vorausgesetzt ist, dass alles Rufen zur Umkehr nichts bewirkt hat und dann Menschen in ihrer ablehnenden Haltung behaftet werden. Hier wird durch eine andere Textvariante aus dem Judentum die Möglichkeit in Betracht gezogen, dass sie sich doch noch Jesu Worte zu Herzen nehmen und Heilung geschieht.

Weil sich dieser Abschnitt nicht nur auf das Gleichnis vom Sämann bezieht (↗ Mt 13,11 spricht im Plural), können wir annehmen, dass die nun folgende Deutung dieses Gleichnisses nicht die einzig mögliche ist. Sie ist eine „eigene Perle":

Die „Innenwirkung" der Gleichnisse: Die vier Bodensorten Mt 13,18–23

Beim inneren Wachstum und der „Fortbildung" der Mitarbeitenden Jesu zeigen sich noch einmal neue Dimensionen der Gleichnisauslegung. Wer sich von dem unglaublichen Zuspruch der Gleichnisse einholen lässt, fragt später weiter nach und wendet die Gleichnisse auf neue Situationen an. Matthäus nimmt uns bei drei seiner Gleichnisse in eine **allegorische Auslegung** mit.

Bei der allegorischen Auslegung geht es nicht um die Gesamtwahrnehmung eines Vorgangs und das Erfassen seiner Pointe. Bei der allegorischen Deutung ist fast jedes Wort eine Metapher, also ein Bild, das auf eine dahinter liegende Sache verweist. Jeder Zug einer Erzählung wird gedeutet und übertragen. Die Tiefendimension des Erzählten, die so entsteht, hat eher exklusiven als einladenden Charakter.

Ein Gleichnis, das „nach außen" wirkt und zustimmende oder ablehnende Reaktionen hervorruft, gewinnt für die, die sich für seine Wirkung schon geöffnet haben und zu Jesus gehören, eine weiterführende Bedeutung. Jesus hat seine Gleichnisse wohl in verschiedenen Situationen neu gedeutet (↗ Mt 18,12–14 gegenüber Lk 15,4–7). Vielleicht sind es auch Deutungen aus der Urgemeinde, die zeigen, wie sie die Gleichnisse Jesu gelebt haben.

18 „So hört ihr nun das Gleichnis von dem Sämann:
19 Immer, wenn jemand das Wort der Gotteswelt (griech.: basileia)
hört und nicht versteht, so kommt der Böse und reißt das aus, was in
sein Herz gesät ist: Das ist jemand, bei dem auf den Weg gesät worden

ist. 20 Die aber, bei der auf felsigen Boden gesät ist, ist jemand, die das
Wort hört und es gleich mit Freuden aufnimmt, 21 aber sie hat keine
Wurzel in sich, sondern ist augenblicksorientiert: Wenn sie in Bedräng-
nis oder Verfolgung kommt um des Wortes willen, fällt sie sofort davon
ab. 22 Bei dem aber unter das dornige Unkraut gesät ist, das ist jemand,
der das Wort hört, und die Sorge dieser Weltzeit und die Verführung des
Reichtums ersticken das Wort, und er bringt keine Frucht. 23 Bei der aber
auf gutes Land gesät ist, das ist jemand, die das Wort hört und versteht
und dann auch Frucht bringt; und eine trägt hundertfach, ein anderer
sechzigfach, eine dritte dreißigfach."

Die allegorische Deutung zielt hier in eine pädagogische Richtung. Die verschiedenen Reaktionen auf die Verkündigung des Wortes Jesu werden durchgespielt, indem die Bodensorten als Metaphern geistlich gedeutet werden. Verschiedene Gefahren werden erklärt, die den Samen des Wortes nicht aufgehen lassen. Das Fazit der allegorischen Deutung: Achte auf den Boden! Achte auf dein Herz!

Der/die/das Böse
↗ Mt 6,13

Das Gleichnis vom Unkraut im Weizen Mt 13,24–30

24 Ein anderes Gleichnis trug er ihnen vor: „Mit dem Himmelreich ver-
hält es sich so, wie wenn ein Mensch guten Samen auf seinen Acker säte.
25 Als dann alle schliefen, kam sein Feind, säte giftigen Lolch dazwischen
und machte sich davon. 26 Als der Weizen aufging und Frucht ansetzte,
wurde auch der Lolch sichtbar. 27 Die Sklaven des Hausherren kamen zu
ihm und fragten nach: ‚Herr, hast du nicht guten Samen auf deinen Acker
ausgesät? Woher kommt denn der ganze Lolch?!' 28 Er aber antwortete
ihnen: ‚Ein feindlicher Mensch hat das getan.' Da sagen seine Sklaven zu
ihm: ‚Willst du, dass wir hingehen und dieses Unkraut einsammeln?' 29
Er aber sagte: ‚Bloß nicht! Sonst entwurzelt ihr mit dem Lolch auch den
Weizen. 30 Lasst beides miteinander wachsen bis zur Ernte. Zum Zeit-
punkt der Ernte werde ich zu den Schnittern sagen: Sammelt zuerst den
Lolch und bündelt ihn, um ihn zu verbrennen. Den Weizen aber sammelt
in meine Scheune.'"

Das Bild: Der giftige Taumellolch, dessen Körner, wenn sie unter das Getreide gerieten, Schwindel, Erbrechen, Sehstörungen und sogar Atemlähmung hervorrufen konnten, wurde normalerweise vor der Ernte entfernt. Ein solch großer Befall wie in diesem Gleichnis war wirklich ein ungewöhnlich böser Streich eines verfeindeten Nachbarn! Südlich von Jerusalem war es aber üblich, den Lolch erst bei der Ernte zu entfernen, weil der Weizen dort schwächere Wurzeln hatte. Er wurde gebündelt und diente den Armen als Brennmaterial.

Die Pointe des Bildes: Wer das Unkraut zu früh entfernen will, schädigt auch den Weizen.

Die Sache, um die es geht: Mit dem Reich Gottes verhält es sich wie mit Weizen und Lolch, die erst am Ende sortiert werden. Der Landbesitzer, Gott, tut alles, damit der Weizen bewahrt wird.

Die gängige Erwartung zur Zeit Jesu war – und die teilte auch Johannes der Täufer –, dass das Gottesreich **durch** eine „große Scheidung" kommen sollte. Der Messias würde sich dadurch auszeichnen, dass er die Spreu vom Weizen trennen würde, also das Böse und die Bösen vernichten und „die Guten" sammeln. Das sei der Beginn der Gottesherrschaft. Das Gleichnis dagegen macht klar: Das Reich Gottes kommt schon **vor** der großen Scheidung. Unkraut und Weizen wachsen darin beide nebeneinander. Es ist schwer auszuhalten, dass es Böses und Leid in der Welt gibt, auch wenn das Himmelreich schon im Kommen ist!

Die Ernte ist ein Bild für Gottes abschließendes Handeln. Das letzte Wort über Gut und Schlecht spricht Gott, wenn die Zeit reif ist. Er will nichts vorwegnehmen, um keinen Schaden an dem anzurichten, was an Gutem wächst. Vorher gilt es, mit dem Geheimnis des Bösen zu leben. Habt Geduld angesichts des Bösen und überlasst Gott das letzte Urteil! Wo Menschen in der Kirchen-Geschichte versucht haben, „das Böse" zu vernichten oder im Namen Gottes zu sortieren, sind sie oft selbst „böse" geworden. Wo Unrecht mit Gewalt ausgerottet werden soll, geschieht meist noch größeres Unrecht.

Auch von der Gleichnis-Perle vom Unkraut im Weizen gibt es eine Variante als Allegorie. Auch sie folgt in Mt 13 nicht direkt auf das Gleichnis.

Die Deutung nach innen Mt 13,36–43

36 Dann ließ Jesus die Menschenmenge gehen und ging nach drin-
nen. Und seine Jüngerinnen und Jünger kamen zu ihm und sagten: „Er-
kläre uns das Gleichnis vom Lolch im Acker!" 37 Er aber antwortete ihnen
und sagte: „Er, der den guten Samen sät, ist der Menschensohn, 38 der
Acker ist die Welt, der gute Same, das sind die Töchter und Söhne des
Reichs, der Lolch sind die Töchter und Söhne des Bösen, 39 der Feind,

der ihn säte, ist der Teufel, die Ernte ist das Ende der Weltzeit, die Erntearbeiter sind die Engel.

40 Wie also der Lolch eingesammelt und verbrannt wird, so wird es
am Ende der Weltzeit sein: 41 Der Menschensohn wird seine Engel aus-
senden und sie werden aus seinem Reich alles einsammeln, worüber
Menschen zu Fall kommen, und alle, die Unrecht tun, 42 und in den Feu-
erofen werfen. Dort werden Weinen und Zähneknirschen sein. 43 Dann
werden die Gerechten leuchten wie die Sonne im Reich ihres Vaters. Wer
Ohren hat, höre!"

In Mt 13, 37–39 werden die sieben (!) wichtigsten Größen des Gleichnisses nacheinander noch einmal allegorisch gedeutet und ergeben ein kleines Nachschlagewerk. Mt 13,40–43 deuten das Geschick von Menschen, die ihr Leben für Gottes Kommen geöffnet haben, und denen, die unter dem Einfluss des Bösen stehen. Bei der Allegorie verschiebt sich der Akzent des Gleichnisses auf eine Belehrung über die Endzeit.

Der „Menschensohn" ist hier Jesus in der ganzen Bedeutung seines Lebens, Sterbens und Auferstehens (zu diesem Hoheitstitel ↗ Mt 16,13), die „Welt" ist schon als ganze Auftragsgebiet der Jesus Nachfolgenden (↗ Mt 28,16–20), der Ausdruck „Söhne und Töchter" zeigt ihre Zugehörigkeit an. Die „Ernte" verweist auf das Ende der Welt.

Durch die Mission seiner Nachfolgerinnen und Nachfolger sät der auferstandene Herr als der Sämann die Güte Gottes in Wort und Tat. Aber mitten darin wirkt auch die Macht des Bösen. Erst am Ende der Welt wird es zu Klärung kommen. Dem Lolch entspricht das, was Menschen von Gott wegzieht – ob Personen, Mächte oder Situationen, bleibt offen. Der Lolch steht auch für die, die Unrecht tun und leben, ohne Gottes Willen zu achten. Der Feuerofen mit dem „Weinen und Zähneknirschen" ist ein Bild für die unsagbare Qual, die Menschen erleiden, wenn ohne Gott zu leben nicht mehr nur eine Möglichkeit in Gottes Welt ist, sondern in letzter Konsequenz spürbar wird. Diese Wendung findet sich bei Matthäus mehrmals (↗ Mt 22,13).

Die Menschen, die sich für Gott öffnen, werden am Ende „Gerechte" genannt und strahlen, weil sie Gott gegenüber leben dürfen und seine Lichtherrlichkeit wie Spiegel reflektieren. Das ist auch jetzt schon die Berufung der „Kinder" Gottes.

Diese allegorische Auslegung taugt allerdings nicht dazu, um zu beurteilen, in welche der beiden Gruppen andere gehören! Nach wie vor geschieht die große Klärung „von oben".

Das Fazit der allegorischen Deutung: Welche Saat lässt du in deinem Leben aufgehen?!

Die positive „Außenwirkung" der Gleichnisse Mt 13,34–35

34 Das alles sagte Jesus der Menschenmenge in Gleichnissen, und
ohne Gleichnisse redete er nicht zu ihnen, 35 damit erfüllt würde, was
durch den Propheten ausgesprochen wurde, der sagt: „Ich werde in
Gleichnissen meinen Mund öffnen, ich werde aussprechen, was verbor-
gen ist seit der Grundlegung der Welt (Ps 78,2)."

Asaph, dem der Ps 78 zugeschrieben wird, galt als Prophet. Matthäus sieht die **Aufgabe der Gleichnisse Jesu** schon prophetisch angekündigt: Sie sind Jesu profilierteste Redeweise. Sie sollen Verstehen von Verborgenem eröffnen. Sie sollen helfen, Gottes Gegenwart in der Welt zu entdecken. Sie sollen das Geheimnis der Weltschöpfung, Gottes liebende Geschichte, in Worte fassen. Sie sind einzigartig!

Das Gleichnis vom Fischnetz: Der große Fang Mt 13,47–48

47 „Weiter verhält es sich mit dem Himmelreich wie mit einem
Schleppnetz, das in den See geworfen wurde und alles zusammen fisch-
te. 48 Als es voll war, zogen sie es an den Strand, setzten sich und sam-
melten das Gute in Gefäße, das Schlechte aber warfen sie weg."

Das Bild: Ein Schleppnetz im See Genezareth wurde mit Hilfe eines Bootes im Wasser ausgelegt und dann vom Ufer her mit langen Seilen an Land gezogen. Das „Schlechte" entsprach nicht den jüdischen Reinheitsvorschriften, denn nach Lev 11 ist nur erlaubt, was Flossen und Schuppen hat.

Die Pointe des Bildes: Sortiert werden kann erst nach dem Fang.

Die Sache, um die es geht: Nach der jüdischen Erwartung sollte das Gottesreich **durch** „die große Scheidung" kommen (↗ Mt 13,24–30). Das Gleichnis macht deutlich, dass die große Einladung der Gottesherrschaft durch Jesus zuerst einfach alle mitzieht, die es erfasst. Das Reich Gottes kommt schon **vor** dem großen Gericht. Die mitreißende Zuwendung durch Jesus steht am Anfang. Erst am Ende, wenn das „Missionsnetz" voll ist, wird sortiert, wer wirklich in Gottes Welt hinein kommt.

Die Deutung nach innen: Es wird sortiert Mt 13,49–50

49 „So wird es sein beim Ende der Weltzeit: Die Engel werden kom-
men und die Bösen aus der Mitte der Gerechten aussondern 50 und sie
in den Feuerofen werfen. Dort wird Weinen und Zähneknirschen sein."

Diese kurze allegorische Deutung gibt noch einmal weitere Auskunft über dieses Ende. Es sind die Engel Gottes, die die Unterscheidung zwischen den „Bösen" und den „Gerechten" vornehmen – wir Menschen können das nicht beurteilen. Es gibt also keinen Anlass zur Selbstgerechtigkeit der Gemeinde Jesu. Lebt sie im Schlepptau des großen Zuspruchs auch den Anspruch des Messias, wie er in der Bergpredigt verkündet wird? Die schmerzlichen Folgen des Aussortiert-Werdens werden wie in Mt 13,42 beschrieben.

Es gibt Hoffnung trotz allen Missverstehens und Unverständnisses Mt 13,51–58

51 Da fragte sie Jesus: „Habt ihr das alles verstanden?" Sie sagten zu ihm: „Ja, Herr."

Klare Frage, klare Antwort. Jesus lässt die Antwort stehen. Matthäus ist es wichtig zu zeigen, dass die Jüngerinnen und Jünger begreifen, worum es geht. Er hat hier schon die Gemeinde des auferstandenen Herrn im Blick, die in der Mission und dem Ethos des Bergpredigers lebt. Markus wird uns zeigen, dass sie vieles auch nicht verstehen – vor allem, bevor der Messias seinen Weg nicht ganz gegangen ist.

52 Da sagte er zu ihnen: „Darum ist jeder Schriftgelehrte, der über das Himmelreich unterrichtet ist, wie ein Hausherr, der aus seiner Schatztruhe Neues und Altes hervorholt."

Mit einem Christen, der das AT kennt und liebt und es von Jesus und dem kommenden Reich Gottes her neu deuten kann, verhält es sich wie mit einem Hausvater oder einer Hausfrau, die aus ihrer gut gefüllten Vorratskammer ihre Gäste bewirten. Vielleicht ist dieser Satz ein Hinweis auf Matthäus selbst, wie er sich als christlicher Schriftgelehrter versteht.

Am Ende des Gleichniskapitels Mt 13 wird die Frage aus Mt 12 noch einmal gestellt: Welche Macht steht hinter Jesus? Aus welcher Kraft heraus wirkt er? Als Jesus in seiner Heimatstadt Nazareth im Gottesdienst gepredigt hat, fragen sich die Leute:

54b „Woher hat der denn diese Weisheit und diese Kräfte? 55 Ist der
nicht der Sohn des Zimmermanns? Heißt seine Mutter nicht Mariam und
seine Brüder Jakobus, Josef, Simon und Judas? 56 Und leben nicht seine
Schwestern alle bei uns? Woher hat der all das?" 57 Und sie regten sich
über ihn auf. Aber Jesus sagte zu ihnen: „Ein Prophet wird nirgends so
sehr missachtet wie in seiner Heimatstadt und bei sich zu Hause." 58 Und
er tat dort nicht viele Machttaten wegen ihres Unglaubens.

Jesus ist ein ganz normaler Mann aus einer, von der Namensgebung der Söhne her zu schließen, traditionellen jüdischen Familie mit mindestens sieben Kindern. „Man" meint, ihn zu kennen. Man meint auch heute zu wissen, was der „historische Jesus" gedacht und getan haben kann und was nicht! Deshalb wird sein machtvolles Auftreten als skandalös empfunden. Deshalb verschließen sich die Menschen gegen ihn und sein Wort. Sie lehnen Jesus als den, durch den Gott wirkt, für sich ab. Der, durch dessen Worte und Taten die Herrschaft Gottes in die Welt kommt, lässt sich von dieser Macht der Menschen begrenzen. Die Folge ist: Sie erleben nichts mit ihm. Das Problem ist ihre innere Distanz. Glaube ist etwas anderes. Deshalb werden in Mt 14–16 unter anderem drei Glaubensgeschichten erzählt.

Drei Glaubensgeschichten: Vom zweifelnden, vom trotzigen und vom bekennenden Glauben Mt 14–16

Vom zweifelnden Glauben: Jesus und Petrus auf dem Wasser Mt 14,22–33

22 Und sofort (nach der wunderbaren Speisung der Menschenmen-
ge) nötigte er seine Jünger (regelrecht), ins Boot zu steigen und vor ihm
an das andere Ufer zu fahren, während er (noch) die Menge entließ. 23
Und nachdem er die Menschenmenge verabschiedet hatte, stieg er für
sich allein hinauf auf den Berg, um zu beten – als es aber Abend gewor-
den war, war er dort allein. 24 Aber als das Boot schon viele Stadien (ein

Stadion sind 192 Meter) vom Land entfernt war, wurde es (heftig) von den Wellen bedrängt. Es hatte nämlich den Wind gegen sich. **25** Aber um die vierte Nachtwache (gemeint ist: im Morgengrauen) kam er zu ihnen, indem er auf dem See ging. **26** Als ihn aber seine Jünger sahen, wie er auf dem See ging, erschraken sie und riefen: „Es ist ein Gespenst (griech.: phantasma)!" Und sie schrien vor Angst. **27** Sofort aber sagte Jesus zu ihnen: „Nur Mut! Ich bin`s! Fürchtet euch nicht!" **28** Da antwortete ihm Petrus und sagte: „Herr, wenn du es bist, rufe mich, über das Wasser zu dir zu kommen." **29** Er aber sagte: „Komm!" Und Petrus stieg aus dem Schiff und ging über das Wasser und kam zu Jesus. **30** Als er aber den heftigen Wind sah, bekam er (es mit der) Angst (zu tun) und begann zu sinken und schrie: „Herr, rette mich!" **31** Sofort aber streckte Jesus seine Hand aus und hielt ihn fest und sagt zu ihm: „Vertraust du mir so wenig (wörtl.: Kleingläubiger), warum hast du gezweifelt?" **32** Und als sie in das Boot stiegen, legte sich der Wind. **33** Die im Boot aber fielen vor ihm nieder und sagten: „Du bist wirklich Gottes Sohn!"

Matthäus erzählt, was geschieht, wenn Glaube in Zweifel gerät. Alles beginnt damit, dass Jesus nach der „Speisung der 5000" (↗ Mk 6,30–44) alles tut, um alleine zu sein. Er will beten. Der Berg als Ort der neuen Gotteslehre (↗ Mt 5,1) ist auch Ort der Gottesbegegnung. Was folgt, kommt aus seiner innigen Verbindung mit Gott.

Seine Jünger kämpfen gegen Wind und Wellen. Aber Jesus lässt sie nicht allein. Er kommt „in der vierten Nachtwache" zu ihnen. Das ist zwischen drei und sechs Uhr – die Zeit, in der nach der dunkelsten Stunde, der „Wolfsstunde", der Morgen graut. Es ist die Zeit, die im AT als die Zeit des rettenden Eingreifens Gottes gilt.

Ex 14,24 Als nun die Morgenwache kam, schaute der Herr aus der Feuersäule und Wolkensäule auf der Ägypter Heer und verwirrte sie …

Ps 46,6 Wenn auch die Wasser wüten und toben … Gott ist in der Mitte der „Stadt Gottes" … Gott wird ihr helfen, wenn der Morgen anbricht.

Jesu rettendes Kommen geschieht hier zur Zeit der entscheidenden Hilfe Gottes. Und dass er auf dem Wasser geht, beschreibt im AT Gottes Einschreiten gegen tobende Mächte. Auch hier antwortet Matthäus auf die Frage, aus welcher Macht heraus Jesus wirkt (↗ Mt 13,54; 12,24): Jesu Handeln ist ganz eins mit Gottes Handeln!

Hiob 9,8 ER allein spannt den Himmel aus und geht auf Meereswogen daher.

Die Jünger sehen Jesus und denken an ein „Gespenst“. Nach seiner Auferweckung, als sie seine Erscheinung nicht einordnen können, wird dagegen ein anderes Wort verwendet (↗ Lk 24,37). So oder so brauchen seine Menschen sein deutendes und vergewisserndes Wort. Sein „Ich bin's, ich bin es wirklich!“, gibt ihnen die Gewissheit des Wiedererkennens. Gleichzeitig führt es auch in ein undurchdringliches Geheimnis. „Ich bin, der ich bin“. Mit diesem Offenbarungswort gibt sich Gott am Beginn der Geschichte Israels dem Mose zu erkennen (Ex 3,14 ↗ Joh 6,30–46). Deshalb ist das göttliche und Menschen erschreckende Geheimnis der helfenden Nähe Jesu eingerahmt von Zuspruch gegen die Angst.

Petrus nimmt ihn beim Wort und allen Mut zusammen. Es ist sein erster „Soloauftritt“ im Matthäusevangelium – und dann gleich einer ohne Boden unter den Füßen. Aber wer hat den schon wirklich, wenn er oder sie mit der Realität des Lebens konfrontiert wird?! Das einzige, was trägt, ist das Wort Jesu. Petrus geht diesem „Komm“ entgegen. Als er schon fast da ist, sieht er plötzlich die Gefahr und den Wahnsinn der Situation. Darin geht er unter. Sein anfängliches Vertrauen wird von den Wellen weggespült. Was bleibt, ist der Ruf: „Herr, rette mich“ – die Anrufung dessen, was der Name Jesu bedeutet. Das genügt. Mehr braucht der Glaube, der im Zweifel unterzugehen droht, nicht zu tun.

Jesusname
↗ **Mt 1,21; Lk 2,21; Lk 10,17**

Ps 18,17 Gott streckte seine Hand aus … und fasste mich und zog mich aus großen Wassern.

Petrus erlebt das durch die Hand Jesu. Durch seine Zweifel hindurch wird er gerettet. Dennoch nennt Jesus ihn einen „klein Glaubenden“. In Mt 6,30 bekommen das auch andere zu hören. Sie glauben zwar irgendwie schon, aber sie sollen sich ganz und gar anvertrauen. Trotzdem – das Kleine, was sie an Glauben zu bringen haben, reicht. Das Große tut Jesus an ihnen.

Seine Gegenwart beendet die Gefahr. Erst jetzt kann das Erlebte „reflektiert“ werden. Jesu Auftreten ist das Kommen Gottes. Seine Macht ist die Macht des Gottes, der im AT eingegriffen hat. Nichts liegt näher, als zu bekennen, dass Jesus und Gott ganz eng zusammengehören: Du bist **„Gottes Sohn“**! Was Matthäus bisher nur einmal mit einem AT-Zitat zum Auftakt angedeutet hat (↗ Mt 2,15), was Gottes Bekenntnis bei seiner Taufe war (↗ Mt 3,17), was der Teufel zerstören wollte (↗ Mt 4,3) und die Dämonen angstvoll bekennen mussten (↗ Mk 5,7), was Jesu innigstes Selbstverständnis war (↗ Mt 11,27) und er an seine Jüngerinnen und Jünger weitergibt (↗ Mt 6,9) ist jetzt – in der Mitte des Evangeliums – bei seinen Menschen angekommen! Es ist keine theoretische Erkenntnis, keine aufgesagte Formel, sondern die einzige Deutung, die zu der erlebten Wirklichkeit mit Jesus passt.

Jesus selbst hat sich nicht als „Sohn Gottes" bezeichnet. Dennoch hat dieser Titel, mit dem seine Gemeinde nach seinem Leben, Sterben und Auferstehen sein Wesen auszudrücken versucht, seinen Ursprung im geschichtlichen Leben Jesu: Seine persönliche Gebetsanrede „Vater" in Mt 6,9 und Mt 11,25 – bei Mk ist in 14,36 der aramäische Originalton „Papa" erhalten – waren und sind bis heute einzigartig in der Religionsgeschichte. Auch die offensichtliche Identifikation mit dem Sohn des Weinbergbesitzers in der Parabel von den üblen Pächtern (↗ Mt 21, 33–46) weist auf dieses Selbstverständnis hin.

Im AT wurde „Sohn" nur für ganz Israel verwendet oder für den König. In Ps 2 wird dem König in prophetischer Rede das Sohnesverhältnis von Gott zugesprochen (↗ Mt 3,13–17). Der Psalm wurde messianisch gelesen. Die Bezeichnung Jesu als „Gottes Sohn" schließt ihn mit Gott zusammen: Jesus repräsentiert Gott vor den Menschen. Sie bringt zum Ausdruck, wozu Jesus gelebt hat.

Dass dieser Titel schon sehr früh verwendet wurde, zeigt Rö 1,3, wo Paulus in den fünfziger Jahren des ersten Jahrhunderts ein Glaubensbekenntnis zu Jesus als „Sohn Gottes" zitiert, das er wahrscheinlich nach seiner Bekehrung in den dreißiger Jahren des ersten Jahrhunderts gelernt hat. Der Titel „Gottes Sohn" ist Jesus also nicht erst nach „langer theologischer Reflexion" der Gemeinde beigelegt worden, als wäre die göttliche Bedeutung Jesu eine Wunschvorstellung – eine Fiktion, die später in das normale Leben des Wanderpredigers Jesus hineinprojiziert wurde, der doch einfach nur von der Liebe Gottes erzählen wollte. Der Titel „Sohn Gottes" ist auch nicht mit dem des „göttlichen Menschen" in hellenistischen Schriften vergleichbar. Die Traditionen von den Halbgöttern und Wundermännern sind erst ab dem 2. Jh. nach Chr. nachweisbar. Der Begriff der Gottessohnschaft Jesu, um seine einzigartige Verbindung mit Gott zu umschreiben, hat seine Wurzel in der atl. Tradition und beim geschichtlichen Jesus selbst.

Vom trotzigen Glauben: Der widerstandsfähige Glaube der Kanaanäerin (aus dem syrischen Phönizien) Mt 15, 21–32

21 Und Jesus ging (vom See Genezareth) weg und zog sich in die Ge-
gend von Tyrus und Sidon zurück. 22 Und siehe, eine kanaanäische Frau
kam aus jener Gegend und schrie dauernd: „Erbarme dich meiner, Herr,
du Sohn Davids! Meine Tochter wird schlimm von einem bösen Geist ge-
quält." 23 Er aber antwortete ihr nicht ein Wort. Da kamen seine Jünger
zu ihm, baten ihn und sagten: „Tu ihr doch den Gefallen, denn sie schreit
hinter uns her (, dann sind wir sie los)!" 24 Er aber antwortete und sagte:
„Ich bin nur zu den verlorenen Schafen des Hauses Israel gesandt." 25
Sie aber kam, fiel vor ihm nieder und sagte: „Herr, hilf mir!" 26 Er aber
antwortete und sagte: „Es ist nicht gut, das Brot den Kindern wegzuneh-
men und den Hündchen vorzuwerfen." 27 Sie aber erwiderte: „Ja Herr,
und doch essen die Hündchen die Brotkrümel, die von den Tischen ihrer
Herren herunterfallen." 28 Da antwortete Jesus und sagte zu ihr: „O Frau,
dein Glaube ist groß. Dir geschehe, wie du willst." Und ihre Tochter war
geheilt von jener Stunde an.

Glaube in Angst und Zweifeln stand im Mittelpunkt des 14. Kapitels. Jetzt geht es um **trotzigen Glauben**: um eine, die sich nicht einmal dann vom Glauben abbringen lässt, wenn sie mit ihrem Anliegen auf der Prioritätenliste von Jesus gar nicht vorkommt.

In Mt 8,5–13 wurde der Bursche des römischen Offiziers geheilt. Jetzt ist es vorbei mit der grenzenlosen Rettung durch Jesus! In Nazareth (↗ Mt 13,58) war es mit den Heilungen schon nicht mehr gut gelaufen. Dort gingen die Menschen zu Jesus auf Distanz, weil sie ihn zu kennen glaubten. Jetzt geht Jesus zu der „Heidin" auf Distanz, und wir kennen ihn nicht mehr! Was bedeutet Glaube, wenn ich Jesus nicht mehr wiedererkenne? Wenn seine Zuwendung nicht mehr zu spüren ist? Wenn ich mit meiner Bitte abgewiesen werde – wenn jetzt für ihn nicht dran ist, was mein Herz fast zerreißt?!

Aus „heilsgeschichtlichen" Gründen ist Jesu Schweigen, dann seine Zurückweisung und dann auch noch der demütigende Vergleich der Nicht-Israeliten mit Hunden vielleicht nachvollziehbar: Zuerst sein Israel! Wozu war er sonst ehelos geblieben, wenn er nicht Israel, seine Braut, zu sich „heimholen" wollte wie damals ein Bräutigam? Jesus hat eine erste Liebe. Daran wird sich nichts ändern. Schon gar nicht durch die Bitte seiner Jünger, die Jesu Verhalten nicht mehr aushalten. Geht es ihnen um die Not der Frau oder darum, endlich wieder Ruhe zu haben?

Aber die Frau lässt sich einfach nicht abwimmeln. Nicht dadurch, dass Jesus sie ignoriert, nicht mit dem Hinweis darauf, dass sie nicht dazugehört, nicht einmal durch eine Demütigung! Im Gegenteil. Sie nimmt das herabsetzende Bild Jesu auf und deutet es zu ihren Gunsten. Jesus lässt sich beeindrucken. Der Glaube der Frau durchdringt seine Distanz. Sie glaubt an ihn, auch wenn er sich so verhalten hat, dass sie es eigentlich gar nicht mehr kann. **Sie glaubt gegen ihn an ihn!** Da erhört er ihr tiefstes Sehnen. Er heilt ihre Tochter.

Diese Geschichte musste doch das Herz der Judenchristen anrühren, an die Matthäus schreibt (↗ Mt 9,9–13)! Wenn einige von ihnen vielleicht noch der Meinung waren, dass nur Juden Christen werden konnten, so erzählt Matthäus nun auch den „Hardlinern", was er schon im Stammbaum Jesu angelegt hat (↗ Mt 1,1–7). Der Glaube der „Ausländerin" wird von Jesus mehr als anerkannt. Aber diese Geschichte ist auch für die glaubende Gemeinde aus „Juden und Heiden" durch die Zeiten hindurch wichtig. Sie ist für uns heute wichtig. Sie ermutigt, sich nicht von Jesus abweisen zu lassen. Nicht einmal dann, wenn wir ihn nicht mehr erkennen. Nicht einmal dann, wenn wir das Gefühl haben, dass er uns ignoriert.

Matthäus stellt die Frau aus Syrophönizien hier in eine Reihe mit Hiob, der durch den Gott hindurch, der das unsagbare Leid zugelassen hatte, den Gott sucht und an dem Gott festhält, der ihm Recht geben und ihn erlösen wird.

Nach dieser Geschichte fließt der Heilungsstrom in Israel, und Matthäus betont, dass Jesus ein Mensch ist, der von Mitgefühl ergriffen ist über die Not der Menschen – bis in die Tiefen seines Herzens:

Mt 15,29 Und Jesus zog weiter und kam an das galiläische Meer (ge-
meint ist: an den See Genezareth), und er stieg auf einen Berg und setzte
sich dort. **30** Und es kamen zu ihm große Volksmengen, die hatten Ge-
lähmte, Blinde, Verkrüppelte, Stumme und viele andere mit sich; und sie
legten sie zu seinen Füßen, und er heilte sie **31** … und sie priesen den
Gott Israels. **32** Aber Jesus rief seine Jünger zu sich und sagte: „Ich habe
tiefes Mitgefühl mit den Leuten, denn sie sind schon drei Tage bei mir
und haben nichts zu essen …"

So tief geht sein Erbarmen, dass sich das Speisungswunder wiederholt (↗ Mk 8,1–9). Sieben Körbe bleiben übrig. Kein Wunder, dass auch die Frau aus dem syrischen Phönizien etwas abbekommen hatte!

Der bekennende Glaube des Petrus Mt 16,13–20

Jesus geht an die nördlichen Grenzen des jüdischen Siedlungsgebiets. Dort erreicht der erste Teil des Evangeliums den Höhepunkt: Mit einer Glaubensgeschichte, in der Glaube sich in Worten ausdrückt – bewusst und persönlich. Von der umwerfenden Anerkennung Jesu nach der Sturmstillung durch die Jünger (↗ Mt 14,22–33) über das Hindurchglauben durch den „fremden Jesus" der Ausländerin (↗ Mt 15,21–28) zum Bekenntnis des Petrus in Mt 16 werden die Fragen dieses ersten Teils zu einer umfassenden Antwort geführt. Wer ist dieser Jesus? Aus welcher Kraft handelt er? Jesus ist der „Menschensohn" und „Messias-Christus", „Sohn Gottes". Diese „christologischen Hoheitstitel" entfalten und enthalten, dass er und wie er der „Immanuel" (↗ Mt 1,23) ist.

13 Als aber Jesus in die Gegend von Cäsarea Philippi gekommen war,
fragte er seine Jünger und sprach: „Für wen halten die Leute den Men-
schensohn?" 14 Sie aber sagten: „Die einen für Johannes den Täufer, die
anderen für Elia, wieder andere für Jeremia oder einen der Propheten."
15 Er sagt zu ihnen: „Ihr aber, für wen haltet ihr mich?" 16 Da antworte-
te Simon Petrus und sagte: „Du bist der Messias (griech.: Christos), der
Sohn des lebendigen Gottes!" 17 Da antwortete Jesus und sagte zu ihm:
„Ich gratuliere dir, Simon, Sohn von Jona, denn das hast du nicht mit
deinen menschlichen Fähigkeiten entdeckt, sondern mein Vater in den
Himmeln hat es dir aufgedeckt. 18 Und auch ich sage dir: Du bist Fels
und auf dieses Felsgestein will ich meine Gemeinde (auch: Kirche) bau-
en und die Tore des Totenreichs werden sie nicht überwältigen. 19 Ich
werde dir die Schlüssel des Reichs der Himmel geben, und was du auf
der Erde bindest, wird auch in den Himmeln gebunden sein; was im-
mer du loslöst auf der Erde, wird auch in den Himmeln losgelöst sein."
20 Dann befahl er den Jüngern, niemandem zu sagen, dass er der Chris-
tus sei.

Ist Jesus mit seiner Botschaft und seinem Wesen bei seinen Menschen angekommen? Es ist ihm nicht egal! Er ist der **„Menschensohn"** – aber er kommt nicht von allem Irdischen unberührt aus himmlischen Sphären wie der „Menschensohn" aus der Vision im Buch Daniel.

Dan 7,13f … siehe, es kam einer mit den Wolken des Himmels, gleich einem Menschensohn; der gelangte bis zu dem Hochbetagten (Gott) und wurde vor ihn gebracht. Und ihm wurden Macht, Ehre und königliche Würde verliehen, dass ihm alle Länder, Völker und Sprachen dienen sollten. Seine Macht ist eine ewige Macht und sein Königreich wird nie untergehen.

Jesus nimmt diesen Titel einer endzeitlichen, himmlischen Gestalt für sich in Anspruch. Aber er füllt ihn auf ganz eigene Weise. In ihm zeigt sich seine von Gott geschenkte Machtfülle. Er ist würdig, Gottes Reich zu verwirklichen. Aber von Anfang an macht seine Auseinandersetzung mit dem Versucher (↗ Mt 4,1–11) klar, wie er diese Macht lebt: in Demut und Dienst. Als Gottes Bevollmächtigter der „Endzeit" ist er ganz als Mensch gegenwärtig. Aber die tiefste Umprägung des hoheitlichen Titels steht noch aus: Er wird ins Leid gehen. Diesen Abstieg in die Tiefe wird er direkt nach dem Höhepunkt des Petrusbekenntnisses ansagen. Dass er auch der in Hoheit Kommende sein wird (↗ Mk 14,62; Lk 21,27) wie im Danielbuch, ist nicht ohne seinen Gehorsam und seinen Weg in die letzte Erniedrigung zu denken.

Menschensohn in Niedrigkeit
↗ Mt 25,31–46; Mk 8,31–33

Jesus hat die Titel „Messias" und „Sohn Gottes" nicht für sich selbst benutzt. Sie wurden ihm von denen beigelegt, die seine Wirkung und sein Wesen hautnah erlebt haben. Aber in dem Titel „Menschensohn", den er historisch unbestreitbar für sich selbst zur Anwendung gebracht hat, zeigt sich sein Selbstverständnis. Seine Messianität ist nicht eine späte Erfindung „der Kirche". Er war sich seines Auftrags von Gott her bewusst. Aber er hat manche messianischen Erwartungen an ihn mit vorsichtiger Distanz behandelt (↗ Mk 12,35–37) und eigenständig gefüllt. Dass die Luft um ihn förmlich vor messianischer Erwartung geknistert hat, zeigt die Reihe der sehr positiven Vorschläge, die die Menschen machen, um sein Auftreten zu deuten. Alle diese Gestalten gehören in die „letzte Zeit" – die Zeit, in der Gott alle Not wenden und die Lebensverhältnisse zurechtbringen wird. Jesus aber bleibt nicht bei der Frage nach der allgemeinen Meinung stehen. Es geht ihm nicht um freundliche und anerkennende Distanz. Er fragt ganz persönlich und wartet auf eine eigene Überzeugung. Wer bin ich für dich? Simon spricht stellvertretend für alle Jüngerinnen und Jünger aus, für wen er Jesus hält: Du bist der mit Salböl eingesetzte König Gottes. Das griechische Wort dafür ist Christos, **„Christus"**. Die hebräische Bezeichnung ist **„Messias"**. In alttestamentlicher Zeit war mit diesem Gesalbten der König gemeint. Unter griechischer (2. Jh. v. Chr.) und römischer (1. Jh. v. Chr.) Fremdherrschaft entstanden Frömmigkeitsbewegungen, in deren Schriften die atl. Texte zunehmend messianisch gedeutet wurden. Z. B. nährte die „Nathansweissagung" an das „Haus Davids" die

Erwartung eines Kommenden, der Israel zu Gerechtigkeit, Frieden und Freiheit führen würde:

In 2. Sam. 7,14ff verheißt der Prophet Nathan dem König David: „Wenn deine (Davids) Tage erfüllt sind, … will ich einen Nachkommen von dir einsetzen und seine Herrschaft festigen … ich will den Thron seines Königreichs für immer befestigen. Ich will sein Vater sein und er wird mein Sohn sein … dein Haus und dein Königreich sollen ewig beständig sein."

Die Hoffnung auf einen Messias-König wurde in pharisäischen Schriften wie den „Psalmen Salomos" und in Schriften der klösterlichen Gemeinschaft von Qumran verbreitet. Das Bekenntnis zu Jesus als Christus bedeutet: Du bist der, von dem wir Rettung, Befreiung und Frieden erwarten. Gott schickt dich. Du bist SEIN endzeitlicher Bevollmächtigter. Mit dir beginnt eine neue Zeit, Zeit der Welt Gottes.

„Sohn Gottes" vertieft dieses Bekenntnis (↗ Mt 14,22–33). Jesus gehört ganz eng zu DEM einzigartigen Gott Israels, DER alles Leben geschaffen hat und immer neu schafft. Durch Jesus werden Menschen mit der lebendig machenden Kraft Gottes verbunden. Dieses Bekenntnis muss und wird sich durch Jesu Weg in den Tod bewähren.

Mt 16,17–18a: Aber zunächst leuchtet auf, was für ein Glück diese persönliche Aussage für Simon bedeutet, der sie gewagt hat. Simon bekommt eine „Seligpreisung" (↗ Mt 5,3), einen Glückwunsch. Der Grund für dieses Glück liegt nicht darin, dass Simon aus sich selbst zu dieser bahnbrechenden, persönlichen Erkenntnis durchgedrungen ist. Für Jesus ist offensichtlich, dass sein Bekenntnis eine Gottesoffenbarung ist. Dass Gott Menschen überraschende Einsichten in seine Welt schenkt, macht selig. Auf Gottes Möglichkeiten mit Simon baut Jesus seine große Verheißung an ihn. Sie sind eine so feste Wirklichkeit, dass er Simon „Fels" oder „Stein" nennen kann – das Grundgestein der späteren **Gemeinde**, der **Kirche**. So wird die große Zusage an Simon zu einem Beinamen. Sie bestimmt seine Identität. Sie wird ein neues Selbst, ein geschenktes Selbstwertgefühl. Wenn ein Einzelner im AT herausgerufen und erwählt wird, ist das immer exemplarisch zu verstehen, nicht exklusiv. Es geschieht, damit einer für alle etwas bewirkt. So ist auch hier nicht „Petrus" in seiner Einzigartigkeit hervorzuheben, sondern sein gottgewirktes Bekenntnis, das von allen mitgesprochen werden soll und alle mit der lebendigen Gotteskraft Jesu verbindet. Petrus steht hier exemplarisch für den verlässlichen Kreis der Augen- und Ohrenzeugen und -zeuginnen Jesu, die die Grundlage des neutestamentlichen Zeugnisses und damit der Kirche bilden. Die Zusage an ihn als Fels ist auch im Zusammenhang mit parallelen Aussagen des NT zu hören: Auf die gesamte apostolische Tradition als Grundgestein gründet sich die Gemeinde Jesu. Jesus selbst wird als Grundstein bezeichnet, der dem ganzen Gemeindeaufbau seine Ausrichtung gibt.

Eph 2,19–21 „So seid ihr nun … Mitbürgerinnen und Mitbürger der Heiligen und Gottes Mitbewohner, auferbaut auf die Grundlage der Apostel und Propheten, während Jesus Christus selbst der Grundstein ist …"

Mt 16,18b Die nächste Zusage an Simon hat schon österlichen Klang. Die Gemeinde Jesu befindet sich auf dem Weg der Nachfolge im „Windschatten" Jesu, der die Macht des Todes mit seiner liebenden Hingabe brechen wird.

Mt 16,19 Nach Offb 1,18 ist es Christus selbst, der dem Gott des Totenreichs, dem Hades, die Schlüsselgewalt streitig gemacht hat. Die Zusage an Simon Petrus geht deshalb auch an die gesamte Gemeinde (↗ Mt 18,18; Joh 20,23).

„Der Herr ist wahrhaftig auferstanden und dem Simon erschienen" (↗ Lk 24,34). Simon Petrus wird mit seinem unverwechselbaren Auferstehungszeugnis das Reich Gottes für die Menschen aufschließen, die dieser weltbewegenden Erfahrung Vertrauen schenken. Wer sich dem Zeugnis der Auferstehungszeugen und -zeuginnen verschließt, für den oder die bleibt es verschlossen. Dass Petrus keine „unfehlbare" Autorität hat, wird in der unmittelbar folgenden Szene erzählt. Sie leitet den zweiten Teil des Evangeliums ein. Der bekennende Glaube muss in die Verantwortung und Bewährung.

Jesu Weg führt in die Auseinandersetzung und stellt Menschen vor lebenswichtige Entscheidungen Mt 16–28

Der erste Haupt-Teil des Evangeliums lädt zum Glauben ein, der mit Jesus Erfahrungen macht und ihn dadurch mehr und mehr erkennt. Der zweite Teil lädt zu verantwortlichem Leben im Glauben ein.

Versuchung und Verantwortung Mt 16–17

Die erste Leidensankündigung und die Reaktion des Petrus Mt 16,21–23

Wie die drei Leidensankündigungen Jesu in sein Lebensprogramm und das seiner Nachfolger und Nachfolgerinnen verwoben sind, ist im Markusevangelium nachzuverfolgen (↗ Mk 8–10). Hier wird nur die erste Leidensankündigung wiedergegeben. Das kommende Leiden bildet von nun an die Perspektive seines Weges.

21 Von da an begann Jesus seine Jünger darauf hinzuweisen, dass
er nach Jerusalem gehen und von den Ältesten und Oberpriestern und
Schriftgelehrten viel erleiden und getötet und am dritten Tag aufer-
weckt werden müsse. 22 Und Petrus nahm ihn beiseite und redete heftig
auf ihn ein: „Gott steh uns bei (gemeint ist: bloß nicht, um Himmels wil-
len), Herr! Das darf dir auf keinen Fall zustoßen!“ 23 Er aber drehte sich
um und sagte zu Petrus: „Geh weg, hinter mich, Satan! Du bist mir eine
Stolperfalle, denn du hast nicht das im Sinn, was aus Gott ist, sondern
das, was aus menschlichen Gedanken kommt.“

Jerusalem wird der Ort der letzten Auseinandersetzungen darum werden, aus welcher Autorität Jesus redet und handelt. Jesus geht diesen

Weg bewusst. Einerseits steht über diesem Weg ein göttliches „Muss". Andererseits wird sein Werben um die religiöse Führungsschicht in deren Ablehnung münden und sein Tod in ihrer Verantwortung liegen. Dieses Ineinander von Gottes Weg und Verantwortung der Menschen wird in der Passionsgeschichte schlicht und gerade darin dramatisch auserzählt (↗ Mk 14–16).

Oberpriester, Älteste und Schriftgelehrte ↗ **Mk 11,27–33**

Zu Beginn dieser Passions-Perspektive hört Jesus nun wieder – wie zu Beginn seines Wirkens (↗ Mt 4,1–11) – die Stimme des Versuchers, diesmal durch die Bestürzung des Petrus hindurch: „Warum willst du es dir denn so schwer machen?! Das hast du doch nicht nötig, wenn du Gottes Sohn bist!" Selbst im Todeskampf wird sich diese Stimme wieder melden aus dem Mund der Menge: „Bist du Gottes Sohn, dann hilf dir selbst und steig herab vom Kreuz!" (Mt 27,40) Deshalb fällt seine Reaktion gegenüber Petrus so hart aus. Petrus-Fels, Stein, wird zum Stolperstein, durch den Jesus seiner Berufung untreu werden könnte. Die „teuflische Fürsorge" würde ihn aus dem Einklang mit Gottes Willen herausfallen lassen. In ihm will er um jeden Preis bleiben. Was das Bekenntnis zu Jesus als Sohn des lebendigen Gottes bedeutet, muss sich erst durch seinen ganzen Weg erschließen, den Weg in den Tod.

Von der bleibenden Verantwortung für das jüdische Fundament der Gemeinde Jesu Mt 17,24–27

24 Als sie nach Kapernaum (sprich: Kaperna-um) hineinkamen, ka-
men die Leute zu Petrus, die die Doppeldrachme (die Tempelsteuer) ein-
nehmen, und sagten: „Bezahlt euer Lehrer nicht die Doppeldrachme?"
25 Er sagt: „Doch, (natürlich)!" Und als er ins Haus kam, kam ihm Jesus
zuvor mit der Frage: „Was meinst du, Simon? Von wem nehmen die Köni-
ge der Erde Zoll oder Steuern: von ihren Kindern oder von den Fremden
(gemeint sind: ihre Untertanen)?" 26 Als er antwortet: „Von den Frem-
den", sagte Jesus zu ihm: „So sind die Kinder frei. 27 Damit wir ihnen aber
keinen Ärger machen, geh an den See und wirf die Angel aus, und den
ersten Fisch, der anbeißt, nimm, und wenn du sein Maul öffnest, wirst du
eine Silbermünze finden (, die zwei Doppeldrachmen wert ist). Die nimm
und gib sie ihnen für mich und dich."

Die Tempelsteuer war mit unserer Kirchensteuer vergleichbar. Bis zur Zerstörung Jerusalems im Jahr 70 n.Chr. musste jeder erwachsene Israelit eine jährliche Steuer für den Tempel bezahlen. Die „Doppeldrachme" – zwei Drachmen des griechischen Münzsystems – betrug einen halben „Schekel" in der hebräischen bzw. tyrischen und damit kultisch reinen Währung. Deshalb gab es Geldwechsler im Tempelbereich, die das Geld in diese Währung umtauschten (↗ Mk 11,15–19). Die herrschenden Familien waren in antiken Herrschaftssystemen von Steuern befreit. Mit den „Fremden" sind hier wohl die steuerpflichtigen Untertanen gemeint. Jesus als „der Sohn" des höchsten Herrschers fühlt sich frei von der Steuer, und in seiner Nachfolge sind auch die frei, die durch ihn zu Gottes Familie gehören.

Wenn diese Freiheit aber von Jesus und seinen Anhängern gelebt worden wäre, wäre das missverständlich für die jüdische Gemeinde gewesen, für die der Tempel der Mittelpunkt ihres Glaubenslebens war. Die Tempelsteuer zu entrichten, war ein Bekenntnis zum Judentum. Jesus will nicht Distanz demonstrieren, sondern sein „Volk Israel" für seine Sendung gewinnen. Deshalb geht er den Kompromiss ein. Die Anweisung an Petrus bedeutet, dass Gott schon für die Mittel sorgen wird, um sich solidarisch mit den anderen zeigen zu können. Dass die Jesusgemeinde treu zum Judentum steht, ist das tröstliche Vorzeichen aller harten Auseinandersetzungen, die kommen werden (besonders Mt 22 und 23). Diese verbindende und bekennende Verantwortung füreinander bleibt, auch wenn sie heute nicht mehr durch die Tempelsteuer ausgedrückt wird.

Das Wesen der Gemeinschaft in der Welt Gottes – Die Gemeinderede Mt 18

Kindliche Würde wahren Mt 18,1–9

1 In jener Stunde kamen die Jünger zu Jesus und fragten: „Wer ist
nun der oder die Größte im Himmelreich?" 2 Jesus rief ein Kind zu sich
und stellte es in ihre Mitte 3 und sagte: „So viel ist sicher (wörtl.: amen,
ich sage euch): Wenn ihr nicht umkehrt und werdet wie die Kinder, so
werdet ihr nicht ins Himmelreich hineinkommen. 4 Wer nun sich selbst
so klein macht wie dieses Kind, der ist der oder die Größte im Himmelreich. 5 Und wer ein solches Kind in meinem Namen aufnimmt, nimmt
mich auf.

6 Wer aber einen dieser Kleinen, die an mich glauben, zu Fall bringt,
für den wäre es das Beste, dass ein Mühlstein an seinen Hals gehängt
und er in der Tiefe des Meeres ertränkt würde. 7 Weh der Welt wegen
dem, was zu Fall bringt! Es liegt gezwungenermaßen an der Welt, dass
Stolperfallen gelegt werden, aber weh dem Menschen, durch den dieser
Abfall (vom Glauben) ausgelöst wird! 8 Wenn aber deine Hand oder dein
Fuß dich zu Fall bringt, so hau sie ab und wirf sie von dir. Es ist besser für
dich, dass du lahm oder verkrüppelt in das Leben hineingehst, als dass
du zwei Hände oder zwei Füße hast und in das ewige Feuer geworfen
wirst. 9 Und wenn dich dein Auge zum Abfall (vom Glauben) verführt,
reiß es aus und wirf es von dir. Es ist besser für dich, dass du einäugig in
das Leben hineingehst, als dass du zwei Augen hast und in das Feuer der
Hölle (wörtl.: Gehenna) geworfen wirst."

In die Welt Gottes kommen wir nur durch Umkehr (↗ Mt 4,17) hin zur lebensverändernden, geschenkten Würde, die in verschiedensten schwierigen Situationen gewahrt wird Bergpredigt, (↗ Mt 5–7). Die vierte große Rede des Matthäusevangeliums präzisiert nun: Diese Würde ist eine kindliche Würde, die Gott bedingungslos vertraut. Wer sich wieder oder ganz neu auf dieses Vertrauen einlässt, bedeutet viel für Gottes Reich, Gottes Welt.

Mt 18,4 Es geht dabei nicht um ein vergleichendes „größer, am größten". Auch ein Sich-klein-machen, um Komplimente zu provozieren, oder durch Schwachheit Macht über andere zu gewinnen und auszuüben, verfehlt den Sinn dieses Jesuswortes. Kindlichkeit ist ohne Berechnung einfach gegenwärtig und kann sich maßlos beschenken lassen.

Mt 18,5 Ein Kind aufnehmen kann heißen, ein eigenes Kind – vielleicht trotz Schwierigkeiten – willkommen zu heißen und immer wieder mit offenen Armen zu empfangen. Es kann bedeuten, ein elternloses Kind in die eigene Familie aufzunehmen oder Familien und Organisationen zu unterstützen, die das ermöglichen. Es kann bedeuten, eine Patenschaft zu übernehmen oder eine Organisation zu fördern, die dadurch Kinder weltweit unterstützt. Es kann bedeuten, einem vernachlässigten Kind Zuwendung zu schenken. Dieses Jesuswort hat eine soziale Revolution in Gang gesetzt, mitten in einer Welt, in der Kinder um ihrer selbst willen nichts galten. In der „heidnischen" Umwelt Israels wurden behinderte oder ungewollte Kinder darüber hinaus „selbstverständlich" ausgesetzt oder getötet.

Mt 18,6 Jesus ist das Vertrauen der „Kleinen“ – **der kindliche Glaube** in ihn als den, der Gottes offene Arme zu den Menschen bringt – absolut schützenswert. Wer dieses Vertrauen zerstört, verdient einen drastischen Untergang. Das furchtbare Bild schreckt auf, damit dieser einfache Glaube unbedingt gewürdigt wird.

Mt 18,7 Wir leben in einer Welt, die Gottes liebe- und würdevollem Willen nicht entspricht. Fehlendes Vertrauen und Verletzungen der Menschenwürde haben katastrophale Auswirkungen bis in die Natur hinein. Einerseits ist diese Welt die „gefallene Schöpfung“, andererseits ist deshalb noch lange nicht egal, was wir denken und tun. Wir sind verantwortlich vor Gott …

Mt 18,8–9 … bis in einzelne Taten hinein. Deshalb ist es besser, sich von dem, was vor Gott nicht Hand und Fuß hat, was vor IHM nicht bestehen kann, zu trennen. Das, was wir uns ansehen, prägt unsere Seelenbilder. Das, was wir lesen, prägt unsere Gedanken. Unsere geschenkte Würde und unser kindliches Vertrauen sollen notfalls auch mit schmerzhaftem Verzicht geschützt werden. Sie sind der Kompass dafür, in welche Richtung wir uns letzten Endes mit unserem Leben bewegen: Leben in Gottes Welt oder Leben in der Gottesferne. Wir sind verantwortlich für uns selbst.

Hölle, Gehenna
↗ Mk 9,43

Achtsam leiten Mt 18,10–14

10 „Seht zu, dass ihr nicht einen dieser Kleinen verachtet. Denn ich
sage euch, dass ihre Engel im Himmel allezeit das Angesicht meines
Vaters im Himmel sehen. (Vers 11 findet sich erst in der späteren Über-
lieferung: Denn der Menschensohn ist gekommen, um glücklich zu ma-
chen, was verloren ist [(↗ Lk 19, 10]). 12 Was meint ihr? Wenn ein Mensch
hundert Schafe hätte und sich eins von ihnen verirrte: Lässt er nicht die
neunundneunzig auf den Bergen zurück, geht los und sucht das verirrte?
13 Und wenn es geschieht, dass er es findet, könnt ihr sicher sein (wörtl.:
amen, ich sage euch): Er wird sich darüber mehr freuen als über die neun-
undneunzig, die sich nicht verirrt haben. 14 So ist es nicht der Wille eures
Vaters im Himmel, dass auch nur eins von diesen Kleinen verloren geht.“

Mt 18,10–11 Wir sind verantwortlich für andere – gerade für die, die nach menschlichen Maßstäben nicht viel gelten. „Unbedeutende“, schwache Menschen sind besonders wichtig für Gott. Denn gerade sie sind immer vor Gott gegenwärtig. Das verdeutlichen „ihre Engel“, die sozusagen ihre himmlische Vertretung vor Gott bilden. Was für ein Glück, dass das Wort auch uns gilt, wenn wir uns übersehen fühlen und um unseren kleinen Glauben bangen. Um die Kleinen in unseren Augen in das Reich Gottes hineinzuretten, ist Jesus gekommen und an die Ränder der damaligen Glaubensgemeinschaft gegangen.

Mt 18,12–14 Jesus veranschaulicht sein Verhalten durch das „Gleichnis vom verlorenen Schaf" (↗ Lk 15,4–7). Hier ist es als Anleitung zur Verantwortung erzählt. Selbstverständlich ließ ein Hirte die Herde in Obhut des eingezäunten Pferchs zurück, um ein einzelnes Schaf zu suchen, das sich verirrt hatte. Wenn er es fand, freute er sich in diesem Moment mehr über das eine als über die neunundneunzig anderen. Während bei Lukas alles auf diese himmlische Freude hinausläuft, überliefert Matthäus das Gleichnis im Dienst der Anleitung für Leiterinnen und Leiter. So konnte ein Gleichnis in verschiedenen Situationen fruchtbar gemacht werden und „nach außen" oder „nach innen" erzählt werden (↗ Mt 13).

Offenheit wagen Mt 18,15–20

15 „Wenn aber dein Bruder oder deine Schwester (nicht in allen alten Handschriften wird präzisiert: an dir) sündigt, geh und bringe (das Problem) unter vier Augen zur Sprache. Wenn er oder sie auf dich hört, so hast du deinen Bruder oder deine Schwester gewonnen. 16 Wenn er oder sie nicht auf dich hört, so nimm noch einen oder zwei mit dir, ‚damit durch den Mund von zwei oder drei Zeugen jede Sache bestätigt werde' (Dtn 19,15). 17 Wenn er oder sie an ihnen vorbeihört, sage es der Gemeinde. Wenn er oder sie auch nicht auf die Gemeinde hört, dann soll er oder sie für dich wie ein Heide und Zöllner sein. 18 Amen, ich sage euch: Alles, was ihr auf Erden binden werdet, wird auch im Himmel gebunden sein, und alles, was ihr auf Erden lösen werdet, soll auch im Himmel gelöst sein. 19 Weiter sage ich euch auch: Wenn zwei von euch übereinstimmen in einer Sache, für die sie beten werden, so wird sie ihnen zuteilwerden von meinem Vater im Himmel. 20 **Denn wo zwei oder drei in meinem Namen versammelt sind, da bin ich mitten unter ihnen."**

Mt 18,15–20 Nicht umsonst ist dieser Abschnitt eingerahmt von der Fürsorge gegenüber den „Kleinen" und von der Vergebung ohne Ende (↗ Mt 18,21ff). Es geht um das sensible Thema des Umgangs mit Konflikten in der Gemeinschaft der Jüngerinnen und Nachfolger Jesu. Es geht um eine Kultur des aufmerksamen Wahrnehmens. Weder ist gleichgültig, was ich tue oder lasse, noch wie meine „Geschwister" in der Gemeinde sich verhalten. Die Verantwortung angesichts des Verhaltens anderer wurde nach atl. Vorbild im damaligen Judentum feinfühlig entwickelt. Das nimmt Jesus auf.

Lev 19,17–18 Du sollst deinen Bruder und deine Schwester nicht hassen in deinem Herzen; strafen sollst du deinen Nächsten, dass du nicht seinethalben Schuld tragen müsstest. Du sollst nicht Rache üben noch Groll behalten gegen die Kinder deines Volkes, sondern du sollst deinen Nächsten lieben wie dich selbst.

In der Gemeinschaft der Essener (↗ Mt 3,1–12) im Kloster von Qumran galt: „Ferner soll niemand gegen seinen Nächsten eine Sache vor die Vielen bringen, wenn es nicht vorher zur Zurechtweisung vor Zeugen gekommen ist". (1QS 6,1)

Wie viel mehr braucht das im Zeitalter des Individualismus Feingefühl! Aber trotzdem gilt: Lieber mehr auf andere zugehen und Schwierigkeiten ansprechen als zu viel unausgesprochen lassen. Diese Verse wollen einen Weg zwischen Empfindlichkeit und Gleichgültigkeit weisen. Denn wo verletzte Empfindungen zu oft übergangen werden, entfremden sich Menschen und ziehen sich voneinander zurück. Das soll verhindert werden. Und wenn alle Gemeinschaftsaktion versagt, jemand wie „ein Heide oder Zöllner" gilt – gilt ihm oder ihr nicht gerade dann die suchende Retterliebe Jesu, der das Verlorene sucht (↗ Mt 18,11)? Angemessene Verantwortung bedeutet nicht, eine „perfekte Gemeinschaft" herstellen zu wollen. Hier sind die Redeblöcke des Matthäusevangeliums sich gegenseitig Korrektiv: Richtet nicht, warnt die Bergpredigt (↗ Mt 7,1–5). Lasst Lolch und Weizen miteinander wachsen, weil ihr beides nicht unterscheiden könnt, mahnt die Gleichnisrede (↗ Mt 13,24–30).

Mt 18,18 Erlösende Worte sollen das gemeinschaftliche Miteinander prägen. Hier wird uns Mut gemacht, Worte von Vergebung und Freispruch voneinander zu hören. Die Voraussetzung dafür ist, dass es in der Gemeinschaft Raum für diese Offenheit gibt. Die Praxis der gegenseitigen Beichte kann dazu helfen. Kann es auch eine Verweigerung der Vergebung geben? Sie ist jedenfalls keine Zwangsverpflichtung.

Sünden „festhalten"
↗ Joh 20,23

Die große Verheißung am Ende in Mt 18,19–20 zeigt, dass es beim Vorgehen gegen Verfehlung der Gemeinschaft nicht um moralische Überwachung und Überlegenheit gehen kann. Deshalb mündet alles in das Einswerden der Gemeinde vor Gott im Gebet. In der Gegenwart des Christus können sich unsere Gedanken über andere und die Gemeinschaft immer wieder entscheidend verändern. Hier leuchtet seine Gegenwart schon vom Ende des Evangeliums her (↗ Mt 28,20) in die Zeit der Gemeinde bis heute.

Vergebung gönnen Mt 18,21–35

21 Da kam Petrus zu ihm und fragte: „Herr, wie oft wird mein Bruder
gegen mich sündigen und ich muss ihm vergeben? Bis zu sieben Mal?“
22 Jesus sagt zu ihm: „Ich sage dir: nicht bis zu sieben Mal, sondern bis zu
siebenundsiebzig Mal.“

Die Parabel vom großherzigen König und seinem hartherzigen Diener

23 „Deshalb verhält es sich mit dem Himmelreich wie mit einem Kö-
nig, der mit seinen Bediensteten die Abrechnung machen wollte. 24 Und
als er mit der Abrechnung begann, wurde einer vor ihn gebracht, der
ihm zehntausend Talente schuldete. 25 Da er aber (diese astronomische
Summe) nicht bezahlen konnte, befahl der Herr, ihn und seine Frau und
seine Kinder und alles, was er hatte, zu verkaufen und damit zu bezahlen.
26 Da warf sich der Diener ihm zu Füßen und flehte ihn an und sprach:
‚Habe Geduld mit mir, ich will dir alles zurückzahlen.‘ 27 Da ergriff den
Herrn tiefes Mitgefühl mit jenem Diener und er ließ ihn frei und erließ
ihm die Schuld. 28 Kaum war jener Diener hinausgegangen, da traf er
einen seiner Kollegen, der ihm hundert Denare schuldete, und er packte
und würgte ihn und sagte: ‚Bezahle, was du mir schuldest!‘ 29 Da warf
sich sein Kollege vor ihm nieder und flehte ihn an: ‚Hab Geduld mit mir,
ich will es dir zurückzahlen!‘ 30 Er aber wollte nicht, sondern ging hin
und ließ ihn ins Gefängnis werfen, bis er den geschuldeten Betrag zu-
rückgezahlt hätte. 31 Als aber seine Kollegen sahen, was geschehen war,
wurden sie sehr traurig und kamen und erzählten ihrem Herrn alles, was
passiert war. 32 Da rief ihn sein Herr zu sich und sagte zu ihm: ‚Du böser
Knecht! Deine ganze Schuld habe ich dir erlassen, weil du mich darum
gebeten hast, 33 hättest nicht auch du dich über deinen Kollegen erbar-
men müssen, wie ich mich über dich erbarmt habe?‘ 34 Und sein Herr
wurde zornig und übergab ihn den Folterern, bis er alles bezahlt hätte,
was er ihm schuldig war. 35 So wird es auch mein Vater im Himmel mit

euch machen, wenn ihr einander nicht von Herzen vergebt, ein jeder seinem Bruder, eine jede ihrer Schwester."

Vom vorherigen Text her ist es klar, dass es bei der Vergebung nicht einfach darum geht, die Sünde – die Verfehlung an der Würde, der Überzeugung, den Gefühlen des Anderen – zu übergehen. Benennen dürfen, bekennen können und erlösende Neuanfänge wagen gehören zum Umgang untereinander in der Gemeinde Jesu. Aber diese Verantwortung füreinander ist ungeheuer anstrengend. Deshalb fragt Petrus in unser aller Interesse: Gibt es eine Obergrenze, ab wann ich meine Vergebungspflicht erfüllt habe? Sieben Mal ist doch schon eine vollkommene Zahl, oder? Ob Jesus siebenundsiebzig Mal oder sieben Mal siebzig Mal antwortet – beide Übersetzungen sind möglich –, ist dabei nicht entscheidend. Er stellt unser Fragen radikal in den Horizont des Reiches Gottes und damit der alles übertreffenden Güte Gottes. Dazu erzählt er eine Parabel.

Das Bild: Die zehntausend Talente sind eine überdimensionale Menge Geld – wir würden sie heute in Milliarden ausdrücken. Wer so hoch verschuldet war, musste mit seiner ganzen Familie in die Schuldsklaverei. Dass solch eine Schuld erlassen wurde, war ganz und gar überwältigende Gnade. Deshalb sprengt die erlassene Geldsumme als einziger Zug der Erzählung den damals normalen Rahmen. Schuldsklaverei und brutale Inkassomethoden waren damals gängige Praxis. Den 100 Denaren entsprechen dagegen einige tausend Euro. Im Verhältnis zu der erfahrenen Freisprechung wirken sie allerdings wie eine Bagatelle.

Die Pointe des Bildes: Die mindeste Antwort auf den überdimensionalen Schuldenerlass und die geschenkte Freiheit wäre es, dem Kollegen mehr Zeit für die Abzahlung seiner Schulden zu geben. Mehr Gnade wäre noch schöner.

Die Sache, um die es geht: Alles läuft auf die Großherzigkeit Gottes hin, die ihre selbstverständliche Entsprechung in unserem Verhalten finden will. Alles andere ist ein Skandal! Wer das nicht versteht, bekommt drastisch vor Augen gemalt, wohin Hartherzigkeit führt. Die damaligen Inkassounternehmer gingen schonungslos vor.

Gottes Gerechtigkeit
↗ Mt 5,6; Mt 20,1–15; Mt 21,33–46

Unsere Vergebungsbereitschaft produzieren wir nicht aus unserer sozialen Einstellung. Der Grund ist Gottes Güte. Verwurzelt in der Liebes-Gerechtigkeit Gottes kann Vergebung wachsen. Das kommende Reich Gottes, SEINE schon gegenwärtige zukünftige Welt, will uns in eine herzerweiternde Dynamik hineinnehmen. Davon erzählt auch das nächste Gleichnis: Mt 20,1–15.

Gleichnisse von Güte und Gewalt, Himmel und Hölle und andere Reden in Jerusalem Mt 20–23

Die Parabel vom gütigen Gutsbesitzer Mt 20,1–15

Mt 19,30 Aber viele von den Ersten werden Letzte und von den Letzten Erste. **Mt 20,16** So werden die Letzten Erste und die Ersten Letzte sein.

Mit diesen weisen Worten umrahmt Matthäus das Gleichnis von Gottes Güte. Achtung: Im Reich Gottes werden die Verhältnisse immer wieder überraschend umgekehrt! Spekulationen über Privilegien für besondere Verdienste im Reich Gottes sind überflüssig. Denn:

1 „Mit dem Himmelreich verhält es sich wie mit einem Hausherrn,
der früh am Morgen losging, um Arbeiter für seinen Weinberg anzustel-
len. 2 Nachdem er sich mit den Arbeitern über einen Denar pro Tag ge-
einigt hatte, schickte er sie in seinen Weinberg. 3 Und als er gegen neun
Uhr losging, sah er andere arbeitslos auf dem Marktplatz herumstehen.
4 Und er sagte zu ihnen: ‚Geht auch ihr in den Weinberg, und ich werde
euch einen gerechten Lohn geben.‘ 5 Sie gingen hin. Gegen zwölf und
fünfzehn Uhr ging er wiederum hin und machte es genauso. 6 Als er aber
gegen siebzehn Uhr ausging, fand er andere arbeitslos und fragte sie:
‚Wieso steht ihr hier den ganzen Tag untätig herum?‘ 7 Sie Sie antworte-
ten ihm: ‚Weil uns niemand eingestellt hat.‘ Er sagt zu ihnen: ‚Geht auch
ihr in meinen Weinberg.‘ 8 Als es aber Abend geworden war, sagt der
Weingutsbesitzer zu seinem Verwalter: ‚Rufe die Arbeiter und bezahle
ihnen ihren Lohn, indem du bei den Letzten anfängst, bis zu den Ersten.‘
9 Und es kamen die, die gegen siebzehn Uhr eingestellt worden waren,
und erhielten einen Denar. 10 Als aber die Ersten kamen, meinten sie,
sie würden mehr bekommen – da bekamen sie auch jeder einen Denar.
11 Als sie ihn entgegennahmen, gab es Gemurre gegen den Gutsbesit-
zer 12 und sie sagten: ‚Diese Letzten haben nur eine Stunde gearbeitet,
und du hast sie mit uns auf die gleiche Stufe gestellt, die wir die Last

und Hitze des ganzen Tages ertragen haben!' 13 Er aber antwortete und
sagte zu einem von ihnen: ,Freund, ich behandle dich nicht ungerecht.
Hast du dich nicht mit mir auf einen Denar geeinigt? 14 Nimm das, was
dir gehört, und geh. Ich aber will diesem Letzten so viel geben wie dir.
15 Kann ich nicht mit dem, was mir gehört, tun, was ich will? Oder bist du
neidisch, weil ich so gütig bin?!'"

Wieder geht es bei der Gleichnisauslegung (↗ Mt 13) nicht darum, sich an Einzelheiten aufzuhalten – waren die nur arbeitslos oder etwa faul? –, sondern den ganzen Vorgang in der Geschichte auf sich wirken zu lassen.

Das Bild: Ein Weingutsbesitzer braucht in der Erntezeit zusätzliche Arbeitskräfte. Er stellt Erntehelfer ein und einigt sich mit ihnen auf einen Denar Tageslohn. Das war das übliche notwendige Grundeinkommen einer Familie für einen Tag. Er muss aber noch öfter losgehen und mehr Arbeiter einstellen, denen er gerechten Lohn verspricht. Das Losgehen um fünf Uhr nachmittags ist dabei aber bereits sehr ungewöhnlich. Die Spannung steigt: Wie viel wird der Gutsbesitzer wohl jeweils bezahlen? Auch dass die Auszahlung bei den Letzten beginnt, steigert die Spannung und das Unerwartete nimmt seinen Lauf … Das gewohnte Wertesystem wird durch die überraschende Reaktion des Weingutbesitzers empfindlich gestört.

Die Pointe des Bildes: Statt sich zu ärgern, dass die Ersten „nur" genauso viel bekommen wie die Letzten, könnten sie sich auch freuen, weil auch die so viel haben, dass es zum Leben reicht.

Die Sache, um die es geht: Das Bild vom Weinbergsbesitzer weist vom AT her auf Gott selbst (↗ Mt 21,33–46). Die Pointe liegt im Schlusssatz. Es geht um die Freiheit des gerechten Gottes, gütig zu sein. Darf ER etwa nicht mehr gütig sein, weil das unser Maß von „Gerechtigkeit" nicht zulassen würde? So werden wir in die Entscheidung gestellt: Will ich auf meiner eigenen Vorstellung von „Gerechtigkeit" bestehen, meine Ansprüche erfüllt bekommen – oder nehme ich dankbar Gottes Güte an?

Wenn ich zu denen gehöre, die sich schon lange für Gottes Sache einsetzen, und ich vielleicht sogar ein Leben lang für IHN investiere, wie damals die Pharisäer: Kann ich aushalten, dass ich für Gott nicht wertvoller bin als die, die weniger für ihn tun oder getan haben?

Den Preis für diese große Güte wird der bezahlen, der nun nach Jerusalem kommt …

Dort wird er in drei Gleichnissen die Frage nach der Macht, aus der er wirkt, noch einmal in der eskalierenden Auseinandersetzung um seine Person aufnehmen. Am Passahfest (↗ Mk 14,12–16) liegt messianische Erwartung in der Luft. Wie Jesus sich selbst versteht und seinen Einzug gestaltet und wie die Menschen auf ihn reagieren, ist bei Mk 11 nachzulesen. Matthäus überliefert hier als einziger Evangelist ein Detail, das seiner Sorge um „die Kleinen" entspricht (↗ Mt 18,1–9):

Die Kleinen loben ihn Mt 21,15–16

15 Als aber die Oberpriester und die Schriftgelehrten die Wunder sa-
hen, die er tat, und die Kinder hörten, die im Tempel schrien und sagten:
„Hosianna dem Sohne Davids!", regten sie sich auf 16 und sagten zu ihm:
„Hörst du, was sie sagen?" Jesus aber sagt zu ihnen: „Ja! Habt ihr noch
nie gelesen: ‚Aus dem Mund von Unmündigen und Säuglingen hast du
dir Lob bereitet' (Ps 8,3)?"

Sohn Davids positiv ↗ **Mt 1,1; Mk 10,46–52**

Mit dem Durchblick der Kinder erfüllt sich Jesu prophetisches Wort aus Mt 11,25. Die noch nicht als religionsmündig gelten, erkennen sein Wesen und tun das einzig Wahre. Denn „alles" ist Jesus von seinem Vater gegeben worden (↗ Mt 11,27). Die Weissagung wird von der Erfüllung abgelöst. Heilung und Huldigung begleiten Jesu Handeln. Es wird aber zur nicht mehr gut zu machenden Auseinandersetzung mit den religiösen Führern kommen. Jesus nimmt hier ein Zitat für sich in Anspruch, das in Ps 8 Gott gilt! Die Streitfrage ist, wie Jesus sich für sein Handeln eine solche Autorität anmaßen kann. So haben auch die beiden folgenden Gleichnisse die Führungsschicht Israels als Adressaten.

Das Gleichnis von den ungleichen Kindern Mt 21,28–32

28 „Was meint ihr? Ein Mensch hatte zwei Kinder. Und er ging zu dem
ersten und sagte: ‚Kind, geh heute und arbeite im Weinberg.' 29 Das aber
antwortete und sagte: ‚Ich will nicht.' Später aber bereute es das und
ging doch hin. 30 Er ging aber zum zweiten und sagte das Gleiche. Das
antwortete und sagte: ‚Ich tue es, Herr', und er ging nicht hin. 31 Wer
von den beiden hat den Willen des Vaters getan?" Da sagen sie: „Das
Erste." Jesus sagt zu ihnen: „Amen ich sage euch, dass die Zöllner und

die Huren vor euch ins Reich Gottes kommen. 32 Johannes kam zu euch
auf dem Weg der Gerechtigkeit, und ihr habt ihm nicht geglaubt – die
Zöllner und Huren haben ihm geglaubt. Als ihr das gesehen habt, habt
ihr es nicht später bereut und ihm geglaubt."

Das Bild: Das Kind, das anscheinend die Anweisung seines Vaters ignoriert, tut dann doch, was der Vater möchte. Das Kind, das nach außen den Erwartungen des Vaters zu entsprechen scheint, verhält sich in Wirklichkeit ganz anders.

Die Pointe: Nichts ist so, wie es scheint.

Die Sache, um die es geht: Die, die anscheinend gar nicht nach Gottes Willen leben, lassen sich zu Gott hinbewegen. Bei denen, die als gläubig gelten und angesehen sind bei den anderen, bewegt sich nichts.

Die Frage, aus welcher Autorität heraus Jesus handelt, wird Antwort finden im Tun, was Jesus sagt – durch die eigenen Widerstände hindurch. Ausprobieren statt Grübeln.

Die Parabel von den üblen Pächtern Mt 21,33–46

33 „Hört ein anderes Gleichnis: Es war ein Gutsherr, der pflanzte ei-
nen Weinberg und zog einen Zaun darum und grub eine Kelter darin
und baute einen Wachturm und verpachtete ihn an Winzer und reiste
ab. 34 Als nun die Zeit der Früchte nahte, sandte er seine Sklaven zu den
Winzern, um seine Früchte in Empfang zu nehmen. 3 Aber die Winzer
packten seine Sklaven, den einen schlugen sie zusammen, den anderen
töteten sie, den dritten steinigten sie. 36 Wieder schickte er andere Skla-
ven, diesmal noch mehr, aber mit ihnen taten sie das Gleiche. 37 Zuletzt
aber schickte er seinen Sohn zu ihnen und sagte: ‚Vor meinem Sohn wer-
den sie Achtung haben.' 38 Als die Winzer aber den Sohn sahen, sagten
sie untereinander: ‚Das ist der Erbe. Lasst uns ihn töten und sein Erbe
nehmen', 39 und sie packten ihn, warfen ihn aus dem Weinberg und tö-
teten ihn. 40 Wenn nun der Herr des Weinbergs kommt, was wird er wohl
mit jenen Winzern machen?" 41 Sie sagen zu ihm: „Er wird den Bösen ein
böses Ende bereiten und den Weinberg an andere Winzer verpachten,
die ihm die Früchte zur richtigen Zeit geben."

42 Jesus sagt zu ihnen: „Habt ihr noch nie in den Schriften gelesen:
‚Der Stein, den die Bauleute weggeworfen haben, ist zum Grundstein
geworden. Das ist vom HERRN geschehen und wunderbar vor unseren
Augen (Ps 118,22f)'? 43 Deshalb sage ich euch: Das Reich Gottes wird euch

weggenommen und einem Volk (gemeint ist: einer Gemeinschaft aus al-
len Völkern) gegeben werden, das seine Früchte bringen wird. **44** Und
wer auf diesen Stein fällt, wird zerschellen, und auf wen der Stein fällt,
den wird er zermalmen. **45** Und als die Oberpriester und die Pharisäer
seine Gleichnisse hörten, erkannten sie, dass er von ihnen sprach, **46** und
sie wollten ihn gerne festnehmen, fürchteten aber die Volksmenge, weil
die ihn für einen Propheten hielt.

Das Bild: Ein Grundbesitzer investiert in sein Land, legt einen Weinberg an und verpachtet ihn. Als die Erntezeit kommt, will er den ihm zustehenden Teil des Ertrages. Seine Diener und schließlich sein Sohn, die den Erlös abholen sollen, erfahren nur eine sich steigernde Gewalt. Ein solch abgrundtief gemeines Verhalten muss hart geahndet werden. Das Ende der bösen Geschichte erzählen die führenden Geistlichen Israels selbst.

Die Pointe des Bildes: Die Parabel von den üblen Pächtern fordert als Bildgeschichte zur Stellungnahme heraus. Es ist klar: Das geht gar nicht!

Die Sache, um die es geht: Die Bildgeschichte, die Jesus erzählt, lässt die, die im AT zu Hause sind, sofort an das „Weinberglied" in Jes 5 denken. Darin wird Gott mit einem Gutsbesitzer verglichen, der mit viel Liebe und Arbeit einen Weinberg anlegt und auf Früchte wartet. Es endet mit den Worten:

Jes 5,7 … Er wartete auf Gerechtigkeit – und siehe da, Schlechtigkeit. ER wartete auf Güte und Erbarmen – und siehe da, Geschrei der Armen!

Gottes Gerechtigkeit ist seine liebende Arbeit und Fürsorge für seine Menschen (↗ Mt 5,6). Ihr gerechtes Handeln, ihr Leben im Einklang mit seinem Willen, ist die Frucht, die aus seiner Investition wächst. Sie fließt als Antwort an IHN zurück, so dass ein lebendiger Kreislauf entsteht. In dieser Parabel ist der Rückfluss verstopft. Und statt Gerechtigkeit herrscht Gewalt. Mit der wird die eigene Machtposition verteidigt. In der Gestalt des Sohnes bildet sich das Geschick Jesu ab. Er ist der „Stein", den die verantwortlichen Bauleute weggeworfen haben (↗ Mk 15,22). Aber Gott hat ihn zu dem Stein gemacht, an dem das ganze Gebäude ausgerichtet wird. Am Sohn entscheidet sich Leben. Dass ein „Stein" aus Gottes Welt sogar Weltreiche zermalmen kann, erinnert an ein prophetisches Wort aus Dan 2,34.

Die Beteiligung an Gottes Willen für diese Welt, seiner Gerechtigkeit, wird der damaligen geistlichen Führungsschicht genommen und denen geschenkt, die Gottes Willen praktizieren. Aber wichtig ist dabei: Nicht „die Kirche" löst „Israel" ab. Das Wort für „Volk" in Mt 21,43 bedeutet keine neue heilsgeschichtliche Größe. Gottes Zukunft gehört der Gemeinschaft derer, die sich nach SEINER Gerechtigkeit sehnen und durch sie und in ihr leben.

Die Parabel vom Hochzeitsfest Mt 22,1–14

1 Und Jesus meldete sich wieder zu Wort und erzählte ihnen noch ein
Gleichnis: 2 „Mit dem Himmelreich verhält es sich wie mit einem König,
der seinem Sohn eine Hochzeitsfeier ausrichtete. 3 Er schickte seine Sklaven,
um die Eingeladenen zur Hochzeit herbeizurufen, aber sie wollten
nicht kommen. 4 Da schickte er noch einmal andere Sklaven und sagte:
‚Sagt den Eingeladenen: Seht, mein Mahl habe ich zubereitet, meine Stiere
und das Mastvieh sind geschlachtet, und alles ist bereit. Kommt zum
Hochzeitsfest!' 5 Sie aber gingen unbekümmert weg – der eine auf seinen
eigenen Acker, der andere ging seinem Handel nach. 6 Die übrigen
ergriffen seine Sklaven, misshandelten und töteten sie. 7 Da wurde der
König zornig, schickte sein Heer aus, ließ diese Mörder umbringen und
ihre Stadt anzünden. 8 Dann sagte er zu seinen Sklaven: ‚Die Hochzeit ist
zwar vorbereitet, aber die Eingeladenen waren ihrer nicht würdig. 9 Geht
nun an die Ausfahrtstraßen und so viele ihr findet, ladet zum Hochzeitsfest
ein.' 10 Und diese Sklaven gingen an die Wege und sammelten alle
zusammen, die sie fanden, Böse und Gute. Und der Hochzeitssaal füllte
sich mit denen, die zu Tisch lagen. 11 Als aber der König hineinging, um
sich die anzuschauen, die da lagen, sah er dort einen Menschen, der hatte
kein Feierkleid angezogen. 12 Und er sagte zu ihm: ‚Freund, wie bist
du hereingekommen, ohne ein Festgewand anzuhaben?' Er aber blieb
stumm. 13 Da sagte der König zu seinen Dienern: ‚Fesselt ihn an Füßen
und Händen und werft ihn hinaus in die äußerste Finsternis. Da wird
Weinen und Zähneknirschen sein.' 14 Denn viele sind berufen, wenige
sind auserwählt."

Mt 22,1–5,8–10

Das Bild: Ein König investiert sich, um die Gäste seines Sohnes mit einem großen Fest zu beschenken, aber die Eingeladenen lassen sich davon nicht in ihrem Alltag unterbrechen. Sie weisen die Würde zurück, dazuzugehören. In seiner tiefen Enttäuschung lässt der König jetzt die Einladung an alle verteilen, die wollen.

Die Pointe des Bildes: Da missachten Menschen die Würde, vom König eingeladen zu werden, weil sie in ihrer Normalität nicht gestört werden wollen. Da werden andere überraschend für würdig befunden und erleben das Fest ihres Lebens.

Die Bildgeschichte bedarf kaum der Deutung, auf welche Sache sie zielt. Man braucht nur für den König „Gott" einzusetzen und für den Sohn „Jesus", dann versteht sie sich von selbst. So in etwa überliefert auch der Evangelist Lukas das Gleichnis (↗ bei Lk 14,7–14).

Bei Matthäus wird es **Mt 22,6–7** drastischer. Während die schöne Einladung verteilt wird, verlieren die Botschafter des Königs ihr Leben. Die Gewalt gegen die Boten trifft in der antiken Kultur den Absender selbst. Der darauffolgende Feldzug erinnert an die Zerstörung Jerusalems 70 n. Chr. Dieser mörderische Zusatz in Mt 22,7 gegenüber der Überlieferung bei Lukas, der in erster Linie für „Heiden" schreibt, deutet die Zerstörung der Stadt parallel zur Zerstörung Jerusalems im Jahr 587 v. Chr. als Gottes „Gericht". Ganz in der ureigenen atl. Linie sieht Matthäus sie als Folge der Missachtung der Einladung Gottes – damals durch seine Propheten und nun durch seinen Sohn. Die judenchristliche Gemeinde hat das Unglück selbst mitbetroffen. In diesen Kontexten ist diese Deutung zu belassen – sie kann nicht von uns „Nichtjuden" als „Urteil" übernommen und aus sicherer Distanz gesprochen werden. Wir können uns als „Leute von den Ausfahrtstraßen", als Eingeladene vom „Stadtrand", diese Sicht nicht einfach zu Eigen machen!

Matthäus erzählt auch ein anderes Ende als Lukas.

Das Bild ab **Mt 22,11**: Einer der Gäste wird vom König hinausgeworfen, weil er nicht angemessen gekleidet ist. Aber konnte er das denn erwarten?!

Bei Lukas wird betont, dass die Einladung voraussetzungslos gilt. Bei Matthäus werden „Böse und Gute" eingeladen, auch hier also erst einmal alle. Aber Matthäus setzt dann einen anderen Akzent. Er erzählt, wie es nach dem „Happy End" weitergeht. Beim Zusammensein auf dem Fest wird sich sortieren, wer wirklich dazugehört. Fast alle. Der König – und niemand sonst – findet einen, der nicht auf das Fest passt, der an den Türstehern vorbeigekommen ist.

Die Sache, um die es geht: Wahrscheinlich liegt auch hier die Deutung in atl. Linie.

Jes 61,10 Ich freue mich über die Maßen am HERRN, und meine Seele frohlockt über meinen Gott; denn er hat mir Kleider des Heils angezogen, mit dem Gewand der Gerechtigkeit mich bekleidet …

Gottes geschenkte Gerechtigkeit bewirkt eine tiefgreifende Verwandlung des Wesens. Die geschenkte Würde, von ihm eingeladen zu sein zum Fest des Lebens, das kein Ende hat, wird durch ihre Trägerinnen und Träger für andere sichtbar und spürbar. Die „Sachebene" will uns aufrütteln: Lass dich nicht nur aus deinem alten Leben herausrufen, sondern lass dich auch ganz auf das neue Leben ein, das Gott schenkt!

Wie bei der Gerichtsansage der atl. Propheten geht es ums Ganze. Das Bild des Gleichnisses – der Rausschmiss – wird so gesteigert, dass deutlich ist: Hier geht es um endgültige Konsequenzen eines Lebensstils!

Mt 22,14 Wen Gottes Einladung erreicht, ist berufen. Wer dann wirklich kommt, ist erwählt. Hier geht es nicht um eine Vorherbestimmung zum Heil oder zum Unheil. Dennoch ist Matthäus der zur Einladung passende Lebensstil wichtig.

„Hölle, Hölle, Hölle" bei Matthäus?! Auch in Mt 13,49 ist sie uns schon begegnet (zur Wortbedeutung ↗ Mk 9,43). Die Wendung des „Weinens und Zähneknirschens" wird in Mt 24 und 25 noch einmal wiederholt werden. Es ist schwer, diese Aussagen aus der Drohkulisse unserer Theologie- und Kunstgeschichte heraus zu lösen. Die Bilder vom „Jüngsten Gericht" und den leiblich ausgemalten höllischen Qualen sind wirkmächtig bis heute – auch wenn sie keine Angst mehr bewirken, sondern überlegenes Kopfschütteln.

Sie gehören in die prophetischen Zusammenhänge des AT. Diese Ansage, die die letzte Konsequenz beschreibt, wenn Menschen sich gegen Gottes Einladung verschließen und ohne Gott sein wollen, soll zur Umkehr führen. Sie zeigt den seelischen Schmerz, wenn es kein Zurück mehr gibt und die Nähe Gottes für immer verloren ist. Hölle ist, wenn Menschen auf sich selbst zurückgeworfen werden. Durch das prophetische „Gerichtswort" sollen Menschenherzen bewegt werden, ihre Verschlossenheit aufbrechen zu lassen (↗ auch Mt 25,46).

Ehre nur Einem Mt 23,1–12

In einer Vorrede zur letzten großen Rede seines Evangeliums stellt Matthäus wie in einer Abrechnung noch einmal **Worte gegen „die Pha-**

risäer" und führende Kreise des damaligen Judentums zusammen. Sie fanden das messianische Auftreten Jesu gefährlich. Sie empfanden ihn als Konkurrenz. Sie konnten seinen Ansatz der gütigen Gerechtigkeit Gottes nicht teilen, obwohl er auf ihrem AT basierte. Die Schärfe der Auseinandersetzung zeigt, dass Jesus an den Pharisäern großes Interesse hatte. Er hat intensiv um sie geworben. Seine Enttäuschung über ihre feindliche Ablehnung war tief.

In die Wiedergabe seiner Worte mischt sich in der Rückschau auch die schmerzliche, zur Zeit des Matthäus aktuelle Auseinandersetzung der judenchristlichen Minderheit mit der jüdischen Gemeinschaft, die nach der Zerstörung des Tempels durch die Gesetzesauslegung der Pharisäer die Grundlage für eine neue geistliche Heimat fand. Sie schloss die Judenchristen aus ihren sozialen und wirtschaftlichen Netzwerken auf radikale Weise aus.

Weherufe gegen pharisäisches Verhalten

↗ Lk 11,37–12,3

Die Abrechnung mit den herausragenden Vertretern des damaligen Judentums ist aber immer auch kritische Anfrage an die Gemeinde Jesu. Sie warnt vor jeglichem Machtmissbrauch. Deshalb gehören diese Worte ins Evangelium, auch wenn sie von einer mächtig gewordenen Kirche weitgehend blind und selbstherrlich gegen „die Juden" gelesen wurden. Sehr deutlich wird diese **Anleitung zur Selbstkritik der Jünger und Nachfolgerinnen** Jesu bereits im ersten Abschnitt.

1 Da sprach Jesus zur Volksmenge und zu seinen Jüngerinnen und
Jüngern 2 und sagte: „Auf das Katheder, den Lehrstuhl des Mose, haben
sich die Schriftgelehrten und Pharisäer gesetzt. 3 Alles nun, was sie euch
sagen, das tut und haltet ein, aber nach ihren Werken handelt nicht. 4 Sie
schnüren nämlich schwere und unerträgliche Lasten zusammen und legen sie auf die Schultern der Menschen, sie selbst aber wollen sie nicht
einmal mit einem Finger bewegen. 5 Alle ihre Werke aber tun sie, um
von den Menschen gesehen zu werden, denn sie machen ihre Gebetsriemen breit und ihre Kleiderquasten lang, 6 sie lieben den Ehrenplatz
bei Festessen und die vordersten Sitze in den Gottesdiensten 7 und die
Begrüßungen in der Öffentlichkeit und von den Leuten Rabbi genannt zu werden.

8 Ihr aber sollt euch nicht Rabbi nennen lassen, denn Einer ist euer
Lehrer, ihr aber alle seid Brüder und Schwestern. 9 Nennt auch niemand
auf Erden euren Vater (im Sinne eines Weisen), denn EINER ist euer Vater,
DER im Himmel. 10 Lasst euch auch nicht Lehrer nennen, denn Einer ist
euer Lehrer, der Messias (griech.: Christos). 11 Der Größte unter euch aber

sei euer Diakon (griech.: diakonos). 12 Wer sich aber selbst erhöht, wird erniedrigt werden, und wer sich selbst erniedrigen wird, erhöht werden."

Die Sehnsucht, Gottes Wort des AT in Ehren zu halten, eint Jesus und die Pharisäer, eint die Gemeinde des Matthäus und die jüdische Gemeinde. Lehre und Leben gehören dabei zusammen. Das ist das durchgängige Anliegen des Matthäusevangeliums. Dass ein Leben im Raum dieser Worte nicht getriebenes, sondern getragenes Leben ist, lebt Jesus vor. Sein „sanftes Joch" (↗ Mt 11,30) lässt die, die sich da hineinbegeben, miteinander etwas durchziehen. Dabei kommt es nicht darauf an, schneller, besser, bedeutender zu sein als der oder die da neben mir. Jesus wirft seinen damaligen Gegnern vor, dass ihre Schriftauslegung und ihr Lebensvollzug aber gerade darauf zielen. Im Letzten geht es nicht um Gott, sondern um sie selbst. Das Bemerkenswerte ihrer Frömmigkeit erschöpft sich in äußerlich sichtbaren Formen. Dabei sind die Gebetsriemen (Tefilim, Betonung auf der letzten Silbe), die um Stirn und Arme gebunden werden und das Herzstück der Gottesoffenbarung in einem kleinen Kästchen enthalten, wunderbare, weil spürbare Erinnerungen, sich Gott zuzuwenden:

Dtn 6,4f Höre Israel (hebr.: Schema Israel, Betonung auf der letzten Silbe), der HERR ist unser Gott, der HERR allein …

Die damit verbundenen festen Gebetszeiten sind eine entscheidende Hilfe, um die Gottesbeziehung zu gestalten. Aber alle Hilfsmittel können zum Selbstzweck werden. So werden wir angeleitet, die Formen unserer Frömmigkeit immer wieder zu überprüfen. Deshalb mündet die Kritik in „Ihr aber …". Sich zurücklehnen und mit dem Finger auf andere zeigen, funktioniert für die Gemeinde Jesu nicht.

Die Anrede als „Bruder" und „Schwester" in manchen Gemeinden und Gemeinschaften ist eine Möglichkeit, diese Worte Jesu umzusetzen. Aber auch hier bedeutet die gute Form noch nicht automatisch Freiheit von heimlichen Hierarchien. Wenn Menschen anderen entscheidend in ein Leben im Glauben hineinhelfen und sie weiter geistlich begleiten, also Meister, Gotteslehrerin oder geistliche Eltern werden, darf es nicht zu Abhängigkeitsverhältnissen kommen. Ziel ist die Mündigkeit der jeweils eigenen Gottesbeziehung.

Nicht einmal die gelebte Diakonie ist davor sicher, letztlich nur sich selbst zu dienen. Mt 23,12 bedeutet nicht, sich klein zu machen, um dadurch Anerkennung zu bekommen. Es ist das selbstverständlich im Namen Jesu gelebte Tun, das von Gott erhöht wird, indem er sich an dessen Seite stellt. Menschen, die Zugang zu Gottes Bereich gefunden haben, leben so, dass andere auch einen Zugang dazu bekommen. Wo Menschen durch ihr Leben anderen diesen Zugang verschließen, bekommen sie es mit einem zornigen Jesus zu tun (↗ auch Mt 18,6 ff).

Die traurige Bilanz Mt 23,37–39

37 „Jerusalem, Jerusalem, die die Propheten tötet und steinigt, die
zu ihr gesandt sind, wie oft habe ich deine Kinder um mich sammeln
wollen wie eine Henne ihre Küken unter ihre Flügel sammelt, aber ihr
habt nicht gewollt. 38 Siehe, euer Haus wird euch verödet überlassen.
39 Denn ich sage euch: Ihr werdet mich von jetzt an nicht mehr sehen,
bis ihr sprechen werdet: ‚Gelobt sei der Kommende im Namen des Herrn'
(Ps 118,26)."

Jesus stellt sich in eine Reihe mit den Propheten, die in Jerusalem vergeblich um Umkehr und Einkehr geworben haben (↗ Lk 19,41–44). Er vergleicht sich mit einer Vogelmutter oder Henne, die aufmerksam ihre Küken in ihren Schutzraum holt – im AT ein Gottesbild.

In Ps 17,8 wird Gott gebeten: „… beschirme mich unter dem Schatten deiner Flügel …"

Die traurige Bilanz, diese bergende Nähe nicht gewollt zu haben, wird in Verlassenheit enden. Jesus wird vor der Stadtmauer gekreuzigt und als Auferstandener im Matthäusevangelium nicht mehr in Jerusalem gesehen werden (anders Lk 24,33). Dennoch endet das Kapitel der Anklage mit einem Lob für „den Kommenden", den wiederkommenden Messias – ein mögliches hoffnungsvolles Ende.

Das Warten auf die Weltenwende – Die Endzeitrede Mt 24 und 25

Die „Endzeitrede“ in Mt 24 und 25 steht im Zeichen des Wartens auf die endgültige Wende der Weltgeschichte. Matthäus erweitert die Endzeitrede aus dem Markusevangelium (↗ Mk 13; Lk 17,22–37). Hier sind nur die Texte ausgewählt, die Matthäus über die Endzeitrede Jesu in Mk 13 hinaus aus seinen Quellen überliefert. Wie sich die endgültige Wende in großen Wehen ankündigen wird und welche weltumwälzende Bedeutung sie hat, wird Thema des letzten Buchs des NT sein, der „Offenbarung an Johannes“. In den Evangelien finden wir in den Worten Jesu sozusagen in Kurzfassung die begleitenden Anzeichen dieser Weltenwende und den dieser Hoffnung entsprechenden Lebensstil.

Warten und Bereitsein für das Kommen des Reiches Gottes – das war der Zielgedanke der drei folgenden Gleichnisse. Nach Tod und Auferweckung Jesu durch Gott sprechen sie auch in die Zeit des Wartens auf sein Wiederkommen – also in unsere Zeit.

Die **Parusie** Jesu (sprich: Pa-ru-sie, Betonung auf der letzten Silbe, dem langen i), das Wiederkommen Jesu, bedeutet: Die Zeitenwende, die im Kommen Jesu aufgeleuchtet ist, ist wie ein Lichtkegel aus Gottes Welt, der einst die ganze Welt ausleuchten wird. Das Reich Gottes, das in Jesu Worten und seinem Wirken in die Welt gekommen ist, wird weiter wachsen. Über das Kommen Jesu hinaus gibt es ein Mehr an Hoffnung – sein Wiederkommen als Weltenrichter (↗ Mt 25,31–46; Lk 17,22–37).

Der Schlüsselbegriff für diese Hoffnung ist der hoheitliche Titel **„Menschensohn“**, den Jesus gebraucht hat, um ihn mit seinem Selbstverständnis zu füllen. Mit dem Titel „Menschensohn“ redet Jesus in verhüllter Weise von sich als Messias. Er zeigt, wie er sich und seinen Weg versteht. Dieser Hoheitstitel gibt auch die Möglichkeit, auf sein Wiederkommen in Herrlichkeit zu hoffen – nach seinem Tod und seiner Auferweckung durch Gott. In diesem Titel wird das Kommen Jesu als Mensch mit der Erwartung seines zweiten Kommens als himmlische Gestalt zusammengehalten. Denn nach Dan 7 ist der „Menschensohn“ eine Erscheinung aus Gottes Welt, der das letzte Gericht anvertraut wird (↗ Mt 16,13).

In den folgenden Gleichnissen geht es also um das Bereitsein für das Reich Gottes beim ersten Kommen Jesu – und über diesen Horizont hinaus werden sie transparent für unser Warten auf ihn und seinen endgültigen Anspruch auf die Neugestaltung der Welt in seiner Gerechtigkeit. In seine neue Welt passen nur erneuerte Menschen, damit Ungerechtigkeit, Zerstörung und Leid endgültig ein Ende haben.

Das Gleichnis vom lebendigen und vom tödlichen Lebensstil Mt 24,45–51

45 „Wer ist nun der treue und besonnene Sklave, den der Herr (griech.:
Kyrios) über seine Dienerschaft gesetzt hat, um ihr zum richtigen Zeit-
punkt Essen zu geben? 46 Was für ein Glück hat der Sklave, den der Herr,
wenn er kommt, bei solchem Tun vorfindet! 47 Wahrlich, ich sage euch,
er wird ihn über seine ganzen Besitztümer setzen.

48 Wenn aber andererseits ein schlechter Sklave (wörtl.: jener schlech-
te Sklave) zu sich selbst in seinem Herzen sagt: ‚Mein Herr lässt sich Zeit'
49 und anfängt, seine Mitsklaven zu schlagen und mit den Betrunkenen
feiern geht (wörtl.: isst und trinkt), 50 wird der Herr jenes Sklaven an ei-
nem Tag kommen, den er nicht vorhergesehen hat, und zu einer Stunde,
die er nicht kennt, und wird ihn in Stücke hauen lassen 51 und ihm seinen
Platz unter den Heuchlern zuteilen. Dort wird Weinen und Zähneknir-
schen sein."

Das erste Bild: Ein Hausherr übergibt während seiner Abwesenheit einem seiner Sklaven die Verantwortung für die Versorgung der anderen Bediensteten. Wenn er zurückkommt und der Sklave seine Sache gut gemacht hat, wird er befördert.

Die Pointe des Bildes: Es lohnt sich, seiner Verantwortung für andere gerecht zu werden.

Die Sache, um die es geht: Der Titel „Kyrios" weist gemäß der griechischen Übersetzung des AT auf Gott. Nach seiner Auferweckung durch Gott wird auch Jesus diesen Titel tragen. Nun geht es um sein endgültiges Wiederkommen aus Gottes Welt.

Es gibt hoffentlich viele, die trotz des uns heute fremden Bildes von den Sklaven die Sache verstehen und auf die Eingangsfrage in Mt 24,45 antworten: „Ich bin es" – ein Mensch, der in seinem oder ihrem Rahmen Verantwortung übernimmt, damit andere spirituell und materiell versorgt werden. Die Liebes-Gerechtigkeit Gottes fließt durch solche Menschen an andere weiter: Sie lassen SEINE Treue spürbar werden. So geht Leben in der Gerechtigkeit Gottes – aufmerksames, waches Leben – Leben in Erwartung SEINES Kommens. Dieser Lebensstil lohnt sich!

Dann malt uns das Gleichnis eine andere erschreckende Möglichkeit vor Augen:

Das zweite Bild: Der Sklave in einer hohen Position benutzt seine Macht, um seine Mitsklaven zu tyrannisieren. Er selbst führt ein üppiges Leben und verprasst das, was ihm anvertraut ist. Er lebt nur nach Uhr und Kalender und hat deshalb das Kommen seines Herrn schon abgeschrieben. Da kommt der Herr völlig überraschend zurück ... Die uns schockierende Exekutionsmethode war damals nicht ungewöhnlich. Sie konnte an Sklaven ohne Gerichtsverfahren vollzogen werden.

Die Pointe des Bildes: Machtmissbrauch wird strengstens geahndet.

Die Sache, um die es geht: Machtmissbrauch bedeutet, Gottes Treue und Gerechtigkeit zu verraten und damit das eigene Leben zu verfehlen. Erschreckt zutiefst, um rechtzeitig umzukehren, bevor nichts mehr gut gemacht werden kann! Das ist nicht nur im Sinne der Opfer von Gewalt und also im Sinne Gottes, sondern auch, um euch selbst zu retten. Lebt so, dass der Herr jederzeit in eurem Leben ankommen kann.

Die Parabel von den dummen und den klugen Brautjungfern Mt 25,1–13

1 „Dann wird es sich mit dem Himmelreich verhalten wie mit zehn
jungen Frauen, die ihre Lampen nahmen und hinausgingen, dem Bräu-
tigam entgegen. 2 Aber fünf von ihnen waren dumm und fünf klug.
3 Denn die dummen nahmen zwar ihre Lampen, aber (nahmen) kein Öl
mit sich. 4 Die Klugen aber nahmen Öl in ihren Gefäßen mit, zusammen
mit den Lampen. 5 Als sich aber der Bräutigam verspätete, wurden sie
alle müde und schliefen ein. 6 Mitten in der Nacht aber entstand ein Ge-
schrei: ‚Siehe, der Bräutigam! Geht hinaus, ihm entgegen!‘ 7 Da wachten
alle jungen Frauen auf und richteten ihre Lampen her. 8 Da sagten die
Dummen zu den Klugen: ‚Gebt uns von eurem Öl, denn unsere Lampen
sind am Erlöschen!‘ 9 Da sagten aber die klugen jungen Frauen: ‚Ganz
sicher nicht! Es wird sonst nicht reichen für euch und uns. Geht lieber
zu den Händlern und kauft euch welches.‘ 10 Als sie weggegangen wa-
ren, um einzukaufen, kam der Bräutigam, und die, die bereit waren, gin-
gen mit ihm hinein zur Feier, und die Tür wurde verschlossen. 11 Zuletzt
kommen auch die übrigen jungen Frauen und sagen: ‚Herr, Herr, mach
uns auf!‘ 12 Er aber antwortete ihnen: ‚Amen, ich sage euch, ich kenne

euch nicht.' 13 Seid also wachsam, denn ihr wisst weder den Tag noch die Stunde."

Das Bild: Die Brautjungfern in der Geschichte sollen den Hochzeitszug mit festlicher Beleuchtung begleiten. Zur Eheschließung gehörte, dass die Braut aus ihrem Elternhaus vom Bräutigam abgeholt und in sein Haus gebracht wurde. Dort fand das Fest statt. Die jungen Frauen werden von Anfang an in „kluge" und „dumme" eingeteilt. Als sich die Ankunft des Festzuges verzögert, schlafen alle ein. Das Öl ist währenddessen verbraucht. Das Öl zum Nachfüllen, das die klugen Frauen dabei haben, reicht aber nur für sie selbst. Abgeben würde hier keinen Sinn machen. Die, die nicht gut ausgerüstet sind, verpassen das Fest. Die verschlossene Tür bei einer Hochzeit ist nicht üblich gewesen.

Die Pointe: Zu welcher Gruppe möchtest du gehören? Wer den Bräutigam zu seinem großen Fest begleiten will, sollte vorbereitet sein und ein funktionierendes Licht haben.

Die Sache, um die es geht: Mit dem Reich Gottes verhält es sich wie mit einer großen Hochzeitsfeier. Sie beginnt, wenn der Bräutigam, Jesus, kommt. Weil alles auf ihn hinzielt, wird die Braut in der Parabel nicht erwähnt. Wer mit zum Fest möchte, sollte vorgesorgt haben. Was bedeutet das „Öl"? Diese Bildgeschichte gibt es nur im Matthäusevangelium. So ist eine Deutung am treffendsten, die das Gesamtanliegen dieses Evangeliums zum Ausdruck bringt: die würdevollen Werke derer, die die Lehre des Messias befolgen. Im Gesamtzusammenhang dieses Evangeliums weist das Öl in den Lichtern auf den engen Zusammenhang von der geschenkten Würde (wie in Mt 5,13–16) und dem entsprechenden Verhalten. Diese Parabel ist wie das Geschrei in der Nacht ein lauter Wecker, dessen Alarmfunktion nicht einfach weggedrückt werden kann. Bei der Feier werden nicht „automatisch" alle dabei sein. Es gibt ein „draußen vor der Tür"!

Mit Jesu Kommen beginnt die Feierlichkeit des Reiches Gottes. Bereit werden, mit ihm mitzugehen, ist die große Lebensentscheidung. In diese Entscheidung stellt das Wort Jesu auch heute. Wir befinden uns in der Zeit zwischen dem Kommen Jesu, das Menschen in die Entscheidung gerufen hat, und seinem „Wiederkommen", dem endgültigen Beginn des großen Festes des Reiches Gottes.

Ein achtsamer Lebensstil wird hier einem **abgestumpften Leben** gegenübergestellt: Das „dumm" oder „töricht" kann auch mit „stumpfsinnig" übersetzt werden. Die Brautjungfern, deren Sinne stumpf geworden sind, stehen für das Lebensgefühl des „Es lohnt sich ja doch nicht!“. Das Nahesein des Kommens Jesu, das Hereinbrechen des Reiches Gottes in seiner ganzen endgültigen Fülle, wird nur zeitlich verstanden. Uhr und Terminkalender beschäftigen den Kopf: So viele Menschen zu allen Zeiten haben auf das endgültige Eingreifen des auferstandenen Jesus gewartet. Nichts ist passiert. Das zeigt doch, dass es niemals passieren wird. Dann ist es egal, was wir tun und lassen.

Der **achtsame Lebensstil** bewegt Jesu Nähe im Herzen. Die Vorstellung, dass er nah ist und einmal alle Welt erfüllen wird, ist mit dem Verstand nicht zu fassen. Das Herz gibt eine andere Gewissheit als Kopf und Kalender. Es ist der Ort, an dem der Heilige Geist seine Einsichten wirkt. Es geht dabei nicht um ständige Anspannung. Die klugen Brautjungfern schlafen auch. Es geht um aufmerksames Leben in dem Geist, der im Sinne der Bergpredigt ins würdevolle Leben der Welt Gottes einweist.

Dabei will das Gleichnis nicht schon das endgültige Ergebnis des „jüngsten Gerichts“ vorwegnehmen. Es will auch nicht nur Sehnsucht wecken, zu den Klugen zu gehören und feiern zu dürfen. Es alarmiert, uns zu überprüfen, ob wir die überfließende Gerechtigkeit, die Weil-Ethik der Nachfolge (↗ Mt 5,13–16), leben. Es ist nicht gleichgültig, ob wir als aufmerksam Wartende in Zuspruch und Anspruch der Worte Jesu leben und lieben oder nicht.

Die Parabel von den anvertrauten Talenten Mt 25,14–30

14 „So wird es nämlich sein: Wie bei einem Menschen, der auf Reisen
gehen musste und seine Sklaven rief und ihnen seinen Besitz übergab –
15 und zwar gab er dem einen fünf Talente, einem anderen aber zwei,
einem aber eins, jedem seiner Befähigung entsprechend, und dann reis-
te er ab. Sofort 16 ging der, der die fünf Talente bekommen hatte, los und
arbeitete mit ihnen und gewann weitere fünf dazu. 17 Genauso gewann
der mit den zwei Talenten zwei dazu. 18 Der aber, der das eine Talent
bekommen hatte, ging los, grub ein Loch in die Erde und versteckte das
Geld seines Herrn.

19 Nach langer Zeit aber kommt der HERR jener Sklaven und hält Ab-
rechnung mit ihnen. 20 Da trat der vor, der die fünf Talente bekommen
hatte, brachte noch fünf weitere Talente dazu und sagte: ‚Herr, fünf Talen-
te hast du mir gegeben, schau, weitere fünf Talente habe ich gewonnen.‘
21 Da sagte sein HERR zu ihm: ‚Gut gemacht, du guter und treuer Sklave,

mit wenigem bist du gut umgegangen (wörtl: treu gewesen), vieles will
ich in deine Verantwortung stellen (wörtl.: über vieles will ich dich set-
zen). Gehe hinein in die Freude (auch: Gnade) deines Herrn.' **22** Da kam
auch der mit den zwei Talenten hervor und sagte: ,Herr, zwei Talente hast
du mir gegeben, schau, zwei weitere Talente habe ich gewonnen.' **23** Da
sagte sein Herr zu ihm: ,Gut gemacht, du guter und treuer Sklave, mit
wenigem bist du gut umgegangen, Vieles will ich in deine Verantwor-
tung stellen. Gehe hinein in die Freude deines Herrn.' **24** Da trat auch der
hervor, der das eine Talent bekommen hatte, und sagte: ,Herr, ich wusste
von dir, dass du ein harter Mann bist – du erntest, wo du nicht gesät, und
sammelst, wo du nicht ausgestreut hast. **25** Und weil ich mich fürchtete,
bin ich hingegangen und habe dein Talent in der Erde versteckt. Schau
her, da hast du es (wörtl.: das Deine) wieder!' **26** Da antwortete sein Herr
und sagte zu ihm: ,Du schlechter und untätiger Sklave! (So,) du wusstest,
dass ich ernte, wo ich nicht gesät, und sammle, wo ich nicht ausgestreut
habe? **27** Dann hättest du mein Geld den Geldwechslern (gemeint ist:
auf die Bank) bringen müssen, dann hätte ich bei meiner Rückkehr das
Meine mit Zinsen zurückerhalten! **28** Nehmt ihm nun das Talent weg und
gebt es dem, der die zehn Talente hat.

29 Dem, der hat, wird in Hülle und Fülle (wörtl.: viel, ja überfließend
viel) gegeben werden. Von dem aber, der nicht hat, wird auch das weg-
genommen werden, was er hat. **30** Und den unnützen Sklaven werft hi-
naus in die äußerste Finsternis. Dort wird Weinen und Zähneknirschen
sein."

Das „Talent" ist unübersetzt geblieben. Ein Talent war eine Währung in Silber und entsprach etwa dem zwanzigfachen Jahreseinkommen eines Arbeiters. Ein Talent war also ein großes Startkapital.

Die Bildgeschichte und ihre Pointe: Egal, wie viel oder wenig dir anvertraut wird – mach was daraus! Es lohnt sich, mit dem, was du bekommen hast, zu investieren und zu arbeiten.

Die Sache, auf die das Bild zielt: Der Kyrios-Name steht für den erhöhten Jesus bei der Bilanz eines Lebens, bei der letzten „Abrechnung" der Welt. Das „Talent" steht für das, was jedem Menschen anvertraut ist, entsprechend seiner oder ihrer besonderen Befähigung. Bei der Verteilung wird niemand überfordert. Noch mehr Verantwortung zu verschenken ist das für damalige Verhältnisse sehr „demokratische" Ziel des Herrn. „Hineingehen in seine Freude" ist im Zusammenhang der Parabel vorher das Fest des Reiches Gottes und das Ziel allen Lebens.

Wer sich in Misstrauen und Vorurteil gegen den großzügigen Kapitalgeber seines Lebens verschließt und deshalb sein Talent ungenutzt lässt, verfehlt das Ziel.

Die Reue über ein verfehltes Leben ist furchtbar. Es gibt nur dieses eine Leben! Das kommentierende Wort am Ende in Mt 25,29 kann im Zuge dieses Misstrauens und einem furchteinflößenden Gottesbild als lähmende Drohung gehört werden oder als Zynismus über eine „kapitalistisch“ orientierte Weltordnung. Wer dagegen vertraut, hört die unbedingte Einladung, die Verantwortung zu übernehmen, die dieser Herr zu vergeben hat.

Die überwältigende Überraschung Mt 25,31–46

31 „Wenn aber der Menschensohn im Lichtglanz Gottes kommen
wird und alle Engel mit ihm, dann wird er sich setzen auf den Thron sei-
ner Herrlichkeit, 32 und alle Nationen werden vor ihm versammelt wer-
den, und er wird sie voneinander scheiden, wie ein Hirte die Schafe von
den Zicklein trennt, 33 und wird er die Schafe zu seiner Rechten stellen,
die Zicklein aber zur Linken.

34 Dann wird der König zu denen zu seiner Rechten sagen: ‚Kommt
(herein), ihr Gesegneten meines Vaters, in Gottes Zuhause (wörtl.: erbt
das Reich), das für euch vorbereitet ist seit Grundlegung der Welt.
35 Denn ich bin hungrig gewesen und ihr habt mir zu essen gegeben,
ich bin durstig gewesen und ihr habt mir zu trinken gegeben, ich war
fremd und ihr habt mich aufgenommen, 36 ich war nackt und ihr habt
mich bekleidet, ich war krank und ihr habt mich besucht, ich war im Ge-
fängnis, und ihr seid zu mir gekommen.‘

37 Dann werden ihm die Gerechten antworten und sagen: ‚Herr,
wann haben wir dich hungrig gesehen und haben dir zu essen gegeben
oder durstig und haben dir zu trinken gegeben? 38 Wann haben wir dich
als Fremden gesehen und haben dich aufgenommen, oder nackt und
haben dich bekleidet? 39 Wann haben wir dich krank oder im Gefängnis
gesehen und sind zu dir gekommen?‘

40 Und der König wird ihnen antworten und sagen: ‚Darauf könnt ihr
euch verlassen (wörtl.: amen, ich sage euch): Alles, was ihr getan habt
einem oder einer dieser meiner geringsten Brüder und Schwestern, das
habt ihr mir getan.‘

41 Dann wird er auch zu denen zur Linken sagen: ‚Geht weg von mir,
ihr Verfluchten, in das ewige Feuer, das bereitet ist dem Teufel und sei-

nen Engeln! 42 Denn ich bin hungrig gewesen und ihr habt mir nicht zu
essen gegeben. Ich bin durstig gewesen und ihr habt mir nicht zu trin-
ken gegeben. 43 Ich war fremd, und ihr habt mich nicht aufgenommen,
nackt, und ihr habt mich nicht bekleidet, krank und im Gefängnis, und
ihr habt mich nicht besucht.' 44 Dann werden sie ihm antworten und fra-
gen: ‚Herr, wann haben wir dich hungrig oder durstig oder als Fremden
oder nackt oder krank oder im Gefängnis gesehen und nicht diakonisch
an dir gehandelt?' 45 Dann wird er ihnen antworten und sagen: ‚So viel
ist sicher (wörtl.: amen, ich sage euch): Was ihr nicht getan habt einem
oder einer von diesen Geringsten, das habt ihr mir auch nicht getan.'
46 Und diese werden weggehen zur ewigen Strafe, aber die Gerechten
in das ewige Leben."

Jesus als „Menschensohn" (↗ Mt 24) ist das Gericht anvertraut, das die letztgültige Gerechtigkeit bedeutet – Machtmissbrauch ausgeschlossen. Die Szene, die Jesus entfaltet, gehört nicht zu den Gleichnissen bzw. Parabeln.

Die erste Überraschung: Der mächtige **Menschensohn** erweist sich als einer, der schwach ist und Hilfe braucht. Das stimmt damit überein, dass Jesus in den Ankündigungen seines Leidens in schockierender Weise diesen Menschensohntitel mit seiner Erniedrigung zusammenbringt (↗ Mk 8,31). Am Ende wird durchsichtig, was von seinem Weg her schon immer einsehbar war: dass er sich mit den Schwachen der Weltgeschichte und auf Hilfe angewiesenen Menschen identifiziert. Der rettende Messias (↗ Mt 1) ist einer, der gerettet wird (↗ Mt 2). Deshalb zählen am Ende für ihn die schlichten Taten der Mit-Menschlichkeit. Die „Gerechten" sind die, die in der Gerechtigkeit Gottes, also seiner Liebe und Treue, gelebt und ihr mit ihrem Lebensstil entsprochen haben.

Gerechtigkeit
↗ Mt 21, 23–45; Mt 5,6

Diese sechs für die „Gerechten" selbstverständlichen Taten wurden im 4. Jh. n. Chr. um eine siebte ergänzt – die Bestattung von Toten. Die „Taten der Barmherzigkeit" sind die Grundlage der Diakonie geworden. An diakonischem Handeln entscheidet sich die Weltenwende, weil sich alles an IHM entscheidet – dem wahren Menschen und „Gott mit uns" (↗ Mt 1,23). So wird die naheliegende Hilfe für die in Not geratenen Menschen zur Rettung – nicht nur für die, die sie empfangen haben, sondern auch für die, die sie „geleistet" haben.

Die zweite Überraschung: Sie wird für die zur Rettung, die gar nicht wussten, dass ihr schlichtes Tun weltenwendende Bedeutung hatte. Sie waren auf der Seite des Weltenrichter-Menschensohns, ohne es zu wissen. So zielt diese beeindruckende Erzählung Jesu auf überwältigende Überraschung am Ende. **Das** ist die Pointe. Wiegt euch niemals in Sicherheit, zu wissen, wer am Ende „dabei" ist! Sorgt lieber dafür, dass **ihr** dabei seid! Das ist ganz einfach: Tut das naheliegend Menschliche.

Wie in den drei Gleichnissen vorher gibt es auch das Gegenteil. Unsere kleinen alltäglichen Lebensentscheidungen haben tiefe Konsequenzen. Am Ende steht „die große Scheidung" in Dabeisein beim Fest und ewigen Schmerz um ein verweigertes und verschlossenes Leben. Wer diese Worte Jesu hört, hört den Wecker klingeln. Höchste Zeit, aufzubrechen in ein anderes Leben!

Auch hier haben wir keine „Dogmatik vom Weltende" vorliegen (↗ Mt 22,11ff). Die Erzählung gibt uns keinen Grund, zu Wissenden und Richtenden zu werden. Wir werden gerichtet werden! Da hilft kein frommes Wissen, sondern nur Barmherzigkeit (↗ Mt 5,7) – empfangene und gelebte oder gelebte und empfangene.

Nicht umsonst stehen diese Worte vor dem **Beginn der Passionsgeschichte.** Der Menschensohn wird für die Barmherzigkeit, die er gelebt und von der er erzählt hat, mit seinem Leben bezahlen. Bis zum Ende wird dieser Eine Gerechte mit seiner Würde-Kraft seine Feinde lieben. Das ist Grund zur Hoffnung, dass ER selbst die Hölle leer lieben wird.

Passion
↗ **Lk 22,1–6**

Die erschütternde Geschichte der Passion Jesu ist in Mk 14–15 zu lesen. Alles Werben und Warnen verfehlt sein Ziel. Der Messias lädt zu Gottes Güte ein und zu entsprechendem Verhalten. Aber er wird angeklagt, sich eine falsche Autorität anzumaßen. Das Urteil über ihn lautet, er sei nicht mit Gott im Bund. So wird an seiner Person offenbar, was „Zielverfehlung" bedeutet. Die Instanzen dieser Welt, die für Gerechtigkeit sorgen sollen, verbünden sich gegen den Gerechten Gottes. Der Messias, mit dem Gottes Welt in unsere Welt hineingekommen ist, wird zum Tod verurteilt. Sein Weg endet in tiefsten körperlichen und seelischen Schmerzen. Von allen verlassen, hängt er am Kreuz. Gott greift nicht ein. Der Messias Gottes erleidet in letzter Konsequenz, wohin „Sünde" führt: in die letzte Einsamkeit. So zieht ihn der Tod in seine Dunkelheit. Erst später erkennen die Menschen des Messias: Weil er da hineingegangen ist, ist diese letzte Macht des Todes gebrochen.

Sünde
↗ **Lk 22,14–23**

Die Welt Gottes siegt verborgen vor der Welt Mt 28,1–15

1 Nach dem Sabbat aber, als der erste Tag der Woche anbrach, kamen Maria Magdalena und die andere Maria, um nach dem Grab zu sehen. 2 Und stellt euch vor (wörtl.: siehe), da geschah ein großes Erdbeben! Denn ein Engel des Herrn kam vom Himmel herab, trat hinzu und wälzte den Stein weg und setzte sich darauf. 3 Seine Erscheinung war wie der Blitz und sein Gewand weiß wie der Schnee. 4 Die Wachen aber erschraken aus Furcht vor ihm und wurden wie Tote. 5 Aber der Engel sprach zu den Frauen: „Fürchtet euch nicht! Ich weiß, dass ihr Jesus, den Gekreuzigten, sucht. 6 Er ist nicht hier, denn er ist auferweckt worden, wie er gesagt hat. Kommt und seht die Stelle, wo er gelegen hat, 7 und geht schnell hin und sagt seinen Jüngern: Er ist auferweckt worden von den Toten! Und passt auf (wörtl.: siehe), er geht euch nach Galiläa voraus. Dort werdet ihr ihn sehen. Schaut, ich habe es euch gesagt.“ 8 Und sie gingen schnell weg vom Grab mit Furcht und großer Freude und liefen, um es seinen Jüngern zu verkünden. 9 Und siehe, da begegnete ihnen Jesus und sagte: „Seid gegrüßt! “ Sie aber kamen zu ihm und umfassten seine Füße und fielen vor ihm nieder. 10 Da spricht Jesus zu ihnen: „Fürchtet euch nicht! Geht hin und verkündet meinen Brüdern, dass sie nach Galiläa gehen sollen: Dort werden sie mich sehen.“

Es sind die Frauen, die von weitem zusahen, als Jesus gekreuzigt wurde. Matthäus und Markus überliefern Namen und Matthäus formuliert, dass es „viele“ waren (Mt 27,55). Die Frauen sind es, die die Kontinuität der Zeugenschaft bewahren. Sie sind die ersten Zeuginnen der Auferweckung Jesu durch Gott. Das NT leistet sich diese Zeugnisse von Frauen, die in der damaligen Zeit vor Gericht keine Stimme hatten.

Es leistet sich verschiedene Zeugnisse des Ostergeschehens durch die Evangelien (↗ Mk 16; Lk 24; Joh 20 und 21). Sie wurden nicht vereinheitlicht. Zu vielschichtig sind die Ereignisse, um in jedem Detail übereinzustimmen. Zu vielstimmig sind die Erfahrungen, die zu Wort kommen müssen. Zu überwältigend war die Berührung durch die neue Welt Gottes. Zu unerwartet war das Handeln Gottes. Erwartet wurde eine allgemeine Auferweckung der Toten. Die Vorwegnahme dieses endzeitlichen Ereignisses aus Gottes Welt an einem Einzelnen sprengte alle Erwartungshorizonte. Erwartet wurde in Bezug auf den toten

Jesus – nichts mehr. Seine Menschen hatten dem Spott ihrer Gegner nichts entgegenzusetzen (Mt 27,40): „Wenn du Gottes Sohn bist, steig herunter vom Kreuz!" Wenn er der Messias wäre, hätte Gott ihn nicht so elend verrecken lassen! Was oder wer sollte noch dagegensprechen können? Nur Gott selbst!

Was in dieser Nacht von Samstag auf Sonntag geschieht, bleibt Gottes Geheimnis. Die Frauen erfahren von der Wirklichkeit dieses Geheimnisses. Sie begegnen Jesus, der jetzt ganz und gar zu Gottes Welt gehört, für die er gelebt und die er angesagt hat. Zu unerklärlich ist diese Erfahrung, als dass sie nicht Erklärungen hervorgerufen hätte. Eine davon war der Vorwurf, die Jünger Jesu hätten seinen Leichnam gestohlen. Anscheinend kennen auch die Leser des Matthäusevangeliums dieses Gerücht:

11 Als sie aber hingingen (gemeint ist: während die Frauen mit der
wunderbaren Nachricht zu den anderen Jüngern gingen), stellt euch vor
(wörtl.: siehe), da kamen einige von der Wache in die Stadt und berich-
teten den Hohenpriestern alles, was geschehen war. 12 Und sie kamen
mit den Ältesten zusammen und beschlossen, den Soldaten viel Geld zu
geben 13 und sagten: „Sagt, seine Jünger sind in der Nacht gekommen
und haben ihn gestohlen, während wir schliefen. 14 Und wenn es dem
Statthalter zu Ohren kommen sollte, wollen wir ihn beschwichtigen und
dafür sorgen, dass ihr sicher seid." 15 Sie aber nahmen das Geld und ta-
ten, wie sie angewiesen worden waren. Und so wurde dieses Gerede bei
den Juden (und nicht nur dort) bis auf den heutigen Tag verbreitet.

Die Macht dieses Messias gilt aller Welt: Die missionarische Grundstruktur der Kirche Mt 28,16–20

16 Die elf Jünger aber gingen nach Galiläa auf den Berg, wohin Jesus
sie bestellt hatte. 17 Und als sie ihn sahen, fielen sie vor ihm nieder, einige
aber zweifelten. 18 Und Jesus trat zu ihnen und sagte: „Mir ist gegeben
alle Macht im Himmel und auf der Erde. 19 Durch Hingehen nehmt alle
Völker in die Jüngerschaft hinein (griech.: mathäteusate), indem ihr sie
tauft auf den Namen des Vaters und des Sohnes und des Heiligen Geis-

tes, 20 und indem ihr sie lehrt, alles zu halten, was ich euch aufgetragen habe. Und siehe, ich bin bei euch alle Tage bis an das Ende dieser Welt."

In diesem Schluss leuchtet alles noch einmal auf, was bisher geschah und was Matthäus wichtig ist. Die Jünger haben keine Ostererscheinung, sondern als sie ankommen, ist er schon da. Er, der Gekreuzigte, ist der von Gott eingesetzte Messias-König!

Der bekommt von Gott alle Macht, der auf Machtmissbrauch verzichtet (↗ Mt 4,1–11) und vor Machtmissbrauch gewarnt hat (↗ Mt 24,45–51). **Der** bekommt von Gott alle Macht, der in ohnmächtiger Liebe Gott und Menschen treu war bis in den Tod. Nur bei ihm ist diese Macht sicher.

Dass die Jünger niederfallen, entspricht dem Einsetzungsritual eines Königs in alttestamentlicher Zeit. Hier geht es um die Inthronisation eines göttlichen Herrschers. Gesalbter König, also Messias-Christus, Sohn Gottes, Menschensohn – das ist der Moment, in dem sich diese Titel als wesenhaft zu Jesus gehörig bewahrheiten. Er ist einzigartig – wie Gott.

Dennoch bleibt eine letzte Unsicherheit. Zweifel, wie in der Mitte des Evangeliums (↗ Mt 14,22–33), gehören auch zum Glauben an den auferstandenen Herrn – bis ans Ende dieser Weltzeit. Deshalb sind alle, die an IHN glauben, immer neu auf SEIN Wort angewiesen. Dieses Wort deutet nun SEINE Auferstehungswirklichkeit.

In Galiläa, das für fromme Juden schon als heidnisch galt (↗ Mt 4,15), wird die weltweite Perspektive des Evangeliums endgültig eröffnet. Was in seinen Wurzeln bereits keimhaft angelegt war (mit den „Ausländerinnen" in seinem Stammbaum, ↗ Mt 1,1–17) und in seiner Geschichte am Anfang anklang (mit der Huldigung der Magier aus dem Osten, ↗ Mt 2,1–2), was die ausländische Frau an Zuwendung erkämpft hat (↗ Mt 15,21–28), steht nun allen Menschen durch einen Messias aus und für Israel offen.

In seiner „Thronrede" beauftragt er die Glaubenden und die Zweifelnden: Alle Menschen der Welt sollen von ihm erfahren. Den Messias anzuerkennen und anzubeten bedeutet auch, sich in die Welt hineinzugeben für ihn. Die Gemeinde des auferstandenen Jesus bleibt nicht sitzen und wartet, ob jemand kommt. Sie hat schon immer eine missionarische Struktur (↗ Mt 10). Heute sind „alle Völker" schon bei uns angekommen. Die Jüngerinnen und Jünger brauchen (nur) vor die Tür zu gehen.

Mt 28,19f „Mathäteusate", klassisch übersetzt als „macht zu Jüngerinnen und Jüngern", ist das Hauptverb in diesem Satz und bei diesem Auftrag. Hingehen, taufen, lehren hängen nicht nur grammatikalisch im Griechischen als Partizipien davon ab. Kurz und bündig ist das Hauptverb nicht zu übersetzen. Es ist ein Umfassendes „nehmt Menschen in die Schule Jesu auf ". Das Wort „Mathematik" steckt im griechischen Begriff. Komplexe Zusammenhänge einsichtig machen und üben. Anfangen mit den Grundlagen: Wohin sie gehen, da ist auch der Auferstandene, der mit seiner diakonischen Kraft schon auf sie wartet. Damit können sie rechnen. Die an Jesus glauben, gehen los und bleiben Lernende. Die Lehre Jesu, das Wort der Welt Gottes, bestimmt ihr Leben. Die Mathematik des großen Herzens Gottes und lebenslanges Einüben mit Leib und Seele gehören zusammen. Der missionarische Lebensstil ist einladend, weil er von der Würde der Liebes-Gerechtigkeit Gottes geprägt ist (↗ Mt 5–7). Wer dazugehören möchte, wird getauft und in diesem Wort unterrichtet, also in diesen Wort-Raum hineingenommen. Dieses Wort wird die Welt verwandeln im Sinne des demütigen Messias. Inmitten aller Gegen-Mächte dieser Welt ist diese Mission verheißungsvoll durch den Beistand des Messias, der von Anfang an der „Immanuel" ist (Mt 1,23), der „Gott mit uns" – bis ans Ende der Zeit.

Markus und der berührende Messias

Jesus als Arzt und Anwalt bedürftiger Menschen: in Galiläa und darüber hinaus. Seine machtvolle Ausstrahlung bewirkt Widerstand und Unverständnis Mk 1–8 141

Erst der ganze Weg Jesu zeigt, wer er wirklich ist Mk 8–16 180

Leidensankündigungen und was „Nachfolge" bedeutet: Von den Jordanquellen im Norden bis in den Süden nach Juda Mk 8–10 180

Die letzte Etappe des Weges Jesu – er lehrt in Jerusalem Mk 11–13 198

Die Leidensgeschichte Jesu. Seine Passion Mk 14–16 214

„Anfang des Evangeliums von Jesus Christus (griech.: Christos), dem Sohn Gottes …"

So fängt er an, der wahrscheinlich erste umfassende, schriftliche Bericht der Ereignisse, die um und durch Jesus von Nazareth geschehen sind. Markus ist der erste, der das Evangelium in der damaligen Buchform einer Schriftrolle als durchdachtes Werk niedergeschrieben hat, wahrscheinlich um 70 n. Chr. Markus ist der erste, der aus dem Evangelium eine Literaturgattung gemacht hat. Das Wort **Evangelium** hat zunächst nichts mit einem Buch zu tun. Es kommt aus der griechischen Sprache: euaggelion. Das erste g wird als n gesprochen. Eu bedeutet gut und glücklich, aggelos bedeutet Bote, Botin oder die Nachricht selbst. Es ist ein Wort, das vor allem im Zusammenhang der Herrscherverehrung gebraucht wurde. Wenn ein Kaiser die Macht antrat und den Thron bestieg, wurde das zusammen mit den Wohltaten, die er versprach, durch Herolde in das Bewusstsein der Menschen in allen Provinzen transportiert. Das Evangelium hatte eine große politische und soziale Bedeutung für die, die es zu hören bekamen. Von Anfang an läuft das Evangelium von Jesus also politischen Heilsbringern den Rang ab (↗ Joh 20,24–29). Gleichzeitig und ganz in dieser Linie wird das Wort Evangelium vom AT her gefüllt. Es meint hier den Machtantritt des barmherzigen Gottes und die Nachricht von diesem heilvollen Geschehen, durch das geplagte Menschen aufatmen können.

Jes. 52,7 Wie lieblich sind auf den Bergen die Füße des Freudenboten, der Frieden verkündet, der gute Botschaft bringt, der das Heil predigt, der zu Zion sagt: Dein Gott ist König!

Reich Gottes, Gottesherrschaft, Gottesreich
↗ Mk 4,12–25

Wenn nun Jesus Christus mit diesem Evangelium zusammengebracht wird, dann erfüllt sich in ihm Gottes Königsein. Genau das meint das Wort vom Reich Gottes oder der Gottesherrschaft, die Jesus ausruft. **Christus** ist nicht der Nachname von Jesus, sondern ein Titel. Deshalb wird er im Folgenden meistens mit dem hebräischen Wort Messias wiedergegeben (↗ Mt 16,13–20). Wie Gottes Art von Herrschaft zu den Menschen kommt, zeigt sich erst am Ende der ganzen Geschichte (↗ Mk 15,39). Deshalb entfaltet Markus nun den Bericht vom ersten Auftreten Jesu an bis zu seinem gewaltsamen Tod. Für Markus bleibt die Geschichte vom Messias Jesus Geheimnis, das sich erst von seiner Passion her zu erschließen beginnt (↗ Mk 14–15). Markus erzählt davon, wie Gott, DER sich im AT zu Wort gemeldet hat, durch Jesus

SEINE Art, König zu sein, verwirklicht (↗ Mk 16,1–8). **Evangelium bedeutet nun die durch das bestürzende Ende Jesu hindurch glückliche Geschichte: alles neu!** Denn Gott kommt auf uns zu. Das ist die bewegende Hoffnung für alle Menschen.

So erzählt Markus im bewegten Alltagsgriechisch einfacher Menschen, ohne sich an Regeln der Rhetorik zu halten. Sein urwüchsiger Erzählstil wird in der Übersetzung beibehalten, um den Unterschied zum eher gelehrten und lehrenden Stil des Matthäus spüren zu lassen. Er wechselt die Zeiten oft mitten in der Erzählung. Dass bei ihm – wie auch bei den anderen Evangelisten – fast jeder Satz mit „und" beginnt, schließt an die Art des Erzählens in der hebräischen Bibel, des AT, an. Die ungeheure Dynamik, die Jesus in die Welt bringt, zeigt sich in den manchmal fast drastischen Tu-Worten, die Markus benutzt. Markus erzählt wie kein anderer, wie intensiv Jesus mit Menschen in Kontakt gegangen ist. Der Messias berührt Menschen und lässt sich anfassen (↗ Mk 1,31.41; 3,10; 5,27.41; 7,33; 8,23; 10,13). Die Kraft, die von ihm ausgeht, ist leiblich spürbar. Es ist Gotteskraft, die Kraft der Gottesherrschaft.

Wie die anderen Evangelisten (↗ Mt 9,9–13; Lk 1,1–4; Joh 21,24–25) legt der Verfasser keinen Wert auf seinen eigenen Namen. Die spätere Überschrift über dieses Werk nennt ihn Markus (griech.: Markos). Das spricht dafür, dass das wirklich der Name des **Autors** war, denn dieser Name wurde festgehalten, obwohl er nicht zu den Aposteln gehörte (↗ Mk 3,13–19; Lk 6, Anfang). Ob dieser Markus auch Johannes Markus war, der Mitarbeiter des Paulus (vom Streit um ihn berichtet Lukas in Apg 15,37–39)? Vom 1. Petrusbrief (1. Petr 5,13) wurde er dann in Rom lokalisiert. Anfang des 2. Jh. n. Chr. wurde er vom Bischof Papias von Hierapolis mit Petrus zusammengebracht als dessen „Übersetzer" im umfassenden Sinn. Aber dem Autor selbst geht es wie den anderen Evangelisten um einen größeren Namen als seinen eigenen (↗ Lk 2,21) und eine größere Geschichte als die eigene (↗ Lk 1,1–4).

Jesus als Arzt und Anwalt bedürftiger Menschen: in Galiläa und darüber hinaus. Seine machtvolle Ausstrahlung bewirkt Widerstand und Unverständnis. Mk 1–8

Es geht los Mk 1,1–13

1 So fing es an mit dem Evangelium von Jesus Christus, (dem) Sohn
Gottes, 2 wie es geschrieben steht im Propheten Jesaja: „Siehe, ich sende
meinen Boten vor dir her, der deinen Weg bereit machen soll. 3 Stimme
eines Rufers in der Wüste: ‚Bereitet den Weg des HERRN vor, begradigt
seine Pfade.'" 4 Johannes der Täufer trat in der Wüste auf und predigte
eine Taufe der Umkehr (gemeint ist: der Neuorientierung des Lebens an
Gott) zur Vergebung der Sünden, 5 und das ganze judäische Land kam
zu ihm und alle Jerusalemer. Und sie wurden von ihm im Jordan getauft,
nachdem sie ihre Sünden ausgesprochen hatten. 6 Johannes aber war
bekleidet mit Kamelhaaren und einem ledernen Gürtel um seine Hüften
und aß Heuschrecken und wilden Honig. 7 Und der predigte und sag-
te: „Nach mir kommt einer, der ist stärker als ich – ich bin nicht würdig,
mich zu bücken, um die Riemen seiner Sandalen zu lösen. 8 Ich habe euch
mit Wasser getauft, dieser aber wird euch mit (wörtl.: in) heiligem Geist
taufen."

Johannes und seine Taufe
↗ Mt 3,1–12

In allen vier Evangelien ist die Jesusüberlieferung mit der von Johannes dem Täufer verbunden. Markus setzt ohne Geburtsgeschichte oder Vorwort direkt damit ein. Durch Johannes hat Jesus als erwachsener Mann seine Berufung von Gott her erlebt. Aber für Markus ist wichtig, dass die Geschichte der beiden schon lange vorher beginnt: in den Schriften des AT. Nur wessen Identität von dorther erkennbar wird, kann mit Gottes Kommen zu den Menschen in Verbindung gebracht werden. So beginnt auch Markus sein Evangelium mit einem Bezug zum AT.

Der freie und selbstverständliche Umgang mit dem AT führt zu einem Mischzitat aus Ex 23,20 Siehe, ich sende meinen Boten/Engel vor dir her …, Mal 3,1 Siehe, ich sende meinen Engel/Boten, der vor mir her den Weg bereiten soll … und Jes 40,3 In der Wüste bereitet den Weg des HERRN, ebnet in der Steppe eine Bahn für unseren Gott … Dabei liegt der Akzent auf diesem letzten Vers (↗ Mt 3,1–12).

9 Und in jenen Tagen geschah es: Jesus von Nazareth in Galiläa kam
und ließ sich von Johannes im Jordan taufen. 10 Und in dem Moment, als
er ins Wasser stieg, sah er den Himmel aufgehen (wörtl.: sich spalten wie
Mk 15,38) und den Geist wie eine Taube auf ihn herunter kommen 11 und
eine Stimme kam aus dem Himmel: „Du bist mein geliebter Sohn, du
gefällst mir gut." 12 Und sogleich warf ihn der Geist hinaus in die Wüste
13 und er war vierzig Tage in der Wüste und wurde vom Satan auf die
Probe gestellt, und er war bei den Tieren, und die Engel dienten ihm.

Endlich erfüllt sich die alte Sehnsucht nach Gottes Eingreifen. Der Himmel öffnet sich.

Jes 63,19 Ach, dass du den Himmel zerrissest und herabführest …

Dieses ersehnte Geschehen wird wahr in einem Menschen, der sich unter den Anspruch des Täufers stellt und sich ganz auf Gott hin ausrichtet. Auch das Wort aus Jes 61,1, das messianisch gedeutet wurde, geht in Erfüllung.

Jes 61,1 Der Geist der HERRN ist auf mir …

Sohn Gottes
↗ Mt 3,13–17

Durch die Taube wird das für Jesus sichtbar. Nach der Sintflut (Gen 8,11) zeigt sie die gelungene Rettung der Arche Noahs an. Durch Gottes Geist wird Jesus eine Rettungsgeschichte in Gang setzen, die für die ganze Schöpfung gilt. Markus erzählt die Berufung Jesu bei seiner Taufe als ganz persönliches Gottesgeschehen für ihn. Die Vision macht ihm seine Mission gewiss. Von da an ist sich Jesus seiner Sendung klar bewusst.

Die himmlische Begegnung konfrontiert ihn sofort mit der Wirklichkeit, in die hinein er berufen worden ist. Er wird der Wüste ausgesetzt. Es ist ein gefährlicher Ort. Dort sind Menschen ganz auf sich selbst zurückgeworfen. Es wird deutlich, was in ihnen ist und wozu sie fähig sind – im Guten wie im Bösen. Bei Matthäus ist es der „Auseinanderbringer“ (griech.: diabolos), der die Gelegenheit nutzt. Markus nennt ihn „Satan“ (aus dem Hebräischen, Widersacher, ↗ auch Lk 10,17–20). Im Buch Hiob ist er der, der die Menschen bei Gott schlecht macht und Gottes Liebe zu seinen Menschen lächerlich machen will – in etwa so: „Du, Gott, glaubst doch nicht etwa, dass dich einer von denen da lieb hat um deiner selbst willen. Die wollen nur alle was von dir …“ Satan ist eine Umschreibung der unerklärlichen Macht, die einen Keil zwischen Gott und die Menschen treibt und die Beziehung mit Misstrauen vergiftet. Jesus wird sich als ein Mensch erweisen, der nichts von Gott, sondern alles für ihn, durch ihn und mit ihm sein will. (**Wie** er die Versuchungen besteht, ↗ Mt 4,1–11). Jesus erfährt und besteht das Leben in seinen Dimensionen zwischen der subtilen Macht des Bösen, dem schlichten Dasein als Mitgeschöpf mit den Tieren und der handgreiflichen himmlischen Welt.

Die Gottesherrschaft geht durch ihn an den Start … Mk 1,14–15

14 Nachdem Johannes ausgeliefert worden war, kam Jesus nach Galiläa und predigte das Evangelium Gottes **15** und sagte: „Die Gotteszeit (griech.: kairos) hat sich erfüllt. Die Gottesherrschaft ist nah gekommen! Kehrt um und vertraut dieser Freu-Botschaft (griech.: euaggelion)!“

In drei klaren Ansagen konzentriert Markus die Predigt Jesu. Der besondere Moment ist da! Denkt über euer Leben nach! Gebt eurem Leben eine neue Richtung! Nicht mehr von Gott weg, sondern auf IHN hin – denn: Gott bewegt sich auf euch zu!

Gottesherrschaft
↗ Mt 4,12–25

… mit zwei Paar Fischern Mk 1,16–20

16 Und als er am Meer von Galiläa (dem See Genezareth) entlangging, sah er Simon und Andreas, den Bruder Simons, ihre Netze im See auswerfen. Sie waren nämlich Fischer. **17** Und Jesus sagte zu ihnen: „Auf, mir nach! Und ich werde euch zu Menschenfischern machen. **18** Und sogleich ließen sie die Netze los und folgten ihm. **19** Und als er ein Stückchen weiter ging, sah er Jakobus, den (Sohn) des Zebedäus und Johannes, seinen Bruder, wie sie in dem Boot die Netze herrichteten **20** und sogleich rief er sie. Und sie ließen ihren Vater Zebedäus mit den Tagelöhnern im Boot zurück und gingen weg, ihm hinterher.

Simon und Andreas sind im flachen Wasser in der Nähe des Ufers bei der Arbeit. Der Ruf Jesu ist so überwältigend, dass alles andere unwichtig wird. Es gibt kein Wenn und Aber.

Hier geht es noch radikaler zu als bei der Berufung des Prophetenschülers Elisa durch den Propheten Elia.

1. Kö 19,21 Dann machte Elisa sich auf und folgte Elia nach und diente ihm …, nachdem er sich von seinen Eltern und aus der Gemeinschaft verabschiedet hat.

Jesus handelt in einer starken Tradition und startet darüber hinaus eine eigene, neue Bewegung. Aus dem Beruf der wahrscheinlich sehr jungen Männer wird ein Leben mit neuer Berufung. Jesus beruft zunächst ein Brüderpaar mit griechischen Namen. Sie stammen offensichtlich aus einer jüdischen Familie, die für die hellenistische Kultur offen ist. Dann beruft er ein Brüderpaar, die aus einer wohlhabenderen Familie stammen und durch die Namensgebung traditionsbewusster sind. Sie nehmen durch dieses Herausgerufenwerden sozialen Abstieg in Kauf. Diese zwei Mal zwei, die ihm von Anfang an folgen, werden ihn bis zur Passion begleiten. In Mk 3,16–19, der Liste der Zwölf, belegen sie die ersten vier Plätze.

Dtn 19,15 Auf der Aussage von mindestens zwei Zeugen soll jede Sache beruhen.

Was es bedeutet, dass die besondere Zeit durch Gottes Wirken gekommen ist, wird durch Geschehnisse eines Tages erzählt. Gewöhnliche und geschundene Menschen werden zu ihren besonderen Adressaten:

Jesu erste Macht-Taten Mk 1,21–39

21 Und sie gehen nach Kapernaum (sprich: Kaperna-um) hinein. Und
gleich am Sabbat ging er in die Synagoge (wörtl.: Versammlung) und
lehrte, 22 und sie gerieten ganz außer sich über seine Lehre, denn er
lehrte sie wie einer, der Vollmacht hat, und nicht so wie die Schriftge-
lehrten. 23 Und da war auch gleich in der Synagoge ein Mann mit einem
bösen (wörtl.: unreinen) Geist, und er schrie auf 23 und sagte: „Was ha-
ben wir mit dir zu schaffen, Jesus, Nazarener? Bist du gekommen, um uns

zu vernichten? Ich weiß, wer du bist: Der Heilige Gottes!“ 25 Und Jesus
fuhr ihn an und sagte: „Sei still und verlasse ihn!“ 26 Und während der
böse Geist ihn hin und her riss, brüllte er laut und verließ ihn. 27 Und sie
erschraken alle und diskutierten untereinander: „Was ist das? Eine neue
Lehre in Vollmacht! Er befiehlt den bösen Geistern, und sie gehorchen
ihm!“ 28 Und die Nachrichten über ihn verbreiteten sich sofort überall
hin in das ganze Umland Galiläas.

Die jüdischen **Gottesdienste in der Synagoge** waren in der Antike einzigartig. Denn in ihnen wurde kein Kult gefeiert, sondern das Wort Gottes. Sie fanden Montag, Donnerstag und am Sabbat (↗ Mk 2,23–28) vormittags und nachmittags statt. Der Gottesdienst ist der Ort, an dem im liturgischen Teil Gebete gesprochen und Segen empfangen werden. Im lehrhaften Teil werden die Schriften des AT vorgelesen und ausgelegt. Das geschieht durch verschiedene Vorleser, die vorher ausgewählt werden. Dass Jesus vorliest und Lehr- und Trostpredigten hält, war also ein ganz normales Geschehen. Außergewöhnlich wird es dadurch, dass er die Menschen mit seinen Worten tief berührt und beeindruckt. Sie spüren das, was er predigt: Gott ist nah! Das ruft die Gegenkräfte hervor.

Im antiken Weltbild stellte man sich die unsichtbare Welt, die die Menschen umgibt, als eine Art Machtsphäre vor. Darin war nicht nur die Wirklichkeit Gottes präsent, sondern auch eine böse Gegenmacht. Krankheiten, die Menschen befielen, wurden der Wirkweise dieser Macht, der des Satans (↗ Mk 1,12–13) und seiner **Dämonen**, zugerechnet. Biblisches Denken inmitten der damaligen Kultur ist dabei keineswegs primitiv, sondern komplex. Es ist nicht einfach „dualistisch“ im Sinne zweier gleich starker Kräfte von Gut und Böse.

der/die/das Böse ↗ Mt 6,13; Lk 10,17–20

Manches, was wir heute als leibliche und/oder psychische Krankheiten und Behinderungen diagnostizieren würden, wird als Einwirkung eines bösen Geistes charakterisiert (z. B. Mk 9,14–29). Daneben werden Krankheitsbilder ohne den Hinweis auf dämonische Einwirkung beschrieben (z. B. Mk 7,31–37). Die Grenzen sind fließend. Unsere heutigen Diagnosen sind damit nicht zu vergleichen. Auf diesem Hintergrund ist vor einer einfachen Übertragung von den hier beschriebenen Phänomenen in heutige psychische Kategorien Vorsicht geboten – genauso wie vor einer Gleichsetzung von psychischen Krankheiten mit „Besessenheit“ zu warnen ist (↗ auch Mk 5,1–20). Aber es bleibt wichtig, dass Jesus einen Rückschluss von zerstörerischen Kräften, die Menschen zusetzen, auf persönliche Schuld, wie das damals üblich war, zurückweist (↗ Lk 13,1–3; Joh 9,1–3).

In der antiken Literatur wird von Exorzismen, Teufelsaustreibungen durch magische Formeln und Praktiken berichtet und von Dämonenbannern, die sich gut bezahlen ließen. Hier ist festzuhalten, worin sich die Praxis Jesu von der damaligen unterschied. Seine „Exorzismen" haben keine Methode. Er arbeitet nicht wie Menschen, die sich Gottes Wirken bemächtigen und damit einen Namen machen wollen! Markus hält dagegen: Jesus arbeitet schlicht durch einen Befehl. In seinem Wort bündelt sich die wirkreiche Macht Gottes, der die Schöpfung ins Leben gesprochen hat. Alles läuft auf seine außergewöhnliche Vollmacht hinaus. Er ist mit Gott persönlich im Bunde. Und: Genauso wie er Reklame von der falschen Seite ablehnt, passt fromme Sensationslust nicht zu Jesus.

Die Symptome einer gequälten Schöpfung zeigen sich im NT exemplarisch an einzelnen Menschen. Jesus geht mit seiner therapeutischen Vollmacht gegen das vor, was Menschen im Innersten zerquält. Es hat Gottes heilende Macht gegen sich. Die Herrschaft Gottes bedeutet Heilung für die Menschen. Die nahende Gottesherrschaft ist nicht nur eine geistige Idee. Die Gottesmacht, die von Jesus ausgeht, ergreift alle Dimensionen des Menschseins in ihrer Tiefe (↗ Lk 4).

29 Und gleich als sie aus der Synagoge herauskamen, gingen sie in
das Haus von Simon und Andreas, zusammen mit Jakobus und Johan-
nes. **30** Simons Schwiegermutter lag mit Fieber im Bett, und sogleich er-
zählen sie ihm von ihr. **31** Und er ging hin und richtete sie auf, indem er
sie bei der Hand nahm. Und das Fieber verließ sie, und sie sorgte für sie
(wörtl.: diākonei). **32** Am Abend aber, als die Sonne unterging, brachten
sie alle Kranken und dämonisch Besessenen zu ihm, **33** und die ganze
Stadt war vor der Tür versammelt. **34** Und er heilte viele Kranke, die an
verschiedensten Krankheiten litten. Und er warf auch viele Dämonen hi-
naus und ließ sie nicht reden, denn sie wussten, wer er war.

Zuerst eine öffentliche Konfrontation und nun eine private Situation, zuerst ein Machtwort und nun eine indirekt erbetene „Behandlung". Obwohl Krankenpflege Frauensache war, geht Jesus in ergreifenden Kontakt mit der Kranken. Damit wird in zwei kleinen Szenen die ganze Bandbreite des Wirkens Jesu gezeigt. Der zusammenfassende Bericht seines Wirkens bestätigt das. Jesu Macht-Taten sind entscheidende Zeichen dafür, dass Gott lebenszerstörenden Mächten in jeglicher Form den Kampf angesagt hat. Nicht einmal das Wissen der Dämonen will Jesus für sich nutzen. Es geht bei seiner Sendung nicht um Sensation, sondern ums Ganze. Deshalb lebt er in ganzer Abhängigkeit von Gott:

35 Und ganz früh, noch in der Nacht, stand er auf und ging hinaus, zog
sich zurück an einen einsamen Ort, und dort betete er. 36 Und es verfolg-
ten ihn Simon und die mit ihm, 37 und als sie ihn gefunden hatten, sagen
sie zu ihm: „Alle suchen dich!“ 38 Doch er antwortet ihnen: „Lasst uns an-
derswohin gehen, in die umliegenden Dörfer, damit ich auch dort ver-
kündige. Dazu bin ich nämlich ausgezogen.“ 39 Und er kam und verkün-
digte in ihren Synagogen in ganz Galiläa und warf die Dämonen hinaus.

Die Heilung eines Aussätzigen Mk 1,40–45

40 Und es kam ein Aussätziger zu ihm und flehte ihn auf Knien an
und sagte zu ihm: „Wenn du willst, kannst du mich rein machen.“ 41 Und
das ging ihm an die Nieren, und er streckte seine Hand aus und berührte
ihn und sagt zu ihm: „Ich will. Werde rein.“ 42 Und sogleich verschwand
der Aussatz von ihm und er wurde rein. 43 Und er fuhr ihn an und warf
ihn sogleich hinaus 44 und sagt zu ihm: „Sieh zu, dass du niemandem
irgendetwas sagst, sondern geh, zeige dich dem Priester und opfere für
deine Reinigung, was Mose geboten hat, ihnen zum Zeugnis!“ 45 Er aber
ging hinaus und begann, alles zu verkündigen und die Sache bekannt zu
machen, so dass er (Jesus) nicht mehr in Erscheinung treten und in eine
Stadt hinein gehen konnte, sondern außerhalb, an einsamen Orten war –
und sie kamen zu ihm von überall her.

Die Diagnose **Aussatz** umfasste damals Lepra und alle Hautkrankheiten. Symptome an der Haut machten unrein, d.h. erkrankte Menschen durften nicht in den Tempel oder zum Gottesdienst kommen. Sie waren von der Gemeinschaft und der heiligen Nähe Gottes ausgeschlossen (↗ Mk 7,1–23). Sie lebten außerhalb der Dörfer und Städte. Wenn sie sich anderen näherten, mussten sie „unrein“ rufen. Der Kranke vertraut sich Jesus an. Jesus wird von Mitgefühl erfüllt. Es geht ihm wörtlich an die Eingeweide. Nicht die Lepra oder Hautkrankheit, sondern seine Heiligkeit und Liebeskraft sind ansteckend. Er berührt den Menschen, den niemand anfassen würde, und bekräftigt seine Heilkraft mit seinem Wort. Er holt ihn durch seine Berührung in die

Gottesgemeinschaft zurück. Das will Gott! Die Gottesherrschaft ist da und macht anderen Mächten handgreiflich den Platz streitig.

Der heilenden Handlung Jesu folgt der krasse Gegensatz. Mit welchem negativen Gefühlsausbruch Jesus hier reagiert! Kämpft er gegen die eigene Sehnsucht, dankbar und vertrauensvoll geliebt zu werden? Es bleibt unerklärlich. Der geheilte Mann kann sich nicht an Jesus und seine Gemeinschaft hängen. Er findet seinen eigenen Weg. Statt sich vorschriftsmäßig seine Heilung bei der jüdischen Gesundheitsbehörde attestieren zu lassen, propagiert er die Macht-Tat Jesu. Das Geheimhaltungsgebot Jesu nützt nichts.

Ein gelähmter Mensch wird heil Mk 2,1–12

1 Und als er nach einigen Tagen wieder nach Kapernaum kam, wurde
bekannt, dass er zu Hause ist. (Entweder hatte Jesus am Anfang seines
Wirkens ein Haus oder er wohnte bei Simon.) 2 Und es strömten so vie-
le zusammen, dass kein Platz mehr war, nicht einmal vor der Tür. Und
er sagte ihnen das Wort. 3 Und da kommen Leute, die einen gelähmten
Menschen zu ihm bringen wollen. Er wird von Vieren getragen. 4 Und da
sie wegen der Menge nicht an ihn herankommen konnten, deckten sie
dort, wo er war, das Dach ab. Und als sie durchgebrochen waren, lassen
sie die Matte, auf der der Gelähmte lag, hinunter. 5 Und als Jesus ihren
Glauben sieht, sagt er zu dem Gelähmten: „Kind, deine Sünden sind ver-
geben."

6 Es saßen aber auch einige von den Schriftgelehrten dort, die dach-
ten in ihren Herzen: „Was redet der da? Der lästert Gott! Wer außer dem
einzigartigen Gott kann Sünden vergeben!?" 8 Und Jesus merkte sofort
kraft seines Geistes, was sie bei sich dachten, und sagt zu ihnen: „War-
um denkt ihr das in euren Herzen? 9 Was ist leichter? Zu dem Gelähmten
zu sagen: ‚Deine Sünden sind vergeben', oder zu sagen: ‚Steh auf, nimm
deine Matte und geh'? 10 Doch damit ihr erkennt, dass der Menschen-
sohn (die) Bevollmächtigung hat, auf Erden Sünden zu vergeben", sagt
er zu dem Gelähmten: 11 „Ich sage dir, steh auf, nimm deine Matte und
geh nach Hause." 12 Und er stand auf, und sogleich nahm er seine Matte
und ging vor den Augen aller hinaus. Da geraten sie alle außer sich und
geben Gott die Ehre und sagen: „So etwas haben wir noch nie gesehen!"

Die Freunde des gelähmten Menschen handeln und glauben für ihn. So etwas ist möglich. Sie vertrauen darauf, dass Jesus ihrem Freund helfen kann, und lassen sich nicht beirren. Jesus beeindruckt das. Jesus allerdings sieht tiefer als die somatische, die körperliche Ebene. Er sieht einen Menschen mit Gottes Augen. Er sieht das wunderbare Ziel, für das Gott jeden Menschen geschaffen hat: Beziehungswesen zu sein. Das Leben nach Gottes Willen pulsiert im Beziehungsgefüge der Menschen zu IHM, dem Schöpfer, in der Beziehung zu ihren Mit-Menschen und zu sich selbst. In diesem Gefüge können sich Menschen entfalten und wachsen. Keine dieser Beziehungen kann isoliert für sich gelebt werden. Jesus sieht auch die Realität der **Sünde,** die eine mächtige Beziehungsstörung bewirkt. Das Wort im Griechischen bedeutet „Zielverfehlung". Sie nimmt ihren Anfang in der Gottesbeziehung. Seit Gen 3, dem 3. Kapitel in der Urgeschichte des AT, ist ihre Frage: „Sollte Gott etwa ...?" Ihr Ursprung bleibt unergründlich. Die fraglose Innigkeit der Gemeinschaft Gottes mit den Menschen, das Ziel des Lebens, gerät in misstrauische Distanz. Von hier aus wird in Frage gestellt, ob Gott wirklich gut ist. Ob die Menschen ohne IHN und damit an SEINER Stelle nicht freier sein können. Im mächtig wachsenden Misstrauen wird der Mensch einsam. Er ist vom Grund des Lebens, von Gott getrennt. Sünde – Misstrauen und Zertrennung – zieht konkretes Schuldigwerden in Beziehungen nach sich.

Sünde und Passion Jesu
↗ Lk 22,14–23

Jesus spricht das lebensverändernde Wort. Er spricht den gelähmten Menschen mit Gott zusammen – trotz allem, was in seinem Leben dagegenspricht. Das bedeutet **Sündenvergebung.** Es gibt nichts mehr, was diesen Menschen von Gott trennen kann. Das ist ein unsichtbarer Vorgang. Damit rührt er an die innersten Geheimnisse der Menschen. Jesus tut, was Gott vorbehalten ist. Er verkörpert Gottes Beziehungskraft. Dass Jesus heil macht, wird dann auch durch die körperliche Heilung bestätigt. Seine Gegner haben das verstanden, aber sie können es nicht akzeptieren. Was bedürftige Menschen dankbar annehmen, ärgert die Autoritäten. Sie befürchten, ihre geistliche Macht zu verlieren.

Gottes grenzenloser Gemeinschaftswille Mk 2,13–17

13 Und er ging wieder hinaus, am See entlang, und die ganze Bevöl-
kerung kam zu ihm, und er lehrte sie. 14 Und im Vorbeigehen sah er Levi,
den Sohn des Alphäus, am Zoll sitzen. Und er sagt zu ihm: „Folge mir!"
Und er stand auf und folgte ihm. 15 Und es geschieht, als er in seinem

Haus zu Tisch liegt und viele Zöllner und Sünder mit Jesus und seinen
Jüngern zu Tisch liegen – es waren nämlich viele und sie folgten ihm –
16 und die Schriftgelehrten und Pharisäer das sehen, dass er mit den
Sündern und Zöllnern isst, sagten sie zu seinen Jüngern: „Er isst mit Zöll-
nern und Sündern?!" 17 Als Jesus das hört, sagt er zu ihnen: „Nicht die
Gesunden haben den Arzt nötig, sondern die Kranken. Ich bin nicht ge-
kommen, um Gerechte zu rufen, sondern sündige Menschen."

Nicht nur harmlose Fischer, sondern auch zwielichtige Zöllner werden Jünger und Freunde Jesu. **Zöllner** (↗ Lk 19,1–10) waren damals keine unbescholtenen Zollbeamten, sondern galten als Verräter der Volksgemeinschaft Israels. Sie arbeiteten mit der Besatzungsmacht der Römer zusammen, und niemand konnte kontrollieren, wie hoch die Einnahmen waren, die sie in die eigenen Taschen wirtschafteten. Levi wird durch das Wort Jesu aus seinen beruflichen Bindungen herausgerufen. Ihm wird der totale Neuanfang ermöglicht. Das bleibt nicht ohne Folgen. Auch viele andere Menschen mit zweifelhaftem Ruf interessieren sich für Jesus. Sie beginnen, mit ihm zu leben. Sie nehmen Gott wichtiger als Gewinn. Aber diese neue Gemeinschaft bedeutet Gegnerschaft und Unverständnis bei denen, die sich zu den „Gerechten" zählen. **Die Gerechten** sind etwas Gutes. Im AT sind es Menschen, die sich ganz an Gott halten, selbst wenn das Leid bedeutet. Es sind fromme Menschen. Auch das ist ein positiver Begriff in der Bibel. Er bedeutet, dass Menschen treu zu Gott stehen. Die Gerechten des AT wussten sich immer in Abhängigkeit zu Gott. Letztlich lag hierin ihre Gerechtigkeit. Sie war ein Geschenk. Der Lebensstil zeigte, aus welcher Quelle gelebt wurde. Problematisch wird es, wenn „gerecht" nur zur Abgrenzung und Beurteilung anderer benutzt wird. Problematisch wird es, wenn Menschen sich allein aufgrund ihres Lebensstils selbst gerecht sprechen. Dann würde Jesus den Begriff hier ironisch meinen. Selbstgerechtigkeit ist nicht nur eine Gefahr der Pharisäer und Schriftgelehrten. Es ist eine Gefahr jedes menschlichen Herzens.

Die Pharisäer sind die Gruppe, mit der Jesus am intensivsten im Gespräch war. Mit ihnen hat er gerungen. Um sie hat er geworben. Davon zeugen die Streitgespräche. Sie galten als die Frommen und Gerechten im Land. Die Bewegung der Pharisäer entstand wahrscheinlich im 2. Jh. v. Chr. Es war eine der mutigen Gegenbewegungen gegen einen aggressiven hellenistischen Herrscher (Antiochus IV.). Er zwang die Israeliten zu Praktiken, die mit ihrem Glauben an den einzigartigen Gott nicht vereinbar waren. Viele starben als Märtyrer. Der Name Pharisäer bedeutet „die Abgesonderten“. Sie nahmen die Gebote des AT ernst und versuchten, sie im Alltag bis in jede Kleinigkeit hinein umzusetzen. Um die Gebote auf jeden Fall einzuhalten, erweiterten sie noch einmal deren Reichweite. Die unzähligen zusätzlichen Bestimmungen drehten sich vor allem um die Frage nach ritueller Reinheit. Es gab dabei verschiedene Schulen und Auslegungen, die mündlich aufbewahrt und diskutiert wurden. Die Pharisäer wollten auch als theologische Laien gerne priesterlich rein und damit heilig, d. h. ganz für Gott leben. Deshalb waren sie auch zur Zeit Jesu hoch angesehen.

Vom Fasten: Jesus führt in eine neue Zeit Mk 2,18–22

18 Und die Jünger des Johannes und die Pharisäer fasteten (regelmä-
ßig). Und sie kommen und sagen zu ihm: „Warum fasten die Jünger des
Johannes und die der Pharisäer, aber deine Jünger nicht?“ 19 Und Jesus
sagte zu ihnen: „Sollen (wörtl.: können) die Hochzeitsgäste etwa fasten,
wenn der Bräutigam bei ihnen ist (und sie an der gedeckten Tafel sitzen)?
Solange sie den Bräutigam bei sich haben, können sie nicht fasten. 20 Es
werden aber Tage kommen, an denen der Bräutigam von ihnen weg-
gerissen werden wird. Und an jenem Tag werden sie fasten. 21 Niemand
näht ein Stück neues Tuch auf einen alten Mantel. Sonst reißt der Flicken
ab, der neue vom alten, und der Riss wird schlimmer. 22 Und niemand
füllt neuen Wein in alte Schläuche. Denn sonst zerreißt der (gärende)
Wein die (brüchigen) Schläuche, und beides verdirbt – der Wein und die
Schläuche. Neuer Wein gehört in neue Schläuche.“

Wahrscheinlich ist das der Grund für die **Ehelosigkeit Jesu:** Er versteht sich als Bräutigam. Aber seine Braut ist nicht eine einzelne Frau, sondern sein Volk Israel, das er liebt und für sich gewinnen möchte. Schon Gott selbst hat sich im AT als liebender Bräutigam und betrogener Ehemann vorgestellt. Immer wieder sind seine Menschen der Faszination anderer Götter erlegen. Die Propheten haben in Gottes Namen diesen Schmerz gelebt. Der Prophet Hosea z. B. hat auf Gottes Wort hin eine Prostituierte geheiratet. Er hat damit ein Zeichen gesetzt für Gottes verletzte Gefühle. So kann die Ehelosigkeit Jesu, die sehr ungewöhnlich für einen Juden war, als „Zeichenhandlung“ gedeutet werden. Dass Jesus da ist, ist Gottes Hoch-Zeit. Er möchte nun endlich nach einer langen Zeit von Enttäuschungen und Schmerz „sein Israel“

nach Hause holen – wie damals ein Bräutigam seine Braut. Wie Gott wünscht sich Jesus, dass seine Liebe und Treue erwidert werden. Diese Hoch-Zeit Gottes ist eine neue Zeit. Es ist die Zeit des Messias, die im AT angekündigt und ersehnt wird. Tiefgreifende Erneuerung ist angesagt!

Gute Formen von gelebter Frömmigkeit wie z. B. das **Fasten** bekommen einen neuen Bezugspunkt. Sie orientieren sich jetzt an der Person Jesu. Auch heute gehören Zeiten des bewussten Verzichts zu einer christlichen Frömmigkeitspraxis. Sie sind kein Selbstzweck, sondern dienen der Erfahrung von tieferem Verstehen. Sie führen in die Gemeinschaft mit dem Messias Jesus, der gestorben ist, auferweckt wurde – und gegenwärtig ist. Doch diese Geschichte muss erst noch erzählt werden. Auch im nächsten Abschnitt geht es um Jesus als neuen Bezugspunkt für das, wie Gott sich ein Leben wünscht.

Vom Sabbat: Jesus führt neu zum Ursprung der Gebote Mk 2,23–28

23 Und es geschah, dass er am Sabbat durch (die) Kornfelder zog, und
seine Jünger begannen, auf dem Weg Ähren abzustreifen (um die Kör-
ner zu essen). 24 Und die Pharisäer sagten zu ihm: „Sieh mal, warum tun
sie am Sabbat, was nicht erlaubt ist (nämlich ernten)?" 25 Und er sagt zu
ihnen: „Habt ihr nie gelesen, was David tat, als er Mangel litt und Hun-
ger hatte und die, die bei ihm waren? 26 Er ging in das Haus Gottes, als
Abjatar Hohepriester war, und aß die Schaubrote, die nur Priester essen
dürfen, und gab sie auch seinen Begleitern. 27 Und er sagte ihnen: „Der
Sabbat ist für den Menschen gemacht und nicht der Mensch für den
Sabbat. 28 Also ist der Menschensohn auch Herr des Sabbats."

Das „fast food" am Wegrand, das schnelle Essen, um den ärgsten Hunger zu stillen, war im AT ausdrücklich erlaubt.

Dtn 23,25 Wenn du durch die Saat deines Nächsten gehst, so darfst du mit der Hand Ähren abstreifen, nur die Sichel sollst du nicht schwingen.

Die Episode mit dem hoch geschätzten König David, der heilige Brote aß (1. Sam 21,1–7), wurde bei den pharisäischen Theologen diskutiert. Aber das Problem war, dass **Sabbat** war. In der pharisäischen Auslegung regelten unzählige Einzelbestimmungen, was nicht erlaubt war,

damit der Sabbat auf jeden Fall gehalten wurde. So wurde das Ährenabstreifen als Erntearbeit eingestuft, die am Sabbat verboten war.

Das Sabbatgebot innerhalb der „Zehn Gebote" findet sich in zwei Fassungen im AT.

Ex 20,8–11 Denke an den Sabbattag, um ihn zu heiligen. Sechs Tage sollst du arbeiten und alles erledigen, aber am siebten Tag ist der Sabbat des HERRN, deines Gottes. Da sollst du keine Arbeit machen, weder du, noch dein Sohn, noch deine Tochter, noch dein Sklave, noch deine Sklavin, noch dein Vieh, noch dein Migrant, der in deinen Toren ist. Denn in sechs Tagen hat der HERR Himmel und Erde gemacht, und das Meer und alles, was darin ist, und ruhte am siebten Tag. Darum segnete der HERR den Sabbattag und heiligte ihn.

Dtn 5,12–15 Gehe achtsam mit dem Sabbattag um, dass du ihn heiligst, wie es dir der HERR, dein Gott, geboten hat. Sechs Tage sollst du arbeiten und alle deine Werke erledigen. Aber am siebten Tag ist der Sabbat des HERRN, deines Gottes. Da sollst du keine Arbeit erledigen, weder du, noch dein Sohn, noch deine Tochter, noch dein Sklave, noch deine Sklavin, noch dein Ochse, noch die Esel, noch all dein Vieh, noch dein Migrant, der innerhalb deiner Tore ist, damit deine Sklaven ruhen wie du. Denn du sollst daran denken, dass du auch Sklave gewesen bist in Ägypten, und dass dich der HERR, dein Gott, mit mächtiger Hand und ausgestrecktem Arm von dort herausgeführt hat. Darum hat dir der HERR, dein Gott, geboten, dass du den Sabbattag beachten und einhalten sollst.

Aber auch außerhalb der „Zehn Gebote" steht: Ex 23,12 Sechs Tage sollst du deine Arbeit machen, aber am siebten Tag sollst du feiern, damit dein Ochs und Esel ausruhen und der Sohn deiner Sklavin und der Migrant sich erholen.

Die erste Fassung begründet den Sabbat mit der Schöpfung. Es ist die Ruhe Gottes, die die ganze Schöpfung krönt. Auf sie läuft alles hin – vom Anfang der Schöpfung Gottes bis zu ihrem Ende. Gott gönnt seinen Menschen mitten im Arbeitsalltag jede Woche befreites Dasein. Darin leuchtet die Erlösung der Welt schon jetzt auf. Bei Gott zur Ruhe zu kommen, das Leben zu feiern, dankbar zu genießen, SEIN Geschöpf zu sein – dazu sind wir Menschen bestimmt.

Die zweite Fassung des Sabbatgebots begründet die Achtsamkeit für diesen Tag mit dem Grundgeschehen des Glaubens Israels. Gott hat sie aus der Sklaverei in Ägypten befreit! Das bildet auch die Grundlage für die „10 Gebote" überhaupt. Gott stellt sich vor als der Befreier.

Ex 20,2: Ich bin der HERR, dein Gott, DER ich dich aus Ägyptenland, aus der Sklaverei, geführt habe …

Dann folgen die Gebote. Sie haben ursprünglich den Sinn, den von Gott befreiten Menschen zu helfen, ihre Freiheit gut zu gestalten. Denn Freiheit im biblischen Sinn ist keine Autonomie. Der Mensch findet sich in der Bindung an Gott, DER frei macht. Die Gebote dienen als Leitplanken, um den Weg der Freiheit immer neu zu finden. Diesen ursprünglichen Sinn bringt Jesus wieder zum Leuchten. Aber er ist mehr als ein Ausleger des Sabbatgebots, ein Rabbi. Wenn er sich Menschensohn, Gottes Bevollmächtigter und Herr des Sabbats nennt, setzt er sich an die Stelle am Anfang der 10 Gebote, die Gott einnimmt! Er wird der Ort einer neuen, grundlegenden Befreiung aller Menschen.

Menschensohn
↗ Mt 16,13–20

So ist der Sonntag als Tag der Auferweckung Jesu in der christlichen Gemeinde später an die Stelle des Sabbats / des Samstags getreten. Dass Menschen als Geschöpfe Gottes sich einen Tag der Ruhe gönnen dürfen, bleibt auch für Christen grundlegend. Die Befreiung Israels aus der Sklaverei in Ägypten bleibt auch für Menschen, die dem Messias Jesus folgen, ein grundlegendes Gottes-Geschehen. Der Sonntag ist nun der Tag, an dem Gott in der tiefsten Sklaverei der Menschen einen Weg in die Freiheit gebahnt hat. Mit der Auferweckung Jesu hat er die Macht des Todes gebrochen (↗ Lk 24,1–12).

Gottes erlöste, dankbare Menschen gehen achtsam mit geschenkter Freiheit um. Sie ist nicht mit Regeln in den Griff zu kriegen, sonst wird die Freiheit erstickt, die dieser Tag atmet – aber Menschen brauchen anscheinend eine Regel, um sich regelmäßig die Freiheit eines Tages in der Woche zu gönnen.

Jesus heilt einen Menschen mit einer verkrüppelten Hand – am Sabbat Mk 3,1–6

1 Und er ging wie gewohnt (wörtl.: wiederum) zur Synagoge. Und
dort war ein Mensch, der hatte eine verkrüppelte Hand. 2 Und sie belau-
erten ihn, ob er am Sabbat heilen würde, damit sie ihn anklagen könn-
ten. 3 Und er sagt zu dem Menschen mit der verkrüppelten Hand: „Steh
auf (und stell dich) in die Mitte.“ 4 Und er sagt zu ihnen: „Ist es erlaubt,
am Sabbat Gutes zu tun oder Böses zu tun, ein Leben zu retten oder zu
töten?“ Sie aber schwiegen. 5 Und er schaute einen nach dem anderen
voller Zorn an. Er zeigte, dass er traurig war über die Verhärtung ihrer

Herzen, und sagt zu dem Menschen: „Strecke deine Hand aus!" Und er
streckte sie aus, und seine Hand wurde wiederhergestellt. 6 Da gingen
die Pharisäer sofort hinaus und fassten mit den Herodianern (Agenten
von Herodes Antipas, des Landesherrn von Galiläa) einen Beschluss ge-
gen ihn, um ihn zu vernichten.

Die pharisäische Diskussion um den Sabbat kreiste hauptsächlich darum, was man am Sabbat alles **nicht** tun durfte. Einig war man sich aber, dass im Notfall Leben gerettet werden konnte. Jesus weitet den Notfall darauf aus, das Not-wendige zu tun. Die Sabbatruhe ist für Jesus nicht dazu da, dass alles Lebensförderliche gelähmt wird. Der Sabbat ist dankbare Erinnerung an Gottes Befreiung aus der Sklaverei (↗ Mk 2,23–28). Ein Leben voller neuer Möglichkeiten wird eröffnet. Deshalb gibt Jesus einem Menschen am Sabbat die Handlungsfähigkeit zurück. Es beginnt damit, dass er sich auf Jesu Wort hin in die Mitte aller Blicke wagt. Es geht weiter damit, dass er auf Jesu Wort hin allen seine Schwachstelle zeigt. Er wird zu einem befreiten Menschen. Das passt zum Sabbat. Aber ein Jesus, der nicht nur die Freiheit der Gebote in Anspruch nimmt, sondern selbst befreiend handelt wie der Gott, der die Gebote gibt – das weckt Widerspruch, der in tödliche Feindschaft führt.

Jesu handgreifliches Handeln hat Ausstrahlung über Galiläa hinaus Mk 3,7–12

7 Und Jesus zog sich mit seinen Jüngern an den See (Genezareth) zu-
rück, und eine Menge Menschen kam aus Galiläa hinter ihm her, auch
aus Judäa 8 und Jerusalem und Idumäa und von jenseits des Jordans und
aus der Gegend von Tyrus und Sidon kam eine große Menschenmen-
ge zu ihm, die gehört hatte, was er tat. 9 Und er sagte seinen Jüngern,
dass wegen der Menschenmenge dauernd ein Boot für ihn da sein soll-
te, damit sie ihn nicht bedrängen. 10 Er heilte nämlich viele, so dass sie
über ihn herfielen, damit ihn die berühren könnten, die schlimme Krank-
heiten hatten. 11 Und die (Menschen mit) unreinen Geister(n) fielen vor
ihm nieder, wenn sie ihn sahen, und schrien: „Du bist der Sohn Gottes!"
12 Und er herrschte sie an, dass sie ihn nicht offenbar machen sollten.

Jesus wird zum Bezugspunkt für die Menschen – so wie der Gott Israels. Die Menschen spüren, dass Gott durch ihn handelt. Die Sehnsucht, ihn zu spüren, ist groß. Heilung geht über das Spüren. Menschen gehen mit Jesus auf Tuchfühlung. Jesus geht in Kontakt. Er macht sich begreifbar. Die Mund-zu-Mund-Propaganda macht an den Landesgrenzen nicht Halt. Die Menschen kommen von weit her aus allen Himmelsrichtungen. Alle dürfen kommen. Jesus kann sich abgrenzen, wenn es ihm zu viel wird. Propaganda von der Gegenmacht ist allerdings weiterhin nicht erwünscht, auch wenn die Dämonen die Lage durchschauen: Seit Jesus da ist, ist Gottes Herrschaft im Durchbruch.

Jesus beruft zwölf engste Vertraute Mk 3,13–19

13 Und er steigt auf einen Berg und ruft die zu sich, die er wollte, und
sie gingen weg, hin zu ihm. 14 Und er machte zwölf zu denen, die bei ihm
sein sollten (in manchen Handschriften steht noch: die er auch Apostel
nannte), auch, um sie auszusenden, um zu predigen 15 und Vollmacht zu
haben, um die Dämonen hinauszuwerfen. 16 (In manchen Handschriften
steht noch: Er ernannte die Zwölf) und er legte dem Simon den Namen
Petrus bei, 17 und Jakobus, dem Sohn des Zebedäus, und Johannes, dem
Bruder des Jakobus, legte er den Namen Boanerges bei, das bedeutet
„Söhne des Donners". 18 Und Andreas und Philippus und Bartholomäus
und Matthäus und Thomas und Jakobus, Sohn des Alphäus, und Thad-
däus und Simon, den Kanaanäer, 19 und Judas Iskarioth, der ihn (dann)
auch auslieferte.

Der Zustrom zu Jesus ist so groß, dass er seine Kraft und Botschaft vervielfältigt. Er beruft **zwölf Jünger** als seine engsten Mitarbeiter und Begleiter aus der großen Zahl seiner Jüngerinnen (↗ Lk 8,1–3) und Jünger. So wurden die Anhänger und Schüler eines Lehrers, eines Rabbis, damals genannt. Dass er auch Anhängerinnen und Schülerinnen hat, war etwas unerhört Neues und Besonderes in der damaligen Zeit. Umso mehr, weil sie bis zum Schluss treu bleiben (↗ Mk 15,40ff), während die Zwölf jämmerlich versagen (↗ Mk 14,50). Die Zwölf werden eine „Institution". Ursprünglich bestand das Volk Israel aus 12 Stämmen, genannt nach den 12 Söhnen Jakobs, Leas und Rahels. Zur Zeit Jesu hofften die Menschen darauf, dass diese Stämme in einer kommenden messianischen Zeit wiederhergestellt werden sollten, als Ausgangsbasis der Ausstrahlung Gottes. Sie waren in den Kriegen und Deportationen durch die Jahrhunderte teilweise vollständig zerstört und bedeutungslos geworden. Dass Jesus nun einen Kreis von zwölf Jüngern bildet und sie in besonderer Weise benennt und bevollmächtigt, ist eine zeichenhafte Handlung. Sie zeigt, dass er das atl. „Volk Gottes" neu sammeln möchte. Die Zwölf repräsentieren die Gesamtheit und Vollständigkeit, in der Gottes Menschen zu IHM zurückfinden sollen – durch das Handeln Jesu, des Messias Gottes.

Petrus führt die Liste an. Der Beiname des Simon ist die lateinische Übersetzung des aramäischen Wortes Kephas, das „Stein" bedeutet. Er ist der Sprecher der Zwölf (↗ Mk 8,29; Mk 9,5; Mk 14,37). Am Ostermorgen soll er besonders benachrichtigt werden (↗ Mk 16,7). Für Paulus ist er erster Zeuge der Auferweckung Jesu (1. Kor 15, 3-5) gemäß einem der ältesten Bekenntnissätze der Urchristenheit: „Der Herr ist wahrhaftig auferstanden und dem Simon erschienen" (↗ Lk 24,34). Das hindert Paulus aber nicht daran, sich mit ihm heftig zu streiten (Gal 2,11–14). Im Matthäusevangelium ist die Bedeutung des Petrus stärker herausgearbeitet als im Markusevangelium (↗ Mt 16,17–19). Im Johannesevangelium ist er nicht der erstberufene und besonders hervorgehobene Jünger (↗ Joh 1,40–42; Joh 20,3–10). Petrus wurde wahrscheinlich gegen Ende der Regierungszeit des Kaisers Nero (54–68 n. Chr.) in Rom gekreuzigt. Zusammen mit **Jakobus** und **Johannes, den „Zebedaiden"** (sprich: Zebeda-iden) bildet er eine besondere Dreiergruppe, die Jesus noch drei Mal in wichtigen Situationen begleiten wird (↗ Mk 5,37; Mk 9,2; Mk 14,33f). Jakobus stirbt nach Apg 12,2 den Märtyrertod. Johannes wurde im 2. Jh. n. Chr. mit dem „Jünger, den Jesus liebte" und Autor des Johannesevangeliums identifiziert (↗ Joh 21,24–25). Für Paulus war Johannes eine der Säulen der Jerusalemer Urgemeinde (Gal 2,9). Auf **Matthäus** wird im 2. Jh. n. Chr. das nach ihm benannte Evangelium zurückgeführt (↗ Mt 9,9–13).

Die eigene Familie lehnt Jesu Berufung ab Mk 3,20–21.31–35

20 Und er kommt ins Haus, und wieder kommt eine Menschenmenge
zusammen, so dass sie nicht einmal (mehr) Brot essen konnten. 21 Als das
seine Angehörigen hörten, gingen sie los, um ihn zu ergreifen, denn sie
sagten: „Er ist verrückt!"

31 Und seine Mutter und seine Brüder kommen, und weil sie draußen
stehenblieben, schickten sie nach ihm und ließen ihn rufen. 32 Und eine
Menschenmenge saß um ihn herum, und sie sagten zu ihm: „Guck mal,

deine Mutter und deine Brüder (in manchen Handschriften steht noch:
und deine Schwestern) – die sind draußen und suchen dich!" **33** Und
er antwortet ihnen: „Wer sind meine Mutter und meine Geschwister?"
34 Und während er die anschaut, die um ihn herumsaßen, sagt er: „Seht
her, meine Mutter und meine Geschwister. **35** Wer nämlich den Willen
Gottes tut, der ist mein Bruder und (meine) Schwester und Mutter."

Unterstellungen seiner Gegner
Mk 3,22–30;
↗ Mt 12,22–32

Zur Zeit Jesu war das soziale Leben vaterrechtlich geregelt. Der Vater war Oberhaupt der hebräischen Familie und zugleich Herr, Priester und Lehrer (der Söhne). Die Mutter wurde im Schutz der Gebote geehrt, weil sie durch ihre Kinder gesegnet war.

Ex 20,12 Du sollst deinen Vater und deine Mutter ehren/ihnen Gewicht geben …

In nachalttestamentlicher Zeit ist allerdings ein Gefälle in Richtung Herabsetzung der Frau zu beobachten. Aber darum geht es hier nicht. Dass Josef hier nicht auftritt, lässt darauf schließen, dass er schon gestorben war. Der älteste Sohn wäre nun in der Verantwortung, die Familie zu ernähren und zu leiten. Er soll seine familiären Pflichten wahrnehmen und nicht verrücktspielen! Jesus verweigert sich diesem damals berechtigten familiären Anspruch. Er hat einen anderen Auftrag und muss sich nun entscheiden, wo sein Platz ist. Die Folge der Gemeinschaft mit Jesus ist bis heute, zu seiner großen Familie zu gehören. Wer sich an ihm orientiert, fragt zusammen mit anderen danach, wie Gott sich das Leben wünscht.

In Mk 4 lehrt Jesus am Ufer des Sees Genezareth. Er redet anschaulich. Er nimmt das Anschauungsmaterial aus dem Alltag der Menschen, um seine Botschaft zu verdeutlichen. Wie seine **„Gleichnisse"** zu verstehen sind, ist in Mt 13 ausgeführt. Die Gleichnisse vom Sämann und vom Senfkorn können dort nachgelesen werden, das vom „Licht unter dem Scheffel" in Mt 5,13–16.

Ein kapitalistisches Schockwort? Mk 4,24–25

24 Und er sagte zu ihnen: „Achtet auf das, was ihr hört. Mit dem Maß,
mit dem ihr messt, werdet ihr auch gemessen und es wird euch dazu
gegeben werden. **25** Denn wer hat, dem wird gegeben werden, und wer
nicht hat, von dem wird weggenommen, was er hat."

Wer auf das Wort Jesu hört und es in sich arbeiten lässt, kann getrost sein: Das Verstehen vermehrt sich. Aber das Wort zielt auf das ganze Leben. „Ein bisschen" gibt es nicht. Die radikale Ansage will dazu befreien, ganz auf Gott zu hören.

Das Gleichnis von der Saat, die von selbst wächst Mk 4,26–29

26 Und er sagte: „Mit dem Reich Gottes verhält es sich genauso wie
mit einem Menschen, der den Samen auf die Erde wirft, 27 und er schläft
und er steht auf, tagaus und tagein, und der Same keimt und wächst –
wie, das weiß er selbst nicht. 28 Von selbst (griech.: automatä) trägt die
Erde Frucht, zuerst den Halm, dann die Ähre, dann den vollen Weizen
in der Ähre. 29 Wenn es aber die Frucht anbietet, schickt er sogleich die
Sichel, denn die Ernte ist gekommen."

Das Bild: Auch wenn vielleicht doch einiges an Feldarbeit gemacht wurde – Jesus kommt es hier nur auf eins an: Die Saat geht ohne jegliches Zutun des Bauern auf. Unerklärlicherweise kommt es zur Ernte. Die Pointe: Zum Wachstum des Getreides kann ein Mensch nichts Entscheidendes beitragen. Das klappt von ganz alleine. Die Übertragung auf die Sache, um die es geht: Die Gottesherrschaft (↗ Mt 4,12–25; Lk 9) ist durch Jesus in der Welt. Sie wird so sicher wachsen und Frucht bringen wie ein Getreidekorn. Die Pointe: Auch die, die heute von Gottes Welt erzählen, können das in der ruhigen Gewissheit tun, dass das Entscheidende durch Gott selbst geschieht.

Obwohl die Gottesherrschaft mitten in der Welt ist und sich unaufhaltsam ausbreitet, fürchten sich die Menschen. Vielleicht auch, **weil** es durch das Handeln Jesu spürbar in die Welt eingreift. Es greift nach dem Vertrauen der Menschen und lässt sich nicht mehr aus der Welt hinausdrängen. **Es folgen vier Geschichten vom und zum Fürchten und vom und zum Glauben: Mk 4,35–5, 43**

Jesus stillt einen Sturm Mk 4,35–41

35 Und an jenem Tag, als es spät geworden war, sagt er zu ihnen:
„Lasst uns an das gegenüberliegende Ufer fahren." 36 Und sie entlassen
die Menschenmenge und nehmen ihn mit sich, wie er im Boot war, und
noch andere Boote waren dabei. 37 Und es erhob sich ein gewaltiger
Sturm, und die Wellen schlugen auf das Boot, sodass es schon volllief.

38 Und er war im hinteren Teil des Bootes und schlief auf einem Kissen.
Und sie wecken ihn auf und sagen zu ihm: „Lehrer, kümmert es dich
nicht, dass wir zugrunde gehen!?“ 39 Und er stand auf und bedrohte den
Wind und sagte zum (brodelnden) See: „Schweig. Verstumme!“ 40 Da
legte sich der Wind, und es entstand eine große Stille. 40 Und er sagte zu
ihnen: „Warum seid ihr (so) furchtsam? Habt ihr keinen Glauben?“ 41 Und
sie fürchteten sich fürchterlich und sagten zueinander: „Wer ist der, dass
ihm der Wind und die Wellen gehorchen?“

Jesus hatte seine Rede aus dem Boot heraus gehalten. Jetzt bleibt er dort und will seine Ruhe haben. Er schläft seelenruhig weiter, auch mitten in höchster Gefahr. Er ruht in seinem Gottvertrauen. Die erfahrenen Fischer sind die plötzlichen, gefährlichen Fallwinde auf dem See Genezareth gewöhnt. Aber dieser übersteigt ihre Fähigkeiten. Als Jesus dann um Hilfe gebeten wird, bleibt er die Ruhe selbst. Er erweist sich als Herr über die Naturgewalten. Jesus ist stärker als jeder Sturm. Das ist sonst nur EINER!

Die Jünger fürchten sich zuerst, obwohl Jesus bei ihnen ist, und dann, weil Jesus bei ihnen ist! Sie erfahren Gottes Macht durch sein Wort. Wenn Gott erscheint und eingreift, ist das nie harmlos. Es ist immer mit tiefem Erschrecken der Menschen verbunden. Aber diese rettende Erfahrung ermöglicht auch Vertrauen, also Glauben. Aber die Jünger kommen nicht weiter, als sich zu fürchten. Sie glauben und verstehen Jesus nicht. Sie kommen besonders hier im Markusevangelium nicht gut weg. Sie brauchen ständig Nachhilfe in Sachen Glauben bzw. Vertrauen. Sie sind nicht besser als wir. Das ist tröstlich.

Es scheint fast, als wäre der Sturm von den Mächten entfesselt worden, die einen Menschen am anderen Ufer gefangen halten. Aber auch diese Gewalten können das rettende Handeln Jesu nicht aufhalten. Die Menschen fürchten sich, weil das Handeln Jesu so drastische Auswirkungen hat. Die Kosten sind ihnen zu hoch.

Jesus befreit einen besessenen Menschen Mk 5,1–20

1 Und sie kamen an das gegenüberliegende Ufer des Sees (Geneza-
reth) in das Gebiet der Gerasener. 2 Und als er aus dem Boot stieg, kam
ihm sofort von den Gräbern her ein Mann mit einem unreinen Geist ent-
gegen. 3 Er hauste in den Grabhöhlen, und kein Mensch konnte ihn bis-
her festbinden, nicht einmal mit Ketten. 4 Man hatte ihn zwar schon oft

mit Fußfesseln und Ketten gefesselt, aber die Ketten waren zerrissen und
die Fußfesseln von ihm zerrieben worden, und niemand war stark genug,
um ihn zu bändigen. 5 Ständig, Tag und Nacht, war er in den Gräbern
und auf den Bergen, schrie und schlug sich selbst mit Steinen. 6 Und als
er Jesus von weitem sah, rannte er zu ihm und warf sich vor ihm nieder
7 und schrie mit lauter Stimme und sagte: „Ich will nichts mit dir zu tun
haben, Jesus, Sohn des höchsten Gottes! Ich beschwöre dich bei Gott,
quäle mich nicht!“ 8 Er nämlich hatte zu ihm gesagt: „Hau ab, unreiner
Geist, aus diesem Menschen!“ 9 Und er (Jesus) fragte ihn: „Wie heißt du?“,
und er sagt zu ihm: „Mein Name ist ‚Legion‘ denn wir sind viele.“ 10 Und
er bat ihn sehr, sie nicht aus der Gegend wegzuschicken. 11 Am Berg war
aber eine große Schweineherde, die dort weidete, 12 und sie baten ihn:
„Schicke uns in die Schweine, damit wir dort hineinkönnen.“ 13 Und er
erlaubte es ihnen. Und als die unreinen Geister herauskamen, fuhren sie
hinein in die Schweine, und die Herde stürmte den Steilhang hinunter in
den See, etwa zweitausend, und sie ertranken im See. 14 Und die Hirten
flüchteten und verkündeten es in der Stadt und in den Dörfern. Und (die
Menschen) kamen, um zu sehen, was geschehen war, 15 und sie kamen
zu Jesus, und sie sahen den Besessenen dasitzen, angezogen und ver-
nünftig – den, der die Legion gehabt hatte! – und sie fürchteten sich.
16 Und die Augenzeugen erzählten ihnen, wie das war mit dem Beses-
senen und den Schweinen. 17 Und sie fingen an, ihn zu bitten, aus ihrer
Gegend wegzugehen. 18 Und als er in das Boot stieg, bat der, der von
Dämonen besessen gewesen war, dass er bei ihm sein dürfe. 19 Aber er
ließ ihn nicht, sondern sagt zu ihm: „Geh nach Hause zu den Deinen und
verkünde ihnen, was der HERR für dich getan und wie er sich deiner er-
barmt hat.“ 20 Und er ging von ihm weg und begann, im Gebiet der Zehn
Städte (griech.: Dekapolis, Betonung auf der zweiten Silbe) zu verkün-
den, was Jesus für ihn getan hatte, und alle wunderten sich.

Gerasa ist der am besten bezeugte Ortsname in den alten Handschriften. Aber es liegt zu weit vom See Genezareth weg für diese Geschichte. Das gilt auch für Gadara, das manche Handschriften dann eintragen. Späte Handschriften korrigieren deshalb in Gergasa. Das liegt nah am See und hat einen hohen Hang, der zum Ufer hinunter abfällt.

Ob der gequälte Gerasener an dem litt, was wir heute als Psychose bezeichnen, können wir nicht mit Sicherheit sagen. Aber das, was diesen Menschen gefangen genommen hat, hat sich genau in der Form manifestiert, in der damals Menschen Unfreiheit und Unterdrückung

Besessenheit
↗ Mk 1,21–28

erlebt haben. Damals wurde sie konkret in der gewalttätigen Besatzung durch die „Legionen“ der Römer. Kein Wunder, dass das Dämonische in dieser Befreiungsgeschichte diesen Namen trägt. Wir wissen heute um biochemische Prozesse im Gehirn, die psychische Krankheiten verursachen, und können sie mit Medikamenten behandeln. Wie betroffene Menschen sich selbst mit dieser Krankheit erleben, ist aber meist nicht mit der medizinischen Diagnose erschöpfend erklärt. Im Namen des Messias Jesus quälende Stimmen und Zwänge mit der Hoffnungskraft der biblischen Befreiungsgeschichten zusammenzusprechen, ist alles andere als wirklichkeitsfremd. Gebet im Namen Jesu ist aber nicht gegen die notwendige ärztliche Behandlung auszuspielen. Auch das ist befreiendes Handeln gegen lebenszerstörende Kräfte. Die heutigen Möglichkeiten von Diagnose und Behandlung psychischer Krankheiten liegen in der Linie des heilenden Handelns Jesu. Medizin und Seelsorge gehören zusammen.

Dass die Legion dämonischer Kräfte in dieser Geschichte mit einer Schweineherde untergeht, ist für das damalige Denken ein ironischer und total befreiender Ausgang. Denn eine ganze Herde von unreinen Tieren im heidnischen Gebiet der Zehn Städte (↗ Mk 8,1–9) war sozusagen geballte Unreinheit, deren Untergang da besiegelt wird (zum Bösen und Dämonischen ↗ Lk 10,17–20).

Jesus holt eine Frau und ein Mädchen zurück ins Leben **Mk 5,21–43**

21 Und als Jesus im Boot wieder an das andere Ufer hinübergefah-
ren war, strömte eine große Menschenmenge bei ihm zusammen. Und
er war am See. **22** Und es kommt einer von den Synagogenvorstehern
mit Namen Jairus (sprich: Ja-irus), und als er ihn sieht, fällt er ihm zu Fü-
ßen **23** und bittet ihn sehr und sagt: „Mein Töchterchen liegt im Sterben,
komm und lege ihr die Hände auf, damit sie gerettet wird und am Leben
bleibt.“ **24** Und er ging mit ihm los. Und es folgten ihm viele Menschen
und drängten sich um ihn.

25 Und es gab da eine Frau, die seit zwölf Jahren an Blutungen litt
26 und von vielen Ärzten viel erlitten und alles ausgegeben hatte, was
sie besaß. Und es hatte ihr nichts genützt, es war eher noch schlimmer
geworden. **27** Als sie von Jesus gehört hatte, kam sie in der Menschen-
menge von hinten und berührte sein Gewand. **28** Sie sagte (sich) näm-
lich: „Wenn ich nur seine Kleider berühre, werde ich gerettet werden.“

29 Und sofort versiegte die Quelle ihrer Blutungen, und sie spürte es
leiblich, dass sie von dieser Plage geheilt war. 30 Und Jesus spürte so-
fort in sich, dass Kraft von ihm ausgegangen war, und er schaute sich
in der Menge um und fragte: „Wer hat meine Kleider berührt?" 31 Aber
seine Jünger sagten zu ihm: „Du siehst, wie sich die Menschen um dich
drängen und fragst (da noch): ‚Wer hat mich berührt?'" 32 Und er schaute
sich um, um die zu sehen, die das getan hatte. 33 Die Frau aber kam, voll
Furcht und Zittern, weil sie wusste, was ihr geschehen war. Sie fiel vor
ihm nieder und sagte ihm die ganze Wahrheit. 34 Er aber sagte zu ihr:
„Tochter, dein Glaube hat dich gerettet. Geh hin in Frieden und sei ge-
heilt von deiner Plage."

35 Während er noch redet, kommen Leute des Synagogenvorstehers
und sagen: „Deine Tochter ist gestorben. Warum behelligst du den Leh-
rer noch?" 36 Aber Jesus, der das mithörte, sagt zu dem Synagogenvor-
steher: „Fürchte dich nicht, vertraue einfach (auch: glaube nur)!" 37 Und
er ließ niemanden sonst mitkommen außer Petrus und Jakobus und Jo-
hannes, den Bruder des Jakobus. 38 Und sie kommen in das Haus des
Synagogenvorstehers und er sieht die Aufregung und das Weinen und
Klagen. 39 Und als er hineingeht, sagt er zu ihnen: „Warum regt ihr euch
auf und weint? Das Kind ist nicht gestorben, sondern es schläft." 40 Doch
sie lachten ihn aus. Er aber wirft alle hinaus und nimmt mit sich den Vater
und die Mutter und die mit ihm waren und geht hinein, wo das Kind war.
41 Und er nimmt die Hand des Kindes und sagt zu ihr: „Talitha kum", das
heißt übersetzt „Mädchen, ich sage dir, steh auf!" 42 Und sogleich stand
das Mädchen auf und lief herum. Sie war nämlich schon zwölf Jahre alt.
Da waren sie fassungslos vor Entsetzen. 43 Und er befahl ihnen mehr-
mals, dass niemand davon erfahren dürfe, und er sagte, man solle ihr zu
essen geben.

Eine Frau, die zwölf Jahre krank ist, und eine junge Frau, die zwölf Jahre alt ist, werden beide von Jesus aus der Macht des Todes gerettet – beide Male durch die Berührung Jesu.

Bei der Frau, die an Blutfluss leidet, ist das für uns nicht auf den ersten Blick ersichtlich, dass sie schon am Rand des Todes existiert. Aber in Israel (und allgemein in der antiken Kultur) galt eine Frau während der Menstruation als kultisch unrein. Alles, was und wen sie berührte, war auch unrein (Lev 15,19ff; ↗ Mk 7,1–23). Sie war sozial total isoliert, schon wie tot, weil die anderen jeden Kontakt mit ihr mieden. Blut galt als „Lebensträger" (Lev 17,11), und so sickerte das

Leben langsam aus ihr heraus. Ihre Einsamkeit und Schwäche bringen sie zu der Verzweiflungstat, sich ins Gedränge zu wagen und Jesus von hinten zu berühren. Ihr Glaube ist dabei eine Mischung von beherztem Vertrauen in die Macht Jesu und dem magischen Denken, dass von einem Wundertäter schon die Kleidung Kraft abstrahlen muss. Sie fürchtet sich, weil sie Heiliges berührt und die tiefgreifende Wirkung gespürt hat. Aber bei Jesus bedeutet Heilung auch Berührung. Er sucht den Blickkontakt mit der Frau. Jesus würdigt sie als Person mit ihrem Glauben. Er korrigiert sie nicht, sondern bestätigt ihre Heilung und spricht ihr zu, in Gottes Familie hineinzugehören.

Diese Heilungsgeschichte unterbricht Jesus dabei, sich um das dringende Anliegen des Jairus zu kümmern. Seine Bitte um die Rettung des Lebens seiner Tochter scheint sich erübrigt zu haben. Aber Jairus bekommt den Zuspruch, mit dem Gott schon im AT SEINEN Menschen beisteht: Fürchte dich nicht! Gegen die Macht des Todes soll er Jesus vertrauen. Der handelt als Herr im Haus – gegen das Klagen, das dem Tod die letzte Macht gibt, und gegen das Lachen des Unglaubens. Er ergreift die Hand des Mädchens und spricht sie mit einem Machtwort neu ins Leben. In ihm ist Gottes Schöpferwort gegenwärtig. Das Mädchen geht nun ihrer Zukunft entgegen. Sie kann wieder essen und Kraft schöpfen.

Das, was geschehen ist, soll nicht zerredet werden. Das **Geheimnis um den Messias Jesus** soll gewahrt bleiben. Nicht die einzelnen Episoden, sondern erst seine ganze Geschichte werden ihn als den ausweisen, der er ist (↗ Anfang des Markusevangeliums). Am Ende des ersten Teils des Markusevangeliums wird er ankündigen, was zu dieser Geschichte gehören wird (↗ Mk 8,31). Dennoch: Jesu Handeln trägt die Zeichen einer besonderen Zeit zu den Menschen. Es geht nicht nur um die menschliche Sehnsucht nach einem heilen Leben. Es geht um Hoffnung, die von Gott herkommt. Sie wird im AT in prophetischen Worten angesagt. Jesus erfüllt die Hoffnungen für eine messianische Zeit. So können die Menschen erkennen, wer er ist.

Personalausweis Jesu

↗ Mt 11,1–6; Lk 4

1. Kö 17,17–24 Dass Tote lebendig werden, knüpft an die Tradition der Propheten Elia und Elisa im 9. Jh. v.Chr. an. In den Büchern der Könige wird von ihnen berichtet. Während einer Hungersnot versorgt Gott Elia bei einer Witwe in Zarpat und ihrem Sohn (↗ Mk 6,30–44). Aber dann stirbt der Sohn der Witwe. Elia nimmt ihren toten Sohn von ihrem Schoß, bringt ihn in das Dachstübchen,

in dem er wohnt, und ruft den HERRN an, und Gott hört auf ihn. Das Kind wird wieder lebendig. Die Frau erkennt in Elia, „… dass du ein Mann Gottes bist und dass das Wort des HERRN in deinem Mund Wahrheit ist." 2. Kö 4 Auch von Elisa, dem Nachfolger Elias, werden solche Ereignisse erzählt.

In unserer Kultur bekommt originelles Handeln besondere Aufmerksamkeit. Menschen, die berühmt werden wollen, müssen etwas tun, was vorher nie dagewesen ist. In der Kultur der Jesuszeit gilt, was in der Tradition der Schrift verwurzelt ist. Das weist den aus, der handelt. Diese Rückbindung hilft dem Menschen, sein Handeln als ein gotterfülltes Handeln zu erkennen. Sonst könnte ja jeder kommen!

Jesus – kennen wir! Mk 6,1–6

1 Und er ging weg von dort und kommt in seinen Heimatort, und sei-
ne Jünger folgen ihm. 2 Und als es Sabbat wurde, fing er in der Synagoge
an zu lehren. Und viele, die das hörten, waren außer sich und sagten:
„Woher hat der das (nur)? Und was ist das für eine Weisheit, die ihm ge-
geben wurde? Und was sind das für Machttaten, die durch seine Hände
geschehen? 3 Ist das nicht der Zimmermann (↗ Mt 3), der Sohn der Maria
und der Bruder von Jakobus und Joses und Juda und Simon? Und (woh-
nen) nicht seine Schwestern hier bei uns?" Und sie regten sich über ihn
auf. 4 Und Jesus sagte zu ihnen: „Nirgends wird ein Prophet so wenig ge-
achtet wie in seinem Heimatort und bei seinen Verwandten und bei sich
zu Hause." 5 Und er konnte dort nichts tun, keine einzige Macht-Tat. Nur
wenigen Kranken legte er die Hände auf und heilte sie. 6 Und er wunder-
te sich über ihren Unglauben …

Vertrauen oder Misstrauen – zwei Möglichkeiten, auf Jesus zu reagieren. Kapernaum (↗ Mk 2,1) hat sich geöffnet, Nazareth verschließt sich. Die ganze Atmosphäre wird von Misstrauen bestimmt. Warum sollte dieser Jesus von Nazareth etwas Besonderes sein? Wo Menschen meinen, dass mit der Herkunft eines Menschen – also sozusagen mit der Entschlüsselung seiner DNA – alles über ihn gesagt ist, verschließen sie sich dem eigentlichen Geheimnis. Dann sehen sie nur, was sie erwarten: die biologischen Fakten und sonst nichts. Und wo Menschen nichts zu brauchen meinen, kann Jesus nichts Heilvolles tun.

Geschwister Jesu
↗ Mt 13,54b–58

Jesus vervielfältigt sein Wirken Mk 6,6–13

6 … und er zog durch die Dörfer im Umkreis und lehrte. 7 Und er
ruft die Zwölf zu sich und begann, sie zwei und zwei auszusenden, und
er gab ihnen Vollmacht über die unreinen Geister 8 und er wies sie an,
nichts auf den Weg mitzunehmen außer einem Stock – kein Brot, keine
Tasche, kein Geld im Gürtel, 9 nur Sandalen anziehen. „Zieht auch nicht
zwei Unterhemden an.“ 10 Und er sagte ihnen: „Wo ihr in ein Haus ein-
tretet, bleibt, bis ihr von dort weiterzieht. 11 Und wenn ein Ort euch nicht
aufnimmt und man euch nicht hören (will), dann geht von dort weg und
schüttelt den Staub von euren Fußsohlen ab – ihnen zum Zeugnis.“
12 Und sie zogen aus und verkündigten, dass (die Menschen) umkehren,
13 und warfen viele Dämonen heraus (aus den Menschen) und salbten
viele Kranke mit Öl und heilten sie.

Jesus kann Macht abgeben und teilen. Auch in unserer völlig anderen Kultur und Struktur christlicher Gemeinden ist das ein bleibender Impuls für Leitung (↗ auch Mt 10). Er schickt seine Zwölf hinein in eine radikale Freiheit. Sie pilgern ohne Plan und Absicherung. Darin erfahren sie sich in ganzer Abhängigkeit von Gott. Sie üben, mit Ablehnung umzugehen. Sie erleben sich in intensivem Kontakt. Menschen kommen durch sie wieder zu sich, zu Gott, zur Gemeinschaft. Die Salbung mit Öl lässt das heilsame „Behandeln“ spürbar werden.

Diesen Erfahrungen wird nun ein Kontrastprogramm entgegengesetzt: die Gefangenschaft Johannes des Täufers und die innere Gefangenschaft des Königs Herodes. Er ist gefangen in seinen nach dem Lustprinzip getroffenen Lebensentscheidungen und den Ansprüchen anderer. Die Freiheit des Täufers, ganz aus Gott zu leben, endet mit einer ungerechten Hinrichtung. Sie ist ein Vorzeichen für das, was mit Jesus geschehen wird – und mit denen, die er in diese Welt hineinsendet.

Das tragische Ende des Täufers Mk 6,14–29

14 Und der König Herodes hörte (von Jesus), denn sein Name war be-
kannt geworden und man sagte, Johannes der Täufer sei von den Toten
auferweckt worden, und deshalb sei diese Energie für die Machttaten in
ihm. 15 Andere aber sagten: „Es ist Elia!“, wieder andere: „Ein Prophet wie
einer der Propheten (des AT).“ 16 Als aber Herodes das hörte, sagte er:
„Johannes, den ich habe köpfen lassen, ist auferweckt worden!“

Im Buch Maleachi, das in unserer Bibel am Ende des AT steht, gibt es ein Wort für das Ende der Zeiten, die Weltenwende, die auch als Zeit des Messias erwartet wird:

Mal 3,23 Siehe, ich sende euch den Propheten Elia, ehe der große und schreckliche Tag des Herrn kommt …

Es wurde ein wiederkommender Elia erwartet, weil vom Propheten Elia in
2\. Kö 2 kein natürliches Sterben, sondern eine „Himmelfahrt" berichtet wird.

In der gespannten Messiashoffnung zur Zeit Jesu wird sowohl auf ihn wie auch auf Johannes den Täufer diese Deutung angewendet (↗ auch Mk 8,28; Mt 11,7–15). Nun kommt eine Rückblende:

17 Herodes selbst hatte nämlich veranlasst, Johannes zu verhaften
und ihn im Gefängnis fesseln lassen wegen Herodias, der Frau seines
Bruders Philippus, weil er sie geheiratet hatte. 18 Johannes hatte nämlich
zu Herodes gesagt: „Es ist dir nicht erlaubt, die Frau deines Bruders zu
haben." 19 Herodias hatte einen Groll gegen ihn und wollte ihn töten las-
sen, konnte es aber nicht. 20 Herodes nämlich fürchtete Johannes, denn
er wusste, dass er ein gerechter und heiliger Mann war, und schützte ihn.
Er geriet zwar in große Verlegenheit, wenn er ihn hörte, doch er hörte
ihn gern. 21 Und es kam eine günstige Gelegenheit (für Herodias), als He-
rodes an seinem Geburtstag ein Festessen ausrichtete für seine hohen
Beamten und die Offiziere und die Prominenz Galiläas. 22 Da trat seine
Tochter – die der Herodias – auf und tanzte. Und sie gefiel Herodes und
seinen Gästen. Da sagte der König zu dem Mädchen: „Bitte von mir, was
du willst, und ich werde es dir geben." 23 Und er schwor ihr: „Was immer
du von mir willst, will ich dir geben, bis zur Hälfte meines Königreichs."
24 Und sie ging hinaus und sagte zu ihrer Mutter: „Was soll ich verlan-
gen?" Die aber sagte: „Den Kopf Johannes des Täufers." 25 Und sogleich
beeilte sie sich und ging hinein zum König und forderte: „Ich will, dass
du mir sofort auf einer Schüssel den Kopf Johannes des Täufers gibst!"
26 Und obwohl der König sehr traurig wurde, wollte er sie wegen der
Schwüre und wegen der Gäste nicht abweisen. 27 Und sogleich schickte
der König einen Henker und befahl, seinen Kopf zu bringen. Und er ging
hin und köpfte ihn im Gefängnis. 28 Und er brachte den Kopf auf einer
Schüssel und gab ihn dem Mädchen, und das Mädchen gab ihn seiner
Mutter. 29 Und als seine Jünger das hörten, kamen sie und holten seinen
Leichnam und legten ihn in ein Grab.

•

Herodes Antipas, ein Sohn Herodes des Großen, war von 4 v.Chr. – 39n.Chr. Landesfürst von Galiläa und dem Ostjordanland (Peräa). Er war in zweiter Ehe mit seiner Nichte und Schwägerin verheiratet, die sich für ihn hatte scheiden lassen. Auch Herodes hatte seine erste Frau wegen ihr entlassen. Wie in alter Zeit der Prophet Elia dem König Ahab die unliebsame Wahrheit gesagt und damit besonders den Zorn von dessen Frau Isebel auf sich gezogen hatte, so macht Johannes seine Ansage. Denn Herodes hat gegen die atl. Rechtsbestimmungen gehandelt.

Lev 18,16 und Lev 20,21 Wenn jemand die Frau seines (noch lebenden) Bruders nimmt, so ist das eine schändliche Tat ... Das waren Tabus zum Schutz des Zusammenlebens in der Großfamilie.

Auch dass Herodes eine Geburtstagsparty feierte und der Tanz der jungen Prinzessin weisen auf den nicht mehr jüdisch geprägten und für Juden respektlosen Lebensstil am Hof hin.

Josephus, ein jüdischer Geschichtsschreiber, berichtet auch von der Hinrichtung des Täufers durch Herodes in einer Festung am Toten Meer. Allerdings führt er als Grund die Angst vor Aufruhr an.

Die wunderbare Brotvermehrung Mk 6,30–44

30 Und die Apostel (griech.: apostoloi, die Ausgesandten, nur hier bei
Mk) kommen bei Jesus zusammen und erzählten ihm alles, was sie ge-
tan und gelehrt hatten. 31 Und er sagte zu ihnen: „Kommt (doch), nur
ihr allein, an einen einsamen Ort und ruht (euch) ein bisschen aus. Denn
es waren (so) viele, die kamen und gingen, dass sie nicht (einmal) die
Gelegenheit hatten, zu essen. 32 Und sie fuhren mit dem Boot an einen
einsamen Ort, ganz für sich. 33 Als man sah, wie sie abfuhren, bekamen
es viele mit. Und sie kamen zu Fuß aus vielen Städten zusammen und
kamen vor ihnen an. 34 Und als er ausstieg, sah er eine große Menschen-
menge, und es ging ihm an die Nieren, denn sie waren wie Schafe, die
keinen Hirten haben. Und er begann, sie vieles zu lehren.

35 Und als es schon spät geworden war, traten seine Jünger zu ihm
und sagten: „Das ist eine einsame Gegend, und es ist schon spät. 36 Lass
sie gehen, damit sie sich in den umliegenden Gehöften und Dörfern et-
was zu essen kaufen (können)." 37 Er aber antwortete: „Gebt ihr ihnen zu
essen!" Und sie sagen ihm: „Sollen wir etwa losgehen und für 200 De-
nare Brot kaufen und ihnen zu essen geben?" 38 Er aber sagt zu ihnen:

„Wie viele Brote habt ihr? Geht, seht nach!" Und als sie es in Erfahrung
gebracht hatten, sagen sie: „Fünf – und zwei Fische." **39** Und er wies sie
an, sich Tischgemeinschaft für Tischgemeinschaft (griech.: symposia) auf
dem grünen Gras zu lagern. **40** Und sie ließen sich nieder, Gruppe für
Gruppe zu hundert und fünfzig. **41** Und er nahm die fünf Brote und die
zwei Fische, blickte zum Himmel, sprach den Segen, brach die Brote und
gab sie seinen Jüngern, damit sie sie ihnen reichen, und die zwei Fische
verteilte er an alle. **42** Und sie aßen alle und wurden satt. **43** Und sie ho-
ben (noch) Brocken auf, zwölf Körbe voll, und auch (die Reste) von den
Fischen. **44** Und die, die gegessen hatten, waren 5000 Männer.

Jesus achtet auf die Kraft seiner Jünger und verordnet ihnen Ruhe. Dazu kommt es nicht, denn die Menschen sind schneller auf dem Landweg am anvisierten einsamen Ort als das Boot. Ihre Sehnsucht berührt Jesus zutiefst, und er sorgt für sie trotz der Ruhestörung. Er zeigt ihnen seinen „Personalausweis" (↗ Mk 5,21–43), indem er als Hirte handelt, wie Gott in einem Vertrauenslied des AT.

Psalm 23,1 Der Herr ist mein Hirte, mir mangelt nichts. Er weidet mich auf grünen Auen …

Er erweist sich als der messianische Hirte (↗ Joh 10), der vom AT her versprochen ist:

In Hes 34 klagt Gott die Hirten (lat.: Pastoren) Israels an, dass sie ihre Arbeit nicht machen und niemand nach „SEINEN Schafen" fragt oder sie sucht. ER verspricht, sich selbst um sie zu kümmern. Und es wird ein messianischer Hirte versprochen.

Hes 34,23 Ich will ihnen einen einzigen Hirten aufstehen lassen, der sie weiden soll, nämlich meinen Diener David

Die innere Verbindung zu der vorhergehenden grausamen Episode ist die Ahnung der Menschen, Jesus könnte der wiedergekommene Elia sein (↗ Mk 5,21–43 und Mk 6,15). Auch von Elia wird ein Speisungswunder erzählt, als er bei einer Witwe in Zarpat während einer Hungersnot unterkommt:

1. Kö 17,14 Denn so spricht der HERR, der Gott Israels: Das Mehlfass soll nicht leer werden und das Öl im Krug nicht mangeln bis zu dem Tag, an dem der HERR es regnen lassen wird.

Sein Nachfolger, der Prophet Elisa, gibt ein Essen für viele mit Wenigem, nämlich 20 Gerstenbroten und gemahlenen Körnern in einem Sack, die ihm ein Mann mitgebracht hat.

2. Kö 4,42–44 Elisa aber sagte zu seinem Diener: „Gib es dem Volk, damit sie essen." Sein Diener sagte: „Wie kann ich das hundert Männern vorsetzen?" Er aber sagte: „Gib es dem Volk, dass sie essen. Denn so spricht der HERR: ‚Man wird essen, und es wird übrig bleiben.'" Und er legte es ihnen vor, und sie aßen, und es blieb noch übrig nach dem Wort des HERRN.

Jesus zeigt durch die „Speisung der 5000", dass er ein besonderer Mensch Gottes ist – in der Linie der hochangesehenen Propheten Israels – und weit darüber hinaus. Das ist der Hintergrund der Geschichte. Im Vordergrund steht für Markus, wie Jesus hier seine Jünger in Anspruch nimmt und beauftragt. Aus dem Wenigen, das sie haben, macht Jesus die Fülle. Aber zunächst müssen sie sich mit dem Bisschen unter die Leute trauen. Nur so machen sie die Erfahrung, dass es reicht – ja, dass es sich auf geheimnisvolle Weise vermehrt!

Das „Speisungswunder" wird oft damit „erklärt", dass die Menschen durch die Aktion der Jünger angefangen haben, auszupacken, was sie an Proviant dabeihatten. Aber ist das nicht auch ein Wunder, wenn Menschen von ihrer Angst befreit werden, zu kurz zu kommen? Für Markus ist jedenfalls klar: Wenn Gott durch Jesus handelt, dann reicht das Wenige, das wir zu geben haben! Mit der wunderbaren Fülle wird dann nicht verschwenderisch, sondern achtsam umgegangen. Die Zahlen 5–2–5000–12 stimmen in allen vier Evangelien überein. Aber jeder Evangelist setzt andere Akzente beim Erzählen (↗ Joh 6,1–13)!

Jesus geht auf dem Wasser Mk 6,45–52

45 Und sogleich drängte er seine Jünger, in das Boot zu steigen und
an das andere Ufer nach Bethsaida (Fischhausen) vorauszufahren, wäh-
rend er selbst die Menschenmenge entließ. **46** Und als er sie verabschie-
det hatte, ging er auf einen Berg, um zu beten. **47** Und als es Abend ge-
worden war, war das Boot mitten auf dem See und er allein an Land.
48 Und als er sah, wie sie sich beim Rudern abquälten – sie hatten näm-
lich Gegenwind – kommt er um die vierte Nachtwache (zwischen 3 und

6 Uhr) zu ihnen. Dabei geht er auf dem See und wollte an ihnen vorbei
gehen. **49** Als sie ihn aber sahen, wie er auf dem See ging, meinten sie:
„Es ist ein Gespenst (griech.: phantasma)!" Und sie schrien auf. **50** Denn
alle sahen ihn und erschraken. Er aber redete sogleich mit ihnen und
sagte zu ihnen: „Nur Mut, ich bin's, fürchtet euch nicht!" **51** Und er stieg
zu ihnen ins Boot, und der Wind legte sich. Da gerieten sie total außer
sich. **52** Denn sie hatten durch die Brote nichts gelernt und ihr Herz war
verhärtet (auch: stumpf, gefühllos).

Das Matthäusevangelium erzählt uns diese Geschichte als eine Glaubensgeschichte, bzw. wie Glaube mit Zweifeln umgeht (↗ Mt 14,22–33). Bei Markus ist es eine Schreckensgeschichte. Jesus sieht die Not seiner Freunde. Er vertraut, dass sie die Situation meistern werden. Er kommt erst am frühen Morgen. Warum sieht es so aus, als ob Jesus an ihnen vorbeigehen will? Es geht um alle „Merkmale" einer Gottesbegegnung wie im AT: Er gibt sich mit einem „Ich bin …" zu erkennen. Es ist ein Offenbarungswort. Daraus ergibt sich das „Fürchtet euch nicht!", das Gott SEINEN Menschen in immer neuen Situationen zuspricht.

Ich bin's
↗ **Joh 6,30–46**

Hiob 9,8 Gott allein „geht daher auf den Wogen des Meeres"!

Jes 43,1 Fürchte dich nicht, denn ich habe dich erlöst. Ich habe dich bei deinem Namen gerufen, du bist mein … Wenn du durch's Wasser gehst, will ich bei dir sein, und wenn durch Ströme, so sollen sie dich nicht ertränken …

Wenn Gott einem Menschen begegnet, so ist das nicht auszuhalten. Deshalb geht Gott „nur" vorbei! In 1.Kö 19,11 sagt Gott zu Elia: Komm heraus (aus der Höhle) und stell dich auf den Berg vor den HERRN! Und siehe, der HERR wird vorübergehen …

Die Jünger machen mit Jesus eine Gotteserfahrung. Der Schrecken der Jünger ist also ein „Gottes-Schrecken"! Das weist voraus auf die Auferweckung Jesu (↗ Mk 16).

Markus betont immer wieder, dass die Jünger Jesus nicht begreifen können. Noch nicht – denn: Glaube entsteht nicht durch einzelne spektakuläre Erfahrungen mit Jesus. Der Glaube an ihn beinhaltet die ganze Geschichte Jesu, Kreuz und Auferweckung inbegriffen.

Von Jesus geht heilende Kraft aus Mk 6,53–56

53 Und als sie zum Land hinübergefahren waren, kamen sie nach Genezareth und legten an. 54 Und als sie aus dem Boot stiegen, erkannte man ihn sofort. 55 Und die Menschen liefen in der ganzen Gegend herum und begannen, die Kranken auf Bahren dorthin zu tragen, wo sie hörten, dass er war. 56 Und wo immer er hinkam in Dörfer oder Städte oder Gehöfte, legten sie die Kranken auf die Marktplätz, und sie baten ihn, wenigstens die Quaste seines Gewandes berühren zu dürfen. Und alle, die ihn berührten, wurden geheilt.

Markus lässt keinen Zweifel daran, dass von Jesus Kraft ausgeht. Sie ist unwiderstehlich. Die Menschen laufen ihm in Scharen hinterher. Sie fallen über ihn her. Seine Energie ist handgreiflich spürbar. Bei fast allen Heilungsgeschichten spielt Berührung eine Rolle. Jesus berührt Menschen, oder sie fassen ihn an (Mk 1,31.41; 3,10; 5,27.41; 7,33; 8,23).

Seine Energie ist bis in die Kleiderzipfel hinein zu spüren. Zur jüdischen Kleidung gehören nach atl. Vorschrift, dass an vier Zipfeln des Obergewandes, einer Art Poncho, Quasten sein sollten (Num 15,38). Sie waren vergissmeinnicht-blau, denn ihr Anblick sollte an Gottes Gebote erinnern und dadurch an Gott, ihren Befreier. Was Jesus den Menschen bedeutet, wird verstehbar, weil es erfahrbar wird. Auch wenn er lehrt, ist das elementar verständlich. Das zeigen nicht nur seine Gleichnisse (↗ Mt 13), sondern auch das nächste Kapitel.

Diskussion um „rein und unrein" Mk 7,1–23

1 Und es versammeln sich bei ihm die Pharisäer und einige Schriftgelehrte, die aus Jerusalem gekommen waren. 2 Und sie sehen, dass einige seiner Jünger mit unreinen, also ungewaschenen Händen Brot essen. 3 Denn die Pharisäer und (überhaupt) alle Juden essen nicht, wenn sie die Hände nicht wenigstens mit einer Handvoll (Wasser) gewaschen haben, weil sie die Überlieferung der Ältesten halten. 4 Auch aus der Öffentlichkeit (kommend) essen sie nicht, wenn sie sich nicht gewaschen haben. Und es gibt vieles anderes, was sie zu halten angenommen haben: das Abwaschen von Bechern und Krügen und Kupfergeschirr und Betten.

Hier wird deutlich, dass Markus mit seinem Evangelium Menschen erreichen möchte, die nicht aus dem Judentum kommen – also „Heiden“. Er erklärt jüdische Reinheitsvorschriften. Dabei geht es nicht um Hygiene. Es geht um religiöse Waschungen. In Lev 11–15, dem Reinheitsgesetz, finden sich genaue Bestimmungen dafür, welche Tiere gegessen werden dürfen und welche nicht, welche Hautausschläge und welche Kontakte wie lange „unrein“ machen. Frauen waren durch Menstruation und Geburten besonders betroffen von den Kontaktsperren. Die pharisäische Theologie wollte die Vorschriften über rein und unrein, die Israel vom AT her besonders machen, z. B. mit den Waschungen noch stärker in den Alltag hinein ausweiten. Das Wort für „unrein“ im Text heißt eigentlich „gemein“ im Sinne von allgemein zugänglich. Hinter den Reinheitsvorschriften des AT steht die Besonderheit Israels, Gottes Eigentum zu sein. Sie sollten „heilig“ sein, um DEM heiligen Gott begegnen zu können (Lev 11,45). Heilig bedeutet, ganz zu Gott zu gehören. Die Lebensweise sollte das zeigen und für die Begegnung mit Gott vorbereiten.

Auch in unserer Gesellschaft spielen, außerhalb der Religionen, „Speise- und Reinigungsvorschriften“ eine große Rolle, wenn auch auf eine ganz andere Weise. Das „richtige“ Essen und die „Kosmetik“ haben bei vielen Menschen einen sehr hohen, fast schon religiösen Stellenwert.

5 Und die Pharisäer und die Schriftgelehrten fragten ihn: „Warum
leben deine Jünger nicht nach der Überlieferung der Ältesten, sondern
essen das Brot mit unreinen Händen?“ 6 Er aber sagte zu ihnen: „ Zu euch
Heuchlern passt schon das prophetische Wort Jesajas: ‚Dieses Volk ehrt
mich nur mit den Lippen, aber ihr Herz hält sich fern von mir. Umsonst
verehren sie mich, ihre Lehren sind nur Menschengebote‘ (Jes 29,13).
8 Während ihr das Gebot Gottes aufgebt, haltet ihr die Überlieferung der
Menschen fest!“ 9 Und er sagte (ironisch) zu ihnen: „Super, wie ihr Gottes
Gebot abtut, um eure Überlieferung in Kraft zu setzen! 10 Mose hat nämlich gesagt: ‚Ehre deinen Vater und deine Mutter‘ (aus den Zehn Geboten, Ex 20,12) und ‚wer Vater und Mutter verflucht, soll des Todes sterben‘
(Ex 21,17). 11 Ihr aber sagt: Wenn ein Mensch zu Vater oder Mutter sagt:
‚Korban‘, das bedeutet ‚dem Tempel geweiht‘ ist (das), was dir von mir
zusteht, 12 lasst ihr ihn für Vater und Mutter nichts mehr tun. 13 So setzt
ihr das Wort Gottes durch eure Überlieferung, die ihr weitergebt, außer
Kraft. Und ihr macht viele solche Sachen.“

Jesus nennt ein Beispiel, wo es die Auslegung der Pharisäer möglich macht, am ursprünglichen Sinn eines Gebots vorbei zu leben und sich im Recht zu fühlen. Die Eltern zu ehren bedeutete in einer Gesellschaft ohne Rentenversicherung auch, für die Versorgung der Eltern im Alter zuständig zu sein. Die Korban-Bestimmungen der Pharisäer sollten Gott an erste Stelle setzen, indem man IHM (bzw. dem Tempel) sein Vermögen gab – auch das, was der Versorgung der Eltern diente. Für Jesus ist das dagegen eins: Gott an erste Stelle setzen, **indem** man die Eltern versorgt, denn das entspricht SEINEM Willen in den Geboten.

14 Und er rief wieder die Menschen zusammen und sagte ihnen: „Hört
alle auf mich und begreift: 15 Nichts, was von außen in den Menschen
hineinkommt, kann ihn verunreinigen, sondern was aus dem Menschen
herauskommt, das verunreinigt den Menschen." (16 Wer Ohren hat, zu
hören, höre! Fehlt in ältesten Handschriften.)

Jesus will den ursprünglichen Sinn der Gebote wieder zur Geltung bringen. Auch ihm ist es wichtig, sie in den Alltag zu holen (↗ Mt 5,21–48). Aber hier setzt er die Geltung eines Teils des AT außer Kraft! Über die Auslegungen und Zusatzbestimmungen der Pharisäer hinaus erklärt Jesus in diesen Worten die Reinheitsgebote im mosaischen Gesetz, z. B. Lev 11–15, für ungültig. Nicht **sie** sind Voraussetzung einer Begegnung mit Gott! Durch Jesus beginnt eine neue Zeit: Nicht die Menschen müssen sich bemühen, um für Gott alles besonders und richtig zu machen. Nichts ist für Gott so „gemein" im Sinne von gewöhnlich, dass ER damit nicht in Berührung geht! Gott schickt seinen Messias, um die Menschen rein und recht zu machen – durch alles „Gemeine" und Böse hindurch. Aber das wird erst im Nachhinein verständlich werden …

Die Aufhebung der rituellen Reinheitsvorschriften durch Jesus ist nicht nur in Bezug auf die Gottesbeziehung wichtig. Es betrifft auch den gesamten Umgang von Menschen miteinander. Denn nun können Menschen miteinander essen, ohne an Vorschriften gebunden zu sein. Frauen sind von „Unreinheit" durch Menstruation und Geburt freigesprochen. Menschen mit Hautkrankheiten sind nicht mehr „unberührbar" (↗ Mk 1,40–45). Gegenden und Häuser von Heiden dürfen betreten werden. Jesus lebt diese Freiheit vor. In der ersten Gemeinde aus Juden- und Heidenchristen wird es über diese Freiheit immer wieder Staunen und Diskussionen geben (Apg 10; Apg 15 und Galaterbrief).

17 Und als sie weg von der Menschenmenge in ein Haus gegangen
waren, fragten ihn seine Jünger nach dem Gleichnis. 18 Und er sagte zu
ihnen: „Also habt auch ihr (das) nicht begriffen? Kapiert ihr nicht, dass
nichts, was von außen in den Menschen hineinkommt, ihn unrein ma-
chen kann – 19 denn es geht nicht ins Herz, sondern in den Bauch und
wird ins Klo ausgeschieden – und so alle Speisen für rein erklärt sind?"
20 Er sagte aber: „Was aus dem Menschen herauskommt, das verunrei-
nigt den Menschen. 21 Von innen nämlich, aus dem Herzen der Men-
schen, kommen die bösen Gedanken: Pornographie (griech.: porneia),
Diebstähle, Morde, 22 Ehebrüche, Gier, Bosheiten, Hinterlist, Maßlosig-
keit, Missgunst (wörtl.: böser Blick), üble Nachrede, Überheblichkeit, Un-
besonnenheit. 23 All das Böse kommt von innen und macht den Men-
schen unrein."

Bei einem Lebensstil mit dem Anspruch, alles besonders und richtig zu machen, besteht die Gefahr, dass äußere Handlungen wichtiger werden als das Innere: die tiefsten Beweggründe, Gedanken und Gefühle. Die rituelle Reinheit kann die Menschen in Sicherheit wiegen, mit ihnen sei alles in Ordnung. Sie meinen, mit dem Befolgen der Regeln haben sie alles im Griff, was Gott will. Aber das, womit wir uns den Bauch füllen, landet nur im Klo. So drastisch, wie Jesus seine Theologie erklärt, so einfach nachvollziehbar und alltäglich ist sie. Das, was unser Herz erfüllt, dringt auch nach außen. Es bestimmt all unsere Beziehungen: zu Gott, zu den anderen Menschen, zu uns selbst. Deshalb verdient das Innere unsere ganze Aufmerksamkeit. Das Evangelium will an unseren Charakter! Jesus will, dass alles auf den Tisch kommt. Dann wird klar, warum er zur „Umkehr" ruft (↗ Mk 1,15):

„Porneia" wird meistens mit „Hurerei" übersetzt. Das gilt heute meist als moralisch überholt. Aber es geht nicht nur um Moral, sondern um Menschenwürde. Es verletzt die Menschenwürde, wenn Menschen wahllos und gesichtslos auf ihre Sexualität reduziert werden, sexuelle Handlungen übergriffig sind und Beziehungen zerstören, einen der Partner erniedrigen und damit Geschäfte gemacht werden. „Maßlosigkeit und Missgunst": nicht genug kriegen und nicht gönnen können. „Üble Nachrede und Überheblichkeit": andere schlecht darstellen und klein machen, um sich selbst groß zu fühlen. „Unbesonnenheit": zu bequem sein, um sich zu besinnen, z. B. sich mit wichtigen Lebensfragen auseinanderzusetzen.

Das sind nur einige Anregungen zum Weiterdenken und vor allem, um sich selbst zu erforschen. Jesus will damit in Kontakt gehen. Auch die „Unreinheit" des Herzens schreckt ihn nicht ab, sich auf Menschen einzulassen – bis in die letzte Konsequenz! Die Abgründe der Menschen können angesichts der Gottesherrschaft, der kommenden Welt Gottes benannt werden. Jetzt geht es nicht mehr um Moral, sondern um den, der in diese Abgründe hinabsteigen wird (↗ Lk 22,14–23)!

Drei Begegnungen im Gebiet „der Heiden" zeigen nun, dass Jesus Unreinheit nicht abschreckt, sondern er Menschen mit seiner Herzensreinheit ansteckt.

Die Begegnung mit der Frau aus Syrophönizien
Mk 7, 24–30; ↗ Mt 15,21–28

Jesus heilt einen gehörlosen Menschen Mk 7,31–37

31 Und er ging wieder aus dem Gebiet von Tyrus und Sidon fort und
kam über Sidon an das galiläische Meer (den See Genezareth) mitten in
das Gebiet der Zehn Städte (griech.: Dekapolis). 32 Und sie bringen je-
manden zu ihm, der war taub und redete (deshalb) mühevoll, und sie
bitten ihn, dass er ihm die Hand auflege. 33 Und er nahm ihn aus der
Menge heraus, (dass er) für sich (sein konnte), und er legte seine Finger
in seine Ohren, und er spuckte und berührte seine Zunge 34 und blickte
zum Himmel auf und seufzte und sagt zu ihm: „Ephata!", das bedeutet
„sei geöffnet"! 35 Und sogleich öffneten sich seine Ohren, und die Fessel
seiner Zunge löste sich, und er (konnte) richtig sprechen. 36 Und er ge-
bot ihnen, es niemandem zu sagen. Aber je mehr er ihnen das befahl,
desto mehr verkündigten sie es. 37 Und sie waren total außer sich und
sagten: „Er hat alles gut gemacht! Er bewirkt, dass die Tauben hören und
die Stummen sprechen."

Dekapolis
↗ Mk 8,1–9

Jesus heilt, indem er mit den „wunden Punkten" der Menschen in Kontakt geht. Hier schafft er einen ganz persönlichen Raum ohne Zuschauer. In drei Mal drei kleinen Schritten wird erzählt, was geschieht. Die Behandlung: Jesus berührt die Ohren, spuckt auf seine Finger und berührt damit die Zunge. Speichel war ein damals gängigen Medikament. Die weitere Therapie: Jesus zeigt sein Mitgefühl, indem er seufzt, richtet seinen Blick nach oben und bittet damit um Gottes Eingreifen und spricht ein Machtwort. Die Reaktion des gehörlosen Menschen: Er hört, die Zunge löst sich, er spricht verständlich. Jesus will keine Reklame für sich als Wunderheiler. Aber die Menschen verstehen: Jesus macht die Schöpfung wieder gut – wie Gott ganz am Anfang.

Gen 1,31 … und Gott sah alles an, was ER gemacht hatte und sieh, es war sehr gut.

Die Zeit Gottes, in der SEIN Messias kommen wird, ist endlich da:

Jes 35,6 Dann werden … die Ohren der Gehörlosen geöffnet werden … und die Zunge der Stummen lobsingen …

Jesus macht 4000 Menschen satt Mk 8,1–9

1 In jenen Tagen, als wieder eine große Menschenmenge (bei ihm) ist
und sie nichts zu essen haben, ruft er seine Jünger zusammen und sagt
zu ihnen: „Ich fühle tiefes Erbarmen mit diesen Menschen, weil sie schon
drei Tage bei mir bleiben und nichts zu essen haben. Und wenn ich sie
mit nüchternem Magen nach Hause entlasse, werden sie unterwegs zu-
sammenbrechen, denn einige von ihnen sind von weit hergekommen."
4 Da antworteten ihm seine Jünger: „Woher könnte jemand in dieser Ein-
öde die Leute mit Brot satt machen?" 5 Und er fragte sie: „Wieviel Brote
habt ihr?" Sie aber sagten: „Sieben". 6 Und er wies die Menschenmenge
an, dass sie sich auf die Erde setzen sollten. Und er nahm die sieben Bro-
te, sprach den Segen, brach sie und gab sie den Jüngern zum Vertei-
len – und sie legten sie den Menschen hin. 7 Und sie hatten auch einige
kleine Fische, und nachdem er über ihnen den Segen gesprochen hatte,
sagte er, dass sie sie (ihnen auch) vorsetzen (sollten). 8 Und sie aßen und
wurden satt, und sie hoben von übriggebliebenen Brocken noch sieben
Körbe auf. 9 Es waren etwa 4000 Menschen, und (nun erst) schickte er
sie (nach Hause).

Warum erzählt Markus die Geschichte zwei Mal (↗ Mk 6,30–44)? Es sind wahrscheinlich zwei verschiedene alte Überlieferungen, die Markus vorfindet und in sein Evangelium aufnimmt.

Dtn 19,15 …denn auf der Aussage von zwei oder drei Zeugen soll eine Sache beruhen …

Diesmal findet das Geschehen wahrscheinlich im Gebiet der Zehn Städte statt (↗ Mk 7,31), auf „heidnischem" Gebiet, in dem auch Juden wohnten. Man nennt sie dann Juden „in der Diaspora" (Betonung auf der zweiten Silbe), in der Zerstreuung. Diese **„Dekapolis"** (Betonung auf der zweiten Silbe) waren griechische Städte im Ostjordanland, die unter römischer Herrschaft seit 61 v. Chr. zum Bund der Zehn Städte zusammengeschlossen wurden. Dieser Ort für das Speisungswunder liegt in der Konsequenz von Mk 7,1–23. Die Grenzen von rein und unrein sind aufgehoben. Jesus hat keine Berührungsängste.

Zu dieser zweiten Versorgungsgeschichte gehört die Zahl Sieben. Wie die Zahl Zwölf in Mk 6,30–44 ist auch die Sieben eine Zahl der Vollendung. Wie die Zwölf an die Zwölf Stämme Israels und die Zwölf Apostel erinnert, weist die Sieben auf die sieben Diakone hin, die für den Teil der ersten Gemeinde in Jerusalem da waren, der aus der heidnischen Diaspora stammte (Apg 6,1–7).

Die Jünger, wie sie uns Markus zeigt, haben nichts dazu gelernt … Jesus vertrauen, das Eigene hergeben und erfahren, dass es mehr als genug ist, muss immer neu geübt werden. Immer wieder sind schon gemachte Erfahrungen vergessen, wenn sich neue Schwierigkeiten ergeben.

Weder die Pharisäer noch die Jünger verstehen Jesus Mk 8,10–21

10 Und sogleich stieg er ins Boot mit seinen Jüngern, und sie kamen
in die Gegend von Dalmanutha (rätselhafte Ortsangabe – am Nord-West-
Ufer des Sees Genezareth?). 11 Und die Pharisäer kamen zu ihm heraus
und begannen, mit ihm zu diskutieren. Sie verlangten von ihm einen Be-
weis von Gott, um ihn zu provozieren (wörtl.: ein Zeichen vom Himmel,
um ihn auf die Probe zu stellen). 12 Und Jesus seufzt in sich hinein und
sagt: „Warum brauchen diese Leute eindeutige Beweise? (wörtl.: Warum
sucht dieses Geschlecht ein Zeichen?) Amen, ich sage euch: Dieser Sor-
te Menschen wird Gott kein Zeichen geben." 13 Und er ließ sie (stehen),
stieg wieder ein und fuhr ans andere Ufer.

14 Und sie hatten vergessen, Brote mitzunehmen. Und außer einem
Brot (für alle) hatten sie nichts bei sich im Boot. 15 Und er warnte sie:
„Nehmt euch in Acht vor dem Sauerteig der Pharisäer und dem Sauer-
teig des Herodes." 16 Sie aber redeten miteinander darüber, dass sie kei-
ne Brote hatten. 17 Und als er das merkt, sagt er zu ihnen: „Was redet ihr
darüber, dass ihr keine Brote habt? Habt ihr denn noch nichts gemerkt
und noch nichts verstanden? Habt ihr ein verhärtetes Herz? 18 ‚Augen
habt ihr und seht doch nicht, Ohren habt ihr und hört doch nicht (Jer 5,
21)' und erinnert ihr euch nicht, 19 als ich die fünf Brote brach für die
5000 – wie viele Körbe voll Brocken habt ihr aufgesammelt?" Sie sagen

zu ihm: „zwölf“. 20 „Und bei den sieben für die 4000 – wie viele Körbe
voll mit Brocken habt ihr da aufgesammelt?“ Sie sagen zu ihm: „sieben“.
Und er sagte zu ihnen: „Versteht ihr noch nicht?“

Die Pharisäer fordern Jesus zu einem „übernatürlichen“ Zeichen heraus – wie der Teufel in Mt 4,1–11. Damit soll Jesus eindeutig beweisen, dass er von Gott kommt. Jesus dagegen handelt nicht im Sinne von Schau-Wundern. Seine Messianität weist sich nicht in spektakulärem, sondern in heilvollem Handeln aus. Er handelt nicht im Sinne von „Beweisen“. Seine Art von Zeichen lässt sich nur im Vertrauen deuten.

Die Wirkung des Sauerteigs ist hier als negative Kraft gemeint (↗ dagegen Mt 13,33), die im Inneren wirkt. Der Effekt von einschlägigen Wundern wäre bloße Bewunderung. Wer nur auf Wirkung aus ist, verfehlt das Wesentliche. Davon sollen sich die Jünger nicht beeindrucken lassen. Jesus wirbt um das Vertrauen, sich auf seine ganze Person und den ganzen Weg einzulassen, den er gehen wird. Wie schwer das wird, zeigt der zweite Teil des Markusevangeliums.

Jesus heilt einen blinden Menschen – Schritt für Schritt

Mk 8,22–26

22 Und sie kommen nach Bethsaida. Und sie bringen ihm einen Blin-
den und bitten ihn, dass er ihn berühre. 23 Und er nahm den Blinden an
der Hand und führte ihn aus dem Dorf hinaus. Und er spuckte auf seine
Augen, legte ihm die Hände auf und fragte ihn: „Siehst du etwas?“ 24 Und
er blickte auf und sagte: „Ich sehe Menschen, als sähe ich Bäume herum-
gehen.“ 25 Da legte er die Hände nochmals auf seine Augen, und er sah
klar und war wiederhergestellt und erkannte alles deutlich. 26 Und er
schickte ihn in sein Haus und sagte: „Geh aber nicht in das Dorf hinein!“

Jesus lässt sich für seine Therapie Zeit und „fasst nach“. Manche Heilungen brauchen Zeit. Sie sind nicht mit einer Behandlung beendet.

Zwei Heilungen mit Speichel, die des Hörens (↗ Mk 7,31–37) und nun des Sehens, umschließen die niederschmetternde Bilanz des ersten Teils des Markusevangeliums: Nicht nur die Pharisäer, sondern auch seine engsten Freunde verstehen Jesus nicht wirklich. Wenn aber gehörlose und blinde Menschen geheilt werden, haben dann nicht auch verständnislose Jünger – und mit ihnen auch wir – eine Chance, richtig zu hören und zu sehen, wer Jesus ist – Schritt für Schritt?

Erst der ganze Weg Jesu zeigt, wer er wirklich ist Mk 8–16

Leidensankündigungen und was „Nachfolge" bedeutet: Von den Jordanquellen im Norden bis in den Süden nach Juda Mk 8–10

Petrus bekennt Jesus als Messias Mk 8,27–30

27 Und Jesus und seine Jünger gingen weg in die Orte bei Cäsarea
Philippi. Und unterwegs fragte er seine Jünger: „Was sagen die Men-
schen (darüber), wer ich bin?" 28 Sie aber sagten zu ihm: „Johannes der
Täufer, und andere Elia, wieder andere aber einer der Propheten." 29 Da
fragte er sie: „Und ihr – wer sagt ihr, dass ich bin?" Petrus antwortet ihm:
„Du bist der Messias (griech.: christos)!" 30 Und er bedrohte sie, dass sie
niemandem (etwas) über ihn sagen sollten.

Eliahoffnung
↗ Mk 6,14–16

Messias
↗ Mt 16,13–20

Dass viele Leute Jesus in den Rang eines der alten Propheten erheben, zeigt, wie angesehen er ist. Petrus aber hat den Durchblick in sein wahres Wesen. Mit der Messiashoffnung waren über das AT hinaus große Vorstellungen verbunden. Man wartete auf einen, der Israel politisch befreien und groß machen würde. Jesus weiß, dass sein Weg ein anderer sein wird. Deshalb verbietet er seinen Freunden, dass die Erkenntnis des Petrus verbreitet wird. Er wird die Messiaserwartung auf seine ganz eigene Art füllen.

Jesus sagt zum ersten Mal sein Leid voraus – Petrus wehrt sich dagegen Mk 8,31–33

31 Und er begann, sie zu lehren: „Der Menschensohn muss viel leiden
und zurückgewiesen werden von den Ältesten und den Hohepriestern
und den Schriftgelehrten und getötet werden und nach drei Tagen auf-
erstehen." 32 Und er sprach das ganz offen an. Und Petrus nahm ihn bei-

seite und begann, ihn zu bedrohen. 33 Der aber drehte sich um, sah seine Jünger an und bedrohte Petrus und sagt: „Geh weg, hinter mich, Satan! Denn du denkst nicht Gottesgedanken, sondern Menschensachen."

Dass die Messiaserwartung von Jesus mit einer Anspielung auf Jes 53 (↗ Mk 14,22–25) zusammengebracht wird, ist für seine Freunde vollkommen überraschend und unmöglich. Dass Jesus den „Menschensohn", die hoheitsvolle Gestalt aus der Welt Gottes, mit dem stellvertretend leidenden, unbekannten „Gottesknecht" aus Jes 53 verbindet und auf sich selbst anwendet, ist eine nie dagewesene Kombination von Schriftstellen! **Damit** drückt er aus, wie er sich selbst versteht. Das Unverständnis des Petrus steht stellvertretend für die Schwierigkeiten all seiner Freundinnen und Freunde, ihren Messias mit dem unsagbaren Leid des Kreuzes zusammenzubringen.

Menschensohn
↗ Mt 16,13–20

Dan 7 … es kam einer mit den Wolken des Himmels…und ihm wurde (von Gott) Macht, Ehre und königliche Würde verliehen …

Jes 53 … wir hielten ihn für den von Gott Geschlagenen, aber es waren die Folgen unseres Misstrauens gegen Gott, das er ertrug …

Petrus spürt, dass es mit seiner geistlichen Erkenntnis nicht hoch hinaus, sondern in die Abgründe hinunter gehen wird. Er sieht die Messianität Jesu mit seiner Leidensansage bedroht. Für Jesus dagegen ist das menschliche Bedürfnis, dass auch ohne sein Kreuz alles gut wird, eine große Versuchung. Er bedroht diesen Wunsch wie einen Dämon.

Der Aufbruch zu Jesus hin ließ hoffen, dass es eine große Umkehrbewegung zu ihm und damit hin zu Gott geben würde. Jesus wollte sein Volk Israel zu sich sammeln und erwartete Gottes Reich, SEIN durch alle Gegenmächte durchbrechendes Eingreifen. Dass das durch seinen Tod hindurch geschehen würde, wurde ihm immer klarer. Dass seine Art, mit und für Gott zu leben und von IHM zu reden, die Feindschaft der religiösen Führungskräfte provozierte, zeichnete sich immer stärker ab. Bei allen Machttaten ging es ihm nicht um die Lösung der Machtfrage im menschlichen Sinn. Es ging darum, die tiefe Verstrickung der Menschen in die Sünde und das Böse zu lösen. Jesus war der einzige Mensch, der nicht da hineingehörte. Das ist die tiefe Überzeugung der Evangelien. Er hat dem Bösen keinen Anhaltspunkt geboten. Jesus sah keinen anderen Weg, als die Liebe Gottes durchzuhalten, für die er lebte. Die „Lösung" war Hingabe und Feindesliebe bis zum bitteren Ende. Dass Gott rettend eingreifen würde, war eine tiefe Hoffnung, die aus dem Gebet Israels heraus zu hören ist, das Jesus am Kreuz geschrien hat: Psalm 22 (↗ Mk 15–16).

Was es bedeutet, Jesus zu folgen Mk 8,34–9,1

34 Und er rief die Menschenmenge zusammen mit seinen Jüngern zu sich und sagte ihnen: „Wer hinter mir hergehen will, sage sich los von sich selbst und trage sein Kreuz und folge mir. 35 Denn wer sein Leben retten will, wird es verlieren. Wer aber sein Leben meinetwillen und wegen des Evangeliums verliert, wird es retten. 36 Was nützt es denn einem Menschen, die ganze Welt zu gewinnen und sein Leben (dabei) zu verlieren (auch: zu beschädigen)? 37 Denn was könnte ein Mensch für sein Leben eintauschen? 38 Wer sich nämlich meiner und meiner Worte schämt vor diesen treulosen und gottlosen Menschen, dessen/derer wird sich auch der Menschensohn schämen, wenn er in der Herrlichkeit seines Vaters mit seinen heiligen Engeln kommt." 9,1 Und er sagte zu ihnen: „Darauf könnt ihr euch verlassen (wörtl.: amen, ich sage euch): Unter denen, die hier stehen, sind einige, die den Tod nicht schmecken werden, bis sie die Gottesherrschaft kommen sehen in Kraft."

Jesus und die Gottesnähe, die er ansagt, sind aller Hingabe wert. Im Loslassen liegt Gewinn. Das ist nicht zu verstehen, das muss man erfahren. Man kann damit beim Atmen beginnen: Wer nicht ausatmet, erstickt.

„Sich von sich selbst lossagen" – sich selbst verleugnen – ist ein Akt höchster Freiheit. Er setzt ein Wissen um sich selbst, die Erfahrung mit sich selbst und das Gespür für sich selbst voraus. Es geht dabei weder um einen Grundsatz für die Kindererziehung noch um ein Leben von Duckmäusern. Wenn ein Mensch sich selbst loslässt, um sich der Dynamik und Energie der Gotteswelt zu überlassen, findet er oder sie sich selbst in ganz neuer Weise – mitten in Gottes Lebendigkeit, die selbst im Tod nicht zerstört werden kann.

„Sein Kreuz tragen" – auf sich nehmen – stellt ein schweres Leben in einen neuen Horizont. Jesus durchkreuzt unsere Maßstäbe von einem guten Leben. Wer mit dem Ideal vom gesunden, langen, erfolgreichen Leben nicht mithalten kann, gehört nicht zu den Verlierern, sondern zu den Gewinnern. Durch Jesus kann sich Leid in eine Lebensberufung wandeln. Wer ihm damit hinterhergeht, ist nicht zum passiven Erleiden verurteilt. Er oder sie wird ins Handeln gerufen. Etwas bewusst zu tragen oder auf sich zu nehmen, bedeutet nicht nur, zu ertragen, sondern zu gestalten. Selbst am Kreuz hat Jesus das noch getan: Er hat sich nicht die Würde, die Vergebungsbereitschaft und den Schrei nach Gott nehmen lassen. Wer im und trotz Leid Jesus nachfolgt, gehört zu denen, die die Welt verändern.

Um Jesus und des Evangeliums willen fließt Leben, wo es nicht erwartet, eingekauft und versichert werden kann. Dieses intensive Leben aus Gottes Welt ist um ihn herum aufgeleuchtet (↗ Mk 9,2–13) und Jesus erwartet seine volle Sichtbarkeit und Spürbarkeit in naher Zukunft. Jesus lebt in der Erwartung, dass durch seinen ganzen Weg bis zum Ende Gottes letzte Vollendung mit der Welt geschehen wird. Das macht uns bis heute Mut, an dieser Hoffnung festzuhalten, auch wenn sie nicht genau so erfüllt wurde, wie Jesus das erwartet hat – und auch Jesus überlässt den Zeitpunkt dieses Geschehens Gott selbst (↗ Mk 13,32). Sein unschuldiger Tod und seine Auferweckung durch Gott bringen den entscheidenden Durchbruch für die Erneuerung der Schöpfung (↗ Mk 16) – aber auf die endgültige sichtbare und spürbare Erlösung der Welt warten wir noch immer.

Jesus wird von Gottes Herrlichkeit durchleuchtet Mk 9,2–13

2 Und nach sechs Tagen nimmt Jesus den Petrus, den Jakobus und
den Johannes mit sich und führt sie auf einen hohen Berg – nur sie al-
lein. Und er wurde vor ihnen verwandelt (griech.: metamorpho-o) 3 und
seine Kleider wurden ganz leuchtend und so weiß, wie sie kein Weiß-
macher (damals: Walker) auf Erden weiß machen kann. 4 Und es erschie-
nen ihnen Elia mit Mose, und sie waren mit Jesus im Gespräch. 5 Und
Petrus reagiert (darauf) und sagt zu Jesus: „Rabbi, es ist schön, dass wir
hier sind, und wir wollen drei Zelte aufschlagen: dir eins, Mose eins und
Elia eins.“ 6 Er wusste aber gar nicht, was er da sagte, denn sie waren total
erschrocken. 7 Und es kam eine Wolke und warf ihren Schatten über sie,
und eine Stimme kam aus der Wolke: „Dies ist mein geliebter Sohn! Hört
auf ihn!“ 8 Und plötzlich, als sie umherschauten, sahen sie niemanden
mehr außer Jesus allein bei ihnen. 9 Und als sie vom Berg hinabstiegen,
befahl er ihnen, niemandem davon zu erzählen, was sie gesehen hatten,
bevor nicht der Menschensohn von den Toten auferstanden sei. 10 Und
sie hielten das Wort fest und diskutierten miteinander, was das bedeutet:
„von den Toten auferstehen“. 11 Und sie fragten ihn: „Sagen die Schriftge-

lehrten (nicht), dass Elia zuerst kommen muss?" 12 Er aber sagte zu ihnen:
„Elia kommt zwar zuerst, um alles in Ordnung zu bringen – aber wieso
wird über den Menschensohn geschrieben, dass er viel leiden und ver-
achtet werden wird? 13 Aber ich sage euch: Elia ist gekommen, und sie
haben ihm angetan, was sie wollten, wie es über ihn geschrieben steht."

Mit Jesus geschieht eine „Metamorphose", eine Wandlung in eine andere Gestalt. Nicht nur sein Leid wird angesagt – auch seine Auferstehungswirklichkeit wird für einen Moment vorweggenommen. In diesem Jetzt wird sichtbar, woher er wirklich kommt, in wessen Auftrag er seinen Weg geht und wohin er führt. Für die drei engsten Vertrauten öffnet sich Gottes unsichtbare Wirklichkeit. Sie erleben mit und durch Jesus eine Gottesbegegnung. Das unterstreichen verschiedene biblische Signalworte:

Berg: In der Geschichte Gottes mit seinen Menschen ist das der Ort, an dem ER in besonderer Weise begegnet. Dort verbündet ER sich auf einzigartige Weise mit seinem Volk Israel, dort schenkt ER Wegweisung durch Gebote (z. B. Ex 19 und 20, exemplarisch durch Mose), dort begegnet ER neu, um zu ermutigen und zu beauftragen (z. B. 1. Kö 19, exemplarisch durch Elia).

Leuchten: Das strahlend leuchtende Weiß ist ein Hinweis auf den unfassbaren und für Menschen fast unerträglichen Glanz, der von Gott ausgeht. Es ist „Herrlichkeit", die von IHM ausgeht. Sie wird auch als „Schwere" erlebt (↗ Joh 1,14).

Zelt: Auch das ist ein Hinweis auf geschehene Gottesgeschichte. Nach dem Exodus aus Ägypten, der grundlegenden Befreiungstat Gottes an Israel, schenkt Gott die Möglichkeit der Begegnung in einem Zelt, dem Zelt des Zusammenseins und der Begegnung (↗ Joh 1,14). Mose darf stellvertretend für alle Gott darin nahen. Danach leuchtet sein Gesicht so sehr, dass er es verdecken muss (Ex 33 und 34).

Wolke: Die Wolke gehört ganz real und doch tief symbolisch zur Gotteserfahrung des AT. Die Wolkensäule ist sichtbar und verborgen zugleich Gottes Nähe, Beistand und Wegführung durch die Wüstenwanderung. Sie begleitet die Gotteserfahrung am Berg Sinai und weist auf die mächtige Präsenz Gottes.

Ex 24,15f Als nun Mose auf den Berg stieg, bedeckte eine Wolke den Berg. Und die Herrlichkeit des HERRN wohnte auf dem Berg Sinai, und die Wolke bedeckte ihn sechs Tage lang …

Wenn Gottes Wirklichkeit nah kommt, liegen Schrecken und Glück nah beieinander. Petrus will in diesem Moment die Zeit anhalten und ganz in die Gottesgeschichte eintauchen. Aber die ganze bestürzende Erfahrung hat nur ein Ziel: Sie bestätigt die Liebeserklärung Gottes bei der Taufe Jesu (↗ Mk 1,11). Sie weist auf Jesus, der als Sohn die „Schwere“ Gottes in sich trägt. Sein Wort hat Gewicht. Deshalb bleibt: Jesus allein – bei ihnen. Bis heute.

Glaube und Unglaube Mk 9,14–29

14 Und als sie zu den Jüngern kamen, sahen sie eine große Menge um sie herum und Schriftgelehrte, die mit ihnen diskutierten. 15 Und sogleich als alle ihn sahen, liefen sie ihm aufgeregt entgegen und begrüßten ihn. 16 Er fragte sie: „Was diskutiert ihr mit ihnen?“ 17 Und einer aus der Menge antwortete ihm: „Meister, ich habe meinen Sohn zu dir gebracht, weil er einen sprachlosen Geist hat. 18 Immer wenn er ihn anfällt, reißt er ihn (hin und her), und er schäumt und knirscht mit den Zähnen und wird starr. Und ich habe deinen Jüngern gesagt, dass sie ihn hinauswerfen sollen, aber sie konnten nicht.“ 19 Er aber antwortet ihnen und sagt: „Was seid ihr für ein vertrauensloser Haufen (wörtl.: o ungläubiges Geschlecht)! Bis wann muss ich noch bei euch sein? Bis wann muss ich euch ertragen? Bringt ihn zu mir!“ 20 Und sie brachten ihn zu ihm. Und als ihn der Geist sah, riss er ihn sogleich hin und her, und er fiel auf die Erde und wälzte sich schäumend. 21 Und er fragte seinen Vater: „Wie lange geht das schon so mit ihm?“ Er aber sagte: „Von Kindheit an. 22 Und oft hat er ihn auch ins Feuer geworfen und ins Wasser, um ihn umzubringen. Aber wenn du etwas kannst, hilf uns, indem du dich über uns erbarmst!“ 23 Jesus aber entgegnete ihm: „Was heißt hier ‚wenn du kannst‘? Wer glaubt (auch: vertraut), kann alles!“ 24 Sogleich schrie der Vater des Kindes und sagte: „Ich glaube, hilf meinem Unglauben.“ 25 Als aber Jesus sah, dass eine Menge zusammenlief, bedrohte er den unreinen Geist und sagte zu ihm: „Sprachloser und stummer Geist, ich befehle dir, verlasse ihn und kehre nie wieder in ihn zurück!“ 26 Und indem er schrie und (ihn) heftig hin und her riss, verließ er ihn. Und es schien, als wäre er tot, so dass alle sagten: „Er ist gestorben.“ 27 Jesus aber fasste ihn bei seiner Hand, richtete ihn auf, und er stand auf. 28 Und als sie ins Haus hinein gegangen und für sich waren, fragten ihn seine Jünger: „Warum konnten wir ihn nicht vertreiben?“ 29 Und er sagte ihnen: „Diese Art kann durch nichts ausfahren außer durch Gebet.“

Die genaue Beschreibung der Symptome des gequälten Kindes könnten heute auf das Krankheitsbild einer Epilepsie hindeuten. Für das biblische Denken zeigen sich an dem Kind die Auswirkungen der Mächte, die Gottes gute Schöpfung zerstören (↗ Mk 1,21–28). Der Zielpunkt der Erzählung liegt auf der Macht-Tat Jesu durch sein Wort. Jesus lässt mit seiner Befreiungstat die heilvollen Absichten Gottes mit der Schöpfung aufleuchten.

Es ist nicht einfach so, dass erst der Glaube der Menschen Jesus diesen Handlungsspielraum eröffnet. Wenn Jesus „tadelt", dann deshalb, um Vertrauen zu „provozieren", also hervorzurufen. Das geht nicht ohne die schonungslose Bilanz des Unglaubens, des Misstrauens. Die ist hier nicht bewusste Verweigerung wie in Nazareth (↗ Mk 6,1–6), sondern von endlosen Enttäuschungen entmutigter Glaube und von Zweifeln zermürbtes Vertrauen. In diesen offen gelegten Zwiespalt von nicht mehr Können und doch Wollen hinein handelt Jesus. Dort zeigt er, dass das Vertrauen in Gottes Zuwendung allen Grund hat.

Mk 9,29 Im Gegensatz zu den damals üblichen „Exorzismen" (↗ Mk 1,23–28) geht es Jesus nicht um sensationelle Methoden, die er seinen Jüngern beibringt, sondern um schlichtes Bitten. Nicht „die Exorzisten" verfügen über spezielle Kräfte, sondern Gott allein hat die Macht.

Jesus sagt zum zweiten Mal sein Leid voraus Mk 9,30–32

30 Und als sie von dort weggingen, zogen sie durch Galiläa, und er
wollte nicht, dass jemand (davon) wusste. **31** Denn er lehrte seine Jünger
und sagte ihnen: „Der Menschensohn wird in die Hände der Menschen ausgeliefert, und sie werden ihn töten – und wenn er getötet wurde,
wird er nach drei Tagen auferstehen." **32** Sie aber verstanden nicht, was
er redete, und fürchteten sich, ihn (danach) zu fragen.

Das Wort „ausliefern" ist ein Leitbegriff für die Passionsgeschichte bei Markus (↗ Mk 14,10.11.18.42; 15,1.15). Man kann es auch übersetzen mit hingeben, übergeben, verraten, preisgeben. Die passive Form im Griechischen zeigt hier an, dass Gottes Wirken und die Verantwortung der Menschen ineinander liegen. Dass es gleichzeitig um eine aktive Hingabe Jesu geht, zeigt der atl. Hintergrund von Jes 53.

Jes 53,12 … weil er sein Leben an den Tod hingegeben hat …

Nachfragen zur Nachfolge und ihren Folgen Mk 9,38–50

Die Jünger wollen hoch hinaus
Mk 9,33–37
↗ Mt 18,1–5

38 Johannes fragte ihn: „Meister, wir sahen einen, der in deinem Na-
men Dämonen hinauswarf und wir wollten ihn (daran) hindern, weil er
uns nicht nachfolgt." 39 Jesus aber sagte: „Hindert ihn nicht. Es gibt näm-
lich niemanden, der in meinem Namen eine Macht-Tat tun wird und kurz
danach schlecht über mich reden kann. 40 Denn wer nicht gegen uns ist,
der ist für uns. 41 Wer auch immer euch einen Becher Wasser zu trinken
gibt, weil ihr Christus gehört, amen, ich sage euch (auch: darauf könnt ihr
euch verlassen), der/die wird seinen/ihren Lohn bestimmt bekommen."

Die zwölf Jünger – und die, die Jesus heute nachfolgen – haben keinen alleinigen Anspruch auf ihn. Wo heilendes Handeln geschieht, steht er dahinter. Also: Augen offenhalten und sich freuen über alle, die mit unterwegs sind für ein Leben, in dem Gottes Anliegen aufleuchten – auch wenn sie nicht ausdrücklich zur Gemeinde der Christen gehören. Gottes Blick hat weiten Horizont. Trotzdem übersieht ER Kleinigkeiten nicht.

Zum ganzen Text
Mk 9,42–48
↗ Mt 18,6–9

43 Und wenn deine Hand dich verführt (zu etwas, das nicht zu Gott
passt), schlag sie ab! Es ist besser für dich, als Krüppel in das Leben hinein
zu gehen, als zwei Hände zu haben und in der Hölle (wörtl.: Gehenna) zu
landen, im Feuer, das nie erlischt.

Jesus kann auch krass! Das Bildwort soll uns schocken. Besser schon im Ansatz Verzicht auf etwas, das der gütigen Gottesmacht widerspricht, als in der Abtrennung von Gott zu landen. Besser mit „Amputationen" leben, als sich alles nehmen und in der **Hölle** landen (↗ auch Mt 22,13; Mt 25,46). Das Wort dafür ist „Gehenna". Es geht auf das hebräische Wort für das „Tal des Hinnom" zurück. Das ist ein realer Ort in der Geschichte Israels.

In 2. Kö 16 und 21 wird erzählt, dass die Könige Ahas und Manasse vielen Götzen und nicht mehr dem Einen Gott dienten. Im Zuge ihrer religiösen Praktiken ließen sie ihre Söhne durchs Feuer gehen.

So wird das Tal im Süden Jerusalems ein Ort menschlichen Horrors: Menschen opfern sogar ihre Kinder ihren kranken Gottesbildern, anstatt dem lebendigen Gott zu dienen! „Gehenna" und abgeleitet davon „Hölle" wird ein symbolischer und doch zutiefst realer Ort für die letzte Konsequenz menschlicher Eigensucht, Machtmissbrauchs und Verstrickung in das Böse. Die schlimmste Vorstellung der Bibel: Gott überlässt die Menschen sich selbst. Das ist die Hölle! Jesus spricht drastisch von der Hölle und geht seinen Weg mitten in sie hinein.

49 Jeder wird nämlich mit Feuer gesalzen werden. 50 Das Salz ist wür-
zig (wörtl.: gut) – wenn aber das Salz geschmacklos (wörtl: salzlos) wird,
womit werdet ihr es würzen? Habt Salz bei/in euch und haltet Frieden
untereinander!"

Von der „Amputation" vorher erschließt sich das erste Salzwort in V. 49. Feuer und Salz wurde bei Amputationen verwendet, um Entzündungen zu verhindern. Vielleicht bedeutet das Wort: Jeder Mensch wird um Gottes willen etwas loslassen müssen, um ganz für Gott leben zu können. Was das ist, wird jede und jeder persönlich wissen ... Das zweite Salzwort ähnelt dem der Bergpredigt (↗ Mt 5,13). Hier ist im Zusammenhang der Nach-Folge der Auftrag betont, die Welt vor Verfall zu schützen. Das dritte Salzwort bezieht sich wahrscheinlich auf die Aufgabe der Gastfreundschaft als Kennzeichen der Gemeinde, die Jesus nachfolgt.

Mk 10,1–45 handelt nun vom normalen gesellschaftlichen Leben – Ehe, Kinder, Besitz, Machtstreben – und der Kontrastgesellschaft Jesu.

Ehe und Scheidung Mk 10,1–12

1 Und nachdem er von dort aufgebrochen ist, kommt er in das Ge-
biet von Judäa und jenseits des Jordans, und wiederum strömen eine
Menge Menschen bei ihm zusammen und er lehrte sie wieder, wie er es
immer tat. 2 Und Pharisäer kamen zu ihm und fragten ihn, ob es einem
Mann erlaubt sei, seine Frau zu entlassen. Damit wollten sie ihn auf die
Probe stellen. 3 Er aber antwortete und sagte: „Was hat Mose euch gebo-
ten?" 4 Sie aber sagten: „Mose hat erlaubt, einen Scheidebrief zu schrei-
ben und (sie) zu entlassen." 5 Aber Jesus sagte zu ihnen: „Wegen eurer
Hartherzigkeit hat er dieses Gebot für euch geschrieben! 6 Aber vom
Ursprung der Schöpfung her (gilt): ‚ER hat sie männlich und weiblich ge-
schaffen. 7 Deshalb wird ein Mensch seinen Vater und seine Mutter ver-
lassen, 8 und die beiden werden ein Leib sein' (Gen 2,24). Deshalb sind
sie nicht mehr zwei, sondern ein Leib. 9 Was nun Gott zusammengefügt
hat, soll der Mensch nicht trennen."

10 Und im Haus fragten ihn seine Jünger wieder wegen dieser Sache.
11 Und er sagt zu ihnen: „Wer seine Frau entlässt, um eine andere zu hei-
raten, begeht Ehebruch ihr gegenüber. 12 Und wenn sie ihren Mann ent-
lässt, um einen anderen zu heiraten, begeht sie Ehebruch.

Das Zueinander der Geschlechter, das am Anfang der Bibel in der Schöpfungsgeschichte beschrieben wird, bezieht Jesus auf die Ehe.

Gen 2,24 Darum verlässt ein Mann seinen Vater und seine Mutter und hängt an seiner Frau, und sie werden ein Fleisch.

Im Licht der kommenden Gottesherrschaft leuchtet die Ehe im ursprünglichen Sinn Gottes auf. So versteht sie Jesus im Gegenüber zu seinen Gegnern als eine wohltuende Institution der Warmherzigkeit. Liebe und Recht gehören in ihr zusammen. Sie ist Bundesschluss und gelebte Treue zwischen zwei Menschen. Hinter einer solchen Verbindung steht Gott mit seiner Liebe und Treue. Menschen sollen sie nicht zerstören und auseinanderbringen. Der Schutz dieser besonderen Partnerschaft und die Kraft dafür werden nicht von Gewohnheit und Moral getragen, sondern von der Kraft Gottes, der in und seit Jesus in Bewegung auf uns zu ist.

Die Pharisäer wollen Jesus prüfen, wie er zu Mose steht. Daraus wird eine Prüfung, wie sie zu Gottes ursprünglichem Traum vom menschlichen Miteinander stehen. Jesus hält ihnen einen Spiegel zur Selbstprüfung vor. Geht es Jesus gegenüber vielleicht um dasselbe wie ihren Frauen gegenüber? Geht es ihnen nur darum, das harte Herz moralisch zu rechtfertigen? Jesus verwehrt hier den Fragenden den schnellen Ausweg aus einer Ehe. Eine Scheidungsurkunde auszustellen, war damals schon bei Äußerlichkeiten und Bagatellen möglich. Die Frau musste nicht einmal nach ihrer Einwilligung gefragt werden! Lieblos und achtlos in Anspruch genommenes Recht kann sich nicht auf Gott berufen.

Im Gespräch mit den Jüngern wird noch einmal deutlicher, dass Jesus Männer und Frauen in die gleiche Verantwortung stellt. Das entspricht dem damaligen hellenistischen Eherecht und nicht dem alttestamentlichen und jüdischen Recht zur Zeit Jesu. Eine Scheidung zwecks Wiederheirat gilt nach dem Wort Jesu als Ehebruch.

Nein, wir sollen kein Versprechen brechen, nicht in andere Beziehungen einbrechen und aus festen Beziehungen ausbrechen. Menschen, die in Gottes Herrschafts-Be-Reich leben, werden alles daran setzen, eine Ehe lebendig zu gestalten und immer neu zueinander zu finden. Aber das gelingt nicht immer. So sind wir Menschen. Dann müssen wir die Folgen erleiden. Im Licht des kommenden Reichs Gottes leuchtet nicht nur die Einladung auf, die Ehe in ihrer ursprünglichen Schönheit zu leben. Da kommt Gnade auf Menschen zu, die es nicht schaffen, Gottes Traum von Beziehung zu verwirklichen. Da kommt eine Vergebungskraft auf uns zu, die Menschen hilft, selbst im Zerbruch ehrlich und versöhnend miteinander umzugehen.

Jesus und die Kinder Mk 10,13–16

13 Und sie brachten Kinder zu ihm, damit er sie berühren sollte. Die
Jünger aber fuhren sie an. 14 Als Jesus das sah, wurde er ärgerlich und
sagte zu ihnen: „Lasst die Kinder zu mir kommen, hindert sie nicht (da-
ran), denn solchen (Menschen) gehört die Gottesherrschaft! 15 Darauf
könnt ihr euch verlassen (wörtl.: Amen, ich sage euch): Wer die Got-
tesherrschaft nicht annimmt wie ein Kind, wird nicht hineinkommen."
16 Und er nahm sie auf die Arme und segnete sie, indem er die Hände
auf sie legte.

In der damaligen Gesellschaft galten Kinder nur etwas als zukünftige Erwachsene. Sie waren nicht um ihrer selbst willen wichtig, sondern als Nachkommen eines Mannes. In der sozialen Werteskala rangierten sie am Ende der Reihe „Frauen, Sklaven, Kinder". Jesus dagegen sieht ihre eigene Würde. Kinder sind dem nah, was das Leben lebenswert macht. Sie leben vor, was Leben in der Gottesherrschaft, im Reich Gottes bedeutet: Sie können sich selbst vergessen im Spiel und sind so ganz bei sich. Sie sind ganz gegenwärtig im Wahrnehmen und Erforschen ihrer Welt und so in göttlicher Gegenwart. Sie reagieren unmittelbar und echt und leben so ohne den Umweg des Nachdenkens über ihre Wirkung. Sie nehmen Geschenke an und freuen sich einfach darüber. Sie reagieren vertrauensvoll auf Zuneigung und genießen es, in Beziehung zu sein. So geht Leben mit Gott. So einfach ist das (↗ auch Mt 18,1-9).

Eine gescheiterte Berufung Mk 10,17–31

17 Und als er sich auf den Weg machte, kam einer angelaufen, fiel vor
ihm auf die Knie und fragte ihn: „Guter Meister, was soll ich tun, damit
ich ewiges Leben bekomme (wörtl.: erbe)?" 18 Jesus aber sagte zu ihm:

„Was (soll das, dass) du mich gut nennst? Niemand ist gut, außer EINEM:
Gott! 19 Du kennst die Gebote: ‚Du sollst nicht töten! Du sollst nicht ehebrechen! Du sollst nicht stehlen! Du sollst keine falsche Zeugenaussage machen! Du sollst nicht rauben! Ehre deinen Vater und deine Mutter!'"
20 Er aber antwortete ihm: „Meister, das alles habe ich von meiner Jugend an beachtet." 21 Und als Jesus ihn ansah, liebte er ihn (sofort) und sagte zu ihm: „Eins fehlt dir. Geh, was du hast, verkaufe und gib es Armen, und du wirst einen Schatz im Himmel haben – und komm, folge
mir!" 22 Er aber wurde traurig über dieses Wort und ging gekränkt weg.
Er war nämlich sehr vermögend.

Hier wird die **Frage der Ethik** gestellt, die Frage nach dem Tun des Guten und dessen guten Folgen: Leben, das sich lohnt und vor Gott bestehen bleibt. Die Ethik ist biblisch wichtig. Aber sie ist immer Folge des Handelns Gottes. Sie ist dankbare Antwort. Sie hat weder das erste noch das letzte Wort. Jesus spielt deshalb schon am Anfang der Begegnung auf das grundlegende Bekenntnis Israels zu dem Einen Gott an.

Ethik
↗ **Mt 5,13–16; Mt 5,43–48; Lk 6,31–38**

Dtn 6,4 Höre, Israel, der HERR ist unser Gott, der HERR ist EINER … – Und die Zehn Gebote beginnen mit dem Zuspruch Ex 20,2 Ich bin der HERR, dein Gott, der ich dich aus der Sklaverei in Ägypten geführt habe …

Alle Ethik kommt aus der Gottesbeziehung. Alles gute Handeln ergibt sich aus dem Handeln Gottes an SEINEN Menschen. Die Sozialgebote der Zehn Gebote, die Jesus hier in Auswahl nennt, sind Leitplanken für ein ethisch gelungenes Leben. Aber sie sind nicht von dieser Grundlage abzulösen. Ohne die Gottesliebe kann das Halten der Gebote eine Eigendynamik entwickeln. Das eigene gute Handeln kann sich verselbständigen und alle Anerkennung und Motivation aus sich selbst beziehen. Trotz richtiger Ethik bleibt der Mensch in sich selbst gefangen.

Jesus sieht die hohe Motivation dieses Mannes und liebt ihn mit seinem ganzen Ehrgeiz, alles richtig machen zu wollen. Er sieht seine Sehnsucht, ganz Gott zu dienen. Er lockt ihn zur ganzen Liebe. Er möchte ihn bei sich haben! Der Mann kann nur den unverschämten Anspruch an sein ganzes Leben hören. Das Angebot der Liebe dringt nicht zu ihm durch. So geht er weg als einer, der seine Berufung zur Liebe ausschlägt. Diese Begegnung fragt bis heute nach uns und unserer Berufung zur Liebe Gottes. Gibt es Wichtigeres? Gibt es etwas, das sich dazwischen schiebt in unserem Leben?

23 Da schaut Jesus sich um und sagt zu seinen Jüngern: „Wie schwer
werden die, die Vermögen haben, in die Gottesherrschaft hineinkom-
men." 24 Die Jünger aber erschraken über seine Worte. Jesus fing wieder
(damit) an und sagte zu ihnen: „Kinder, wie schwer ist es, in die Gottes-
herrschaft hinein zu kommen! 25 Es ist leichter, dass ein Kamel durch ein
Nadelöhr hindurch geht, als dass ein reicher Mensch in das Reich Gottes
hineinkommt." Sie aber gerieten völlig außer sich und sagten zueinan-
der: „Wer kann dann überhaupt gerettet werden?" 27 Jesus schaut sie an
und sagt: „Bei Menschen ist es unmöglich, aber nicht bei Gott. Bei Gott
ist alles möglich!"

Es gibt auch eine Variation, die mit einer kleinen Buchstabenveränderung im Urtext das Bildwort in V. 25 verständlicher macht. In manchen alten Handschriften des Markusevangeliums findet sich das so: „Es ist leichter, dass ein Schiffstau durch ein Nadelöhr geht …" Die Parallele zu den Worten eines jüdischen Rabbis vom Elefanten im Nadelöhr, die das „Kamel" im gängigen Text bestätigen würde, findet sich erst im 3. Jh. n. Chr. Aber ob Schiffstau oder Kamel – die Unmöglichkeit bleibt!

Reichtum
↗ Lk 21,1–4

Reichtum scheint so viele Lebensmöglichkeiten zu öffnen. Aber gerade er verschließt Menschen für Gottes Möglichkeiten. Diese Warnung Jesu wird besonders im Lukasevangelium aufgenommen. Dass der überwältigende Zuspruch der Liebe Gottes das Herz der Menschen so erfüllt, dass sie alles dafür hergeben – das ist und bleibt ein unverschämtes Wunder an Menschenherzen. Diese Möglichkeit öffnet Jesus inmitten all unserer Unmöglichkeiten. Deshalb lohnt es sich, den eigenen Lebensstil immer wieder im Licht DES Gottes zu prüfen, der mit SEINER Herrschaft, SEINEM Reich, SEINEM Reich-tum auf uns zukommt.

28 Da fing Petrus an und sagte ihm: „ Schau mal, wir haben alles ver-
lassen und sind dir gefolgt!" 29 Jesus sagte: „Ja, amen, ich sage dir: Es
gibt niemanden, der meinetwegen oder wegen des Evangeliums ein
Haus oder Brüder oder Schwestern oder Mutter oder Vater oder Kinder
oder Äcker verlassen hat, 30 der nicht empfinge hundertfach in dieser
jetzigen Zeit Häuser und Brüder und Schwestern und Kinder und Mütter
und Äcker – unter Verfolgung – und in der kommenden Weltzeit ewiges
Leben. 31 Denn viele Erste werden Letzte und viele Letzte Erste sein."

In der Gemeinschaft, die sich um Jesus bildet, entstehen neue Beziehungen von tiefer Qualität wie in einer Familie. Diese Gemeinschaft ist auch Leidensgemeinschaft, solange die Gottesherrschaft, SEIN Reichtum, noch nicht alle und alles ganz durchdringt.

Jesus sagt zum dritten Mal seinen Weg ins Leid voraus Mk 10,32–34

32 Sie waren aber auf dem Weg und gingen hinauf nach Jerusalem,
und Jesus ging ihnen voran. Sie waren erschrocken, und die ihm folg-
ten, fürchteten sich. Und er nahm wieder die Zwölf zu sich und fing an,
ihnen zu sagen, was ihm widerfahren werde: 33 „Seht, wir gehen hinauf
nach Jerusalem, und der Menschensohn wird den Hohepriestern und
Schriftgelehrten ausgeliefert werden, und sie werden ihn zum Tod ver-
urteilen und den Heiden übergeben 34 und sie werden ihn verspotten,
anspucken, auspeitschen und töten – und nach drei Tagen wird er auf-
erstehen."

Jesus wird mit seiner Leidensansage noch konkreter und drastischer als vorher (↗ Mk 8,31–33; Mk 9,30–32). Dass seine Freunde das weiterhin nicht hören und wahrhaben wollen, zeigt der totale Kontrast ihrer Themen zu seinen. Die Einsamkeit der Passion (↗ Mk 14,32–42) deutet sich schon an.

Beste Plätze oder diakonischer Lebensstil Mk 10,35–44

35 Und Jakobus und Johannes, die Söhne des Zebedäus, treten an
ihn heran und sagen zu ihm: „Meister, wir möchten, dass du uns eine Bit-
te erfüllst." 36 Er sagte zu ihnen: „Was soll ich denn für euch tun?" 37 Sie
aber sagten zu ihm: „Gib uns, dass wir in deiner Herrlichkeit einer rechts
und einer links neben dir sitzen dürfen." 38 Jesus aber sagte zu ihnen:
„Ihr wisst nicht, worum ihr bittet. Könnt ihr den Kelch trinken, den ich
trinke, oder mit der Taufe getauft werden, mit der ich getauft werde?"
39 Sie aber sagten: „Das können wir!" Jesus entgegnete: „Den Kelch, den
ich trinke, werdet ihr trinken, und mit der Taufe, mit der ich getauft wer-
de, werdet ihr getauft werden. 40 Was aber die Plätze an meiner rechten
oder linken Seite betrifft, steht es mir nicht zu, sie zu vergeben, sondern
denen, die dafür (von Gott) vorgesehen sind."

Die Jünger wünschen sich sehnlichst höchste Anerkennung für ihre „Leistung“, Jesus zu folgen. Sie merken dabei gar nicht, dass sie sich an anderen vorbeidrängen wollen. In ihrer großartigen Selbsteinschätzung jedenfalls sind sie nicht zu überbieten. Auch in der Gegenüberstellung ihres Selbstbilds und Jesu Einschätzung der Zukunft deutet sich die Passionsgeschichte an (↗ Mk 14,27).

Das Trinken aus dem Kelch oder Becher des Verderbens ist ein Bildwort aus dem AT. Die Propheten deuteten damit die Katastrophe der Zerstörung Jerusalems (Jes 51,17). Es bedeutet, vernichtendes Gericht, die vernichtenden Folgen eines Lebens zu erleiden, das an Gottes Zielen vorbei gelebt hat. Das letzte Ziel Gottes mit SEINEN Menschen ist jedoch:

> Jes 51,22 Siehe, ich will … den Becher des Zorns aus deiner Hand nehmen, … dass du nicht mehr daraus trinken musst …

Schon hier (↗ auch Mk 10,45) deutet sich das Verständnis der Kreuzes-Katastrophe als stellvertretendes Handeln an. Denn Jesus ist gerecht und verdient ein solches „Gericht“ nicht. Dass er sich dennoch hineinbegibt in die Folgen der Sünde der Menschen, bedeutet für die Seinen, dass sie aus dem „Kelch des Heils“ trinken dürfen (↗ Mk 14,22–25). Die Taufe bedeutet hier Untergetaucht werden in die Chaosfluten des Todes.

41 Als die Zehn das hörten, fingen sie an, sich sehr über Jakobus und
Johannes aufzuregen. 42 Und Jesus ruft sie zu sich und sagt zu ihnen:
„Ihr wisst, dass die, die als Herrscher über die Völker gelten, sie unterdrücken und ihre Großen ihre Macht über sie ausnutzen. 43 Bei euch aber ist
es nicht so! Wer unter euch groß sein will, sei euer Diener (griech.: diakonos), 44 und wer unter euch der Erste sein will, sei der Sklave von allen.

Auch der Freundeskreis Jesu ist nicht davor sicher, eine Ellenbogen-Gesellschaft zu sein. Bis heute kann man diese Gemeinschaft dazu benutzen, alte Muster – sogar Neid – unter dem Etikett des „Dienens“ zu leben. Es gibt Menschen, die machen sich unentbehrlich durch beständigen, tätigen Einsatz für andere. Dankbarkeit und Anerkennung sind ihr Lebenselixier. Es gibt Menschen, die sich „zum Opfer machen“, sobald sie die Kontrolle über eine Situation verlieren oder es nicht so läuft, wie sie sich das vorstellen. Statt rechtzeitig über ihre Vorstellungen zu sprechen und einen Konflikt ehrlich zu klären, lassen sie sich bedauern, dass ihnen übel mitgespielt wurde. Dienen im Sinne Jesu meint nicht, sich durch „Dienen“ die besten Plätze zu sichern oder heimlich zu herrschen. Der diakonische Lebensstil, zu dem Jesus seine Freunde verlocken will, steht im Kontrast zu den heimlichen und unheimlichen Machtstrukturen der Gesellschaft. Sich „zum Sklaven machen“ kann nur, wer die Freiheit hat, immer wieder loszulassen – sogar sich selbst und die eigene Bedeutung. Denn es gibt Einen, der wirklich etwas bedeutet und der es wert ist, sich zu geben. Im Leben mit ihm und durch ihn wartet „nachhaltige“ Würde, die keine Machtspiele nötig hat. So wertvoll sind ihm seine Menschen.

Der Höhepunkt des Markusevangeliums: Das Lösegeldwort Mk 10,45

45 Auch der Menschensohn ist nämlich nicht gekommen, um sich bedienen zu lassen, sondern um zu dienen (auch: diakonisch zu handeln) und sein Leben hinzugeben als Lösegeld für alle Betroffenen (wörtl.: für viele. Das meint im hebräischen Denken eine Gesamtheit).“

Wenn sich damals jemand verschuldete oder sich etwas zu Schulden kommen ließ und nicht bezahlen konnte, musste die ganze Familie in die Schuldsklaverei. Sie fühlten am eigenen Leibe, wie es ist, sich nicht mehr selbst zu gehören. Sie mussten einem „Besitzer“ zur Verfügung stehen und lebten nur noch für die Schulden. Das „Lösegeld“ ist die Möglichkeit, jemanden aus der Sklaverei herauszukaufen, Freiheit zu schenken. Dazu müssen dem, der zahlt, die Verschuldeten schon sehr viel wert sein! Er selbst macht ja nur Verlust.

Nachdem Jesus zum dritten Mal über sein Leid gesprochen hat, gibt er mit dem Wort vom Lösegeld eine Deutung seines kommenden Todes am Kreuz. Auch hier steht ein Wort aus Jes 53 im Hintergrund (↗ Mk 8,31–33; Mk 14,22–25):

Jes 53,10 … Wenn er seine Seele zur Schuldtilgung eingesetzt hat … wird er leben … – Dann spricht Gott selbst weiter, Jes 53,11 … durch seine Erkenntnis wird er, mein Diener, der Gerechte, viele gerecht machen und ihre Schulden auf sich nehmen.

In „Schuldsklaverei" leben – nicht mehr frei sein, sondern verstrickt in Bindungen, die das Leben eng machen und abschnüren –, das ist ein Bild für die menschliche Existenz. Unsere Gesellschaft ist davon gezeichnet. Machtmissbrauch, Konkurrenz, Neid und Lüge, um den Schein zu wahren, sind spürbare Folgen. Jesus will mit seiner freiwilligen Selbsthingabe einen Befreiungsschlag landen. Er gibt nicht nur etwas von sich, sondern sich selbst. Er bezahlt mit seinem Leben. Er schafft damit auch den Durchbruch für ein neues Lebensmodell.

Wem Jesus hier Lösegeld zahlt, bleibt in dem Bild ganz offen. Der Zielgedanke liegt im überraschenden Geschenk, dass einer bereit ist, Verschuldete aus einem unfreien Leben herauszulösen. Sie bekommen das Leben neu geschenkt. Diese Freiheit ist die Grundlage für einen diakonischen Lebensstil. Gleichzeitig bedeutet diese Freiheit die zärtliche und dankbare Bindung an den, der der von Schuld befreites Leben ermöglicht hat. Beides macht aufmerksam, Lebensstil und Lebensziel immer neu zu überprüfen.

Wie der erste Teil des Markusevangeliums mit einer Blindenheilung endet (↗ Mk 8,22–26), so auch der Abschnitt vor der letzten Etappe, vor seinem Eintreffen in Jerusalem. **Am Ende hat einer den Durchblick.**

Der blinde Bartimäus sieht Jesus richtig Mk 10,46–52

46 Und sie kommen nach Jericho. Und als er und seine Jünger und
eine ansehnliche Menschenmenge aus Jericho hinausgingen, saß der
Sohn des Timäus, Bartimäus, ein blinder Bettler, am Weg. 47 Und als er
hörte: „Es ist Jesus von Nazareth!", fing er an zu schreien und zu rufen:
„Sohn Davids, Jesus, erbarme dich meiner!" 48 Und viele fuhren ihn an,
er solle schweigen. Er aber schrie noch viel mehr: „Sohn Davids, erbarme
dich meiner!" 49 Und Jesus blieb stehen und sagte: „Ruft ihn!" Und sie ru-
fen den Blinden und sagen zu ihm: „Nur Mut, steh auf! Er ruft dich!" 50 Er
aber warf seinen Mantel ab, sprang auf und kam zu Jesus. 51 Und Jesus
sprach ihn an und sagte: „Was möchtest du? Was soll ich für dich tun?"
Der Blinde sagte zu ihm: „Mein Rabbi, dass ich sehen kann!" 52 Da sagte
Jesus zu ihm: „Geh, dein Glaube hat dich gerettet!" Und sogleich blickte
er auf und folgte ihm auf dem Weg.

Hier geht es nicht um eine Heilung, bei der der Name keine Rolle spielt. Es geht um das Interesse an einem konkreten Menschen. Bartimäus war bis dahin wahrscheinlich nur eine Randerscheinung, die mit Almosen abgespeist wurde. Jetzt schreit er sich in die Mitte des Geschehens. Noch bevor Jesus Jerusalem erreicht, wird durch Bartimäus ein Messias-Bekenntnis laut. Ob er der von Gott versprochene Messias ist, wird die lebensentscheidende Frage für Jesus werden. Aber Bartimäus benutzt dafür den Titel **„Sohn Davids"**. Nur aus dem Mund des Bartimäus lässt Jesus das gelten (auch ↗ Mk 21,15–16). Denn er ist mit seinem Glauben auf der richtigen Spur. Er glaubt an das Erbarmen des Messias. So versteht auch Mt 1,1 Jesus als „Sohn Davids". Dass der Messias ein Nachkomme Davids sein wird, gehörte nach 2. Sam 7,14 zur Messias-Erwartung in Israel.

In 2. Sam 7,12–14 verspricht Gott dem König David … Ich will dir einen Nachkommen erwecken, der aus deinem Leib kommen wird, und will sein Königtum befestigen … auf ewig … Ich will sein Vater sein, und er soll mein Sohn sein…

Jer 23,5 Siehe, es kommen Tage, spricht der HERR, da werde ich dem David einen gerechten Spross erwecken werde. Der wird als König gut regieren und für Recht und Gerechtigkeit sorgen.

Die atl. Verheißungen wurden in späteren Schriften aufgenommen. So sprechen auch die „Psalmen Salomos", die wahrscheinlich im 1. Jh. v. Chr. entstanden sind, von dem Messias als Sohn Davids. Diese Schrift war bei den Pharisäern zurzeit Jesu sehr bekannt und beliebt.

Ps Sal 17,21ff … lass ihnen entstehen ihren König, den Sohn Davids … und gürte ihn mit Kraft, dass er ungerechte Herrscher zerschmettere, Jerusalem reinige von den Heiden … mit eisernem Stabe zerschmettere er all ihr Wesen, vernichte die gottlosen Heiden …

Gegenüber den Schriftgelehrten mit den sehr konkreten politischen Erwartungen an die Macht des Davidsohnes wird Jesus in Mk 12,35–37 diesen Titel zurückweisen. Der zweite Schrei des Bartimäus nach dem „Sohn Davids" wird von Jesus gehört und erhört. Jesus ruft nun nach ihm. Bartimäus lässt sein altes Leben – den Mantel – hinter sich und vertraut sich Jesus an, denn

Jes 35,4ff … Gott selbst kommt und wird euch retten. Dann werden die Augen der Blinden aufgetan …

Zum zweiten Mal (↗ auch Mk 5,34) würdigt Jesus den Glauben eines Menschen. Bartimäus hat für sich ganz klar, dass er von Jesus Hilfe bekommt. Er lässt sich nicht von dem Gespür dafür abbringen. Er hört auf sich und nicht auf die Leute. So wagt er es, sich mit seinem tiefsten Bedürfnis den anderen zuzumuten, weil das die einzige Möglichkeit ist, zu Jesus durchzudringen. Dieser Glaubensmut findet die Anerkennung Jesu. Aus Bartimäus wird ein Mensch, der „aufblickt": Jesu Weg wird nach Jerusalem „hinauf" gehen, und er geht mit – den Weg ins Leiden. Er wird ein Freund Jesu, der Vorbild im Vertrauen ist für alle, die von ihm lesen.

Die letzte Etappe des Weges Jesu – er lehrt in Jerusalem Mk 11–13

Ein Festzug formiert sich Mk 11,1–11

1 Und als sie sich Jerusalem nähern, in Richtung Bethphage und Be-
thanien und zum Ölberg hin, schickt er zwei seiner Jünger aus 2 und
sagt zu ihnen: „Geht in das Dorf, das vor euch liegt. Und sogleich, wenn
ihr dort hineinkommt, werdet ihr ein Fohlen angebunden finden, auf
dem noch nie ein Mensch gesessen hat. Bindet es los und bringt es
(her). 3 Und wenn euch jemand fragt: ‚Was macht ihr da?' sagt: ‚Der Herr
braucht es, und er schickt es sofort wieder hierher (zurück).'" 4 Und sie
gingen los und fanden ein Fohlen an einem Tor angebunden draußen
an der Straße, und sie banden es los. 5 Und einige Umstehende sagten
zu ihnen: „Was macht ihr da, dass ihr das Fohlen losbindet?" 6 Sie aber
antworteten ihnen, wie Jesus ihnen gesagt hatte, und sie ließen sie (ma-
chen). 7 Und sie bringen das Fohlen zu Jesus und legen ihre Kleider da-
rauf und er setzte sich darauf. 8 Und viele breiteten ihre Kleider auf den
Weg, andere Laubbüschel, die sie auf den Feldern abschnitten. 9 Und die
vorneweg und die hinterher liefen, riefen: „Hosianna! Gepriesen sei ‚der
Kommende' (Ps 118,25) im Namen des HERRN! 10 Gepriesen sei die kom-
mende Herrschaft unseres Vaters David! Hosianna in den Höhen!" 11 Und
er zog ein nach Jerusalem in den Tempel und schaute sich um. Weil es
schon Abend war, ging er mit den Zwölfen hinaus nach Bethanien.

Der Weg nach Jerusalem hinein beginnt mit einer vorbereiteten Situation. Jesus sieht, was geschehen wird. Mitten in dem Leid, das er auf sich zukommen sieht, gibt es kleine, vorbereitete Details, die ihn stärken. Sie zeigen, dass er im Einklang mit Gott handelt. Alles wird sich finden. Das noch nicht eingerittene Fohlen war wahrscheinlich ein Esel. Jesus wird nicht „hoch zu Ross" wie andere Herrscher in die Hauptstadt einreiten. Aber er macht als „Herr" königliche Besitzrechte geltend. Dieses Tier ist mit der Erwartung an einen Friedenskönig verbunden:

Sach 9,9 Juble laut … Tochter Jerusalem! Siehe, dein König kommt zu dir – ein Gerechter und ein Helfer. Er ist demütig und reitet auf einem Esel, einem Fohlen, dem Jungen einer Eselin.

Messianische Erwartung liegt in der Luft. Festpilger, die unterwegs zum Passahfest nach Jerusalem sind, schließen sich den Jüngern Jesu an. Jesus bekommt einen Festzug mit einem „roten Teppich". Ps 118 gehörte zu den Liedern (Ps 113–118), die immer am Fest gesungen wurden (↗ auch Mk 14,22–26). „Der Kommende" aus Ps 118 wurde zur Zeit Jesu messianisch verstanden. „Hoschiah na" auf Hebräisch war ein Hilferuf an Gott, zur Zeit Jesu ein Jubelruf. Jesus wird als der ersehnte Messias gefeiert. Die Liedzeile aus Mk 11,10 steht dagegen nicht im AT und wird die am Passah ohnehin wachsame Besatzungsmacht der Römer in Alarmbereitschaft versetzt haben. Jesus wird mit den Erwartungen an ihn auf seine eigene Weise umgehen. Aber dass der Friedenskönig nicht konfliktscheu und harmoniesüchtig ist, werden die kommenden Episoden zeigen.

Bethanien, das etwa 3 km entfernt von Jerusalem liegt, ist Stützpunkt und Herberge für Jesus während seines Aufenthalts in Jerusalem. Tagsüber wird er sich im weitläufigen Tempelgelände aufhalten.

Die Verfluchung eines Feigenbaums Mk 11,12–14

12 Und am folgenden Tag, als sie aus Bethanien aufbrachen, hatte er
Hunger. 13 Da sah er von weitem einen Feigenbaum, der Blätter hatte,
und ging hin, ob er etwas an ihm fände. Doch als er zu ihm hinkam, fand
er nichts außer Blättern. Es war nämlich nicht die Zeit für Feigen. 14 Da
ergriff er das Wort und sagte zu ihm: „Nie mehr bis in Ewigkeit möge
jemand eine Frucht von dir essen!" Und seine Jünger hörten das.

Es geht um einen Feigenbaum, aber der bildet nur die symbolische Oberfläche eines tieferen Sachverhalts. Was Jesus im Tempelbezirk gesehen hat (↗ Mk 11,11), lässt dermaßen zu wünschen übrig, dass er jetzt eine Verwünschung ausspricht. Im AT wird Israel mit einem Feigenbaum verglichen. Gott wünscht sich „Früchte“: Gottesliebe und Gerechtigkeit.

Jer 8,13 Will ich bei ihnen ernten, spricht der HERR, so sind keine Trauben am Weinstock und keine Feigen am Feigenbaum … ich habe ihnen Verwüster bestellt.

Gott ist es nicht egal, wenn SEINE Anliegen ignoriert werden. Der messianische Jubel kann nicht darüber hinwegtäuschen, dass ersehnte Gerechtigkeit auch mit zurechtbringendem Gericht zu tun hat. Die Gerichtsworte der Propheten sollten die Herzen der Menschen dazu bewegen, umzukehren. So spricht auch Jesus Gericht über Israel bzw. die, die für den Betrieb im Tempel geistlich verantwortlich sind.

Die Demonstration im Vorhof des Tempels Mk 11,15–19

15 Und sie kommen nach Jerusalem. Und als er in die Tempelanlage
hineinkam, begann er, die Verkäufer und Händler auf dem Tempelgelän-
de hinauszuwerfen. Die Tische der Geldwechsler und Stühle der Tauben-
verkäufer stieß er um. 16 Und er ließ nicht zu, dass einer seinen Kram
durch das Tempelgelände trug (, um damit seinen Weg abzukürzen).
17 Und er lehrte sie und sagte zu ihnen: „Steht nicht geschrieben: ‚Mein
Haus soll ein Haus des Gebets genannt werden für alle Völker‘ (Jes 56,7)?
Ihr aber habt daraus eine ‚Räuberhöhle‘ (Jer 7,11) gemacht.“ 18 Und die
Oberpriester und Schriftgelehrten hörten (das) und suchten (nach einer
Möglichkeit), ihn zu vernichten. Sie fürchteten ihn nämlich, denn die
ganze Menschenmenge war außer sich über seine Lehre. 19 Und als es
Abend wurde, gingen sie aus der Stadt hinaus.

Jesus möchte auf dem äußeren Tempelgelände, dem Vorhof der Heiden, den auch nichtjüdische Menschen betreten durften, Menschen aus allen Nationen sehen, die den Einen Gott anbeten. So sehen es die Prophetien des AT kommen.

So sieht es auch Jes 2,2ff: Es wird zur letzten Zeit geschehen, dass dem Berg des Hauses des HERRN … alle Heiden zuströmen werden, und viele Völker werden hingehen und sagen: „Kommt, lasst uns zum Berg des HERRN gehen, zum Haus des Gottes Jakobs, damit ER uns belehre über SEINE Wege und wir auf SEINEN Pfaden." Denn von Jerusalem wird Weisung ausgehen und des HERRN Wort von Jerusalem … so dass sie ihre Schwerter zu Pflugscharen umschmieden werden …

Die „letzte Zeit", die messianische Zeit, ist gekommen – Zeit für Gottesdienst ohne Grenzen –, denn Jesus ist da. Doch vor lauter Geschäftigkeit und den Geschäften, die dort in den Säulenhallen den Tempelkult am Laufen halten, verfehlt der Ort der Offenheit für alle Menschen seinen Sinn. „Die Heiden" hätten gar keinen Platz. Aber die Wechselstuben wurden doch gebraucht! Schließlich mussten die jüdischen Pilger aus anderen Ländern ihre jeweilige Währung in die heilige, „reine" Tempelwährung umtauschen. Die Opfertierverkäufer, die die Tauben als Opfergaben für Leute mit kleinem Geldbeutel anboten, taten doch einen guten Dienst! Sonst hätten die Pilger die Tiere von weither mitschleppen müssen. Aber für Jesus steht nicht der Opferkult im Zentrum, sondern das Gebet, die ganze Hingabe an Gott. (Johannes erzählt von der Aktion mit einer anderen Zuspitzung, ↗ Joh 2,13–17.) Für die Hausmacht der Oberpriester und Schriftgelehrten (↗ Mk 11,27–33) standen die Deutungshoheit der heiligen Vorgänge und die relative Autonomie des Tempels gegenüber der Besatzungsmacht auf dem Spiel. Die Scharfschützen der Römer waren angesichts des Passahfests schon auf den Säulenhallen im Vorhof der Heiden positioniert …

Der chancenlose Feigenbaum und die Chance des Gebets Mk 11,20–25

20 Frühmorgens sahen sie (wieder) den Feigenbaum, als sie daran
vorbei gingen: Er war verdorrt von der Wurzel an. 21 Und Petrus erin-
nert sich und sagt zu ihm: „Rabbi, schau mal, der Feigenbaum, den du
verflucht hast, ist verdorrt." 22 Jesus antwortet und sagt zu ihnen: „Habt
Glauben an Gott. 23 Amen, ich sage euch, wer zu diesem Berg sagt: ‚Er-
hebe dich und wirf dich ins Meer' und in seinem Herzen nicht zweifelt,
sondern glaubt, dass das geschieht, was er sagt, wird es für ihn gesche-
hen. 24 Deshalb sage ich euch: Alles, worum ihr betet und bittet – glaubt,

dass ihr es empfangt, und es wird für euch geschehen. **25** Und wenn ihr steht und betet, vergebt, wenn ihr etwas gegen jemanden habt, damit euch euer Vater, der im Himmel ist, eure Verfehlungen vergibt."

Das Wort Jesu war effektiv (↗ Mk 11,12–14). Von der Wurzel an ist der Feigenbaum verdorrt und macht symbolisch die geistliche Zielverfehlung der Leitungsorgane des Tempelkults sichtbar. Was aber ist ein geistliches Ziel in den Augen Jesu? Jesus lädt dazu ein, sich im Vertrauen zu verwurzeln. Das Vertrauen in Gottes gütiges Wirken – nicht in die eigenen Glaubensfähigkeiten – lässt Menschen Wunderbares empfangen. Die tiefe Liebesbeziehung zu Gott bestimmt dann auch die Inhalte der Gebete. Jesus benutzt hier eine schon damals sprichwörtliche Redeweise. „Berge versetzen" bedeutet, etwas Unmögliches möglich zu machen – sogar, dass Reiche gerettet werden (↗ Mk 10,27)! **Mk 11,25** macht klar, dass Gott sich nicht für Bitten um Vergeltung in Anspruch nehmen lässt. „Der Tempel" ist dort, wo Menschen sich im Vertrauen ganz in Gott verwurzeln und im Gebet zusammenstehen. Die ungemütlichen Aktionen Jesu in diesem Kapitel sind bleibende Anfrage – auch für die zukünftige Gemeinde der Christen!

In Mk 11,27–12,40 stellt Jesus sich den Fragen seiner Gegner. Die Gegenmacht zum messianischen Festzug formiert sich. Jesus geht mit allen Gruppierungen in Kontakt. Das Kennzeichen seiner **„Streitgespräche"**: Er greift nie seine Gegner persönlich an. Immer überrascht er auf der Sachebene!

Die Frage nach der Autorität Jesu Mk 11,27–33

27 Und sie kommen wieder nach Jerusalem. Und als sie in der Tempelanlage herumgehen, kommen die Oberpriester und die Schriftgelehrten und die Ältesten zu ihm **28** und sagen zu ihm: „In welcher Vollmacht tust du das? Oder wer hat dir diese Autorität gegeben, dass du das tust?" **29** Jesus aber sagte zu ihnen: „(Auch) ich werde euch eine Frage stellen. Wenn ihr mir (die) beantwortet, werde ich euch sagen, in welcher Autorität ich handle: **30** Die Taufe des Johannes – war die vom Himmel oder von Menschen? Antwortet mir." **31** Da diskutierten sie miteinander und sagten: „Wenn wir sagen: ‚vom Himmel' wird er sagen: ‚Warum habt ihr ihm nicht geglaubt?' **32** Aber wenn wir sagen: ‚von Menschen' …" Sie fürchteten (die Reaktion) der Menge. Alle waren nämlich davon überzeugt, dass Johannes wirklich ein Prophet gewesen war. **33** Da antworten sie Jesus, indem sie sagen: „Wir wissen (es) nicht." Da sagt Jesus zu ihnen: „Dann sage ich euch auch nicht, kraft welcher Autorität ich das tue."

Wie konnte Jesus es wagen, im Tempelbereich einen Tumult anzuzetteln (↗ Mk 11,15–19), der die Sicherheit aller hätte gefährden können? Genauso wie die Jerusalemer Autoritäten nicht zugeben können, dass Johannes der Täufer von Gott kam, so wollen sie Jesus nicht mit Gott zusammenbringen.

Diese Gruppen, die nach der Autorität Jesu fragten, gehörten zum **Hohen Rat oder Synedrium** (sprich: Synhedrium). Es war als Verwaltungsbehörde und oberste Gerichtsbarkeit in Jerusalem angesiedelt und hatte 72 Mitglieder. Die Hohepriester oder Oberpriester waren der Mitarbeiterkreis des Hohepriesters, der eine hervorgehobene Stellung hatte. **Der Hohepriester** repräsentierte das Volk Israel vor Gott und war gleichzeitig der Bevollmächtigte Gottes gegenüber dem Volk. Er amtierte als solcher vor allem am großen Versöhnungstag, an dem er das einzige Mal im Jahr als einziger Mensch den innersten Raum des Tempelbezirks, das Allerheiligste, betreten durfte. Er musste dazu seine kultische Reinheit durch das Befolgen genauer Regelungen bewahren (↗ Mk 15,38). Genauso wichtig war seine Abstammung von Zadok, dem davidischen Hohepriester aus dem Hause Aarons. Das Hohepriesteramt wurde also vererbt. Als diese Vorschrift (aus 1. Chr 5) im 2. Jh. v. Chr. angetastet wurde, gab es schwere innerjüdische Konflikte. Um den Hohepriester herum gab es **die Oberpriester** oder Hohepriester, auch aus zadokidischer Abstammung (deshalb „Sadduzäer", ↗ Mk 12,18ff). Sie bildeten ein Kollegium für die laufenden Angelegenheiten, unter ihnen z. B. der Tempelhauptmann mit der Aufsicht über den Kultbetrieb und die Polizei und die Tempelaufseher und Schatzmeister. Die **Ältesten** im Hohen Rat waren die Vertreter der führenden Familien des judäischen Landadels. Sie waren meist Großgrundbesitzer oder durch Handel reich geworden. Auch sie gehören der Gruppe der Sadduzäer an. Sie waren mächtig und angesehen. Die **Schriftgelehrten** waren erst seit ca. 70 v. Chr. Mitglieder im Hohen Rat – nicht durch ihre Abstammung, sondern durch ihr Wissen. Sie waren Theologen, die „das Gesetz", die heiligen Schriften kannten und auslegten. Sie waren Juristen, die die Schriften auf das tägliche Leben anwandten – mit richterlicher Befugnis und der Autorität, Strafen zu verhängen. Durch sie war Jerusalem zur Zeit Jesu Zentrum der theologischen Wissenschaft. Diese Schriftgelehrten waren die Führungsgruppe der

Pharisäer, die damals den größten theologischen Einfluss auf die Menschen hatten (↗ Mk 2,13–17). Im Gegensatz zu den Sadduzäern waren sie keine Gruppe mit priesterlicher Abstammung, sondern eine Laienbewegung. Ihr Lebensideal war, im Alltag die Treue zum Gesetz zu praktizieren. Ihre mündliche Auslegung wurde dabei bis auf Mose zurückgeführt.

Parabel von den üblen Pächtern
Mk 12,1–12
↗ Mt 21,33–45

Der Anspruch Jesu, mit Gott in engstem Zusammenhang zu stehen – SEIN Bevollmächtigter zu sein – ist Konkurrenz für den amtierenden Hohepriester und wird zu einem tödlichen Konflikt werden. Davon spricht Jesus in der Parabel von den üblen Pächtern.

Die Frage nach der Steuer für den römischen Kaiser Mk 12,13–17

13 Und sie schickten einige Pharisäer und Herodes-Anhänger (von
Herodes Antipas in Galiläa) zu ihm, um ihm eine Fangfrage zu stellen.
14 Und sie kommen und sagen zu ihm: „Meister, wir wissen, dass du
wahrhaftig bist, und du kümmerst dich nicht darum (, was jemand von
dir denkt). Denn du achtest nicht auf das Ansehen der Menschen, sondern lehrst in Wahrheit den Weg Gottes. Ist es richtig, dem Kaiser Steuern zu zahlen oder nicht? Sollen wir zahlen oder nicht?“ 15 Er aber durch-
schaute ihre Scheinheiligkeit und sagte zu ihnen: „Warum stellt ihr mich
auf die Probe? Bringt mir einen Denar, damit ich (ihn mir) ansehe.“ 16 Sie
aber brachten (ihm) einen. Und er fragt sie: „Wessen Bild und Aufschrift
ist das?“ Sie sagten zu ihm: „Des Kaisers.“ 17 Jesus aber sagte zu ihnen:
„So gebt dem Kaiser, was dem Kaiser gehört, und Gott, was Gott gehört.“
Und sie staunten über ihn.

Während es heute eher um die Ehrlichkeit bei der Steuererklärung geht, steht hier eine ganz andere Frage im Hintergrund: Kann und darf das jüdische Volk, das ganz unter Gottes Herrschaft stehen soll, durch die Steuerzahlung einen heidnischen Herrscher über sich anerkennen – zumal der römische Kaiser göttliche Verehrung für sich beanspruchte und das sogar auf den Münzen eingraviert war? Die **Zeloten** verneinten das. Ihr Name bedeutet „Eiferer“. Das war eine bewaffnete jüdische Widerstandsbewegung, die jedes Zugeständnis an die Besatzungsmacht ablehnte und Israel zu einer Theokratie, einem Gottesstaat, machen wollte. Sie werden im Zusammenhang der Steuererhebung 6 n. Chr. zum ersten Mal in der Geschichtsschreibung erwähnt. (Der erste Teil dieser Kaisersteuer, die Registrierung, fand 7 v. Chr.

statt, ↗ Lk 2,1ff.) Die Zeloten sahen in der Steuerzahlung einen Verstoß gegen das erste Gebot.

Ex 20,2f … Ich bin der HERR, dein Gott, der dich aus der Sklaverei in Ägypten befreit hat. Du sollst keine anderen Götter neben mir (wörtl.: mir ins Angesicht) haben.

Gottes Königtum in Israel duldet nach dem Verständnis der Zeloten keine andere Herrschaft. Dafür litten und starben sie. Mit dem Märtyrertod wollten sie die Sünden Israels sühnen. Ihr Widerstandszentrum war in Galiläa, wenige Kilometer von Nazareth entfernt. Es wurde zerstört. Jesus ist sozusagen mit dem Blick auf diese Ruinen aufgewachsen. Die Falle besteht nun darin, dass Jesus sowohl mit einem Ja als auch einem Nein in Schwierigkeiten käme. Wenn Jesus Nein zu der Steuer sagt, könnten sie ihn bei den Römern wegen Rebellion anzeigen. Sagt er Ja, würde das die Menschen gegen ihn als „Freund der Römer" aufbringen, die ihn als messianischen Befreier gefeiert haben. Mit seiner Antwort beeindruckt er die Gegner. Einem Gottesstaat, den Menschen aufrichten, erteilt Jesus hier indirekt eine Absage. Der Staat hat die Aufgabe, durch Steuereinnahmen für das Gemeinwohl zu sorgen. Das Wort Jesu bedeutet aber nicht, dass der Staat auf den ganzen Menschen Anspruch erheben kann, denn Menschen tragen die Prägung durch Gott.

Gen 1,27 Gott schuf den Menschen nach seinem Bild …

Es bedeutet aber auch nicht, dass sich die spätere christliche Gemeinde in die Innerlichkeit zurückziehen und Glauben als Privatsache betrachten soll.

Die Frage nach der Auferstehung Mk 12,18–27

18 Und es kommen Sadduzäer zu ihm, die sagen, dass es keine Aufer-
stehung gibt, und fragten ihn folgendes: 19 „Meister, Mose hat uns (vor)
geschrieben (Dtn 25,5; Gen 38,8): ‚Wenn jemandes Bruder stirbt und eine
Frau zurücklässt, aber kein Kind hinterlässt, soll sein Bruder sie (zur) Frau
nehmen und seinem Bruder Nachwuchs hervorbringen.' 20 Nun waren
da (einmal) sieben Brüder. Und der erste nahm eine Frau, und als er starb,
hinterließ er keine Nachkommen. 21 Und der zweite nahm sie und starb,

ohne Nachkommen zu hinterlassen, ebenso der dritte. 22 Und die Sie-
ben hinterließen keine Nachkommen. Als Letzte von allen starb auch die
Frau. 23 Bei der Auferstehung – wenn sie auferstehen –, welchem von
ihnen wird die Frau gehören? Denn alle sieben hatten sie als Frau." 24 Je-
sus sagte zu ihnen: „Irrt ihr nicht deshalb, weil ihr weder die Schriften
noch die Kraft (griech.: dynamis) Gottes kennt? 25 Wenn sie nämlich von
den Toten auferstehen, heiraten sie nicht, noch werden sie verheiratet,
sondern sie sind wie die Engel im Himmel. 26 Was aber die Toten betrifft,
dass sie auferweckt werden – habt ihr nicht im Buch Mose gelesen, wie
Gott am Dornbusch zu ihm sagt: ‚Ich bin der Gott Abrahams und der
Gott Isaaks und der Gott Jakobs' (Ex 3,6)? 27 ER ist nicht ein Gott der To-
ten, sondern der Lebenden! Ihr irrt euch gewaltig!"

Ob Jesus die aus dem Recht der „Schwagerehe" heraus konstruierte Geschichte genauso menschenverachtend fand wie wir heute? Jedenfalls sieht er Leben in Gottes Wirklichkeit nicht als die unendliche Fortsetzung bisheriger Lebensverhältnisse. Jesus lässt sich die Hoffnung auf ein Eingreifen Gottes über den Tod hinaus nicht lächerlich machen.

Jesus begegnet dabei den **Sadduzäern** (Nachkommen Zadoks, ↗ Mk 11,27–33) bei seiner theologischen Argumentation auf der von ihnen anerkannten theologischen Grundlage. Dieser Gruppe gehörten die leitenden Priesterfamilien an, aber auch die führenden Familien Jerusalems und der Landadel Judäas. Sie bildeten die Mehrheit innerhalb des Hohen Rats, waren also die mächtigste, reichste und angesehenste Partei. Für sie standen der Tempeldienst im Mittelpunkt und die Erhaltung seiner Eigenständigkeit auch unter der römischen Besatzung. Sie standen der Laienbewegung der Pharisäer als priesterlicher Adel mit „reinen Stammbäumen" kritisch gegenüber. Sie erkannten nur die 5 Bücher Mose als theologische Grundlage an. Hoffnung auf Gottes zukünftiges Heil (↗ Mk 13) lehnten sie ab. Zukunft Gottes gab es für sie nur im Tempelstaat innerhalb der Geschichte – und nur für Israel. Den Menschen sahen sie als endliches, verantwortliches Wesen: Menschen müssen durch ihre eigene Kraft ihr Leben nach dem Gesetz gestalten.

Tatsächlich gehört die Anerkennung der Endlichkeit menschlichen Lebens zentral zur gesamten atl. Tradition. Eine „selbstverständliche" Auferstehungshoffnung ist dem biblischen Glauben fremd. Ein „von Natur aus" unsterblicher Kern im Menschen, der den Tod einfach als „unsterbliche Seele" überlebt, ist nicht mit der biblischen Hoffnung zu vereinbaren. Trotzdem drängt sich die Hoffnung auf Gott, der die Beziehung zu SEINEN Menschen auch durch den Tod hindurch festhält, in das atl. Offenbarungszeugnis Israels hinein. Aber Jesus führt hier nicht Ps 73 oder Jes 26 an, weil diese Stellen keine Gültigkeit für die Sadduzäer hätten. Er bleibt auf dem Boden der 5 Bücher Mose.

Auferstehungshoffnung im AT
↗ Joh 11,25

Überraschenderweise sieht er im Namen Gottes am brennenden Dornbusch den Hinweis auf ein Leben in IHM auch nach dem Tod. Dass Gott sich darin zu den Urvätern und mit ihnen auch zu den Urmüttern Israels bekennt und sich durch sie definiert, ist für Jesus ein Hinweis darauf, dass er an ihnen über den Tod hinaus festhält. Die Denkweise Jesu: Wer mit dem EINEN namentlich verbunden ist, hat Anteil an SEINER lebendig machenden Kraft. Aber gleichzeitig bleibt Jesus der Grundlinie des AT treu: Alles hängt an Gott, nicht an den Möglichkeiten des Menschen. Jesus relativiert hier auch die Bedeutung der Sexualität: Stellt euch eine Welt Gottes vor, in der ein Mensch als Person um Gottes Willen wichtig ist und nicht wegen seiner oder ihrer sexuellen Orientierungen oder Funktionen!

Die Frage nach dem wichtigsten Gebot Mk 12,28–34

28 Da trat einer der Schriftgelehrten zu ihm. Er hatte gehört, wie sie
diskutierten, und fand, dass er gut geantwortet hatte. Er fragte ihn: „Wel-
ches ist das erste Gebot von allen?“ 29 Jesus antwortete: „Zuerst kommt:
‚Höre, Israel, der HERR, unser Gott, ist der einzig-eine HERR, 30 und du
sollst den HERRN, deinen Gott, lieben aus deinem ganzem Herzen und
deiner ganzen Seele (griech.: psyche) und deinem ganzen Verstand und
deiner ganzen Kraft‘ (Dtn 6,4). 31 Als zweites dies: ‚Liebe deinen Nächs-
ten wie dich selbst‘ (Lev 19,18). Größer als diese (beiden) ist kein anderes
Gebot.“ 32 Da sagte der Schriftgelehrte zu ihm: „Gut, Meister, das ent-
spricht der Wahrheit, was du gesagt hast: ER ist DER EINZIGE, und es
gibt keinen anderen neben IHM, 33 und IHN zu lieben aus ganzem Her-
zen und ganzem Verstand und aller Kraft und den Nächsten zu lieben
wie sich selbst ist viel wichtiger als alle Brandopfer und Schlachtopfer.“
34 Und als Jesus sah, dass er klug geantwortet hatte, sagte er zu ihm: „Du
bist nicht weit (entfernt) von der Gottesherrschaft.“ Da wagte niemand
mehr, ihm eine Frage zu stellen.

Die Gruppen der Gegner Jesu werden immer wieder aufgebrochen. Jesus nimmt echte Fragen ernst. Denn die heiligen Schriften bedürfen der Auslegung. Sie sind umfangreich, weil sie über Jahrhunderte gewachsen sind. Unzählige Situationen werden erzählt, kommentiert und vom Willen Gottes her beleuchtet. In allem meldet sich Gott selbst zu Wort. Das ist ihr Anspruch. Es gehört viel dazu, sich darin auszukennen, zu gewichten und das Wesentliche erfassen zu können. Dazu muss jemand ganz in ihnen leben. Dazu muss jemand im Einklang mit Gottes Willen sein, um im Konzert alles Gebotenen die zentralen Klangmotive herauszuhören. Jesus erfasst das Wesentliche, weil er ganz von dem Gott erfasst ist, der sich in all den verschiedenen Schriften offenbart. Die Zusammenfassung „der Schrift" in diesen beiden Geboten ist aus der Zeit vor Jesus nirgends überliefert.

In der schriftgelehrten, pharisäischen Theologie hatte man alle Gebote der Thora gezählt und für wichtig erklärt: 248 Gebote und 365 Verbote ergaben zusammen 613 Einzelgebote. Jesus gewichtet: Dtn 6,4f ist das sogenannte **Schema Israels** (Betonung auf der zweiten Silbe). Es ist nach dem ersten hebräischen Wort dieses Bibelverses genannt, das „höre!" bedeutet. Es ist das Grundbekenntnis Israels zu seinem einzigartigen Gott. Die Liebe zu diesem Gott ist nicht als romantische Gefühlsbewegung gemeint. Sie kommt aus den inneren Zentren des Menschen: dem Herzen als Personzentrum, der Seele als Quelle der Lebendigkeit, dem Denken, Können und Wollen. Gleichzeitig bewirkt sie dort eine innere Sammlung. Die Ausrichtung des ganzen Lebens auf diesen besonderen Gott hin ist Hingabe. Sie bewegt aber gleichzeitig einen Menschen von sich selbst weg. Die Nächstenliebe ergibt sich daraus wie von selbst. Dieses Gebot der Nächstenliebe aus Lev 19,18 hat weniger mit Sympathie zu tun als mit gelebter Empathie – Mitfühlen und helfen, wo konkretes Tun gefragt ist. Das „wie dich selbst" ist dabei kein eigenes „Gebot", sondern die gegebene Voraussetzung, dass sich jemand in einen anderen Menschen hineinversetzen und Bedürfnisse oder Interessen erspüren kann. In der Gottes- und Nächstenliebe erfüllt sich unser Menschsein auf tiefste Weise (↗ Mk 2,1–12).

Nächstenliebe
↗ **Lk 10,25–37**

Der Schriftgelehrte nimmt die Antwort Jesu auf und denkt sie selbständig und schriftgemäß weiter im Sinne der prophetischen Kritik an einem nur äußerlichen Opferwesen:

Z. B. Hos 6,6 … Denn an Liebe habe ich Lust und nicht am Opfer, an der Erkenntnis Gottes mehr als an Brandopfern.

Jesus spürt die innere Nähe zu ihm und gibt ihm eine Zusage: Er ist nah an der Gottesherrschaft, an Gottes Reich, das im Kommen ist!

Ganz nah an dem, wofür Jesus lebt. Gott lieben und deshalb und daraus herausfließend den oder die Nächste lieben – wer die Einheit dieses „Doppelgebots“ bejaht, ist nah an Jesus, nah an wirklichem, erfülltem Leben.

Jesus stellt die Frage nach der Davidsohnschaft des Messias Mk 12,35-37

35 Und Jesus ergriff das Wort, als er im Tempelgelände lehrte, und
sagte: „Wieso sagen die Schriftgelehrten, der Messias sei ‚Sohn Davids‘?
David selbst hat (doch) durch den Heiligen Geist gesagt: ‚Der HERR hat
zu meinem Herrn gesagt: Setze dich zu meiner Rechten, bis ich dir deine
Feinde zu Füßen lege‘ (Ps 110,1). 37 David selbst nennt ihn (also) Herr – wie
kann er dann sein Sohn sein?“ Und eine große Menge Menschen hörte
ihn mit Vergnügen.

Aus dem Mund von Bartimäus hat sich Jesus den Titel „Sohn Davids“ als messianische Hoffnung gefallen lassen (↗ Mk 10,47ff). Beim Einzug in Jerusalem (↗ Mk 11,10) wurde mit der Messiaserwartung der Festpilger und Pilgerinnen die Hoffnung auf das kommende „Reich unseres Vaters David“ laut. Das hat Jesus zugelassen. Jetzt ist er in Jerusalem in der beständigen Diskussion mit den mächtigen Kreisen Israels. Dort distanziert er sich von diesem Titel. Er ist machtpolitisch aufgeladen. Jesus aber wird einen anderen Weg gehen, einen erniedrigenden Weg. Das kann dieser Titel nicht aussagen. Um ihn als zentrales Messiasprädikat in Frage zu stellen, zitiert Jesus Ps 110. Dabei geht es nur um die einleitenden Worte: Der König David, der Sprecher der Worte, hört ein Wort Gottes, des HERRN an einen Herrn. Dieser Herr wird als Messias gedeutet. Jesus folgert daraus, dass die menschliche Davids-Abstammung nicht genügt, um das Wesen des Messias-Christus zu beschreiben.

Jesus stellt eine bestimmte Art von Schriftgelehrten in Frage Mk 12,38–40

38 Und in seinem Lehrgespräch sagte er: „Nehmt euch in Acht vor
den Schriftgelehrten, die in langen Gewändern herumgehen und Begrüßungen auf den öffentlichen Plätzen wollen und vorderste Plätze in den
Synagogen und Ehrenplätze bei den Gastmählern, 40 die die Häuser der

Witwen zugrunde richten und zum Schein lange beten – diese werden ein Urteil über die Maßen (von Gott) empfangen."

Nach der Begegnung mit dem Schriftgelehrten, dem sich Jesus nah und verbunden fühlt (↗ Mk 12,28–34), wird jetzt der Blick auf die gerichtet, mit denen er nichts anfangen kann. Sie benutzen ihre Stellungen als Anwälte dazu, um Arme auszunutzen. Das Gebet dient nicht der Konzentration der inneren Lebenszentren auf Gott, sondern der Außenwirkung. Ihr ganzes Leben dreht sich um die Anerkennung durch andere. Am Ende wird die Bilanz heißen: am wahren Leben vorbei gelebt. Dass Jesus das so schonungslos anspricht, kann zu einem neuen Anfang führen.

Die Rede Jesu vom Ende der Zeiten Mk 13,1–37

1 Und als er aus dem Tempelgelände hinausgeht, sagt einer seiner
Jünger zu ihm: „Meister, schau, was für (beeindruckende) Steine und was
für Bauten!" 2 Und Jesus sagte zu ihm: „Du siehst diese großen Bauten?
Kein Stein wird hier auf dem anderen bleiben und nicht herausgebro-
chen werden." 3 Und als er auf dem Ölberg saß, gegenüber vom Tempel,
fragten ihn Petrus und Jakobus und Johannes und Andreas, als sie unter
sich waren: 4 „Sag uns, wann das sein wird und was das Zeichen (dafür
sein wird), wann sich das alles erfüllen wird?" 5 Jesus aber begann ihnen
zu sagen: „Seid aufmerksam, damit euch nicht jemand in die Irre führt.
6 Viele werden in meinem Namen kommen und sagen: ‚Ich bin's!' und
viele in die Irre führen. 7 Wenn ihr aber von Kriegen hört und Kriegsge-
rüchten, lasst euch nicht abschrecken (, an die Gottesherrschaft zu glau-
ben). ‚Es muss so geschehen' (Dan 2,28). Aber es ist noch nicht das Ende,
das Ziel Gottes (griech.: telos). 8 Es wird sich Volk gegen Volk erheben
und ‚Königreich gegen Königreich' (Jes 19,2). Es wird an verschiedenen
Orten Erdbeben geben und Hungersnöte. Das ist der Anfang der Wehen.

9 Achtet aber auf euch selbst: Sie werden euch an Behörden (griech:
synedria) ausliefern und in Zusammenkünften (griech.: synagogas) aus-
peitschen. Vor Statthalter und Könige werden sie euch um meinetwillen
stellen – ihnen zum Zeugnis (griech.: martyrion). 10 Und allen Völkern
muss zuerst (bevor das Ende kommt) das Evangelium (, die ganze Ge-
schichte von Jesus Christus) verkündet werden. 11 Und wenn sie euch
abführen und ausliefern, sorgt euch nicht vorher, was ihr sagen werdet,
sondern was euch gegeben wird in jener Stunde, das sagt. Denn nicht

ihr seid es (dann), die reden, sondern der Heilige Geist. 12 Und ein Bruder
wird den anderen Bruder an den Tod ausliefern und ein Vater sein Kind,
und ‚Kinder werden gegen ihre Eltern aufstehen' (Mi 7,6) und sie töten.
13 Und ihr werdet von allen gehasst werden um meines Namens willen.
Wer aber standhält (auch: aushält) bis zum Ziel (auch: Ende), der wird (in
die Gottesgemeinschaft hinein) gerettet werden.

14 Wenn ihr aber den ‚Gräuel der Verwüstung' (Dan 12,11) stehen
seht, wo er nicht stehen darf – Lesende aufgepasst! –, dann sollen die,
die in Judäa sind, in die Berge fliehen. 15 Wer auf dem Hausdach ist, soll
nicht hinabsteigen und hineingehen, um etwas aus dem Haus zu holen,
16 und wer auf dem Feld ist, kehre nicht zurück, um seinen Mantel zu
holen. 17 Weh aber den Schwangeren und Stillenden an jenen Tagen.
18 Betet aber, dass es nicht im Winter geschieht. 19 Jene Tage werden
nämlich eine Bedrängnis sein (griech.: thlipsis), ‚wie sie seit Anfang der
Schöpfung, die Gott geschaffen hat, nicht gewesen ist bis jetzt' (Dan 12,1)
und wie sie es auch nicht mehr geben wird. 20 Und wenn der HERR die
Tage nicht verkürzt hätte, würde niemand gerettet. Doch wegen der
Erwählten (, der zu Gott gehörenden Menschen), die ER erwählt hat
(– nicht sie selbst müssen die Helden und Heldinnen sein –), hat ER die
Tage verkürzt.

21 Und wenn dann jemand zu euch sagt: ‚Schau, hier ist der Messias
(griech.: Christos), schau, dort' – glaubt (es) nicht! 22 Denn es werden
Pseudo-Messiasse und Pseudo-Propheten auftreten und Zeichen und
Wunder tun, um – wenn möglich – die Erwählten irre zu führen. 23 Ihr
aber habt Acht! Ich habe euch alles vorhergesagt.

24 Aber in den Tagen nach jener Bedrängnis ‚wird die Sonne ver-
finstert werden und der Mond wird seinen Schein nicht (mehr) geben
25 und die Sterne werden vom Himmel fallen und die Kräfte in den Him-
meln werden erschüttert werden' (Jes 13,10; 34,4). 26 Und dann werden
sie den ‚Menschensohn auf den Wolken kommen' (Dan 7,13) sehen (– er
kommt aus Gottes Wirklichkeit heraus –) mit großer Kraft und Herrlich-
keit 27 Und dann wird er die Engel senden und die Erwählten (– die, die
Sehnsucht haben, dazuzugehören, wenn sie das lesen) aus den vier Win-
den einsammeln vom äußersten Ende der Erde bis zum äußersten Rand
des Himmels.

28 Vom Feigenbaum lernt das Gleichnis: Wenn sein Zweig frische Trie-
be ansetzt und die Blätter hervortreibt, so wisst ihr, dass der Sommer
nahe ist. 29 So auch ihr, wenn ihr das geschehen seht, wisst, dass es (das
Kommen des mächtigen Menschensohns Jesus) nahe vor den Türen ist.

30 Wahrhaftig, ich sage euch: Diese Generation wird nicht vergehen, bis
das alles geschieht. 31 Der Himmel und die Erde werden vergehen, mei-
ne Worte aber werden nicht vergehen. 32 Doch jenen Tag oder die Stun-
de kennt niemand, weder die Engel im Himmel noch der Sohn, außer
dem Vater.

33 Haltet die Augen offen, seid wachsam! Ihr wisst ja nicht, wann die-
se (alles entscheidende) Zeit ist. 34 (Es verhält sich damit) wie wenn ein
Mensch verreist. Er hat sein Haus verlassen und seinen Sklaven die Bevoll-
mächtigungen gegeben – jedem für seine Aufgabe – und dem Türsteher
befohlen, dass er wachen soll. 35 Seid nun wachsam! Ihr wisst nämlich
nicht, wann der Herr des Hauses kommen wird – ob abends oder Mitter-
nacht oder beim (ersten) Hahnenschrei oder frühmorgens. 36 Nicht dass
er plötzlich kommt und euch schlafend findet! 37 Was ich euch sage,
sage ich allen: Seid wachsam (– widmet euch eurer Aufgabe)!"

Die Welt wird enden. Die **„apokalyptischen" Texte** des NT, die sich mit diesem Weltende beschäftigen, nehmen Ansagen über „den letzten Tag", den „Tag des HERRN", aus dem AT in sich auf. So geschieht das hier in der Endzeitrede Jesu, wo sie als Zitate gekennzeichnet sind, aber besonders auch in der „Offenbarung an Johannes" am Ende des NT. Markus hat die Worte Jesu, die über das Ende der Geschichte hinausschauen, wie ein Vermächtnis vor seinem Ende zusammengestellt. Diese prophetisch-apokalyptischen Worte wollen nicht Albträume bestätigen und Ängste in die Welt setzen. Sie nehmen den Schrecken auf, den die Menschen selbst hervorbringen. Sie schauen hin, wozu Menschen fähig sind. Sie machen die Wehen der Welt, der bebenden Erde, zum Thema. Sie flüchten nicht in grundlosen Optimismus, der die Augen vor der Wirklichkeit verschließt. Menschen machen alles, was in ihren Möglichkeiten steht. Das ist der Schrecken der Welt. Der ganze Kosmos wehrt sich vergeblich. Die apokalyptischen Texte stellen sich diesen Szenen des vernichtenden Untergangs. Sie beschwören ihn nicht herauf, sie benennen ihn. Das Leid wird dadurch gewürdigt: Es wird aus der Sinnlosigkeit in ein Größeres eingeordnet. Es bekommt einen Ort. Aus Schmerzens-Wehen wird Gott etwas Neues hervorgehen lassen! Das Leid ist nicht das Letzte und Endgültige. Das ist der einzige Trost angesichts des Leids.

So helfen die Texte, Leid zu deuten, zu verarbeiten und seine Überwindung von Gott her zu erwarten – die grausame Zerstörung Jerusalems, die Jesus hier prophetisch kommen sieht, die Christenverfolgungen, z. B. unter Nero, und all die für die ersten Leserinnen und Leser des Markusevangeliums gegenwärtigen Bedrängnisse.

MK 13,14 Dass sich das „Lesende aufgepasst“ und das „Gräuel der Verwüstung“ auf die Zeit der ersten Verbreitung des Markusevangeliums bezieht, ist offensichtlich. Das „Gräuel“ ist ein Ausdruck aus dem 2. Jh. v. Chr., als der hellenistische Herrscher Antiochus Epiphanes/der Erleuchtete 168 v. Chr. ein Bild des Zeus im Allerheiligsten in Jerusalem aufstellen ließ. Es gibt viele Überlegungen, worauf der Text in der Zeit des Markus anspielt. Es könnte die Entweihung des Tempels bei der Zerstörung Jerusalems im Jahr 70 n. Chr. gemeint sein. Jedenfalls geht es um die Zerstörung und Verfremdung der Orte, die Beziehung und Kontakt mit Gott – dem Schöpfer, Erlöser und Vollender der Welt – ermöglichen. Die Aufforderung zur Flucht V. 14f zeigt: Es gibt Situationen, wo es geraten ist, „in den Untergrund“ zu gehen.

Über die Deutung damaliger Vorgänge hinaus bleibt ein „Überhang“. Er gilt durch die Zeiten hindurch und über sie hinaus, um kommendes Elend von Kriegen und Katastrophen, menschlichem Verrat und Größenwahn und die Strukturen von „Pseudo- bzw. Antichristen“ bis in die heutige Zeit ernst zu nehmen und zu „durchschauen“. Besonders in totalitären Regimen waren und sind die apokalyptischen Texte der Bibel eine Seh-Hilfe und Kraftspender.

Das Leid ist nicht unendlich. Gott selbst begrenzt es. Das endgültige Kommen der Gottesherrschaft wird dadurch nicht in Frage gestellt. In allem Schrecken bleibt Gott letzte Wirklichkeit. ER und SEIN „Menschensohn“ Jesus werden dem Schrecken der Menschen rettendes Eingreifen entgegensetzen. Nicht menschliche Zerstörungsmacht, sondern Gottes Vollendung der Welt wird am Ende stehen. Es gibt Rettung! Das gibt Hoffnung angesichts der scheinbaren Allmacht der Vernichtung.

Nach der apokalyptischen Rede geht der Menschensohn Jesus selbst in die „Apokalypse“, das höllische Ende, hinein. Er stellt sich dem, wozu Menschen fähig sind. Er erleidet ihre Grausamkeit am eigenen Leib. Der Kosmos reagiert mit Finsternis am helllichten Tag (↗ Mk 15, 33). Seitdem leben wir in der „Endzeit“! Aber Gott greift ein (↗ Mk 16). Das Schicksal des Menschensohns Jesus ist der Grund zur Hoffnung, dass nicht die Menschen das letzte Wort über diese Welt sprechen (↗ Lk 17,22–37). Die Erwartung, dass er als der auferstandene HERR kommt und die Schreckensherrschaft der Menschen beendet, gibt Kraft, sich Gewalt und Zerstörung in allen ihren Formen entgegenzustellen.

Die Leidensgeschichte Jesu. Seine Passion Mk 14–16

Auf die Erzählung von den letzten Tagen im Leben Jesu läuft das ganze Evangelium hinaus. Wie jedes Ereignis, in dem sich Leben und Tod entscheiden, hat es sich genau eingeprägt – bis in die Uhrzeit hinein. Dass es überhaupt erzählt wird, ja dass es als Höhepunkt des Lebens Jesu in diesem wahrscheinlich ältesten Bericht erzählt werden kann, setzt voraus, dass dieser Tod als ein ganz besonderer Tod verstanden wurde.

Obwohl Jesus Hinweise darauf gegeben hatte (↗ Mk 8,31; 9,31; 10,33; 10,45), erschlossen sie sich seinen Anhängern zunächst nicht. Wenn nicht nach seinem Tod ein alles umwälzendes Ereignis eingetreten wäre, wüssten wir heute vermutlich nichts von Jesus aus Nazareth. Seine Freunde wären in ihr altes Leben zurückgekehrt. Ihr Traum von Jesus, dem Messias-Christus, hätte sich erledigt. Er wäre nirgends mehr erwähnt worden. Im AT gibt es eine Deutung seines Todes, die für die Anhänger Jesu vernichtend war. Paulus zitiert die Stelle im 3. Kapitel seines Briefes an die Galater.

Dtn 21,23 Wer am Holz hängt, ist von Gott verflucht.

Dass Jesus zur Kreuzigung verurteilt wurde, musste von daher bedeuten, dass er nicht der Messias Gottes war. Deshalb war für seine Freunde mit diesem Urteil alles aus. Es bedeutete, dass alles, was er gesagt und getan hatte, durchkreuzt – durchgestrichen – wurde. Umso berechtigter war ihre Angst, denselben Tod sterben zu müssen. Ihr Glaube und ihr Leben waren auf dem Nullpunkt.

Aber das Ostergeschehen (↗ Mk 16; Lk 24; Joh 20) ließ für seine Jüngerinnen und Jünger ein neues Licht auf das traumatische Ereignis dieses Todes fallen. Für diese Menschen, die genau wie Jesus in den Schriften des AT zu Hause waren, waren dort auch die Deutungen zu finden, die ihnen eine neue Sicht des Kreuzesgeschehens ermöglichten. Sie gingen dabei den Spuren nach, die ihnen die Worte Jesu gelegt hatten. Im Licht der Auferweckung Jesu lasen sie das AT noch einmal mit neu geöffneten Herzen und Sinnen. Diese Rückbezüge halfen, den furchtbaren Tod Jesu im Licht seiner Auferweckung anders zu deuten als Gottes Nein zu ihm. Sie entdecken ein Deutungsmuster. Es lässt sich im „Für uns“ zusammenfassen. Die neutestamentlichen Zeugnisse geben uns verschiedene Möglichkeiten und Bilder an die Hand, um die Tiefe dieses Geschehens auszuloten. In den Evangelien sind es z. B. Jesu Tod als Erlösung (↗ Mk 10,45), als Stellvertretung (↗ Mk 14,22–25; Joh 1,29; Lk 22,14–20), als Sühne (↗ Mk 15,22; Mk 15,38), als Arznei und Heilmittel (↗ Joh 3,14f). Er stirbt wie ein Sündenbock (↗ Mk 15,22), wie ein Passahlamm (↗ Joh 1,29), wie ein Hirte, der sein Leben zum Schutz einsetzt (↗ Joh 10,11), wie ein Weizenkorn in der Erde (↗ Joh 12,24), damit es Frucht bringt.

Vielleicht bleiben manche Facetten der Kreuzesdeutung heute fremd. Manche werden sich erst nach und nach erschließen, wenn Menschen damit leben und Erfahrungen machen. Andere können vielleicht als Glück angenommen werden und wecken Liebe zu Jesus.

Markus macht die Ungeheuerlichkeit und die unerträgliche Wucht des Geschehens spürbar in der Art und Weise, wie er Szene um Szene aneinander und ineinander setzt. Die kaum auszuhaltenden Kontraste zwischen Hingabe und Ausgeliefertwerden, zwischen verschiedenen Schauplätzen und Akteuren, zwischen Drinnen und Draußen, stillen und lauten Szenen, zeigen die ungeheure Dramatik, die zum Tod Jesu führt.

Hingabe und Verrat Mk 14,1–11

1 Es war aber zwei Tage vor dem Passah und dem Fest der ungesäuer-
ten Brote. Und die Hohenpriester und die Schriftgelehrten suchten (nach
einer Gelegenheit), wie sie ihn mit Hinterlist gefangennehmen und töten
könnten. 2 Sie sagten nämlich: „Nicht (mitten) auf dem Fest, damit es kei-
nen Volksaufstand gibt.“ 3 Und als er in Bethanien im Haus Simons, des
Leprakranken, war, legte er sich zu Tisch. Da kam eine Frau, die hatte ein
Alabastergefäß mit echtem, kostbarem Salböl aus Narde. Sie zerbrach
das Alabastergefäß und goss es über seinem Kopf aus. 4 Es gab einige,
die sich darüber total aufregten: „Wozu diese Verschwendung des Salb-
öls? 5 Man hätte dieses Salböl für mehr als 300 Denare (Tageslöhne!) ver-
kaufen und den Armen geben können!“ Und sie fuhren sie an. 6 Jesus
aber sagte: „Lasst sie (in Ruhe)! Warum macht ihr ihr Schwierigkeiten? Sie
hat ein gutes Werk an mir getan. 7 Die Armen habt ihr nämlich immer
unter euch, und wenn ihr wollt, könnt ihr ihnen Gutes tun. Mich aber
habt ihr nicht immer! 8 Sie hat getan, was sie konnte. Sie hat meinen Leib
im Voraus zum Begräbnis gesalbt. 9 Wahrhaftig, ich sage euch: Wo im-
mer das Evangelium verkündet wird, in der ganzen Welt, wird man auch
davon sprechen, was sie getan hat – zur Erinnerung an sie.“ 10 Und Judas

Iskariot, einer von den Zwölf, ging weg zu den Hohepriestern, um ihn an
sie auszuliefern. 11 Sie aber freuten sich, als sie das hörten, und verspra-
chen, ihm Geld zu geben. Und er suchte eine günstige Gelegenheit, um
ihn auszuliefern.

Die verschwenderische Hingabe an Jesus durch die Salbung mit einem teuren Öl wird eingespannt in die ausführliche Notiz vom Ernst seiner Situation (V. 1–2) und dem Beschluss zu seiner Auslieferung (V. 10–11). Das Wort für „ausliefern“, das hier zwei Mal hintereinander vorkommt, kann auch „hingeben“ bedeuten. Es ist das **Leitmotiv** der Passionsgeschichte. Die Frau, die Jesus salbt, und Judas kommen miteinander in den Blick und sind doch so verschieden. Sie (nach Joh 12,1–8 ist es Maria) salbt Jesus. Im AT wurden Könige durch Propheten gesalbt. Sie zeigt damit, dass sie verstanden hat, wer Jesus in Wirklichkeit ist. Er ist der Messias, der Christus – das heißt, „der Gesalbte“. Diesen prophetischen Durchblick lässt sie sich ein Vermögen kosten. Sie gibt ihre „Lebensversicherung“ dafür hin. Sie hat die Hoffnung, dass er nun sein König-Reich sichtbar für alle in Jerusalem aufrichtet – das Gottes-Reich. Jesus dagegen weiß, dass der senkrechte Kreuzesbalken für seine Hinrichtung schon aufgerichtet ist. Die gigantische, lavendelartige Duftwolke, die sich ausbreitet, kann nicht ignoriert werden und macht Ärger. Widerspricht die Handlung dieser Frau nicht aller Ethik, die sie von Jesus gelernt haben (z. B. ↗ Mk 10,21)? Aber ein ethisch einwandfreies Leben wird von ihrer verschwenderischen Hingabe an Jesus in den Schatten gestellt. Er nimmt ihr prophetisches Tun an und lässt sich davon stärken. Seine Salbung als Messias-Christus wird ihn einen anderen Weg führen, als seine Jüngerinnen und Freunde sich das erhoffen.

Daneben tritt die tragische Gestalt des **Judas** aus dem Schatten. Er hat beschlossen, Jesus an die mächtigen Feinde zu verraten. In der Darstellung des Markus, der ersten schriftlichen Passionsgeschichte, bleiben die Gründe offen. Er kommentiert nicht, sondern erzählt einfach. So ist der Schrecken zu spüren, der sprachlos macht. Einer aus dem engsten Kreis! Bei Lukas und Johannes wird versucht, das Unbegreifliche zu erklären: Lk 22,3 „Es fuhr aber der Satan in Judas …“ Die Urgemeinde ringt damit, wie das geschehen konnte – die Auslieferung ihres Liebsten durch einen der Ihren. Ob Judas aus Enttäuschung handelt, dass Jesus offensichtlich keine Machtübernahme anstrebt? Ob er vielleicht dasselbe will wie die Frau – nämlich Jesus dazu bringen, dass er seine Macht zeigt und sich nicht einfach „begraben“ lässt? Dass er Jesus durch einen Kuss verraten wird, könnte darauf hindeuten (↗ Mk 14,43–52). Jedenfalls ist Judas an keiner Stelle einfach eine „Marionette Gottes“, der kalt die Fäden im Hintergrund zieht und einen für die Rolle des Verräters vorgesehen hat. Eine solche Deutung ist der Passionsgeschichte fremd. Ein solches Bild von Gott lässt die Deutung des Kreuzestodes im NT nicht zu.

Abschied mit dem „Abendmahl“ – Vorausdeutung des Geschehens am Kreuz Mk 14,12–25

12 Und am ersten Tag des Festes der ungesäuerten Brote, als man das
Passahlamm schlachtete, sagten seine Jünger zu ihm: „Wohin sollen wir
zur Vorbereitung gehen, damit du das Passah essen kannst?“ 13 Und er
schickt zwei seiner Jünger (aus) und sagt zu ihnen: „Geht in die Stadt,
und es wird euch ein Mensch begegnen, der einen Krug mit Wasser
trägt. Folgt ihm, 14 und wo er hineingeht, sagt zu dem Hausherrn: ‚Der
Meister lässt fragen: ‚Wo ist ein Raum für mich, in dem ich das Passah mit
meinen Jüngern essen kann?‘ 15 Und er wird euch einen großen Spei-
sesaal zeigen, fertig zurechtgemacht. Und dort bereitet es für uns vor.“
16 Und die Jünger gingen los und kamen in die Stadt und fanden (alles)
vor, wie er gesagt hatte. Und sie bereiteten das Passah zu.

Die **Passahnacht** (auch Pessach oder Pas-cha) ist die heilige Nacht Israels. Sie beginnt nach Sonnenuntergang des Vorbereitungstags, des Rüsttags. Sie vergegenwärtigt die grundlegende Glaubenserfahrung Israels, den Exodus aus Ägypten, die Befreiungstat Gottes an SEINEM Volk. Um den Ablauf, die Liturgie dieses Abends, angemessen zu feiern, wird ein Raum benötigt, in dem die Teilnehmenden auf Polstern liegen können. Zu dem feierlichen Essen gehören Brot und Wein. Es sind Fladenbrote oder Mazzen ohne Sauerteig als Zeichen für die Zeitnot vor dem Aufbruch aus Ägypten. Der Rotwein hat die Farbe des Blutes und ist Symbol für Leben, Verheißung der Rettung und Annahme durch Gott. Darüber hinaus werden verschiedene Speisen zubereitet, die symbolische Bedeutung haben. Im Mittelpunkt steht das Passahlamm, das nur in Jerusalem geschlachtet werden durfte. Es erinnert an das Vorübergehen (hebr.: passah) des Todesengels an den Türen der Israeliten in der Nacht der Flucht. Sie aßen es ganz auf und bestrichen mit seinem Blut die Türpfosten. Sie wurden im Gegensatz zu den sie drangsalierenden Ägyptern verschont. Zum Essen gehören verschiedene Schüsseln zum Eintunken mit Salzwasser und Bitterkräutern als Zeichen für die Tränen über die Bitterkeit der Sklaverei, mit braunem Fruchtmus zur Erinnerung an die Lehmziegel der Fronarbeit und grünem Kraut als Symbol für die Nahrung aus der Erde, die zum Leben gebraucht wird.

Der Abend beginnt mit einem ersten Becher Wein, Lobspruch und einer Vorspeise aus den obigen Zutaten. Vor der Hauptmahlzeit fragt ein Kind oder ein anderer Teilnehmer den Hausvater nach dem Sinn dieses besonderen Essens. Nun folgt die Erzählung des dramatischen Auszugs aus Ägypten. Das erste Hallel danach, ein Lobgesang der Psalmen 113–114, wird mit einem zweiten Becher Wein abgeschlossen. Der Hauptteil der Mahlzeit wird mit einem Lobgebet eingeleitet und dem Essen von Mazzen. Er wird beendet mit einem dritten Becher Wein, dem Segensbecher. Den Abschluss bildet das zweite Hallel, der Lobgesang der Psalmen 115–118 und der vierten Becher mit einem Lobspruch. Mit dieser Nacht werden messianische Hoffnungen verbunden. Sie ist die Stunde der Offenbarung des Messias.

17 Und als es Abend geworden war, kommt er mit den Zwölfen.
18 Und als sie zu Tisch lagen und aßen, sagte Jesus: „Wahrhaftig, ich sage
euch, einer von euch wird mich ausliefern – einer, der mit mir isst!" 19 Da
fingen sie an, traurig zu werden und ihn einer nach dem anderen zu fra-
gen: „Doch nicht ich?" 20 Er aber sagte zu ihnen: „Einer der Zwölf, der mit
mir in die Schüssel taucht. 21 Der Menschensohn wird zwar nach unten
geführt, wie es über ihn geschrieben steht – aber wehe dem Menschen,
durch den der Menschensohn ausgeliefert wird. (Es wäre) gut für ihn,
wenn jener Mensch nicht geboren worden wäre!"

Das Passahmahl ist die Feier einer einigen Gemeinschaft. Die Feinde, vor denen die Israeliten gerettet wurden, waren „draußen". Bei der Vorspeise des letzten Passah Jesu wird der Riss deutlich, der sich hier mitten in dieser Gemeinschaft auftut. Was geschehen wird, wird für eine Gemeinschaft geschehen, die gefährdet ist von Unsicherheit und Misstrauen. Nicht nur Judas wird Jesus verraten – er wird auch von den anderen allein gelassen und verleugnet werden. Das **„Abendmahl"**, die Deutung von Brot und Wein auf die Hingabe Jesu, **unterscheidet sich darin vom Passahmahl:** Jesu Tod wird für eine Gemeinschaft von Menschen geschehen, die schuldig werden. Die Gefahr für die Gemeinschaft kommt von innen!

Das Ineinander von der Bestimmung Jesu – dem Weg in den Tod, den er gehen „muss" –, und der Schuld des Verrats lässt sich nicht auflösen. Judas wird hier nicht wie in Mt 26,25 identifiziert. Der Verräter verfehlt das Leben nach Gottes Willen, obwohl dadurch Jesu Weg in den Tod als Gottes Weg in Gang gesetzt wird. Diese Spannung mutet uns Markus zu. Aber Judas bleibt im Geschehen. In allen Evangelien – bei Johannes ist es die Fußwaschung – hat auch er Anteil am Handeln Jesu im Abendmahl, das seinen Tod deutet. Was Jesus tut, gilt auch für ihn!

22 Und während sie aßen, nahm er das Brot, sprach das Lobgebet,
brach es und gab es ihnen und sagte: „Nehmt, dies ist mein Leib." 23 Und
er nahm den Becher, sprach das Dankgebet (griech.: eucharistesas) und
gab ihn ihnen, und alle tranken daraus. 24 Und er sagte zu ihnen: „Dies
ist mein Blut des Bundes, das für viele vergossen wird. 25 Amen, ich sage
euch, ich werde nicht mehr von dem Gewächs des Weinstocks trinken
bis zu jenem Tag, wenn ich es neu trinken werde im Reich Gottes."

Bei den synoptischen Evangelien, Mk, Mt und Lk, findet das letzte Abendessen im Rahmen des Passahmahls statt. Bei Johannes (↗ die andere Datierung bei Joh 13,1) ist es ein normales jüdisches Abendessen. Auch bei Paulus, der ältesten Überlieferung (1. Kor 11,23b–25) findet sich kein Hinweis auf das Passah. Der Abschnitt der Feier, in dem Jesus das Brot und den Wein auf sich selbst und seine Lebenshingabe deutet und den Christen **„Abendmahl"** oder „Eucharistie" (Danksagung) nennen, ereignet sich hier bei der Hauptmahlzeit des Passah, dem Essen der Mazzen (Fladenbrot) und beim 3. Becher, dem Segensbecher (s. o.). Das Abendmahl, das in der Gemeinschaft der Christen gefeiert wird, ist also ein kleiner Ausschnitt aus einem großen Essen, das Gottes rettendes Handeln vergegenwärtigt. So erzählen das drei Evangelien. Die Zeitangabe der Nacht, das Liegen im gepolsterten Raum, die Vorspeise aus Schüsseln vor dem Brotbrechen und das deutende Besprechen von zeichenhaftem Essen weisen auf ein Passahmahl als Rahmen des letzten Mahls hin. Dass die Frauen, die zu der Jesus-Gemeinschaft gehörten, hier nicht erwähnt werden, muss nicht bedeuten, dass sie nicht auch dabei waren und mit vorbereitet haben. Zur Passahfeier gehört die ganze Familie. Markus konzentriert sich nur auf die Zwölf.

Der hier erzählte Zusammenhang wehrt jeder Darstellung einer selbstgerechten Gemeinschaft. Vielmehr ist das letzte gemeinsame Essen der Höhepunkt der vielen Tischgemeinschaften Jesu, in denen er mit „Sünderinnen und Sündern" zusammen gegessen hat. Sein Erbarmen, mit dem er gerade diese zerrissene und gefährdete Gemeinschaft annimmt, wird mit seiner Hingabe bis in den Tod besiegelt.

Die Spannung bleibt, ob das letzte Mahl Jesu ein Passahmahl war oder nicht. Gleichzeitig ist es auch etwas Neues und Anderes. Denn die Passahüberlieferung ist nicht der einzige atl. Hintergrund, der die Worte und Zeichenhandlung Jesu verstehen hilft. Das „für viele" und „der neue Bund" weisen in andere Überlieferungen, die Jesus auf sich selbst anwendet. Der Bund mit Gott wird im AT mit Blut von Opfertieren besiegelt. Die Opfer des AT geschehen **vor** Gott, aber **nicht für** Gott (↗ Mk 15,16–41). Leben wird gegeben, um neue Lebenszusammenhänge zu ermöglichen. Ein neuer Blutkreislauf wird geschlossen. Das Leben wird an die heilende Gotteskraft angeschlossen und neu auf Gott ausgerichtet.

Ex 24,7ff Mose nahm das Buch des Bundes und las es vor den Ohren des Volkes. Und sie sprachen: Alles, was der HERR gesagt hat, wollen wir tun und befolgen! Da nahm Mose das Blut und sprengte es auf das Volk und sprach: Seht, das ist das Blut des Bundes, den der HERR mit euch gemacht hat über allen diesen Worten.

Jer 31,31–34 Gottes Versprechen eines neuen Bundesschlusses: Siehe, es kommen Tage, spricht der HERR, in denen ich mit dem Haus Israel und dem Haus Juda einen neuen Bund schließen werde; nicht wie der Bund, den ich mit ihren Vorfahren schloss an dem Tag, an dem ich sie an der Hand nahm, um sie aus dem Land Ägypten herauszuführen; denn sie hatten meinen Bund gebrochen – und ich hatte sie mir doch angetraut, spricht der HERR. Sondern das ist der Bund, den ich mit dem Haus Israel nach jenen Tagen schließen will, spricht der HERR: Ich will mein Gesetz in ihr Herz geben und es in ihren Sinn schreiben und will ihr Gott sein und sie sollen mein Volk sein. Und es wird niemand mehr seinen Nächsten oder seinen Bruder oder seine Schwester lehren und sagen: Erkenne den HERRN! Denn sie sollen mich alle kennen, vom Kleinsten bis zum Größten, spricht der HERR: Denn ich will ihnen ihre Schuld vergeben und nicht mehr an ihre Sünde denken!

Die Tage sind nun gekommen!

Auch auf Jes 53, das Leiden des geheimnisvollen „Gottesknechts" (↗ Mk 10,45), des Gerechten, spielen Jesu Worte an:

… 4 Doch wahrlich, unsere Krankheit trug er und unsere Schmerzen lud er
auf sich. 5 … er wurde durchbohrt um unsrer Übertretung willen … 10f Wenn
er sein Leben zur Schuldtilgung eingesetzt hat, so wird er Nachkommen sehen und lange leben. Und das Vorhaben des HERRN wird in seiner Hand gelingen. An der Arbeit seiner Seele wird er sich satt sehen. Durch seine Erkenntnis wird er, mein Knecht, der Gerechte, viele gerecht machen, und ihre Schulden wird er auf sich nehmen …

Aktive Lebenshingabe und passive Leidensübernahme kennzeichnen das 53. Kapitel des Jesajabuchs. Dieser Mensch, der „Knecht", lebt und handelt in radikaler Einheit mit Gott. Er bezeugt, wie der HERR SEINE Liebe durchgehalten hat – trotz der Sünde SEINER Menschen. Sie können sich nicht selbst daraus lösen, sondern müssen da herausgelöst, erlöst, werden. **„Für viele"** spielt auf diesen Text an. Es bedeutet **„anstelle von"** und **„zugunsten"** aller Menschen. „Die Vielen" sind im hebräischen Denken kein exklusiver Club, sondern inklusiv gedacht. Die Bedeutung geht in Richtung „alle". Jes 53 wurde im atl. Zusammenhang nicht mit einem kommenden Messias zusammengebracht. Die Deutung, ob der Prophet sich selbst meint oder das ganze Volk Israel, bleibt offen. Aber dieser Text geht nicht nur in seiner historischen Bedeutung auf. Er bedeutet mehr. Jesus nimmt diesen Überschuss an Bedeutung für sich in Anspruch.

Dass Jesus der Gerechte ist, ist die Essenz seines Lebens – ein Mensch, nicht verwoben in Abhängigkeiten und nicht verstrickt in Schuldzusammenhänge. Das wird im Lauf der nun folgenden Szenen im Gegenüber zu den anderen Menschen und Gruppen deutlich, die in das Geschehen der Passion verwickelt sind. Aber Jesus behält seine Gerechtigkeit nicht für sich. Er ist nicht für sich selbst gerecht. Er gibt sich für andere. Damals wurde das als großes Glück wahrgenommen. Stellvertretendes Handeln wurde nicht als Einmischung in private Angelegenheiten, nicht als Entmündigung von der eigenen Verantwortung oder primitives Denken abgetan. Wer Einblick hatte in die zersetzende und tödliche Macht der Sünde und die Auswirkungen des Misstrauens gegen Gott, konnte ein „für uns" nur dankbar empfangen. Ein Nachspüren der Abendmahlsworte Jesu in dieser Perspektive lässt die Macht dieser Vergebungskraft in unsere Ausweglosigkeiten hinein. Dass wir es heute zulassen, dass einer etwas gibt, was uns **zugutekommt,** ist an dieser Stelle Abschied vom individualisierten Denken unserer Zeit. Dass einer sich den Abgründen der Menschheit stellt und dort seine Gerechtigkeit

Sünde
↗ Mk 2,1–12; Lk 22,14–23

hineinträgt, gehört zu den Geheimnissen des Kreuzesgeschehens. In diesen atl. Bezügen werden die Zeichen gesetzt, um das zu verstehen, was kommt: Der eine Gerechte trägt seine beziehungsstiftende Kraft in die letzte Einsamkeit des Todes hinein. Das lässt selbst dort auf Gottesbeziehung hoffen, die sich um seinetwillen durchhält. Der Gerechte trägt aber auch **stellvertretend** die Schuld der anderen. „Für" im Sinne „anstelle von". Er kann das in einzigartiger Weise, weil er sich nicht schuldig gemacht hat. Er ist zur Schuldübernahme bereit. Er trägt und erträgt die Folgen der Sünde aus der Gemeinschaft hinaus. Denn Schuld verschwindet nicht von alleine aus der Gemeinschaft (↗ Mk 15,16–41).

Dieser gerechte Gottesknecht handelt in so inniger Gemeinschaft mit Gott, dass Gott selbst in ihm unter diese Last gerät. Die ganze Tiefe dieses Geschehens ist kaum auszuloten. Sie erschloss sich den Freundinnen und Freunden Jesu erst im Nachhinein. Aber die Abendmahlsworte gaben die Richtung an, in der sich das kommende traumatische Ereignis als ein heilvolles Geschehen erschloss. Das Handeln Jesu beim Abendmahl weist auf das Geschehen am Kreuz voraus durch das gebrochene, zerrissene Brot und den Wein, der an Blut erinnert. Ohnmacht und Schuld, Brutalität und Verrat, ja das Totalversagen von menschlichen Institutionen, Freunden und Gegnern Jesu werden von seiner Hingabe und seiner Vergebung umschlossen!

In den ganzen Vorgang von Danken und Deuten, Hingeben und Annehmen in Gemeinschaft ist die **Bedeutung der „Elemente" Brot und Wein** eingebunden. **Brot und Wein,** Grundnahrungsmittel und festliches Getränk, lassen schmecken, dass wir Teil der Schöpfung sind. Die Gaben entstehen nur in gutem Zusammenwirken. Darüber hinaus haben sie ihren Platz im Erinnerungsmahl an Gottes Befreiungsgeschichte, in die sich Jesus hineinstellt. Die Deutung des Brotes als **„Leib"** Jesu meint seine leibhaftige Person – ihn als ganzen Menschen. Das **„Blut"** meint das Vergießen des Blutes. Das Blut bedeutet Leben. Man könnte übersetzen: „Das ist meine Person. Ich gebe mich leibhaftig für euch hin. Das ist der neue Bundesschluss, der in meiner Lebenshingabe begründet wird." Essen und Trinken zeigen, dass Menschen ganz in sich aufnehmen, wer Jesus ist und was er getan hat.

Durch seine Hingabe werden die menschlichen Abgründe nicht das letzte Wort haben. Das schließt die Kämpfe um das Abendmahl selbst ein! Bei der Deutung der Elemente Brot und Wein und dem **„Ist"** im griechischen Text ist es in der Geschichte der Christenheit immer wieder zu schweren Auseinandersetzungen und Trennungen gekommen. Hinter der Art und Weise, das „Ist" in den Abendmahlsworten Jesu zu verstehen, standen verschiedene philosophische Ansätze, wie dieses „Sein" zu denken sei. Ist der Herr „leibhaftig" in der Substanz der Elemente gegenwärtig? Ist er durch das wirkmächtige Wort darin gegenwärtig? Oder ist das Brot ein symbolischer Hinweis auf seine Gegenwart? Wenn die Worte Jesu in seine Muttersprache, das Aramäische, zurückübersetzt werden, gibt es das „Ist" gar nicht. Dann heißt es nur: „Dies mein Leib. Dies mein Blut." Dann ist nicht unsere Erkenntnis über das Sein entscheidend. Dann geht es nicht nur um die genaue Deutung der Elemente. Dann geht es darum, sich in den **ganzen Vorgang** des Schenkens und des Miteinanders hineinnehmen zu lassen. Es geht um einen Vorgang in seiner Gesamtheit, nicht um eine ausschließliche Konzentration auf die Elemente. Die Wahrnehmung der biblischen Zusammenhänge kann helfen, die Unterschiede christlicher Konfessionen im Verständnis des Abendmahls nicht in den Mittelpunkt zu stellen. Im Mittelpunkt steht der Gastgeber, der einlädt, seine ganze Hingabe ganz in sich aufzunehmen. In IHM werden alle miteinander verbunden, die nicht selbst gerecht sind, sondern etwas Grundlegendes an sich und für sich geschehen lassen und das weitergeben. Er stiftet eine neue Gemeinschaft mit Gott und untereinander.

Im Verlauf der Passion wird Ps 22 für die Deutung des Kreuzes eine große Rolle spielen. Ps 22 wird auch noch einmal ein Licht auf die Bedeutung des Abendmahls werfen (↗ Mk 16,1–8): Es ist Erinnerungsmahl an das Eingreifen Gottes, der SEINEN Gerechten aus dem Tod geholt hat. Es wird glücklich in der Gegenwart des von Gott Auferweckten gefeiert werden in Erwartung seines Kommens. Die Gemeinschaft beim Abendmahl verbindet uns mit Gottes **Geschichte**. Wir werden verbunden mit Gottes Jesus, der sein Leben und Sterben als Befreiungsgeschichte auf dem Hintergrund des AT verstanden hat. Das Abendmahl lässt uns in unserer **Gegenwart** aufatmen und Lebensmut schöpfen durch die Gegenwart des gekreuzigten und auferstandenen Herrn. Wir werden durch und zur Vergebung befreit. Die Gemeinschaft beim Abendmahl richtet uns auf Gottes **Zukunft** aus, in der SEINE erneuerten Menschen erlöst miteinander in einer gerechten Welt feiern – wenn Gottes Reich, SEINE besondere Art zu herrschen, die ganze Erde ausfüllen wird (Auferweckung Jesu ↗ Lk 24).

Jesus sieht, was kommt Mk 14,26–31

26 Und nachdem sie die Lieder zum Lob Gottes gesungen hatten
(Ps 115–118 aus der Passahliturgie), gingen sie hinaus zum Ölberg. **27** Und
Jesus sagt zu ihnen: „Ihr werdet alle zu Fall kommen. Denn es steht ge-
schrieben: ‚Ich werde den Hirten schlagen und die Schafe werden zer-
streut werden' (Sach 13,7). **28** Aber nach meiner Auferweckung werde ich
euch nach Galiläa vorausgehen." **29** Petrus aber sagte zu ihm: „Wenn alle
zu Fall kommen – ich aber nicht!" **30** Und Jesus sagt zu ihm: „Da kannst
du sicher sein: Heute, in dieser Nacht, ehe der Hahn zweimal kräht, wirst
du mich dreimal verleugnen." **31** Er aber versicherte umso mehr: „Und
wenn ich mit dir sterben müsste – ich würde dich nicht verleugnen!" Und
genauso redeten alle.

Das aktive Handeln Gottes im Kreuzesgeschehen beschränkt sich darauf, SEINEN Sohn wehrlos zu den Menschen zu schicken. Er fällt in die Hände der Menschen. Das menschliche Totalversagen wird in der Erzählung der Passionsgeschichte in all seinen erschreckenden Aspekten durchgespielt. Es beginnt im innersten Kreis (↗ Mk 14,17–21). Auch die, die sich vom „Verräter" distanziert haben, werden Jesus jämmerlich im Stich lassen. Das wird erzählt, noch bevor die politischen und religiösen Institutionen, die für Gerechtigkeit sorgen sollen, stellvertretend für die ganze Menschheit ihre Zerstörungskräfte enthüllen. Nicht nur Sünde und Schuld, sondern auch schicksalhafte Verstrickung, Angst und Scham werden ausgeleuchtet. Es geht um das ganze menschliche Leben, das in seiner Schönheit so zerbrechlich ist und in dem alles Gute auch pervertiert werden kann. Jesus geht mitten hinein, liefert sich aus. Und Gott holt Jesus nicht mit Gewalt da heraus. Gott ist kein Gewalttäter. Aber auf rätselhafte Weise geschieht darin etwas, das dem Willen Gottes entspricht (↗ Mk 14,22–25). „Ich werde den Hirten schlagen …": Die Menschen haben nicht die Deutungshoheit über das Geschehen, das sie an sich reißen. Ihre Gewalt ist nicht das Letzte, das es über den Tod Jesu zu sagen gibt. Die Folgen ihres Misstrauens, die Schuld, werden nicht das letzte Wort behalten. In aller Ohnmacht behält Gott das Geschehen in der Hand. Es geschieht in tiefer Einheit mit dem „Gottesknecht" Jesus (↗ Mk 14,22–25 und Mk 14,32–42). Diese Einwilligung Jesu ist ein Kampfgeschehen, wie die nachfolgende Erzählung zeigt.

Im Garten Gethsemane – Der innere Kampf Jesu und der Schlaf der Jünger Mk 14,32–42

32 Und sie kommen zu einem Gelände mit Namen Gethsemane (Be-
tonung auf der zweiten Silbe und dem e am Ende; wörtl.: Ölkelterei), und
er sagt zu seinen Jüngern: „Setzt euch hier hin, bis ich gebetet habe."
33 Und er nimmt den Petrus und den Jakobus und den Johannes mit
sich und geriet in Angst und Schrecken. 34 Und er sagt zu ihnen: „Mei-
ne Seele ist todtraurig! Bleibt hier und wacht!" 35 Und er ging ein klei-
nes Stück weg und fiel auf die Erde und betete, dass, wenn es möglich
wäre, die Stunde an ihm vorüberginge. 36 Und er sagte: „Papa, Vater, dir
ist alles möglich. Lass diesen Kelch an mir vorübergehen (wörtl.: nimm
diesen Kelch von mir). Aber nicht, was ich will, sondern was du willst
(soll geschehen)."37 Und er kommt und findet sie schlafend und sagt zu
Petrus: „Simon, schläfst du!?" Konntest du nicht (einmal) eine Stunde wa-
chen? 38 Wacht und betet, damit ihr nicht in Versuchung geratet (nicht
an Gott festzuhalten). Der Geist ist zwar entschlossen, aber das Fleisch
ist schwach." 39 Und er ging wieder fort und betete mit den gleichen
Worten. 40 Und als er wiederkam, fand er sie schlafend, denn ihre Augen
waren zugefallen, und sie wussten nicht, was sie ihm antworten sollten.
41 Und er kommt zum dritten Mal und sagt zu ihnen: „Ihr schlaft weiter
und macht Pause? Schluss damit. Die Stunde ist gekommen. Siehe, der
Menschensohn wird in die Hände der Sünder ausgeliefert. 42 Steht auf!
Lasst uns gehen! Siehe, der, der mich ausliefert, ist nahe!"

In Gethsemane kämpft Jesus um sein Leben. Er ist kein Held, kein über die Erde wandelnder Gott. Er ist einfach ein Mensch, der Angst vor Folter und Einsamkeit hat, der Todesangst erleidet. Den Tod vor Augen zu haben, ist für Jesus nicht nur das Annehmen der eigenen Endlichkeit. Es ist auch nicht der selbstverständliche Durchgang in ein unendliches Leben. Es ist mehr als das Einstehen für seine Worte.

Die Einwilligung in Gottes Vorhaben, dass er den „Kelch des Verderbens" trinken muss, ist ein schwerer Kampf für ihn. Er wird sich die Folgen der Sünde der Menschen einverleiben. Das bedeutet es, den Kelch zu trinken! Jesus wird deshalb die Macht des Todes zu spüren bekommen. Die Macht, Schuld zu verewigen. Die Macht, zu trennen, was zusammengehört: Gott und Mensch! Jesus hat Angst vor dieser letzten Einsamkeit. Jesus kann nur hoffen, dass nicht Sünde und Tod die letzte Macht haben werden. In seinem Tod muss sich erweisen, ob Gott sich zu dem Weg stellt, den er gegangen ist und geht. In seinem Tod ist

Kelch
↗ Mk 10,35–44

er ganz auf Gottes Eingreifen angewiesen – wie auch immer sich das zeigen wird. Jedenfalls nicht so, dass ihm das tiefste körperliche und seelische Leid erspart wird. Die Einsamkeit, die er erleiden wird, hat schon begonnen. Die Illusionen der Jünger über die eigene „Kreuzesnachfolge" zerbrechen schon im Vorfeld.

Die Festnahme Jesu und die Flucht der Jünger Mk 14,43–52

43 Und sogleich, während er noch redet, kommt Judas an, einer von
den Zwölfen, und mit ihm eine Menge mit Schwertern und Schlagstö-
cken von den Hohepriestern und den Schriftgelehrten und den Ältesten.
44 Der Verräter (wörtl. auch: Auslieferer) hatte aber ein Kennzeichen mit
ihnen verabredet: „Wen ich küssen werde, der ist es! Nehmt ihn fest und
führt ihn sicher ab!" 45 Und er kommt sogleich und tritt an ihn heran
und sagt zu ihm: „Meister!" Und er küsste ihn herzlich. 46 Sie aber legten
Hand an ihn und nahmen ihn fest. 47 Einer der Umstehenden aber zog
das Schwert, schlug nach dem Sklaven des Hohepriesters und hieb ihm
das Ohr ab. 48 Und Jesus ergriff das Wort und sagte zu ihnen: „Wie gegen
einen Räuber seid ihr ausgezogen – mit Schwertern und Schlagstöcken,
um mich gefangen zu nehmen? 49 Täglich war ich bei euch im Tempelge-
lände und habe gelehrt und ihr habt mich nicht verhaftet. Doch so wer-
den die Schriften erfüllt." 50 Da verließen ihn alle und flohen. 51 Ein junger
Mann aber folgte ihm, der trug (nur) ein Leinenhemd auf nackter Haut.
Und sie ergreifen ihn. 52 Er aber ließ das Hemd zurück und floh nackt!

Ist der Verrat umso tiefer, weil er durch das innigste Zeichen der Freundschaft, einen Kuss, geschieht? Oder ist es der verzweifelte Versuch von Judas, die „Sohnschaft" Jesu im Sinne eines machtergreifenden Messiasanwärters herauszufordern (↗ Mk 14,1–11)? Wünscht sich Judas, dass Jesus nun endlich für alle sichtbar seine Feinde „zerschmettert"?

Psalm 2
↗ **Mt 3,13–17**

Im Ps 2 ist genau davon die Rede, und am Ende heißt es: „Küsst den Sohn, dass er nicht zürne …"

Ob Judas nun selbst in die Hand nehmen und beschleunigen möchte, was er glaubt – dass Jesus der Messias-König ist, der nun sein Reich in Jerusalem aufrichten und die Römer vertreiben und mit Glanz und Gloria erscheinen soll? Der Weg Gottes mit Jesus ist ein anderer. Jesus lässt sich selbst zerschmettern! Er wird nicht die Frage der Macht lösen, sondern aus der Macht der Sünde und Schuld erlösen. Es ist das Wesen der Sünde, Menschen zu isolieren (↗ Mk 2,1–12). Wenn es Jesus mit ihr aufnimmt, ist er von allen verlassen und allein. Auch die anderen Freunde verstehen seinen Weg nicht. Die Bilanz der Szene, die Notiz vom Nachfolger, der nur noch seine nackte Haut rettet, ist so beschämend, dass sie die anderen Evangelisten nicht erwähnen.

Das Verhör Jesu und die Verleugnung des Petrus Mk 14,53–72

53 Und als sie Jesus zu dem Hohepriester abgeführt haben, versam-
meln sich die Oberpriester und Ältesten und Schriftgelehrten. 54 Und
Petrus folgte ihm von weitem bis hinein in den Palast des Hohepriesters.
Und er saß mit den Dienern zusammen und wärmte sich am Feuer.

55 Die Oberpriester aber und der ganze Hohe Rat suchten einen Be-
weis gegen Jesus, um das Todesurteil gegen ihn zu fällen, aber sie fan-
den keinen. 56 Denn es wurden viele verlogene Aussagen gegen ihn ge-
macht, aber sie stimmten nicht überein. 57 Und einige standen auf und
machten Falschaussagen gegen ihn und sagten: 58 „Wir haben ihn sagen
gehört: ‚Ich werde diesen mit Händen gemachten Tempel abreißen und
in drei Tagen einen anderen, nicht mit Händen gemachten, aufbauen.'"
59 Aber auch so stimmte ihre Aussage nicht überein.

60 Da erhob sich der Hohepriester, (trat) in die Mitte und fragte Jesus:
„Antwortest du nicht auf das, was diese gegen dich vorbringen?" 61 Er
aber schwieg und antwortete nichts. Wieder fragte ihn der Hohepries-
ter und sagt zu ihm: „Bist du der Messias, der Sohn des Hochgelobten?"
62 Jesus aber sagte: „Ich bin's! Und ihr werdet den Menschensohn zur
Rechten der Kraft sitzen und mit den Wolken des Himmels kommen se-
hen!" 63 Da zerriss der Hohepriester seine Kleider und sagte: „Was brau-
chen wir noch Zeugen? 64 Ihr habt die Gotteslästerung gehört! Was ist
eure Meinung?" Alle aber urteilten, dass er des Todes schuldig sei. 65 Da
fingen einige an, ihn anzuspucken, verhüllten sein Gesicht und gaben
ihm Ohrfeigen und sagten zu ihm: „Prophezeie (‚wer dich geschlagen
hat)!" Und die Tempeldiener packten und ohrfeigten ihn.

Dieses Verhör ist keine offizielle Gerichtsverhandlung auf dem Tempelgelände. Es ist eher ein Sondierungsgespräch. Das religiöse und juristische Leitungsgremium der Juden, das aber keine Kapitalgerichtsbarkeit besaß, sucht einen Grund, bei den Römern die Vollstreckung der Todesstrafe für Jesus zu beantragen. Dabei wird das Recht gewahrt, dass mindestens zwei Zeugenaussagen übereinstimmen müssen (Dtn 19,15). Intern lautet das Urteil „Gotteslästerung“. Schon im 2. Kapitel, seit Jesu Zuspruch der Sündenvergebung, ist dieser Vorwurf laut geworden. Als Lästerung galt es, das Wort bzw. den Namen Gottes laut auszusprechen. Deshalb nennt der Hohepriester Gott den „Hochgelobten“. Aber auch Jesus nennt nicht Gott, sondern „die Kraft“ in seiner einzigen Antwort gegenüber dem Hohepriester. Was dann aber als Gotteslästerung beurteilt wird, ist die Bejahung der Sohnschaft – der einzigartigen Gottesbeziehung Jesu. Außerdem nimmt Jesus hier den Menschensohntitel (↗ Mk 8,31–33 und Mt 16,13–20) für sich in Anspruch. Der Menschensohn war im AT ein Bevollmächtigter aus der himmlischen Sphäre, der Welt Gottes. Damit wäre er der Richter derer, die über ihn richten! Der Grund, der extern angeführt wurde, um Jesus an die Römer zu überstellen, war die Behauptung seiner Messianität, was einem politischen Anführer und Aufrührer gleichkam. Dass Jesus sich als Messiaskönig anders verstanden hat, haben nicht einmal seine Anhänger verstanden.

Sohn Gottes
↗ Mt 14,22–33

Ich bin's
↗ Joh 6,30–46

Jesus steht zu seiner einzigartigen Berufung und Vollmacht auch angesichts des Todes. Petrus gerät völlig überraschend in eine Bekenntnissituation und sagt sich von ihm los.

66 Petrus aber war unten im Hof (des Palastes). Da kam eine von den
Mägden des Hohepriesters, und als sie den Petrus entdeckte, wie er sich
wärmte, schaute sie ihn an und sagte: „Du warst auch mit dem Nazare-
ner zusammen, diesem Jesus!“ 68 Er aber stritt es ab und sagte: „Ich weiß
von nichts und verstehe nicht, wovon du redest!“ Und er ging hinaus in
den Vorhof. 69 Und als die Magd ihn sah, fing sie wieder an, denen, die
herumstanden, zu sagen: „Das ist einer von ihnen!“ 70 Er aber leugnete
es wieder. Und kurz darauf sagten die Umstehenden wieder zu Petrus:
„Du bist tatsächlich einer von ihnen! Du bist nämlich auch aus Galiläa.“
71 Er aber fing an, zu fluchen und zu schwören: „Ich kenne diesen Men-
schen nicht, von dem ihr redet!“ 72 Und sogleich krähte ein Hahn zum
zweiten Mal. Und Petrus erinnerte sich an das Wort, wie Jesus zu ihm
gesagt hatte: „Ehe der Hahn zwei Mal kräht, wirst du mich drei Mal ver-
leugnen.“ Da fing er an zu weinen.

Petrus wird in diesem Evangelium nicht als zukünftiger „kirchlicher Amtsträger“ ausgezeichnet (vgl. auch ↗ Mt 16,18 gegenüber ↗ Mk 8,

27–30). Wie die oberste jüdische Behörde für das Versagen der religiösen menschlichen Institutionen steht, so steht Petrus hier für das Versagen der gesamten Jüngerschaft. Nur eine von Gott verwandelte Situation und eine neue Berufung (↗ Mk 16,7) werden etwas an der Verzweiflung ändern können.

Die Verurteilung Jesu durch Pilatus – Jesus oder Barrabas Mk 15,1–15

1 Und sogleich in der Frühe, nachdem die Oberpriester mit den Ältes-
ten und Schriftgelehrten, also dem ganzen Hohen Rat, einen Beschluss
gefasst hatten, ließen sie Jesus fesseln und abführen und lieferten ihn
an Pilatus aus. 2 Und Pilatus fragte ihn: „Du bist der König der Juden?" Er
aber antwortete ihm und sagte: „Das sagst du!" 3 Und die Oberpriester
zeigten ihn wegen vieler Dinge an. 4 Pilatus aber fragte ihn wieder: „Ant-
wortest du nichts darauf? Sieh, was sie alles gegen dich vorbringen!"
5 Aber Jesus antwortete überhaupt nichts mehr, sodass Pilatus sich wun-
derte.

Pilatus war von 26–36 n. Chr. Präfekt für die Provinz Judäa und hatte seinen Amtssitz in Cäsarea am Meer. Er war für die römische Militär- und Finanzverwaltung zuständig. Wegen des Passahfestes kam er nach Jerusalem, um mögliche Aufstände im Keim zu ersticken. Dort residierte er im ehemaligen Herodespalast. Pilatus scheint Jesus nicht als den gefährlichen politischen Häftling einzustufen, als der er ihm ausgeliefert worden ist. Jesus will sich nicht auf die Rolle des politischen Messias festlegen lassen. Aber er streitet auch seinen Anspruch, Gottes Königsherrschaft zu bringen, nicht ab. Während nach römischem Recht Schweigen ein Schuldeingeständnis war, legt sich eine andere Deutung aus dem biblischen Zusammenhang nahe. Jesus handelt wie der leidende „Gottesknecht" in Jes 53,7 (↗ auch Mk 14,22–25):

Jes. 53,7 Er machte den Mund nicht auf wie ein Lamm, das zur Schlachtbank geführt wird …

6 Zum Fest aber ließ er ihnen einen Gefangenen frei, den sie erba-
ten. 7 Es war aber einer mit Namen Barrabas mit (anderen politischen)
Aufständischen inhaftiert, die beim Aufstand einen Mord begangen hat-
ten. 8 Und die Volksmenge zog herauf und fing an, ihn um das zu bitten,

was er ihnen zu gewähren pflegte. 9 Da antwortete Pilatus und fragte
sie: „Wollt ihr, dass ich euch den König der Juden freigebe?" 10 Er merkte
nämlich, dass ihn die Oberpriester aus Neid ausgeliefert hatten. 11 Die
Oberpriester aber hetzten die Volksmenge auf, dass er ihnen lieber den
Barrabas freigeben solle. 12 Da fragte Pilatus nochmals: „Was soll ich nun
mit dem tun, den ihr König der Juden nennt?" 13 Sie aber schrien wieder:
„Kreuzige ihn!" 14 Aber Pilatus sagte zu ihnen: „Was hat er denn Böses
getan?" Sie aber schrien noch lauter: „Kreuzige ihn!" 15 Pilatus aber, der
der Menge einen Gefallen tun wollte, ließ ihnen den Barrabas frei. Und er
übergab Jesus der Auspeitschung, der Vorstufe der Kreuzigung (wörtl.:
damit er gekreuzigt würde).

Die gegen die Freilassung Jesu mobilisierten Menschen sind sehr wahrscheinlich nicht dieselben wie die Festpilger, die Jesus bei seinem Einzug nach Jerusalem gefeiert haben (↗ Mk 11,9f). Es sind Parteigänger des Hohen Rats, Anhänger der reichen, priesterlichen Sadduzäer, die vom Tempelkult profitieren, den Jesus kritisiert hat (↗ Mk 11,15–19). Sie ziehen zur Jerusalemer Residenz des römischen Präfekten, um ein Gewohnheitsrecht geltend zu machen: eine Amnestie zum Passahfest. So stehen sich hier Barrabas, der für den jüdischen Freiheitskampf Gewalt in Kauf nimmt, und Jesus, der gewaltlose Friedensbringer, gegenüber. Pilatus steht für das Versagen der politischen Institutionen, die doch von ihrem römischen Anspruch her dem „Frieden" und der „Gerechtigkeit" dienen sollen. Er handelt nicht als unabhängiger Richter. Er macht sich von der Meinung der Demonstranten abhängig und überlässt der anonymen Masse Urteil und Verantwortung.

Die Kreuzigung Jesu – Folterung und Finsternis, Verspottung und Verlassenheit Mk 15,16–41

16 Die Soldaten aber führten ihn ab in den Innenhof (des Herodespa-
lastes), das sogenannte Prätorium, und sie rufen die ganze Abteilung zu-
sammen. 17 Und sie ziehen ihm einen Purpurmantel an und setzen ihm
einen Kranz aus Dornen auf, den sie geflochten haben. 18 Und sie fingen
an, ihn zu begrüßen: „Sei gegrüßt, König der Juden!" 19 Und sie schlugen
ihm mit einem Rohrstock auf den Kopf und spuckten ihn an, gingen auf
die Knie und warfen sich vor ihm nieder. 20 Und als sie ihn verspottet
hatten, zogen sie ihm den Purpurmantel aus und seine Kleider an. Und
sie führen ihn hinaus, um ihn zu kreuzigen. 21 Und sie zwingen einen Vo-

rübergehenden, einen gewissen Simon von Kyrene, den Vater von Alexander und Rufus, der vom Feld kommt, sein Kreuz zu tragen.

Jesus wird zum Spielball des Spotts. Die Soldaten, die sicher nicht alle freiwillig in diesem schwierigen Land Dienst tun, leben ihren Antisemitismus an ihm aus. Sie parodieren ihn als König, indem sie Königsmantel und Diadem durch Soldatenmantel und Dornenkranz imitieren. Jesus wird bei der Auspeitschung – in die Enden der römischen Geißeln waren Knochen- und Metallsplitter eingeflochten – so zerfleischt, dass er den Querbalken des Kreuzes nicht mehr zur Hinrichtungsstätte vor die Stadt tragen kann. Dort ist der senkrechte Pfahl schon in die Erde gerammt (zur Kreuzigung ↗ Lk 23,32–38). Simon von Kyrene, ein Jude aus Nordafrika, gerät als Passant in die Geschichte. Es ist nicht einer der Jünger, der mitträgt! Seine Söhne sind später der Gemeinde, für die Markus schreibt, bekannt. Bis heute wird es immer wieder überraschend sein, welche Menschen den Leidensweg Jesu mitgehen.

(Um die Bedeutung von Ps 22 für die Markuspassion hervorzuheben, sind im Folgenden die entsprechenden Zitate und Anspielungen kursiv gedruckt.)

22 Und sie bringen ihn an den Ort Golgota, das heißt übersetzt Schä-
delort. 23 Und sie boten ihm mit Myrrhe (gemischten) Wein an. Er aber
nahm (ihn) nicht. 24 *Und sie kreuzigen ihn und verteilen seine Kleider, indem*
sie das Los darüber werfen (Ps 22,19), wer was nehmen (dürfe). 25 Es war
aber die dritte Stunde (neun Uhr), als sie ihn kreuzigten. 26 Und es gab
eine Inschrift mit dem Grund (für seine Hinrichtung), auf der stand: Der
König der Juden. 27 Und mit ihm kreuzigen sie zwei Räuber, einen zur
Rechten und einen zu seiner Linken. (28 wird nur von einigen weniger
alten Handschriften bezeugt und nimmt Lk 22,37 auf, der Jes 53,12 zitiert:
„Er wurde zu den Gesetzlosen/Ungerechten gezählt.") 29 Und die Pas-
santen lästerten über ihn ab und schüttelten ihre Köpfe (Ps 22,8f) und
sagten: „Pfui, der du den Tempel abreißt und in drei Tagen aufbaust –
30 rette dich selbst, steig runter vom Kreuz!" 31 Genauso spotteten auch
die Oberpriester mit den Schriftgelehrten untereinander und sagten:
„Andere hat er gerettet – sich selbst kann er nicht retten! 32 Der Messias,
der König Israels, steige nun vom Kreuz herab, damit wir sehen und glau-
ben!" Auch seine Mitgekreuzigten verhöhnten ihn. 33 Und als die sechs-
te Stunde gekommen war (um 12 Uhr mittags), legte sich eine Finsternis

über das ganze Land bis zur neunten Stunde (bis 15 Uhr). 34 Und in der
neunten Stunde schrie Jesus mit lauter Stimme: *„Eloi, Eloi, lema sabach-*
thani?“ (Ps 22,2) Das heißt übersetzt: „Mein Gott, mein Gott, warum hast
du mich verlassen?“ 35 Als das einige der Umstehenden hörten, sagten
sie: „Sieh, er ruft *Elia!“* (Ps 22,11). 36 Einer aber lief, tränkte einen Schwamm
mit Essig, steckte ihn auf einen Rohrstock, um ihm zu trinken zu geben,
und sagte: „Lasst uns sehen, ob Elia kommt, um ihn herunterzunehmen!“
37 Jesus aber stieß einen großen *Schrei* (Ps 22, 25) aus und starb. 38 Da
riss der Vorhang im Tempel entzwei, von oben nach unten. 39 Als aber
der *(römische) Zenturio,* der ihm gegenüberstand, sah, dass er auf die-
se Weise starb, sagte er: *„Wahrhaftig, dieser Mensch war ein Sohn Gottes!“*
(Ps 22,28) 40 Da waren aber auch Frauen, die von ferne zusahen, unter ih-
nen auch Maria aus Magdala, Maria, die Mutter von Jakobus dem Kleinen
und Joses und Salome. 41 Sie waren ihm schon in Galiläa nachgefolgt
und hatten ihm gedient, und viele andere, die mit ihm nach Jerusalem
hinaufgegangen waren.

Mk 15,22 Golgota war ein Steinbruchgelände vor der Stadtmauer Jerusalems. Eine etwa zwölf Meter daraus hervorragende Steinformation ist als weithin sichtbarer Ort für die zur Abschreckung dienende Kreuzigung anzunehmen. Dieser Fels wurde wahrscheinlich wegen der schlechten Qualität des Gesteins stehen gelassen. Vielleicht ist das Wort aus Mk 12,10 (↗ Mt 21,42), das Ps 118,22f aufnimmt, eine Anspielung darauf: „Der Stein, den die Bauleute verworfen haben, ist zum Grundstein geworden …“ Im 4. Jh. nach Chr. wurde auf dem Gelände die erste Grabeskirche errichtet. Ausgrabungen und altkirchliche Quellen bestätigen, dass diese Ortstradition historisch zuverlässig ist. Die früh einsetzende Verehrung des Ortes lässt kaum erahnen, dass Golgota ein Ort des Schreckens, ein verunreinigter Ort, ein Nicht-Ort war. Vor der Stadt wurde der Abfall entsorgt.

Einer der Riten, die am Großen Versöhnungstag vollzogen wurden, führte auch hinaus in die Wüste, abgeschnitten von menschlicher Gemeinschaft. Dieser Nicht-Ort repräsentierte symbolisch die Sphäre des Todes und der „Gegenwelt“. Hier öffnet sich vorsichtig eine Möglichkeit der Deutung des Todes Jesu: Ein **„Sündenbock“** wurde ausgelost. Die Sünde des Volkes und ihre Folgen wurden ihm auferlegt, indem der Hohepriester die Hand auf seinen Kopf stützte (Lev 16,21). Dabei wurden symbolisch beider Existenzen vertauscht. Der Bock wurde in der Wüste eine Schlucht hinabgestürzt. Die Menschen wurden für alle sichtbar entlastet und konnten aufatmen. Der Neuanfang wurde tief erlebbar. Der Schrecken und die Schwere dieser zeichenhaften Handlung wehrte jeder Leichtfertigkeit im Umgang mit einem Tieropfer. Wir können das heute nur schwer nachvollziehen. Dagegen gibt es in unserer Gesellschaft keine großen Hürden, andere Menschen zum „Sündenbock" zu machen. Der biblische Vorgang der **Sühne** ermöglichte in tief symbolischer und doch real spürbarer Weise eine Möglichkeit neuen Lebens trotz Sünde und Schuld der Menschen (↗ Lk 22,14–23). Im AT ist dabei nicht Gott der Empfänger einer sühnenden Handlung. ER braucht die Sühne nicht. Er ist DER, DER neues Leben ermöglicht. Im AT geht es nicht um einen durch die Sünde in SEINER Ehre gekränkten Gott, der durch ein Opfer besänftigt werden muss. Dieser Gedanke ist durch germanische Opfervorstellungen in die Bibel hineingetragen worden und hat dort nichts zu suchen (s. u.). Sühne im AT erkennt die Zerstörungsmacht der Sünde an. Sie enthält den Vorgang einer Schuldübernahme. Schuld wird ertragen, ausgetragen und nur so aus der Welt geschafft. Die Menschen richten ihr Leben durch diesen erschütternden Vorgang ganz neu aus und werden neu zur Gemeinschaft berufen. Wenn Jesu freiwillige Lebenshingabe als Sühne verstanden wird, dann trägt er die Sünde und ihre Folgen weg aus der Gemeinschaft. Dann ermöglicht Gott in ihm und durch ihn eine neue Lebensgrundlage und Lebensausrichtung. Dann wirbt sein Tragen um die Herzen der Menschen, sich ganz Gott anzuvertrauen – mit allem Dunkel und Leid, durch alles Misstrauen und alles Schuldigwerden und Liebe Schuldigbleiben hindurch.

Bedeutung von Jes 53 für die Passion
↗ **Mk 14,12–25**

Mk 15,27 Dass Jesus zwischen zwei Verbrechern aufgehängt wird, lässt Jes 53,12 anklingen, in dem auch das geheimnisvolle Geschehen von Stellvertretung und Schuldübernahme berührt wird:

Jes 53,12 Er wird zu den Gesetzlosen, den Ungerechten, gezählt …

Mk 15,33 Die Finsternis, die im prophetischen Wort für jenen Tag, für das Ende der Zeit, angekündigt wird, tritt nun ein.

Am 8,9 Und es soll geschehen ‚an jenem Tag', spricht Gott, der HERR, da will ich die Sonne am Mittag untergehen lassen und über die Erde Finsternis bringen am hellen Tag.

Im Tod Jesu ereignet sich ein endgültiges, letztgültiges Geschehen von Gott her. Die Finsternis zeigt, wie es um die Welt steht. Sie zeigt, welche Konsequenz in den Haltungen und Handlungen der Menschen liegt. Jesus geht in diese Finsternis hinein. Das verändert alles.

Mk 15,38 Der wichtigste **Vorhang** im Tempel schützte den allerheiligsten Ort, an dem Gott im AT SEINE Gegenwart in besonderer Weise zugesagt hatte. Das Allerheiligste symbolisierte den Ort, an dem in alter Zeit der Wüstenwanderung Israels die Bundeslade in der Stiftshütte, dem beweglichen „Zelt der Begegnung" zwischen Gott und Mensch, stand (Ex 40,2). Sie enthielt das Schriftzeugnis des Gottesbundes. Dieser Ort wurde nur einmal im Jahr – am Großen Versöhnungstag – durch den Hohepriester nach einem genau vorgeschriebenen Ritual betreten (Lev 16). Auch bei diesem Ritus nach innen, parallel zu dem des Sündenbocks nach außen (s. o.), ging es um Sühne für alle Sünde und Schuld der Menschen in Israel. Das Blut eines zweiten Bockes wurde an diesen Ort gesprengt. Ganz materiell verdichtet und doch nur vorsichtig berührend wurde das Leben der sündigen Menschen mit Gottes heiliger und heilender Gegenwart zusammengebracht. Auch dieser Vorgang ist uns heute fremd und von Missverständnissen überlagert. Nicht Gott musste versöhnt werden, indem stellvertretende sühnende Handlungen an zwei Böcken vorgenommen wurden. Sühne machte die tödlichen Auswirkungen von Schuld für die Gemeinschaft sichtbar. Der Sühneritus machte deutlich, dass Gott Leben aus dem Tod rettete. Auch wenn unser Begriff von Sühne das komplexe atl. Geschehen nicht erfassen kann und es uns heute kaum nachvollziehbar scheint, ist festzuhalten:

Das Zerreißen des Vorhangs bezeugt, dass im Sterben Jesu etwas Letztgültiges von Gott her geschieht. Der heilige und heilende Ort SEINER Gegenwart öffnet sich von ober her, aus der Welt Gottes. Der Zugang wird frei für alle. Ein neuer Anfang öffnet sich trotz Sünde und Schuld der Menschen. Und Gott ist dort, wo der gekreuzigte Jesus ist! In ihm gibt sich Gott selbst in das unfassbare Geschehen hinein.

Auch die Bezüge zu **Psalm 22** (Anspielungen im Text kursiviert) in der Erzählung des Markusevangeliums bringen die Stunde Null des tiefsten Leids mit Gott zusammen.

Ps 22 „… 2 Mein Gott, mein Gott, warum (auch: wozu) hast du mich ver-
lassen? Weit entfernt ist meine Rettung, mein Schreien zu hören. 3 Mein Gott,
am Tag rufe ich, doch du antwortest nicht … 5 Auf dich haben unsere Väter ver-
traut, sie vertrauten auf dich und du hast sie errettet … 7 Ich aber bin (wie) ein

Wurm und kein Mensch, ein Spott der Leute und verachtet vom Volk. 8 Alle, die mich sehen, verspotten mich, sie verziehen den Mund und schütteln den Kopf: 9 „Er klage es dem HERRN, DER möge ihn befreien, DER soll ihn retten, er gefällt IHM ja (anscheinend)!“ 10 Doch du, HERR, hast mich aus dem Leib meiner Mutter gezogen. Du ließest mich geborgen sein an der Brust meiner Mutter. 11 … Von meiner Mutter Schoß an bist du mein Gott. 12 Sei nicht fern von mir, denn Not ist nahe und kein Retter ist da! 13 Gewaltige Stiere haben mich umringt, mächtige Büffel von Basan haben mich umzingelt. 14 Sie reißen ihr Maul gegen mich auf wie ein reißender und brüllender Löwe. 15 Ich bin ausgeschüttet wie Wasser und alle meine Glieder sind ausgerenkt. Mein Herz ist wie Wachs geworden, zerschmolzen in meinem Innern. 16 Meine Kraft ist vertrocknet wie eine Scherbe, und meine Zunge klebt mir am Gaumen, und du legst mich in des Todes Staub. 17 Denn Hunde kreisen mich ein und eine Horde von Gewalttätern umringt mich. Sie haben meine Hände und Füße durchgraben. 18 Ich kann alle meine Gebeine zählen. Sie schauen zu und sehen mich schadenfroh an. 19 Sie teilen meine Kleider unter sich und werfen das Los über mein Gewand. 20 Du aber, o HERR; sei nicht fern, o meine Stärke, eile mir zur Rettung! 21 Errette meine Seele von dem Schwert, meine Einzige von der Gewalt der Hunde! 22 Errette mich aus dem Rachen des Löwen, von den Hörnern der Büffel – ja, du hast mich erhört!

23 Ich will deinen Namen meinen Brüdern verkünden, mitten in der Gemeinde will ich dich loben! 24 Die ihr Ehrfurcht habt vor dem HERRN, lobt ihn! … 25 Denn er hat nicht verachtet und verabscheut das Elend der Armen und hat SEIN Angesicht nicht vor ihm verborgen, und als er zu IHM schrie, erhörte ER ihn … 27 Die Elenden sollen essen und satt werden. Die den HERRN suchen, werden IHN preisen. Euer Herz soll für immer leben! 28 Es werden daran denken und sich zum HERRN bekehren alle Enden der Erde, und vor dir werden anbeten alle Völker (auch: Heiden). 29 Denn das Reich (die Königsherrschaft) gehört dem HERRN, ER herrscht über alle Völker. 30 Es werden essen und niederfallen alle Großen der Erde (oder: die in der Erde schlafen). Vor IHM werden sich beugen alle, die in den Staub hinabgestiegen sind und ihre Seele nicht am Leben halten konnten. 31 Die Nachkommen werden IHM dienen, werden vom HERRN künden den kommenden Generationen. 32 Sie werden kommen und erzählen SEINE Gerechtigkeit (auch: Heils-Tat) dem Volk, das geboren wird: dass DER HERR es vollbracht (auch: getan) hat.“

V 17 b heißt im hebräischen Text: „… zu kurz sind meine Hände und Füße“, während die griechische Übersetzung der hebräischen Bibel (Septuaginta) liest, wie oben wiedergegeben: „…durchbohrt/durchgraben sind meine Hände und Füße.“ Dass Markus sich diese genau passende Anspielung auf den Kreuzestod Jesu „entgehen" lässt, spricht dafür, dass er die Septuaginta nicht vorliegen hatte. Er benutzte offensichtlich eine sehr alte, am hebräischen Text orientierte Überlieferung des Kreuzigungsberichts.

Das Matthäusevangelium bringt bei den Ereignissen um die Kreuzigung eine Überlieferung ein, die Markus nicht erwähnt. Mt 27,51–53 ergänzt gemäß Ps 22,30: „… und die Erde erbebte, und die Felsen spalteten sich. Und viele Leiber der entschlafenen Heiligen standen auf und kamen aus den Gräbern hervor nach seiner Auferweckung und kamen in die heilige Stadt und erschienen vielen."

Jesus hat den Verlassenheitsschrei vom Anfang des 22. Psalms gerufen. Aber wer den Anfang aufrief, meinte den ganzen Psalm. Es ist möglich, dass er Psalm 22 weitergebetet hat. Darauf deutet auch das Missverständnis, er rufe den Elia. Im Verlauf des Psalms, in V. 11, wird der Anklang an den Elia-Namen noch einmal deutlicher ausgesprochen als am Anfang des alten Gebets: „Vom Schoß meiner Mutter an bist du mein Gott" – hebr.: Eli ata, wobei das letzte Wort dieses Psalms auf der ersten Silbe betont wird und dann klingt: Elia-ta. Jemand versucht, durch einen mit Essig getränkten Schwamm Jesu Tod zu verzögern – vielleicht um Zeit zu gewinnen für ein mögliches Eingreifen des Elia, der in der Endzeit erwartet wurde (Mal 3,23 ↗ Mk 6,14–29).

Wenn Jesus sich in dem Betenden des 22. Psalms gesehen hat, steht er in einer Reihe mit den Leidenden, die ihre Klage an Gott herausschreien. Er taucht ganz in die Finsternis der Menschen ein. Das bedeutet letzte Verlassenheit. Aber wenn sein Tod „für uns" („für uns" ↗ Mk 14,22–25; Lk 22,14–23) geschieht, ist niemand mehr dort allein! Jesus vertraut sich in tiefster Verlassenheit dennoch genau diesem Gott und SEINEM rettenden Eingreifen an! Indem er IHN anschreit, zieht er IHN in sein Leid hinein. Jesus verwickelt wie die Klagenden des AT Gott in seine Situation. So kann Paulus in der tiefsten Deutung des Kreuzestodes Jesu sagen: „Denn Gott war in Christus …!" (2. Kor 5,19).

Jesus vertraut mit diesem Anfangsschrei auch auf das Ende dieses Gebets, das in den Lobpreis mündet, weil dieser Gott „… nicht verachtet und verabscheut das Elend des Elenden" und nicht sein Angesicht vor ihm verborgen hat, „als er zu ihm flehte – als er zu IHM flehte, hat ER ihn erhört!" (Ps 22,25). Dieses Vertrauen in dieser Situation durchzuhalten, ist unfasslich. In das Wunder der Glaubens- und damit Beziehungskraft Jesu können wir uns hinein bergen.

Mk 15,39 Am Kreuz deutet sich auch an, dass „alle Völker (auch: Heiden) anbeten werden“ vor dem HERRN (Ps 22,28). Das staunende Anerkennen Jesu als „einen Sohn Gottes“ durch den heidnischen Hauptmann ist das dritte Mal im Markusevangelium, dass Jesus dieser Titel zugesprochen wird. In Mk 1,11 bei seiner Taufe, in Mk 9,7 auf dem Berg des Leuchtens und nun in der tiefsten Niedrigkeit von Folterung, Beschämung und Sterben wird seine innige Gottesverbindung benannt.

Nun erst ist das Geheimnis seiner Person und seiner Sendung vollständig erzählt. Durch den Tod Jesu, der sich mit dem Betenden des 22. Psalms identifiziert, geschieht das Kommen Gottes als König (Ps 22,29) – des Reiches Gottes, für das Jesus gelebt hat. Der Messias-Christus, der Sohn, der das Gottesreich zu den Menschen bringt, ist ein leidender Messias. Seine Macht ist leidgeprüft. Nur ihr können wir uns wirklich anvertrauen, im Leben und im Sterben.

Die Grablegung Jesu und das leere Grab Mk 15,42–16,8

42 Als es bereits Abend wurde – es war ja Rüsttag, also der Tag vor
dem Sabbat –, 43 kam Joseph von Arimathäa, ein angesehenes (Mitglied
des) Rats, der selbst auch das Reich Gottes erwartete. Der wagte es, zu
Pilatus hineinzugehen, und bat um den Leib Jesu. 44 Pilatus aber wun-
derte sich, dass er schon gestorben war. Und er rief den Zenturio herbei
und fragte ihn, ob er (wirklich) schon gestorben sei. 45 Und als er das von
dem Zenturio erfahren hatte, schenkte er dem Joseph den Leichnam.
46 Und nachdem er Leinen gekauft hatte, nahm er ihn ab und wickel-
te ihn in das Leinentuch und legte ihn in ein Grab, das in Fels gehauen
war, und wälzte einen Stein vor den Eingang des Grabes. 47 Maria aus
Magdala aber und Maria, die (Mutter) des Joses sahen, wohin er gelegt
worden war.

16,1 Und als der Sabbat vorüber war, kauften Maria aus Magdala und
Maria, die (Mutter) des Jakobus, aromatische Öle, um hinzugehen und
ihn zu salben. 2 Und sehr früh am ersten Tag der Woche (wörtl. nach dem
Sabbat) kommen sie zum Grab, als die Sonne aufging. 3 Und sie sagten
zueinander: „Wer wird uns den Stein vor dem Eingang des Grabes weg-
wälzen?“ 4 Doch als sie aufblickten, sahen sie, dass der Stein weggewälzt
war – er war nämlich sehr groß. 5 Und als sie in das Grab hineingingen,
sahen sie einen jungen Mann auf der rechten Seite sitzen, bekleidet mit

einem weißen Gewand –, und sie erschraken zutiefst. 6 Er aber sagte zu
ihnen: „Erschreckt euch nicht! Ihr sucht Jesus, den Nazarener, den Ge-
kreuzigten. Er ist auferweckt worden! Er ist nicht hier! Seht, hier ist der
Ort, wo sie ihn hingelegt hatten.“ 7 Aber lauft und sagt seinen Jüngern
und dem Petrus (!), dass er euch nach Galiläa vorausgeht. Dort werdet ihr
ihn sehen, wie er es euch gesagt hat.“ 8 Da gingen sie hinaus und flohen,
weg von dem Grab. Sie wurden nämlich von Zittern und Entsetzen ge-
packt. Und sie sagten niemandem irgendetwas, denn sie fürchteten sich.

Die Passionsgeschichte des Markus endet mit der Nachricht der Auferweckung Jesu und der Furcht der Frauen. Ihr „Zittern und Entsetzen“ weist über die psychologische Beschreibung ihrer Reaktion hinaus. Die Auferweckung Jesu selbst wird im NT nirgends beschrieben. Sie bleibt Geheimnis. Aber schon die Nachricht davon bewirkt, was ein Erscheinen Gottes im AT bei Menschen hervorgerufen hat. Es hat Menschen in den Grundlagen ihrer Existenz erschüttert. Die Reaktion der Frauen zeigt, dass die Botschaft angekommen ist: Gott hat eingegriffen. Er hat Jesus, SEINEN geliebten Sohn, nicht der Finsternis und dem Tod überlassen.

Die Überlieferung vom leeren Grab wird von den Berichten von Erscheinungen des Auferstandenen (↗ Lk 24) ergänzt. Auch an das Markusevangelium werden später, im 2. Jahrhundert, Zusammenfassungen dieser Ereignisse angefügt. Markus allerdings erzählt nicht mehr. Für ihn ist mit dem Auffinden des leeren Grabes und der Deutung durch einen Boten Gottes alles gesagt: **Was Jesus gesagt und gelebt hat, wird von Gott unterstrichen und in Kraft gesetzt.** Jesus ist der Messias, dessen wahres Wesen erst durch seinen Tod „für uns“ verstanden werden kann. Mit seinem Leben und Sterben hat er die Gottesherrschaft, SEIN Reich, SEIN Kommen, in die Welt gebracht. Es ist für alle Menschen offen.

Der Bezug auf Ps 22 in der ältesten Passionsgeschichte lässt sich nun auch vom rettenden Eingreifen Gottes her verstehen. „Es sollen essen die Elenden und satt werden …“ (Ps 22,27). Das wird geschehen, wenn in Gottes Zukunft die Gemeinde Jesu miteinander das Abendmahl feiert. So greift das letzte Mahl im Licht von Ps 22 schon angesichts seines bevorstehenden Todes voraus nach der ungeheuren Hoffnung auf ein neues Sein, das Gott schenkt. Kreuz und Grablegung werden nicht Endstation bleiben. Da das in Ps 22 alles gesagt ist, braucht das Markusevangelium das Eingreifen Gottes in der Auferweckung Jesu

Abendmahl
↗ Mk 14,22–25

nur in dem Wort eines Engels (↗ Lk 1,8–25) an die treuen Jüngerinnen zu erzählen.

Im Licht von Ps 22 wird das Abendmahl, das letzte Essen Jesu mit den Seinen, ein „Toda-Mahl“ (Betonung auf der zweiten Silbe), wie es in atl. Zeit gefeiert wurde (Hartmut Gese). Das war eine gemeinschaftliche Dankfeier eines aus schwerer Krankheit und damit dem Tod Geretteten mit seinen Freundinnen und Freunden – eine Feier des Gottes des Lebens durch den Tod hindurch.

Immer wenn Menschen nun im Namen Jesu Abendmahl feiern, erzählen sie von SEINER „Heils-Tat“ wie in Ps 22,32. So hat sich Ps 22 erfüllt.

Im Abendmahl feiern die Menschen, die das Evangelium lesen und Vertrauen zu Jesus fassen, ihre Gemeinschaft mit dem Auferstandenen und untereinander. Im Wort des Evangeliums und im Abendmahl berührt der Messias Jesus bis heute Menschen bis ins Innerste.

Lukas und das Grenzen sprengende Gottesreich

Von der Werkstatt des Schriftstellers und wie er historischen Ansprüchen gerecht wird Lk 1 ---------- 242

Von Geist und Gesang und wie alles begann Lk 1–2 ----- 247

Von Heil und Heilung und welche Menschen der Heiland Jesus um sich sammelt Lk 3–9 -------------- 269

Vom Wesen des Gottesreichs: Wie Gottes Freude unterwegs ist und Geld und Geiz ihre Macht verlieren Lk 9–19 --------------- 291

Von Kosten und Konturen des Gottesreichs in Kreuz und Auferweckung Jesu Lk 19–24 ----------- 345

Von der Werkstatt des Schriftstellers und wie er historischen Ansprüchen gerecht wird Lk 1,1–4

1 Da es nun einmal viele unternommen haben, der Reihe nach einen
Bericht zu verfassen über die Ereignisse, von denen wir voll überzeugt
sind, 2 wie es uns die überliefert haben, die von Anfang an Augenzeu-
gen waren und sich für das Wort abgearbeitet haben (wörtl.: Ruderer,
Gepäckträger, Diener geworden sind), 3 habe auch ich beschlossen, der
ich von Anfang an allem sorgfältig nachgegangen bin, (es) dir der Reihe
nach aufzuschreiben, hochverehrter Theophilus, 4 damit du die Zuver-
lässigkeit (auch: Sicherheit der Beweisführung) der Lehren erkennst, in
denen du unterrichtet worden bist.

Das Lukasevangelium ist der erste Teil eines umfassenden Geschichtswerks. Das Evangelium (↗ Mk 1) stellt die Geschichte Jesu in den Mittelpunkt – von Anfang bis Ende. Der zweite Teil, die „Apostelgeschichte, zeigt die Auswirkungen der Jesusgeschichte. Es ist die Geschichte seiner sich unaufhaltsam ausbreitenden Gemeinde, der Kirche aus Juden und „Heiden“. Das sind alle, die nicht ursprünglich zu Gottes Volk Israel gehört haben – also auch wir. Der Weg dieser Geschichte führt von Jerusalem und seinem Tempel bis nach Rom. Das Evangelium von Jesus hat seinen bleibenden Ursprung in der atl.-jüdischen Tradition. Es beginnt dort, wo Gott SEINE Gegenwart auf besondere Weise zugesagt hat, und findet den Weg bis in die Machtzentrale der damaligen Welt.

Das Werk lag in zwei Schriftrollen aus Papyrus von über 9 m Länge vor. Diese Zusammengehörigkeit wird in unserer Bibel durch den Einschub des Johannesevangeliums unterbrochen. Ein solches schriftstellerisches Unternehmen war sehr teuer. Vielleicht war Theophilus (lat.: Amadeus, dt.: Gottlieb) als erster Adressat und Leser eine Art Sponsor. Durch die Art, wie er angesprochen wird, ist zu schließen, dass er eine hochgestellte Persönlichkeit des öffentlichen Lebens war, z. B. ein kaiserlicher Würdenträger. Es ist anzunehmen, dass er schon Christ war. Wahrscheinlich versammelte sich in seiner Villa eine Hausgemeinde. Damals **hatte** die Kirche nicht Hauskreise, sondern sie **bestand aus** Hauskreisen. So verschwand ein solches Werk nicht in einer privaten Sammlung, sondern wurde gemeinsam gelesen, besprochen und vervielfältigt. Dass sich die urchristlichen Schriftsteller umfangmäßig begrenzen mussten, lag nicht an zu wenig Jesusüberlieferung, sondern am Geldmangel. Man musste sich auf das Wesentliche beschränken.

Eine zweite Buchrolle, wie Lukas sie mit der sich an das Evangelium anschließenden Apostelgeschichte schuf, war teuer und außergewöhnlich und erinnert an die Geschichtsschreibung in aufeinander folgenden Werken des AT. Der Name des Verfassers stand außen auf den Buchrollen zusammen mit dem Titel. Zum ersten Mal findet sich die Überschrift „Das Evangelium nach Lukas“ in einer wichtigen Handschrift aus der Zeit um 200 n. Chr. Die originalen Evangelien besitzen wir nicht mehr.

Als **Autor** galt in der frühesten kirchengeschichtlichen Tradition Lukas, der Arzt, der stellenweise Begleiter des Paulus auf seinen Missionsreisen war. Im Philemonbrief V. 24 wird er von Paulus als letzter Mitarbeiter genannt. In Kol 4,14 wird Lukas als „der geliebte Arzt“ gegrüßt. In 2. Tim 4,11 heißt es: „Lukas allein ist bei mir.“ Lukas war, anders als z. B. Timotheus, kein ständiger Mitarbeiter des Paulus. Für einen Arztberuf spricht möglicherweise, dass er die meisten Heilungen überliefert und die Polemik gegen Ärzte kennt (↗ Lk 4,23). Als Zeugen für seine Verfasserschaft – vielleicht um 80 n. Chr. – sind im 2. Jh. Irenäus, Bischof von Lyon und aufgewachsen in Kleinasien, Clemens von Alexandrien und der Kanon Muratori, eine frühe Zusammenstellung der Schriften, die heute das Neue Testament (↗ Mt Anfang) bilden, zu nennen. In den jeweiligen Vorworten seines Doppelwerks nennt er seinen Namen jedenfalls nicht. Ihm geht es wie allen Autoren der Evangelien um die Sache. Aus dem Werk lässt sich schließen, dass er ein hochgebildeter Mensch war. Das unterstreicht er mit seinem Vorwort in elegantem Griechisch. In der Übersetzung ist bewusst beibehalten, dass es aus einem einzigen Satz besteht. Damit stellt er sich auf die Ebene damaliger berühmter Geschichtsschreiber (z. B. Flavius Josephus) und medizinischer Werke.

Wenn er dann in seiner Geschichte selbst einen schlichteren Satzbau wählt, liegt es daran, dass er Traditionen aufnimmt – wie er es in seinem Vorwort darlegt. Da er heilige Geschichte schreibt, passt er sich besonders in den ersten Kapiteln an den biblischen Erzählstil an. Ihm liegt dabei die griechische Übersetzung des AT, die Septuaginta, vor. Er ist sprachlich und stilistisch gewandt und vielseitig (dag. ↗ Mk Anfang). Er verfügt über einen reichen Wortschatz. Er kennt die Darstellungsmittel hellenistischer Biographien, die Sprache des Rechts, medizinisch relevante Wendungen und hat genaue geographische Kenntnisse, die auf eigene Reiseerfahrung schließen lassen (die „Wir-Berichte“ als Reisebegleiter des Paulus in der Apostelgeschichte 16; 20; 21; 27). Seine Gleichnisse zeigen hohe Erzählkunst. Seine Passionsgeschichte ist gefühlsgeladen.

Lukas grenzt sich in seiner Vorgehensweise bewusst von der Gattung des Romans ab, die (auch damals) frei fabulierte Werke und Fiktion beinhaltete. Im Gegensatz dazu erhebt er den Anspruch, wirklich Geschehenes zu berichten. Es geht ihm nicht um fromme Unterhaltungsliteratur. Die für seine Werkstatt wichtigen Augenzeugen werden heute in der Forschung zunehmend als Quelle ernst genommen. Die Jesusüberlieferung wurde von Anfang an an die Autorität bekannter Traditionsträger gebunden. Dennoch ist die urchristliche Geschichtsschreibung nie historischer Beweis, sondern immer „Zeugnis" von der Wahrheit (↗ Joh 1). Der Wahrheitsanspruch seiner Geschichte ergibt sich nicht daraus, dass Lukas auf Gottes Inspiration verweist. Die Autorität seiner Darstellung ergibt sich aus dem Inhalt selbst.

Als Quelle lag Lukas in seiner Werkstatt das Markusevangelium vor, dem er in verschiedenen Abschnitten (Lk 3,1–6,9; 8,4–9,50; 18,15–24,11) und im Gesamtaufriss folgt. Viele seiner überlieferten Jesusworte stimmen mit denen des Matthäusevangeliums überein und finden sich nicht im Markusevangelium. Daraus hat man geschlossen, dass es eine Art **„Spruchquelle"** gegeben haben muss. In der theologischen Fachsprache wird sie **„Q"** genannt. Über die Gemeinsamkeiten mit Matthäus hinaus hat Lukas offensichtlich auch eine eigene Quelle. Ob es eine ganze, verlorengegangene Evangelienschrift war? Ob es eigene Recherchearbeit war? Man nennt sie in der Fachsprache **„Sondergut"** des Lukas – wie auch das Matthäusevangelium auf „Sondergut" zurückgeht, das er weder mit Markus noch mit Lukas gemeinsam hat. Weil man literarische Gemeinsamkeiten und Unterschiede der Evangelien von Markus, Matthäus und Lukas weitgehend durch die Benutzung von Markus, der Spruchquelle und jeweiligem Sondergut erklären kann und sie im grundlegenden Ablauf miteinander übereinstimmen, nennt man sie in der Fachsprache **„synoptische" Evangelien**: Man kann sie vergleichend „zusammenschauen". Johannes dagegen bildet in Sprache, Inhalten und Ablauf ein sehr eigenständiges Werk, das aber die Kenntnis der anderen Evangelien offensichtlich voraussetzt und im Grundlegenden übereinstimmt.

Lukas schreibt **Weltliteratur**. Zum ersten Mal wird die Jesusgeschichte, die er mit hohem historischem Anspruch verfasst, in die Weltgeschichte eingezeichnet (Lk 1,5; 2,1; 3,1). Im Gegensatz zu anderen damaligen Geschichtsschreibern geht es aber in dieser Geschichte nicht um Mitglieder der gesellschaftlichen Oberschicht, bedeutende Feldherren, Politiker und Künstler. Zum ersten Mal in der Weltliteratur geht es um die „kleinen Leute"!

Wie vielschichtig Lukas erzählt, erkennt man an den **thematischen Grundlinien,** die sich durch sein Werk ziehen – wie die gespannten Fäden auf einem Webrahmen. Ihnen folgend hat er seine Quellen auswählt und gestaltet:

Lukas zeichnet die Jesusgeschichte in die **Geschichte** des AT ein. Dieser Rückblick hilft zu verstehen, wer Jesus war und ist. Die Jesus-Christus-Geschichte ist die Fortsetzung der Gottesgeschichte mit Israel. Lukas verortet sie auch im Rahmen der Zeitgeschichte. Sie spielt sich mitten in der Geschichte des römischen Imperiums ab und hat vielfältige Bezüge zu ihr. Aber Gottes Geschichte geht nicht in der Menschengeschichte auf. Gleichzeitig zeichnet Lukas die Geschichte der Urgemeinde in seinem zweiten Band, der Apostelgeschichte, nach. Sie führt in die Zukunft. Es geht um die Auswirkung der Person Jesu und seines Geistes. Es ist nach vorne offene, geistgewirkte Geschichte, die ihr Fundament in der Jesusgeschichte hat. So ist Jesus Christus die Mitte aller Weltgeschichte.

Lukas schreibt eine „Theologie des Weges". Der Weg Jesu nach Jerusalem ist die Grundlage für den Weg seiner Nachfolger und Nachfolgerinnen. Das Ende des Weges Jesu ist der Beginn des Weges der Gemeinde, der Kirche. Lukas spannt den erzählerischen Bogen in seinem Gesamtwerk von Jerusalem (Lk 1 beginnt mit dem Tempeldienst des Priesters Zacharias) nach Rom (Apg 28, wo der Apostel Paulus unter relativ freien Haftbedingungen das Evangelium in der Weltstadt und Machtzentrale verkündet). Er gestaltet ausführlicher als die anderen Evangelisten den Weg Jesu nach Jerusalem im „lukanischen Reisebericht" (Lk 9–18). Jerusalem ist der Ort von Tod und Auferweckung Jesu und der Ausgangspunkt des Weges des Evangeliums in die Welt. Die Christen sind „Menschen des Wegs" (z. B. Apg 9,2). Sie sind unterwegs zu den Menschen. Christsein ist etwas Dynamisches.

Diese Dynamik kommt aus der Kraft des Geistes. **Der Geist** Gottes greift in die Geschichte der Menschen ein. Es ist der Geist des Schöpfers, dem sich Jesu Geburt als eine Neuschöpfung verdankt. Es ist der Geist von Propheten und Prophetinnen, die besonders am Anfang des Evangeliums und am Anfang der Apostelgeschichte die tieferen Zusammenhänge des Wirkens Gottes erkennen. Johannes der Täufer wird vom heiligen Geist zu einem Wegbereiter. Jesus lebt und handelt als

Träger dieses Geistes. Das Weiter-Wirken des Geistes bildet eine übergreifende Linie zur Apg. Sie beginnt mit der Geist-Begabung der ersten Jüngerinnen und Jünger. Es ist der Geist der Weg-Führung, der an den Schaltstellen der Gottesgeschichte wegweisend eingreift.

Als ein von diesem Geist Begabter ist Jesus der **Heiland**, der Retter der Welt. Mit diesem Titel, der im AT Gott gehört, wird dem römischen Kaiser, der sich selbst als „Heiland" titulierte, der Rang streitig gemacht. In seiner „Antrittsrede" (↗ Lk 4,17ff) macht Jesus sein Programm klar. Die **Adressaten** seines Heils und seiner Heilungskraft sind die Armen und Elenden. Lukas erzählt, wie die gesellschaftlichen „Outlaws" der damaligen Zeit im Mittelpunkt des Interesses Jesu und damit des Interesses Gottes stehen. Frauen nehmen einen selbstverständlichen, starken Raum ein. Hirten und Huren, Witwen und Waisen, Betrüger und Beladene sind seine Lieblinge. Lukas erzählt die meisten **Heilungs**geschichten. Dazu gehört auch die Heilung von Geiz.

All das ist gemeint, wenn mit Jesus das geisterfüllte **Gottesreich** auf dem Weg zu den Menschen ist. Während Matthäus eher betont, dass es wichtig ist, durch die würdevollen Werke im Be-Reich Gottes zu leben und an der Wirklichkeit dieser Welt teilzunehmen (↗ Mt 4,12–25), kommt bei Markus stärker die ungeheure Dynamik dieser Bewegung Gottes zu den Menschen zum Ausdruck (↗ Mk 1,15). Lukas bringt das Geistgeschehen und die räumliche Ausbreitung des Gottesreichs zum Ausdruck: Gott schickt den Messias, weil ER die Bedürftigkeit der Menschen wahrnimmt. Das Gottesreich ist Heilsraum, der die ganze Welt ausfüllen wird. Es ist heilvolle Macht, die die Welt zu einem guten Ende bringen wird (↗ Lk 9, Anfang; ↗ Lk 17,21ff). Es ist Gottes Reich-tum, der die Menschen erfüllt. Die inhaltliche Zuspitzung des Gottesreichs bildet die Mitte des Evangeliums: Gott ist unterwegs, sucht „Verlorene" und feiert Freudenfeste über Gefundene (↗ Lk 15). Das wird sichtbar und spürbar im Handeln Jesu.

Lukas hat ein **zwei**bändiges Werk, eine Doppel-Rolle, geschaffen, um die Geschichte Jesu und die seiner Gemeinde zu erzählen. So liebt er es, auch innerhalb seiner Erzählungen mit **Parallelfiguren** zu arbeiten – mit parallelen Personen und Themen. Dabei kann es Gegenüberstellungen (z.B. Maria und Martha in Lk 10; Pharisäer und Zöllner in Lk 18), Steigerungen (z.B. Johannes und Jesus in Lk 1) oder Verschränkungen mit Gestalten aus dem AT (Zacharias wie Sarah als Gegenüber von Maria wie Abraham in Lk 1) geben.

Von Geist und Gesang und wie alles begann Lk 1–2

Auf kunstvolle Weise werden die Geschichte von Johannes, dem Täufer, und die Geschichte Jesu schon in ihren Anfängen ineinander verwoben. Die Geschichte Jesu steigert die des Johannes.

Die Geburt Johannes des Täufers wird angekündigt Lk 1,5–25

5 Es geschah in den Tagen des Herodes, des Königs von Juda, (da
lebten) ein Priester mit Namen Zacharias aus der Abteilung Abijas und
seine Frau aus den Töchtern Aarons mit Namen Elisabeth. 6 Sie waren
beide gerecht in der Gegenwart Gottes und ließen sich in allen Geboten
des HERRN führen, untadelig in gerechtem Tun. 7 Aber sie hatten kein
Kind, weil Elisabeth unfruchtbar war. Und sie waren beide schon in fortgeschrittenem Alter.

Herodes der Große regierte von 37 bis 4 v. Chr. Seine Herrschaft war eine historisch betrachtet (letzte) glanzvolle Zeit für die Geschichte Israels. Er hatte die Stellung eines selbständigen Königs, der von den Römern ernannt und mit ihnen verbündet war. Durch ihn bekam das Land, das das ganze „Davidsreich“ umfasste, Teil am römischen Reichsfrieden, der Pax Augusta. Gegen Ende seiner Regierungszeit fiel er allerdings bei Octavian Augustus in Ungnade und wurde nicht mehr als souveräner Herrscher, sondern als Untertan behandelt. Herodes gab sich als strenger Jude. Wegen seiner Abstammung als Idumäer war er aber nicht als „Volljude“ anerkannt. Um seine Macht zu erhalten, schreckte er vor Morden nicht zurück, auch nicht innerhalb der eigenen Familie. Er ließ neben anderen bedeutenden Bauten den salomonischen Tempel wieder aufbauen, an den heute noch die „Klagemauer“ erinnert. Er war eines der bedeutendsten Bauwerke in der antiken Welt. Die Fundamente dafür reichten 45 m tief in den Tempelberg. Das Tempelgelände maß 380 mal 400 m. Das Heiligtum war aus weißem Marmor.

Zacharias ist ein Priester mit einem Prophetennamen. „Zacharias“ ist eine Version des Namens „Sacharja“ aus dem AT und bedeutet „Gott hat gedacht“: Gott erinnert sich, Gott hält gegenwärtig. Auch Elisabeth hat einen priesterlichen Stammbaum. Sie sind kinderlos und damit ohne Zukunft. Aber Lukas erzählt, dass die beiden an Paare denken lassen, die auch nicht aus eigener „Potenz“ für die Geschichte Israels wichtig wurden: Abraham und Sarah (Gen 18), Isaak und Rebekka (Gen 25), Hanna und Elkana (1. Sam 1). Gott denkt an die Bundesgeschichte mit SEINEM Volk. Etwas Neues wird geschehen.

8 Es geschah aber, als er nach der Ordnung seiner Abteilung Priesterdienst im Angesicht Gottes tat, traf ihn das Los, wie es im Priesteramt üblich war, in den Tempel des HERRN hinein zu gehen und das Räucheropfer darzubringen. 10 Und die ganze Menge des Volkes betete draußen zur Stunde des Räucheropfers. 11 Da erschien ihm ein Engel des HERRN, der stand rechts vom Räucheraltar. 12 Und Zacharias erschrak, als er ihn sah, und Furcht überfiel ihn. 13 Der Engel aber sagte zu ihm: „Fürchte dich nicht, Zacharias, denn dein Gebet ist erhört worden und deine Frau Elisabeth wird dir einen Sohn gebären, und du wirst seinen Namen Johannes nennen. 14 Er wird deine Freude und dein Jubel sein und viele werden sich über seine Geburt freuen. 15 Er wird nämlich groß sein in Gottes Gegenwart. Wein und berauschende Getränke wird er nicht trinken und schon vom Mutterleib an wird er mit Heiligem Geist erfüllt werden. 16 Und er wird viele Kinder Israels zum HERRN, ihrem Gott, umwenden. 17 Und er wird ihm im Geist und der Kraft Elias vorausgehen, er wird die Herzen von Vätern zu (den) Kindern wenden und Ungehorsame zur Gesinnung Gerechter, um ein vorbereitetes Volk für den HERRN zu bilden.

18 Und Zacharias sagte zu dem Engel: „Woran soll ich das erkennen? Ich bin ja ein alter Mann, und meine Frau ist im fortgeschrittenen Alter." 19 Da antwortete der Engel und sagte zu ihm: „Ich bin Gabriel, der vor dem Angesicht Gottes steht und gesandt, um zu dir zu sprechen und dir diese gute Nachricht zu überbringen. 20 Und siehe, du wirst stumm sein und nicht sprechen können bis zu dem Tag, an dem das eintrifft. Denn du hast meinen Worten nicht geglaubt, die doch zu ihrer Zeit in Erfüllung gehen werden."

21 Und das Volk wartete auf Zacharias und wunderte sich, dass er so lange im Tempel blieb. 22 Als er aber (endlich) herauskam, konnte er nicht zu ihnen sprechen. Da erkannten sie, dass er im Tempel eine Erscheinung gehabt hatte. Und er winkte ihnen zu und blieb stumm. 23 Und es geschah, als die Tage seines Priesterdienstes beendet waren, ging er nach Hause. 24 Nach diesen Tagen aber wurde seine Frau Elisabeth schwanger und zog sich fünf Monate lang völlig zurück und sagte: 25 „Das hat der HERR an mir getan! In diesen Tagen hat er nach mir gesehen, um meine Schmach unter den Menschen wegzunehmen."

Zahlreiche Priester waren für ihren Dienst wochenweise zwei Mal im Jahr eingeteilt und kamen dafür nach Jerusalem (↗ auch Lk 10,25–37). Für die Darbringung des Rauchopfers ausgelost zu werden, war etwas Einmaliges im Leben. Der Priester geht dafür während des Gottesdienstes, hier wahrscheinlich am Abend, mit einer Schale Weihrauch in das Innere des Tempels. Im heiligen Raum wird das Harz auf den brennenden Kohlen des Altars entzündet. Der aufsteigende Rauch symbolisiert die Anbetung der Menschen. In diesem Moment erfährt Zacharias eine „Erscheinung" oder „Offenbarung": Eine neue Zeit der Gottesoffenbarung beginnt – endlich. Der Gott des AT meldet sich nach langer Zeit wieder zu Wort! Er tut das durch einen Engel.

Das Wort **„Engel"** kommt vom griechischen Wort „angelos" und bezeichnet einen Boten. Dabei tritt die Person des Boten hinter dem Inhalt, den er weitergeben soll, zurück. So ist nicht sein Aussehen wichtig, sondern sein Auftrag. Das Auftreten eines Engels ist oft furchterregend, wie hier bei Zacharias. Engel in der Bibel sind weder niedlich noch harmlos. In der Bibel werden nur drei Engel namentlich benannt: Gabriel in Lk 1, der die Geburten von Johannes und Jesus ankündigt, und Michael in Offb 12,7 ff, der den Drachen besiegt – den Gegenspieler des messianischen Kindes. Das Buch Tobit oder Tobias, das nicht in allen Bibeln in das AT gehört, erzählt vom Engel Raphael. Engel sind Gesandte Gottes und Wegweiser zu IHM hin. Sie selbst sind nicht wichtig.

Die Botschaft des Engels: Es wird eine neue Zeit anbrechen. Gottes Heil wird spürbar zu den Menschen kommen. Dabei wird es nicht nur um Gottes Erbarmen mit einem kinderlosen Paar gehen – Johannes bedeutet: Gott hat sich erbarmt. Sie werden einen Sohn bekommen, mit dem ein neuer Abschnitt der Gottes-Geschichte eingeleitet wird. Er wird mit dem Gottesgeist erfüllt und Gottes Prophet sein. In der neuen Gottes-Geschichte ist der Gottesgeist die treibende Kraft.

Alles beginnt im Tempel von Jerusalem. Zacharias und Elisabeth stehen für ein Leben, das dem Gesetz Gottes, der Tora, entspricht. Tempel und Gesetz am Anfang werden dem geisterfüllten Gottesreich am Ende des Evangeliums (und am Anfang der Apostelgeschichte) gegenübergestellt. Dieser Parallelismus meint nicht eine sich aufhebende Gegensätzlichkeit, sondern ein Weiterwerden, ein sich Steigern der Geschichte vom heilvollen Handeln Gottes. Der Tempel, Ort des Heils für das atl. Volk Gottes, ist der Ort des Beginns der Kirche nach Pfingsten. Zacharias ist das Gegenbild zu Maria, der Mutter Jesu. Sie glaubt dem Engel Gabriel (s. u.) und lässt an sich geschehen, was Gott zusagt. Zacharias wird stumm, weil er nicht glauben kann, dass Elisabeth schwanger werden wird. Darin gleicht Zacharias Sarah, der Frau Abrahams aus dem Buch der Anfänge im AT.

Gen 18,1–15 Drei geheimnisvolle Männer, Boten, besuchen Abraham und Sarah. Sie prophezeien die Geburt eines Sohnes. Sarah hört das und lacht: „In unserem Alter?" Es stellt sich die Frage: „Sollte dem HERRN etwas unmöglich sein?".

Dass bei Gott nichts unmöglich ist und kein Wort kraftlos, wird dann gegenüber der Maria keine Frage mehr, sondern eine Feststellung sein (↗ Lk 1,37). Maria wird Zacharias gegenübergestellt. Sie gleicht in ihrem schlichten „mir soll geschehen ..." dem Glaubensvater Israels, Abraham.

In Gen 15,5f heißt er noch Abram. Gott sprach zu Abram: ... ‚Sieh in den Himmel und zähle die Sterne, wenn du sie zählen kannst! So sollen deine Nachkommen werden!' Und Abram glaubte dem HERRN ...

Die Geburt Jesu wird angekündigt Lk 1,26–38

26 Im sechsten Monat aber wurde der Engel Gabriel von Gott in eine
Stadt in Galiläa mit Namen Nazareth 27 zu einer Jungfrau gesandt, die
mit einem Mann namens Joseph aus dem Haus Davids verlobt war, und
die Jungfrau hieß Maria. 28 Und er trat bei ihr ein und sagte: „Sei gegrüßt,
Begnadete, der HERR (ist) mit dir!" 29 Sie aber wurde von diesen Worten
verwirrt und überlegte, was dieser Gruß zu bedeuten habe. 30 Und der
Engel sagte zu ihr: „Fürchte dich nicht, Maria, denn du hast Gnade bei
Gott gefunden! 31 Siehe, du wirst schwanger werden und einen Sohn
zur Welt bringen und du sollst ihm den Namen Jesus geben. 32 Der wird
groß sein und ‚Sohn des Höchsten' genannt werden. Gott, der HERR,
wird ihm den Thron seines Vorfahren David geben. 33 Und er wird in alle
Ewigkeit als König herrschen über das Haus Jakobs, und seine Königsherrschaft wird kein Ende haben." 34 Maria aber sagte zu dem Engel:
„Wie soll das geschehen, wo ich doch (noch) mit keinem Mann schlafe?"
35 Und der Engel antwortete und sagte zu ihr: „Heiliger Geist wird auf
dich kommen und Kraft ‚des Höchsten' wird dich überschatten. Deshalb
wird (das Kind), das entsteht, heilig sein und ‚Sohn Gottes' genannt werden. 36 Und siehe, auch Elisabeth, deine Verwandte, ist mit einem Sohn

schwanger in ihrem Alter. Und dies ist schon der sechste Monat für sie,
obwohl sie als ‚unfruchtbar' gilt. 37 Denn kein Wort von Gott wird kraft-
los sein!" 38 Maria aber sagte: „Siehe, ich bin die Dienerin des HERRN. An
mir soll geschehen, was du gesagt hast." Und der Engel ging von ihr fort.

Während in der Geburtsgeschichte des Matthäusevangeliums Josef im Mittelpunkt der Handlung steht (↗ Mt 1), ist es im Lukasevangelium Maria. Die beiden Evangelisten haben jeweils eigenständige Überlieferungen aufgenommen. Was Maria widerfährt, hat keinen Anhalt an einem besonderen Verhalten. Es geschieht einfach so, allein aus Gnade. Der Kontrast zwischen einem Mädchen aus der Provinz und einem Priester, der im Tempel von Jerusalem arbeitet, ist stark.

Die Szene, in der der Engel Maria in Nazareth antrifft, wird nicht ausgemalt. Alle Aufmerksamkeit liegt auf dem Inhalt der Botschaft: Gott ist in Bewegung! Er wirkt durch SEINE bewegende Macht, den ‚Heiligen Geist'. Was Maria erfährt, werden später auch die Jüngerinnen und Jünger zu spüren bekommen (↗ Lk 24,49; Apg 1,8: Ihr werdet Kraft empfangen, wenn der Heilige Geist über euch kommt …). Gottes Schöpferkraft, die die Welt ins Dasein gesprochen hat, bewirkt einen neuen Anfang mit den Menschen – durch Maria. Jesus gehört von Anfang an ganz mit Gott zusammen. Wie bei Matthäus wird hier nichts erzählt, was auf eine Zeugung nach menschlicher Art hindeutet. Es soll keinerlei Zusammenhang zu den griechischen Mythen, in denen Götter mit Menschenfrauen verkehren, hergestellt werden. Was Matthäus und Lukas erzählen, gestaltet Johannes als über Gottes Sein nachdenkendes Lob (↗ Joh 1,1). Markus setzt mit dem Wirken Johannes des Täufers ein und mit der Berufung des erwachsenen Jesus (↗ Mk 1). Die Ankündigung der Geburt Jesu ist wie in Mt 1 tief im atl. Geschehen verwurzelt: In seiner Geburt verwirklichen sich alte Zusagen an das Volk Gottes.

Das Wort des Engels an Maria erinnert an die Ankündigung der Geburt des Ismael durch Hagar in Gen 16,11 Siehe, du bist schwanger und wirst einen Sohn gebären und wirst seinen Namen nennen Ismael. – Es nimmt auch wie in Mt 1 die Verheißung aus Jes 7,11 auf: Siehe, die Jungfrau (nach der griech. Übersetzung des AT, der LXX) wird schwanger sein und einen Sohn gebären, und du wirst seinen Namen nennen Immanuel.

Heiliger Geist
↗ Joh 14–17

Wenn Lukas in seinem Evangelium vom Heiligen Geist spricht, geschieht das in starker Anlehnung an die Wirkung und Kraft des Geistes Gottes bei der Schöpfung, die „ruach“, und an den Geist der Prophetie, der Menschen im AT bewegt und dazu berufen hat, in besonderer Weise Hörende und Boten des Wortes Gottes zu sein. Der Evangelist Johannes wird den Aspekt des Heiligen Geistes als „Person“ betonen.

Das „Überschattet werden“ lässt die Gottesgegenwart über dem „Zelt der Begegnung“ oder „Stifthütte“ anklingen (↗ auch Joh 1,14), dem beweglichen Ort der mitgehenden Gottesnähe für das befreite Volk Israel. „Die Wolke“ ist ein Zeichen für Gottes verdichtete und zugleich verhüllte, geheimnisvolle Gegenwart. Auch drei Jünger Jesu werden diese sicht- und spürbare Gottesgegenwart bei Jesus erleben (↗ Mk 9,2–8). Maria wird von Gottes Geist, SEINER Lebenskraft, umhüllt und erfüllt – wie das in der Gottesgeschichte bereits erfahren wurde und es auch den späteren Jüngerinnen und Jüngern Jesu angekündigt wird (↗ Lk 24,49). Im zweiten Kapitel der Apostelgeschichte wird dann deutlich werden, dass Maria auch eine „Parallelfigur“ zur Gemeinde, zur Kirche ist, die vom Geist ergriffen wird. So ist Marias Geschichte in Erfahrungen der Gottes-Geschichte eingebettet. Das Herausstreichen einer Art „Zeugung“ oder eines „übernatürlichen“ Ereignisses liegt Lukas fern. Dennoch liegt über der Entstehung Jesu ein Geheimnis.

„An mir soll geschehen …“ Marias Antwort ist weder begeistert noch erschrocken. Die Geburt des Messias wurde von allen erwartet und ersehnt. Maria ist offensichtlich gewöhnt, im Horizont dieser Hoffnung zu denken. Aber um dieses Kind wahr werden zu lassen, bedarf es nun ihrer bejahenden Antwort. Maria hat die Freiheit dazu. Denn sie hat ihr Leben an Gott gebunden. Sie ist „Dienerin“, Magd, Sklavin des HERRN. In dieser Zugehörigkeit wird sie frei von gesellschaftlichen Erwartungen an sie. So ist Freiheit im biblischen Sinn nie einfach Selbstbestimmung, sondern entfaltet ihre Kraft in der Bindung an Gott und SEIN Wort. Maria willigt freiwillig in Gottes Handeln in ihrem Leben ein. Sie nimmt ihre Lebensberufung an.

Bei der „Jungfrauengeburt“ geht es biblisch nicht um eine Abwertung von Sexualität. Jesus wird Brüder und Schwestern haben (↗ Mk 3,31–35). Aber die Geschichte Jesu beginnt nicht durch die Macht eines Mannes. Die Geschichte, die für Frauen oft genug „Unterwerfung“ bedeutet hat, wird heilsam unterbrochen. Die Folge des „Sündenfalls“ der Menschen, die Herrschaft des Mannes, wird aufgehoben.

Biblisch ist diese Herrschaft keine „gute Ordnung“, die zur ursprünglichen Schöpfung gehört. Es ist die Beschreibung der Verhältnisse einer zerrissenen Schöpfung.

Gen 3,16 … du wirst dich nach deinem Mann sehnen, er aber wird über dich herrschen ….

Mit der Ankündigung der Geburt Jesu wird diese Rollenverteilung aufgehoben. Etwas Neues beginnt, eine Würdigung der Frau in einer selbständigen Rolle vor Gott, wie das im AT schon angelegt ist (s. u., z. B. bei Hanna). Matthäus erzählt demgegenüber von der demütigen Haltung und sich Gottes Wirken unterwerfenden Rolle Josefs entgegen der damaligen Konventionen (↗ Mt 1). Soziale Festschreibungen werden aufgebrochen. Eine neue Schöpfung leuchtet auf, in der Frauen und Männer im Vertrauen zu Gott einander in ihrer ursprünglichen Würde begegnen. Bis in die gesellschaftlichen Verhältnisse hinein wird das Kommen Jesu die Folgen der Sünde heilen.

Als „Dienerin“ (griech.: doulä, Sklavin, nur hier im NT) stellt sich Maria in die Tradition des prophetischen „Knechtes“ Gottes.

Er wird in Jes 42,1ff berufen: Siehe, das ist mein Diener (griech.: doulos, Knecht, Sklave), auf den ich mich verlassen kann …

Wenn Maria sich als Dienerin, als „Knechtin“ Gottes bezeichnet, stellt sie ihre enge Bindung an IHN heraus wie die Propheten des AT. Die Zeit der Prophetie galt über Jahrhunderte als beendet. Die Stimme der Propheten galt als verstummt. Mit dem Eintreten des Engels zu Zacharias und Maria wird eine neue prophetische Zeit eröffnet. Gott spricht und handelt an und durch Menschen!

So ist mit der Person Jesu von Anfang an die Erfüllung der Zusagen der Geschichte Gottes verbunden: neue Wortmeldung, Neuschöpfung.

Jesus wird in dann besonderer Weise Träger des prophetischen Geistes und messianischer Hoffnung (↗ Lk 4,14–22). Gleichzeitig wächst Jesus über alle Erwartungen hinaus. Sein **Eigenname Jesus oder Jehoschua** kann mit **Heiland** (wörtl.: Gott ist Heil) übersetzt werden. Die Aussagen über Gottes heilendes Wirken im AT verdichten sich in seinem Kommen, in seiner Person. Dass sein Name sein Programm ist, wird in Lk 4 entwickelt.

Elisabeth und Maria begegnen sich – Das „Magnificat" Lk 1,39–56

39 Maria aber machte sich in diesen Tagen auf und reiste eilig in das
Bergland, in eine Stadt in Juda. 40 Und sie ging in das Haus von Zacha-
rias und begrüßte Elisabeth. 41 Und es geschah, als Elisabeth den Gruß
Marias hörte, hüpfte das ungeborene Kind in ihrem Leib und Elisabeth
wurde mit heiligem Geist erfüllt 42 und rief mit lauter Stimme aus: „Ge-
segnet bist du unter den Frauen und gesegnet ist die Frucht deines Lei-
bes! 43 Und wie kommt es (zu dieser Ehre), dass die Mutter meines Herrn
zu mir kommt? 44 Siehe, als nämlich die Stimme deines Grußes an mein
Ohr drang, hüpfte das ungeborene Kind jubelnd in meinem Leib. 45 Und
glücklich ist die (Frau), die geglaubt hat, dass sich erfüllen wird, was ihr
vom HERRN gesagt worden ist!"

In der Mitte des ersten Kapitels begegnen sich Elisabeth und Maria. Selbst Johannes wird von der prophetisch gesegneten Frau bewegt, und Elisabeth segnet Maria in prophetischer Klarheit. Ihr Segen erinnert an ein Segenswort der Prophetin und Richterin Deborah an Jael, die einen todbringenden Feind getötet hat.

Ri 5,24 Gepriesen sei Jael vor allen Frauen.

Maria lobt Gott mit einem prophetischen Lied (Magnificat). Am Ende des ersten Kapitels, nach der Namensgebung des Johannes, lobt auch Zacharias Gott in der prophetischen Linie des AT (Benedictus). So erzählt Lukas, wie der Geist der Prophetie des AT sich wieder Bahn bricht. Die Ankündigung des Auftretens von Johannes, der „Täufer" genannt werden wird, und Jesus sind der Anfang neuer, geisterfüllter Heils-Geschichte. **Das Merkmal dieses Geistes ist der diakonische Blick auf die Welt:**

Das „Magnificat" – Maria lobt Gott Lk 1,46–56

Der Lobgesang hat seinen Namen von dem ersten Wort der lateinischen Übersetzung der Bibel, der Vulgata: Magnificat anima mea – meine Seele „macht groß" oder „erhebt, preist".

46 Und Maria sprach: „Meine Seele erhebt den HERRN 47 und mein
Geist jubelt über Gott, meinen Heiland, 48 denn ER hat auf SEINE un-

bedeutende Dienerin geschaut. Siehe, von nun an werden mich alle Ge-
nerationen glücklich preisen, 49 weil ER Großes an mir getan hat, DER
Mächtige – und heilig ist SEIN Name! 50 Und SEIN Erbarmen (bleibt) von
Generation zu Generation bei denen, die EHRFURCHT vor IHM haben.

51 ER hat Macht entfaltet mit SEINEM Arm. ER hat weggefegt, die
überheblich sind in den Gedanken ihres Herzens. 52 ER hat Mächtige
vom Thron gestürzt und Unbedeutende erhöht. 53 Hungernde hat ER
mit Gutem erfüllt und Reiche leer weggeschickt. 54 Er hat Israel, SEINEM
Kind, geholfen, hat sich an SEIN Erbarmen erinnert 55 wie ER zu unse-
ren Vätern gesprochen hat, zu Abraham und seinen Nachkommen, so in
Ewigkeit!"

56 Maria aber blieb etwa drei Monate bei ihr und kehrte (dann) zurück
nach Hause.

Im ersten Teil des Lobgesangs V. 46–50 geht es um Gottes Handeln an und durch Maria, im zweiten Teil V. 51–54 darum, was Gottes Tat bedeutet. Eine unbedeutende junge Frau erfährt Gottes Zuwendung am eigenen Leib. Das, was sich die Machthaber der Welt erzwingen, widerfährt ihr ohne ihr Zutun: Menschen werden sie glücklich preisen und ihren Namen erinnern. Maria deutet ihren Weg nicht als Gottes Zumutung an sie, sondern als Erbarmen mit den Menschen. Sie stellt ihr persönliches Leben in den weiten Horizont der Geschichte Gottes. ER greift zeichenhaft in ihr Schicksal ein. So greift ER auch in die Geschichte ein und wendet das Schicksal der Welt.

Marias Danklied zeigt, wie Menschen in der Zeit des NT mit ihrer damaligen Bibel, dem AT, leben und beten. Es ist voller Anklänge an Gebetsrufe und Lebensdeutungen aus den atl. Schriften. Beispielhaft dafür ist das Danklied der Hanna aus dem ersten Buch Samuel. Sie hat als „unfruchtbare" Frau – wie Elisabeth – die Erhörung ihrer Bitte um ein Kind erlebt. Ihr Sohn wird der Prophet Samuel, der David zum König salbt. Sie dankt Gott nach der Geburt ihres Sohnes. Maria dankt schon vorher.

Hanna singt in 1. Sam 2,1ff Mein Herz freut sich am HERRN und ER hat mir
Kraft gegeben. (wörtl.: mein Horn ist erhöht durch den HERRN) … 4 Der Bogen
der Starken ist zerbrochen, und die Schwachen haben sich umgürtet mit Stärke
… 8 ER hebt den Geringen aus dem Staub und erhöht den Armen aus dem
Dreck, dass ER sie setzte zu den Fürsten und sie den Thron der Ehre erben lasse
…

Der geisterfüllte, diakonische Blick der Prophetie lässt sich nicht von Glanz und Macht blenden. Er sieht tiefer und deutet die Wirklichkeit von Gottes Maßstäben her. In der Gottesherrschaft kehren sich Machtverhältnisse um. Im Gottesreich werden Unterdrückung und soziale Ungerechtigkeit beendet. Die Hoffnung spricht schon im Perfekt. Als Lukas in den 80er-Jahren sein Doppelwerk schreibt, kann er auf die Erinnerung seiner Leserinnen und Leser setzen. Denn dass grausame Machthaber „weggefegt" wurden, ist immer wieder auch in der wechselhaften Geschichte Israels unter römischer Herrschaft (seit 63 v. Chr.) geschehen. Herodes Antipas, der den Täufer hinrichten lassen wird (↗ Mk 6,14–29), wird von Kaiser Caligula abgesetzt und verbannt werden (44 n. Chr.). In Apg 12 erzählt Lukas vom schmerzhaften Ende des Agrippa I. im Jahr 44. n. Chr., der die erste judenchristliche Gemeinde verfolgte und den Apostel Jakobus hinrichten ließ. Einzelne, kleine „Umstürze" haben also schon begonnen und werden weiter im Gebet erwartet.

Das Magnificat inspiriert Menschen bis heute, sich nicht mit „gegebenen" Strukturen abzufinden, Machtausübung zu hinterfragen und Geschichte von der Seite der Unterdrückten und Armen her zu lesen. Denn Deutung der sozialen Verhältnisse nach Gottes Art lässt Erbarmen zu Recht kommen. Das „Wirtschaftswunder" des Gottesreichs setzt neue Maßstäbe.

Was ein „leer ausgehender Reicher" ist, wird Lukas in seinem Evangelium zeigen (↗ Lk 6,24f; Lk 12,16–21; Lk 16,19–31). Dass Geschichten von reichen Menschen auch gut ausgehen können, zeigt Lukas am Beispiel von Zachäus (↗ Lk 19,1–10). In der Predigt Johannes des Täufers wird die Spur dafür gelegt (↗ Lk 3,10–14). Wie bei den Propheten des AT geht es um „Umkehr" der Menschen. Dass die Armen und Hungernden für Gott Mittelpunkt der Weltgeschichte sind, weil sie wissen, worauf es wirklich ankommt, wird Jesus zu seinem Programm machen.

Armut und Hunger
↗ Mt 5,3

Die Lieder der ersten beiden Kapitel des Lukasevangeliums leiten dazu an, immer wieder im Gang der Geschichte innezuhalten und sich vom Heiligen Geist bewegen zu lassen – auch im eigenen Leben. Das geschieht, indem wir Gott loben. Es geht im **Lobpreis** darum, sich dem diakonischen Geist auszusetzen und sich bedingungslos der Gottesherrschaft, SEINEM Gottesreich anzuvertrauen: unser Leben von IHM her zu erwarten, unsere Zukunft nicht durch materiellen Besitz zu sichern. Danach zu fragen, was unsere Lebensberufung ist und wie Gottes Kommen und SEINE Art von Macht auch für andere Menschen durch uns aufleuchten kann. So werden im Lob Leib und Seele, Herz und Geist erfasst wie bei Maria: Im biblischen Denken besteht der Mensch nicht gleichsam aus drei Teilen – Leib, Seele und Geist. Die Seele und der Geist sind nicht abgetrennt vom Leib zu denken und nicht höherwertig als die Leiblichkeit. Der Mensch ist als ganzer Mensch leibliche, lebendige **Seele**. Auch Geist und Herz meinen jeweils den ganzen leiblichen Menschen unter verschiedenen Aspekten. Diese Begriffe stehen also jeweils für die ganze Person. Dabei meint die Seele (griech.: psychä) den Aspekt der Lebendigkeit mit ihren Empfindungen. Der Geist (griech.: pneuma) meint den Menschen unter dem Aspekt der Einsicht, des Innenlebens. Auch das **Herz** (griech.: kardia) gilt als Zentrum der Person, besonders der Gedanken und Pläne und der willentlichen Entschlüsse. Das „Ich" des Menschen kann sich selbst in diesen Aspekten der Person Gegenüber sein. Ein Mensch kann sich selbst zum Lob entschließen oder ermutigen.

Ps 34,2 Ich will den HERRN allezeit preisen, SEIN Lob soll immerdar in meinem Mund sein …

Ps 103,1 … Lobe den HERRN, meine Seele …

Ein Mensch kann sich selbst beim Lob wahrnehmen wie Maria. Im Lob erfährt sich der ganze Mensch in einem stärkeren Gegenüber. Die ganze Lebensausrichtung ändert sich. Die Aspekte der Person sind nicht mehr nur aufeinander bezogen, sondern um eine neue Mitte zentriert. Wenn sich das Leben im Lob um Gott dreht, empfängt sich ein Mensch neu und bekommt Anteil an der weltverändernden Kraft Gottes.

Geburt und Kindheit des Johannes – Das „Benedictus" Lk 1,57–80

57 Für Elisabeth aber erfüllte sich die Zeit der Geburt, und sie gebar ei-
nen Sohn. 58 Und ihre Nachbarn und Verwandten hörten, dass der HERR
ihr großes Erbarmen erwiesen hatte, und freuten sich mit ihr. 59 Und es
geschah am achten Tag, da kamen sie, um das Kind zu beschneiden, und
nannten es nach dem Namen seines Vaters Zacharias. 60 Aber seine Mut-
ter entgegnete: „Nicht so, sondern Johannes soll es heißen!" 61 Und sie
sagten zu ihr: „Es gibt niemanden in deiner Verwandtschaft, der diesen
Namen trägt." 62 Da winkten sie seinem Vater zu, wie er wolle, dass es
heißen soll. 63 Und er verlangte ein Schreibtäfelchen und schrieb dar-

auf: „Johannes ist sein Name." Und alle wunderten sich. 64 Da wurde auf
einmal sein Mund geöffnet und seine Zunge (löste sich) und er redete
(wieder), indem er Gott lobte. 65 Und Furcht überkam alle ihre Nachbarn,
und im ganzen judäischen Bergland sprachen sich all diese Geschichten
herum. 66 Und alle, die es hörten, nahmen es sich zu Herzen und sagten:
„Was wird wohl aus diesem Kind werden? Denn offensichtlich war die
Hand des HERRN mit ihm."

„Das Benedictus" – Zacharias lobt Gott Lk 1,67–80

Der Lobgesang hat seinen Namen von dem ersten Wort der lateinischen Übersetzung der Bibel, der Vulgata, „Gesegnet …" oder „gelobt …".

67 Und sein Vater Zacharias wurde mit Heiligem Geist erfüllt und re-
dete prophetisch: 68 „Gelobt sei der HERR, der Gott Israels, denn ER hat
SEIN Volk besucht und Erlösung geschaffen, 69 und er hat ein kraftvolles
Zeichen (wörtl.: Horn) der Rettung (auch: des Heils) aufgerichtet im Haus
SEINES ‚Dieners' David (auch: Kind), 70 wie er von Ewigkeit her gespro-
chen hat durch den Mund SEINER heiligen Propheten: 71 Rettung aus
der Hand unserer Feinde und aller, die uns hassen – 72 um erbarmend
zu handeln an unseren Vorfahren und um SEINES heiligen Bundes zu
gedenken, 73 und um das feierliche Versprechen, das ER unserem Vater
Abraham gegeben hat, bei uns einzulösen (wörtl.: des Eides, den ER un-
serem Vater Abraham geschworen hat, uns zu geben), 74 um IHM, erret-
tet aus der Hand der Feinde, ohne Angst zu dienen 75 in Heiligkeit und
Gerechtigkeit in SEINER Gegenwart unser Leben lang.

76 Und du aber, Kindlein, wirst ‚Prophet des Höchsten' genannt wer-
den. Du wirst nämlich vor dem Angesicht des HERRN hergehen, um
SEINE Wege vorzubereiten, 77 um SEINEM Volk Erkenntnis der Rettung
zu geben in der Vergebung ihrer Sünden. 78 Durch die herzliche Barm-
herzigkeit unseres Gottes hat uns besucht der Aufgang (griech.: anatolä)
(des Lichtes) aus der Himmelshöhe, 79 um denen zu erscheinen, die in
Finsternis und Todesschatten sitzen, und unsere Füße auf den Weg des
Friedens zu lenken.

80 Das Kindlein aber wuchs heran und wurde stark im Geist und war
in der Wüste bis zum Tag seiner Beauftragung (wörtl.: Ernennung) für
Israel.

Das Lied des Zacharias besteht geradezu aus einer das ganze AT überblickenden Sammlung von Zitaten und Anspielungen in jedem seiner Verse. Hier werden nur einige dieser Anspielungen aufgenommen.

Messias-Christus
↗ Mt 16,13–20

Die Wende der Geschichte ist Gottes Zuwendung zu SEINEM Volk, **Gottes „Besuch"**. Das Zeichen dafür ist das Kommen des Messias, des Christus. Darum geht es im ersten Teil des Liedes, V. 68–75. Der Messias kommt aus der Linie des Königs David (↗ Mt 16), der hier als Diener oder Kind Gottes bezeichnet wird. Das ist ein Titel, der den König ganz in Gottes Nähe rückt. Er hat den Auftrag, für Gerechtigkeit gerade gegenüber den Schwachen zu sorgen. Das verwirklicht der Messias. Das Zeichen meint seine Heilskraft, mit der er Gottes Zuwendung umsetzt. Sie sprengt alle Grenzen, denn sie löst ein Versprechen Gottes an Abraham ein. Der sollte „ein Vater vieler Völker" (Gen 17,4f) werden. Die Kraft des Messias ermöglicht einen Gottesdienst des Alltags – einen Lebensstil, der aus Gottes Zuwendung entspringt. Es ist ein Leben auf dem „Weg des Friedens" (V. 79), den der Messias vorangegangen ist: Die Rettung erfolgt nicht, indem die „Feinde" vernichtet werden. Vielmehr wird der Messias selbst den Weg in die letzte Bedrängnis gehen, in der seine Feinde über ihn zu triumphieren meinen. Durch Kreuz und Auferstehung werden die Feinde entmachtet werden, die den Menschen, die Gott gehören, ans Leben wollen – auch wenn sie nach menschlichen Maßstäben eine Bedrohung bleiben.

Programm Johannes des Täufers
↗ Lk 3,1–20

Der zweite Teil des Liedes besingt die Beauftragung Johannes des Täufers durch Gott in der direkten Anrede an das Kind. In keinem anderen Evangelium wird die Verbindung zwischen Jesus und Johannes so eng geknüpft. Lukas wird auch am ausführlichsten die Predigt des Täufers wiedergeben und die Verbindung zu Jesu Predigt und Lebensstil deutlich machen. Der Täufer wird als Prophet wirken – im Gegenüber zu Jesus, der „Sohn des Höchsten" genannt werden wird (↗ Lk 1,32). Er wird ganz in der Linie atl. Prophetie Vor-Läufer sein:

> Mal 3,1f Siehe, ich sende meinen Boten, der vor mir her den Weg bereiten soll … der Bote des Bundes …

Wenn er den Menschen seines Volkes Erkenntnis von Rettung oder Heil bringt, dann meint das nicht eine neue Heilslehre, sondern die Erfahrung von Vergebung am eigenen Leib. Die Bedürftigkeit der Menschen bewegt Gott im Innersten. Das Wort für Erbarmen hängt mit dem Wort für Eingeweide zusammen. Für diese innere Bewegung Gottes ist Johannes das ausführende Organ. Er dient dem HERRN, dem Gott des AT – und wird damit zum Wegbereiter des Herrn Jesus. Der Messias wird „der Aufgang“ genannt. Damit ist das Aufgehen eines Gestirns gemeint:

Jes 60,1f Mache dich auf, werde licht, denn dein Licht kommt, und die Herrlichkeit des HERRN, der Lichtglanz Gottes, geht auf über dir …

Mal 3,20 Euch aber, die ihr in Ehrfurcht lebt vor MEINEN Namen, soll aufgehen die Sonne der Gerechtigkeit und Heilung unter ihren Flügeln…

Jes 9,1f Das Volk, das in der Finsternis haust, sieht ein großes Licht …

Die Ankündigung des Christus im Lied des Zacharias nimmt die Hoffnung dieser Bibelstellen auf. Das Licht meint das Aufleuchten der Gegenwart Gottes dort, wo ER am fernsten scheint. Das Ziel des Besuchs des Messias ist „Frieden“– mit Gottes Heil erfüllte Gegenwart (↗ auch Lk 2,8–20). Der römische Reichsfrieden, die Pax Romana, dagegen hatte als Kehrseite die Unterdrückung und Unterwerfung von Völkern.

Lk 1,80 wirkt nach diesem prophetischen Lied wie ein Zeitraffer, der die Vorgeschichte des Johannes abschließt, bevor sich Lk 2 der Geburt Jesu widmet. Johannes ist ein Mann der Geistkraft. In diesem Heiligen Geist sind die Personen und Schicksale dieses ersten geistreichen Kapitels in allen Gegenüberstellungen miteinander verbunden.

Die Geburt Jesu ist ein weltgeschichtliches Ereignis Lk 2,1–7

1 Es geschah aber in jenen Tagen, dass eine Verordnung vom Kaiser Augustus erlassen wurde, dass die ganze (römische) Welt registriert werden würde. 2 Diese Registrierung war der erste (Teil einer Steuererhebung) und geschah, als Cyrenius Statthalter von Syrien war. 3 Und alle gingen, um (Grundbesitz) eintragen zu lassen – jeder in seine Stadt. 4 Da machte sich auch Joseph aus Galiläa auf, aus der Stadt Nazareth, nach Judäa in die Stadt Davids, die Bethlehem genannt wird, weil er aus dem Haus und der Abstammung Davids war, 5 um (seinen Erbbesitz) registrieren zu lassen mit Maria, seiner Verlobten. Sie war schwanger. 6 Es geschah aber, als sie aber dort waren, dass die Zeit der Geburt herankam, 7 und sie gebar ihren Sohn, den Erstgeborenen, und wickelte ihn in Windeln und legte ihn in einen (gemauerten) Futtertrog (im Wohnraum des Hauses), weil im (Gastzimmer) der Unterkunft (im ersten Stock) kein Platz für sie war.

Lukas wagt es, die Jesusgeschichte in der großen Politik der Weltmächte zu verorten. Ein für diese völlig unbedeutender Mensch, der unter die Räder der römischen Geschichte geraten wird – wie so viele vor und nach ihm – ist Gottes Sprengkapsel, um den Lauf der Dinge grundlegend zu ändern! Lukas macht die „Geschichte von unten" sichtbar. Sie setzt mitten in der Weltgeschichte eine Gegengeschichte in Gang.

Augustus ist der Ehrenname für Kaiser (Caesar) Octavian. Seine Alleinherrschaft von 31 v. Chr. – 14 n. Chr. wurde schon zu seinen Lebzeiten überhöht und verklärt. Erst recht galt er nach seinem Tod als Ideal eines Friedensherrschers. In seinem Rechenschaftsbericht wird eine Steuer (Census) erwähnt, die in zwei Akte zerfiel: die Registrierung und die Eintreibung. Der erste Teil, die Eintragung und Schätzung des Grundbesitzes, fiel wahrscheinlich in das Jahr 7 v. Chr. (↗ auch Mt 2, 1–12). Die Steuerveranlagung und Steuererhebung als zweiter Teil im Jahr 6 n. Chr. fiel in eine Zeit großer Unruhen.

Weder aus den Angaben von Lukas noch aus denen des Matthäusevangeliums lässt sich ein Geburtstermin Jesu berechnen. Wichtig ist Lukas nur eins: Der römische Kaiser, göttlich verehrter Herr (griech.: Kyrios) der Welt, muss ohne sein Wissen und Wollen daran mitwirken, dass der wahre Kyrios (↗ Lk 2,11) der Welt in Bethlehem geboren wird – dem Ort der messianischen Verheißung (↗ Mt 2,5). Die Geburt findet wahrscheinlich in einem normalen „Einraumhaus" statt (so auch ↗ Mt 2,11), bei dem der Vorraum tiefer gelegt war, weil dort die Tiere Schutz fanden und heizten. Die gemauerten Futterkrippen befanden sich auf der höheren Ebene des zentralen Wohnraums, sozusagen zwischen dem Bereich des Stalls und des Hauses.

Das Fest der Geburt Jesu, das **Weihnachtsfest,** wird erst seit 354 n. Chr. am 25. Dezember gefeiert. Das Fest des „unbesiegten Sonnengottes" im römischen Reichskult wurde umfunktioniert. Jesus Christus wurde von nun an als „wahre Sonne" gefeiert.

Die Geburt Jesu zeigt, wer in der Gottesgeschichte wichtig ist Lk 2,8–20

8 Und da waren Hirten in dieser Gegend auf freiem Feld, die bewach-
ten in der Nachtschicht ihre Herde. 9 Da trat ein Engel des HERRN zu ih-
nen und die Herrlichkeit des HERRN umleuchtete sie, und sie wurden
von großer Furcht gepackt. 10 Und der Engel sagte zu ihnen: „Fürchtet
euch nicht, denn seht doch, ich verkündige euch große Freude, die dem

ganzen Volk gelten wird: 11 Euch ist heute der Heiland geboren, der Mes-
sias, der Herr (griech.: Kyrios), in der Stadt Davids. 12 Und das ist das Zei-
chen für euch: Ihr werdet ein Kind finden in Windeln gewickelt, das in
einer Futterkrippe liegt.“ 13 Und plötzlich war bei dem Engel ein Haufen
Himmelsheer, die lobten Gott und sangen: 14 „Herrlichkeit in den höchs-
ten Höhen (sei) Gott und auf Erden Friede unter Menschen, die (Gott)
gut findet.“

15 Und es geschah, als die Engel von ihnen in den Himmel zurück-
kehrten, sagten die Hirten zueinander: „Lasst uns sofort hinübergehen
nach Bethlehem und die Botschaft (mit eigenen Augen) sehen, die der
HERR uns bekanntgegeben hat!“ 16 Und sie kamen, so schnell sie konn-
ten, und fanden Maria und Joseph und das Kind, das in der Futterkrip-
pe lag. 17 Nachdem sie es aber gesehen hatten, machten sie die Sache
bekannt, die ihnen über das Kind gesagt worden war. 18 Und alle, die
das hörten, staunten über das, was ihnen von den Hirten gesagt wurde.
19 Maria aber bewahrte all das Gesagte und brachte es in ihrem Herzen
zusammen. 20 Und die Hirten kehrten zurück und ehrten und lobten
Gott für alles, was sie gehört und gesehen hatten, wie es zu ihnen ge-
sagt worden war.

Dass Gott sich durch einen Boten im priesterlichen Gottesdienst des Zacharias im Tempel zeigt (↗ Lk 1,5–25), ist erst der Anfang einer neuen Gotteszeit. Der Himmel öffnet sich über den Randfiguren der Weltgeschichte. Gott schickt SEINE Boten auf das Feld in den Alltag der Arbeiter.

Im AT war der **Hirtenberuf** geachtet. Der große König David war Hirte. Der König musste sich im AT immer am Dienst eines Hirten messen lassen – denn Gott selbst war Hirte SEINER Menschen! Aber in neutestamentlicher Zeit war dieser Berufsstand geächtet. Wegen ihrer Armut hatten sie sogar den Ruf von Betrügern. Gott macht jetzt die Armen wieder groß. Die Hirten sind die ersten Vertreter des neuen „Gottesvolks“ – der Menschen, denen Gottes Zuwendung gilt. Gottes Offenbarung aus den höchsten Höhen der unsichtbaren Welt bringt umwerfende Menschlichkeit. Ihr Markenzeichen ist der Futtertrog, die Krippe. Der, der als Heiland, Messias und „Kyrios“ bezeichnet wird, ist am gewöhnlichsten Ort der damaligen Welt zu finden. Als Kyrios läuft er nicht nur dem Kaiser den Rang ab, sondern auf geheimnisvolle Weise überschneiden sich seine Titel „Heiland“ und „Kyrios“ auch mit den Gottesnamen des AT.

Jes 43,3 Denn ich bin der HERR (griech.: Kyrios), dein Gott, der Heilige Israels, dein Heiland!

So kommt Gottes **Frieden** nicht durch militärische Gewalt wie der der Römer. Er kommt durch ein wehrloses Kind. Der Friedensbringer ist Jesus: Er wird nicht alles, was sich ihm widersetzt, niedermachen. Er wird Frieden machen, indem er zur Feindesliebe aufruft (↗ Mt 5,43–48 par Lk 6,27). Er wird nicht wie der römische Kaiser Tribute fordern, um Frieden zu ermöglichen. Er wird Frieden machen, indem er sich selbst an seine Feinde ausliefert. Dass er gerade dadurch Gewalt und Bosheit und Sünde der Menschen besiegt, ist der Weltöffentlichkeit bis heute meist schmerzlich verborgen. Aber dieser Sieg erfasst und verwandelt die Menschen, die sich auf Jesus einlassen. Sie bekommen Mut, die Welt im Namen des Friedenskönigs zu gestalten. Seit Ostern (↗ Lk 24) gibt es Grund zur Hoffnung, dass dieser Sieg einst für alle in einer erneuerten Welt spürbar wird. Aber zurück zu den kleinen Anfängen: Die ersten „Evangelisten" und Friedensboten der Jesusgeschichte sind die, denen niemand etwas zutraut. Und es geht klein und unscheinbar weiter.

Die Geburt des Juden Jesus wird in Jerusalem prophetisch gedeutet – Das „Nunc dimittis" Lk 2,21–40

21 Und als nach acht Tagen die Zeit gekommen war, ihn zu beschnei-
den, wurde ihm der Name „Jesus" gegeben, der von dem Engel genannt
worden war, bevor er im Mutterleib empfangen wurde. 22 Und als die
Zeit der Reinigung nach dem Gesetz des Mose vorbei war, gingen sie mit
ihm hinauf nach Jerusalem, um ihn vor den HERRN zu bringen 23 wie es
im Gesetz des HERRN geschrieben steht: „Alle männliche Erstgeburt soll
‚dem HERRN geheiligt' genannt werden" (Ex 13,2). 24 Und (sie kamen,)
um ein Opfer darzubringen nach dem, was im Gesetz des HERRN gesagt
ist: „Zwei Turteltauben oder zwei junge Tauben" (Lev 5,7).

Das Kind, durch das Gott in die universale Weltgeschichte eingreift, ist Jude. Sein **Name** Jesus oder Jehoschua bedeutet „Gott ist Heil" oder „Gott rettet" – ER ist nicht ein namenloser Gott, sondern Jahwe, der Gott Israels. Seine Eltern weisen sich nicht nur von ihrer Herkunft her (von der Abstammung Davids, ↗ Lk 2,4) als fromme Juden aus. Lukas ist es wichtig zu zeigen, dass sie alle ihre Verpflichtungen gegenüber

Jesusname
↗ Lk 4,14–22;
Lk 10,17–20

dem Gesetz, der Torah des AT, erfüllen. Dreimal wird in diesem Abschnitt vom Gesetz gesprochen. Drei verschiedene Handlungen, zu denen es verpflichtet, werden in dem Abschnitt zusammengebracht.

Die Beschneidung: Von der Einsetzung der Beschneidung wird in Gen 17 erzählt. Die Beschneidung ist das leibliche Zeichen des Bundes mit Gott für das „Haus" Abrahams und Sarahs und ihren Nachkommen. Das Abtrennen der Vorhaut des männlichen Gliedes ist an allen Mitgliedern der Familie zu vollziehen. Dazu gehörten auch die männlichen Sklaven.

In Gen 17,11f sagt Gott zu Abraham: Das soll ein Zeichen des Bundes sein …
12 Jeden Jungen, wenn er acht Tage alt ist, sollt ihr beschneiden …

Dieser Bund bedeutet, dass Gott sich zugunsten bestimmter Menschen selbst verpflichtet! ER segnet, schenkt Nachkommen und Land. Gott sorgt für SEINE Menschen. Sie gehören zu IHM. Am Anfang der Jesusbewegung waren alle Männer beschnitten. Als dann auch die Menschen aus den anderen Völkern, die „Heiden", zum Glauben an Jesus Christus kamen, wurde diskutiert, ob auch sie zuerst beschnitten werden müssten, um Christen zu werden (Lukas erzählt in Apg 15 davon). Der Apostel Paulus hat durch seine theologische Arbeit (z. B. den Brief an die Galater) möglich gemacht, dass die Menschen, die nicht aus dem Judentum kommen und zu Jesus gehören möchten, von den rituellen Verpflichtungen des atl. Gesetzes befreit sind, aber mit der Gottesgeschichte des AT im Glauben verbunden bleiben.

Die Reinigung: Nach dem rituellen Gesetz des AT galt eine Frau für eine bestimmte Zeit als „unrein" wegen des Blutflusses nach der Geburt eines Kindes. Sie war dadurch vom gesellschaftlichen Leben und vom Gottesdienst ausgeschlossen. Ein Opfer beendete diese Zeit des Rückzugs.

Lev 12,6 Und wenn die Tage ihrer Reinigung für … um sind, soll sie dem Priester ein einjähriges Schaf bringen … und eine Taube … 8 Kann sie aber (das Geld) für ein Schaf nicht aufbringen, so nehme sie zwei Turteltauben oder zwei andere Tauben …

Die Darbringung: Der erstgeborene Sohn hatte eine besondere Bedeutung. Er gehörte in besonderer Weise Gott. Damit sollten sich die Menschen daran erinnern, dass Gott als Schöpfer der „Eigentümer" allen

Lebens ist und nicht der Mensch selbstverständlich über das Leben verfügen kann. Ein Opfer machte das spürbar.

Num 18,15 … Doch sollst du die Erstgeburt eines Menschen auslösen …

Auch zu diesen Versen gibt es ein Fest: Seit dem 4. Jh. wird das Fest der „Darstellung des Herrn" am 2. Februar, 40 Tage nach Weihnachten gefeiert (nach östlicher Zählung am 14. Februar). Es wurde in Rom mit einer Lichterprozession begangen, deshalb auch der Name „Lichtmess". Weil der Akzent oft auch bei der Reinigung Marias lag, ist es unter dem Namen „Mariä Lichtmess" bekannt. Es wird von katholischen Christen gefeiert.

Im Tempel, in dem die neue Zeit der Offenbarung begonnen hat, geschehen nun **Begegnungen mit prophetischem Charakter**:

Das „Nunc dimittis" – Simeon lobt Gott Lk 2,25–32

25 Und siehe, in Jerusalem gab es einen Menschen mit Namen Sime-
on, und dieser Mensch war gerecht und lebte achtsam. Er wartete auf
den Trost Israels und Heiliger Geist war auf ihm. 26 Und er hatte vom Hei-
ligen Geist eine Offenbarung bekommen, dass er den Tod nicht sehen
werde, bis er den Gesalbten (auch: den Messias, den Christus) des HERRN
gesehen hätte. 27 Und in dem Geist ging er in den Tempel. Als nun die
Eltern das Kind Jesus hereinbrachten, um an ihm zu tun, was das Gesetz
vorschreibt, 28 da nahm er es in seine Arme und lobte Gott und sprach:

29 Nun entlässt du (lat.: nunc dimittis) deinen Diener, Herrscher, ge-
mäß deinem Wort im Frieden, 30 denn meine Augen haben dein Heil
gesehen, 31 das du bereitet hast vor dem Angesicht aller Völker – 32 ein
Licht, das die Heiden in Offenbarung hinein (nimmt) und (in die) Herr-
lichkeit deines Volkes Israel.

Simeon erkennt in dem Kind armer Leute – sie bringen das kleine Opfer der Tauben – das Heil Gottes. Er übersieht es nicht, obwohl es im normalen Betrieb des Tempels unscheinbar daherkommt. Er hat „erleuchtete Augen des Herzens" (Eph 1,18). Das Heil bedeutet Gottes rettende Liebe, SEINE Befreiungstaten an bedürftigen Menschen. Sie werden alle Grenzen überschreiten. So sehen es prophetische Worte des AT kommen, die von einem geheimnisvollen „Gottesknecht" sprechen:

Jes 42,6 Ich, der HERR, habe dich gerufen in Bundestreue und halte dich bei der Hand und behüte dich und mache dich zum Bund für das Volk (Israel) und zum **Licht der Heiden**, dass du die Augen der Blinden öffnen und die Gefangenen aus dem Gefängnis führen sollst …

Jes 49,6 Gott spricht: „Es ist zu wenig, dass du mein Knecht … für Israel bist …, sondern ich habe dich auch zum **Licht der Heiden** gemacht, damit du mein Heil sein sollst bis an die Enden der Erde."

In dem Lied des Simeon wird das Wesen des Kindes Jesus in diese prophetische Tradition hineingestellt. Das Programm seines Lebens deutet sich darin an. Simeon kann den Anfang davon in seine Arme schließen. Alles, was Gott ansagt, wird wahr. Gottes Wirklichkeit ist neu zu den Menschen hin aufgebrochen. Das verändert alles. So findet Simeons Warten auf Trost Erfüllung. Nun kann er sein Ende, ja sich selbst, getrost Gott überlassen. Sein Tod steht jetzt im Zeichen des Aufbruchs in Gottes Wirklichkeit hinein.

33 Und sein Vater und seine Mutter staunten über das, was über ihn
gesagt wurde. 34 Und Simeon segnete sie und sagte zu Maria, seiner
(Jesu) Mutter: „Sieh doch, dieser ist zum Fall und Aufbau vieler in Israel
bestimmt und zu einem Zeichen, dem widersprochen wird, 35 und deine
Seele wird von großem Schmerz durchbohrt werden – so werden die
Gedanken aus vielen Herzen ans Licht kommen."

Gottes **Trost** wird keinen einfachen Weg gehen. Er wird übersehen und missachtet werden. Der Trost, den er bringt, muss in die tiefsten Tiefen hinunter. Er wird am eigenen Leib spüren, wozu Menschen fähig sind: wie sie in heillosem Denken und Tun gefangen sind. Wie sehr sie rettende Liebe brauchen. Gottes Trost verändert die Welt nicht mit Macht von oben, sondern mit Liebe, die so stark ist, dass sie ins Leid geht.

Simeon sieht den schweren Weg kommen und segnet die Eltern des Jesuskinds. Trotz des Geheimnisses über der Entstehung des Kindes wird Josef ganz natürlich als Vater ernst genommen. Maria wird das, was Jesus angetan werden wird, als Mutter in besonderer Weise spüren! Sie wird zwar zum öffentlichen Auftreten ihres Sohnes zunächst auch ein widersprüchliches Verhältnis haben. Sie wird aber nach Ostern zur Gemeinde der Jüngerinnen und Jünger zählen (Apg 1,14).

Familienkonflikt
↗ Mk 3,31–35

36 Und da war Hanna, eine Prophetin, eine Tochter Phanuels (sprich:
Phanu-el) aus der Abstammung Assers. Sie war schon sehr alt. Nachdem
sie sieben Jahre seit ihrer Hochzeit (wörtl.: Jungfräulichkeit) mit einem
Mann gelebt hatte, 37 war sie seitdem Witwe bis zu ihrem vierundacht-
zigsten Lebensjahr. Sie verließ den Tempel nicht mehr und diente (Gott)
Tag und Nacht, indem sie fastete und betete. 38 Und in dieser Stunde
kam sie dazu, dankte Gott und redete über IHN zu allen, die auf die Er-
lösung Jerusalems warteten.

Wie Zacharias und Maria im ersten Kapitel einander ebenbürtig gegenüberstanden, so wird nun auch Simeon im zweiten Kapitel eine weibliche Prophetin an die Seite gestellt. Sie hat als junge Witwe auf eine zweite Ehe verzichtet. Sie lebt asketisch, wie es auch später Johannes der Täufer tun wird. Ihr Leben ist ganz auf Gott ausgerichtet. Wie Simeon auf den „Trost Israels“ wartet, so erwartet Hanna die „Erlösung Jerusalems“.

Für die Leser und Leserinnen des Lukasevangeliums lag die Zeit der Zerstörung Jerusalems durch Titus im Sommer 70 n. Chr. schon in der Vergangenheit. Im prophetischen Lied der Hanna wird auf die Erlösung der Stadt gehofft. Auch in der Endzeitrede Jesu in Lk 21,24 findet sich diese Hoffnung: „… Jerusalem wird zertrampelt werden von den Heiden, bis die Zeit der Heiden erfüllt sein wird“ – also bis Gott diese Zeit beendet und SEINE Herrschaft ganz und erlösend auf der ganzen Welt aufrichtet. Es gehört zu den dunklen Seiten der „Kirchengeschichte“, dass sich Christen immer wieder kräftig am Zertrampeln beteiligt haben. Das Lukasevangelium bezeugt, dass die jüdische Hoffnung zur gemeinsamen Hoffnung von Juden und Christen gehört.

Simeon und Hanna sehen mehr. Sie blicken durch den alltäglichen Betrieb im Tempel hindurch und sehen in dem Kind armer Leute Gottes Wirken. Sie stellen die Anfänge der Jesusgeschichte in die großen Zusammenhänge der Gottesgeschichte. Der Heilige Geist macht es auch heute möglich. ER schenkt allen, die Jesus sehen wollen, wie er wirklich ist, diese „erleuchteten Augen des Herzens“. Er eröffnet denen, die auf Trost warten, die Tiefen des Trostes Gottes. Er verwehrt die Gier nach „Übernatürlichem“. Er hilft, das unscheinbare und kleine Wirken Gottes im Alltag nicht zu übersehen.

39 Und als sie alles nach dem Gesetz des HERRN erfüllt hatten, kehrten sie nach Galiläa in ihre Heimatstadt Nazareth zurück. 40 Das Kind aber wuchs heran und wurde stark und erfüllt mit Weisheit, und Gottes Gnade war auf ihm.

Wie bei Johannes dem Täufer erzählt Lukas nun im Zeitraffer vom Heranwachsen Jesu. Der Geist, dem Jesus seinen Ursprung verdankt, ist ein Geist der Weisheit. Das wird in einer Kindheitsgeschichte erzählt:

Der Junge Jesus hat sein Zuhause im Tempel Lk 2,41–52

41 Und seine Eltern reisten jedes Jahr zum Passahfest nach Jerusalem. 42 Als Jesus nun zwölf Jahre alt war, zogen sie mit ihm hinauf, wie es üblich war. 43 Und als die Tage um waren, kehrten sie nach Hause zurück – der Junge Jesus aber blieb in Jerusalem, ohne dass seine Eltern es bemerkten. 44 Weil sie aber dachten, er sei (irgendwo) in der Pilgergruppe, zogen sie eine Tagesreise weit und suchten ihn (abends) bei Verwandten und Bekannten. 45 Und als sie ihn nicht fanden, kehrten sie nach Jerusalem zurück, um ihn dort zu suchen. 46 Endlich, nach drei Tagen, fanden sie ihn im Tempel. Er saß im Tempel mitten unter den Lehrern und hörte ihnen zu und fragte sie. 47 Alle aber, die ihn hörten, gerieten außer sich über seine Urteilskraft und seine Antworten. 48 Als seine Eltern ihn sahen, waren sie fassungslos, und seine Mutter sagte zu ihm: „Kind, warum hast du uns das angetan? Sieh doch, dein Vater und ich haben dich unter Schmerzen gesucht!" 49 Und er sagte zu ihnen: „Warum habt ihr mich gesucht? Wusstet ihr nicht, dass ich bei dem sein muss, das meinem Vater gehört?" 50 Doch sie verstanden nicht, was er zu ihnen sagte. 51 Und er ging mit ihnen hinab, zurück nach Nazareth, und war ihnen gehorsam. Und seine Mutter bewahrte all die Worte in ihrem Herzen. 52 Und Jesus wuchs heran in Weisheit und war beliebt bei Gott und Menschen.

Passah
↗ Mk 14,12–25

Als gesetzestreue Juden nehmen die Eltern Jesu an der Passah-Wallfahrt nach Jerusalem teil. Wahrscheinlich waren Jesus und seine Geschwister schon öfter dabei. Nun zeigt er seiner Familie die Grenzen auf. Für Jesus gibt es nichts Wichtigeres als Gott. Nach jüdischer Tradition ist ein Junge mit dreizehn Jahren religionsmündig, d. h. er ist ein „bar mizwa", ein „Sohn des Gesetzes". Mit 12 Jahren zeigt sich nach damaligem hellenistisch-römischem Denken, wozu ein Mensch begabt ist. Jesus „muss" vor Ort bei Gott sein und sich SEINER Sache widmen

(Lk 1,32.35). Dieses Müssen wird später seine Passion prägen. Er sitzt nicht wie ein Schüler „zu Füßen“ der Lehrer, sondern ihnen ebenbürtig in ihrer Mitte. Es geht um die Auslegung und Anwendung des AT, der Tora, in einzelne Situationen hinein. Jesus beherrscht den gesamten Stoff, die Auslegungsmethoden und kennt die diskussionswürdigen Fragen. Der König Salomo war für seine Weisheit sprichwörtlich berühmt. Hier deutet sich schon an, dass Jesus „mehr als Salomo“ ist (↗ Lk 11,31). Maria wird nicht hart durch diese Zurücksetzung, sondern lässt das Geschehene in ihr Herz hinein.

Von Heil und Heilung und welche Menschen der Heiland Jesus um sich sammelt Lk 3–9

Das öffentliche Wirken Jesu bahnt sich an … Lk 3 und 4
… ausgelöst durch das Auftreten des Johannes Lk 3,1-20

1 Im 15. Regierungsjahr des Kaisers Tiberius, als Pontius Pilatus Präfekt
(römischer Statthalter) von Judäa war, Herodes (Antipas) Landesfürst
(wörtl.: Viertelfürst) von Galiläa, sein Bruder Philippus Landesfürst von
Ituräa und dem Gebiet Trachonitis und Lysanias Landesfürst von Abilene
war, 2 unter den Hohepriestern Hannas und Kaiphas – da geschah ein
Gotteswort an Johannes, den Sohn des Zacharias in der Wüste.

Bedeutung des Täufers
↗ Mk 1,1–8; Mt 3,1–12

Das Auftreten des Johannes war für Lukas ein derart entscheidender Wendepunkt, dass er ihn siebenfach geschichtlich einordnet. Tiberius, Nachfolger des Kaisers Augustus, regierte 14–37 n. Chr. als Alleinherrscher. Sein 15. Regierungsjahr war 28/29 n. Chr. Der Statthalter des Kaisers, Pontius Pilatus, der aus römischem Ritterstand kam, regierte Judäa und Samaria von 26–36 n. Chr. Nach dem Tod von Herodes I. wurde sein Reich in 4 Territorien aufgeteilt. Herodes Antipas war der Landesherr Jesu und regierte 4 v. – 39 n. Chr. Kaiphas war von 18–36 n. Chr. amtierender Hohepriester. Sein Vorgänger und Schwiegervater Hannas hatte weiterhin viel Macht.

Johannes wird beauftragt wie die Propheten des AT. Gottes Wort wird wieder Ereignis, nachdem das Jahrhunderte nicht mehr in dieser Weise vorgekommen war.

3 Und er kam in die ganze Gegend um den Jordan und predigte eine
Taufe der Umkehr zur Vergebung der Sünden. 4 So steht es geschrieben
im Buch der Worte des Propheten Jesaja (40,3–5): „Stimme eines Rufers
in der Wüste: ‚Bereitet den Weg des HERRN vor, macht gerade SEINE Pfa-
de! 5 Jede Schlucht wird aufgefüllt und jeder Berg und Hügel eingeebnet
werden. Und der krumme wird ein gerader und die holprigen zu ebenen
Wegen werden – und alle Menschen werden Gottes Rettung sehen'. "

7 Er sagte nun zu denen, die in Scharen zu ihm herauskamen, um
sich taufen zu lassen: „Giftschlangenbrut, wer hat euch weisgemacht, ihr
könntet dem kommenden Zorngericht entfliehen? 8 Zeigt ein Verhalten
(wörtl.: bringt nun Früchte), das der Umkehr würdig ist, und fangt nicht
an, euch einzureden: ‚Wir haben Abraham zum Vater.' Ich sage euch
nämlich: Gott kann Abraham aus diesen Steinen Kinder erwecken! 9 Die
Axt ist schon an die Wurzel der Bäume gelegt. Jeder Baum nun, der kei-
ne gute Frucht bringt, wird umgehauen und ins Feuer geworfen!"

Johannes erwartet ein vernichtendes Urteil Gottes über die Menschen – es ist so nah wie der Schlag mit der Axt, die der Obstbauer schon an die kranken Stämme angelegt hat, um seine Plantage in Ordnung zu bringen. Um dem zu entgehen, nützt es nichts, auf die eigene fromme Tradition zu verweisen. Jede und jeder ist selbst verantwortlich. Dass die Menschen in Scharen angelaufen kommen, vergleicht er vernichtend mit Nattern, die bei einem Buschfeuer in der trockenen Steinwüste aufgeschreckt Zuflucht suchen. Die Menschen lassen sich das von ihm sagen. Die Zuflucht, die er anbietet, geschieht durch dieses Gericht hindurch. Das Symbol dafür ist die Taufe, das Untergetaucht werden durch Johannes im Jordan. Das Heraufgeholt werden aus dem Wasser schenkt Hoffnung auf Heil. Das soll sich an einem neuen Verhalten zeigen.

10 Da fragten ihn die Menschen: „Was sollen wir (denn) nun tun?"
11 Er aber sagte zu ihnen: „Wer zwei Hemden hat, soll dem eins geben,
der keins hat. Wer etwas zu essen hat, soll es genauso machen." 12 Es
kamen aber auch Zolleinnehmer, um sich taufen zu lassen, und sagten
zu ihm: „Meister, was sollen wir tun?" 13 Er aber sagte zu ihnen: „Treibt
nicht mehr ein, als euch vorgeschrieben ist!" 14 Es fragten ihn aber auch
Soldaten: „Was sollen wir tun?" Und er sagte zu ihnen: „Misshandelt und
erpresst niemanden, und seid zufrieden mit eurem Sold!"

Wie die persönliche Verantwortung vor Gott konkret aussieht, erklärt Johannes zuerst allen und dann den einzelnen Berufsständen. Deshalb wird diese Zusammenfassung seiner Predigt auch „Standespredigt“ genannt. Gott will elementare Mitmenschlichkeit. Sie zeigt sich im Teilen. Sie zeigt sich in Ehrlichkeit und dem Widerstand gegen Gier. Sie zeigt sich in einem menschenwürdigen Umgang mit Macht. Zöllner und Soldaten müssen nicht ihren Beruf wechseln, um vor Gott bestehen zu können.

Die **Zöllner** waren verachtet und verhasst und wurden im gesellschaftlichen Umgang gemieden. Dazu gab es genug Grund. Sie arbeiteten mit den Römern zusammen und galten als Verräter. Sie zogen Abgabesteuern, Gewerbe- und Grundstückssteuern ein. Sie kassierten Markt- und Wegegeld. Niemand kontrollierte, ob sie dabei zu ihren Gunsten die Preise hochtrieben. Sie wurden bei Zwangsvollstreckungen von Soldaten im Polizeidienst begleitet. Ihre Inkassomethoden kannten keine Gnade. Für die Pharisäer war klar, dass niemand Zöllner und fromm sein konnte. Da musste man schon aus diesem Beruf aussteigen. Jesus wird sich gerade ihnen in besonderer Weise zuwenden (↗ Lk 19,1–10; Mk 2,13–17).

15 Das Volk aber hatte (große) Erwartungen an Johannes und alle
machten sich Gedanken in ihren Herzen, ob er nicht etwa der Messias sei.
16 Da entgegnete Johannes ihnen: „Ich taufe euch zwar mit Wasser, aber
es wird ein Stärkerer kommen als ich – ich bin nicht einmal würdig, ihm
die Riemen seiner Sandalen aufzubinden. Der wird euch mit Heiligem
Geist und Feuer taufen. 17 Er hat die Worfschaufel in seiner Hand (mit der
das Getreide hochgeworfen und die Spreu vom Weizen getrennt wird),
um seinen Dreschplatz gründlich zu reinigen und den Weizen in seine
Scheune zu sammeln. Die Spreu aber wird er verbrennen mit Feuer, das
nicht ausgeht.“ 18 Auch mit vielem anderen und verkündete er dem Volk
die gute Nachricht, indem er sie wachrüttelte. 19 Der Landesfürst Hero-
des (Antipas) aber wurde von ihm zurechtgewiesen wegen Herodias, der
Frau seines Bruders (,die er geheiratet hatte) und wegen allen Unrechts,
das Herodes begangen hatte. 20 So fügte der zu allem auch das noch
hinzu: Er ließ Johannes ins Gefängnis werfen!

Herodes
↗ Mk 6,14–29

Johannes wird Jesus zugeordnet als Wegbereiter. Johannes ordnet sich „dem Kommenden“ unter mit dem Wort, nicht einmal einer Sklavenarbeit an ihm wert zu sein.

Ps 118, 26 Gelobt sei der Kommende im Namen des HERRN! – Der Vers aus der Liturgie am Passahfest wurde messianisch verstanden (↗ auch Lk 19,38; Mk 11,1–11).

Die Feuertaufe, die er vom Messias erwartet, wird sich an Pfingsten erfüllen (Apg 2,3). Sie wird durch das Feuer des Heiligen Geistes geschehen (↗ auch Lk 12,49–50).

Taufe Jesu
Lk 3,21–22
↗ Mt 3,13–17

Indem Lukas die Verhaftung des Täufers schon an dieser Stelle erzählt, zeigt er, dass seit der Taufe Jesu die Zeit des Täufers beendet ist. Dass es lebensgefährlich ist, Despoten zu kritisieren, hat sich nicht geändert.

… ausgewiesen durch seine Abstammung Lk 3,23–38

23 Und dieser Jesus war ungefähr dreißig Jahre alt, als er (sein Werk)
begann. Er war, wie man annahm, ein Sohn des Joseph (, dessen Vor-
fahren sind:) Eli, 24 Matthat, Levi, Melchi, Jannai, Joseph, 25 Mattathia,
Amos, Nahum, Hesli, Naggai, 26 Mahath, Mattathia, Simei, Josech, Joda,
27 Johanan, Resa, Serubbabel, Schealti-el, Neri, 28 Melchi, Addi, Kosam,
Elmadam, Er, 29 Jesus, Elieser, Jorim, Matthat, Levi, 30 Simeon, Juda, Jo-
seph, Jonam, Eliakim, 31 Melea, Menna, Matthatha, Nathan, David, 32 Isai,
Obed, Boas, Salmon, Nachschon, 33 Aminadab, Admin, Arni, Hezron, Pe-
rez, Juda, 34 Jakob, Isaak, Abraham, Thara, Nahor, 35 Serug, Regu, Peleg,
Eber, Schelach, 36 Kenan, Arpachschad, Sem, Noah, Lamech, 37 Methusa-
la, Henoch, Jared, Mahalalel, Kenan, 38 Enosch, Set, Adam, Gott.

Stammbäume, besonders von Priestern, die ihre Abstammung von Aaron nachweisen mussten, waren damals öffentliche Dokumente. Während Lukas diese Geschlechterkette „aufsteigen" lässt, steigt sie in Mt 1,1–17 typisch hebräisch von Abraham an zu Joseph ab. Beim Vergleich der Abstammungsverzeichnisse ergibt sich, dass nur Lukas die Ahnen von Abraham bis Adam aufführt. Die Liste von Abraham bis David stimmt überein, die von David bis Joseph ist völlig verschieden. Um dieses Problem zu lösen, dass schon der Name des Großvaters Jesu nicht übereinstimmt, hat man überlegt, ob seine Großmutter vielleicht zweimal verheiratet war. Dann konnten die Kinder aus der ersten Ehe der tatsächlichen Abstammung nach oder gemäß der gesetzlichen Linie des zweiten Vaters eingeordnet werden. Oder bringt Lukas den Stammbaum der Maria und Matthäus den des Joseph?

Bewährung Jesu
Lk 4,1–13
↗ Mt 4,1–11

Wichtig ist die Botschaft, die hinter diesen Geschlechtsregistern steht. Bei Matthäus ist die jüdische Abstammung wichtig, auch wenn sich der Horizont von Anfang an weitet. Der Messias hat für immer seine Wurzeln in der Gottesgeschichte des AT. Lukas nimmt die entgrenzende Perspektive auf und führt sie weiter. Jesus war ein Mensch wie wir. Er war kein Halbgott. Seine Herkunft von Adam, sozusagen dem Prototyp Mensch, lässt Jesus der ganzen Menschheit gehören. Jesus kann nicht für „völkisches" oder nationales Denken vereinnahmt werden.

Die Zusammenfassung seiner Predigt: Das Heute des Heils Lk 4,14–22

14 Und Jesus kehrte in der Kraft des Geistes nach Galiläa zurück. Und
sein Ruf verbreitete sich im ganzen Umland. 15 Und er lehrte in ihren Sy-
nagogen und wurde von allen verehrt. 16 Und er ging nach Nazareth, wo
er aufgewachsen war, und ging am Sabbat in die Synagoge, wie er es
gewohnt war. Und er stand auf, um (aus dem AT) vorzulesen, 17 und man
gab ihm das Buch des Propheten Jesaja. Und als er die Schriftrolle öffne-
te, fand er die Stelle, wo geschrieben steht (Jes 61,1): 18 „Geist des HERRN
(ruht) auf mir, weil ER mich (zum Messias) gesalbt hat. Um den Armen
die gute Nachricht zu bringen, hat ER mich gesandt, um Gefangenen
Befreiung anzukündigen, Blinden, dass sie sehen werden, Gebrochene
in die Freiheit (von ihren Schulden) zu entlassen (Jes 58,6) 19 und auszu-
rufen: ‚Ein Jubel-Jahr des HERRN!'" 20 Und als er das Buch zusammen-
gerollte hatte, gab er es dem, der Dienst hatte, zurück und setzte sich
(, um zu lehren). Und aller Augen in der Synagoge waren auf ihn gerich-
tet. 21 Und er fing an und sagte zu ihnen: „Heute ist diese Schriftstelle vor
euren Ohren in Erfüllung gegangen!" 22 Und alle spendeten ihm Beifall
und staunten über die Worte der Gnade, die aus seinem Mund kamen,
und (doch) sagten sie: „Ist das nicht Josefs Sohn?"

Jesus wird nicht erst in seiner Taufe (↗ Mt 3,13–17) oder durch sein öffentliches Hervortreten zum Messias Gottes. Aber nun wird sichtbar, wer und was er ist: Er, der seine Entstehung dem Gottesgeist verdankt, ist so bleibend von ihm erfüllt, dass er nun seinen Auftrag wahrnimmt. Die Stelle aus dem Jesajabuch war an Enttäuschte in Trümmern gerichtet und hat Hoffnung auf eine Wende durch Gottes Eingreifen begründet. Jesus spricht jetzt den Menschen, die immer noch auf die Erfüllung von Jes 61,1 warten, Gottes befreiendes Handeln in ihr Leben hinein. Er sagt den Beginn des Jubeljahrs oder „Jobeljahrs" an, denn unser Wort Jubel kommt von „Jobel". Es ist ein Jahr, in dem alle Schulden erlassen werden:

Lev 25,10 Und ihr sollt das fünfzigste Jahr heiligen und ein Frei-Jahr ausrufen für alle im Land, denn es ist das Jobeljahr. Da soll jeder bei euch wieder zu seinem Besitz kommen.

Das ist zunächst im materiellen Sinn gemeint. Wenn Menschen ihre Rechnungen nicht mehr bezahlen konnten, mussten sie und ihre Familien die Schuld als Sklaven abarbeiten. Im Jubel-Jobeljahr wird jede Schuldsklaverei beendet – die Schuld gilt als bezahlt. Menschen werden freigelassen. Es ist hier aber auch im existenziellen Sinn gemeint. Durch Jesus geschieht ab sofort Befreiung von Schuld und Heilung von Krankheit. Er kommt für die die Gebeugten – die Armen, die buchstäblich nichts mehr haben (↗ Mt 5,3). Er meint die, die von Mächten gequält werden, die sie nicht mehr sie selbst sein lassen. Er meint die, die körperlich gebrochen und aus der Gemeinschaft der Gesunden ausgeschlossen sind. Er meint die, die sich so viel zuschulden kommen ließen, dass sie die Gemeinschaft mit Gott verfehlt haben. Jesu Auftrag gilt Geschundenen und Gebundenen.

Deshalb trägt er den **Heilands-Namen** Gottes. Deshalb wird das, was er schenkt, **Heil** genannt. Deshalb lässt er Menschen **heil** werden.

Das griechische Wort „sōteria" bedeutet Heil, Hilfe, Rettung. Das Verb dazu, „sōzō, sōzein", meint retten, erlösen, helfen, bewahren. Menschen werden aus einer sie bedrohenden Lebensgefahr herausgerissen. Ohne unmittelbare Gefahr kann das Wort auch helfendes Wohltun bedeuten. Es geht um Hilfe, um Bewahrung und darum, dass jemand oder etwas wieder ganz und unversehrt ist. So umfasst das Heil die Gottesbeziehung. Sie wird hergestellt und erneuert. Es erfasst das Verhältnis zu sich selbst, die psychische und physische Erfahrung von Heilwerden. Es umfasst die Beziehung zu den Mitmenschen durch Vergebung, Versöhnung und Taten der Nächstenliebe.

Von Anfang an beschreibt Lukas mit Worten aus dieser Wortfamilie die Bedeutung Jesu. Bei Markus und Matthäus spielen sie dagegen keine Rolle. „Mein Geist jubelt über Gott, meinen Heiland", singt Maria (Lk 1,47). In den Psalmen wird Gott von Menschen in Not als Heiland angerufen:

Ps 17,7 Du Heiland derer, die dir vertrauen …
Ps 85,5 Tröste uns, Gott, unser Heiland …

Krankheit und Tod gehören zum Leben in der Schöpfung, die die Zuwendung und Heilung Gottes braucht. Sie werden nicht einfach hingenommen, sondern vor dem Gott des Lebens beklagt. Es wird protestiert und an Gott appelliert, der doch der Heiland ist. Durch die Propheten bringt Gott sich als Heiland zu Gehör. Es ist Gottes Wesen, SEINEN Menschen als Retter, als Heiland, zu Hilfe zu kommen.

Jes 43,3 Denn ich bin der HERR, dein Gott, der Heilige Israels, dein Heiland.
Jes 43,11 … außer mir ist kein Heiland!

„Euch ist heute der Heiland geboren", erfahren die Hirten bei der Geburt Jesu (Lk 2,11). „Meine Augen haben dein Heil gesehen", singt Simeon, als er das Jesuskind im Arm hat (Lk 2,30). „Alles Fleisch wird das Heil Gottes sehen", das mit dem Auftreten des Täufers beginnt (Lk 3, 6). Gegen Ende des Weges Jesu nach Jerusalem wird der Zöllner Zachäus das Wort hören: „Heute ist diesem Haus Heil widerfahren" (Lk 19,9).

Wenn nun also der Heiland-Titel auf Jesus übertragen wird und gleichzeitig noch Gott selbst bezeichnet (wie in Lk 1,47), ist Jesus der, der an Gottes Stelle bei den Menschen handelt (↗ auch Lk 2,11).

Seine Worte und seine Heilungen sind Zeichen dafür, dass Gottes Macht und Herrschaft am Werk sind. Sie sind Zeichen dafür, was das Gottesreich bedeutet und wie es sich anfühlt. Nun wird es sichtbar bei den Menschen. Gottes heilendes Wirken im AT verdichtet sich im Kommen Jesu, in seiner Person.

Die, die ihr Leben im Griff haben, fragen: Wie kann Jesus es wagen, solch eine Ansage bei seiner Predigt in Nazareth zu machen? Dann soll er jetzt sofort zeigen, was er kann! Wo ist denn die Befreiung, von der er spricht? In Wirklichkeit brauchen sie seine erlösende Hilfe nicht. Davon handelt der nächste Abschnitt. Die Menschen, die ihm begegnen wollen, erfahren es. Das Heil hier und heute beginnt in der Begegnung mit ihm. Lukas hätte sein Evangelium nicht geschrieben, wenn er nicht davon überzeugt wäre, dass Menschen auch nach seiner Zeit Jesus durch die Worte begegnen könnten, die er aufgeschrieben hat. Denn er ist als der Auferstandene begegnet (↗ Lk 24).

Heilvolles Heute
↗ Lk 23,43; Joh 2

Ärger und Attentat in Nazareth Lk 4,23–30

23 Und er sagte zu ihnen: „Bestimmt werdet ihr mir dieses Sprichwort
sagen: ‚Arzt, heile dich selbst! Wir haben von den großen Taten gehört,
die du in Kapernaum vollbracht hast – tu sie auch hier in deiner Heimat-
stadt!'" 24 Er sagte aber: „Wahrhaftig, ich sage euch, kein Prophet ist
in seiner Heimat willkommen! In Wahrheit sage ich euch: Es gab viele
Witwen in den Tagen (des Propheten) Elias in Israel damals, als es drei
Jahre und sechs Monate nicht regnete, sodass eine große Hungersnot
über das ganze Land kam, 26 und zu keiner von ihnen wurde Elia (von
Gott) geschickt – nur nach Sarepta in Sidonien zu einer verwitweten
Frau. 27 Und viele Aussätzige gab es in Israel zur Zeit des Propheten Elisa,
und keiner von ihnen wurde geheilt außer dem Syrer Naeman (sprich:
Na-eman). 28 Da gerieten alle in der Synagoge in Wut, als sie das hörten,
29 und sie standen auf und stießen ihn zur Stadt hinaus und brachten ihn
an den Abhang des Berges, auf dem die Stadt gebaut war, um ihn hinab-
zustürzen. 30 Er aber ging mitten durch sie hindurch und zog weiter.

Ablehnung in Nazareth
↗ Mk 6,1–6

Der Schatten des Kreuzes fällt schon auf den Beginn seines Wirkens. Dass Jesus sich selbst retten soll, dazu wird ihn die religiöse Oberschicht Nase rümpfend auffordern, als er so gequält und geschunden ist wie die, für die er gelebt hat (↗ Lk 23,35). Was in Nazareth geschieht, nimmt hier schon zusammenfassend das Ergebnis seines Kommens vorweg. Seine eigenen Leute werden ihn ausstoßen und verachten. Die Heiden, die schon im AT sozusagen am Rand der Geschichte Gottes auftauchen, werden ganz in sein Heil eintauchen. Aber Jesus lässt sich von seinem heilenden Handeln und Reden nicht abbringen. Der Arzt Jesus kümmert sich um die Gebeugten.

Die Heilung eines Besessenen
Lk 4,31–37
↗ Mk 1,23–28

Die Heilung der Schwiegermutter des Petrus
Lk 4,38–39
↗ Mk 1,29–31

Das Heil der Gottesherrschaft wird von Heilungen begleitet Lk 4,40–44

40 Als die Sonne untergegangen (und die Sabbatruhe beendet) war,
transportierten alle, die Menschen bei sich hatten, die an unterschied-
lichsten Krankheiten litten, ihre Kranken zu Jesus. Er aber legte jedem
von Ihnen die Hände auf und heilte sie. 41 Aber es fuhren auch Dämonen
aus vielen aus, die schrien und riefen: „Du bist der Sohn Gottes!" Und
er bedrohte sie und ließ sie nicht reden, weil sie wussten, dass er der
Messias (griech.: Christos) war. 42 Als es aber Tag geworden war, ging er
weg und kam an einen einsamen Ort. Und die Menschenmenge suchte

ihn und sie kamen zu ihm und wollten ihn festhalten, damit er nicht von
ihnen wegginge. 43 Er aber sagte zu ihnen: „Auch den anderen Städten
muss ich die gute Nachricht von der Gottesherrschaft verkünden, denn
dazu bin ich (von Gott) gesandt!“ 44 Und er predigte in den Synagogen
des jüdischen Landes.

In Ps 103 wird Gott darüber gelobt, dass er auf das Heil (↗ Lk 4,14–22) der Menschen bedacht ist. Jesus bringt das umfassende Heilshandeln Gottes, wie es in Ps 103 ausgedrückt ist, zu den Menschen:

Ps 103,1 Lobe den HERRN, meine Seele, und was in mir ist, SEINEN heiligen
Namen … 3 DER dir alle deine Sünden vergibt und alle deine Gebrechen heilt

Die Grundlage des AT für diese Erfahrung mit Gott ist die Rettung beim Auszug aus Ägypten und die Bewahrung in der Wüste. In diesen Zusammenhang gehört auch die Zusage:

Ex 15,26 Ich bin der HERR, dein Arzt.

Jesus tritt in den Heilungsdienst Gottes ein. Das umfassende, befreiende Wirken Gottes wird von Jesus aufgenommen. Seine Taten werden als erfahrbare Zeichen der kommenden Welt, als Einbruch des Gottesreichs in unsere Welt gedeutet – sichtbar und spürbar. Gott greift heilend in diese Welt ein in Jesus. Die Heilungen Jesu sind also sozusagen Nebenprodukt des angebrochenen Reiches Gottes. Krankheiten bedeuteten damals Herausfallen aus der Gemeinschaft. Die Heilungen Jesu stellten die Gemeinschaft wieder her – religiös und sozial. Wenn der Glaube an Jesus bis heute heilende Auswirkungen hat, wird das ganz persönlich erfahren. Aber diese Erfahrung stellt Menschen in der Gemeinschaft des Gottesreichs zusammen.

Beim Glauben geht es auch heute nicht um etwas „Geistiges“, sondern Glaube ist in der Bibel immer eine Lebensbewegung, die das ganze Menschsein erfasst. Glaube und Heilwerden gehören biblisch eng zusammen. Glaube ist nicht ein Für-wahr-Halten von Dogmen, sondern Begegnung mit der Person Jesu, die heilende Auswirkungen auf den ganzen Menschen hat. Heil-sein im Sinne von Gesundheit ist aber kein Wert an sich und kein höchstes Ziel des Menschseins. Das Glück ist nicht davon abhängig. Durch die Heilungen Jesu werden wir auch heute eingeladen, uns mit allem Gottes gütiger Herrschaft anzuvertrauen.

Glück
↗ Lk 6,20–23

Die Heilungen Jesu sind Zeichen, die seine Glaubwürdigkeit unterstreichen. Sie sind Zeichen dafür, dass Gott einst die Welt zu einem guten Ziel bringen wird.

Aber: Viele Menschen erfahren keine Heilung, trotz ihrer Gebete. Christen nehmen deshalb den Schmerz und die Gebrochenheit des Lebens zutiefst wahr und ernst. Sie folgen dem gekreuzigten Herrn nach. Diese Kontur wird in das Gottesreich eingezeichnet (↗ Lk 22–23). Menschen, die an Jesus als Heiland glauben, stellen sich hinein in das „Seufzen der Kreatur" (Röm 8), die sich nach einem guten Ende durch Gott sehnt. Sie können klagen! Und: Nicht nur die Menschen sind heil, die gesund sind! Der Umkehrschluss, von Krankheit auf zu wenig Glauben zu schließen, ist ein Fehlschluss.

Deshalb müssen wir zwischen **Heil und Heilung** eine grundsätzliche Unterscheidung machen. Dann kann beides dem Evangelium entsprechend aufeinander bezogen werden:

Jesus ist der Heiland, indem er rettet. Er schenkt das Heil der Gottesbeziehung.

Jesus rettet, indem er heilt. Er bringt Menschen in heile Beziehungen zu Gott, zu sich selbst, zum Nächsten. Diese Erfahrung reicht in die Leiblichkeit hinein. Sie kann sich als Heilung auswirken. Aber Krankheit kann das Heil nicht zerstören. Ungeheilte Krankheit kann zu einem Lebensauftrag werden. Ungeheilte Krankheit kann aber auch zu einem Lebensleid werden. Es hat die besondere Verheißung der Nähe Jesu. Er ist auch der Heiland, von dem es heißt:

Jes 53,4 … er trug unsere Krankheit und nahm auf sich unsere Schmerzen …

Der Auftrag der Menschen, die heute mit Jesus leben, liegt in der ganzen Spannung von heilendem Wirken im Namen Jesu und in solidarischer Begleitung im Leid.

In Kapitel 5 zeigt Lukas, wie das Heil in Berufung und Vergebung spürbar wird.

Die Berufung des Fischers Simon zum „Menschenfischer" Lk 5,1–11

1 Es geschah aber, als ihn die Menschenmenge bedrängte, um das
Wort Gottes zu hören, als er am Ufer des Sees Genezareth stand – 2 da
sah er zwei Boote am See liegen. Die Fischer aber waren ausgestiegen
und wuschen die Netze. 3 Er aber stieg in eins der Boote, das Simon ge-
hörte, und bat ihn, ein wenig vom Land abzustoßen. Dann setzte er sich
und lehrte die Menschenmenge vom Boot aus. 4 Als er seine Rede been-
det hatte, sagte er zu Simon: „Fahr ins tiefe Wasser hinaus und werft eure
Netze zum Fang aus." 5 Da antwortete Simon: „Meister, die ganze Nacht
haben wir uns abgemüht und nichts gefangen! Aber auf dein Wort hin
werde ich die Netze auswerfen!" 6 Und als sie das taten, fingen sie eine
große Menge Fische, ihre Netze aber rissen. 7 Und sie winkten den Kolle-
gen im anderen Boot, sie sollten kommen und ihnen helfen. Und sie ka-
men und füllten beide Boote, bis sie einsanken. 8 Als aber Simon Petrus
das sah, fiel er vor Jesus nieder (wörtl.: ihm zu Füßen) und sagte: „Geh
weg von mir, denn ich bin ein sündiger Mensch, HERR!" 9 Denn Schre-
cken hatte ihn erfasst, und alle, die bei ihm waren, wegen des Fischfangs,
den sie gemacht hatten. 10 So ging es auch Jakobus und Johannes, den
Söhnen des Zebedäus, die mit Simon zusammenarbeiteten. Da sagte
Jesus zu Simon: „Fürchte dich nicht! Von nun an wirst du ein Menschen-
fischer sein." 11 Und sie brachten die Boote an Land, ließen alles zurück
und folgten ihm.

Jesus ist durch seine Botschaft und den begleitenden und seine Verkündigung bestätigenden Heilungsdienst bekannt geworden. Anders als im Markusevangelium war er auch schon bei Simon zu Hause und hat seine Schwiegermutter geheilt (Lk 4,38–39 geschieht vor der Berufung des Simon). Nun tritt er in das Boot und damit in das berufliche Leben des Fischers Simon. Jesus beginnt, Menschen in seine Nachfolge zu berufen. Damit vervielfältigt Jesus seine Kraft, sein Liebe, seine Sendung. Aber zunächst geschieht Nachfolge durch Dabeisein und Mitgehen. Bei dieser Erzählung konzentriert sich alles auf die berufende Begegnung. Simon Petrus gibt dem Wort Jesu mehr Gewicht als seiner beruflichen Erfahrung. Dann erlebt er überwältigende Fülle. Seine Erfüllung wird er im prophetischen Wort Jesu über seine Lebensberufung finden. Davon erzählt der erste Teil der Apostelgeschichte des Lukas.

Die Erfahrung mit Jesus fügt sich nicht nahtlos in die bisherige Lebenserfahrung ein. Sie ist im wahrsten Sinne umwerfend. Sie ist Begegnung mit dem Heiligen. Simon begegnet durch Jesus hindurch dem Geheimnis Gottes. Ihm wird der eigene abgrundtiefe Abstand zu dieser heiligen Wirklichkeit schlagartig enthüllt.

So ist er nah bei der Berufungserfahrung des Propheten Jesaja. Jes 6,5f: „Weh mir, ich vergehe … denn meine Augen haben den König, den HERRN der Heerscharen gesehen!"

Über das Fasten
Lk 5,33–39
↗ Mk 2,18–22

Vom Hungerstillen am Sabbat
Lk 6,1–5
↗ Mk 2,23–26

Gottesbegegnung und Gottesschrecken liegen eng beieinander (↗ auch Mk 16,8). Das aufrichtende Wort Jesu überbrückt den Abgrund. In dieser Berufungsgeschichte des Simon leuchtet schon der „wunderbare Fischzug" in der Begegnung mit dem auferstandenen Herrn auf, der im Nachtragskapitel des Johannesevangeliums erzählt wird (↗ Joh 21). Dort wird eine Begegnung geschehen, die nach der beschämenden Verleugnung der Freundschaft eine erneuerte Berufung schenkt. Jesu Wort und seine unverbrüchliche Liebe retten durch die Abgründe des eigenen Selbst hindurch.

Und wieder Heilungen … Lk 5,15–17

15 Das Wort von ihm breitete sich umso mehr aus und ganze Scharen kamen zusammen, um (es) zu hören und von ihren Krankheiten geheilt zu werden. 16 Er aber zog sich zurück in die Einsamkeit und betete.
17 Und es geschah an einem der Tage als er lehrte, da setzten sich auch Pharisäer und Schriftgelehrte, die aus allen Gegenden Galiläas und Judas und Jerusalems gekommen waren (dazu). Und die Kraft (griech.: dynamis) des HERRN war für ihn bereit, um zu heilen.

Diese zusammenfassende Notiz wird gerahmt von zwei Heilungsgeschichten, der eines „aussätzigen" Menschen (Lk 5,12–14 bei Mk 1,40–45) und der Heilung eines gelähmten Mannes (Lk 5,18–26 bei Mk 2,1–12). Die rettende Kraft, die aus der Stille kommt, ist auch für die Pharisäer da! Die Heilung der sozialen und geistlichen Gemeinschaft wird durch die Berufung des Levi illustriert (Lk 5,27–32 bei Mk 2,13–17). Das große Interesse des Lukas am Heils- und Heilungsgeschehen im umfassenden Sinne wird deutlich. Alles zielt auf das Jesuswort: Lk 5,32 „Nicht die Gesunden brauchen den Arzt, sondern die Kranken."

Bevor mit der „Feldrede" das Handeln aus Glauben in den Blick kommt, macht Jesus einen Menschen mit verkrüppelter rechter Hand wieder handlungsfähig (Lk 6,6–11 bei Mk 3,1–6).

Jesus verkörpert und verkündigt den heilvollen Willen Gottes – Die Ethik der Feldrede Lk 6

Lukas nennt die Zwölf „Apostel", besondere Gesandte. Sie sind besondere Augenzeugen und in Hörweite Jesu. Sie bilden die Keimzelle der zukünftigen Kirche. Sie sind die grundlegende Verbindung zwischen der Jesuszeit und der Zeit der Gemeinde. Die Berufung der zwölf Apostel bereitet Jesus im Gebet vor. Dazu geht er nachts auf einen Berg. Nach ihrer Wahl steigt Jesus mit allen seinen Jüngern vom Berg hinab, um zu predigen – wie Mose vom Berg der Gottesoffenbarung hinabstieg, um den wartenden Menschen den Willen Gottes mitzuteilen.

Von der Berufung der zwölf engsten Vertrauten
Lk 6,12–16
↗ Mk 3,13–19

Ex 19,25 … und Mose stieg zum Volk hinunter und sagte es ihm …
Dann folgen die „Zehn Gebote", ein wichtiger Teil atl. Ethik.

Deshalb findet „die Bergpredigt" im Lukasevangelium am Fuß eines Berges statt, „auf einem ebenen Feld", und wird deshalb **Feldrede** genannt. Wie Matthäus vor der Bergpredigt erzählt auch Lukas, dass viele Menschen mit ihren Anliegen und Gebrechen zu Jesus kommen, weil Gotteskraft von ihm ausgeht. Sie kommen, um zu hören und geheilt zu werden. Er heilt alle! Lukas bringt nun wie Matthäus eine Zusammenstellung von Jesusworten. Lk 6,20–49 ist eine Auswahl von Jesusworten, die großenteils auch in der Bergpredigt (↗ Mt 5–7) überliefert ist. Viele Worte, die Matthäus in der Bergpredigt zusammenstellt, hat Lukas aber auch an andere Stellen verteilt, z. B. das Vater Unser in Lk 11. Die eigene Überlieferung und Prägung durch Lukas soll in V. 20–26, V. 31–38 und V. 43–45 hörbar werden:

Glückwünsche und Schreckensszenarien Lk 6,20–26

20 Und Jesus nahm seine Jünger in den Blick und sagte: „Glück-
wunsch, ihr Armen, denn euch gehört das Gottesreich. 21 Glückwunsch,
die ihr jetzt hungert, denn ihr werdet gesättigt werden. Glückwunsch,
die ihr jetzt weint, denn ihr werdet lachen. 22 Glückselig seid ihr, wenn

euch die Menschen hassen und ausschließen und beschimpfen und eu-
ren Namen in den Schmutz ziehen wegen des Menschensohns (, zu dem
ihr gehört). 23 Freut euch an jenem Tag und hüpft (ausgelassen herum)!
Siehe, euer Lohn im Himmel ist groß! Das Gleiche haben ihre Väter auch
den Propheten angetan."

Glück-selig
↗ Mt 5,3–12

Jesus gratuliert. Er beglückwünscht Menschen, die weder damals noch heute glücklich genannt werden. Das Glück liegt weder in ihrem Charakter noch in ihrem Zustand, sondern in Gott, den Jesus auf sie zukommen sieht. Das Glück ist das Gottesreich, die Gottesherrschaft, die die Welt verwandeln wird.

24 „Doch weh euch Reichen, denn ihr habt euren Trost weg. 25 Weh
euch, die ihr jetzt abgefüllt seid, denn ihr werdet hungern. Weh euch, die
ihr jetzt lacht, denn ihr werdet weinen und klagen. 26 Wehe, wenn euch
alle Menschen schönreden, denn das Gleiche haben ihre Väter mit den
Pseudopropheten gemacht."

zur Armut
↗ Mt 5,3

Das himmlische Kontrastprogramm stellt die Gegenwart, in der Menschen nicht einmal das Lebensnotwendige haben, der Zukunft Gottes gegenüber. Das Gottesreich am Ende der Menschenzeit wird ungerechte Verhältnisse endgültig beseitigen. Schon Maria singt im Magnificat (↗ Lk 1,46–55) von der Umkehrung der Verhältnisse. Das Verwerfliche ist biblisch nicht der Reichtum an sich, sondern dass er auf Kosten anderer Menschen angehäuft wird. In diese wirtschaftlichen Unheilszusammenhänge sind auch wir verstrickt. Mit den Weh-Rufen steht Jesus in der Linie der atl. Propheten, z. B. des Propheten Jesaja:

Jes 5,8 Weh euch, die ihr ein Haus ans andere reiht, einen Acker zum anderen rückt, bis kein Platz mehr bleibt und ihr allein im Land wohnt.

Jes 5,22f Weh denen, die Helden sind im Weintrinken …, die dem Schuldigen Recht geben um eines Geschenkes willen, aber dem Gerechten seine Gerechtigkeit absprechen!

Profit statt Barmherzigkeit, Lachen auf Kosten anderer – Reichtum macht anfällig für Ungerechtigkeit und hart gegenüber den Bedürfnissen der Armen. Der Wehe-Ruf über die Reichen soll diese Verhältnisse jetzt und am Ende gerade nicht festigen, sondern aus dem sozialen Ungleichgewicht herausrufen. Die einzige Möglichkeit, um dem Fluch des Reichtums zu entgehen und die eigene Zukunft offen zu halten: Beschäftigt euch nicht damit, wie ihr euer Geld vermehrt, sondern wie ihr es zugunsten der Armen wieder los werdet! Denn Jesus ist für die Armen gekommen (↗ Lk 21,1–4).

Die „goldene Regel" und Einweisung in Großmut und Großherzigkeit – eine Ethik für die Gemeinschaft der Jesusanhänger Lk 6,31–38

31 Und so, wie ihr wollt, dass die Menschen euch behandeln, behandelt sie auch!

Das Sprichwort „Was du nicht willst, das man dir tu, das füg auch keinem anderen zu" ist von dieser goldenen Regel Jesu abgeleitet. Es führt zwar zu anständigem Verhalten, und das ist nicht wenig. Aber das Wort Jesu führt über die Abgrenzung hinaus, anderen Leid und Böses zuzufügen. Es öffnet einen weiten Raum von guten Gedanken und Taten für andere (↗ auch Mt 7,12). Und nun geht Jesus sogar über eine Ethik der Gegenseitigkeit hinaus:

32 Und wenn ihr (nur) die liebt, die euch lieben, was für einen Dank
erwartet ihr (von Gott)? Auch die (größten) Sünder lieben ja die, die sie
lieben. 33 Und wenn ihr (nur) denen Gutes tut, die euch Gutes tun, wel-
chen Dank erwartet ihr (von Gott)? Sogar die (größten) Sünder tun das.
34 Und wenn ihr (nur) denen etwas leiht, von denen ihr es zurück erwar-
ten könnt, welchen Dank erwartet ihr (da von Gott)? Auch die (größten)
Sünder leihen sich gegenseitig (Geld und Dinge), damit sie das Gleiche
zurückbekommen. 35 Doch liebt eure Feinde und tut Gutes und leiht,
ohne etwas zurück zu erwarten – und euer Lohn wird groß sein, und ihr
werdet Kinder des Höchsten sein, denn ER ist gut zu den Undankbaren
und Bösen. 36 Seid barmherzig, wie euer Vater barmherzig ist. 37 Und
richtet nicht, so werdet ihr nicht (von Gott) gerichtet werden, und verur-
teilt nicht, so werdet ihr nicht (von Gott) verurteilt werden. Gebt (die an
euch schuldig geworden sind) frei, und ihr werdet (von Gott) frei gelas-
sen werden. 38 Gebt, so wird euch (von Gott) gegeben werden: Ein guter,
gepresster, gerüttelter und überlaufender Messbecher (wie damals beim
Einkaufen von Getreide) wird euch in den Mantelbausch (, die damalige
Tasche,) geschüttet werden. Denn mit dem Maß, mit dem ihr (andere)
messt, werdet ihr auch (von Gott) gemessen werden.

Gottes Barmherzigkeit und Großzügigkeit sind das Maß aller Dinge – nicht das Milieu, in dem Menschen unter sich bleiben und sich wohlfühlen, oder die Cliquenwirtschaft, die ihresgleichen sucht. Als „Vitamin B" im Gottesreich gilt nur, wer sich ein **B**eispiel am großherzigen Gott nimmt und damit als Mensch in der Gottes-**B**eziehung erkannt wird. So überfließend wie SEINE Geschenke sind, soll unser Verhalten die gesellschaftlich üblichen Grenzen überschreiten.

Weil-Ethik

↗ Mt 5,13–16

Was bei der Bergpredigt als Weil-Ethik und Gemeinde-Ethik entwickelt wurde (↗ Mt 5,43–48), soll hier noch einmal mit Aspekten reformatorischer Theologie bedacht werden: Wie können wir mit dem ungeheuren Anspruch leben, der uns in den Worten Jesu entgegen kommt? Wie gehen wir mit dem Willen Gottes für unser Leben um, den Jesus entfaltet?

Der Anspruch Gottes an unser Leben ist wie ein **Riegel,** der dem Bösen vorgeschoben wird: Ein Leben nach der „goldenen Regel" finden viele Menschen gut. Ein Leben nach der goldenen Regel schiebt einen Riegel vor kleinliches Abgrenzen von anderen und öffnet die Tür zu kreativer Nächstenliebe. Aber sogar Feindesliebe und Großzügigkeit gegenüber anderen, auch den Gegnern, sind vernünftig! Jede und jeder hat schon erlebt, wie Gewalt neue Gewalt, Großspurigkeit entsprechende Gegenrede und Feindbilder Feindschaft hervorbringen – im kleinen persönlichen und im großen politischen Zusammenhang. Großherzigkeit dagegen erfordert großen Mut. Aber sie bewirkt am ehesten den Ausstieg aus der Gewaltspirale und lässt Feindschaft ins Leere laufen. Die Gebote Jesu helfen, NEIN zu sagen zu den üblichen Vergeltungsmechanismen. Jesu klare Ansagen helfen, sich weder an der Reaktion der „Gegner" zu orientieren noch an der eigenen Wut und Verletzung, sondern an Gottes Barmherzigkeit – auch wenn das scheinbar auf die Seite der „Verlierer" führt.

Der Anspruch Gottes an unser Leben ist wie ein **Spiegel**, der uns zur Selbstprüfung vorgehalten wird: Ist mein Leben im Einklang mit Gottes Willen, oder führt es nach Gottes Maßstäben ins Verderben? Kann mein Leben aus Gottes Sicht bestehen? Hierbei geht es nicht um moralische Perfektion, eingeredete Schuldgefühle oder ein strenges Über-Ich. Es geht um den Blick des betenden Einsehens. Die Wahrheit über sich selbst herauszufinden, erfordert großen Mut. Wer Jesu Worte an sich heranlässt, kann in tiefes Erschrecken geraten. Die Grundlage dafür ist nicht der Anspruch Gottes, sondern der große Zuspruch, den Jesus mit seinem ganzen Leben und Sterben in die Welt gesetzt hat. Feldrede und

Bergpredigt sind auf dem Hintergrund des Ganzen zu hören, das schon geschehen ist, als die Evangelien geschrieben wurden. Im Evangelium von Jesu gelebter und durchlittener Vergebung liegt das Ja zu uns trotz allem, was wir nicht leben können. Hier kommt der Mut her, uns mit allem, was Gottes Willen verfehlt, in Jesu Arme zu werfen.

christologischer Ansatz der Ethik
↗ Mt 5,43–48

Der Anspruch Gottes wird zu einem Leben, das das **Siegel** des Heiligen Geistes trägt: Mit unserer Sehnsucht, Gott entsprechend zu leben und den Geboten Jesu zu folgen, sind wir nicht auf uns selbst gestellt. Wer Jesus nachfolgen will, wird getragen von seinem großen Zuspruch für die, die mit leeren Händen dastehen. Wir leben dann dankbar von dem, was Jesus ermöglicht hat: Gemeinschaft mit Gott, Vergebung aller Schuld, Gegenwart der Gotteskraft in uns. So nehmen wir an Seiner „Weltherrschaft", dem Gottesreich teil, das von Barmherzigkeit und Feindesliebe geprägt ist und einst die ganze Erde erfüllen wird.

Die erste Weise, mit Gottes Gebot an uns als „Riegel" umzugehen, teilen Christinnen und Christen mit allen vernünftigen Menschen. Das Leben mit dem „Siegel" der Zugehörigkeit zu Jesus Christus und Jesu Worte als „Spiegel" der Selbsterkenntnis führen immer tiefer in einen von Gott und SEINER Art von Herrschaft geprägten Lebensstil hinein. Dabei sind Menschen durch diesen Geist der Worte und der Kraft Jesu miteinander vernetzt und nicht mehr auf sich selbst gestellt.

Baum und Frucht, Herzkammer und Wortschatz Lk 6,43–45

43 Ein guter Baum trägt keine schlechte Frucht – genauso trägt ein
schlechter Baum keine gute Frucht. 44 Jeden Baum kann man an seiner
Frucht erkennen. Denn von Disteln kann man keine Feigen pflücken
und vom Dornbusch keine Trauben ernten. 45 Der gute Mensch holt aus
der guten Schatzkammer seines Herzens Gutes hervor und der böse (Mensch) aus dem bösen (Vorrat) das Böse. Denn wovon das Herz überfließt, redet der Mund.

Vom Haus auf dem Fels
Lk 6,47–49
↗ Mt 7,24–27

Der Hauptmann von Kapernaum
Lk 7, 1–10
↗ Mt 8,5–13

„Wes das Herz voll ist, des geht der Mund über". Luthers Übersetzung ist sprichwörtlich geworden. Das gilt, wenn Menschen von Gott begeistert sind. Aber auch im negativen Sinn: Wenn Menschen schlecht und gehässig über andere reden, offenbaren sie damit mehr über sich selbst und über das, was in ihnen ist, als über die, über die sie herziehen. Die Worte Jesu halten jedem Menschen einen Spiegel zur Selbsterkenntnis vor (s. o.) und zeigen die Notwendigkeit von Heil und Heilung (↗ Lk 4).

Jesus rettet einer Witwe in Nain das Leben Lk 7,11–17

11 Und es geschah unmittelbar danach, dass er in eine Stadt namens
Nain (sprich: Na-in) reiste, und seine Jüngerinnen und Jünger und eine
große Menschenmenge zogen mit ihm. 12 Als er sich aber dem Stadttor
näherte, siehe, da wurde ein Toter herausgetragen, einziger Sohn seiner
Mutter, und sie war Witwe. Und viele Menschen aus der Stadt begleiteten
sie. 13 Und als der Herr sie sah, wurde er von Mitgefühl für sie ergriffen
und er sagte zu ihr: „Weine nicht (mehr)." 14 Und er trat heran und be-
rührte die Totenbahre. Die Träger blieben stehen. Und er sagte: „Junger
Mann, ich sage dir, steh auf!" 15 Und der Tote setzte sich auf und begann
zu sprechen, und er gab ihn seiner Mutter (zurück). 16 Da wurden alle
von Furcht gepackt, und sie ehrten Gott und sagten: „Ein großer Prophet
ist unter uns aufgestanden, und Gott hat sich um sein Volk gekümmert."
17 Und dieses Wort über ihn verbreitete sich im ganzen jüdischen Land
und im ganzen Umland.

Kultische Reinheit
↗ Mk 7,1–23

Jesus begegnet einem Trauerzug. Tote wurden vor der Stadt bestattet, weil Gräber als unrein galten. Sie wurden nicht im Sarg, sondern auf einer Bahre zur Bestattung gebracht. Die Witwe hat mit ihrem Sohn ihren einzigen Versorger und ihre Hoffnung auf eine lebbare Zukunft verloren. Jesus wird von dem tiefen Verlust der Frau ergriffen. Jes 49,10 spricht von Gott als „Erbarmer". Das Zusammenspiel von tiefem Erbarmen und Macht über Leben und Tod zeigen zeichenhaft, dass in Jesus Gott begegnet. Er berührt die Zone des Todes und macht ihm mit dieser Geste den Besitzanspruch streitig. Mitgefühl und Macht gehören bei Jesus zusammen. Sein machtvolles Wort holt den jungen Mann aus dem Machtbereich des Todes.

Zwei Anklänge dieser Erzählung stehen im Einklang mit der Reaktion der Menschen, die Jesus nun für einen großen Propheten halten.

Der Ort Nain liegt in der Gegend, in der der Prophet Elisa in alter Zeit den einzigen Sohn einer Sunamitin auferweckt (2. Kö 4,18–37). „Er gab ihn seiner Mutter" ist ein Zitat aus 1. Kö 17,23. Hier erweckt der Prophet Elia den einzigen Sohn der Witwe aus Zarpat aus dem Tod.

Die Menschen, die ihre Bibel kennen, verstehen, dass Jesus in der Tradition der großen Propheten Israels handelt. Jesus handelt hier aber auch wahrhaft königlich. Denn zum Amt des Königs in der atl. Tradition gehörte, dass er der Beschützer von Witwen war. In Lk 5,16 und

Lk 6,12 erzählt Lukas, dass Jesus aus dem Gebet heraus heilt und beruft. Er vergibt Sünden (s. u.). Er handelt auch priesterlich. **Jesus als König, Priester und Prophet** – mit dieser Verbindung zur Vergangenheit wird der Beginn einer neuen Zeit angezeigt. Das Gottesreich wird von dieser Art von Herrschaft geprägt und hat begonnen! Die Schöpfung wird erneuert. Krankheit und Tod verlieren ihre Macht. Durch machtvolles und erbarmendes Gotteswort werden Arme zu Recht gebracht. Inniges Gottvertrauen ist der Grund von allem.

Aber trotzdem gilt Jesus als „Fresser und Weinsäufer und Freund der Zöllner und Sünder“, während der prophetisch auftretende Täufer den Leuten zu asketisch ist. Auch durch einen königlich, prophetisch und priesterlich handelnden Jesus kann es Gott den Menschen nicht recht machen. Sein Erbarmen empört und stört die fromme Gesellschaft. Das illustriert Lukas in der nächsten Erzählung.

Jesus spricht über sich und den Täufer und den Widerstand der Menschen
Lk 7,18–35
↗ Mt 11,1–19

Jesus wird von einer „Sünderin“ gesalbt Lk 7,36–50

36 Es bat ihn aber einer der Pharisäer, mit ihm zu essen, und er ging
in das Haus des Pharisäers und legte sich (zu Tisch). 37 Und sieh, (da gab
es) eine Frau, die in der Stadt (als) Sünderin (verrufen) war. Als sie erfuhr,
dass er im Haus des Pharisäers (zu Tisch) lag, brachte sie ein Alabaster-
fläschchen kostbares Salböl 38 und trat von hinten an seine Füße heran,
weinte und begann, mit ihren Tränen seine Füße zu benetzen und trock-
nete sie mit den Haaren ihres Hauptes ab und küsste zärtlich seine Füße
und salbte sie mit dem Öl. 39 Als das der Pharisäer sah, der ihn eingela-
den hatte, sagte er zu sich selbst: „Wenn der ein Prophet wäre, wüsste
er, wer und was für eine das ist, die Frau, die ihn da anfasst – dass sie
eine Sünderin ist!“ 40 Und Jesus antwortete und sagte zu ihm: „Simon,
ich habe dir etwas zu sagen.“ Er aber (sagte): „Lehrer, sprich, sag’s (mir).“

41 „Ein Gläubiger hatte zwei Schuldner. Der eine schuldete ihm
500 Denare, der andere aber 50. 42 Weil sie es ihm nicht zurückgeben
konnten, schenkte er es beiden. Wer von beiden wird ihn nun mehr
lieben.“ 43 Simon antwortete: „Ich vermute der, dem er am meisten ge-
schenkt hat.“ Er aber sagte: „Richtig!“

44 Und indem er sich der Frau zuwandte, sagte er zu Simon: „Siehst
du diese Frau? Als ich in dein Haus kam, hast du mir kein Wasser für die
Füße gegeben. Sie aber hat meine Füße mit ihren Tränen benetzt und
sie mit ihren Haaren getrocknet. 45 Du hast mir keinen Kuss gegeben, sie
aber hat, seit ich hereinkam, nicht aufgehört, meine Füße abzuküssen.

46 Du hast mein Haupt nicht mit Öl gesalbt, sie aber hat meine Füße mit
Salböl gesalbt. 47 Darum sage ich dir: Ihre vielen Sünden sind ihr verge-
ben, weil sie viel geliebt hat. Wem aber wenig vergeben wird, der liebt
wenig. 48 Zu ihr aber sagte er: „Dir sind deine Sünden vergeben!" 49 Und
die mit ihm zusammen (bei Tisch) lagen, begannen, sich zu fragen: „Wer
ist der, der sogar Sünden vergibt?" 50 Er aber sagte zu der Frau: „Dein
Glaube hat dich gerettet (griech.: von sōzein, ↗ Lk 4). Geh im Frieden."

Bei einem gemeinsamen Essen lagen Männer in einem Raum mit Polstern. Die Köpfe waren in der Mitte einander zugewandt. Man stützte sich auf einen Arm. Die Füße zeigten nach außen. Die Frau, die sich in diese geschlossene Gesellschaft wagt, ist offensichtlich eine stadtbekannte Prostituierte. Sie hat als Frau keinen Platz in einer Männerrunde. Dass sie es als Frau mit zweifelhaftem Ruf wagt, in das Haus einzudringen, noch dazu in eins, in dem man auf kultische Reinheit großen Wert legt, ist ein starkes Stück. Dass sie Jesus mit zärtlichen Liebeserweisen überschüttet, ist ein Skandal.

„Sünder" werden Menschen genannt, bei denen moralische Verfehlungen offensichtlich sind. Dabei bedeutet **Sünde** biblisch zunächst einmal nicht, ethisch verwerflich gehandelt zu haben. Sie bezeichnet eine Kontaktstörung zu Gott. Ein Sünder, eine Sünderin, genügt sich selbst und braucht Gott nicht. Sie macht, was sie will und fragt nicht nach Gottes Willen für ihr Leben. In der Sünde kreisen Menschen um sich selbst. Dass daraus konkrete Schuld erwachsen kann, die auch andere verletzt, ist die Folge der Sünde. Hier ist die Bezeichnung „die Sünderin" allerdings moralisch gemeint und wahrscheinlich auf ihren Umgang mit Sexualität bezogen. Vielleicht kann sie nur damit ihren Lebensunterhalt verdienen. Jesus lässt sich ihren Liebeserweis gefallen. Er schämt sich nicht, alle ihre Liebestaten einzeln vor Simon zu benennen. Er würdigt ihr leibliches Liebeshandeln. Er hält es Simon als Spiegel vor. Der moralisch intakte Simon erscheint nun in einem anderen Licht. Er bleibt Jesus gegenüber höflich distanziert. Angesichts der Liebe der Frau kann das als Kontaktstörung, als Sünde, entlarvt werden.

Sünde
↗ Lk 22,14–23; Mk 2,1–12

Jesus erzählt Simon eine gleichnishafte Geschichte. Der Geldverleiher, der Schulden erlässt und so in Wirklichkeit wohl eher nicht vorkommt, ist ein Bild für den vergebenden Gott. Wer eine unermesslich hohe Verschuldung erlassen bekommt, empfindet das zu Recht als Lebensrettung, die große Liebe bewirkt und höfliche Dankbarkeit weit hinter sich lässt.

Dieses Gleichnis bringt eine Spannung in die innere Reihenfolge des Geschehens. Im Verlauf der Erzählung selbst kommt zuerst die Liebesbekundung der Frau und dann das erlösende Wort Jesu. Im Gleichnis steht die Großzügigkeit des Schuldenerlasses am Anfang. Aber Vergebung und Liebe entziehen sich offensichtlich der Logik von Abläufen.

Wie die Frau mit Jesus in Kontakt geht, zeigt sie gerade nicht als eine Sünderin, sondern als das Gegenteil. Sie ist eine vorbildlich Glaubende. Sie liebt so sehr, weil sie glaubt, von Jesus angenommen zu werden. Sie vertraut der Kraft des Heils, das von ihm ausgeht. Sie ist sich ihres verfehlten Lebensstils bewusst und beweint ihr Leben. Trotzdem oder gerade deshalb sucht sie die Nähe Jesu. Es ist ihr wichtiger, mit Jesus in Kontakt zu kommen, als sich in ihrer Schuld zu verschließen und damit allein zu bleiben – dort, wo die anderen sie haben wollen und wo die Sünde alle Menschen haben will. Jesus ist ihr wichtiger als das, was andere von ihr halten. So wird ihr vergeben, weil sie so liebt und Liebe Sünde, die Kontaktstörung, heilt. Glaube, Liebe und Vergebung durchdringen einander. Liebe, Vergebung und Dankbarkeit wirken miteinander.

Frauen und Männer gemeinsam in der Jesusbewegung Lk 8,1–3

1 Und es geschah in der Zeit darauf, dass er in jeder einzelnen Stadt
und jedem Dorf herumreiste, predigte und das gute Gottesreich ansag-
te, und die Zwölf (waren) bei ihm 2 und einige Frauen, die von bösen
Geistern und Krankheiten geheilt worden waren, Maria, die Magdalena
genannt wurde (weil sie aus Magdala kam), aus der sieben Dämonen
herausgefahren waren 3 und Johanna, die Frau Chusas, eines Verwalters
Herodes' und Susanna und viele andere, die sie aus ihrem Vermögen
unterstützten.

Jesus hilft der Witwe in Nain und der verachteten Sünderin. Nun nennt Lukas die Frauen, die mit Jesus unterwegs waren. Sein Interesse an Jesus als Heiland rückt besonders die **Adressaten des Heils** im Gottesreich in den Mittelpunkt: die kranken, belasteten, verachteten, armen und sozial isolierten Menschen. Sie liegen Lukas am Herzen, weil er die Herzlichkeit der Gottesherrschaft verstanden hat.

Frauen

↗ Joh 11,17–29

Ein damaliger Rabbi hätte die Nähe von Frauen nicht gestattet – er hätte sie nicht einmal auf der Straße gegrüßt. Lukas zeigt von Anfang an, dass und wie Frauen in Jesusgeschichte und Jesusbewegung ihre gleichberechtigte Rolle mit den Männern haben. Was für uns heute selbstverständlich ist, war damals eine beginnende soziale Revolution.

Maria Magdalena wird oft eine sexuelle Liebesbeziehung mit Jesus angedichtet. Das ist von der Quellenlage her mehr als unwahrscheinlich. Ein Rabbi sollte normalerweise verheiratet sein. Gegen eine offizielle Beziehung Jesu zu Magdalena wäre also nichts einzuwenden gewesen. Es gibt keinen Grund, warum die biblischen Zeugnisse so etwas verschweigen sollten.

Ehelosigkeit Jesu
↗ Mk 2,18–22

Bis zum Ende des zweiten Teils des Evangeliums bringt Lukas nun Überlieferungsstoff, der in diesem Buch bei Matthäus und Markus nachzulesen ist: das Gleichnis vom Sämann und direkt anschließend die allegorische Deutung vom Wurzelboden des Herzens (↗ Mt 13), den Konflikt mit seiner Familie (↗ Mk 3,31–35), die Sturmstillung (↗ Mk 4,35–41), die Heilung eines besessenen Menschen im Gebiet der Gerasener (↗ Mk 5,1–20), die Heilung einer Frau mit Blutfluss und die Auferweckung der Tochter des Jairus (↗ Mk 5,21–43), die Aussendung der Zwölf, um zu predigen und zu heilen (↗ Mt 10). Vom Ende Johannes des Täufers berichtet Lukas indirekt durch eine Notiz über die Meinung des Landesfürsten Herodes (↗ Lk 9,7–9) über Jesus. Im Gegensatz zur Markusüberlieferung (↗ Mk 6,14–29) übernimmt Herodes hier nicht die Meinung, dass Jesus der wiederauferstandene des Elia sei. Herodes wird „in Verlegenheit gebracht", mit wem er es zu tun hat, und möchte Jesus zu Gesicht bekommen. Das wird er – in der Passionsgeschichte (↗ Lk 23,7ff). Die ausführliche Erzählung vom Ende des Täufers überliefert nur Markus.

Nachdem die Apostel von ihrer Predigt- und Heilungstour für das Gottesreich zurück sind, nimmt Jesus sie erst einmal mit in die Einsamkeit. Aber als die Menschen von ihrem Aufenthaltsort erfahren, folgen sie ihnen dorthin. Obwohl Jesus die Stille braucht, sind ihm die Menschen nicht lästig:

Lk 9,11f Und er hieß sie willkommen und sprach zu ihnen von der Gottesherrschaft, und die Therapie brauchten, heilte er.

Das zeigt sich auch in der leiblichen Versorgung der Menschen. Auf die „Speisung der 5 000" (↗ Mk 6,30–44) folgt das Bekenntnis des Petrus (↗ Mk 8,27–30) mit der ersten Leidensankündigung Jesu. An Nachfolgeworte (↗ Mk 8,34–9,1) schließt sich das herrliche Aufscheinen Jesu an (↗ Mk 9,2–13). Es folgt die Heilung eines Jungen (↗ Mk 9,14–29). Während alle von Jesu Tun beeindruckt sind, sagt er zum zweiten Mal seine Auslieferung „in die Hände der Menschen" an. Dass die Jünger das nicht begreifen, zeigt das anschließende Gespräch über Größenwahn der Jünger und das Beispiel eines Kindes (↗ Mt 18,1–5).

Der zweite Teil des Lukasevangeliums schließt ab mit einem Gespräch zwischen dem Jünger Johannes und Jesus:

Lk 9,49f „Meister, wir haben einen gesehen, der in deinem Namen Dämonen hinauswarf, und wir hinderten ihn (daran), weil er nicht zusammen mit uns nachfolgt!" Jesus aber sagte zu ihm: „Hindert ihn nicht – wer nämlich nicht gegen uns ist, ist für uns!"

So sehr Jesus die Gruppe seiner Jüngerinnen und Jünger um ihn herum bevollmächtigt hat, in seinem Namen heilend zu handeln, so wenig geht es dabei um „wir und die". Menschen, die außerhalb der eigenen Gruppe „im Namen Jesu" unterwegs sind, sind keine Rivalen. Jesus vergibt keine Exklusivrechte, um sich von anderen abzugrenzen (↗ Mk 9,38–41). Sein Heil hat offene Arme. Nicht Abgrenzung, sondern offene Arme kennzeichnen das Heil der Gottesherrschaft. Davon erzählt der dritte Teil.

Dämonenaustreibung
↗ Mk 1,21–28

Vom Wesen des Gottesreichs: Wie Gottes Freude unterwegs ist und Geld und Geiz ihre Macht verlieren Lk 9–19

Reich Gottes, **Gottesreich**, Gottesherrschaft, Be-Reich Gottes, neue Welt Gottes, Kommen Gottes, Wirken Gottes, Gegenwart Gottes, gotterfüllter Raum – diese Begriffe können das Geschehen nur umkreisen und nicht erfassen. Es ist eine Gotteskraft, die spürbar wird in befreienden Begegnungen und heilendem Handeln. Es ist ein Bereich, in dem ganz im Einklang mit Gottes heilvollem Willen gelebt wird. Dort blüht Leben in allen Beziehungen auf. Lukas zeigt, wie das Gottesreich durch das Reden und Handeln Jesu schon im Unterwegs Konturen gewinnt: Es richtet Menschen auf Gottes Zukunft aus (↗ Lk 9 und 17). Es bricht die Macht des Bösen und setzt Diakonie in die Welt (↗ Lk 10). Es bringt zum Beten und erfüllt mit Geist (↗ Lk 11 und 18). Es hat sein Zentrum in Wort und Gegenwart Jesu (↗ Lk 10 und 17). Es sprengt gesellschaftliche Grenzen. Es geht von Gottes Suche aus und kommt in SEINER Freude zum Ziel (↗ Lk 15). Geld und Geiz verlieren darin ihre Macht (↗ Lk 12.16.19 und 21). Es erfasst Menschen. Sie werden darin heil und gesund (↗ Lk 13.14.17 und 19).

Schon in Geist und Gesang des Anfangs wird deutlich, dass das Gottesreich die Niedrigen und Armen meint. Es bildet eine Gegenmacht zu den Weltmächten. Die, die sich selbst genügen, die ihre Macht auf Kosten anderer ausleben, werden sie übersehen und mit Füßen treten, aber am Ende doch zu spüren bekommen. Das Gottesreich gewinnt seine klarste Kontur in der Lebenshingabe Jesu. Es ist eine Liebesmacht, die die Grenzen des Todes sprengt. Gleichzeitig ist sie verwundbar und verletzlich, schmerzlich und schwach. Genau so ist diese Gottesherrschaft die weltverwandelnde Zukunftsoffensive Gottes (↗ Lk 24).

Jesus ist nun auf dem Weg zu diesem Ziel. Von nun an ist er unterwegs nach Jerusalem. Er geht ins Zentrum, hinein in den Konflikt mit den obersten Behörden. Das wird ihn das Leben kosten. Die Richtung seines Weges steht fest. Es ist eine entschleunigte Reise. Es gibt keine Zeitangaben, Orte sind nicht wichtig. Jesus scheint in der Region von Galiläa und Samaria zu kreisen. Erst ab Lk 18,31 nähert er sich Jerusalem, das er in Lk 19,28 erreicht.

Wir werden eingeladen, uns mit auf den Weg zu machen. Bevor die Menschen, die an Jesus Christus glauben, Christen genannt wurden, hießen sie „Menschen des Weges“ (Apg 9,2). Von Anfang an ist alles auf dem Weg in der Gottesgeschichte. Maria reist zu Elisabeth, Josef reist mit Maria nach Bethlehem, die Hirten machen sich auf, die Familie Jesu ist zum Tempel unterwegs (↗ Lk 1–2), die Jünger werden losgeschickt auf die Reise (↗ Lk 10,1–12). Nun ist Jesus unterwegs zu seinem letzten Ziel. Denn Gott ist selbst in Bewegung auf die Menschen zu. Das ist das Wesen der Gottesherrschaft. Herzstück dieses Weges sind die Gleichnisse vom Verlorengehen und der Freude Gottes über das Finden, die Jesus in Lk 15 erzählt. Gott sucht Menschen, um sie in SEINE Arme zu schließen. Jesus bringt das zum Ausdruck.

Die Reise nach Jerusalem beginnt Lk 9,51–56

51 Es geschah aber, als sich die Tage seiner Hinaufnahme (zu Gott)
erfüllen (sollten), dass er es fest in den Blick nahm (wörtl.: sein Angesicht
mit Absicht darauf richtete), nach Jerusalem zu reisen. 52 Und er schickte

Boten vor sich her. Und sie kamen in ein Dorf der Samariter, um ihm (eine
Übernachtungsmöglichkeit) zu besorgen. 53 Aber sie nahmen ihn nicht
auf, weil er beabsichtigte, nach Jerusalem zu reisen. 54 Als das seine Jün-
ger Jakobus und Johannes mitbekamen (wörtl.: sahen), sagten sie: „Herr,
wenn du willst, sagen wir: ‚Feuer falle herab und verzehre sie!' (wie der
Prophet Elia in 1. Kö 2,10)." 55 Er drehte sich um und wies sie hart zurecht.
(„Wisst ihr nicht, welchem Geist ihr gehört? Der Menschensohn ist nicht
gekommen, um Seelen/Leben von Menschen zu vernichten, sondern zu
retten/erlösen!" Dieser Zusatz fehlt zwar in bedeutenden Handschriften,
aber er trifft.) 56 So reisten sie in ein anderes Dorf.

Von Anfang seiner Reiseabsicht an ist das Ende klar – die Ablehnung. Die unglückliche Episode in Samaria liest sich wie eine Überschrift über das, was kommen wird. Aber die Überschrift Jesu darüber ist in Lk 6,27 klar gesetzt: „Liebt eure Feinde und tut denen gut, die euch hassen." Die Jünger brauchen die lange Reise, denn sie haben das noch längst nicht begriffen.

Samaria
↗ Joh 4,4

Weggespräche Lk 9,57–62

57 Und als sie auf dem Weg waren, sagte einer unterwegs zu ihm: „Ich
werde dir folgen, wohin du auch gehst!" 58 Da sagte Jesus zu ihm: „Die
Füchse haben (ihren) Bau und die Vögel des Himmels haben (ihre) Nes-
ter, aber der Menschensohn hat keinen Ort, wo er zu Hause ist (wörtl.:
hat nichts, wo er sein Haupt hinlege)."

Der unbehauste „Menschensohn" ist Jesus selbst (↗ Mt 16,13–20). Wer ihm folgt, wird aus bestehenden Bindungen herausgelöst.

59 Zu einem anderen aber sagte er: „Folge mir!" Der aber sagte: „Herr,
erlaube mir, zuerst (noch) hinzugehen, um meinen Vater zu beerdigen."
60 Er aber sagte zu ihm: „Lass die Toten ihre Toten begraben. Du aber
fang an, überall die Gottesherrschaft zu verkündigen!"

Ob es darum geht, dass jemand mit dem neuen Weg so lange warten will, bis die Eltern gestorben und beerdigt sind (↗ auch Mt 8,21f)? Oder ob Jesus jemandem radikal die Pflicht verweigert, den Eltern die letzte Ehre zu erweisen? Sollen das doch die tun, die die Gottesherrschaft nicht im Blick haben! Diese Worte sind eine bleibende Provokation.

61 Wieder ein anderer sagte (zu Jesus): „Ich will dir folgen, Herr! Er-
laube mir zuerst, mich von denen zu verabschieden, mit denen ich zu-
sammenlebe!" 62 Aber Jesus sagte zu ihm: „Niemand, der seine Hand an
einen Pflug legt und nach hinten schaut, passt zur Gottesherrschaft!"

Leben in der Bewegung der Gottesherrschaft hat ein besonderes Wegprofil. Wer den Weg mit Jesus als grundlegende Priorität wählt, gewinnt ein bewegliches und bewegendes zu Hause bei Gott. Der Weg mit Jesus macht selbständig und selbstverantwortlich. Wer mit Jesus unterwegs ist, wird nicht mehr von der Vergangenheit bestimmt, sondern hat Zukunft, selbst wenn schmerzhafte Abschiede gefordert werden. Jesus will bewirken, dass wir uns ganz auf den Weg mit ihm einlassen. Die Radikalität seiner Forderung bleibt anstößig.

(Zweiund)siebzig Menschen sind in Jesu Namen unterwegs Lk 10,1–16

1 Danach ernannte der Herr weitere (Zweiund)siebzig und schickte
sie jeweils zu zweit vor sich her in alle Städte und Ortschaften, in die er
selbst gehen wollte. 2 Er sagte aber zu ihnen: „Die Ernte (ist) groß, aber
Erntearbeiter (gibt es) wenige. Bittet nun den Herrn der Ernte, dass er
Arbeiter in seine Ernte hinausschickt. 3 Geht los! Seht doch, ich sende
euch wie Lämmer mitten unter Wölfe. 4 Tragt keinen Geldbeutel, keine
Reisetasche, keine Sandalen! Und begrüßt niemanden auf dem Weg!
5 Wenn ihr in ein Haus hineingeht, so sagt zuerst: ‚Friede diesem Haus!'
6 Und wenn dort ein Kind des Friedens (wohnt), so wird euer Friede auf
ihm ruhen – wenn aber nicht, wird er zu euch zurückkehren. 7 In diesem
Haus bleibt, esst und trinkt, was man euch gibt. Denn wer arbeitet, ist
seines Lohnes würdig. Wechselt nicht von einem Haus zum anderen über
(, weil ihr es woanders besser haben könntet)! 8 Und wenn ihr in eine
Stadt kommt und man euch aufnimmt, esst, was euch vorgesetzt wird,
9 und heilt die Kranken, die dort sind, und sagt zu ihnen: ‚Die Gottesherr-
schaft ist nahe herangekommen!' 10 Wenn ihr aber in eine Stadt kommt
und man euch nicht aufnimmt, geht hinaus auf ihre Straßen und sagt:
11 ‚Sogar den Staub, der aus eurer Stadt an unseren Füßen klebt, schüt-
teln wir ab in eure Richtung.' Doch das sollt ihr wissen: Das Gottesreich
ist nah herangekommen! 12 Ich sage euch, Sodom wird es an jenem Tag
(des Endgerichts) erträglicher gehen als jener Stadt."

Die große Ernte steht bevor. Die Erntezeit ist ein Bild für Missionszeit. Bis heute lassen sich Christen ihre **Mission** nicht nehmen. Denn jede Firma, jedes Unternehmen, hat eine. Es geht darum, der Sehnsucht der Menschen nach echtem Leben zu begegnen. Menschen, die Gott suchen, sollen mit IHM in Kontakt gebracht werden. Es gibt mehr Menschen, die „reif für Gott" sind, als solche, die sich von Gott zu ihnen senden lassen. Die Gottesherrschaft greift nach den Menschen. Sie begegnet in denen, die sich von Jesus losschicken lassen.

Während „die Zwölf" das ganze Israel mit allen zwölf Stämmen repräsentieren, stehen die Zweiundsiebzig für die ganze Völkergemeinschaft. Aber auch „Siebzig" sind in den Handschriften gut bezeugt.

In Num 11,14 sagt Mose verzweifelt zu Gott: „Ich kann dieses ganze Volk nicht allein tragen, denn es ist mir zu schwer ..." Da bekommt Mose den Auftrag, siebzig Älteste, Leiter, zu sammeln. Gott verteilt die Last mit auf sie.

Echte Mission im Namen Jesu ist immer wehrlos und gewaltfrei. Der Friedensgruß ist ihr Kennzeichen. Die Jünger auf dem Weg sind so angreifbar wie wehrlose Lämmer. Sie sichern ihr Leben weder mit Waffen, noch mit Geld – damals hatten nur Wohlhabende einen Geldbeutel – noch mit Vorräten oder zusätzlicher Kleidung ab. Ihre bloßen Füße unterstreichen das. Dafür gehen sie in großem Gottvertrauen. Darin sind sie ein Zeichen für das nahe Gottesreich. Sie vertrauen darauf, dass Gott Menschen bereit macht, sie zu versorgen (↗ auch Mt 10,1–15; Mt 6,19–34). In diesen Häusern der offenen Herzen entstehen kleine Hausgemeinden, Hauskreise, die wiederum Ausstrahlung haben.

Die Aktion dieser Aussendung, dieser Mission, ist zeitlich begrenzt. Aber ihre Wirkung ist nachhaltig. Menschen, die den mittellos Pilgernden begegnen, fragen sich, was wirklich zählt und wofür es sich zu leben lohnt.

Die Ehe ist angesichts der nahen Gottesherrschaft nicht die einzige Sozialform, in der Menschen sich zusammenfinden. In der Jesusgemeinschaft gibt es auch die „Zweierschaft". Es ist eine Weggemeinschaft von Menschen, die im Namen Jesu heilmachend unterwegs sind. Damit sie so nach außen wirken können, werden sie nach innen miteinander ihre wunden Punkte teilen. Sie werden selbst miteinander entdecken, wo sie der Heilkraft Jesu bedürftig sind. Sie leben miteinander aus der Kraft des Gebets. Gibt es jemanden, mit der oder dem ich mich eine Wegstrecke lang „zusammenstellen" lasse? Gemeinsam lässt sich auch Ablehnung aushalten und „abschütteln" (V.11), so dass sie den Boten nicht ständig nachgeht. In dem Schmerz, mit einem Herzensanliegen zurückgewiesen zu werden, tröstet der Zuspruch Jesu:

16 „Wer euch hört, der hört mich, und wer euch abweist, weist mich
ab! Wer aber mich abweist, der weist den ab, der mich geschickt hat."

Er selbst steht hinter denen, die in seinem Auftrag anderen Gottes Einladung überbringen. Wer sich ihrer Botschaft vom heilmachenden Gottesreich arrogant verschließt, weist letztlich Gott selbst ab. Hier werden die ganze Freude und der ganze Ernst der Werbung Gottes um SEINE Menschen zum Ausdruck gebracht. Wer die Überzeugungskraft der Gottesherrschaft erlebt hat und meint, Gottes Heil nicht nötig zu haben, wird sich dafür vor Gott verantworten müssen – wie die Städte, in denen Jesus gewirkt hat (s. u.). Hochmut und Gleichgültigkeit gegenüber der wehrlos daherkommenden Ansage von Gottes Nähe hat tödliche Folgen. Auch oberflächliche Begeisterung bringt nichts, wenn das Leben nicht tief ergriffen wird. In diese Richtung zielen die harten Weherufe gegen drei Städte Galiläas, die Jesus erlebt haben (↗ auch Mt 11,20–24):

13 „Weh dir, Chorazin! Wie schrecklich für dich, Bethsaida! Denn wenn
in (den „heidnischen" Städten) Tyrus und Sidon die Macht-Taten geschehen wäre, die unter euch geschehen sind, so hätten sie schon längst in
Sack und Asche gesessen und ihr Leben umgekehrt! 14 Doch wird es
Tyrus und Sidon im Gericht erträglicher ergehen als euch. 15 Und du,
Kapernaum, wirst du etwa zum Himmel erhöht werden? Bis zum Hades wirst du hinabsteigen!"

Die Einordnung des „Erfolgs" Lk 10,17–20

17 Die (Zweiund)siebzig aber kamen mit Freude zurück und sagten:
„Herr, sogar die Dämonen gehorchen uns in deinem Namen!" 18 Er aber
sagte zu ihnen: „Ich sah den Satan wie einen Blitz vom Himmel fallen!
19 Seht, ich habe euch Vollmacht gegeben, auf Schlangen und Skorpione zu treten, und über alle Macht des Feindes, und nichts wird euch scha-
den. 20 Doch freut euch nicht darüber, dass euch die Geister gehorchen.
Freut euch vielmehr darüber, dass eure Namen im Himmel eingeschrieben sind!"

Jesus steht mit seiner ganzen Person dafür, dass Gott Heil ist und heil macht. Das bedeutet sein Name. **Im Namen Jesu** zu reden und zu handeln bedeutet, mit der ganzen Kraft seiner Person verbunden zu sein. Es bedeutet, die Kraft seines Programms zu spüren zu bekommen. Deshalb bewirken seine Jünger Heilendes bei den Menschen. Deshalb tut es gut, seinen Namen auszusprechen. So ist aller „Erfolg" seiner Jünger nicht in ihnen selbst begründet, so überzeugend sie sein mögen. Jesus antwortet ihnen auf ihre Erfolgsmeldung, indem er mit ihnen eine Vision teilt. Sein „ich sah" (V. 18) ist ein prophetisches Sehen. Es reicht in die tiefsten Bewegungen der unsichtbaren Wirklichkeit hinein.

Jesusname
↗ Lk 2,21;
Lk 4,14–22

Es gibt biblisch gesehen nicht nur **das Böse,** sondern auch sozusagen personalisiert den **Satan**. Da eine Person lebendiges Beziehungswesen ist, diese Macht aber gerade Personen in ihrem Gegenübersein zu sich selbst, zu Gott und den Mitmenschen zerstört, verdient sie die Bezeichnung einer wirklichen Person nicht. Der/die/das Böse, der Satan, ist nur eine Verneinung und Verzerrung davon. Satan (↗ Mk 1,13) bezeichnet eine Macht, die sich auf unerklärliche Weise nicht nur dem heilvollen Willen Gottes verschließt, sondern auch mit allen Mitteln der offensichtlichen Zerstörung und subtilen Verdrehung (↗ Mt 4,1–11, wo der Teufel auch fromm kann) dagegen arbeitet. Dieses Zersetzende und Verneinende ist ein so vielschichtiges und unfassbares Phänomen, dass es im NT verschiedene Ausdrücke dafür gibt: Satan (aram.: satana, Widersacher, boshafter Gegner), Teufel (griech.: diabolos, Verleumder, Auseinanderbringer von diaballo, auseinanderbringen, anklagen, ablehnen, verleumden, Vorwürfe machen, falsch darstellen), Beelzebul (↗ Mt 12,22–32), Fürst dieser Welt (↗ Joh 12,31), Vater der Lüge (↗ Joh 8, 44). Es ist eine Stimme, die harmlos klingend versucht, Gott vor den Menschen und die Menschen vor Gott falsch darzustellen und damit auseinanderzubringen: Warum, Gott, solltest du dich um die Menschen kümmern, die sich nicht um dich scheren? Warum, Mensch, solltest du Gott lieben, DER dich doch nur liebt, wenn du machst, was ER sagt? Es ist das unfassbare Phänomen des Bösen, das sich nicht nur persönlich, sondern auch überpersönlich in Strukturen und großen Zusammenhängen manifestiert.

In der Bibel ist das tiefe Wissen präsent, dass Sünde, Schuld und Böses im wahrsten Sinne Auswirkungen auf das Ganze haben. Das biblische Gespür dafür, dass Böses und zerstörerische Macht nicht nur von Menschen ausgehen, sondern sich auch „verselbständigen" und nicht mehr zu bändigen sind, ist in unserer Zeitgeschichte auf bittere Weise

kein Dualismus
↗ Mt 6,9–15

Erfahrung geworden: Das Böse ist nicht nur an Menschen gebunden, sondern kann Menschen auch auf dämonische Weise binden. Dabei ist das Böse niemals eine Erklärung für das, was Menschen tun, im Sinne einer Entschuldigung. Das Phänomen des Bösen im NT entlässt den Menschen nicht aus der Verantwortung. Die Welt lässt sich auch nicht einfach in „Schwarz" und „Weiß" einteilen.

Die Erfahrungen mit und in der gequälten Schöpfung entziehen sich allen Erklärungsversuchen. Wenn das Böse, das Dämonische, in seinen verschiedenen Erscheinungsformen für uns Menschen durchschaubar wäre, hieße das ja, dass wir über diesen Dingen stehen würden. Wir könnten sie in den Griff bekommen. Die Weisheit des biblischen Denkens nimmt unsere Verstrickung in Schuld und Böses wahr, ohne dass damit gesagt ist, dass es einen direkten Zusammenhang von konkreter Schuld und persönlichem Leiden gibt. Es gibt biblisch keine Erklärung für Sünde und Böses. Denn über etwas, in das wir selbst verstrickt sind, können wir wohl kaum „objektiv" nachdenken. Merkwürdigerweise erzeugt aber gerade das Thema des Bösen und Dämonischen eine tiefe Neugier und einen Sog, immer mehr „darüber wissen" zu wollen.

Deshalb sind Erklärungen entstanden, die dann in Bibeltexte hineingelesen wurden, z.B. der Satan sei ein Engel des Lichts, Luzifer, der sich gegen Gott auflehnte und zur Strafe vom Himmel gestürzt wurde.

In Jes 14,12 gibt es ein prophetisches „Spottlied" auf den König von Babel: „... Wie bist du vom Himmel herabgefallen, du Morgenstern, wie bist du zu Boden geschmettert, der du die Völker niederstrecktest!"

Jesus nimmt darauf Bezug, aber daraus lässt sich keine Entstehungsgeschichte des Bösen ableiten. Mit Erklärungsversuchen ist der/die/das Böse nicht in den Griff zu bekommen. In der Bibel gibt es nur den Weg des Hilferufs heraus aus dem Bösen in all seinen Formen: „Erlöse uns von dem Bösen" (↗ Mt 6,13)! Das macht wach gegen das eigene Böse und das Böse, das „System hat".

Wo sich die Gottesherrschaft ausbreitet, verliert das Böse an Boden. Wo die Freude über Gottes Kommen herrscht, ist der Satan schon entmachtet. Die Vision Jesu nimmt das Ende des Bösen schon vorweg. Mit seinem Tod und seiner Auferweckung wird die Macht endgültig gebrochen, die die Menschen sich selbst und Gott fremd werden lässt. Aber bis zum Ende der Welt wird sie um ihr Existenzrecht kämpfen und sich aufspielen.

Lk 10,19f: Es wird auch Situationen geben, da erleben Menschen, die um Jesu willen in tödliche Gefahr geraten, unerklärlichen Schutz – so wie der Apostel Paulus, der von einer giftigen Schlange gebissen wird und überlebt (Apg. 28,3–6). Diese kostbaren Erfahrungen können nicht mutwillig ausprobiert werden.

Lk 10,20: Jesu Name führt in die innersten Geheimnisse des Guten in der Welt. Die Versuchung ist groß, bei den äußeren und sichtbaren Auswirkungen dieser Güte stehen zu bleiben. Jesus rückt sichtbare Erfolge in die richtige Perspektive. Er führt seine Jünger von außen nach innen: Verliert nicht vor lauter „Missionserfolg" das eigene innere Leben mit Gott aus dem Blick. Die Wahrnehmung der Menschen und ihrer Reaktionen ist gut und wichtig. Aber verliert darüber nicht die Wahrnehmung des eigenen Inneren. Die Zugehörigkeit zu Gott ist das Wichtigste und Innigste. Sie ist regelrecht dokumentiert in Gottes Welt. Wie es in damaligen Städten Bürgerlisten gab, die Zugehörigkeit schriftlich festhielten, so gibt Gott es euch schriftlich, dass ihr auf SEINER Liste steht. Das meint das himmlische Lebensbuch (Offb 3,5).

Die Beispielgeschichte vom barmherzigen Samariter Lk 10,25–37

Jesu Lobpreis des Vaters
Lk 10,21–24
↗ **Mt 11,25–27**

25 Und siehe, da trat ein Gesetzeskundiger auf, um ihn auf die Probe
zu stellen, indem er sagte: „Meister, was soll ich tun, um (in der Zukunft)
ewiges Leben zu bekommen?" 26 Er aber sagte zu ihm: „Was steht im
Gesetz geschrieben? Wie liest du (es dir jeden Tag vor)?" 27 Er aber ant-
wortete: „Liebe den HERRN, deinen Gott, mit ganzem Herzen: mit deiner
ganzen Seele und mit all deiner Kraft und mit all deinem Denken – und
deinen Nächsten wie dich selbst." 28 Er aber sagte zu ihm: „Du hast rich-
tig geantwortet. Tu das, und du wirst leben." 29 Er aber wollte sich selbst
rechtfertigen und sagte zu Jesus: „Und wer ist mein Nächster?"

Ein „Wissender" tritt auf, der Jesus eine Prüfungsfrage stellt: Welches Tun berechtigt zu einer Eintrittskarte in Gottes Welt? Sofort übernimmt Jesus mit seiner Frage die Führung des Gesprächs. Der Wissende wird zum Schüler. Er nennt das Gebot der Gottesliebe (Dtn 6,5) als Antwort auf die Frage Jesu. Das gehört zum täglichen Bekenntnis. Jeder Mensch jüdischen Glaubens spricht es morgens und abends leise murmelnd aus, um es ganz zu verinnerlichen. Dazu gehören auch die Zeichen der Gebetskapseln (Tefillin), die diesen Text enthalten. Sie werden beim Gebet auf die Stirn und den linken Oberarm, in die Nähe des Herzens, gebunden: die Vernunft und das Herz, das Willens- und Kraftzentrum der Person, werden ganz auf den lebendigen, einzigartigen Gott konzentriert. „Du sollst lieben" verbindet dann auch mit Lev 19,18, dem Gebot der Nächstenliebe.

Die schlichte Antwort Jesu: „Ja, genau – tu es einfach!", kann er aber nicht stehen lassen. Der Fragende erhofft sich von Jesus offensichtlich Auswahlkriterien oder Begrenzungen für das von ihm selbst genannte Gebot. Schließlich ist es nicht möglich, „allen" der oder die „Nächste" zu sein. Zur Zeit Jesu war es üblich, das Gebot der Nächstenliebe auf die Menschen aus dem eigenen Volk einzuschränken (↗ Mt 5,43). Jesus erzählt stattdessen eine Beispielgeschichte.

Gleichnis als Beispielgeschichte
↗ Lk 12,13–21

30 Das griff Jesus auf und sagte: „Ein Mensch zog von Jerusalem nach
Jericho hinunter. (Der Höhenunterschied betrug 1000 m. Der Weg führte
durch eine zerklüftete Felswüste.) Und er fiel unter die Räuber. Die zo-
gen ihn sogar aus, verprügelten ihn, machten sich davon und ließen ihn
halbtot liegen. 31 Zufällig aber ging ein Priester jenen Weg hinunter, und
als er ihn sah, ging er vorbei. 32 Ebenso kam aber auch ein Levit an die
Stelle, und als er ihn sah, ging er vorbei. 33 Ein reisender Samariter aber
kam zu ihm. Und als er ihn sah, wurde er von Erbarmen ergriffen. 34 Und
er ging hin, behandelte seine Wunden, indem er Öl und Wein darauf
goss, setzte ihn auf sein eigenes Reittier, brachte ihn in eine Herberge
und pflegte ihn. 35 Am nächsten Tag zog er zwei Denare heraus, gab sie
dem Wirt und sagte: ‚Sorge für ihn! Und was es mehr kostet, werde ich
dir bei meiner Rückreise erstatten.' 36 Wer von diesen drei scheint dir der
Nächste dessen geworden zu sein, der unter die Räuber gefallen war?"
37 Der aber antwortete: „Der Barmherzigkeit an ihm getan hat." Da sagte
Jesus zu ihm: „Geh und mach es genauso!"

Es geht nicht um das Nachdenken **über** Möglichkeiten guten Handelns, das in den Abstand zu Situationen bringt. Wer mein Nächster, meine Nächste, mein Mitmensch ist, entscheidet sich **in** der jeweiligen Situation! Eine Vorauswahl für einen bestimmten Kreis von Menschen, für die meine Hilfe in Frage kommt, ist nicht zu treffen. Jesus geht mit seiner Geschichte sogar noch einen Schritt weiter. Es geht nicht nur darum, wer mein Nächster ist, sondern wem **ich** zum Mitmenschen werde. Die Überraschung: Weder der Priester noch der Levit, die für Musik oder Küsterdienste im Gottesdienst zuständig waren und die beide stolz auf ihren Stammbaum sein konnten, werden dem unter die Räuber Gefallenen zu Nächsten. Das wird einer aus der verachteten Religionsgemeinschaft der Samariter und nicht die angesehenen religiösen Respektpersonen. Die Schaltstelle der Geschichte liegt im Gegenüber von Vorbeigehen an der Situation oder Hineingehen und Anpacken. Das einfache, praktische Ende macht eine Beispielgeschichte aus: Geh und mach es genauso!

Samaria
↗ Joh 4,4

Dem zupackenden Handeln der „Diakonie" wird in der nächsten Episode Ebenbürtiges an die Seite gestellt.

Martha und Maria Lk 10,38–42

38 Auf ihrer Reise kam er in ein Dorf. Eine Frau aber namens Martha
nahm ihn gastfreundlich auf. 39 Und dort war (auch ihre) Schwester na-
mens Maria, die hatte sich zu Füßen des Herrn gesetzt und hörte auf sein
Wort (griech.: logos). 40 Die Martha aber hatte zu viel zu tun wegen der
vielen Bewirtung (wörtl.: Diakonie). Da kam sie heran und sagte: „Herr,
macht dir das nichts aus, dass mich meine Schwester im Stich lässt beim
Bewirten (der Gäste)? Sag ihr doch, dass sie mir helfen soll!" 41 Der Herr
antwortete und sagte zu ihr: „Martha, Martha, du sorgst dich um vieles
und machst Wirbel, 42 eins aber ist notwendig. Maria hat sich das gute
Teil ausgesucht, das wird ihr niemand nehmen."

Lukas gestaltet die Anordnung seiner Abschnitte sehr bewusst. Die Einen folgen Jesus im Unterwegssein, die Anderen zu Hause. Die Hauptperson dieser Geschichte hat die Sache mit der tätigen Nächstenliebe verstanden. Der Name Martha bedeutet „Herrin", und als solche lädt sie Jesus in ihr Haus ein. Die Linie der neuen Lebensmöglichkeiten für Frauen (↗ Lk 8,1–3) wird weitergeführt. Das Wort, dem Maria zuhört, könnte auch mit „Rede" übersetzt werden. Aber es geht nicht nur darum, dass Jesus eine Rede oder Predigt hält. Das Wort „Logos" stellt in den biblischen Zusammenhang des göttlichen Wortes hinein. Diese Worte kommen von weiter her als aus menschlichem Mund. Im Sitzen und Hören arbeitet sich dieser Wortzusammenhang in unsere ganze Persönlichkeit hinein.

Logos
↗ Joh 1

Martha hat viel Arbeit, aber sie ist ins „zu Viel" (wörtl.: allzu sehr beschäftigt) gekommen. Ob sie mehr machen wollte als notwendig, um zu beeindrucken? Dafür spricht, dass sie ins Vergleichen gekommen ist. Ob sie „zu viel" gemacht hat, weil sie Bestätigung bekommen wollte? Dafür spricht, dass sie nicht Maria, sondern Jesus anspricht. Aber

Jesus lässt sich nicht vereinnahmen. Er ist „der Herr“ (drei Mal wird er in dem kleinen Abschnitt so genannt), der „die Herrin“ einlädt, zu sich zu kommen. Die doppelte Anrede wird im Hebräischen an Wendepunkten des Lebens gebraucht. Martha wird aus der Herrschaft ihrer „inneren Antreiber“ herausgerufen. Sie wird in die Konzentration auf das Notwendige hineingerufen. Getrieben oder gelassen, das ist hier die Frage – bis heute.

In der Gegenwart des Wortes Jesu zu sein, ist nicht „besser als“ der diakonische Dienst. Es ist einfach „das Gute“. Es führt eben nicht ins Vergleichen. Das Eine lässt sich nicht gegen das Andere ausspielen. Es geht um das Gleich-Gewicht von Hören und Tun. Die tatkräftige Nächstenliebe und die Gemeinschaft mit Jesus sind Schwestern. Dass das Hören der Maria nahe am Gebet ist, zeigt der weitere Verlauf des Lukasevangeliums.

Jesus bringt seinen Jüngerinnen und Jüngern das Beten bei Lk 11,1–13

1 Und es geschah, dass Jesus an einem Ort war, um zu beten. Als er
aufhörte, sagte einer seiner Jünger zu ihm: „Herr, lehre uns beten, so
wie auch Johannes seine Jünger (das) lehrte.“ 2 Da sagte Jesus zu ihnen:
„Wenn ihr betet, dann sagt: Vater, geheiligt werde dein Name. Dein Reich
komme. 3 Das Brot, das wir brauchen, gib uns Tag für Tag. 4 Und verzeihe
uns unsere Verfehlungen – wie auch wir allen verzeihen, die uns (etwas)
schulden. Und führe uns nicht in Versuchung hinein.

Vater unser
↗ Mt 6,9–15

Lukas überliefert eine kürzere Fassung des **Gebets des Herrn**. Bei beiden Versionen geht es zuerst um Gott selbst, dann um die Anliegen der Menschen. Dieses Modell, das Jesus als Gebet empfiehlt, bewirkt etwas in der inneren Ausrichtung eines Menschen. Das geschieht bereits in der Anrede. Wahrscheinlich hat Jesus **„Abba“** gesagt (↗ auch Mk 14,36, wo das aramäische Wort im griechischen Text erhalten ist). Aramäisch war die damalige Mundart des Hebräischen. Das Wort Abba ist eine familiäre Anrede und bedeutet „Papa“ oder „Vati“. Es setzt das Gefühl voraus, vertrauensvoll Kind zu sein und zur Familie zu gehören. Gleichzeitig beinhaltet es auch das Gefühl von Ehrfurcht und tiefem Respekt gegenüber dem Vater und der eigenen Rolle. Diese Anrede Gottes war für Jesus charakteristisch. Er war ja als der Sohn (↗ Mt 3,17) „ganz der Vater“. Dieser „Vati“ ist der Gott des AT.

Z. B. betet das Volk Israel in Jes 63,16 ... und doch bist du unser Vater ...

In der damaligen Kultur war es undenkbar, Gott als Mutter anzusprechen. Und doch hat der Gott des AT mütterliche Züge.

Jes 66,13 Ich will euch trösten, wie nur eine Mutter trösten kann!

Jesus selbst vergleicht sich mit einer Henne, die ihre Küken unter ihre Flügel sammeln will (↗ Mt 23,37). Wichtig ist also nicht, ob die Vorstellung von Gott eher männlich oder weiblich geprägt ist, sondern ob ich Gott mit unbedingtem Vertrauen begegnen kann. Jesus nimmt uns in die Vertrauenswürdigkeit Gottes und die Haltung der Zutraulichkeit hinein. Wer in seine Gebetsschule geht, lernt kindliches und ehrfürchtiges Vertrauen. Auch in letzter Einsamkeit, auch im tiefsten Kern unserer Person sind wir nicht verlassen, sondern immer Gegenüber und darin Getragene.

Der **Name** Gottes bedeutet sein Wesen. Es ist unergründlich und unaussprechlich. Dass Menschen um SEINEN Namen wissen dürfen, ist Gnade.

Ex 3,14 antwortet Gott auf die Frage des Mose nach SEINEM Namen: „Ich bin, der ich bin". SEIN Name wird auch mit den vier Buchstaben „JHWH" (Jahwe) umschrieben. Darin liegt so viel Gewicht, dass Gott auch einfach „der Name" genannt wird.

Diesen Namen trägt Jesus in seinem Namen (↗ Lk 2,21). Er zeigt, was „Heiligen" bedeutet. **„Heilig"** heißt, zu Gott gehören. In seinem Namen geschieht Heilendes (↗ Lk 4). Menschen werden ganz mit Gott zusammengeliebt und gleichzeitig ganz befreite Menschen. Wenn Gott SEINEN Namen heiligen soll – denn das meint diese indirekt formulierte Bitte – dann geschieht das auch durch Menschen, die vertrauensvoll leben. Dadurch wird die Welt heil. Die Sehnsucht danach wird nicht ins Leere laufen. Diese Gotteskraft, die alles ins wahre Leben bringt, wird sich am Ende durchsetzen.

Wenn die wichtigste Anhänglichkeit der Menschenherzen geklärt ist, kommen die Bedürfnisse in den Blick. Das „tägliche Brot" (↗ Mt 6,11) ist das, worauf wir jeden Tag angewiesen sind, um leben zu können. Zur Zeit Jesu konnten sich die meisten Menschen nur eine Mahlzeit am Tag leisten, die am späten Nachmittag eingenommen wurde. Aber die Satzkonstruktion erlaubt mehrere Übersetzungsmöglichkeiten. Das „für den täglichen Bedarf nötige Brot“ enthält auch den Blick auf den folgenden Tag. Vielleicht ist auch hier das Wichtigste die Ermutigung, Gott im Heute ganz für das Morgen zu vertrauen. Wie wir täglich bedürftige Menschen sind, die vertrauen, dass Gottes Schöpfungskraft sie ernährt, so sind wir täglich darauf angewiesen, dass Gott uns den lebensnotwendigen Glauben schenkt. Ohne dieses Vertrauen fallen wir ins Bodenlose. Ohne Vertrauen wird die Schöpfung maßlos ausgebeutet. Ohne Glauben müssen Menschen ihre innere Leere mit anderen Dingen füllen. Ohne Vertrauen denken Menschen nur an ihr eigenes „Brot“.

Die **Versuchung** in der Bibel hat zwei Akzente. Es kann „auf die Probe stellen“ bedeuten. In diesem Sinn geht Jesus durch eine Bewährungsprobe am Anfang seines öffentlichen Wirkens (↗ Mt 4,1–11). Der Geist Gottes führt ihn hinein! Diese Geschichte wird auch die „Versuchung Jesu“ genannt. Ist er wirklich vertrauensvoller Mensch, oder wird er zu einem, der Gott nicht braucht, weil er selbst „Einen auf Gott machen“ kann? Seine tiefste Bewährungsprobe ist Gethsemane (↗ Mk 14,36). Während im AT die Bitte vorkommt: „Stelle mich auf die Probe, Gott …“ (Ps 26,2), ist im NT der Respekt vor der Abgründigkeit der Menschenherzen noch größer. Es genügt, dass Jesus auf die Probe gestellt wurde, um zu „testen“, was an seinem Glauben dran ist. Es genügt, sich in seinen Schutzraum bestandener Proben zu flüchten, wenn unser Glaube auf den Prüfstand kommt. Nur in diesem Sinne ist Versuchung „ein Glück“, wie das der Jakobusbrief (Jak 1,12) meint. Denn das Wort „Versuchung“ kann auch den Akzent haben, in die Trennung von Gott zu geraten. Hier in Lk 11,4 ist eher dieser Akzent gemeint. „Führen“ hat hier mehr den Sinn von „Hineingeraten“, als dass an eine aktive Rolle Gottes gedacht wird. Auch Jak 1,13 macht dann deutlich: „Gott versucht niemanden, … sondern jeder wird von seiner eigenen Begierde verlockt.“ Weder Gott noch Teufel nehmen den Menschen in biblischer Sicht die eigene Verantwortung ab. Auch wenn im Brief des Paulus an die Thessalonicher (1. Thess 3,5) festgestellt wird, dass „der Versucher“ und nicht Gott versucht. Denn das Ziel, Mensch und Gott auseinanderzubringen, ist nicht mit Gottes Willen und Zielsetzung für diese Welt zu vereinbaren. In diesem Sinne lehrt Jesus beten: Lass uns nicht in Situationen geraten, in denen wir DICH aus dem Herzen verlieren und DIR absagen! Bewahre Tag für Tag unseren Glauben, unser Vertrauen!

5 Und er sagte zu ihnen: „Stellt euch vor, jemand hat einen Freund,
und der kommt um Mitternacht zu ihm und sagt zu ihm: ‚(Mein) Freund,
leih mir eine Portion (wörtl: drei Brote) Brot, 6 denn ein Freund von mir
ist auf der Durchreise zu mir gekommen, und ich habe nichts, was ich
ihm anbieten kann!‘ 7 Und er antwortet von drinnen: ‚Mach mir keine
Arbeit! Die Tür ist schon abgeschlossen, und meine Kinder sind bei mir
im Bett! Ich kann nicht aufstehen und dir (etwas) geben.‘ 8 Ich sage euch:
Wenn er schon nicht aufsteht und (ihm etwas) gibt, weil er sein Freund
ist, dann wird er aufstehen und ihm geben, was er braucht, wegen seiner
Unverschämtheit.“

Jesus erzählt von einer unverschämten Bitte. An Essen zu kommen war sehr umständlich. Denn wenn eine Familie schlafen ging, wurden im Wohnraum Matten ausgebreitet. Die Bildgeschichte zielt darauf, dass wir trotzdem antworten: unvorstellbar – einfach liegen zu bleiben und den Freund hängen zu lassen!? Zumal damals Gastfreundschaft eine heilige Pflicht war. Egal aus welchen Motiven und vielleicht nur, weil er genervt ist, wird ein Freund dem anderen auch zu einer unmöglichen Zeit helfen. Die Sache, um die es geht: Gott ist wie ein Freund. Gott darf genervt und belästigt werden, auch mitten in der Nacht. Wenn schon ein menschlicher Freund unbedingt aufsteht – um wieviel mehr wird Gott aufstehen, um zu helfen!

unglaubliche Freundschaft
↗ Joh 15,9–17

9 Und ich sage euch: Bittet, und es wird euch gegeben! Sucht, und
ihr werdet finden! Klopft an, und es wird euch geöffnet werden! 10 Denn
jeder, der bittet, empfängt, und wer sucht, der findet, und wer anklopft,
dem wird aufgemacht werden. 11 Welchen Vater unter euch aber bittet
der Sohn um einen Fisch – und der würde ihm anstelle des Fisches eine
Schlange geben? 12 Oder er bittet ihn um ein Ei – und er würde ihm ei-
nen Skorpion geben? 13 Wenn schon ihr, böse wie ihr seid, euren Kindern
Gutes zu geben wisst – um wieviel mehr wird der Vater aus dem Himmel
den Heiligen Geist denen geben, die ihn bitten.

Bittet, um zu Empfangenden zu werden. Sucht, wenn ihr Halt, Sinn und Gott vermisst. Klopft an, und ihr werdet in Gottes Be-Reich hinein gelassen ... (↗ auch Mt 7,7–11). Und wenn Gebete nicht erhört werden? Das mit dem Vertrauen klingt so einfach, ist es aber nicht. So stellt sich immer wieder die Frage: Was denkst du eigentlich von Gott? Bleib an IHM dran, auch wenn alles gegen IHN zu sprechen scheint.

Wenn schon die Menschen, die zu so viel Bösem in der Welt fähig sind, oft wenigstens ihre Kinder gut behandeln – wieviel mehr Gott, Güte in Person?! Lass dein Misstrauen los! Das Beste, was Gott SEINEN Kindern geben kann, ist der Heilige Geist. Das ist die göttliche Kraft, die auf unerklärliche Weise Vertrauen bewirkt, wo Menschen von sich aus nur Zweifel und Misstrauen haben.

Jesus und die Dämonen
Lk 11,14–26
↗ Mt 12,22–32.43–45

Das Misstrauen gegen Jesus äußert sich bei seinen Gegnern in der Unterstellung, er würde Dämonen durch dämonische Kraft besiegen. Nachdem er diese gefährliche Verleumdung mit gesundem Menschenverstand widerlegt hat, macht er noch einmal deutlich, wie wichtig es ist, um den Heiligen Geist zu bitten. Wenn dieser Geist das Herz bewohnt und ausfüllt, hat ein „böser Geist" keine Chance, sich einzunisten.

Mehr als Mutterstolz Lk 11,27–28

27 Es geschah aber, als er das sagte, da erhob eine Frau aus der Menge ihre Stimme und sagte ihm: „Glücklich ist der (Mutter-)Leib, der dich getragen hat, und die Brüste, die dich gestillt haben!" Er aber antwortete: „Ja, glücklich sind vielmehr die, die Gottes Wort hören und beachten."

Es gibt mitten im Misstrauen gegen Jesus auch Menschen, die ihn für einen Glücksfall halten und seiner Mutter öffentlich gratulieren (mit einer „Seligpreisung", ↗ Mt 5,3) nach dem Motto: Ein berühmter Sohn ist der ganze Stolz einer Mutter. Jesus stellt diese Frau nicht bloß, indem er ihr widerspricht. Aber er weitet die Gratulation auf alle aus, die wie seine Mutter Maria im Hören und Vertrauen auf das Wort Gottes leben (↗ Lk 1,45; 2,19). Dazu gehört auch die Maria aus Lk 10,39. Diese Frauen suchen ihr Glück nicht in ihren Leistungen und Erfolgen. Sie haben Gottes Welt-bewegendes Glück in sich hineingelassen. Darin sind sie Vorbilder bis heute.

Mehr als Salomo und Jona Lk 11,29–32

29 Aber als sich die Menschen in Scharen drängelten, begann er zu
sagen: „Diese Generation ist eine böse Generation. Sie verlangt ein Zei-
chen, und ihr wird kein anderes Zeichen gegeben werden als das Zei-
chen des Jona. 30 Denn wie Jona für die Leute aus Ninive ein Zeichen
war, so wird auch der Menschensohn für diese Generation ein Zeichen

sein. 31 Die Königin des Südens (die sprichwörtliche „Königin von Saba“)
wird im (letzten) Gericht inmitten der Menschen dieser Generation auf-
stehen und sie verurteilen. Denn sie kam von den Enden der Erde, um
die Weisheit Salomos zu hören und siehe – hier ist mehr als Salomo!
32 Die Menschen von Ninive werden im (letzten) Gericht inmitten dieser
Generation aufstehen und sie verurteilen. Denn sie haben auf die Ver-
kündigung des Jona hin ihr Leben geändert und siehe – hier ist mehr
als Jona!“

Die Gegner Jesu fordern eindeutige Beweise (Zeichen). Sie wollen ein „übernatürliches“ Wunder von ihm sehen. Aber Jesus selbst ist das ganz natürliche Wunder Gottes. Das Heilende, das kranke und beladene Menschen durch ihn erfahren, begleitet seine Botschaft, ganz zu Gott umzukehren. Wer ihm nicht vertraut, den bringt auch kein Wunder „auf Knopfdruck“ zum Glauben. Diese Sorte von Selbstbeweisen wollte auch der Satan aus Jesus herauslocken (↗ Mt 4,1–11). Von daher erklärt sich das abweisende Urteil Jesu über „diese Generation“. Gemeint ist wohl „diese Sorte“ Menschen.

Vom Propheten Jona, Sohn des Ammitai, erzählt ein Buch des AT. Er wird von Gott ins Zentrum des damaligen Heidentums geschickt. „Ninive“ ist die Hauptstadt des assyrischen Großreichs – der Name der Unmöglichkeit, dass Menschen auf den Gott Israels hören. Jona verweigert diesen Auftrag und landet drei Tage im Bauch eines Fisches. Als er nach seiner Rettung aus dieser Todessphäre doch in Ninive Gottes nahes Gericht predigt, ändern die Menschen dort entgegen seiner Erwartungen radikal ihr Leben.

Jesus ist mehr und hat unendlich viel mehr zu geben als der Gerichtsprediger Jona, auf den sogar „Heiden“ gehört haben.

Die Königin von Ägypten und Äthiopien, die nach 1. Kö 10,1–13 den berühmten König Salomo in Jerusalem besucht, glaubt nicht, was man sich über ihn erzählt, bis sie es „mit eigenen Augen gesehen“ hat. In der Begegnung mit ihm lässt sie sich überzeugen.

Das hat die heidnische Herrscherin den frommen Gegnern Jesu weit voraus. Jesus mit seiner Weisheit stellt sogar die sprichwörtliche Weisheit Salomos in den Schatten und wäre allen Vertrauens wert. Wie beschämend, dass ausgerechnet „Heiden“ im Gericht ihr Urteil über

Menschen aus Gottes Volk sprechen werden, weil sie Gottes gegenwärtiges Reden durch Jesus nicht hören und Gottes heilendes Wirken nicht sehen wollen. Aber das Urteil trifft alle Menschen „dieser Sorte“, die mangelnde Beweise vorschieben, um nicht mit dem Herzen zu hören und zu sehen.

Geh achtsam mit dem Licht in dir um Lk 11,33–36

33 „Niemand zündet eine Leuchte an und platziert sie in einem Ver-
steck oder unter einem Eimer, sondern auf einem Leuchter, damit die,
die (ins Haus) hereinkommen, das Licht sehen. 34 Die Leuchte des Lei-
bes ist dein Auge. Wenn dein Auge gesund (auch: einfach, unverdorben)
ist, ist dein ganzer Leib licht. Sobald es aber böse ist, ist auch dein Leib
verfinstert. 35 Sei nun achtsam, dass nicht das Licht in dir Finsternis ist.
36 Wenn nun aber dein Leib ganz licht ist und keinen finsteren Teil hat,
dann wird er ganz licht sein, als ob die Leuchte dich mit einem Blitzstrahl
beleuchtet.“

Licht der Menschen
↗ **Mt 5,15; Joh 1,9**

Das sind weise Worte des Weisheitslehrers Jesus. Das Licht ist angezündet, und alle können es sehen: Jesus wirkt öffentlich für alle sichtbar. Mehr Wunder sind nicht nötig, und mehr Wunder geht nicht. Wer Augen hat, hat die Möglichkeit, dieses Licht in sich aufzunehmen und leuchten zu lassen. Das Auge ist hier der Ort, an dem das nach außen dringt, was im Menschen ist. Es macht die Person sichtbar. In diesem Sinne ist das Auge selbst eine Lichtquelle. Jedem Menschen ist Licht geschenkt. Was Menschen umtreibt, was sie im Innersten bewegt, hat Auswirkungen auf den ganzen Menschen und seine Ausstrahlung. Menschen können darauf achten, wie sie mit ihrem Inneren umgehen und wovon sie sich bestimmen lassen. Für Verblendung tragen wir Verantwortung. Wer sich dagegen dem Licht aussetzt, wird ganz davon durchdrungen. Das wird auch sonnenklar nach außen sichtbar werden. Halte dich (wie Maria in Lk 10,38–42) im Lichtkreis Jesu auf!

Kosmetik von innen Lk 11,37–12,3

37 Als er seine Rede beendet hatte, bat ihn ein Pharisäer, bei ihm zu
Mittag zu essen. Er aber trat ein und ließ sich (auf den Polstern) nieder.
38 Als aber der Pharisäer das sah, wunderte er sich, dass er sich vor dem
Essen nicht zuerst wusch. 39 Der Herr aber sagte zu ihm: „Nun, ihr Pha-

risäer, das Äußere der Schüssel und des Bechers reinigt ihr, euer Inneres
aber ist voll von Gier und Bosheit. 40 Ihr kapiert gar nichts! Hat nicht DER,
DER das Äußere geschaffen hat, auch das Innere geschaffen? 41 Gebt
vielmehr was drinnen ist als Almosen, und siehe da – alles bei euch ist
rein!"

Rein und unrein
↗ Mk 7,1–23

Das Händewaschen, das Jesus hier übergeht, ist mehr als unterlassene Höflichkeit. Es ist ein Affront an einen Gastgeber, der kultische Reinheit über alles schätzt. Über die Innen- und Außenseite von Gefäßen wurde damals bei der Frage nach „Reinheit" diskutiert. Jesus geht es um den Kontrast von Innerem und Äußerem bei Menschen. Das lag eigentlich auch im Interesse der pharisäischen Lehre. Leben wir in der Außenwirkung unserer Person und unserer Leistungen? Oder sorgen wir dafür, dass wir im Inneren mit allem, was wir sind und tun, verantwortlich vor Gott stehen? Sind wir nur um unser Äußeres bemüht, oder sind wir auch fürsorglich gegenüber unseren Gedanken und Gefühlen? Jesus möchte Kosmetik von innen. Dabei bleibt die „innere Reinigung" kein Selbstzweck. Sie ist ablesbar an der konkreten Fürsorglichkeit für den Nächsten. Schonungslos wie die Propheten des AT bringt Jesus die dunklen Flecken in den Menschen ans Licht. Er sieht sie auch dort, wo sie sich hinter moralischen Forderungen an andere verstecken. Wer ständig andere beurteilt, ist alles andere als moralisch überlegen. (Grundsätzliches zur Gerichtsrede an die Pharisäer ↗ auch Mt 23,1–12.)

42 „Aber wehe euch Pharisäern! Denn ihr gebt (sogar) den zehnten
Teil von (Kleinkram wie) Minze und Raute und allem (anderen) Gemüse
und übergeht, was Rechtens ist (zwischen Mensch und Mensch) und die
Liebe zu Gott. Dies sollte man tun, aber jenes nicht lassen!"

Mit den Wehe-Rufen wählt Jesus eine prophetische Redeform (↗ auch Lk 6,24ff) jenseits aller Konventionen. Sie zielt darauf, das Herz zu treffen und zur Einsicht zu bringen. Den Zehnten vom Einkommen für Gottes Sache zu geben (nicht nur von der Einkommenssteuer!), diese alttestamentliche Weisung wird von Jesus nicht aufgehoben.

Dtn 14,22: Du sollst all den Ertrag dessen verzehnten, was du erntest …

Aber auch im AT ersetzt das nicht das Eintreten für benachteiligte Mitmenschen. Geben bedeutet nicht, von Gott ansonsten in Ruhe gelassen werden zu wollen.

43 „Wehe euch Pharisäern! Denn ihr liebt den Ehrenplatz in den Versammlungen (wörtl.: Synagogen) und die Begrüßungen in der Öffentlichkeit (wörtl.: auf den Marktplätzen)."

Menschen in Leitung und Lehre, in Vorständen und medialer Aufmerksamkeit sind in großer Gefahr, sich nur noch in der Außenwirkung zu spüren und zu spiegeln. Wer sich nicht immer wieder von den Worten Jesu „vor Gericht stellen" lässt, merkt vielleicht gar nicht mehr, dass er oder sie innen ausgehöhlt wird – wie ein vernachlässigtes Grab, um das sich niemand mehr kümmert …

44 „Wehe euch! Denn ihr seid wie unerkennbare Gräber, und die Menschen, die darüber gehen, merken es nicht!"

Das Problem ist, dass der Kontakt mit solchen Menschen auch andere verdirbt. Dahinter steht der Gedanke, dass Gräber bei Berührung „unrein" machen.

45 Da erwiderte ihm einer der Gesetzeslehrer: „Meister, mit diesen
Worten beschimpfst du auch uns!" 46 Er aber sagte: „Wehe auch euch
Gesetzeslehrern! Denn ihr beladet die Menschen mit Lasten, und ihr
selbst macht für diese Lasten keinen Finger krumm!"

Diese Gefahr wurde auch von anderen bedeutenden Gesetzesauslegern gesehen. Hohe moralische Ansprüche haben, aber sich selbst und andere mit zweierlei Maß messen – das ist eine bleibende Anfrage für alle Glaubensrichtungen.

47 „Wehe euch! Ihr baut Grabmonumente für die Propheten, aber
eure Väter haben sie umgebracht! 48 Deshalb seid ihr Zeugen und mit
den Taten eurer Väter einverstanden, denn jene haben sie umgebracht,
ihr aber baut (dafür Monumente). 49 Deshalb hat auch die Weisheit Got-
tes gesagt: ‚Ich werde zu ihnen Propheten und Apostel schicken, und
einige von ihnen werden sie töten und verfolgen.' 50 So wird diese Gene-
ration zur Rechenschaft gezogen für das Blut aller Propheten, das seit der

Erschaffung der Welt vergossen worden ist: 51 vom Blut Abels bis zum
Blut des Zacharias, der zwischen Altar und Tempelgebäude umkam. Ja,
ich sage euch, diese Generation wird dafür zur Rechenschaft gezogen!"

Dieser Vorwurf richtete sich ursprünglich wohl eher gegen den reichen Priesteradel in Jerusalem. Es geht um Grabmäler, die nicht als Mahnmale verstanden werden, wie das in das Schuldbekenntnis Israels gehörte, sondern als Demonstration von Nationalstolz.

Neh 9,26 Aber sie hörten nicht auf dich und widersetzten sich dir und warfen deine Gebote hinter ihren Rücken und erwürgten die Propheten, die gegen sie redeten …

Die Propheten sind die Boten Gottes bis zu Jesus hin, einschließlich Johannes des Täufers. Sein Martyrium weist auf das Prophetenschicksal Jesu voraus. Die Apostel sind die Boten Jesu. Vom Märtyrertod des Diakons Stephanus (Apg 7,54–60) und des Jakobus (Apg 12,1–2) und den Anschlägen auf das Leben des Paulus erzählt Lukas in der Apostelgeschichte.

Zacharias ist wahrscheinlich der Priester und Prophet, der durch den Befehl des Königs Joas von Juda im 9. Jh. v. Chr. im Vorhof des Tempels ermordet wurde. Um 30 n. Chr. wurde ihm ein Denkmal errichtet.

2. Chr. 24,20f Da kam der Geist Gottes über Sacharja/Zacharias, den Sohn Jojadas, des Priesters, so dass er gegen das Volk auftrat und zu ihnen sagte: „So spricht Gott: Warum übertretet ihr die Gebote des HERRN? Das bringt euch kein Glück" … Aber sie machten eine Verschwörung gegen ihn und steinigten ihn auf Befehl des Königs Joas …

52 „Wehe euch Gesetzeslehrern! Denn ihr habt den Schlüssel zur Er-
kenntnis weggenommen. Ihr selbst seid nicht hineingegangen, und die,
die hineingehen wollten, habt ihr daran gehindert!" 53 Und als er von
dort wegging, waren die Schriftgelehrten und Pharisäer außerordent-
lich böse auf ihn und fragten ihn umso mehr aus 54 und belauerten ihn,
um etwas aus seinem Mund zu erhaschen. 12,1 Als inzwischen unzähli-
ge Menschen zusammengeströmt waren und sich auf die Füße traten,
begann er zu seinen Jüngerinnen und Jüngern zu sagen: „Nehmt euch
in Acht vor dem Sauerteig der Pharisäer, nämlich der Heuchelei (auch:
Schauspielerei). 2 Nichts ist aber verhüllt, was nicht enthüllt werden wird,

und nichts ist verborgen, was nicht bekannt werden wird. 3 Deshalb wird
alles, was ihr im Dunkeln sagt, im Licht zu hören sein, und was ihr (euch)
im Zimmer ins Ohr geflüstert habt, wird von den Dächern gerufen wer-
den."

Grenzen der Gewalttäter
Lk 12,4–9
↗ Mt 10,28–32

Unverzeihliche Unterstellung
Lk 12,10
↗ Mt 12,31

Beistand in Bedrängnis
Lk 12,11–12
↗ Mk 13,9–11

Wie leicht verlässt Jüngerinnen und Jünger der Mut zu offenem und echtem Bekenntnis zu Jesus, wenn das Nachteile oder sogar Verfolgung bedeutet. Die Versuchung ist groß, das Innere zu verbergen und sich äußerlich an andere anzupassen. Aber auf Dauer wird es sich nicht verbergen lassen. Wenn Menschen sich gar nicht mehr hinauswagen mit ihrem Glauben, ist das ein Zuspruch. Auf den Dächern der damaligen kleinen Häuschen wurde gewohnt und über die Dächer hinweg miteinander geredet. Die leisen Versuche, über Jesus zu sprechen, werden publik werden (↗ auch Mt 10,27).

Der Zuspruch Jesu reicht auch in bedrohliche und tödliche Szenarien hinein, in die Menschen um seinetwillen geraten werden.

In diese gravierenden Überlegungen hinein bittet einer aus der zuhörenden Menge Jesus um Hilfe bei Erbstreitigkeiten. Aber Jesus fühlt sich nicht für die Sicherung von Besitz zuständig.

Die Beispielgeschichte vom reichen Kornbauern Lk 12,13–21

13 Es sagte aber einer aus der Menge zu ihm: „Meister, sage mei-
nem Bruder, dass er mit mir das Erbe teilen soll." 14 Er aber sagte zu ihm:
„Mensch, wer hat mich zum Richter oder Schiedsrichter über euch ge-
setzt?" 15 Und er sagte zu ihnen: „Passt auf und nehmt euch vor aller
Habgier in Acht! Auch wenn jemand im Überfluss lebt, bedeutet der Be-
sitz nicht das Leben."

16 Er erzählte ihnen aber eine Beispielgeschichte und sagte: „Das
Land eines reichen Mannes war sehr fruchtbar. 17 Und er überlegte bei
sich: ‚Was soll ich tun? Denn ich habe nichts, wo ich meine Früchte lagern
kann.' 18 Und er sagte: ‚Das werde ich tun: Ich werde meine Scheunen
abreißen und größere bauen und dort all mein Getreide und alle meine
Güter sammeln. 19 Und ich werde zu meiner Seele sagen: Seele, du hast
viele Güter für viele Jahre da liegen. Ruh dich aus, iss, trink, sei fröhlich!'
20 Aber Gott sagte zu ihm: ‚Narr! In dieser Nacht wird man deine See-
le von dir einfordern! Wem wird (dann) gehören, was du besorgt hast?'
21 So (geht es) dem, der (alles nur) für sich selbst bunkert, (wörtl. einspei-
chert), aber nicht auf Gott hin reich ist."

Zur Familie oder sprachlichen Gattung der „Gleichnisse" Jesu (↗ Mt 13) gehören vier **„Beispielgeschichten"**. Sie befinden sich alle im Lukasevangelium (↗ auch Lk 10; Lk 16; Lk 18). Bei diesen Geschichten ist keine Übertragung von einer Bildgeschichte und ihrer Bedeutung auf eine gemeinte Sache nötig. Die bildhafte Geschichte mit ihrem Zielgedanken enthält schon die ganze Sache, um die es Jesus geht. Mach es genauso (Lk 10,25–37) – oder eben auch nicht: Der reiche Bauer kennt keinen Dank an den Schöpfer. Er denkt, alles sei „auf seinem Mist gewachsen". Er kommt nicht auf die Idee, dass er bei seinem großen Ertrag soziale Verantwortung haben könnte. Dabei verdankt er die Ernte seinen Arbeitern. Er macht sich keine Gedanken darüber, dass das Zurückhalten des Getreides die Preise auf dem Markt hochtreiben könnte. Oder schlimmer noch: Er rechnet genau damit. Ihm ist egal, ob sich andere Menschen ihr „tägliches Brot" noch leisten können. Seine Form von Gebet ist deshalb das Selbstgespräch. Diese Geschichte ist eine Warnung. Besitz macht Menschen anfällig dafür, nur noch um sich selbst zu kreisen. Das ist Sünde: Gott und die Mitmenschen kommen dem Mann nicht (mehr) in den Sinn. Er meint, er könnte seine Zukunft selbst sichern – ganz für sich allein. Am Ende nützt ihm sein riesiger Vorrat nichts. Seine Lebensbilanz ist gleich Null. Er ist einer der Reichen, die Gott „leer weggeschickt" hat (↗ Lk 1,53).

Das Thema, sein Leben mit Besitztümern absichern zu wollen, statt in das Gottes**reich** zu investieren, wird vertieft durch Jesusworte, sich nicht zu zersorgen. Matthäus überliefert sie in der Bergpredigt.

Darüber hinaus bringt Lukas eine große Zusage und eine konkrete Anweisung:

Gott und Geld Lk 12,32–34

32 „Fürchte dich nicht, (du) mickrige Herde (griech.: mikron), denn eurem Vater gefällt es, euch das Gottesreich zu schenken."

Umgang mit Sorgen
Lk 12,22–31
↗ Mt 6,19–34

Menschen, die ihr Leben vertrauensvoll auf Gottes Belange hin ausrichten, anstatt ihr Vermögen zu vermehren, kommen sich neben reichen Leuten vielleicht mickrig, klein und unbedeutend vor. Aber sie gehören zum „guten Hirten" (↗ Joh 10,11ff), der sie in Zeit und Ewigkeit versorgt.

33 „Verkauft, was ihr habt, und gebt es als Spende (wörtl.: Mitleid, Almosen). Macht euch Geldbeutel, die nicht verschleißen – (nämlich) einen unerschöpflichen Schatz im Himmel, wo weder Diebe hinkommen noch
Motten (ihn) zerfressen. 34 Wo nämlich euer Schatz ist, da wird auch euer
Herz sein."

Über **Geld** spricht man nicht. Jesus tut es. Geld beruhigt? Nicht im Lukasevangelium! Lukas ist von Anfang an wichtig, dass die konkrete Störung behaglicher Besitzansprüche weitergegeben wird. Jesus steht mit seiner Ethik in der Linie Johannes des Täufers (↗ Lk 3,10–14). Deutlicher als die anderen Evangelisten überliefert Lukas Jesusworte zum Thema Geld und Geiz (↗ auch Lk 6,24; Lk 16; Lk 19). Die nachhaltigste Kapitalanlage ist die Investition in Gottes Anliegen – und das sind die Armen (↗ Mt 5,3). Das zählt in der Gottesherrschaft, jetzt und in Zukunft.

Wach bleiben Lk 12,35–40

35 „Lasst eure Hüften umgürtet sein (, damit ihr Beinfreiheit zum Loslaufen habt) und eure (Öl-)Lampen angezündet
36 und seid wie Menschen, die darauf warten, dass ihr Herr von einer Hochzeitsfeier zurückkommt, damit sie ihm schnell aufmachen können, wenn er kommt und
anklopft. 37 Glücklich sind diese Dienerinnen und Diener, die der Herr, wenn er kommt, wach vorfindet. Amen, ich sage euch, er wird (sein Gewand) schürzen und sie zu Tisch bitten und herankommen, um sie zu
bedienen. 38 Auch wenn er erst in der zweiten oder dritten Nachtwache kommt und sie so (wach) vorfindet – wie glücklich sind sie!

39 Macht euch bewusst: Wenn der Hausherr wüsste, zu welcher Stunde der Dieb kommt, würde er es nicht zulassen, dass in sein Haus eingebrochen wird (wörtl.: ein Loch brechen).
40 Darum seid auch ihr bereit! Denn der Menschensohn kommt zu einer Stunde, in der ihr es nicht vermutet."

Wiederkunft Jesu ↗ Mt 24.25

Wie lange damals eine Hochzeitsfeier dauerte, war nicht festgelegt, mindestens aber eine Woche. So dient dieses Bild dazu, die unbestimmte Rückkehr des Hausherrn auszudrücken. Die Dienerschaft sollte sich bereithalten, auch wenn der Zeitpunkt seines Kommens ungewiss und er spät dran ist. Das hochgebundene Gewand und die brennende Lampe zeigen an, dass sie wirklich warten. Aber welche Überraschung: Bei seinem Kommen werden die Rollen getauscht. Er ist dann der „Kellner“, der alle bewirtet.

Das kleine Gleichnis im Anschluss vertieft das Thema vom Kommen Jesu als endzeitlicher Herr der Welt. Das Bild: Ein Einbrecher kommt unerwartet. Wenn sein Kommen bekannt wäre, würde der Einbruch verhindert. Die Sache, auf die das Bild zielt: Das Kommen des Herrn wird mit dem unerwarteten Bruch eines Einbrechers verglichen! Auch dieses Wort ist für eine Überraschung gut.

Die Parabel vom überraschend zurückkommenden Herrn
Lk 12,41–48
↗ Mt 24,45–51

Wie Feuer und Wasser Lk 12,49–50

49 „Ich bin gekommen, um Feuer auf die Erde zu schleudern, und ich
wünschte, es wäre schon entfacht! 50 Mit einer Taufe muss ich getauft
werden, und wie leide ich darunter, bis sie vollzogen ist!“

Jesus identifiziert sich mit dem Feuertäufer, den Johannes angekündigt hat (↗ Lk 3,15–18). Das Feuer ist ein Bild des Gerichtes Gottes. Die Menschen sollen ihr Leben neu auf Gott aus-richten. Das Feuer ist ein Bild für Prüfung und Reinigung. Menschen geraten durch die Begegnung mit Jesus „ins Feuer“. Sie müssen ganz neu prüfen, was vor Gott bestehen kann. Jesus gerät durch die Begegnung mit den Menschen „ins Wasser“. Diese Taufe ist ein Bild für den Untergang in den „Chaos-Fluten“ der Menschen, in ihrer Schuld. Jesus weiß um seinen bevorstehenden grausamen Tod. Das macht ihm große Angst. Weil er diese tödliche Taufe auf sich nehmen wird, kann seine Gemeinde später die Taufe mit dem Feuer des Heiligen Geistes empfangen (Apg 2,1–4), die die Liebeskraft Jesu schenkt und Verstehen untereinander ermöglicht.

Wirkliche Weitsicht Lk 12,54–59

54 Er sagte aber zu der Menschenmenge: „Wenn ihr im Westen eine
Wolke aufziehen seht, sagt ihr gleich: ‚Es gibt Regen‘, und so kommt es.
55 Und wenn der Südwind weht, sagt ihr: ‚Es wird schwül werden‘, und
so kommt es. 56 Heuchler! Das Aussehen von Erde und Himmel könnt ihr
einschätzen. Die gegenwärtige Zeit aber (griech.: kairos) könnt ihr nicht
einschätzen! 57 Warum beurteilt ihr auch nicht von selbst, was recht ist?
58 Wenn du nämlich mit deinem Prozessgegner zum Beamten gehst, gib
dir noch unterwegs Mühe, (euer Problem) zu lösen – damit er dich nicht
vor den Richter schleppt und der Richter dich dem Vollzugsbeamten

Schmerzhafte Trennungen wegen Jesus
Lk 12,51–53
↗ Mt 10,34–36

übergibt und der dich ins Gefängnis wirft. 59 Ich sage dir, du wirst dort
nicht herauskommen, bis du auch den letzten Cent (griech.: Leptos) be-
zahlt hast."

Kairos
↗ Joh 2

Einfache Bauernregeln versteht jeder. Wetterwechsel kündigen sich an. Das ermöglicht, sich auf das jahreszeitliche Klima einzustellen. Vom guten Zusammenspiel von Regen und Trockenheit hängt das Überleben einer Gesellschaft ab, die auf Landwirtschaft basiert. Aber wie steht es um unsere Lebenszeit? Sie ist einzigartig kostbar. Kein Moment ist wiederholbar. Lässt sie sich deuten? Mit dem Wort „Kairos" wird diese Zeit voller Erfahrungsdichte und Handlungsmöglichkeiten mit ihren Chancen und Gefahren charakterisiert. Auch der Kairos lässt sich erkennen und erfordert, sich darauf einzustellen wie auf das Wetter. Was in Mt 5,25f eine ethische Weisung ist, sich mit einem Gegner vor der Gerichtsverhandlung auszusöhnen, ist bei Lukas Gleichnis für die Gottesbeziehung angesichts der „Großwetterlage", dem Kommen des Gottesreichs. Die „Zeichen der Zeit" zu deuten, hat nichts mit apokalyptischem Spürsinn zu tun. Es geht um Lebensweisheit. Es geht um Mut, Beziehungen in Ordnung zu bringen und zu klären – zu Gott, zu sich selbst, zum Mitmenschen.

Den Ernst der Lage zur Umkehr nutzen … Lk 13,1–5

1 Einige aber traten an ihn heran (und nutzten) die günstige Gele-
genheit, um ihm von den Galiläern zu berichten, deren Blut Pilatus mit
dem ihrer Opfertiere vermischt hatte. 2 Und er antwortete und sagte
zu ihnen: „Meint ihr, dass diese Galiläer größere Sünder waren als alle
anderen Galiläer, weil sie das erlitten haben? 3 Bestimmt nicht, sage ich
euch, sondern wenn ihr nicht alle euer Leben grundlegend ändert (auch:
umkehrt), werdet ihr genauso umkommen! 4 Oder jene achtzehn (Men-
schen), auf die der Turm von Siloah stürzte und sie tötete – meint ihr,
dass sie mehr schuldig geworden sind als alle anderen Menschen, die
in Jerusalem wohnen? 5 Bestimmt nicht, sage ich euch, sondern wenn
ihr euer Leben nicht grundlegend ändert (umkehrt), werdet ihr ebenso
umkommen."

Ob willkürliche Grausamkeit eines Despoten oder Einsturz öffentlicher Gebäude – Attentate und Unglücke treiben die Menschen um. Pilatus hatte anscheinend Festpilger beim Opfer im Jerusalemer Tempel ermorden lassen. Der Turm, der achtzehn Menschen unter sich begrub, stand in der Nähe des Teiches Siloah (↗ Joh 9) in Jerusalem. In allem Mitgefühl mit den Opfern und deren Angehörigen wird oft die Frage gestellt: „Warum?" Hinter diesem Aufschrei steht auch die Frage, „womit diese Menschen das verdient" haben, die Frage nach der Schuld. Das ist passiert, weil … Wenn es – wie in den meisten Fällen – darauf keine Antwort gibt, ist der Schrecken noch sinnloser und ungerechter.

Im biblischen Denken gibt es den Zusammenhang von Schuld der Menschen und Unglück in der Welt. Aber nicht so! Jesus weist die Verrechenbarkeit von Schuld und Unglück im Schicksal einzelner Menschen zurück. Dass von persönlichem Leid auf konkrete Schuld zurückgeschlossen werden kann – dem schiebt Jesus einen Riegel vor. Er verbittet sich auch das Reden über das schlimme Schicksal anderer aus Sensationslust: Denkt lieber über euer eigenes Leben nach! Es ist zerbrechlich. Lebt es sinnvoll – von Gott erfüllt!

… denn noch ist Zeit dafür Lk 13,6–9

6 Er erzählte ihnen aber dieses Gleichnis: „Jemand hatte einen Fei-
genbaum in seinen Weinberg gepflanzt. Und er kam und suchte Frucht
an ihm und fand keine. 7 Da sagte er zum Weingärtner: ‚Sieh mal, seit
drei Jahren schon komme ich und suche Frucht an diesem Feigenbaum
und finde keine. Hau ihn um! Was laugt er noch den Boden aus?!' Der
aber antwortete ihm: ‚Herr, lass ihn noch dieses Jahr, bis ich um ihn ge-
graben und gedüngt habe. 9 Vielleicht wird er in Zukunft Frucht bringen.
Wenn nicht, haue ihn um!'"

In Mk 11,12–14 geht es um die Verfluchung eines unfruchtbaren Feigenbaums. Hier wird die Sache als Gleichnis erzählt. Das Bild: Feigenbäume wurden in Weinberge gepflanzt als Rankhilfe für die Weinstöcke. Sie zogen allerdings viele Nährstoffe aus dem Boden. Zwei Mal im Jahr konnte man ernten. Ein gefällter Baum diente immerhin noch als Nutzholz. Ein Baum, der drei Jahre nicht getragen hatte, war wirklich unfruchtbar. Nun gibt es ein neues Investitionsprojekt in den Baum. Der zuständige Weingärtner bietet dem Besitzer an, die Erde noch einmal tüchtig zu bearbeiten. Der Baum bekommt eine Chance, aber der Ausgang bleibt offen. Die Sache, auf die das Bild zielt: Weinberg und Feigenbaum stehen für Israel, die Menschen der Gottesgeschichte.

Gott findet bei ihnen keine Frucht, nämlich Recht und Gerechtigkeit, die dem Bund mit ihm entsprechen (↗ Mt 5,6). Durch das Kommen Jesu bekommen die Menschen noch einmal eine Chance, ihr Leben zu ändern. Die Pointe: Jesus selbst ist Gottes Investition in SEINE Menschen. Hoffentlich fruchtet sein Wirken!

Jesus heilt und würdigt eine verkrümmte Frau am Sabbat Lk 13,10–17

10 Am Sabbat aber lehrte er in einer der Versammlungen (wörtl.: Syn-
agogen). 11 Und siehe, (da war) eine Frau, die hatte seit achtzehn Jahren
einen Geist, der sie krank machte, und deshalb war sie verkrümmt und
konnte sich nicht vollständig aufrichten. 12 Als aber Jesus sie sah, rief er
sie herbei und sagte zu ihr: „Frau, du bist von deiner Krankheit erlöst!"
13 Und er legte ihr die Hände auf, und da richtete sie sich auf und lobte
Gott.

14 Der Versammlungsleiter (wörtl.: Synagogenvorsteher) aber ärgerte
sich, weil Jesus am Sabbat heilte, und sagte zu der Menge: „Es gibt ja
sechs Tage, an denen man arbeiten soll. Kommt an diesen Tagen, um
euch heilen zu lassen – aber nicht (ausgerechnet) am Sabbat!" 15 Da sag-
te Jesus zu ihm: „Ihr Scheinheiligen! Bindet nicht jeder von euch seinen
Ochsen oder Esel am Sabbat von der Futterkrippe los und führt ihn weg,
um ihn zu tränken? 16 Diese (Frau) aber, die eine Tochter Abrahams ist,
die der Satan gebunden hatte – stellt euch vor (wörtl.: siehe): achtzehn
Jahre! –, sie soll nicht von ihrer Fessel am Sabbat losgebunden werden?!"
17 Und als Jesus das sagte, schämten sich alle seine Gegner, und die gan-
ze Menschenmenge freute sich über die herrlichen Taten, die durch ihn
geschahen.

Jesus bringt die Heilszeit. So deutet er sein Auftreten, als er in der Synagoge wie gewöhnlich lehrt (↗ Lk 4). Und doch fällt es den Menschen schwer, das einfach geschehen zu lassen und zu feiern. Die Menschen erkennen die Zeichen der Zeit und lassen sich nicht darauf ein (↗ Lk 12,54–59). Dabei ist diese besondere Zeit doch Gottes „Investition" (↗ Lk 13,6–9), damit sich bei den Menschen etwas ändert. Jesus bringt Heilung, Befreiung, Würdigung. Aber immer gibt es etwas daran auszusetzen.

Ob diese Frau an ihrer Krankheit „selbst schuld" ist? Bestimmt nicht! (↗ Lk 13,1– 5.) Ob es die damalige schlechte Ernährung und das

Tragen schwerer Lasten in der Kindheit waren? Auf jeden Fall sind die Belastungen dieser Frau unerträglich geworden, bis hin zur Verkrümmung der Wirbelsäule. Bis heute steht diese Frau für Menschen, die unter ihrer inneren und äußeren Last verbogen werden. „Den Kopf nicht mehr heben können", wie das „krumm Sein" auch übersetzt werden kann, sagen wir auch heute, wenn jemand zutiefst mutlos ist.

Jesus führt hier die Verkrümmung der Frau auf Satan zurück (↗ Lk 10,17–20). Bindungen und Belastungen, die Menschen „verkrümmen", sind nicht Gottes Wille. Gott will Menschen mit aufrechtem Gang. Der „Geist der Krankheit" ist nicht der Heilige Geist! Der schenkt Befreiung – wie der Sabbat selbst, der ein Erinnerungszeichen an Gottes Befreiungstat ist. Jesus sieht sie – obwohl die Frauen auf die Hinterbänke gehörten oder in abgetrennte Frauenabteilungen im Gottesdienst. Jesus ruft sie – und damit beginnt eine neue Berufung und Perspektive. Jesus berührt sie – und löst den Schmerzpunkt der Frau. Jesus würdigt sie – er richtet sie auf und bringt sie auf Augenhöhe mit den Männern, die sich selbstverständlich als „Söhne Abrahams" verstanden. Der große Glaubende hat auch „Töchter"! Sie gehört dazu.

Sabbat
↗ Mk 2,23–28; Mk 3,1–6

Der Schrecken der verpassten Gelegenheit Lk 13,22–30

22 Und er durchwanderte lehrend Städte und Dörfer und setzte seine
Reise nach Jerusalem fort. 23 Es sagte aber jemand zu ihm: „Herr, wer-
den nur wenige Menschen gerettet werden?" Er aber sagte zu ihnen:
„Ringt darum, durch die enge Tür hinein zu kommen, denn viele – ich
sag's euch! – werden versuchen, hineinzukommen und es nicht schaffen!
25 Wenn der Hausherr aufgestanden ist und die Tür verschlossen hat und
euch einfällt (wörtl: ihr anfangen werdet), draußen zu stehen und an die
Tür zu klopfen und zu rufen: ‚Herr, mach uns auf!', wird er euch antwor-
ten: ‚Ich weiß nicht, wo ihr her seid.' 26 Dann werdet ihr anfangen, zu
sagen: ‚Wir haben doch vor dir gegessen und getrunken und du hast
auf unseren Straßen gelehrt!' 27 Und er wird euch antworten: ‚Ich weiß
nicht, wo ihr her seid. Weg von mir, alle, die ihr Unrecht getan habt (Ps 6,
9)!' 28 Dort wird Heulen und Zähneknirschen sein, wenn ihr Abraham
und Isaak und Jakob und alle Propheten im Reich Gottes sehen werdet –
ihr aber seid hinausgeworfen! 29 Und sie werden aus Ost und West, aus
Nord und Süd kommen und im Gottesreich zu Tisch sitzen (wörtl.: lie-
gen). 30 Und schau, es gibt Letzte, die die Ersten, und Erste, die Letzte
sein werden."

Das Gleichnis vom Senfkorn und vom Sauerteig
Lk 13,18–21
↗ Mt 13,31–33

Jesus bekommt eine aufregende Frage gestellt. Wir würden vielleicht erwarten, dass er die Menschen beruhigt: „Natürlich kommen alle in den Himmel, in Gottes Welt!" Aber das tut er nicht. Ihm geht es auch nicht um eine dogmatische Antwort. Denn die könnte in den Irrtum führen, man könnte die Sache mit dem Ausgang der Weltgeschichte geregelt kriegen, indem man darüber Bescheid weiß. Jesus löst die Spannung nicht, sondern stellt seine Hörerinnen und Hörer mitten hinein: Es geht nicht um die richtige theologische Antwort auf die Frage, ob nur wenige oder alle Menschen am Ende in der Gottesherrschaft, in Gottes Be-Reich, landen. Es geht nur darum, dass IHR drin seid!

Dazu malt er ein Bild vor Augen: Am Abend wird die Haustür abgeschlossen. Kämpft darum – ein Wort aus dem Sport – dass ihr nicht vor einer verschlossenen Tür steht! Seid rechtzeitig da. Ihr könnt den Einlass auch verpassen. Verschiebt die Sehnsucht, für immer bei Gott zu sein, nicht auf später! Der Hausherr muss nicht jede und jeden hereinlassen. Oberflächlicher Kontakt mit dem Hausherrn, Jesus selbst, bedeutet noch keine Zugehörigkeit. Er lässt sich nicht vereinnahmen. Er bedient nicht fromme Erwartungen, auch wenn das wütend macht. Er ist nicht gekommen, um Ansprüche von Menschen zu erfüllen, die sich für gläubig genug halten. Automatismus und Anspruchsdenken sind keine Eintrittskarten.

Jesus sieht es dagegen kommen, dass Menschen eingelassen werden, die ursprünglich nicht zu den Anwärtern zählten, Gottes Eigentum zu sein. Das Reich Gottes wird von Sehnsüchtigen aus allen Himmelsrichtungen eingerannt werden. Was Warnung für die Leute zu seinen Lebzeiten war, wird für uns eine Verheißung.

Die Völkerwanderung zum Zion, nach Jerusalem als Stadt Gottes, sehen prophetische Schriften kommen. Jes 2,3 „… und viele Völker werden hingehen und sagen: ‚Kommt, lasst uns pilgern zum Berg des HERRN, zum Haus des Gottes Jakobs, dass ER uns SEINE Wege lehre …'"

Die Umkehrung der Verhältnisse von „Letzten" und „Ersten" ist sprichwörtlich geworden. Was in unserem Sprachgebrauch meistens augenzwinkernd daher kommt, ist biblisch von tiefem Ernst, weil es um das geht, was letztgültig zählt.

Jerusalem ist „ein Muss“ Lk 13,31–33

31 Zur selben Zeit (wörtl.: Stunde) kamen einige Pharisäer heran und
sagten zu ihm: „Mach dich auf und zieh weg von hier, denn Herodes will
dich töten!“ 32 Er aber sagte zu ihnen: „Geht hin und sagt diesem Fuchs:
‚Sieh doch, ich werfe Dämonen hinaus und vollbringe Heilungen heute
und morgen – und am dritten Tag werde ich am Ziel sein (auch: voll-
endet). 33 Aber heute und morgen und übermorgen muss ich (weiter)
reisen, denn es kann nicht sein, dass ein Prophet außerhalb Jerusalems
umkommt.‘“

Pharisäer
↗ Mk 2,13–17

Immer wieder wird in den Evangelien das Bild von „den Pharisäern“ als einer geschlossen gegen Jesus stehenden Gruppe aufgebrochen. So wie Jesus großes Interesse an ihnen und ihrer Ernsthaftigkeit hat, so warnen sie ihn hier vor Herodes Antipas, der auch Johannes den Täufer hinrichten ließ (↗ Mk 6,14–29). Jesus nennt ihn respektlos „Fuchs“. Damals war das keine Metapher für ein schlaues, sondern für ein verschlagenes Wesen. Nicht Herodes wird dem Wirken Jesu ein Ende setzen, sondern Gott wird es zum Ziel bringen. Das „Muss“ ist ein göttliches „Müssen“. Der „dritte Tag“ ist der Tag, an dem Gott eingreift. Die Zeit, die Jesus bleibt, wird er in Gottes Sinn nutzen und andere retten, statt das Land zu verlassen, um sich zu retten. Ziel seines Weges ist Jerusalem. Dort befindet sich nicht nur der spirituelle Lebensmittelpunkt, sondern es ist auch ein geschichtsträchtiger Ort für die Ermordung von Propheten aufgrund ihrer Gottesbotschaft (↗ Lk 11,47–51).

2. Kö 21,16 … Auch vergoss (der König) Manasse sehr viel unschuldiges Blut, so dass er Jerusalem von einem Ende bis zum anderen damit erfüllte …

Jesus heilt einen wassersüchtigen Mann am Sabbat Lk 14,1–6

1 Und es geschah, als er am Sabbat in das Haus eines Leiters der Pha-
risäer ging, um zu essen, beobachtete man ihn genau. 2 Und siehe da,
ein wassersüchtiger Mann (stand) vor ihm. 3 Und Jesus ergriff das Wort
und sagte zu den Gesetzeskundigen und Pharisäern: „Ist es am Sabbat
erlaubt, zu heilen – oder nicht?“ 4 Sie aber schwiegen. Da fasste er den
Kranken an, heilte ihn und verabschiedete ihn. 5 Und zu ihnen sagte er:
„Wem von euch ein Kind oder (nur) ein Rind in den Brunnen fällt – wird er
es nicht sofort wieder herausziehen, (auch) am Sabbat?“ 6 Und sie brach-
ten es nicht fertig, ihm darauf zu antworten.

Jesus klagt über Jerusalem
Lk 13,34–35
↗ Mt 23,37–39

Ein „Wassersüchtiger“ taucht plötzlich auf – vielleicht zu Beginn, als noch verschiedene Gäste eintreffen. Es ist ein Mensch, der von Wasseransammlungen im Körper, Ödemen, aufgeschwemmt ist. In der antiken Welt galt Wassersucht als Sinnbild für Gier. Es wurde auf einen Menschen geschlossen, der nicht genug bekommen konnte. Ödeme können aber auch auf große Armut und Hunger hinweisen. Die Diagnose bleibt unklar, aber klar ist, dass Jesus helfend zufasst (wie bei der verkrümmten Frau, ↗ Lk 13,10–17). Er berührt das, was in den Augen der Menschen krank und hässlich ist. Wo Jesus wirkt, gehen Menschen heil nach Hause.

Dass der Kranke geheilt entlassen wird, ist Durchgangsstation zur Diskussion. Wieder geht es um die komplexe Frage der Auslegung des Sabbatgebots (↗ Mk 2,23–28). Therapieren ist Arbeit, und die ist am Sabbat verboten. Es ist auch genau festgelegt, wie viele Schritte man am Sabbat gehen darf. Aber hier geht es nicht um ein paar Schritte mehr oder weniger, die die Grenze zur verbotenen Arbeit überschreiten würden. Hier geht es um den Schritt ins Leben, in ein heiles und befreites Menschsein – in Übereinstimmung mit dem Sinn des Sabbats. Mit seiner Frage unterstellt Jesus den Anwesenden, dass auch sie diesen Schritt tun würden. Sie würden jederzeit helfend zupacken, wenn es ums Leben geht. Aber niemand will Jesus Recht geben.

Die Etikette der Gottesherrschaft Lk 14,7–14

7 Er sagte aber den Eingeladenen ganz bildhaft – als er beobachte-
te, wie sie sich die Ehrenplätze aussuchten: 8 „Wenn du von jemandem
zu einem Festessen eingeladen bist, lege dich nicht auf den Ehrenplatz,
damit nicht etwa ein Vornehmerer als du von ihm eingeladen ist, 9 und
der Gastgeber kommt und sagt zu dir: ‚Mach dem da Platz!‘ Und dann
beginnst du, mit Beschämung den letzten Platz einzunehmen (, weil nur
noch der frei ist). 10 Sondern wenn du eingeladen bist, dann geh und
lege dich auf den letzten Platz, damit, wenn der Gastgeber kommt, er zu
dir sagt: ‚(Mein) Freund, rücke nach oben auf!‘ Dann wirst du geehrt vor
allen deinen Tischnachbarn. 11 Denn jeder, der sich selbst erhöht, wird
(von Gott) erniedrigt, und wer sich selbst erniedrigt, wird (von Gott) er-
höht werden.“

Für Gastgeber gilt das grenzüberschreitende Gottesreich als Maßstab:

12 Er sagte aber auch zu dem, der ihn eingeladen hatte: „Wenn du zu
einem Brunch oder einem großen Essen einlädst, dann rufe weder deine
Freunde (zusammen), noch deine Familienangehörigen und Verwand-
ten, noch deine reichen Nachbarn, damit sie dir keine Gegeneinladung
machen und dir (so alles) zurückgegeben wird. 13 Sondern, wenn du ein
Essen gibst, dann rufe Arme, Krüppel, Lahme und Blinde (zusammen),
14 und du wirst glücklich sein, weil sie nichts haben, um es dir zurückzu-
geben – denn es wird dir (von Gott persönlich) zurückgegeben werden
in der Auferstehung der Gerechten."

Was zunächst nach weisen Ratschlägen für Gäste und Gastgeber klingt, wird jeweils in endgültige Perspektive gerückt. Statt um die besten Plätze zu kämpfen, sollte man den Gastgeber entscheiden lassen. Die entscheidende Frage ist nie: „Was denken die anderen über mich?", sondern: „Was denkt Gott über mich?" Gott schätzt demütige Menschen: Sie wollen nicht mehr sein, als sie wirklich sind, denn Gott genügt das. Gott schätzt und schützt die Armen und die Menschen, die sie in ihr Leben einbeziehen. Ob ein Aufleuchten des Gottesreichs bei unseren Festen spürbar wird, kommt ganz auf die Zusammensetzung der Gästeliste an. Und schon hier bei unseren Feiern, unserem Miteinander, bildet sich ab, wie es uns im Reich Gottes gehen wird. Gottes heilsame Herrschaft verrückt Menschen von ihren angestammten oder selbst erkämpften Plätzen im Leben. Sie macht so verrückt, dass später Gemeinden Jesu ihre sozialen Milieus überschreiten und nicht „unter sich" bleiben wollen. Die kommende Gottesherrschaft ist eine Bewegung, in der immer wieder gesellschaftliche Grenzen gesprengt werden.

Aber immer, wenn wir denken, jetzt wüssten wir, wer im Gottesreich am Ende der Zeiten mitfeiern wird, und die soziale Etikette verstanden haben, wird die Perspektive wieder gedreht wie bei einem Kaleidoskop. Eine kleine Drehung ergibt wieder ein neues Bild. Bei der folgenden „Parabel vom großen Festessen" (Lk 14,15–24 bei Mt 22, 1–14) dürfen die kommen, die es gar nicht erwartet haben – ohne jede Beachtung der Etikette werden sie hereingeholt. Denn den geladenen Gästen ist die Einladung nicht wichtig genug. Sie haben alle „Besseres" zu tun. Der brüskierte Gastgeber behaftet sie bei ihrer Entscheidung. Sie bleiben draußen. Andere, Leute vom Stadtrand, nehmen ihren Platz ein. Lukas lässt sogar die Szene weg, in der jemand ohne entsprechende Garderobe wieder hinausgeschickt wird.

Es entzieht sich unserem Zugriff, wie Gott am Ende SEIN Fest des Lebens organisieren wird. Wir bekommen keinen vollständigen Überblick, nach welchen Kriterien die Eintrittskarten ins Gottesreich verteilt werden. Denn wir sollen uns kein gesichertes Ergebnis zurechtlegen. Wir werden selbst gefragt, wie wir mit Gottes Einladung umgehen – davon handeln die Worte von den radikalen Prioritäten. Die Berufung Gottes geht über alles. Uns wird aber gezeigt, welchem Gott wir die endgültige Gästeliste für das große Fest am Ende überlassen (↗ Lk 15). Das macht es leicht, die Kontrolle loszulassen.

Radikale Prioritäten Lk 14,25–33

25 Als die Menschen massenweise mit ihm gingen, wandte er sich an
sie und sagte: 26 „Wenn jemand zu mir kommt und nicht seinen Vater
und seine Mutter hasst und Frau und Kinder, Brüder und Schwestern,
noch dazu sein eigenes Ich, kann nicht mein Jünger, meine Jüngerin,
sein. 27 Wer nicht sein Kreuz trägt und mir auf meinem Weg folgt, kann
nicht mein Jünger sein."

Kreuz tragen
↗ Mk 8,34

„Hassen" ist einerseits eine bewusst brüskierende Redeweise. Jesus treibt seine Formulierung auf die Spitze, um die Herausforderung eines Lebens mit ihm klar zu machen. Hassen ist damals allerdings kein so aggressives und gefühlsbeladenes Wort wie in unserem Sprachgebrauch. Es bietet aber immer noch genug „Reibefläche", wenn Jesus fordert, alle wichtigen Bindungen des Lebens hinter die Bindung an ihn zu setzen. Die Jesusbewegung beginnt damit, dass seine Nachfolger und Jüngerinnen ihre familiären Beziehungen gegen eine „neue Familie" eintauschen. Es geht um das Loslassen von eigenen Wünschen, Lebensplänen und Bindungen. Ein Leben in der Nachfolge ist nicht ein Leben in eigener Stärke, sondern in radikalem Vertrauen.

28 „Denn wer von euch, der einen Turm bauen will, setzt sich nicht
zuerst hin und berechnet die Kosten, ob er (genug hat), um (den Bau)
fertigzustellen? 29 Damit nicht, wenn er das Fundament gelegt hat und
er ihn nicht fertigstellen kann, alle Zuschauer anfangen, ihn auszulachen
30 und sagen: ‚Dieser Mensch fing an zu bauen und konnte es nicht fer-
tigkriegen!' 31 Oder welcher König, der loszieht, um gegen einen ande-

ren König Krieg zu führen, setzt sich nicht zuerst hin und berät, ob er
imstande ist, dem mit zehntausend Mann entgegenzutreten, der mit
zwanzigtausend gegen ihn anrückt? 32 Wenn aber nicht, schickt er (bes-
ser) eine Gesandtschaft los, solange (der Gegner) weit weg ist, und bittet
um Frieden. 33 So gilt auch: Keiner von euch kann mein Jünger sein, der
nicht von allem Abschied nimmt, was er besitzt. 34 Das Salz ist etwas Gu-
tes. Wenn aber das Salz fade wird – womit soll man würzen? 35 Es taugt
weder für das Land noch für den Misthaufen – also wirft man es weg.
Wer Ohren hat, zu hören, (soll) hinhören!"

Das Bild vom Turmbau: Wer ein großes Bauprojekt plant, muss die Finanzierung gesichert haben. Wenn die Planung nicht stimmt, bleibt es in den Anfängen stecken. Eine Bauruine wird zur Lachnummer. Die Sache, um die es geht: Überlege dir gut, was es bedeutet, Jesus nachzufolgen und was dich das kosten wird!

Das Bild vom Krieg führen: Davon abgesehen, dass heute gar keiner mehr Krieg anfangen sollte, weil das die Vernichtung der ganzen Erde bedeuten könnte, war es auch zur Zeit Jesu eine Frage von weiser Voraussicht. Auch ein Herrscher mit Expansionsdrang musste die Kosten überschlagen und gegebenenfalls die Finger von einem zu waghalsigen Unternehmen lassen. Die Sache, um die es geht: In der Jüngerschaft Jesu kommt Großes auf dich zu. Hast du das richtig eingeschätzt? Überlege dir gut, worauf du dich einlässt!

Es geht auch um die Gefahr, um Jesu willen ins Leiden zu geraten. Das Salz war damals von organischen Stoffen durchsetzt und konnte schlecht werden. Hier liegt der Akzent auf der Mahnung, die Salzkraft nicht zu verlieren (anders ↗ Mt 5,13).

Gottes Freude im Doppelgleichnis von Hirte und Hausfrau Lk 15,1–8

1 Alle Zöllner und Sünder aber suchten seine Nähe, um ihn zu hören.
2 Und die Pharisäer und Schriftgelehrten regten sich auf (wörtl.: murrten
durcheinander) und sagten: „Der da nimmt die Sünder an und isst mit
ihnen!" 3 Da erzählte er ihnen dieses Gleichnis:

4 „Wer von euch, der hundert Schafe hat und eins von ihnen verliert,
lässt nicht die neunundneunzig in der Wüste zurück und geht dem ver-
lorenen nach, bis er es findet? 5 Und wenn er es gefunden hat, legt er
es auf seine Schulter und freut sich 6 und wenn er nach Hause kommt,

ruft er seine Freunde und Nachbarn zusammen und sagt zu ihnen: ‚Freut
euch mit mir, denn ich habe mein Schaf gefunden, das verloren war.'
7 Ich sage euch: diese Freude wird bei Gott sein (wörtl.: im Himmel)
über einen Sünder, der umkehrt – mehr als über neunundneunzig Gerechte, die es nicht nötig haben, umzukehren.
8 Oder welche Frau, die zehn Münzen hat und eine verliert, würde
nicht Licht machen, das Haus ausfegen und sorgfältig suchen, bis sie sie
findet? Und wenn sie sie gefunden hat, ruft sie ihre Freundinnen und
Nachbarinnen zusammen und sagt: ‚Freut euch mit mir, denn ich habe
die Silbermünze gefunden, die ich verloren hatte!'
10 So, sage ich, wird Freude unter den Engeln Gottes sein über einen
Sünder, der umkehrt."

Die Situation, in die Jesus hinein erzählt: In den Augen der Pharisäer gibt Jesus sich mit den falschen Leuten ab. Mit jemandem zu essen bedeutet versöhnte Gemeinschaft. Dass Gott denen vergibt, die sich nicht an die Regeln halten, ist ihnen fremd. Jesus möchte sie an Gottes Gedanken über die von ihnen verachteten Menschen teilhaben lassen. Gleichzeitig stellen die aufrüttelnden Gleichnisse vom Kriegführen und faden Salz am Ende des 14. Kapitels die Frage, wer überhaupt zu „den Gerechten" zählt. Was für ein Glück, dass Gott ein Verlorene suchender Gott ist!

Gleichnis-auslegung
↗ Mt 13

Das erste Bild: Es geht um einen recht wohlhabenden Schafzüchter. Ein Schaf kostete 8 Denare – achtmal den Tagessatz eines Arbeiters. Das mal hundert für 100 Schafe. Das war ein großes Kapital. Eins fehlt. Bleiben immerhin 792 Denare lebendes Vermögen. Dafür setzt er sein Vermögen aufs Spiel!? Aber dieser Hirte rechnet nicht. Das eine Schaf fehlt ihm. Er ruht nicht eher, bis er es gefunden hat. Hier geht es nicht um ausgewogenes Handeln. Es geht weder darum, ob diese Suchaktion in angemessenem Verhältnis zu dem zurückgelassenen Lebendvermögen steht oder ob die 99 gut versorgt sind. Es geht nicht darum, wie viel das Fest kostet. Es geht auch nicht um die Beweggründe, warum das Schaf weggelaufen ist oder ob man die anderen allein lassen kann. Es ist keine pädagogische Geschichte. Es geht hier um den Hirten. Er bemerkt, dass ihm eins fehlt. Jesus spitzt in seinen Gleichnissen alles auf nur einen Punkt zu.

Die Pointe: Der Hirte ruht nicht eher, bis er das eine Schaf gefunden hat. Alles läuft hinaus auf die Finde-Freude des Hirten. Er gibt ein Fest und lädt ein: Feiert mit mir, es ist mir eine Freude.

Die Sache, um die es geht: Menschen als suchende Wesen zu beschreiben, damit sind wir vertraut. Wir kennen uns ja selbst. Und jetzt zeigt uns Jesus Gott in diesem Zustand! Was für ein Gott, den Jesus hier vor Augen malt! Ein suchender und sehnsüchtiger Gott. Einzigartig in den Religionen. ER handelt nicht vernünftig, sondern aus Sehnsucht. Es geht um Einzelne, die Gott fehlen, die Gott sucht und findet. Alles dreht sich um SEINE Suche, SEINE Freude übers Finden. Und die große Einladung: Freut euch einfach mit. Feiert mit! Die überschäumende Freude schwappt aus der Welt Gottes bis vor unsere Füße und reißt uns mit. Wenigstens für diesen Moment, in dem Jesus uns die Geschichte erzählt. Die Gleichnisse Jesu sind getragen von der Gewissheit: Gott ist unterwegs. Gott ist auf der Suche nach Menschen, die IHM verloren gegangen sind. Das Verlorene kann sich nicht selbst finden. Es kann nur gefunden werden.

Das zweite Bild: Es gab die Sitte, dass eine Braut bei der Hochzeit eine Reihe Münzen in ihrem Kopfschmuck getragen hat wie in einer Krone. Es war ihr eigenes Vermögen, ihre Kranken- und Rentenversicherung. Eine Münze löst sich aus dem aufbewahrten Schatz. Die Frau bemerkt den Verlust. Es geht hier um eine Drachme, etwa im Wert von einem Denar (s.o.). Die Frau muss im Haus Licht machen. Es ist also das übliche ärmliche Einraumhaus aus Lehm ohne Fenster. Wir befinden uns hier in einem anderen Milieu als beim wohlhabenden Hirten in V. 4-7. Die Pointe: Die Frau gibt keine Ruhe, bis sie die Münze wiederhat. Sie kehrt alles um. Sie wird fündig. Dann feiert sie mit ihren Freundinnen. Die Sache, um die es geht: Gott ist wie diese Frau, die ihr Häuschen auf den Kopf stellt und dann total aus dem Häuschen ist! Wenn IHR etwas verloren geht, gibt SIE einfach nicht auf. Gott freut sich so über das Gefundene, dass es alle mitbekommen sollen.

Jesus will mitreißen in Gottes Suche und in SEINE Finde-Freude! Gerade seine Kritiker, die so sehr auf ihre Gerechtigkeit pochen, auf ein ausgewogenes Wenn – Dann: Wenn du mitmachst bei uns auf unsere Weise, dann wird Gott auch gut zu dir sein. Hier im Text heißt es über die Kritiker Jesu: Sie murrten. Das kann man – aber dann wird man nie diese überschwängliche Gottesfreude erleben. Jesus erzählt, um seinen damaligen Kritikern sein eigenes Verhalten den „Verlorenen“ gegenüber zu erklären: Er macht es wie Gott. Er erzählt, um in Gottes Welt und SEINE Freude mitzureißen. Seht den suchenden Gott! Entdeckt IHN immer wieder neu. Seht mit SEINEN Augen. Dann seht ihr auch, wer Gott alles fehlt. Versteht SEINE Sehnsucht. Feiert SEIN Finden.

Wer mit Gottes suchendem Herzen unterwegs ist, sieht sie überall: die, die Gott verloren gegangen sind.

Wer umkehrt, dem läuft Gott schon längst suchend entgegen. Wer Gott verloren geht – selbst wenn er sich noch in SEINEM Haushalt befindet, dem geht ER nach. V. 7 und 10 werden nun in der Geschichte von den beiden verlorenen Söhnen auserzählt.

Gottes Freude in der Parabel vom gütigen Vater Lk 15,11–32

11 Er sagte weiter: „Ein Mann hatte zwei Söhne. 12 Und der jüngere
von ihnen sagte zu dem Vater: ‚Vater, gib mir den Teil des Besitzes, der
mir (als Erbe) zusteht.' Er aber teilte das Vermögen unter ihnen. 13 Und
nach wenigen Tagen packte der jüngere Sohn alles zusammen und zog
in ein entferntes Land und verschwendete sein Vermögen mit einem
ausschweifenden Lebensstil. 14 Als er aber alles aufgebraucht hatte, kam
eine schwere Hungersnot über jenes Land, und er begann, Mangel zu
leiden. 15 Und er ging hin und drängte sich einem Bürger jenes Landes
auf, und der schickte ihn auf seine Felder, um Schweine zu hüten. 16 Und
er sehnte sich danach, sich mit den Schoten zu sättigen, die die Schwei-
ne fraßen. Aber niemand gab ihm davon. 17 Da ging er in sich und sag-
te: ‚Wie viele Tagelöhner meines Vaters haben Brot im Überfluss – und
ich komme vor Hunger um. 18 Ich will mich aufmachen und zu meinem
Vater gehen und zu ihm sagen: Vater, ich habe gesündigt gegen den
Himmel und vor dir. 19 Ich bin nicht mehr wert, dein Sohn zu heißen.
Mache mich zu einem wie deine Tagelöhner.' 20 Und er machte sich auf
und kam zu seinem Vater. Als er aber noch weit weg war, sah ihn sein
Vater und Erbarmen überwältigte ihn und er rannte (los) und fiel ihm
um den Hals und küsste ihn. 21 Der Sohn aber sagte zu ihm: ‚Vater, ich
habe gesündigt gegen den Himmel und vor dir. Ich bin nicht mehr wert,
dein Sohn zu heißen.' 22 Da sagte der Vater zu seinen Sklaven: ‚Bringt
schnell die Kleidung von früher (wörtl.: die erste) und zieht sie ihm an
und steckt einen Ring an seine Hand und Sandalen an die Füße. 23 Und
bringt das Mastkalb und schlachtet es, und lasst uns essen und fröhlich
sein! 24 Denn mein Sohn hier war tot und ist wieder lebendig geworden.
Er war verloren und ist gefunden worden!'

25 Sein älterer Sohn aber war auf dem Feld. Und als er heimkam und
sich dem Haus näherte, hörte er Musik und Tanz. 26 Er rief einen Haus-
sklaven herbei und fragte, was da los sei. 27 Er aber sagte zu ihm: ‚Dein
Bruder ist gekommen, und dein Vater hat das Mastkalb geschlachtet,

weil er ihn gesund wieder hat.' 28 Da wurde er zornig und wollte nicht
hinein gehen – aber sein Vater kam heraus, um ihn zu bitten. 29 Er aber
entgegnete seinem Vater: ‚Sieh mal, so lange schon diene ich dir (wie ein
Sklave), und niemals habe ich eines deiner Gebote übertreten, und mir
hast du nie einen Ziegenbock gegeben, damit ich mit meinen Freunden
hätte feiern können! Jetzt aber, als dein Sohn hier ankam, der dein Ver-
mögen mit Herumhuren durchgebracht hat, hast du für ihn das Mast-
kalb geschlachtet!' 31 Er aber sagte zu ihm: ‚Kind, du bist immer bei mir,
und alles, was mein ist, ist dein. 32 Jetzt aber musste man sich doch freu-
en und feiern, denn dein Bruder hier war tot und ist wieder lebendig
geworden. Er war verloren und ist wiedergefunden worden!'"

Das Bild des ersten Teils: Der jüngere Sohn verlangt vorzeitig sein Erbe, als ob der Vater für ihn schon gestorben wäre. Ob dafür Landbesitz verkauft werden muss, um „flüssig" zu werden? Der Vater bewertet weder, was der Sohn tut, noch macht er Druck. Er lässt ihn einfach gehen. Der Sohn landet bei den Schweinen – für einen Juden ist das der totale religiöse und soziale Abstieg. Aber erst jetzt kommt er bei sich an. In der Rückkehr zum Vater sieht er die einzige Möglichkeit, um zu überleben. Seine Umkehr wird überholt vom Entgegenkommen des Vaters. Ein Patriarch, der sein Gewand hochrafft, um seinem heruntergekommenen Sohn entgegenzulaufen, machte sich damals lächerlich. In seiner Freude, sein Kind wieder bei sich zu haben, ist ihm das egal. Sein Sohn bekennt, dass er schuldig geworden ist. In den Armen des Vaters ist Vergebung. Er gibt dem Sohn alle Zeichen seiner früheren Würde wieder. Er richtet ein Fest für ihn aus. Die Pointe: Die Umkehr des Sohnes wird vom Entgegenkommen des Vaters aufgefangen. Seine Freude ist so groß, dass er vergibt und die Beziehung vollkommen wiederherstellt. Das ist wie eine Totenauferstehung.

Die Sache, um die es geht: Die Geschichte ist keine pädagogische Lehrstunde oder moralische Anweisung, wie Eltern sich verhalten sollten. Jesus erzählt eine Einladung in Gottes Freude. Es geht darum, wie Gott ist und handelt. Wer sich verloren fühlt und verloren weiß, kann zu Gott hin aufbrechen. Sich zu Gott aufmachen ist wie nach Hause kommen. Nirgends sonst ist das Leben so lebenswert. Der Vater, Gott, wartet schon. Alle Sehnsucht nach Leben ist von SEINER liebevollen Sehnsucht umfangen. In SEINEN Armen wird alles gut. Bei Gott gibt es geschenkte Würde, Vergebung, verantwortliche Mitarbeit – und gefeiert wird auch. Denn Gott teilt SEINE Freude gerne.

Das Bild des zweiten Teils: Da merkt der Vater, dass sein älterer Sohn beim Fest fehlt. Er kann nicht ertragen, dass er draußen bleibt. Er verlässt das Fest für ihn. Der ältere Sohn war immer beim Vater. Aber im Gespräch offenbart sich ein zerrüttetes Verhältnis und die innere „Verlorenheit“ des ersten Sohnes. Er hat nicht in der Sohneswürde gelebt, sich nichts von seinem Besitz gegönnt, sondern nur ein sklavisches Arbeitsverhältnis zu seinem Vater gehabt. Der Vater erklärt sein Verhalten dem anderen verlorenen Sohn gegenüber und bittet ihn zum Fest. Die Pointe: Nimm deinen Besitz und deine hohe soziale Stellung in Anspruch – lebe als dem Vater ebenbürtiges, geliebtes, erwachsenes Kind – und freu dich doch mit ihm über deinen heimgekehrten Bruder. Das muss doch gefeiert werden!

Die Sache, um die es geht: Jetzt sind besonders die angesprochen, um deren Einverständnis Jesus wirbt. Ihm liegen die Pharisäer am Herzen, die alles tun, um es Gott recht zu machen. Darüber hinaus sind alle eingeladen, die es Gott in ihrem Leben recht machen wollen – alle „Anständigen“ und die, die sich „nichts zu Schulden kommen lassen“. Gott lädt sie ein, nicht als Sklaven, sondern als freie und erwachsene Kinder Gottes zu leben. Lasst euch doch Gottes Güte recht sein! Freut euch mit IHM über alle, die ER (wieder) bei sich aufnimmt. Wer hat so einen Gott schon „verdient“?!

Die Parabel vom Betrugsskandal eines Managers Lk 16,1-8

1 Er sagte aber auch zu seinen Jüngern: „Es gab da einen reichen
Mann, der hatte einen Verwalter. Und der wurde bei ihm verklagt, dass
er seinen Besitz verschleudere. 2 Und er ließ ihn rufen und sagte zu ihm:
‚Was höre ich da über dich? Lege über deine Verwaltung Rechenschaft
ab, denn du bist gefeuert (wörtl: du kannst nicht mehr verwalten)!‘ 3 Da
sagte der Verwalter zu sich selbst: ‚Was soll ich machen, da mein Herr mir
den Job gekündigt hat (wörtl.: die Verwaltung wegnimmt)? Zum Arbeiten habe ich keine Lust, mit Betteln blamiere ich mich (wörtl.: graben
kann ich nicht, zu betteln schäme ich mich). 4 Ich weiß, was ich tun werde, damit ich, wenn ich von der Verwaltung abgesetzt werde, sie mich
in ihre Häuser aufnehmen.‘ 5 Und er ließ jeden einzelnen der Schuldner
seines Herrn rufen und fragte den ersten: ‚Wieviel schuldest du meinem
Herrn?‘ 6 Der aber sagte: ‚Hundert Bath Öl (ca. 4000 Liter).‘ Er aber sagte: ‚Nimm deinen Forderungsbeleg und setz dich und schreibe schnell
fünfzig!‘ 7 Danach sagte er zu einem anderen: ‚Wieviel bist du schuldig?‘

Er aber antwortete: ‚Hundert Kor Weizen (ca. 3600 Tonnen).' Er sagte zu
ihm: ‚Nimm deinen Schuldschein und schreibe achtzig.' 8 Und der Herr
lobte den ungerechten Verwalter, weil er besonnen gehandelt hatte."

Das Bild: Die Machenschaften eines Managers, eines Vermögensverwalters eines reichen Mannes, fliegen auf. Er bekommt die Kündigung. Er möchte aber seinen gehobenen Lebensstil beibehalten, den er auf Kosten seines Chefs finanziert hat. Seine Lösung: Er macht noch einmal kräftig damit weiter, um sich dessen Schuldner zu verpflichten. Damals gab es keine Zeugen oder amtliche Kontrolle für die Ausstellung von Rechnungsbelegen. So sichert er sich nach seinem Rausschmiss freie Kost und Logis.

Die Pointe: Während wir Zuhörenden schon unser kopfschüttelndes moralisches Urteil über dieses unverschämte Verhalten gefällt haben (was uns ehrt), kommt der Herr des Vermögens und zeigt mit dem Daumen nach oben: Das war richtig schlau! Gut gemacht! Der unmoralische Manager hat angesichts seiner existenziellen Krise nicht den Kopf verloren, sondern ist „cool" geblieben. Er hat angesichts der sich anbahnenden Katastrophe seine verbleibende Chance voll ausgenutzt.

Die Sache, um die es geht: Jesus ist kein „Moralapostel". Er kennt die Machenschaften der Wirtschaft. Er benutzt sie als Bild für ein Verhalten, das alles auf eine Karte setzt. Es geht um die Krise jeden Lebens: die Verantwortung vor Gott im letzten Gericht. Der Punkt, auf den alles hinausläuft, ist nicht das egoistische und betrügerische Verhalten. Die Anerkennung bekommt dieses coole Katastrophenmanagement. Jesus meint – und das ist die Pointe: Tut alles, um euer Leben in Gottes Zukunft zu sichern. Nutzt die Chance voll aus, die sich euch bietet – z. B. indem ihr euch über diese Parabel ärgert und den Schwung des Gefühls ausnutzt, um meiner unbedingten Einladung zu folgen. Lieber Ärger als Gleichgültigkeit.

8b „Denn die Kinder dieser Welt sind besonnener gegenüber ihresgleichen als die Kinder des Lichts."

Vielleicht war das schon die älteste Auslegung der ungewöhnlich unmoralischen Bildgeschichte. Sie bringt wieder in die Distanz zu den Machenschaften des Managers. Ja, so läuft das in dieser Welt! Aber wer zu Gott gehört, wird keine unehrlichen Geschäfte machen. Deshalb mehr dazu.

Mit Geld Gott dienen Lk 16,9–13

9 Und ich sage euch: „Macht euch Freunde mit dem Mammon, dem
Götzen Geld, an dem Ungerechtigkeit (klebt), damit man euch, wenn
er (euch) ausgeht, in die ewigen Hütten aufnimmt. 10 Wer im Kleinsten
treu ist, ist auch im Großen treu – und wer im Kleinsten ungerecht ist, ist
auch im Großen ungerecht. 11 Wenn ihr nun (schon) mit dem ungerech-
ten Mammon nicht treu umgegangen (wörtl.: gewesen) seid – wer wird
euch (dann erst) das einzig Wahre (wörtl: das Wahrhaftige) anvertrauen?
12 Und wenn ihr mit dem (euch Wesens-) Fremden nicht treu gewesen
seid – wer wird euch das geben (wollen), was euch gehört? 13 Kein Haus-
sklave kann zwei Herren dienen. Entweder wird er den einen hassen
oder den anderen lieben – oder er wird zu dem einen halten und den
anderen verachten. Ihr könnt nicht Gott und dem Mammon dienen."

Niemand kommt für sich selbst in Gottes Welt, sondern nur in der Gemeinschaft: Zugunsten anderer verzichten – auch auf Geld. So werden Netzwerke des Gottes**reichs** geknüpft – auch mit Geld. Dazu ist es gut. Sorgt dafür, dass wenigstens ein paar Arme, die in Gottes Welt am Tisch sitzen, zu Gott sagen: Der hat mir geholfen. Die hat mich gesehen und mir von ihrem Reichtum abgegeben. Die sollen auch hier dabei sein!

Geld
↗ Lk 12,32–34

Geld ist nicht neutral. Deshalb trägt es den Namen eines Götzen. Wer Geld hat, ist in die Entscheidung gerufen: Das Geld radikal für Gottes Anliegen einsetzen oder am Geld kleben bleiben und Gottes wahrhaftige Weltsicht – die Würde der Armen – nicht mehr teilen können. Dabei geht es doch um das einzig Wahre: für immer in Gottes Gegenwart sein zu dürfen. Dort haben die Armen ihren Platz. Und ER hat einen Blick für das Kleinste. Bei IHM zählt auch, wie wir mit jeder kleinen Abrechnung umgehen. Jetzt kommt die ehrliche Finanzverwaltung, die wir beim Manager vermisst haben, (endlich) zur Sprache.

Dass Geld und Gier zusammenhängen, finden die Pharisäer (und bis heute wohl die meisten Menschen) reichlich übertrieben. Die Sache mit dem Geld lässt sich doch in den Griff kriegen!

14 Das alles hörten aber die Pharisäer, die geldgierig waren und sich
über ihn lustig machten. 15 Und er sagte zu ihnen: „Ihr seid Menschen,
die sich selbst vor anderen als gerecht hinstellen, Gott aber kennt eure
Herzen. Denn was vor den Menschen hoch angesehen ist, das ist etwas
Verabscheuenswürdiges vor Gott."

Die Pharisäer stehen für Menschen, die sich anderen überlegen fühlen (↗ auch Lk 18,9–14). Wieder wird der Kontrast von der Meinung der Menschen und der Meinung Gottes aufgenommen (↗ Lk 14,7–11). Hier ist die Frage: sich selbst rechtfertigen oder sich von Gott rechtfertigen lassen (Paulus hat im Römerbrief entwickelt, wie das geht).

Von der Bedeutung des Gesetzes
Lk 16,17
↗ Mt 5, 18

16 „Das Gesetz und die Propheten gelten bis zu Johannes (dem Täu-
fer). Von da an wird das Gottesreich als Evangelium verkündet – und je-
de/r drängt sich mit Gewalt hinein."

Von der Ehescheidung
Lk 16,18
↗ Mt 5,32

Wie der unmöglich unmoralische Manager am Anfang des Kapitels unbedingt eine gute Zukunft wollte, so drängeln sich Menschen in ihrer Sehnsucht nach Zukunft in diesen heilvollen Gottesraum hinein. Das ist gut, denn die Einladung ist dringend (andere Deutung ↗ Mt 11,12). In der Parabel vom Manager geht es nur im übertragenen Sinn darum, die eigene Zukunft bei Gott zu sichern. In der folgenden Beispielerzählung geht es um den tatsächlichen Umgang mit Reichtum.

Die Beispielerzählung vom reichen Mann und dem armen Lazarus Lk 16,19–31

19 „Es war einmal ein reicher Mann, der kleidete sich in Purpur und
teures Leinen und vergnügte sich prächtig Tag für Tag. 20 Ein Armer aber,
mit Namen Lazarus, lag vor seinem Tor voller Geschwüre, 21 der hätte
sich gern mit den Abfällen vom Tisch des Reichen gesättigt. Aber (statt-
dessen) kamen die Hunde und leckten an seinen Geschwüren.

22 Nun geschah es, dass der Arme starb und er von den Engeln
in Abrahams Schoß getragen wurde. Auch der Reiche starb und wurde
begraben. 23 Und als er im Hades (Totenreich) seine Augen aufschlug
und ihm Qualen zuteil wurden, sah er von weitem Abraham und Lazarus
in seinem Schoß. 24 Und er rief und sprach: ‚Vater Abraham, erbarme dich
meiner und schicke Lazarus, dass er seine Fingerspitze ins Wasser tauche
und meine Zunge kühle, denn ich empfinde nagenden Schmerz in die-
ser Flamme.' 25 Aber Abraham sagte: ‚Kind, bedenke, dass du dein Gutes
schon in deinem Leben bekommen hast, so wie Lazarus das Schlimme.
Nun aber wird er getröstet, an dir aber nagt der Schmerz. 26 Und zu all-
dem besteht zwischen uns und euch eine tiefe Kluft, so dass die, die sie
von uns zu euch überqueren wollten, das nicht können – ebenso we-
nig können die von dort zu uns herüber kommen.' 27 Er aber sagte: ‚So

bitte ich dich, Vater, dass du ihn in das Haus meines Vaters schickst. **28** Ich
habe nämlich fünf Brüder. Er soll sie warnen (wörtl.: Zeugnis ablegen),
damit sie nicht auch an diesem Ort der Qual landen.' **29** Aber Abraham
sagt: ‚Sie haben Mose und die Propheten. Sollen sie (doch) auf sie hören!'
30 Er aber sagte: ‚Nein, Vater Abraham, aber wenn einer von den Toten
zu ihnen käme – dann würden sie umkehren.' **31** Er aber sagte zu ihm:
‚Wenn sie nicht (auf) Mose und die Propheten hören, würden sie sich
auch nicht überzeugen lassen, wenn einer von den Toten auferstünde.'"

Bei der **Beispielerzählung** ist die Bildgeschichte und die Sache, um die es geht, eins (↗ Lk 12,13–21): Der reiche Mann, der gesellschaftlich Rang und Namen hat, bleibt in der Beispielgeschichte Jesu namenlos. Der Arme, der kein Ansehen hat, weil man lieber wegschaut, trägt einen verheißungsvollen Namen: „Gott hilft". Die Umkehrung der Verhältnisse aus Gottes Sicht wird damit schon vorweggenommen. Wer so offensichtlich an Gottes Gedanken vorbeilebt, beschert sich selbst irgendwann ein böses Erwachen – und wenn es erst nach dem Tod kommt. Der Reiche handelt sich durch die Fixierung auf sich selbst und seinen Luxus den unerträglichen Schmerz ein, den er anderen nicht genommen hat. Die Pointe: Wer im Armen „vor der eigenen Haustür" nicht eine namhafte Person erkennt, die Hilfe und Zuwendung braucht, dem/der ist nicht mehr zu helfen!

Schon in Lk 3,8 predigt Johannes der Täufer, dass niemand sich darauf verlassen sollte, „Abraham zum Vater" zu haben, um bei Gott angesehen zu sein. Die Zugehörigkeit zu IHM und die letzte Geborgenheit bei IHM werden nicht vererbt. Jeder Mensch muss selbst die Lebenswende zu Gott hin vollziehen. Das hat sichtbare ethische Konsequenzen.

Die Geschichte von der Umkehrung der Schicksale eines armen und eines reichen Mannes im Totenreich gibt es auch in der ägyptischen Religion. Jesus nimmt sie auf seine Weise auf. Seine Erzählung zielt nicht darauf, eine endgültige Verteilung der Orte festzuschreiben, die Menschen nach dem Tod erwartet. Sie zielt darauf, Herzen zu bewegen: Tragt mit eurem Besitz dazu bei, dass die Kluft zwischen Armen und Reichen schon jetzt überwunden wird! Dennoch wird der Blick über die letzte Grenze hinaus geweitet. Unsere Verantwortung für unser Leben vor Gott endet nicht an der Todesgrenze. Gelingen und Geborgenheit oder Scheitern und Schmerz haben ein Gewicht, das über Zeit und Raum hinaus reicht. Der eigene Lebensstil hat Auswirkungen ohne Ende. Aber die Verantwortung gilt auch anderen gegenüber.

Von Verantwortung und Vergebung Lk 17,1–4

1 Er sagte aber zu seinen Jüngern: „Es ist unmöglich, dass keine Stol-
perfallen (griech.: skandala) (für den Glauben) kommen. Aber weh dem,
durch den sie kommen. 2 Für ihn wäre es besser, wenn ein Mühlstein um
seinen Hals gelegt und er ins Meer geworfen würde, als dass er einen
von diesen kleinen (Leuten) zum (Ab)fallen (von mir) bringt."

Ob Angst vor Verfolgung, Schicksalsschläge oder schleichendes Desinteresse – wenn Menschen den Glauben verlieren, ist das ein komplexes und tragisches Geschehen. Aber darin gibt es auch immer persönliche Verantwortung. In die stellt Jesus hier seine Jüngerinnen und Jünger drastisch und alarmierend. Ein schrecklicher Tod wäre nicht so schrecklich wie einen Menschen, mag er oder sie gesellschaftlich noch so unbedeutend sein, z. B. durch das eigene Verhalten von Gott und SEINEM Jesus abzubringen! Jesus kann nicht anders reden, denn Gott hat gerade diese Menschen so in SEIN Herz geschlossen, dass IHN das mitten ins Herz treffen würde (↗ auch Mt 18,6).

3 „Passt auf euch auf! Wenn dein Bruder (oder deine Schwester) Un-
recht tut (wörtl.: sündigt), weise ihn zurecht! Wenn er dann umkehrt, ver-
zeihe ihm. 4 Und wenn er dir sieben Mal am Tag Unrecht tut und sieben
Mal zu dir kommt und sagt: ‚Ich ändere mich!', verzeihe ihm oder ihr."

So groß der Anspruch an das Verhalten seiner Jüngerinnen und Jünger ist, so groß ist auch die Kraft der Gottesherrschaft. Verschweigen von Verletzungen bewirkt, dass jede/r sich zurückzieht. So kommt die gemeinschaftszerstörende Sünde (↗ Lk 7,36–50; Lk 22,14–23) erst recht ans Ziel. Aussprechen ist schwer. Aber nur so kann verhindert werden, sich auseinanderzuleben. Die Vergebungskraft der Gottesherrschaft sprengt menschliche Grenzen. Sie entsteht in der Dynamik des kommenden Gottes mit dem großen Herzen.

Vergebungskraft
↗ Mt 6,9–15

Große Erwartungen Lk 17,5–10

5 Und die Apostel sagten zum Herrn: „Teile uns (ein Stück mehr) Glau-
ben aus!" 6 Der Herr aber sagte: „Wenn ihr (nur einen so winzigen) Glau-
ben wie ein Senfsamenkorn habt, würdet ihr zu diesem Maulbeerbaum
sagen: ‚Entwurzle dich und verpflanze dich ins Meer', und er würde euch
gehorchen!"

Für Anspruchsdenken sind Leitende besonders anfällig. Sie wollen für ihre große Verantwortung auch deutlich mehr Glaubenskraft von Jesus. Aber Glauben heißt ja, sich nicht auf sich selbst zu verlassen, sondern sich selbst zu verlassen und Gott zu vertrauen. So bewirkt schon das kleinste Vertrauen auf den großen Gott Unmögliches (↗ Lk 1,37). Dafür steht die Entwurzelung des Maulbeerbaums. Er hat die stärksten und tiefsten Wurzeln – ähnlich wie die Sünde in den Herzen der Menschen …

So werden nun auch große Erwartungen an Anerkennung für die verantwortungsvolle Arbeit in der Gottesherrschaft schonungslos ausgerissen:

7 „Stellt euch vor: Jemand von euch hat einen Sklaven, der (das Feld)
pflügt und (das Vieh) hütet. Wird er zu ihm, wenn er vom Acker kommt,
sagen: ‚Komm gleich her und leg dich zu Tisch?‘ 8 Wird er nicht vielmehr
zu ihm sagen: ‚Mach mir etwas zu essen und zieh dir eine Schürze an
(wörtl.: gürte dich) und bediene mich, bis ich gegessen und getrunken
habe, und danach kannst du essen und trinken?‘ 9 Bedankt er sich etwa
bei dem Sklaven, dass er erledigt hat, was ihm aufgetragen war? 10 So
auch ihr: Wenn ihr alles erledigt habt, was euch (von Gott) aufgetragen
wurde, sagt: ‚Wir sind entbehrliche Sklaven – wir haben nur unseren Job
gemacht (wörtl.: getan, was wir schuldig waren)!‘“

Das Gleichnis von der ganz normalen (Sklaven-) Arbeit erzählt bildhaft vom damaligen Alltag. Diener waren keine Herren. Ein Sklave hatte selbst nichts zu erwarten, sondern es wurde von ihm erwartet, dass er seine Arbeit machte. Die Sache, um die es geht: Menschen mit einem Amt in der Gottesherrschaft arbeiten nicht wegen Anerkennung und Bestätigung, sondern sind einfach bei der Sache Gottes! Sie entsprechen ihrem Auftrag. Nicht mehr und nicht weniger. Der Würdigung durch Gott (z. B. Lk 14,11 oder wie es im Matthäusevangelium Thema ist) steht hier die Selbstverständlichkeit gegenüber, die für die Arbeit im Gottesreich keine besondere Ehre vorsieht. Hier geht es um die Freiheit von großen Erwartungen, die auf das konzentrieren hilft, was dran ist.

Von der Dankbarkeit des Samariters Lk 17,11–19

11 Und es geschah auf der Reise nach Jerusalem, dass er durch das
Grenzgebiet zwischen Samaria und Galiläa wanderte. 12 Und als er in ein
Dorf kam, gingen zehn aussätzige Männer auf ihn zu und blieben in der
Ferne stehen. 13 Und sie riefen laut: „Jesus, Meister, hab Erbarmen mit
uns!" 14 Und als er sie sah, sagte er zu ihnen: „Geht hin und zeigt euch
den Priestern!" Und es geschah, während sie hingingen, wurden sie ge-
heilt (wörtl.: rein). 15 Aber einer von ihnen – als er sah, dass er geheilt
worden war – kam zurück und lobte Gott mit lauter Stimme 16 und warf
sich vor den Füßen Jesu nieder auf sein Angesicht und dankte ihm. Und
der war ein Samariter. 17 Da antwortete Jesus: „Sind nicht (alle) zehn rein
geworden? Wo sind denn die neun? 18 Haben sie (sich) nicht (bereit)ge-
funden, zurückzukehren, um Gott zu loben – außer diesem Fremden?"
19 Und er sagte zu ihm: „Steh auf, geh los, dein Glaube hat dich gerettet!"

Aussatz konnte sämtliche Hautkrankheiten bezeichnen. Die Diagnose schloss aus der Gemeinschaft aus, auch aus der gottesdienstlichen Gemeinschaft. Die Gruppe hier hält den vorgeschriebenen Sicherheitsabstand ein. Aber statt „unrein" zu rufen, wenn sie sich anderen Menschen näherten, rufen sie Jesus um Erbarmen an. Der Ruf „Herr Jesus Christus, erbarme dich" ist bis heute wirksam. Aber anscheinend bedeutet geheilte Haut noch kein heiles Herz. Das zeigt sich erst in gelebter Dankbarkeit – gegenüber Gott und SEINEM Jesus. Die bilden eine Handlungseinheit für das Heil und die Heilung der Menschen (↗ Lk 4). Lob und Dank an diese Adresse sind keine Einbahnstraße. Jesus würdigt das Vertrauen des dankbaren Geheilten und lässt so das Lob zurückfließen. In diesen Stromkreis neuen Lebens wird ausgerechnet ein Mensch hineingenommen, der einer anderen Religionsgemeinschaft angehört (↗ Joh 4; ↗ Lk 10,25–37). Das kommende Gottesreich sprengt Grenzen – auch die Grenzen davon, wer „dazugehört".

Aussatz
↗ Mk 1,40–45

Das Gottesreich – zentral! Lk 17,20–21

20 Als er aber von den Pharisäern gefragt wurde: „Wann kommt das
Gottesreich?", antwortete er ihnen und sagte: „Das Gottesreich kommt
nicht, (so, dass ihr es) auf dem Beobachtungsposten (erkennen könnt).
21 Man wird auch nicht sagen: Schau hin – ‚hier' oder ‚dort'. Macht die
Augen auf (wörtl.: siehe)! Das Gottesreich ist in eurer Mitte (griech.: entos
hymon)!"

Jesus rechnete mit einem unmittelbar nahen Eingreifen Gottes in das Weltgeschehen (↗ Mt 4,17). Die Pharisäer wollen ihn dazu bringen, sich auf einen Zeitpunkt festzulegen – wie ein „Apokalyptiker". Die **Apokalyptiker** beobachten bis heute kosmische und geschichtliche Signale und berechnen einen Geschichtsplan für Eingeweihte, einen „Fahrplan" bis zum kommenden Weltende. Jesus gibt der Frage eine neue Wende: Macht die Augen des Herzens auf! Es ist schon da. Die Frage nach dem „Wann" wird überholt von dem „Wo".

Apokalyptik
↗ Mk 13

Die Antwort Jesu kann übersetzt werden mit „mitten unter euch". Dann bedeutet sie: Das Gottesreich ist schon längst da durch meine Worte und Taten. Es bedeutet auch: Es ist da in eurem Leben miteinander. Durch Jesus ist Gottes Reich schon mitten unter den Menschen. Aber es greift auch nach ihnen. Sie bleiben nicht „außen vor". Darüber zu reden, sie zu analysieren oder zu berechnen, erfasst nicht das Wesen dieser Gottesherrschaft. Denn sie ist mitreißend und vereinnahmend. Wer „objektiv" bleiben will, verpasst sie!

Die Antwort Jesu kann auch übersetzt werden mit: „in euch". Das ist die zweite Bedeutung, die mitschwingt bei dem „in eurer Mitte". Diese Übersetzungsmöglichkeit wird meistens außer Acht gelassen aus Angst vor einem weltfremden Spiritualismus, der die weltverwandelnde Kraft des Gottesreichs ausblendet. Dennoch ist diese Übersetzung naheliegend. Paulus drückt ihren Inhalt aus mit „Christus in euch" (Kol 1,27). In Joh 17,23 sagt Jesus: „Ich in ihnen …" Das macht klar: Das Gottesreich „in uns" ist nicht einfach die „Stimme des Herzens". Es ist nicht das „Bauchgefühl". Es ist fremd und anders, bestürzend und erneuernd. Es kommt nicht aus uns selbst, sondern aus der Wirklichkeit Gottes. Es konzentriert sich in der Person Jesu. Aber es setzt sich auch in uns fest. Es ist nicht zu begreifen. Es greift nach uns. Es ist ergreifend. Das Gottesreich ist ein Risiko: Trauen wir uns, die Analyse aufzugeben und uns in diese Bewegung selbst hineinziehen zu lassen? Trauen wir uns, Gottes Bewegung „in uns" hinein zu lassen?

Inneres Hören
↗ Joh 10,27
bei Joh 10,11

Die Frage nach dem Wann ist durch Jesu Kommen überholt durch ein „Schon jetzt"! Dennoch bleibt die Frage, wann diese Bewegung Gottes mit der Welt an ihr end-gültiges Ziel kommen wird. Es bleibt ein „Noch-nicht"! Aus dieser Spannung werden wir bis heute nicht herausgenommen. Wir bekommen keine „Planungssicherheit". Statt vor endgültigen „Scheidungen" Angst zu haben, können wir im Heute Entscheidungen treffen, die am Ende durchtragen. Die Entscheidung für das Reich Gottes ist keine „Leistung", sondern einfach ein Ergriffensein:

Das Gottesreich – total! Lk 17,22–37

22 Er sagte aber zu seinen Jüngern: „Es werden Tage kommen, da
werdet ihr euch danach sehnen, einen der Tage des Menschensohns zu
sehen, aber ihr werdet ihn nicht sehen. 23 Und sie werden zu euch sagen:
‚Sieh hier!' Oder: ‚sieh mal, dort!' Lasst euch nicht darauf ein und lauft
(ihnen) nicht hinterher. 24 Denn wie der Blitz blitzend von einem Ende
des Himmels bis zum anderen leuchtet, so wird der Menschensohn an
seinem Tag sein. 25 Zuerst aber muss er viel leiden und von dieser Ge-
neration verworfen werden. 26 Und wie es in den Tagen Noahs war, so
wird es auch in den Tagen des Menschensohnes sein: 27 (Die Menschen)
aßen, tranken, heirateten und ließen sich heiraten bis zu dem Tag, an
dem Noah in die Arche ging und die Flut hereinbrach und alle vernich-
tete. 28 Es wird auch so sein wie zur Zeit Lots: Sie aßen, sie tranken, sie
kauften und verkauften, sie pflanzten, sie bauten. 29 An dem Tag aber,
als Lot Sodom verließ, regnete es Feuer und Schwefel vom Himmel und
vernichtete alle. 30 Ebenso wird es an dem Tag sein, an dem der Men-
schensohn sichtbar wird (griech.: apokalyptetai). 31 Wer aber an jenem
Tag auf der Dach(-Terrasse) sein wird und seine Sachen im Haus hat, soll
nicht hinuntergehen, um sie zu holen. Und genauso wenig soll umkeh-
ren, wer auf dem Feld ist. 32 Denkt an Lots Frau! 33 Wer versucht, sein
Leben (griech.: psychän) zu erhalten, wird es verlieren – wer es aber ver-
liert, wird es lebendig erhalten (↗ Mk 8,34–38). 34 Ich sage euch: In dieser
Nacht werden zwei auf einem Bett liegen – der eine wird angenommen,
der andere zurückgelassen werden. 35 Zwei (Frauen) werden zusammen
(Korn) mahlen – die eine wird angenommen, die andere zurückgelassen
werden." 37 Da antworteten die Jünger und fragten ihn: „Wo (wird das
sein), Herr?" Er aber sagte zu ihnen: „Wo der Leichnam liegt, sammeln
sich die Aasgeier."

Parusie
↗ **Mt 24**

Hier geht es um das Wiederkommen Jesu, die Parusie (Betonung auf der letzten Silbe, dem langen i), als Menschensohn (↗ Mt 16,13–20) in aller Macht und allem Glanz. Dass Jesus verachtet und wie ein Verbrecher hingerichtet würde, konnten nicht einmal seine Freunde und Freundinnen verstehen (↗ Mk 8,31–33). Aber gerade darin liegt das Geheimnis Gottes mit seiner Geschichte. Dort ist die Mitte aller Geschichte. Nur so wird er der, dem alle „Macht" von Gott gegeben wird (↗ Mt 28,18). Das für alle unübersehbare Erscheinen und Durchsetzen dieser Macht wird hier angekündigt. Jedes Jahr in der „Adventszeit" wird noch heute daran erinnert, denn **„Advent"** heißt Ankunft. Das

Wiederkommen Jesu wird alle Grenzen des Vorstellbaren sprengen und die Welt endgültig aus den Angeln heben. Bis dahin gehört das Leid dazu, genau wie bei ihm. Die große Adventshoffnung zielt schon jetzt auf die Lebensgestaltung und stellt sie in einen Horizont, der über das persönliche Streben nach Genuss und Gewinn weit hinausgeht. Die Zeit Noahs und die Zeit Lots im AT stehen für diesen nur auf sich selbst bedachten Lebensstil. Die Menschen hatten keine Ahnung, wie nahe sie dem vernichtenden letzten Tag waren. Dann ist aller Besitz nicht mehr wichtig.

Dass Jesus bei seiner Parusie die Menschen, die zu ihm gehören, zu sich „entrückt", das schreibt auch Paulus in der ältesten Schrift des NT (1. Thes 4,17). Sie werden in seine Wirklichkeit hineingenommen. Das „Ende der Welt" übersteigt unsere Vorstellungen. Dennoch wird dieser Ausblick gewagt. Er ist nur in Bildern möglich (zur Bedeutung christlicher Apokalyptik ↗ auch Mk 13). Aber diese Bilder zeigen: Es geht bei der Hoffnung, mit der Jesus anstecken will, nicht nur um eine persönliche Hoffnung auf ein gutes Ende, ein „Leben nach dem Tod". Das ist Nebensache. Bei der Hoffnung in der Nachfolge Jesu geht es um eine weltumspannende Hoffnung. Gott wird die Welt ganz in SEINE Welt zurück verwandeln und alles Elend und alles Böse, das die Menschen in sie hinein gebracht und in sich selbst hinein gelassen haben, endlich ganz überwinden. Dann wird das Reich Gottes als Heilsraum alle Welt erfüllen. Dann wird die Gottesherrschaft alle Welt ganz heil machen. Die Parusie Jesu wird der Anfang vom Ende sein, das die ganze Welt betrifft und erfasst. Niemand wird sich dem mehr entziehen können. An ihm entscheidet sich alles. Schon jetzt. Der dankbare Samariter lebt es vor (s. o.).

Kein Mensch kann sich der großen „Krise" (griech.: Gericht) entziehen. Sie wird auch für die kommen, die Lebensentscheidungen im Blick auf Gott und SEINEN Jesus bisher nicht für wichtig genug hielten. Das meint wohl der letzte Vers.

Im Gottesreich, das Jesus ansagt, geht es aber nicht zuerst um Apokalyptik, sondern um den Alltag. Seine Mitte ist das Gebet.

Die Parabel von der Witwe und dem Richter Lk 18,1–8

1 Er sagte ihnen aber ein Gleichnis dafür, dass sie allezeit bitten müss-
ten, ohne nachzulassen: 2 „In einer Stadt gab es einen Richter, der Gott
nicht fürchtete und sich um keinen Menschen scherte. 3 In dieser Stadt

gab es auch eine Witwe, die kam zu ihm und sagte: ‚Verteidige mich
gegen meinen Prozessgegner.' 4 Eine ganze Weile wollte er nicht. Dann
aber sagte er zu sich: ‚Wenn ich schon Gott nicht fürchte und mich um
keinen Menschen schere, 5 will ich sie doch verteidigen, weil mir die Wit-
we auf die Nerven geht (wörtl.: Mühe macht), damit sie nicht am Ende
kommt und mich ohrfeigt.'" 6 Der Herr aber sagte: „Hört, was der unge-
rechte Richter sagt! 7 Und erst recht Gott – wird er nicht die Anwaltschaft
übernehmen für seine Auserwählten, die Tag und Nacht zu ihm schreien
und großmütig mit ihnen sein? 8 Ich sage euch, er wird sie schnellstens
verteidigen! Jedoch wird der Menschensohn, wenn er kommt, Glauben
finden auf der Erde?"

Das Bild: Die schutzlose Witwe kocht mit ihrer Entschlossenheit sogar den Richter weich, dem es um nichts anderes als sich selbst geht. Die Pointe: Weil sie sich auf unnachgiebige Weise Respekt verschafft hat, gibt er schließlich nach und verhilft ihr zu ihrem Recht gegen ihren offensichtlich einflussreichen Gegner, der ihre Existenz bedroht.

Die Sache, um die es geht: Jesus benutzt dieses (wahrscheinlich aus dem Leben gegriffene) Beispiel von der rechtlosen Frau, die sich nicht einschüchtern lässt, und dem nur auf seinen Vorteil bedachten Richter, um auf rabbinische Weise zu argumentieren und ganz drastisch ermutigend vom Kleineren (und Schlechten) auf das Größere (und Gute) zu schließen: Wenn schon dieser Mistkerl der alleinstehenden Frau doch noch zu ihrem Recht verhilft – wieviel mehr wird dann der großherzige, gute Gott seinen Geliebten Recht und Schutz geben, wenn sie an IHM dranbleiben mit ihrem Gebet! Mit dem kommenden Menschensohn Jesus (↗ Lk 17,24) und dem Gottesreich werden dann auch dort Recht und Schutz vollendet werden, wo sie jetzt nur eingeklagt werden können. Vertraut ihm!

Die Beispielerzählung von Pharisäer und Zöllner Lk 18,9–14

9 Denen, die sich selbst zutrauten, gerecht zu sein, und den Rest ver-
achteten, erzählte er folgendes Gleichnis: 10 „Zwei Menschen gingen
zum Tempel hinauf, um zu beten – der eine ein Pharisäer, der andere ein
Zöllner. 11 Der Pharisäer, der für sich stand, betete folgendes: ‚Gott, ich
danke dir, dass ich nicht bin wie der Rest der Menschheit: Räuber, Unge-
rechte, Ehebrecher oder auch wie dieser Zöllner. 12 Ich faste zweimal die
Woche und gebe den zehnten Teil von allem, was ich verdiene.' 13 Der

Zöllner stand weitab und wollte seine Augen gar nicht zum Himmel erheben, sondern schlug sich an die Brust und sagte: ‚Gott, sei mir Sünder gnädig!'
14 Ich sage euch: Dieser ging gerecht gemacht nach Hause im Gegensatz zu jenem.

Denn jeder, der sich selbst erhöht, wird erniedrigt werden, und wer sich selbst erniedrigt, wird erhöht werden."

Bei der **Beispielerzählung** ist die Bildgeschichte, die Jesus erzählt, gleichzeitig auch die Sache, um die es geht (↗ Lk 12,13–21). Der Pharisäer (↗ Mk 2,13–17) scheint sich im Gebet nur seines vermeintlichen Alleinstellungsmerkmals, ein besonderer Liebling Gottes zu sein, zu versichern. So schrieb auch der jüdische Schriftsteller Josephus über die Selbsteinschätzung seiner pharisäischen Zeitgenossen. Der Pharisäer richtet sein Dankgebet zwar an Gott, aber er kreist nur um sich selbst und seine Taten. Sein Gebet ist getarntes Selbstlob. Im biblischen Dankgebet dagegen geht es um Gottes Tun, das ein Mensch entdeckt hat. Der Zöllner (↗ Lk 19,1–10) hat sich zwar auf das Tempelgelände gewagt, aber scheint im Vorhof stehen zu bleiben. Er schämt sich über sich selbst. Er ist sich bewusst, dass er vor Gott nicht bestehen kann. Deshalb richtet er sich ganz zu Gott hin aus. Der Zöllner hat erkannt, dass das seine einzige Chance ist. Jesus zeigt EINEN Gott, DER niemanden mit niederschmetternder Selbsterkenntnis zurückweist. Nicht die guten Taten machen einen Menschen gerecht, sondern Gottes vergebende Güte (das ist auch Thema des Apostels Paulus, Gal 2,16).

Jesus kündigt zum dritten Mal sein Leiden an
Lk 18,31–34
↗ Mk 10,32–34

Ein Blinder sieht Jesus richtig
Lk 18,35–43
↗ Mk 10,46–52

Deshalb bedeutet Leben im Gottesreich kindliches Vertrauen (Lk 18,15–17 bei Mk 10,13–16): Im Gottesreich kommt Gottes Reichtum auf uns zu. Die Begegnung Jesu mit einem Reichen (Lk 18,18–30 bei Mk 10,17–31) macht deutlich, dass Geld die Freude über diesen Schatz verlorengehen lässt. Bei Lukas geht der reiche Mann am Ende aber nicht weg. Er bleibt in der Seelsorge Jesu. Das Ende bleibt offen.

Dass sich durch Güte und nicht durch Härte und Verachtung der Lebensstil ändert, zeigt im Folgenden die Geschichte des Zöllners Zachäus.

Das Heute des Heils beim reichen Zachäus Lk 19,1–10

1 Und Jesus kam nach Jericho hinein und zog durch (die Stadt). 2 Und
siehe, da war ein Mensch namens Zachäus, ein Oberzöllner, und er war
reich. 3 Und er versuchte, zu sehen, wer dieser Jesus war. Und er konn-
te es nicht wegen der Menschenmenge, denn er war klein von Gestalt.
4 Und er lief voraus nach vorn und stieg auf einen Maulbeerbaum, um
ihn zu sehen, denn dort sollte er vorbeikommen. 5 Und als er an die Stel-
le kam, blickte Jesus auf und sagte zu ihm: „Zachäus, beeil dich, steig he-
runter! Heute muss ich nämlich in deinem Haus übernachten!" 6 Und er
stieg schleunigst herunter und nahm ihn mit Freude auf. 7 Und alle, die
es sahen, murrten herum und sagten: „Bei einem sündigen Menschen ist
er eingekehrt, um Rast zu machen!" 8 Zachäus aber stellte sich hin und
sagte zu dem Herrn: „Sieh mal, die Hälfte meines Vermögens, Herr, gebe
ich den Armen, und wenn ich etwas von jemandem erpresst habe, gebe
ich es vierfach zurück." 9 Jesus aber sagte zu ihm: „Heute ist diesem Haus
Heil geschehen! Denn auch er ist ein Sohn Abrahams. 10 Der Menschen-
sohn ist nämlich gekommen, um zu suchen und zu retten, was verloren
ist (wörtl.: zugrunde geht)."

Von den **Zöllnern** verlangt schon Johannes der Täufer nicht, dass sie den Beruf wechseln müssen. Aber sie sollen ihn ehrlich ausüben (↗ Lk 3,12f). Das lag auch im Interesse der römischen Behörden, für die die meisten Zöllner arbeiteten. Auf Märkten und an den Stadttoren befanden sich Zollstationen. Dort wurde Zoll für eingeführte Waren erhoben – nicht nur in Jerusalem, sondern auch an Grenzstellen des Landes, z. B. in Jericho. Diese Stationen waren verpachtet und konnten auch weiterverpachtet werden. Die Zöllner mussten bestimmte festgesetzte Preise dafür abliefern. Mehreinnahmen verblieben als persönlicher Gewinn. Wer die Pachtsumme nicht zahlen konnte, verschuldete sich. So wurde hart kalkuliert und in eigenem Ermessen gewirtschaftet – Betrug inbegriffen, auch wenn das von Seiten der Römer unter Strafe stand. Dieser Verdacht und die Zusammenarbeit mit den Römern bedeutete für die Zöllner in der jüdischen Gemeinschaft die gesellschaftliche Ächtung. Das war die Kehrseite ihres Reichtums. Im Grunde waren die Zöllner Geschäftsführer, Unternehmer, Bankiers. Über die Zölle hinaus konnten auch Stellen für den Steuereinzug gepachtet und weiterverpachtet werden. So unüberschaubar wie das Steuerwesen – es gab Grund-, Haus-, Ertrags-, Verbrauchssteuern, Wegegeld, Strafgelder u.v.m. – waren die Möglichkeiten für Neben-

Zöllner
↗ Mk 2,13–17

einkünfte durch Schmiergelder, zu hohe Gebühren und Erpressung. Wer nicht zahlte oder zahlen konnte, bekam das harte Inkassowesen durch z. B. Soldaten zu spüren, die dann von den Zöllnern angeheuert wurden. Das schürte den Hass der Bevölkerung gegen sie. So erscheint Zachäus hier als einer, der an Achtung nichts mehr zu verlieren hat. In der Antike verband man auch nur mit groß gewachsenen Menschen einen „großen Geist". Vor den anderen her zu rennen und auf einen Baum zu klettern, gab ihn vollends der Lächerlichkeit preis. Das nimmt er in Kauf, um Jesus zu sehen.

Verlorenheit
↗ Joh 3,16

Geld
↗ Lk 12,32–34

Am Verhalten Jesu wird sichtbar, dass Gottes Güte Grenzen sprengt – wie schon in den Gleichnissen in Lk 15. Diese Bewegung prägt die Gottesherrschaft. Sie ist zuvorkommend in Aktion. Sie hat einen Sensor für „Verlorene". Schuld hält sie nicht auf. Sie kommt in Freude und Feiern zum Ziel. Sie erschafft eine neue Art, in der Welt zu sein. Was im Haus des Zachäus geschieht, ist ein großer Moment für das Reich Gottes. Durch die Gemeinschaft mit Jesus kommt die verlorene Gottesgemeinschaft ins Haus. Das Heil liegt in dieser Gemeinschaft. Sie bewirkt die Heilung von der Macht des Geldes, vom Habenwollen auf Kosten anderer. Jesus hält Zachäus keine Moralpredigt. Seine Gegenwart ändert alles: Vom Habenmüssen zum Loslassen und Leben. „Über Geld spricht man nicht." Dieses ungeschriebene Gesetz wird wieder durchbrochen. Die Großzügigkeit des Zöllners zeigt sich in konkreten Zahlen.

Nach Mk 10,45 liegt das Heil, die Auslösung von Schuld, in der stellvertretenden Hingabe des freiwilligen Todes Jesu. Lk 19,10 ergänzt: Das Heil liegt in der Gemeinschaft mit dem **lebendigen** Jesus. Sein Verhalten gegenüber verschuldeten Menschen und sein Tod am Kreuz sind das große, heilvolle Ganze, das uns Menschen zugutekommt. Das „Jubeljahr", in dem Schulden erlassen und Menschen wieder frei werden, ist in vollem Gange (↗ Lk 4,14–22).

Hier in Jericho ist Jesus schon „… nahe bei Jerusalem" (Lk 19,11).

Jesus erzählt nun die Parabel von anvertrauten Geldern, Lk 19, 11–27. Sie ist bei Mt 25,14–30 nachzulesen. Sie weist noch einmal auf die Spannung zwischen „Gottesreich zentral" durch die Gegenwart Jesu und „Gottesreich total" hin (↗ Lk 17), wenn die ganze Welt endgültig Gottes Welt sein wird. Bei aller Verschiedenheit in einzelnen erzählten Zügen der Gleichnis-Geschichte ist ihre Struktur doch sehr ähnlich. Während bei Matthäus die würdevollen Werke im Sinne der Bergpredigt während des Wartens auf die Parusie gefragt sind, liegt der Akzent bei Lukas darauf, Geld und Gut für das Gottesreich zu investieren.

Der „Reisebericht“, der Weg nach Jerusalem, kommt nun zum Abschluss. Das, was Jesus in Jerusalem bevorsteht, wird den entscheidenden Durchbruch für das Gottesreich bringen. Aber das ist erst der Anfang einer großen Bewegung, „bis an die Enden der Erde“ (Apg 1,8) und bis zum Ende der Zeiten, die nicht mehr aus der Welt zu schaffen ist.

Lk 19,28 Und nachdem er das gesagt hatte, wanderte er weiter und reiste hinauf nach Jerusalem.

Von Kosten und Konturen des Gottesreichs in Kreuz und Auferweckung Jesu Lk 19–24

Die Jüngerinnen und Jünger bejubeln Jesu Einzug in Jerusalem Lk 19, 37–40

37 Schon als er sich dem Hang des Ölbergs näherte (, dem Anfang
des Weges hinunter nach Jerusalem), stimmte die ganze Menge der Jün-
gerinnen und Jünger voller Freude mit lauter Stimme das Lob Gottes an
wegen aller Macht-Taten, die sie gesehen hatten: 38 „Gelobt sei der Kom-
mende (Ps 118,26), der König im Namen des HERRN, Friede im Himmel
und Herrlichkeit in den Himmelshöhen!“ 39 Und einige Pharisäer aus der
Menschenmenge sagten zu ihm: „Lehrer, weise deine Jünger zurecht!“
40 Aber er erwiderte: „Wenn diese schweigen werden, werden die Steine
schreien!“

Wie der Einzug Jesu nach Jerusalem geheimnisvoll und festlich vorbereitet wird, Lk 19,29–36 ↗ Mk 11,1–11

Die Macht-Taten weisen auf das Programm Jesu aus Lk 4. Der messianische Gruß aus Ps 118 (↗ Mk 11,1–11) drückt die Hoffnung aus, dass das Gottesreich nun wirklich und endgültig hereinbrechen wird. In den „Psalmen Salomos“, Schriften, die vor und um die Zeit Jesu besonders in Kreisen der Pharisäer gelesen wurden, drückt sich die Hoffnung auf ein messianisches Königtum u. a. wie folgt aus:

Ps Sal 17,21ff … O HERR, lass ihnen entstehen ihren König, den Sohn Davids, zu der Zeit, die du erkoren, dass er über deinen Knecht Israel regiere. Und gürte ihn mit Kraft, dass er ungerechte Herrscher zerschmettere, Jerusalem reinige von den Heiden, die es kläglich zertreten … Mit eisernem Stabe zerschmettere er all ihr Wesen, vernichte die gottlosen Heiden mit dem Wort seines Mundes, dass bei seinem Drohen die Heiden vor ihm fliehen, und er die Sünder zurechtweise ob ihres Herzens Gedanken … und er hält die Heidenvölker unter seinem Joch, dass sie ihm dienen … und wird Jerusalem rein und heilig machen, wie es zu Anfang war …

Diese Schriften gehören nicht zum AT, waren aber prägende Literatur der damaligen Zeit. Jesus wird die Hoffnung auf ein politisches Königreich des Messias nicht erfüllen. Er wird Frieden bringen, indem er durch die Gottesbewegung, die er in Gang setzt, „den Heiden", allen Nichtjuden, die Chance der Gemeinschaft mit Gott eröffnet. Er wird nicht durch Gewalt Frieden bringen, die wieder neue Gewalt produziert. Er wird Frieden bringen, indem er sich selbst „zerschmettern" lässt! Angesichts des bevorstehenden Endes wird auch der Anfang des Evangeliums noch einmal erinnert. In Lk 2,14 hören die Hirten den Jubel der Engel angesichts der Geburt des Heilands. Nun ist der Jubel auf der Erde angekommen. Aber der „Friede auf Erden" wird sich noch nicht verwirklichen.

Die Pharisäer können die messianische Freude der Anhänger Jesu nicht nachvollziehen. Sie warnen Jesus davor, durch eine messianische Demonstration die Römer zu provozieren. Aber Jesus wird seinen Anhängern und Jüngerinnen den Mund nicht verbieten. Offensichtlich ist für ihn nun die Zeit zum Zeugnis gekommen.

Er zitiert Hab 2,11 … Ja, der Stein wird aus der Mauer heraus schreien …

Hier erscheint schon der Hinweis auf die Zerstörung Jerusalems, die Jesus kommen sieht.

Jesus weint über Jerusalem Lk 19, 41–44

41 Und als er sich der Stadt näherte und sie (vor sich liegen) sah,
weinte er über sie 42 und sagte: „Wenn doch auch du an diesem Tag erkannt hättest, was zum Frieden (führt), nun aber ist es vor deinen Augen
verborgen. 43 Denn es werden Tage kommen, da werden deine Feinde einen Palisadenwall um dich errichten und dich umzingeln und von allen
Seiten bedrängen. 44 Und sie werden dich und deine Kinder in dir dem Erdboden gleichmachen und werden keinen Stein auf dem anderen lassen dafür, dass du den Tag deiner Heimsuchung nicht wahrgenommen hast."

Vom Ölberg aus hat Jesus einen wunderschönen Blick auf Jerusalem. Die Stadt liegt ihm zu Füßen, aber er sieht tiefer. Er weint. Er wird nicht als der Friedenskönig aufgenommen werden. Seine Art, das Gottesreich zu bringen, wird unverstanden bleiben. Er sucht wie Gott nach seinen Menschen, um sie zu sich heimzuholen (↗ auch Mt 23,37–39). Nach der Ablehnung wird eine andere Art von „Heimsuchung" kommen. Sein eigener Weg ist mit dem Schicksal dieser Stadt verbunden. Der prophetische Blick auf die Zerstörung der Stadt ist Jesus zuzutrauen. In die genaue Beschreibung mischt sich nicht nur der Rückblick des Lukas auf das geschichtliche Geschehen im Jahr 70 n. Chr. durch die Römer unter Titus, die in planvoller Belagerung, Aushungerung, Bestürmung, einem entsetzlichen Blutbad und der Zerstörung aller Gebäude und des Tempels die Stadt buchstäblich „unterpflügten". Durch die Umbenennung des ganzen Landes in „Palästina", Land der Philister, betrieben sie diesmal die totale Auslöschung – sogar der Erinnerung an das Volk Israel. Das Trauma der Zerstörung war in der prophetischen Tradition und der Geschichte Israels immer präsent. Der Prophet Jeremia begleitete die Katastrophe des „Südreichs" Juda, die sich in zwei Deportationswellen und endgültig mit der Zerstörung Jerusalems 587 v. Chr. durch die Babylonier vollzog.

Jesu Demonstration im Vorhof des Tempels
Lk 19,45–48
↗ Mk 11,15–19

Jer 6,6ff Denn also hat der HERR der Heerscharen befohlen: Fällt Bäume und schüttet einen Wall auf gegen Jerusalem. Das ist die Stadt, die gestraft werden soll, denn lauter Gewalt ist in ihrer Mitte … Lass dich warnen, Jerusalem, damit sich meine Seele nicht ganz von dir entfremde …!

Die Parabel von den üblen Pächtern
Lk 20,9–19
↗ Mt 21,33–46

Die Propheten des AT deuteten die Zerstörung Jerusalems als Gericht Gottes. Jesus steht in dieser Linie und leidet daran. In der Geschichte der Kirche haben Christen gemeint, sich als selbsternannte Volkstrecker des Gerichts über das jüdische Volk aufspielen zu können. Uns Menschen aus „den Heiden" steht das nicht zu.

Jesus warnt vor Schriftgelehrten
Lk 20,45–47
↗ Mk 12,38–40

Nach seiner prophetischen Zeichenhandlung lehrt Jesus ab jetzt im Tempelgelände. Er stellt sich Fragen nach seiner Autorität (Lk 20,1–8 bei Mk 11,27–33), nach der Steuer für den Kaiser (Lk 20,20–26 bei Mk 12,13–17), nach der Auferstehung der Toten (Lk 20,27–40 bei Mk 12,18–27) und nach der Davidssohnschaft des Messias (Lk 20,41–44 bei Mk 12,35–37).

Das Opfer der Witwe – Reichtum und Armut Lk 21,1–4

1 Als er aber aufblickte, sah er die Reichen, wie sie ihr Geld (wörtl.:
Gaben/Opfergaben) in den Opferstock warfen. 2 Er sah aber eine arme
Witwe, wie sie dort einen halben Cent (wörtl.: zwei Lepta) einwarf. 3 Und
er sagte: „Wahrhaftig, das sage ich euch, diese arme Witwe hat mehr als
alle hineingelegt (wörtl.: genommen). 4 All diese nämlich haben nur (et-
was) aus ihrem Überfluss für die Opfergaben genommen, sie aber hat
aus ihrem Mangel alles, was sie zum Leben hat, genommen."

Im „Hof der Frauen" auf dem Tempelgelände standen öffentliche Opferbüchsen. „Die Reichen" sind die Menschen, die geben können, ohne sich deswegen einschränken zu müssen. Sie haben so viel, dass sie sich überlegen können, wie viel sie davon abgeben. Die Witwe hat nur ihre Armut. Sie denkt offensichtlich nicht darüber nach, was sie selbst braucht. Sie gibt Gott einfach alles. Das Lepton war die kleinste Münze, keinen viertel Cent wert. Jesus sieht ihren vollen Wert für die Frau. Der Wert einer Spende bemisst sich nicht nach ihrer Höhe. Jesus sieht ihre ganze Hingabe. Sie ist für ihn Vor-Bild und Ermutigung für das, was er tun wird. Er wird sich selbst geben. Jesus erweist der armen Frau die Ehre. Er nimmt wahr, wie sie das Wunder wagt, mit leeren Händen dazustehen. Sie gibt Gott alles und erwartet alles von IHM.

Hier laufen die Spuren zusammen, die Lukas zum Thema Armut und Reichtum und Umgang mit Geld in seinem Evangelium gelegt hat:

Lk 1,53; Lk 3,10–14; Lk 6,20–26; Lk 12,16–21; LK 12,32–34; Lk 16, 9–13; Lk 16,19–31; Lk 19,1–10.

Lukas schreibt **das Evangelium der Armen.** Von Anfang an sind sie besonders im Blick. Lukas schreibt **das Evangelium für die Reichen**, deren erster Adressat Theophilus war. Er stellt bis heute die Frage an uns: Erwartest du die Sicherheit deines Lebens von deinem Besitz oder von Gott? Gibst du Gott etwas von deinem Geld ab – oder betrachtest du „dein Geld" als Gottes Geld, das du zu SEINER Ehre verwalten darfst? Wo Jesus die Mitte der Armen und der Reichen ist, hört das Gegeneinander auf. Wo ein Miteinander im gegenseitigen Teilen und Mitteilen möglich wird, leuchtet das Gottesreich auf. Dort geschieht es. Da sprengt es alle Grenzen.

Sich von Reichtum und Pracht, von Aussehen und Ansehen nicht täuschen zu lassen, ist der Anlass, bei dem Jesus noch einmal auf den Tempel zu sprechen kommt:

Die zweite Endzeitrede Lk 21,5–36

5 Und als einige Leute über den Tempel sagten, dass er mit schönen
Steinen und Weihegeschenken (großartig) geschmückt sei, sagte er: „Es
werden Tage kommen, an denen von dem, was ihr seht, kein Stein auf
dem anderen bleiben wird, und alles wird zerstört werden (wörtl.: der
nicht zerstört werden wird)." 7 Da fragten sie ihn und sagten: „Lehrer,
wann wird das sein, und was ist das Zeichen (dafür), wann das gesche-
hen wird?" 8 Er aber sagte: „Schaut, dass ihr nicht in die Irre geführt wer-
det! Viele werden in meinem Namen kommen und sagen: ‚Ich bin's!' und
‚die Gotteszeit (griech.: kairos) ist gekommen! – lauft nicht hinter ihnen
her! 9 Wenn ihr von Kriegen und Verwirrung hört, ängstigt euch nicht
(auch: duckt euch nicht ↗ V. 28). Denn das muss zuerst geschehen, aber
(dann kommt) noch nicht sofort das Ende (griech.: telos, Ende oder Ziel)."

Die Bodenplatten des Tempels waren aus kostbarem Marmor. Der jüdische Geschichtsschreiber Josephus berichtete, dass der Tempel mit Goldplatten ausgestattet war. Sobald die Sonne darauf traf, reflektierten sie das Licht und blendeten mit ihrem Glanz die Betrachter. Auch Weihegeschenke wie z. B. ein goldener Weinstock gehörten zur prachtvollen Ausstattung. Jesus sieht mehr. Er sieht die kommende Zerstörung (↗ Lk 19,41–44). Daran schließt sich noch einmal eine Rede über das Ende der Zeiten an (↗ Lk 17,22 ff). „Zeichen der Zeit" zu beobachten, war damals sehr populär. Es gab viele Apokalypsen, die begierig gelesen wurden. Jesus nimmt auf, was geredet wird. Sein besonderer Akzent: Ängstigt euch nicht! Lasst euch nicht durch „Endzeitstimmung" vom Eigentlichen ablenken. Es geht letzten Endes nicht um die **Apokalypse**, den Weltuntergang (↗ Mk 13; Lk 17,20–21). Ja, diese „alte" Welt wird vergehen. Aber habt keine Angst, denn das Gottesreich kommt!

Verfolgung und Verrat, Bewahrung und Beistand
Lk 21,12–19
↗ Mk 13,9–13

Die Verwüstung Jerusalems … „bis die Zeit der Völker um sein wird"
Lk 21,20–24
↗ Mk 13,14–20

25 „Und es werden Zeichen an Sonne und Mond und Sternen gesche-
hen und auf der Erde Angst der Völker und Ratlosigkeit (griech.: aporia)
wegen des Brausens und Wogens des Meeres, 26 wobei die Menschen
ohnmächtig werden vor Furcht und Erwartung dessen, was auf den gan-
zen Erdkreis zukommt, denn die Kräfte der Himmel werden ins Wanken
geraten. 27 Und dann werden sie den Menschensohn kommen sehen in
einer Wolke mit Kraft und großer Herrlichkeit. 28 Wenn aber das anfängt
zu geschehen, richtet euch auf und erhebt eure Häupter, weil eure Er-
lösung naht."

Das, was nach dem Weltende kommt, wird nicht ausgeschmückt wie in anderen Apokalypsen, denn es übersteigt alles menschlich Erfassbare. Nicht was, sondern **wer** kommt, ist das alles Entscheidende. Deshalb sind nicht die apokalyptischen Ängste, sondern das Wiederkommen Jesu das Zentrum der Zukunft. Er ist der Menschensohn, der ins Leid gehen wird. Nur mit ihm wird Gott in Zukunft Geschichte machen (↗ Mt 24 und 25, Warten auf die Weltenwende). Gottes Geschichte zielt auf die Erlösung SEINER Menschen. Sie ist bereits in die Welt gesetzt. Sie gibt allen Grund, der Zukunft aufrecht entgegenzugehen.

29 Und er sagte ihnen ein Gleichnis: „Seht (euch) den Feigenbaum
an oder alle (anderen) Bäume. 30 Wenn sie schon ausschlagen, seht ihr
von selbst, dass der Sommer schon nahe ist. 31 So erkennt auch ihr,
wenn ihr das geschehen seht, dass das Reich Gottes nahe ist. 32 Wirklich
(wörtl.: amen), ich sage euch, diese Sorte von Menschen (wörtl.: dieses
Geschlecht) wird nicht vergehen, bis alles geschehen ist. 33 Der Himmel
und die Erde werden vergehen, meine Worte aber werden nicht vergehen."

Das Bild: Die Triebe eines Feigenbaums und anderer Bäume zeigen das Ende des Winters an. Die Sache, um die es geht: Die Zeichen in Lk 21,25–26 zeigen, dass die Vollendung des Gottesreichs bevorsteht. **Lk 21,32:** „Dieses Geschlecht" meint in der Verkündigung Jesu die Menschen, die sich ihm verschließen. Deshalb ist wohl nicht gemeint, dass „die Generation", die diese Zeichen erlebt, auch die Vollendung des Reiches Gottes erleben wird. V. 32 meint wahrscheinlich, dass es die „Sorte von Menschen", die Jesus ablehnen und Gottes Güte nicht ertragen, bis zum „Jüngsten Tag" geben wird.

Gottesreich total
↗ Lk 17,22–37

Jesus und seine Jüngerinnen und Jünger lebten in der Erwartung, dass das Gottesreich kurz vor dem totalen Durchbruch steht. **Im Nachhinein sind sein Auftreten, sein Kreuzestod und seine Auferweckung durch Gott (↗ Lk 22–24) als Einbruch des Reiches Gottes zu deuten.** Von dort aus ist es im Kommen und greift in die jeweilige Gegenwart hinein. Von dort aus greift es nach uns. Aber es kommt nicht mit dem persönlichen Ergriffensein zum Ziel. Das wäre eine Verengung der biblischen Hoffnung. Denn die apokalyptische Sprache bringt zum Ausdruck, dass die Hoffnung Jesu die ganze Schöpfung umfasst. Nach über 2000 Jahren Geschichte ist es schwer, an dieser Hoffnung festzuhalten. Jede Zeit hat und hatte ihre apokalyptischen Zeichen. Aber die Nähe des Gottesreiches entscheidet sich nicht an der zeitlichen Messung, sondern an der veränderten Situation. Die vier Evangelien bezeugen, dass sich durch Jesus die Situation der Menschen in Bezug auf Gott grundlegend geändert hat. Nähe ist möglich. Sie liegt in den Worten Jesu, wie sie von den vier Evangelien bezeugt werden. Jesusworte sind Gottesworte. Wer mit ihnen, nach ihnen und in ihnen lebt, spürt die Hoffnung, dass in diesen Worten die Zukunft der Welt liegt.

Gottes Wort in Person
↗ Joh 1

Bleibt wachsam
Lk 21,34–36
↗ Mk 13,33ff

37 Er lehrte aber tagsüber im Tempel, doch nachts ging er hinaus
und übernachtete am sogenannten Ölberg. 38 Und das ganze Volk kam
schon früh am Morgen zu ihm in den Tempel, um ihn zu hören.

Die Passionsgeschichte Jesu beginnt mit heimlichen Plänen und Verrat Lk 22,1–6

Passion bedeutet Leiden und Leidenschaft. Jesus leidet am Weg Gottes mit ihm und an Verrat, Egoismus, Versagen und Selbstüberschätzung der Menschen. Seine Leidenschaft liegt in seiner Liebe zu Gott und zu den Menschen. Markus gestaltet die Dramatik der Passionsgeschichte (↗ Mk 14–16) planvoll und prägnant. Lukas stellt eine ganze Fülle einzelner Geschehnisse und Aspekte zusammen, damit nichts von den Überlieferungen vergessen wird. Obwohl die Darstellung bei Lukas etwas ausführlicher und emotionaler ausgestaltet ist, zielt sie nicht darauf, mit den Emotionen der Leserinnen und Leser zu spielen. In keinem der Evangelien geht es darum, Mitleid zu erregen. Im Mittelpunkt bei Lukas steht das sprachliche Geschehen – die Reaktionen der Menschen auf Jesus und seine Worte in diesen Interaktionen. So entfalten sich Schritt für Schritt tiefere Bedeutungsschichten der Passionsgeschichte.

1 Es nahte sich aber das Fest der ungesäuerten Brote (wörtl.: Mazzen),
das sogenannte Passah. 2 Und die Oberpriester und Schriftgelehrten
suchten (nach einer Möglichkeit), wie sie ihn beseitigen könnten, denn
sie fürchteten das Volk. 3 Satan aber ging in Judas hinein, der Iskariot
genannt wurde (und) zur Zahl der Zwölf gehörte. 4 Und er ging hin und
besprach sich mit den Oberpriestern und den Hauptmännern (der Tem-
pelwache), wie er ihn ihnen ausliefern könnte. 5 Und sie freuten sich und
versprachen, ihm Silbergeld zu geben. 6 Und er stimmte zu und such-
te eine passende Gelegenheit, ihn ihnen auszuliefern, abseits von einer
Menschenmenge bei ihm.

Oberpriester
↗ Mk 11,27–33

Lukas lässt die Salbung Jesu weg. Seine Salbungsgeschichte steht in Lk 7,36–50. So wird deutlicher, dass Judas den Oberpriestern in die Hände spielt und mit wem die, die Jesus aus der Welt schaffen wollen, im Bunde sind. Die Pharisäer sind nicht an dem Komplott beteiligt! Markus lässt offen, warum Judas Jesus verraten wird. Lukas erklärt diesen Tabubruch mit der Initiative Satans (so auch Joh 13,27). Gleichzeitig wird durch die Sogkraft des Reichtums, die Lukas in seinem Evangelium entfaltet (↗ Lk 21,1–4), die eigene Verantwortung des Judas deutlich (↗ auch Lk 22,47–53).

Abschiedsmahl in der Passahnacht – Vorausdeutung der Passion Lk 22,14–23

Die Vorbereitung des Passahmahls
Lk 22,7–13
↗ Mk 14,12–16

14 Und als die Stunde gekommen war, legte er sich zu Tisch und die
Apostel mit ihm. 15 Und er sagte: „Ich hatte große Sehnsucht danach,
dieses Passahmahl mit euch zu essen, bevor ich leide. 16 Denn ich sage
euch: Ich werde es nicht mehr essen bis zu seiner Vollendung (auch: Erfüllung) im Reich Gottes. 17 Und er nahm einen Kelch (in die Hand), sprach
das Dankgebet (griech.: eucharistäsas) und sagte: Nehmt ihn und teilt
ihn unter euch! 18 Denn ich sage euch: Ich werde von jetzt an nicht mehr
von der Frucht des Weinstocks trinken, bevor das Reich Gottes kommt."

19 Und er nahm Brot, sprach das Dankgebet, brach es (auseinander)
und gab es ihnen und sagte: „Dies ist mein Leib, der für euch gegeben
wird. Dies tut zur Erinnerung an mich. 20 Und genau so (nahm er) den
Kelch nach dem Essen und sagte: „Dies ist der Kelch des neuen Bundes(schlusses) (auch: Testaments) in meinem Blut, das für euch vergossen wird." 21 Doch stellt euch vor, der mich ausliefert, sitzt mit mir am
Tisch (wörtl.: Doch siehe, die Hand dessen, der mich ausliefert, ist mit
mir auf dem Tisch). 22 Denn der Menschensohn geht den Weg seiner Bestimmung – doch wehe dem Menschen, durch den er ausgeliefert wird.
23 Und sie begannen, miteinander zu streiten, wer von ihnen es wohl
wäre, der das tun würde.

Ablauf des Passahmahls
↗ Mk 14,12–25

Lukas überliefert zwei Kelchworte Jesu. Das Kelchwort in V. 17 bezieht sich auf den ersten Segensbecher des Passahmahls. Mit ihm wird diese Feier eröffnet. Lukas überliefert dieses Jesuswort zusätzlich zu den „Abendmahlsworten" V. 19ff. So spricht Jesus im ersten Teil zwei Mal von seiner Hoffnung auf das Gottesreich und gibt ihr dadurch doppeltes Gewicht. Das Wesen dieses kommenden und einst vollendeten

Reich Gottes ist Freude und Gemeinschaft an einem gedeckten Tisch (↗ Lk 15).

Das zweite Kelchwort in V. 20 entspricht im Passahmahl dem dritten Becher und gehört in die Abendmahlstradition. Sie ist im NT vier Mal überliefert. Während der Text des Matthäusevangeliums der Markusvorlage nahe steht, weist Lukas neben der Anlehnung an Markus eine enge Verbindung zu der ältesten Überlieferung bei Paulus im 1. Korintherbrief (54 oder 55 n. Chr.) auf. In einigen wenigen Handschriften des Lukasevangeliums endet der Text nach dem Brotwort. Aber der hier abgedruckte vollständige Text mit dem zweiten Kelchwort ist wesentlich besser in den alten Handschriften bezeugt. Der Gedanke vom „Bund in meinem Blut" kommt im zweiten Band des lukanischen Doppelwerks, der Apostelgeschichte, wieder vor. In Apg 20,28 lässt Lukas Paulus in seiner Abschiedsrede sagen, dass Gott die Gemeinde „durch das Blut seines eigenen Sohnes erworben" hat. Deshalb ist es wenig wahrscheinlich, dass Lukas diesen Teil der Abendmahlsworte weggelassen haben soll, auch wenn er in der Passionserzählung andere Akzente setzt als Markus. Er betont die Motive vom Gottesreich, seiner heilenden Auswirkung und seiner Geistkraft.

Jesus lebte als Jude in den Worten des AT und deutete sein Leben und Sterben auf dem Hintergrund dieser Heiligen Schrift, der Offenbarung SEINES Gottes. Wer Jesus annähernd verstehen will, muss sich mit diesen Traditionen auseinandersetzen und kann ihn nicht davon ablösen. Die Deutung des Kreuzes als Sühne spielt weder bei Johannes (↗ Joh 1,29 und 19,28–30) noch bei Lukas eine zentrale Rolle. Die Deutung des Geschehens am Kreuz ist vielschichtiger. Stellvertretung und Sühne bilden allerdings die tiefsten und tragenden Schichten der Deutung. Die atl. Traditionen, die den Hintergrund der „Abendmahlsworte" bilden, sind bei Mk 14,12–25 aufgeführt. Das „Blut, das **für viele** vergossen" wird, wird dort unter dem Gedanken der Stellvertretung beleuchtet.

Sühne und Opfer
↗ Mk 15, 16–41

Stellvertretung
↗ Mk 14

Lukas spitzt zu: „für euch" – sowohl beim Brotwort wie Paulus, als auch als Einziger beim Kelchwort. Obwohl dieser Gedanke für das Lukasevangelium nicht zentral ist, bringt er diese direkte Anrede. Warum und wie kann sein Tod **„für uns"** geschehen?

In der Parabel vom gütigen Vater in Lk 15 zeigt uns Jesus das Wesen Gottes: die offenen Arme. Er erzählt von einem Gott, der Menschen entgegenrennt und hinterhegeht, um die, die ihn und sich verloren haben, sich gegen SEINE Liebe verschließen, in SEINE Arme zu schließen. Das ist die Essenz des Kommens und der Verkündigung Jesu. Das hat er gelebt. Das gilt für immer. Die Botschaft Jesu ist in den Evangelien nicht von seiner Person und seinem eigenen Weg zu lösen. Nun wird er selbst der Sohn, der sich der Verlorenheit ausliefert. Dadurch gewinnt die Liebe Gottes eine ungeahnte Tiefendimension. Die Passionsgeschichte erzählt, was es Gott kostet, SEINE Liebe in die Welt zu setzen. Sie erzählt, was es den Sohn kostet, diese Liebe durchzuhalten. Es ist Feindesliebe bis zum Ende. Die Passionsgeschichte erzählt, wie Jesus von seinen Anhängern verraten und verleugnet wird. Der Hohe Rat, Pilatus und Herodes stehen für die menschlichen Institutionen, die für Gemeinschaft mit Gott, Gerechtigkeit und Frieden sorgen sollen. Sie sind korrumpiert und übertreffen sich gegenseitig in egoistischem und feigem Taktieren und Machterhalt als einziger Sorge. In der Passionsgeschichte zeigt sich exemplarisch, wie es um den Menschen steht. Hier wird offensichtlich, wie tief und unerbittlich die Verstrickung in Schuldzusammenhänge ist, persönlich und strukturell. In der Passion Jesu wird die tödliche Macht der Sünde offenbar.

Das ntl. Wort für **Sünde** ist Zielverfehlung (griech.: hamartia). Gottes Ziel mit den Menschen ist pulsierendes Leben. SEINE Menschen sind dazu geschaffen, sich in lebendigen Beziehungen zu spüren und zu entfalten. Die Gottesbeziehung schenkt Sinn und ist Urgrund lebendigen Gegenüberseins im Du. Die Beziehung zu sich selbst findet sich darin. Sie erfüllt sich im Leben auf Gott hin, der lebendigen Quelle allen Seins. Die Beziehung zu anderen speist sich aus der Quelle dieses vertrauensvollen Geschehens und geschieht in Würde und Liebe. In der Sünde wird der lebendige Beziehungskreislauf gestört und zerstört. Sünde ist eine mächtige Beziehungsstörung. Die Ur-Frage der Sünde ist (nach Gen 3): „Sollte Gott etwa …?“ Sollte Gott etwa SEINE Macht gegenüber den Menschen missbrauchen? Sollte ER ihnen wichtige Erkenntnis vorenthalten? Sollte Gott wirklich liebevolle Gedanken haben, wenn ER Grenzen setzt, oder will ER nur die Freiheit SEINER Geschöpfe beschneiden? Die fraglose Innigkeit der Freundschaft Gottes mit den Menschen gerät in misstrauische Distanz. Das Misstrauen zerfrisst das Beziehungsgeflecht, das das Leben der Menschen in Gottes Zielvorstellung ausmacht. Es gehört zur Einsicht und Weitsicht biblischen Denkens, dass Sünde, Misstrauen, nicht nur die Gottesbeziehung zerstört und Menschen sich selbst fremd werden lässt. Sie schädigt die ganze Gemeinschaft. Sie zerstört die Atmosphäre, in der sich das Miteinander bewegt, bis in die Natur hinein. Die Folge der Ursünde oder

Grundsünde ist, dass Menschen aneinander schuldig werden. Sie bleiben Gott, sich selbst und einander Würde und Liebe schuldig. Im atl. Denken bedeutet das eine tiefgreifende Störung der gesamten Lebenssphäre. Schuld wirkt sich immer weiter aus. Sie verschwindet nicht von allein aus der Welt. Sie bewirkt eine tödliche Atmosphäre. Diese biblische Ein-Sicht in die Folgen der Sünde ist in keiner Weise primitiv, sondern hochaktuell.

Am Sterben Jesu zeigt sich in exemplarischer Weise, wohin die Sünde die Menschen bringt. Er wird zum Opfer der Menschen (↗ Lk 23,25). So steht die Passion Jesu auch für all die Menschen, die Opfer von Schuld, Gewalt, Folter, ungerechten Strukturen und tiefen, schicksalhaften Verstrickungen werden. Der Tod Jesu macht deutlich, dass das zur Sprache kommt und kommen wird. Über dieses tiefe Leid wird nicht einfach hinweggegangen – nicht bei Gott! SEINE offenen Arme umschließen das alles. Aber am Sterben Jesus zeigt sich auch, wie dieser besondere Mensch seine Beziehungskraft in diesen Tod hineinträgt. Das Schlimme am Tod ist die endgültige Festschreibung der Beziehungsstörung, die Verewigung von Schuld und letzter Einsamkeit, in die die Sünde einschließt. An diesem Ort liebt Jesus zusammen, was zusammen gehört – Gott („Vater, in deine Hände…", Lk 23,46) und die Menschen („Vater, vergib ihnen …", Lk 23,34).

Jesus kann diesen Weg „für uns" gehen: **an unserer Stelle**, weil er sich als Einziger nicht in das Misstrauen und seine Folgen hineinziehen lässt. Er ist ein Gerechter (↗ Lk 23,47). Nur ein wirklich Gerechter kann sich und seine gemeinschaftsgerechte Liebeskraft für andere einsetzen: **uns zugute** (zur doppelten Bedeutung des „für uns" ↗ Mk 14,22–25). Deshalb kommt dem Tod Jesu diese grundlegende Bedeutung zu.

Wenn Menschen Sünde erkennen, geschieht das weder durch moralischen Druck noch durch ein strenges Über-Ich. Das kann die Wurzel des Misstrauens in Menschenherzen und die Folgen nicht einsichtig und spürbar machen. Sündenerkenntnis ist ein geistliches Geschehen, bei dem Augen und Sinne des Herzens im Angesicht Gottes und im Angesicht Jesu geöffnet werden. Die Erkenntnis geschieht in Gottes liebendem Blick, SEINEN geöffneten Armen und der Orientierung an Jesus, seinem Leben und Leiden. Erst sie öffnet die Augen für die eigene Verstrickung und lässt sein Handeln als rettendes Geschenk erkennen.

Wer das Abendmahl feiert, nimmt das Geschenk an und tritt in den neuen Bund ein. Ein Bund verpflichtet die Bundespartner und Bundespartnerinnen. Wer das Handeln Jesu dankbar für sich in Anspruch nimmt, weiß sich nun erst recht verantwortlich vor Gott, für sich selbst, die Gemeinschaft und die Schöpfung. Die Jünger haben von der Bedeutung des Bundes noch nichst begriffen:

24 Und sie begannen auch eifersüchtig zu streiten, wer von ihnen als
der Angesehenste gelten könnte. 25 Er aber sagte zu ihnen: „Die Könige
der Völker herrschen über sie, und dafür, dass sie die Gewalt haben, las-
sen sie sich (auch noch) Wohltäter nennen. 26 Ihr aber (sollt es) nicht so
(machen)! Sondern wer bei euch der Größte ist, soll wie der am wenigs-
ten Bedeutende (wörtl.: Jüngere) werden, und wer leitet, wie ein dienen-
der Mensch (griech.: diakonōn). 27 Denn wer ist angesehener? Der, der zu
Tisch liegt, oder der, der (ihn) bedient? Ist das nicht (normalerweise) der,
der zu Tisch liegt? Ich aber bin in eurer Mitte wie ein Dienender. 28 Ihr
aber seid die, die mit mir ausgehalten haben, als ich auf die Probe ge-
stellt wurde. 29 Und ich vermache euch testamentarisch eine Herrschaft,
wie sie mein Vater mir übereignet hat, 30 damit ihr am Tisch in meinem
Reich esst und trinkt und auf Thronen sitzt und über die zwölf Stämme
Israels entscheidet (auch: richten, Recht aufrichten)."

Fußwaschung
↗ Joh 13

Es war üblich, sich als politischer Herrscher auf Münzen und Inschriften, den damaligen Medien, mit wohltätigen Beinamen verzieren zu lassen, um das Image zu polieren und das Ansehen zu steigern. Die Jünger benehmen sich genauso. Aber Jesus ruft eine Kontrastgemeinschaft ins Leben. In ihr geht es um Hingabe nach seinem Vorbild. Ausgerechnet diesen Menschen, die sich sogar angesichts des Abschieds nur um ihre Außenwirkung drehen, vertraut Jesus seine Herrschaft an! Er sieht, dass sie zu ihm gehalten haben, soweit sie das konnten. Aber er vertraut auf eine tiefgreifende, umwälzende Erneuerung dieser Gemeinschaft durch den Weg, den er gehen wird. Bei der Zusage Jesu geht es nun um das Leben im Gottesreich. In dieser heilvollen Zukunft werden alle zwölf Stämme Israels, die im vollen Umfang schon damals nicht mehr auffindbar waren, wieder zusammen sein und zu ihrem Recht gebracht werden. Die Jünger bekommen Anteil an der dienenden Macht Jesu.

Kontrast-gesellschaft
↗ Mk 10,35–44

31 „Simon, Simon, sieh doch, der Satan hat sich auserbeten, euch
durchzusieben wie den Weizen. 32 Ich aber habe (Gott) für dich gebeten,
dass dein Glaube nicht aufhört. Und wenn du dich irgendwann bekehrt

hast, stärke deine Brüder und Schwestern. 33 Er aber sagte: "Herr, mit dir
bin ich bereit, auch ins Gefängnis und in den Tod zu gehen!" 34 Er aber
sagte: „Ich sage dir, Petrus, der Hahn wird heute nicht krähen, bevor du
drei Mal geleugnet hast, mich zu kennen!"

Die Gemeinschaftstreue liegt nicht in den eigenen Möglichkeiten begründet. Was auf die Gemeinschaft zukommt, wird sie durchschütteln wie den Weizen im Sieb, wenn er gereinigt wird. Der Satan (↗ Lk 10, 17–20) kann noch so viel bitten und den Jüngern die Orientierung nehmen wollen, Jesus bittet dagegen an. Es geht darum, trotz des Leides das Vertrauen zu Gott und SEINEM Jesus nicht zu verlieren. Simon Petrus kommt in den Blick als einer, der nach seinem schrecklichen Versagen zu Jesus zurückkehrt. Denn Jesus hält ihn mit seinem Blick fest (↗ Lk 22,61) und erscheint ihm als Auferweckter (↗ Lk 24,34). In der Entstehungszeit der Gemeinde wird Simon Petrus eine grundlegende Rolle spielen und dann für Jesus ins Gefängnis gehen. Das erzählt Lukas in der Apostelgeschichte.

35 Und er sagte zu ihnen: „Als ich euch ausgesandt habe ohne Geld-
beutel und Reisetasche und Sandalen, habt ihr da irgendeinen Mangel
gespürt?" Sie aber antworteten: „Gar nicht!" 36 Er aber sagte zu ihnen:
„Aber jetzt (ist eine andere Zeit) – wer einen Geldbeutel hat, nehme ihn,
genauso auch eine Reisetasche und wer nichts hat, verkaufe seinen Man-
tel (wörtl.: Obergewand) und kaufe (dafür) ein Schwert! 37 Ich sage euch
nämlich, dieses Schriftwort muss sich an mir vollenden: ‚Er wurde unter
die Sünder (auch: Gesetzlosen) gerechnet' (Jes 53,12). Denn auch das mit
mir hat ein Ende (auch: das, was über mich geschrieben ist, kommt zum
Ziel)!" 38 Sie aber sagten: Herr, schau, hier sind zwei Schwerter!" Er aber
sagte: „Jetzt reicht es!"

Mit der Passion Jesu brechen neue Zeiten an. Es werden harte Zeiten für die, die in seinem Auftrag unterwegs sein werden. Wahrscheinlich ist es bildhaft gemeint, dass eine Waffe zur Selbstverteidigung von jetzt an wichtiger wäre als der Schutz vor dem Wetter am Tag und die Zudecke in der Nacht. Dass Jesus nicht zum Waffengebrauch auffordert und seine Weisung zur Feindesliebe in Kraft bleibt, wird der Fortgang der Geschichte zeigen (↗ Lk 22,49–51).

Der Gebetskampf Jesu Lk 22,39–46

39 Und er ging hinaus und wanderte wie gewohnt zum (Übernachten
am) Ölberg. Es folgten ihm aber auch seine Jünger. 40 Als er dort ange-
kommen war, sagte er zu ihnen: „Betet, dass ihr nicht der Versuchung
unterliegt (, euch von mir loszusagen)!" 41 Und er entfernte sich von ih-
nen etwa einen Steinwurf weit und kniete nieder und betete 42 und sag-
te: „Vater, wenn du willst, nimm diesen Kelch von mir! Doch nicht mein
Wille, sondern DEINER geschehe!" 43 Es erschien ihm aber ein Engel
vom Himmel und stärkte ihn. 44 Und er geriet in Todesangst und betete
in großer Anspannung und der Schweiß rann ihm wie Blutstropfen zur
Erde. 45 Und er stand vom Gebet auf, kam zu seinen Jüngern und fand
sie schlafend vor Kummer. 46 Und er fragte sie: „Wie könnt ihr schlafen?
Steht auf und betet, dass ihr nicht in Versuchung geratet!"

Lukas erzählt in Anlehnung an Mk 14,32–42. Er konzentriert sich ganz auf Jesus selbst und nicht auf seine Jünger. Sein Angstschweiß wie Blutstropfen zeigt, dass er Todesangst hat. Er braucht himmlischen Beistand. Jesus war nicht mit einer abstrakten Allwissenheit ausgestattet. Auf Gottes Eingreifen am Ende zu hoffen, sich aber wirklich darauf einzulassen, einem Foltertod entgegen zu gehen, ist die Zerreißprobe seines Glaubens. Sein innerer Kampf lässt ihn in Gottes Willen einwilligen. Das bedeutet aber nicht, dass Gott als grausamer Despot in sicherer himmlischer Entfernung Menschen wie Schachfiguren nach SEINEM „Plan" bewegt. Gott lässt sich von Jesus in das Geschehen hineinziehen und schickt ihm Beistand. Dass die **Passion nach Gottes Willen** geschieht, bedeutet, dass es Gott darin mit der Sünde aufnimmt (s.o.). Aber Gott bedient sich nicht der Mittel der Sünde und ihrer Gewalt. Gott bedient sich nicht der Mittel des Bösen, um das Böse zu besiegen. Seine Liebe kann nur den Aus-Weg gehen, die Sünde und das Böse zu ertragen.

Kelch des Verderbens
↗ Mk 10,38 und Mk 14,32–42

Nur eine so tiefe und hingebungsvolle Liebe kann einen Durchbruch durch die Macht der Sünde und des Todes erzielen, die alle Menschen im Griff hat. Aber Jesus ist der eine Mensch, der der Sünde den Anspruch auf alle raubt. Dieser Eine, der seine Liebe zu Gott und den Menschen durchhält, bricht den Absolutheitsanspruch der Mächte, die uns Menschen gefangen halten.

Verrat und Gefangennahme Lk 22,47–53

47 Während er noch redete, sieh, (da kam) ein Trupp (Männer) und
der besagte Judas, einer von den Zwölf, ging vor ihnen her und näher-
te sich Jesus, um ihn zu küssen. 48 Jesus aber sagte zu ihm: „Judas, lie-
ferst du den Menschensohn mit einem Kuss aus?“ 49 Da merkten seine
Begleiter, was geschehen sollte und sagten: „Herr, sollen wir mit dem
Schwert zuschlagen?“ 50 Und einer von ihnen schlug nach dem Sklaven
des Hohepriesters und hieb ihm das rechte Ohr ab. 51 Da entgegnete Je-
sus: „Hört auf! Bis hierher (und nicht weiter)!“ Und er berührte das Ohr
und heilte es. 52 Zu den Oberpriestern und Hauptmännern (der Tempel-
wache) und Priestern und Ältesten, die an ihn herangekommen waren,
sagte Jesus: „Seid ihr (gegen mich) wie gegen einen Räuber mit Schwer-
tern und Knüppeln ausgerückt? 53 Als ich täglich bei euch im Tempel
war, habt ihr nicht Hand an mich gelegt. Aber dies ist eure Stunde und
die Macht (gehört) der Finsternis.“

Markus erzählt, wie Jesus im Garten Gethsemane von den Jüngern allein gelassen wird und wie sie bei seiner Festnahme fliehen (↗ Mk 14,32–52). Lukas stellt das Handeln Jesu in den Mittelpunkt. Noch in der Situation des Verrats durch einen Freund und der verzweifelten, gewalttätigen Selbstverteidigung der Jünger ist Jesus der Heiland. Er heilt den, der ihm als Feind begegnet. An Judas wird das komplexe Geflecht der Sünde und ihren Folgen deutlich. Judas liefert seinen Freund aus! Dieser Verrat erschüttert menschliches Vertrauen bis auf den Grund. Dahinter liegen vielleicht längst bereute Entscheidungen – Verflechtungen, aus denen es kein Zurück zu geben scheint. Dahinter liegen vielleicht auch Enttäuschungen über unerfüllte Erwartungen. Unsere Handlungen sind oft nur wie die Spitze eines Eisbergs. Jesu Liebe durchliebt das alles. In dem Netz von konkreter Schuld, Angst und Selbstüberschätzung, Missverstehen und Verzweiflung, Hinterhältigkeit und Machterhaltungstrieb, das durch die verschiedenen Personen und Gruppen der Passionsgeschichte gewoben wird, ist eine überpersonale Zusammenballung zu spüren: Macht der Finsternis (V. 53). In diese gesammelte Finsternis, die in der Passion Jesu gleichsam exemplarisch ihre Macht entfaltet, trägt Jesus seine Liebe, seine Gerechtigkeit, sein Licht hinein. Er lässt sich von dieser Macht nicht in seinem Wesen verändern. Er trägt seine Sohnschaft, seine innige Gottesbeziehung, in die Finsternis hinein. So durchbricht Gott ihre Macht.

mögliche Motive des Judas
↗ Mk 14,43–52

Petrus bestreitet, Jesus zu kennen – Jesus bekennt, der Sohn Gottes zu sein Lk 22,54–71

54 Sie nahmen ihn aber fest und führten ihn ab und brachten ihn in
das Haus des Hohepriesters. Petrus aber folgte von ferne. 55 Als sie aber
mitten im Hof ein Feuer angezündet und sich zusammengesetzt hatten,
setzte Petrus sich mitten unter sie. 56 Da sah ihn aber eine Magd beim
Feuer sitzen, musterte ihn scharf und sagte: „Der da war auch mit ihm
zusammen!" 57 Er aber leugnete (das) und sagte: „Ich kenne ihn nicht,
Frau!" 58 Und kurz danach sah ihn ein anderer und sagte: „Auch du bist
einer von ihnen!" Petrus aber sagte: „Bin ich nicht, Mensch!" 59 Und nach
etwa einer Stunde behauptete ein anderer steif und fest: „Wirklich! Auch
dieser war in seiner Begleitung. Er ist (doch) auch ein Galiläer!" 60 Petrus
aber sagte: „Mensch, ich weiß nicht, wovon du redest!" Und sofort, wäh-
rend er noch redete, krähte ein Hahn. 61 Und der Herr wandte sich um
und sah Petrus an. Da erinnerte sich Petrus an das Wort des Herrn, wie er
zu ihm gesagt hatte: „Ehe der Hahn heute kräht, wirst du mich drei Mal
verleugnen." 62 Und er ging hinaus und weinte bitterlich.

63 Und die Männer, die ihn festhielten, trieben ihr Spiel mit ihm und
schlugen ihn. 64 Und nachdem sie ihn (mit einem Tuch) verhüllt hatten,
fragten sie ihn: „Weissage, wer ist es, der dich geschlagen hat?" 65 Und
vieles andere sagten sie gegen ihn und lästerten ab (griech: blasphe-
mountes). 66 Und als es Tag wurde, versammelte sich der Ältestenrat des
Volkes, Oberpriester und auch Schriftgelehrte und führten ihn ab vor
ihren Hohen Rat (wörtl.: Synhedrium) 67 und sagten: „Wenn du der Mes-
sias (auch: der Christus, der Gesalbte) bist, sag es uns!" Er aber sagte zu
ihnen: „Wenn ich es euch sagte, würdet ihr (mir) nicht glauben." 68 Wenn
ich euch aber (etwas) fragen würde, würdet ihr nicht antworten. 69 Doch
von nun an wird der Menschensohn an der rechten Seite der Kraft Got-
tes sitzen!" 70 Sie sagten aber alle: „Du bist also der Sohn Gottes?" Er aber
sagte zu ihnen: „Ihr sagt es: Ich bin's!" 71 Da sagten sie: „Wozu brauchen
wir noch Zeugen? Wir haben es ja selbst aus seinem Mund gehört."

Hoher Rat
↗ Mk 11,27–33

Was Markus als ein Ineinander erzählt (Mk 14,53–72), lässt Lukas nacheinander ablaufen. Das Verhör vor dem Selbstverwaltungsorgan des jüdischen Tempelstaats, dem Hohen Rat als oberster Gerichtsbehörde, findet nach Lukas erst am Morgen statt. So befinden sich Jesus und Petrus gemeinsam im Hof des hohepriesterlichen Palastes. Bei Lukas wird auch herausgearbeitet, dass es nur um eine Voruntersuchung gehen kann, denn die Kapitalgerichtsbarkeit lag bei den römischen Behörden.

An Petrus wird nun deutlich, dass Jesus in seiner Passion nicht nur das Schuldgeflecht der Menschen durchliebt, sondern auch **Scham** durchbricht. Petrus will Jesus nah sein und schafft es ans Feuer des feindlichen Lagers. Auf seine innere Nähe zu Jesus angesprochen, distanziert er sich jedoch entschieden zunächst von ihm, dann vom ganzen Freundeskreis. Er, der behauptet hat, mit Jesus bis in den Tod gehen zu wollen (↗ Lk 22,33), versagt jämmerlich. Das Ideal vom treuen Freund, das er von sich selbst hat, zerbricht an der Realität der Situation. Nur Lukas erzählt von dem Blick Jesu, mit dem er Petrus anschaut. Dieser Blick reicht durch alle Zeiten hin zu jedem Menschen, der vor Scham über sich selbst und seine oder ihre Situation vergehen möchte. Der Blick geht tiefer als das Verhängnis der Umstände, das Verleugnen der eigenen Zugehörigkeit und Identität, das Verlassen der Solidarität. Er hält an Petrus fest, wie er wirklich ist. Jesu bedingungslose Annahme wird nach dem totalen Zerbruch die Grundlage für den Glauben und die Beauftragung des Petrus werden (↗ Joh 21,15ff).

Dass Jesus als Prophet in einem Blinde-Kuh-Spiel verhöhnt wird, wird als Gotteslästerung benannt. Die Handlungseinheit mit Gott leuchtet auf. In der Beschämung, die nun begonnen hat, kommt er hinein in die Gemeinschaft aller Menschen, deren Leben von Scham gezeichnet ist. Beim Verhör bilden die Hoheitstitel Messias, Menschensohn und Gottes Sohn eine Steigerung, die in einem Ich-bin-Wort, einem göttlichen Offenbarungswort Jesu, gipfelt. Die erste Frage an ihn klingt wie die Frage des Teufels am Anfang des Wirkens Jesu (↗ Mt 4,3.6). Die Macht der Finsternis ergreift ihre Chance. Aber gerade durch die nun beginnende Erniedrigung, durch Ohnmacht, Schmerz und Tod wird sich Jesus als der erweisen, der als Menschensohn an Gottes Macht Anteil hat. Er wird zu Gottes „rechter Hand“, indem er sich an die tödliche Atmosphäre des Schuldigwerdens der Menschen ausliefert! Der, der in engster Gemeinschaft mit Gott lebt, wird zum Opfer der Menschen. In ihm fällt auch Gott den Menschen in die Hände. So offenbart ER SEINE unbedingte Liebesmacht.

Titel Jesu
↗ Mt 14,22–33; Mt 16,13–20

Ich-bin-Worte
↗ Joh 6

Das Matthäusevangelium (Mt 27,3–10) ergänzt an dieser Stelle eine Erzählung vom Tod des Judas. Er erhängt sich aus Verzweiflung. Lukas wird das erst in seinem zweiten Band, der Apostelgeschichte (Apg 1, 18–20), zur Sprache bringen. Beide Evangelisten berichten vom Kauf eines „Blutackers“ mit dem Geld für den Verrat. Bei Lukas kommt er darauf um. Es ist die todbringende Folge der Sünde, die ihn einholt.

Die Anklagen und Verhöre – Jesus vor Pilatus und Herodes Antipas Lk 23,1–12

1 Und die ganze Versammlung erhob sich, und sie führten ihn zu Pila-
tus. 2 Sie fingen aber an, ihn anzuklagen und sagten: „Wir haben festge-
stellt, dass der da unser Volk aufhetzt und verbietet, dem Kaiser Steuern
zu zahlen, und von sich sagt, er sei (der) Messias-König." 3 Pilatus aber
fragte ihn: „Bist du der König der Juden?" Er aber erwiderte ihm: „Das
sagst du!" 4 Pilatus aber sagte zu den Oberpriestern und der Volksmen-
ge: „Ich finde keine Schuld an diesem Menschen!" 5 Sie aber bestanden
nachdrücklich darauf und sagten: „Mit seiner Lehre hetzt er das Volk
überall in Judäa auf, angefangen von Galiläa bis hierher." 6 Als Pilatus das
hörte, fragte er, ob der Mensch ein Galiläer sei. 7 Und als er erfuhr, dass er
aus dem Herrschaftsgebiet des Herodes kam, schickte er ihn zu Herodes,
der sich in diesen Tagen auch in Jerusalem aufhielt. 8 Als aber Herodes
Jesus sah, freute er sich sehr, denn er wollte ihn schon lange kennen-
lernen, weil er von ihm gehört hatte, und hoffte, ein Zeichen zu sehen,
das durch ihn bewirkt wurde. 9 Er befragte ihn aber zu diesen Dingen, er
aber gab ihm keine Antwort. 10 Die Oberpriester und Schriftgelehrten
aber standen da und verklagten ihn heftig. 11 Da aber verachtete He-
rodes ihn samt seinen Soldaten und verspottete ihn, indem er ihm ein
glänzend weißes Kleid umlegen ließ, und schickte ihn zu Pilatus zurück.
12 Sie wurden aber Freunde miteinander, der Herodes und der Pilatus an
diesem Tag – vorher waren sie nämlich Feinde.

Pilatus
↗ Mk 15,1–15

Die Anklage vor dem römischen Präfekten als oberstem Gerichtsherrn wegen Hochverrats wird eröffnet. Sie stellt Jesus als politischen Revolutionär dar, der ein Königtum gegen die Römer aufrichten will und das Volk aufhetzt. Aus Jesu Antwort auf die Steuerfrage (↗ Mk 12, 13–17) und seinen Bedenken gegenüber der Davidssohnschaft des Messias (↗ Mk 12,35–37) wissen wir als Leserinnen und Leser, dass sie jeglicher Grundlage entbehrt – auch wenn sein Königtum der ganz anderen Art nach Lk 1,33 „kein Ende haben" wird. Jesus macht kein Geständnis, sondern gibt die Frage an Pilatus zurück. Aber er verteidigt sich auch nicht. Der Höhepunkt in der Erzählung des Lukas ist die Feststellung der Unschuld Jesu durch Pilatus. Er hält ihn für politisch harmlos. Seine Aufgabe als Präfekt ist, einen einfachen Menschen gegen falsche Anklagen der Mächtigen in Schutz zu nehmen. Dieser Aufgabe wird er zunächst gerecht. Aber die Ankläger machen nur noch mehr Druck. Der große Wirkungskreis Jesu kann einem Pilatus nicht gleichgültig sein. Gleichzeitig eröffnet ihm die Erwähnung Galiläas eine Möglichkeit, den Prozess los zu werden. Pontius Pilatus will die Zuständigkeit für Jesus an Herodes Antipas abschieben. Der ist als Landesherr für Galiläa zuständig. Beide regieren mit harter und blutiger Hand. Der römische Ritter ist von Kaisers Gnaden abhängig. Herodes wird von Jesus respektlos „Fuchs" genannt (↗ Lk 13,32). Sie pflegen misstrauisch und eifersüchtig ihre jeweiligen Machtsphären. Beide befinden sich anlässlich des für sie gefährlichen Festes in Jerusalem. Herodes schätzt die vermeintliche Ehre, die ihm sein Feind Pilatus erweist. Herodes will den Wundertäter schon lange kennenlernen. Aber Jesus lässt sich nicht manipulieren. Er befriedigt keine Sensationslust, nicht einmal jetzt, wo alles auf dem Spiel steht. Jesus wird als unschuldiger Verrückter verkleidet, als Möchtegern-König. Die weiße Toga ist purer Spott. So wird er Pilatus wieder vorgeführt. Lukas erzählt mit triefender Ironie, wie aus Herodes und Pilatus „feine Freunde" werden. Das ist das Gegenbild zur Freundschaft Jesu (↗ Joh 15,9–17).

Das Tauschangebot – Jesus oder Barrabas Lk 23,13–25

13 Pilatus aber rief die Oberpriester und die (anderen) führenden (Männer) und das Volk zusammen 14 und sagte zu ihnen: „Ihr habt mir diesen Menschen vorgeführt als einen, der das Volk aufhetzt, und schaut, ich habe ihn vor euch verhört und an diesem Menschen keine Schuld gefunden, derer ihr ihn angeklagt habt. 15 Sogar Herodes nicht, denn er hat ihn wieder zu uns zurückgeschickt, und schaut, er hat nichts getan, was die Todesstrafe verdient! 16 Ich werde ihn nun auspeitschen lassen und freigeben." 18 Da schrien sie alle auf und riefen: „Weg mit ihm! Gib uns aber den Barrabas frei!" 19 Der war nämlich wegen eines Aufruhrs, der in der Stadt geschehen war, und wegen Mordes ins Gefängnis geworfen worden. 20 Noch einmal redete Pilatus ihnen zu, weil er Jesus freilassen wollte. 21 Sie aber riefen (immer wieder): „Kreuzige, kreuzige ihn!" 22 Er aber sagte zum dritten Mal zu ihnen: „Was hat er denn Böses getan? Ich habe nichts an ihm gefunden, was die Todesstrafe verdient! Ich werde ihn nun auspeitschen lassen und dann freigeben!" 23 Doch sie setzten ihm mit lautem Geschrei zu und forderten, dass er gekreuzigt würde. Und ihr Geschrei hatte Erfolg. 24 Und Pilatus entschied, ihrer Forderung nachzukommen. 25 So ließ er den, der wegen Aufruhrs und Mordes ins Gefängnis geworfen worden war und den sie gefordert hatten, frei. Jesus aber lieferte er ihrem Willen aus.

Die Feststellung seiner Unschuld durch die Machthaber nützt Jesus nichts. Matthäus weiß sogar von einer Warnung durch einen Traum der Frau des Pilatus (Mt 27,19,), er solle von diesem Gerechten die Finger lassen. Hier gibt es nun eine zweite Verhandlung, zu der neben Mitgliedern des Hohen Rats auch Leute der aristokratischen Oberschicht und des Volkes zur Rechtsprechung dazu gerufen werden. Der Beifall des Volkes ist für die römische Urteilsfindung von Bedeutung. Pilatus erwartet wohl Unterstützung für seinen Vorschlag: foltern und freilassen. Aber die Menge fordert einen Gefangenenaustausch. Die Formulierung hier lässt stolpern. V. 17: „Er musste ihnen aber zu jedem Fest einen freigeben" (↗ Mk 15,6) findet sich nicht in den ältesten Handschriften. Während sich die Menschenmenge für die Freilassung eines Verbrechers einsetzt, wird Jesus solidarisch mit den Opfern der Menschen. Pilatus versagt in seinem Amt, für Gerechtigkeit zu sorgen. Im Matthäusevangelium „wäscht er seine Hände in Unschuld" (Mt 27,24). Fiese Freundschaft, falsche Freigabe, ungerechte Amtsausübung – Passion nach dem **Willen der Menschen** zeigt die total verkehrte Welt. Jesus trägt in dieses Unheil den **Willen Gottes** hinein, mit dem er eins geworden ist (↗ Lk 22,39–46). Die Passion Jesu ist deshalb überliefert, weil sich im Nachhinein erschließt: Durch das tödliche Wollen der Menschen hindurch hat Gott etwas Heilvolles bewirkt – **das** ist SEIN Wille.

Der Kreuzweg Lk 23,26–31

26 Und als sie ihn abführten, trafen sie auf einen gewissen Simon von
Kyrene (in Nordafrika), der (gerade) vom Feld kam. Ihm luden sie den
Kreuzesbalken auf, um ihn hinter Jesus her zu tragen. 27 Es folgte ihm
aber eine große Menge aus dem Volk und Frauen, die sich vor Schmerz
an die Brust schlugen und ihn beklagten. 28 Da drehte sich Jesus zu ih-
nen um und sagte: „Ihr Töchter Jerusalems, weint nicht über mich! Weint
vielmehr über euch und eure Kinder, 29 denn siehe, es kommen Tage, an
denen man sagen wird: ‚Glücklich sind die, die keine Kinder bekommen
haben, und die Mutterschöße, die nicht geboren haben, und die Brüste,
die nicht gestillt haben!'" 30 Dann wird man anfangen, (mit Hos 10,8) zu
den Bergen zu sagen: ‚Fallt über uns!', und zu den Hügeln: ‚Deckt uns
zu!' 31 Denn wenn man das am grünen Holz tut, was wird erst am dürren
geschehen?"

Ein Passant wird nach römischem Recht (↗ Mt 5,41) zwangsverpflichtet, den Querbalken des Kreuzes zur Hinrichtungsstätte zu tragen. Der Pfahl ist schon dort aufgestellt. Simon ist ein aus der Fremde zurückgekehrter Jude. Er ist der erste in der „Kreuzesnachfolge". Sein Name gehört nun in die Jesusüberlieferung hinein. Der Heiland (↗ Lk 4), der so vielen geholfen hat, kann nicht mehr weiter. Er ist auf fremde Hilfe angewiesen. Von den Jüngern ist nichts mehr zu hören und zu sehen. Inmitten der schaulustigen Menge halten Frauen mit ihm seinen Schmerz aus. Aber Jesus weist den Dienst ihrer Totenklage für ihn zurück. Er, der über Jerusalem geweint hat, braucht sie nicht. Er sieht vielmehr ihr Unheil am Horizont (↗ Lk 19, 41–44). Wenn schon Jesus, der Gerechte, ein so schlimmes Schicksal erleiden muss – wieviel mehr wird es die Stadt treffen, in der so großes Unrecht geschieht!

Die Kreuzigung Lk 23,32–38

32 Es wurden aber auch zwei weitere Verbrecher abgeführt, um mit
ihm hingerichtet zu werden. 33 Und als sie an den Ort kamen, der „Schä-
del" genannt wird, kreuzigten sie dort ihn und die Verbrecher, den einen
zur Rechten, den anderen zur Linken. 34 Jesus aber sagte: „Vater, vergib
ihnen, denn sie wissen nicht, was sie tun!" (Dieses Wort fehlt in einem
Teil der besten Handschriften.) Als sie aber seine Kleider verteilten, war-
fen sie das Los (wie es in Ps 22,19 steht). 35 Und das Volk stand dabei und
schaute zu. Die führenden (Männer) aber verhöhnten ihn und sagten:
„Andere hat er gerettet – soll er sich (doch) selbst retten, wenn er der
Messias (griech.: Christus) Gottes ist, der Auserwählte!" 36 Aber auch
die Soldaten trieben ihr Spiel mit ihm, kamen heran, reichten ihm Es-
sig 37 und sagten: „Wenn du der König der Juden bist, rette dich selbst!"
38 Es war auch ein Plakat über ihm (angebracht): „Der König der Juden
(ist) dieser!"

Der Vorgang der **Kreuzigung** wird in den Evangelien nicht beschrieben. Er wird als bekannt vorausgesetzt. Wir können heute die Bedeutung dieser Hinrichtungsart in der Antike kaum ermessen. Sie wurde durch Kaiser Konstantin im 4. Jh. n. Chr. abgeschafft. Die Darstellungen, die wir aus der Kunstgeschichte kennen, gehen deshalb nicht auf historische Anschauung zurück. Diese Art der Todesstrafe galt im Römischen Reich als barbarisch, weil sie nicht nur extremes und langes physisches Leiden bedeutete. Menschen wurden durch sie erniedrigt, nackt ausgestellt und aus der menschlichen Gemeinschaft ausgestoßen. Ein römischer Bürger nahm nicht einmal das Wort in den Mund. Außer Jesus wurden Zehntausende von Menschen in der Antike gekreuzigt. Kreuze gab es in verschiedenen Formen, auch einfach als Pfahl oder in T-Form. Um das Körpergewicht zu tragen, wurden die Nägel durch den Unterarm oder das Handgelenk getrieben. Die Füße konnten auch seitlich angenagelt werden. Je mehr Stütze das bot, umso länger dauerte die Qual. Sie entstand nicht nur durch diese Verletzungen, sondern durch Krämpfe und Atemnot, weil die Brustmuskulatur ermüdete. Wer rechtzeitig abgenommen wurde, konnte überleben. Manchmal dauerte es Tage, bis der Tod eintrat. Je schlimmer die Auspeitschung und der damit einhergehende Blutverlust vorher ausfiel, desto schneller verlief das Sterben. Jesus scheint extrem grausam gegeißelt worden zu sein. Er stirbt innerhalb von sechs Stunden. Für die Anhänger und Jüngerinnen Jesu war dieser Tod ein Trauma. Er war das Ende ihres Glaubens an Jesus, den Messias, den Sohn Gottes. Als sie nach den Osterereignissen (↗ Lk 24) zu einer Deutung fanden und Glauben an einen gekreuzigten Herrn verkündeten, war sein Kreuzestod eine enorme emotionale, soziale und spirituelle Hürde, die Menschen überwinden mussten. Christen hatten mit dem Ruf eines gefährlichen und gotteslästerlichen Irrglaubens zu kämpfen. Wie konnte ein auf diese schmähliche Weise Gescheiterter der Messias Gottes sein? Wurden durch dieses Ende seine Sendung und seine Botschaft nicht widerlegt?! Dass das Kreuz Widerstände weckt, liegt in der Natur der Sache.

Golgota
↗ Mk 15,22

Der Ort der Kreuzigung wird hier (V. 33) gleich griechisch übersetzt. Im Spott der Mitglieder des Hohen Rats (V. 35) drückt sich aus, dass Israels „Trost“ und „Erlösung“ durch den Messias (↗ Lk 2,25.38) als starker Auftritt und Befreiung Jerusalems erwartet wurden. So entsprach das auch der Hoffnung der Jünger, die durch die Kreuzigung einer tiefen Enttäuschung weicht (↗ Lk 24,21). Einen gescheiterten Gesalbten, den König Saul, gab es auch im AT. Der Königstitel wurde als Hinrichtungsgrund bekannt gemacht und von den Soldaten verspottet. Ihnen fällt die Kleidung der Verurteilten zu.

in der Passion
Ps 22
↗ Mk 15,16–41

Mitten im Unheil: Das Heute des Heils Lk 23,39–43

39 Einer der aufgehängten Verbrecher aber lästerte über ihn ab und
sagte: „Bist du nicht der Messias (griech.: Christos)? (Dann) rette dich
selbst und uns!“ 40 Der andere aber wies ihn heftig zurecht und sagte:

„Fürchtest du nicht einmal Gott, obwohl du vom selben Urteil betroffen
bist? 41 Aber wir gerechterweise, denn wir bekommen, was unsere Ta-
ten wert sind. Dieser aber hat nichts Unrechtes getan!“ 42 Und er sagte:
„Jesus, denk an mich, wenn du in dein Reich kommst (auch: wenn du in
deiner Königswürde kommst oder wenn du zu deiner Königsherrschaft
kommst)!“ 43 Darauf sagte er zu ihm: „Amen, ich sage dir, heute wirst du
mit mir im Paradies sein!“

Anders als bei Markus (↗ Mk 15,32) macht hier einer der Mitgefolterten nicht beim Spott mit. Er sieht schon das kommen, was die Jünger erst viel später mühsam in der Nachhilfe des Auferweckten (↗ Lk 24) begreifen: Gerade sein Leiden ist Durchbruch zur Herrlichkeit bei Gott. Jesus bleibt auch unter großen Qualen Seelsorger. Sein Zuspruch des Paradieses nach dem Tod ist einzigartig im NT. Dass Verstorbene an einem geborgenen, glücklichen Ort aufgehoben sind, wird auch in der Beispielgeschichte vom armen Lazarus vorausgesetzt (↗ Lk 16, 22–26), auch wenn das nicht Zielgedanke dieser Beispielgeschichte ist. Im Gespräch mit den Sadduzäern wird die Hoffnung Jesu auf ein Weiterleben nach dem Tod deutlich, allerdings nicht als Fortsetzung irdischer Verhältnisse. Auch Paulus erwartet, nach seinem Tod direkt bei Christus zu Hause zu sein (Phil 1,23: „Ich habe wohl Lust, von hier zu scheiden und bei Christus zu sein …“). In dem Heute aktualisiert sich die heilvolle Gottesgeschichte des AT neu – wie zu Beginn des Auftretens Jesu (↗ Lk 4,14–22) und der Einkehr Jesu bei Zachäus (↗ Lk 19, 5.9). Das Paradies ist poetische Umschreibung für einen Raum tiefster Lebensqualität und höchsten Gottesglücks.

Auferstehungshoffnung
↗ Mk 12,18–27

Das Sterben Lk 23,44–49

44 Und es war bereits gegen zwölf Uhr (wörtl.: ungefähr die sechste
Stunde), da kam eine Finsternis über das ganze Land bis drei Uhr (wörtl.:
bis zur neunten Stunde), 45 weil die Sonne sich verfinsterte. Der Vorhang
im Tempel aber spaltete sich in der Mitte. 46 Und Jesus rief mit lauter
Stimme (mit Worten aus Ps 31,6): „Vater, in deine Hände lege ich meinen
Geist!“ Als er das gesagt hatte, hauchte er (sein Leben) aus. 47 Als aber
der Hauptmann sah, was geschah, lobte er Gott und sagte: „Wirklich,
dieser Mensch war ein Gerechter!“ 48 Und alle in der Menschenmenge,
die bei diesem Schauspiel dabei waren, schlugen sich an die Brust, als
sie sahen, was geschah, und kehrten um. 49 Alle aber, die ihn kannten,

standen in einiger Entfernung (wie es in Ps 38,12 steht). Auch die Frauen, die ihn von Galiläa an begleitet hatten, sahen das (alles mit an).

Die zeichenhafte Finsternis mitten am Tag bedeutet, dass der Kosmos, die geordnete Welt, aus den Fugen geraten ist (↗ Mk 15,33). Das letzte Wort Jesu ist bei Lukas ein Gebet aus Ps 31, ein Abendgebet. Jesus gibt sein Leben bewusst an den Vater zurück (↗ auch Joh 19,30). Aber auch dieser Psalm ist wie Ps 22, der bei Markus die Passionsüberlieferung durchzieht, ein Gebet, in dem die Klage über Feinde ausgebreitet wird mit der Angst, von Gott verstoßen zu sein, der Bitte um Errettung und dem Dank für die Erhörung. Wie bei der Taufe Jesu der Himmel aufging (↗ Mk 1,10), öffnet sich hier der Vorhang des Tempels, der Vorhang vor dem allerheiligsten Ort der Gegenwart Gottes, der symbolisch Himmel und Erde trennt. Wie Jesus den Geist von Gott bekommen hat, gibt er ihn nun wieder zurück. Der Eingang für den Rückweg ist nun bildlich geöffnet. Der Himmel steht offen (↗ auch Mk 15,38). Der römische Offizier bekennt, dass Jesus ein Gerechter war. Das ist kein Messiastitel, wie er in Mk 15,39 angedeutet wird. Der Hauptmann hat anscheinend gespürt, dass Jesus unschuldig war, und hält ihn ethisch für einen ganz besonderen Menschen. Ein Gerechter ist ein Glücksfall für alle Menschen. Jesus ist einer, der seine Gerechtigkeit nicht für sich behält, sondern „für uns" einsetzt.

„für uns"
↗ Lk 22,14–20

Gerecht sein gehört nach Sach 9,9 „Siehe, dein König kommt zu dir – ein Gerechter und ein Helfer" zum Messias.

Die Zuschauer sind betroffen. Sie schlagen sich an die Brust, was Trauer, aber auch Reue ausdrückt. Die Jüngerinnen Jesu (↗ Lk 8,1ff) sind als Augenzeuginnen Bindeglieder zwischen Karfreitag und Ostern. **„Karfreitag"** bedeutet Freitag des Klagens, Trauerns und Schreiens.

Das Begräbnis Lk 23,50–56

50 Und sieh, ein Mann namens Joseph, Mitglied des Hohen Rats und
ein guter und gerechter Mann 51 – dieser hatte ihrem Beschluss und der
Ausführung nicht zugestimmt – aus der jüdischen Stadt Arimathäa, der
wartete auf das Reich Gottes. 52 Dieser ging zu Pilatus und bat um den
Leib Jesu. 53 Und er nahm ihn (vom Kreuz) ab und wickelte ihn in feines
Leinen und legte ihn in ein Felsengrab, in dem noch nie jemand gelegen

hatte. 54 Und es war Vorbereitungstag (für den Sabbat), und der Sabbat
leuchtete (kurz nach achtzehn Uhr mit dem Abendstern) auf. 55 Es folg-
ten ihm aber auch die Frauen, die ihn von Galiläa an begleitet hatten, schauten sich das Grab an und wie sein Leib hineingelegt wurde. 56 Sie
bereiteten aber Aromen und wohlriechendes Öl vor. Den Sabbat über ruhten sie, wie es das Gesetz vorschreibt.

Joseph, aus einem Ort an der Grenze zwischen Judäa und Samaria, ist gerecht wie Zacharias und Elisabeth (↗ Lk 1,6) und lebt so authentisch wie Simeon und Hanna (↗ Lk 2,25.36–38). Er teilt mit Jesus die Erwartung des Gottesreichs. Lukas nimmt nun wieder Motive aus dem Anfang seines Evangeliums auf. Joseph sorgt dafür, dass der Leichnam Jesu nicht über Nacht hängen bleibt.

Dt 21,22f Hat jemand eine Sünde getan, die ein Todesurteil nach sich zieht, und er wird getötet und an ein Holz gehängt, so soll sein Leichnam nicht über Nacht an dem Holz bleiben, sondern du sollst ihn am selben Tag begraben. Denn ein Aufgehängter ist von Gott verflucht, und du sollst dein Land nicht unrein machen, das dir der HERR, dein Gott, zum Erbe gibt.

Die Leichen von Gekreuzigten blieben zur Abschreckung oft tagelang hängen und waren dem Fraß der Tiere ausgesetzt, bevor ihre Überreste ehrlos verscharrt wurden. Die Juden kümmerten sich dagegen um ihre Angehörigen oder Freunde – hier sorgt Joseph als Freund für Jesus. Wahrscheinlich hat sich Pilatus das gut bezahlen lassen. Jesus wird in einem in den Felsen gehauenen Grab bestattet, die Frauen bilden seinen Leichenzug. Weil der Sabbat anbricht, müssen sie sich beeilen. Das Gelände Golgota außerhalb der damaligen Stadtmauer und dieses besondere Grab, das in der heutigen Grabeskirche in Jerusalem gezeigt wird, haben eine kontinuierliche historische Tradition hinter sich.

Karfreitag war das Ende aller Messiashoffnung, Trauma und totaler Zerbruch. Dass das nicht das Ende der Jesusüberlieferung war und die Erinnerung an ihn für immer in der Geschichte verloren ging, ist die Folge von umwälzenden Geschehnissen nach diesem schrecklichen Tod. Von diesen Ereignissen erzählt Lukas in drei Teilen.

Die Frauen finden ein leeres Grab Lk 24,1–12

1 Doch frühmorgens am ersten Wochentag kamen sie zum Grab und brachten die aromatischen (Öle mit), die sie zubereitet hatten. 2 Sie fanden aber den Stein vom Grab weggewälzt. 3 Als sie aber hineingingen, fanden sie den Leib des Herrn Jesus nicht. 4 Und es geschah, als sie darüber ratlos waren, siehe: Zwei Männer in glänzenden Gewändern traten zu ihnen! 5 Als sie aber vor Schreck ihren Blick zur Erde neigten, sagten sie zu ihnen: „Warum sucht ihr den Lebendigen bei den Toten? 6 Er ist nicht hier, sondern ist (von Gott) auferweckt worden! Erinnert euch, wie er zu euch geredet hat, als er noch in Galiläa war 7 und sagte: ‚Der Menschensohn muss in die Hände sündiger Menschen ausgeliefert und gekreuzigt werden und am dritten Tag auferstehen.'" 8 Und sie erinnerten sich an seine Worte. 9 Und sie kehrten vom Grab zurück und verkündeten das alles den Elfen und allen Übrigen. 10 Es waren aber die Maria Magdalena, Johanna, Maria, die (Mutter) von Jakobus und die übrigen mit ihnen. Sie erzählten das (Erlebte) den Aposteln. 11 Und diese Reden schienen ihrer Ansicht nach leeres Geschwätz (zu sein), und sie glaubten ihnen nicht. 12 Der Petrus aber stand auf und rannte zum Grab, und als er sich hinein bückt, sieht er nur die Leinenbinden. Und er ging zu sich (nach Hause) zurück und wunderte sich über das, was (da wohl) geschehen war.

Statt Furcht und Flucht (↗ Mk 16,1–8) eröffnet Lukas in seiner Erzählung eine weitere Perspektive, weg vom Grab (wie sich auch die Maria Magdalena in Joh 20 wegwenden muss). Die Worte der Engel weisen die Frauen auf die lebensschaffende Energie Gottes hin. Sie erinnern sich an die Worte Jesu. Sie werden zu Botinnen des Osterereignisses. Aber bei den Jüngern löst die Nachricht vom leeren Grab keinen Osterglauben aus.

Mit dieser Überlieferung, dass die Frauen ein **leeres Grab** vorfinden, nahmen die Anhänger und Jüngerinnen Jesu in Kauf, dass ihre Aussagen als Hirngespinste abgetan und für null und nichtig erklärt wurden. Frauen hatten in der damaligen Gesellschaft kein Zeugenrecht. Das atl. Recht, dass eine wahre Aussage „aus zweier Zeugen Mund" bestätigt werden soll (Dtn 19,15), bezog sich nur auf Männer. In den vier Evangelien stimmen bei allen verschiedenen Details die Überlieferungen darin überein, dass Frauen die ersten Zeuginnen des Eingreifens Gottes am Sonntagmorgen waren. Das spricht für die Wahrhaftigkeit dieser Zeugnisse. Das Auffinden des leeren Grabes war eine der beiden alten Überlieferungstraditionen der Osterereignisse. Das leere Grab wurde auch von der Gegenseite zur Kenntnis genommen, aber anders gedeutet. Das hält der Evangelist Matthäus in einer Notiz fest (↗ Mt 28,11–15).

Der zweite Überlieferungskreis betrifft die **Erscheinungen** des Auferstandenen. Bei allen unterschiedlichen und voneinander abweichenden Geschichten setzt sich die Erkenntnis durch: Gott hat eingegriffen. Er hat Jesus nicht vor dem Tod gerettet. Er hat Jesus durch den Tod hindurch lebendig gemacht. Es ist etwas nie Dagewesenes von Gott her am toten Jesus geschehen. Dadurch ist etwas mit dem Tod geschehen. Er hat seine Allgemeingültigkeit verloren. Die Liebesmacht Gottes hat an dieser Stelle der Geschichte einen Durchbruch geschaffen, der alles verändert! Nun muss auch sein Schandtod am Kreuz neu gedeutet werden. Er war kein Scheitern. Wie diese völlig neue Wahrnehmung möglich wurde, erzählt die Weggeschichte der Emmaus-Jünger. Sie wollen nach dem traumatischen Karfreitag, der alle Messiashoffnung ausgelöscht hatte, in ihr altes Leben zurück. Kleopas, einer der beiden, war nach alten Überlieferungen ein Verwandter Jesu.

Der Auferstandene begleitet zwei Jünger auf dem Weg nach Emmaus Lk 24,13–35

13 Und sieh, zwei von ihnen wanderten an diesem Tag zu einem Dorf, das etwa elf Kilometer (wörtl.: sechzig Stadien) von Jerusalem entfernt war. Es hieß Emmaus (sprich: Emma-us). 14 Und sie unterhielten sich miteinander über die Ereignisse. 15 Und es geschah, während sie miteinander redeten und hin und her überlegten, dass Jesus selbst sich näherte und mit ihnen mitging. 16 Und ihre Augen waren wie verschlossen, so dass sie ihn nicht erkannten. 17 Da sprach er sie an: „Was sind das für Reden, die ihr miteinander beim Wandern wechselt?“ Da blieben sie verstört stehen. 18 Da antwortete aber der eine, der Kleopas hieß, und sagte zu ihm: „Bist du der einzige Fremde in Jerusalem, der nicht weiß, was dort in diesen Tagen passiert ist?“ 19 Und er fragte sie: „Was denn?“ Sie aber sagten zu ihm: „Das mit Jesus von Nazareth, der ein prophetischer Mensch war, mächtig wirksam in Taten und Worten vor Gott und dem ganzen Volk, 20 wie ihn unsere Oberpriester und führenden (Männer) an die Todesstrafe auslieferten und ihn kreuzigen (ließen). 21 Wir aber hofften, dass er es sei, der Israel erlösen werde. Aber nun ist alles in allem schon der dritte Tag, seitdem das geschehen ist. 22 Aber auch einige Frauen von uns haben uns erschreckt. Sie waren frühmorgens am Grab 23 und fanden seinen Leib

nicht und kamen und behaupteten, sie hätten eine Erscheinung von En-
geln gesehen, die gesagt hätten, er lebe. 24 Und einige von uns gingen
zu dem Grab und fanden es so, wie die Frauen gesagt hatten. Ihn selbst
aber sahen sie nicht." 25 Und er sagte zu ihnen: „O seid ihr schwer von Be-
griff und träge im Herzen, allem zu glauben, was die Propheten geredet
haben! 26 Musste das der Messias nicht erleiden, um in seine Herrlichkeit
einzugehen?" 27 Und angefangen bei Mose bis zu allen Propheten erklär-
te er ihnen in allen Schriften, was sich auf ihn bezog. 28 Und sie näherten
sich dem Dorf, zu dem sie unterwegs waren, und er tat so, als wollte er
weitergehen. 29 Und sie bedrängten ihn und sagten: „Bleibe bei uns, denn
es will Abend werden, und der Tag hat sich geneigt!" Und er ging hinein
(ins Haus), um bei ihnen zu bleiben. 30 Und es geschah, als er mit ihnen
zu Tisch lag, nahm er das Brot, sprach den Lobpreis, brach es und gab es
ihnen. 31 Ihnen wurden aber die Augen geöffnet, und sie erkannten ihn.
Da verschwand er vor ihnen. 32 Und sie sagten zueinander: „Brannte nicht
unser Herz in uns, als er auf dem Weg zu uns redete und uns (einen neuen
Zugang zu) den Schriften öffnete?" 33 Und sie standen noch in derselben
Stunde auf und kehrten nach Jerusalem zurück und fanden die Elf und
die mit ihnen zusammen waren, 34 die sagten: „Der Herr ist wirklich (von
Gott) auferweckt und hat sich Simon gezeigt!" 35 Und sie erzählten aus-
führlich, was auf dem Weg passiert war und wie er von ihnen am Brechen
des Brotes erkannt worden war.

Das Fürwahrhalten des leeren Grabes macht noch keinen Osterglauben. Selbst die mitgehende Gegenwart des auferweckten Jesus bedeutet zunächst nur Trauerbegleitung. Dass sich Augen für ihn öffnen, dass er erkannt wird in seiner neuen Lebendigkeit, ist das Osterwunder. Es geschieht nicht aus den Jüngern selbst heraus. „Es ist der Herr!" Er lässt sie sich alles von der Seele reden. Er macht eine klare Ansage über die Trägheit ihrer Herzen. Er öffnet ihnen eine neue Sicht der Schriften des AT (↗ Lk 24,44ff). Im Rückblick der beiden beginnen hier ihre Herzen zu brennen. Aber erst sein Handeln als Hausvater beim gemeinsamen Essen bewirkt das Erkennen. Wo die Gemeinschaft mit dem Auferstandenen beim Brotbrechen erkannt wird, bedeutet das auch Erneuerung der Gemeinschaft – durch allen Bruch der Freundschaft, durch alles Schuldigwerden hindurch. Mahlgemeinschaft in der damaligen Zeit bedeutete umfassenden Frieden und Heilung zerstörter Gemeinschaft. Bis heute sind das die Zugänge zum Osterglauben: die Arbeit an und mit der Bibel in Erwartung eines unverfügbaren sich Erschließens und das Abendmahl in der Hoffnung der heilenden und erneuernden Gegenwart Jesu Christi.

Die Rückkehr der Emmausjünger in die Gemeinschaft hinein wird ein Zurück in ein neues Leben. Dort begegnet ihnen der Oster-Ruf der anderen. V. 34 ist ein Bekenntnis, das in seiner fest geprägten Form auf eine ganz alte Überlieferungsschicht zurückgeht.

Der Auferstandene ist lebendige Wirklichkeit und erscheint allen Jüngerinnen und Jüngern – Vermächtnis und Verheißung in Jerusalem Lk 24,36–53

36 Aber während sie das besprachen, stand er (plötzlich) selbst in
ihrer Mitte und sagte zu ihnen: „Friede (sei) mit euch!" 37 Weil sie aber to-
tal erschrocken und verängstigt waren, meinten sie, einen Geist (griech.:
pneuma) zu sehen. 38 Und er sagte zu ihnen: „Warum seid ihr (so) ver-
wirrt, und warum steigen solche Gedanken (auch: Zweifel) in euren Her-
zen auf? 39 Seht meine Hände und meine Füße – ich selbst bin es! Betas-
tet mich und überzeugt euch davon, dass ein Geist weder Fleisch noch
Knochen hat, wie ihr es an mir seht!" 40 Und während er das sagte, zeigte
er ihnen die Hände und die Füße. 41 Als sie noch ungläubig vor Freude
waren und (nur) staunen (konnten), sagte er zu ihnen: „Habt ihr hier et-
was Essbares?" 42 Sie aber gaben ihm ein Stück gebratenen Fisch. 43 Und
er nahm es und aß es vor ihren Augen.

44 Er aber sagte zu ihnen: „Dies sind meine Worte, die ich zu euch ge-
sagt habe, als ich noch bei euch war: Alles muss erfüllt werden, was im
Gesetz des Mose und den Propheten und Psalmen über mich geschrie-
ben steht." 45 Dann öffnete er ihnen den Verstand, um die Schriften zu
verstehen, 46 und sagte zu ihnen: „So steht (es) geschrieben: Der Messias
muss leiden und am dritten Tag von den Toten auferstehen. 47 Und in
seinem Namen muss allen Völkern (Herzen verändernde) Umkehr zur
Vergebung der Sünden verkündet werden – ausgehend von Jerusalem.
48 Dessen seid ihr Zeugen. 49 Und siehe, ich sende die Verheißung mei-
nes Vaters auf euch! Ihr aber sollt in der Stadt bleiben, bis ihr ausgestat-
tet werdet mit Kraft von oben."

50 Er führte sie aber hinaus bis in Richtung Bethanien und hob seine
Hände und segnete sie. 51 Und es geschah, während er sie segnete, ver-
schwand er vor ihnen und wurde zum Himmel emporgehoben. 52 Und
sie fielen vor ihm nieder und kehrten in großer Freude nach Jerusalem
zurück 53 und waren die ganze Zeit im Tempel und lobten Gott.

Auch der letzte Abschnitt des Lukasevangeliums enthält drei Teile: die Erzählung von dem leiblichen Erscheinen des Auferweckten, seine Abschiedsrede und den Segen, bei dem er in die Sphäre Gottes aufgenommen wird. Der auferweckte Jesus wird an drei Merkmalen identifiziert: am Brotbrechen mit den Emmausjüngern, am Friedensgruß in der Gemeinschaft und an den in den Auferstehungsleib unwiderruflich eingezeichneten Verwundungen durch seine hingebende Liebe.

Der auferweckte Jesus ist immer noch der, der die Herzen kennt (↗ Joh 1,48) und weiß, was seine Menschen brauchen. Dem Osterglauben geht die Überzeugungsarbeit des Auferstandenen an seinen resignierten Anhängern voraus. Je größer die gute Nachricht, desto schwerer fällt das Umdenken! Der Glaube an die Endgültigkeit des Todes ist nicht nur in uns tief verwurzelt. Auch die Zeitgenossen Jesu glaubten nicht an eine Totenauferstehung Einzelner. Erst spät im AT erscheint die Hoffnung am Horizont, dass am Ende der Zeiten eine kollektive Auferweckung durch Gott geschehen wird. Lukas erzählt von der Leiblichkeit der Auferstehungswirklichkeit. Jesus ist eindeutig mehr und anders als ein Schatten aus der Totenwelt. Dafür hielten ihn seine Freunde zuerst. Deshalb der Schrecken. Denn das Zurückkommen von Toten war nur als Bedrohung zu deuten. Totenkult und Totenbefragung sind im AT tabu. Es ist streng verboten, Tote zu beschwören. Der König Saul wird darüber zu einer tragischen Figur (1. Sam 28).

Auferstehungshoffnung im AT
↗ Joh 11,25

Lev 19,31 Ihr sollt euch nicht an die Totenbeschwörer wenden, noch an die Zeichendeuter …

Die Evangelien bezeugen: Auferweckung Jesu durch Gott ist etwas ganz anderes als das schattenhafte, nur gleichsam geflüsterte Dasein im Totenreich wie im AT. Jesus ist kein Geist. Wenn die an Jesus zum Glauben Gekommenen seinen Namen anrufen, ist das keine Totenbeschwörung. Ohne die alles verändernden Osterereignisse hätte sich kein gläubiger jüdischer Mensch auf so etwas eingelassen. Jesus ist kein Wiedergänger. Der Auferstandene ist auch kein Zombie. Seine neue Seinsweise in persönlicher Anrede und situationsverwandelndem Wort, Brotbrechen, Zeichen des Kreuzes, Friedensgruß und Segen ist die Art und Weise, wie er bis heute im Gottesdienst gegenwärtig ist. Er ist für seine Jüngerinnen und Freunde damals identifizierbar und doch der ganz andere. Er ist Widerfahrnis und doch vertraut. Seine Auferstehung sprengt alle Kategorien, ist bisher nie Dagewesenes und deshalb nicht abzuleiten aus bisherigen Erfahrungen. Dennoch setzt sie nachweislich geschichtliche Auswirkungen in Gang.

Abschiedsreden
↗ Joh 14–17

Lk 24,44ff Die Abschiedsrede zeigt sein inhaltliches Vermächtnis. Bei antiken Abschiedsreden gab es für die Schriftsteller literarische Gestaltungsfreiheit. Für Lukas ist hier die **Schrifterkenntnis** wichtig, die nur der Auferstandene selbst den Jüngern eröffnen konnte. Hier wird der neue Verstehensprozess von Lk 24,45 noch einmal aufgenommen. Eine neue Hermeneutik, eine neue Herangehensweise an das AT entsteht, bewirkt durch die Ostererfahrung. Das „Gesetz des Mose“ in V. 44 meint auch die erzählenden Passagen in den fünf Büchern mit Mose als Hauptfigur. „Die Propheten“ schließen auch die Erzählschriften ein (ohne die Chroniken). Die Psalmen, das Gebetsbuch des AT, sind der Kern des dritten Teils des atl. Kanons, den sonstigen Schriften. Die messianischen Weissagungen des AT deuten, für sich gelesen, nicht auf einen leidenden Messias hin. Ein gekreuzigter Retter ließ sich nicht aus den Schriften des AT ableiten. Noch weniger die Auferweckung eines Einzelnen durch Gott. Aber nun werden plötzlich Spuren davon sichtbar. Erst jetzt werden die Geschehnisse um den Tod Jesu und das Kreuz erschlossen, neu gedeutet und überhaupt erzählbar. In der Tora ist z. B. an die Erzählung von Josef zu denken, der eine lange Leidenszeit in Ägypten durchstehen musste. In den prophetischen Schriften rückt z. B. Jes 53, das vierte Gottesknechtslied (↗ Mk 14,12–25), in den Fokus des Lesens mit neuem Vorverständnis, nämlich der ganzen Jesusgeschichte. Auch die Psalmenzitate in den Passionsgeschichten zeugen von dieser völlig neuen Deutung. Der Gekreuzigte hat sie selbst vorgegeben durch seinen Schrei aus Ps 22, aber nun erschließen sich der Ostergemeinde erst die tieferen Sinndimensionen und die vielfältigen weiteren Bezüge, die vorher verborgen waren.

Neues Lesen des AT
↗ Joh 1

Die Abschiedsrede eröffnet das gemeinsame Feiern einer neuen Wirklichkeit. Der auferstandene Herr selbst bringt den unterbrochenen Gottesdienst des Zacharias am Anfang des Evangeliums zu einem guten Ende. Die Erfahrung der Osterwirklichkeit am ersten Tag der Woche wird seitdem in der gottesdienstlichen, gemeinschaftlichen Feier vergegenwärtigt und ist offen für neue Begegnung und Erfahrung.

Ostern: Entgegen aller Hoffnungslosigkeit, aller Enttäuschung über Jesus und sich selbst, widerfährt einzelnen Jüngerinnen und Jüngern und der ganzen Gemeinschaft eine vollkommen neue Art der Gegenwart Jesu. Das leere Grab und die Erscheinungen des Auferstandenen müssen erst zusammengebracht werden. Diese Erfahrungen ergänzen sich und verweben sich zur Gewissheit: Gott hat eingegriffen. ER hat SEINEN Jesus aus dem Tod geholt. Nun kann der Tod am Kreuz nicht mehr als Schande und Scheitern verstanden werden. Gott hat sich radikal auf die Seite Jesu und seiner ganzen Geschichte gestellt. ER gibt allem, was er gesagt und getan hat, Recht. Das Kreuz hat das nicht durchgestrichen. Es hat unterstrichen, wer Jesus war und wofür er gelebt hat. Jesus lässt sich nicht mehr aus der Welt schaffen. Sein „für uns" (↗ Lk 22,14–20) gilt nun für immer.

Trinität
↗ Joh 1,1–2.14; Joh 14

Gott wird neu erfahren. Der mehrfach dreifache Aufbau dieses Kapitels des Evangeliums deutet an: **Gott wird nun dreifach, trinitarisch, bezeugt.** Gott ist von nun an DER, DER unseren Herrn Jesus Christus von den Toten auferweckt hat (so Paulus in Röm 4,24). Diese gewaltige Liebesenergie macht SEIN Wesen aus. Von Gott kann nicht mehr geredet werden, ohne von Jesus zu reden. Von Gott und Jesus kann nicht mehr geredet werden ohne die Wunden, die das Kreuz ihnen zugefügt hat. Das ist mehr als eine theologische Entdeckung der ersten Jüngerinnen und Jünger. Es ist geistgewirkte Wahrnehmung, die die Reflexion von Karfreitag und Ostern und den Rückblick auf das Leben Jesu begleitet. Sie wurzelt im Widerfahrnis, das aus Gottes Geistkraft erwachsen ist und aus einem resignierten und hoffnungslosen Häufchen ehemaliger Jesusanhänger Zeuginnen und Zeugen gemacht hat, die den damals bekannten Weltkreis mit der Botschaft erobern: Jesus lebt! Von diesem Geistgeschehen und wie Menschen in die Gottesgeschichte hineingezogen werden, handelt der zweite Teil des lukanischen Geschichtswerks, die Apostelgeschichte.

Es ist die Fortsetzungsgeschichte vom **Gottesreich**: Das Reich Gottes hat seinen Ursprung in der Gottes-Geschichte des AT, in die Jesus sich hineinstellt. Sie ist das, was am Ende zählt, nicht die vermeintlichen Erfolgsgeschichten der Menschen. Gottes Reich ist die göttliche Gegenwart, die im Ich-bin des Gekreuzigten und Auferstandenen die Welt durchwirkt (davon erzählt das Johannesevangelium). Es ist eine Gegenwart, die uns entgegenkommt. Es ist Gottes Zukunftsoffensive, die umfassend Orientierung gibt. Es ist Gottes weltverwandelnde Geistkraft, die sich am Ende gegen alle Zerstörungskräfte des Bösen durchsetzen wird. Sie kommt nicht durch menschliche Aktivität, aber sie stiftet Menschen mit ihrer fürsorglichen und friedensstiftenden Kraft an. Sie wirkt in und durch die Gemeinde Jesu, die Kirche, aber sie geht nicht darin auf. Gottes Reich schafft sich Lebensraum. Gottesherrschaft ist Lebenskraft, die tödliche Grenzen überwindet. Das Gottesreich ist fortwirkendes Osterereignis. Es geschieht, wird entdeckt und erzählt. Es wird gehört, aufgenommen und bewegt. Es bewegt Menschen aufeinander zu, über alle Grenzen hinweg.

Johannes und das göttliche Wort

Im Anfang war das Wort –
Gottes Wort und die Bibel 383

Der Prolog und Gottes Wort in Person Joh 1 390

Jesus wirkt vor aller Welt Joh 1–12 401

Das Evangelium als Zeugnis von Jesus Joh 1 401

Der besondere Moment – Ewigkeit in der Zeit
Hochzeit und Passionszeit von Anfang an Joh 2 410

Wirklich leben – lass es geschehen Joh 3 416

Durst nach Leben – lass dich erfüllen Joh 4 425

Die Sabbatheilung in Bethesda und ihr Nachspiel –
„Apokalypse jetzt" und dann Joh 5 431

Hunger nach Leben – Jesus macht satt Joh 6 441
Das erste Ich-bin-Wort: Jesus stillt Lebenshunger Joh 6,35 448

Denn bei DIR ist die Quelle des Lebens (Ps 36,10a) Joh 7 452

Licht und Finsternis – Der Mensch in der
Glaubensentscheidung Joh 8 459
Das zweite Ich-bin-Wort: Jesus macht die Welt hell Joh 8,12 461

In deinem Licht sehen wir das Licht (Ps 36,10b) Joh 9 468

In ganzer Hingabe Hirte Joh 10 ____ 472
Das dritte Ich-bin-Wort:
Jesus als Zugang zu Gottes Be-Reich Joh 10,9 ____ 474
Das vierte Ich-bin-Wort: Jesus leitet in Lebensfülle Joh 10,11 ____ 476

Liebestat und Lebensgefahr Joh 11 ____ 479
Das fünfte Ich-bin-Wort:
Jesus ist Dreh- und Angelpunkt des Lebens Joh 11,25 ____ 481

Der Weg des Weizenkorns Joh 12 ____ 485

Jesus wirkt nach innen Joh 13–21 ____ 492

Das letzte gemeinsame Mahl – Die Fußwaschung Joh 13 ____ 492

Die Abschiedsreden: Leben im Geist Jesu – Paraklet und Trinität Joh 14 ____ 498
Das sechste Ich-bin-Wort:
Jesus ist der Direktanschluss an Gott Joh 14,6 ____ 500

Frucht und Freundschaft Joh 15 ____ 508
Das siebte und letzte Ich-bin-Wort:
Jesu Liebe bringt Ertrag Joh 15,5 ____ 509

Bedrängnis und Beistand Joh 16 ____ 513

Das hohepriesterliche Gebet – Die Ausstrahlung der Person Jesu Joh 17 ____ 517

Die Passion Jesu – Der König am Kreuz Joh 18–19 ____ 520

Das leere Grab und die Erscheinungen des Auferweckten Joh 20 ____ 530

Nachwort in der Nachsorge Jesu – Dem Verfasser auf der Spur Joh 21 ____ 536

Das Lukasevangelium zeichnet den Weg Jesu als Fortsetzung der Gottesgeschichte des AT in die Weltgeschichte ein. Das Johannesevangelium lässt den Weg Jesu in seinem Sein in Gott vor aller Zeit beginnen. Es spannt den Bogen der Geschichte Jesu aus der Wirklichkeit Gottes heraus zurück zum Vater. In diesem Rückblick auf den ganzen Weg Jesu ist das Kreuz schon „Erhöhung" (↗ Joh 3). Das Geheimnis des Glaubens an ihn wird im Prolog, dem Vorwort, gefeiert, durch Begegnungen bezeugt, in Auseinandersetzungen entwickelt.

Dabei wird sein Weg in zwei große Abschnitte gegliedert. In Joh 1–12 wirkt Jesus vor allem öffentlich. In Joh 1 und Joh 12 wird Jesus von einer Gottesstimme bestätigt. Sieben Zeichen (↗ Joh 2) zeigen seine Vollmacht als Gottes Gesandter (↗ Joh 8). Die Bekenntnisse seiner Jünger (↗ Joh 1) und Jüngerinnen (↗ Joh 11) zu ihm rahmen die sich steigernde Ablehnung der religiös Verantwortlichen. In Joh 13–21 wirkt Jesus nach innen, vor allem in seinen Abschiedsreden (↗ Joh 14–16.17). So werden seine Passion (↗ Joh 18–19) und das Leben der Seinen danach intensiv vorbereitet. Das Geheimnis Jesu wirkt in dienender Hingabe (↗ Joh 13) und stiftet Gemeinschaft durch alle Zeiten hindurch. Die Überlieferung von dem Jünger, den Jesus liebte (↗ Joh 21,24–25), bildet den Rahmen für den zweiten Teil des Evangeliums. Das Evangelium hat ein Vorwort und ein Nachwort.

Innerhalb dieser Struktur erzählt das Johannesevangelium nicht nur sozusagen zusammenfassend von einer „Reise nach Jerusalem" wie die anderen Evangelien. Das Johannesevangelium hält fest, dass Jesus an den Wallfahrten nach Jerusalem teilnahm wie alle frommen Juden. Während die anderen Evangelien alles auf den einen Gang nach Jerusalem hinlaufen lassen, der Jesus in die Passion führt, zeigt ihn Johannes vorher schon drei Mal in Jerusalem (↗ Joh 2,13; Joh 5,1; Joh 7,10).

Das göttliche Wort wird in Jesus Christus, dem Messias (↗ Mt 1,1), Person. Er predigt es nicht nur, er ist es selbst. Es zielt persönlich auf uns Menschen. Das wird in den sieben Ich-bin-Worten konzentriert entfaltet. Wahrheit geschieht als Begegnung. Diesem persönlichen Charakter des Evangeliums wird sich der Stil der Auslegung anpassen.

Das Johannesevangelium ist das Evangelium der Begegnungen, der besonderen Stunden, der besonderen Momente (↗ Joh 2, Einleitung). Einzelnen Menschen wird diese besondere Zeit geschenkt, in denen sie dem Leben begegnen. Das Johannesevangelium möchte erreichen, dass Menschen „die Krise kriegen". Im Wort-Raum der Begegnung ist eine Entscheidung für das wahre Leben möglich (↗ Joh 8). Dort berührt Ewigkeit die Zeit.

Im Johannesevangelium begegnet uns dabei immer wieder ein Verstehen auf mehreren Ebenen. Etwas kann ganz wörtlich und gegenständlich verstanden werden und auf einer tieferen Ebene, die das eigene Leben, die Existenz betrifft. Missverständnisse gehören zum Prozess des Erkennens (↗ z. B. Joh 1,38–51; Joh 3; Joh 4).

Die Abschiedsreden Jesu (↗ Joh 14–17) sind keine apokalyptischen Reden wie Mk 13 und Lk 21,5–36. Sie entwickeln, wie die Jüngerinnen und Jünger nach Kreuzigung und Auferstehung im Geist Jesu leben werden. Das Johannesevangelium kennt zwar auch das Reden vom Weltende (↗ Joh 5,28–30), aber dieses Thema bekommt bei ihm eine ganz eigene Prägung (↗ Joh 5,19–27): „Apokalypse jetzt!"

Weil Jesus das göttliche Wort in Person ist, gestaltet Johannes die Reden Jesu intensiv aus. Vom Stil des sich selbst offenbarenden Redens Jesu her hat er dabei eine enge Berührung mit Mt 11,25–27. So versteht sich das Johannesevangelium selbst als geistgewirkte Erinnerung und Lehre, die auf neue und erneuernde Gegenwart im Geist Jesu zielt. Im wiederholten Lesen und zu Herzen Nehmen dringen wir damit auch heute immer tiefer in Gottes Wirklichkeit ein und werden in einen geistvollen Prozess verwickelt.

Im Anfang war das Wort – Gottes Wort und die Bibel

Im Anfang war das Wort (griech.: der Logos) … Joh 1,1

Im Prolog, dem Vorwort des Johannesevangeliums (↗ Joh 1,1–18), bündelt sich das Wunder der Bibel. Kein Evangelium ist angemessen ohne den vielfältigen Bezug zum AT zu verstehen. Für das Johannesevangelium gilt das in besonderer Weise. Im Prolog kommt die Beziehung zum AT in einer intensiv durchdenkenden und durchbetenden Weise zur Sprache. Logos bedeutet Wort, Rede. Dass Gottes Geheimnis sprechend ist, dass es selbstredend am Anfang alles Vorstellbaren und Unvorstellbaren steht, ja selbst Anfang allen Seins ist, wird im ersten Satz des Evangeliums grundgelegt. Es schließt sich an den Anfang an, an die ersten schöpferischen Worte der Bibel.

Gen 1,1f Im Anfang schuf Gott Himmel und Erde …

Gott schöpft aus sich selbst. So wird am Anfang allen Lebens aus dem Nichts Dasein. Das bringt das erste Tätigkeitswort der Bibel, das Wort „schaffen“ (hebr.: bara, Betonung auf der zweiten Silbe) zum Ausdruck. Johannes betont diesen Anfang neu: Gottes Sein ist von Ewigkeit her worthaft. Der Anfang reicht zurück in „unvordenkliche Zeit“ (Hans Weder). Es gab keine Zeit, in der Gott ohne das Wort, den Logos, war. Das ist das eigentliche Wunder der Welt. Denn wenn Gott sprechende Energie und Existenz ist, kann sie sich uns verstehbar machen. Gott bleibt immer Geheimnis. Aber die ersten Worte des AT und des Johannesevangeliums eröffnen uns Gemeinschaft mit dem größten Geheimnis des Lebens. Das Wort ist der Weg, den DER Gott der Bibel wählt. Es ist das, was uns Menschen in der Mitte unserer Existenz erreicht. Alles, was wir denken und sind, bündelt sich im Wort. Gefühle und Bilder, Erfahrungen und Träume münden in Wortbotschaften. Selbst für Unaussprechliches, das über Worte hinausgeht, bleibt das Wort der Maßstab. Was immer uns widerfährt – damit, wie wir es benennen und deuten, machen wir es zu unserer eigenen Erfahrung. Das Wort entspricht Gottes Wesen und es entspricht zutiefst unserem Wesen – selbst da, wo es uns widerspricht und wir diesem Wort widersprechen, selbst da, wo keine Worte mehr sind.

Wir nennen das Reden Gottes **Offenbarung**. Es ist nichts, was Menschen sich selbst ausdenken oder erschließen könnten. Es ist nichts, worauf wir ein Recht hätten. Es übersteigt – transzendiert – unsere Möglichkeiten. Gleichzeitig ist dieses Reden Gottes nichts Übernatürliches, sondern verstehbar, erfahrbar, nachvollziehbar. Offenbarung bedeutet, das Leben wird durch-sichtig auf Gott hin. Dieser Vorgang kann und soll erzählt werden. **Logos bedeutet Erzählung**. Offenbarung kann und soll sich in ihrer vielfältigen Gestalt (in) jeder Zeit zu Wort melden – auch durch uns, wenn wir in dieses Wortereignis verwickelt werden. Johannes wird das tun. Sein Anfang schließt sich auch in der sprachlichen **Form** an den Schöpfungsbericht in Gen 1 an, der kein Recht auf das einzig richtige Wissen beansprucht, sondern im Staunen und Loben des schöpferischen Gottes in die wunderbare Ordnung der Schöpfung mit hineinnimmt. Der Anfang des AT gibt betenden Menschen ihren Platz mitten in diesem Wortwunder Gottes.

Deshalb wählt auch Johannes die einzig angemessene Form, um den Anfang seines Evangeliums zu machen, das uns mit Gottes ewigem Wesen in Berührung und Begegnung bringen will: ein Anbetungslied, ein Hymnus voller Weisheit. Liebe und Ehrfurcht, Staunen, das alles Denken übersteigt, werden durch diese Form vergegenwärtigt. Ein Hymnus drückt Ergriffensein allen Denkens und Konzentration auf das Eine aus, das allein würdig ist, uns ganz in Anspruch zu nehmen. Theologie ist Doxologie, anbetende Theologie. Die Melodie ist verloren gegangen, aber dass Teile davon wahrscheinlich gesungen wurden, bedeutet: Hören und Herz, Reden und Fühlen werden beteiligt und in der Gemeinschaft ganz auf das Sein vor Gott ausgerichtet. Das ist die Haltung, in der biblische Theologie getrieben wird. Nur so können Menschen über Gott nachdenken und von Gott reden. Auch die Theologie des Johannes ist die eines Hörenden, Inspirierten, Staunenden, ganz in Anspruch Genommenen von dem, was wirklich wesentlich und wichtig ist – von dem, was für immer bleibt.

doxa
↗ Joh 1,14

Johannes setzt ein Anbetungslied an den Anfang. Aber er bearbeitet es auch. Er erdet es. Denn die volle Konzentration auf Gott lässt Menschen nicht abheben, sondern zentriert sie. Sie werden wirklich. Sie werden klar. Sie werden gegenwärtig. Sie werden wahrhaft menschlich. Sie gestalten Geschichte. **So** sind sie Gotteslehrerinnen und Theologen. Deshalb unterbricht ein wahrhaft klarer und wirklicher Mensch das alte Lied. Auch er heißt Johannes. Es ist der Täufer, der auch in den anderen Evangelien an den Anfang der Jesusgeschichte gehört. Hier tritt er auf als Zeuge. Die griechischen Worte „martys" (sprich: martüs) für Zeuge und „martyrion" für Zeugnis legen nahe, dass es dabei um den Einsatz des ganzen Lebens geht. So ist jede biblische Theologin auch Zeugin und jeder Zeuge von Gotteserfahrung auch Theologe. Die Aufgabe ist, geistliche Erkenntnis und gemachte Erfahrung angemessen zu deuten. **Logos bedeutet Sinn.** Die Aufgabe der Theologie ist nicht nur, biblische Texte besser zu verstehen und zu erklären, sondern auch, Leben von Gott her und auf Gott hin zu deuten. Dadurch werden Menschen in eigene Gotteserfahrung geführt. So ist es auch das erklärte Ziel des Johannes, uns durch sein Evangelium in die eigene Begegnung mit Gott zu führen.

Joh 20,31 … geschrieben, damit ihr glaubt, dass Jesus der Messias, (griech.: Christos), der Sohn Gottes ist, und dass ihr durch den Glauben Leben habt in seinem Namen.

Das Besondere bei Johannes ist nun, dass alle Gotteserfahrung Christuserfahrung ist, weil sie Worterfahrung ist! Jesus Christus ist das Wort Gottes in Person, das die Welt von Anfang an berührt hat und dann zur Welt kommt. Zu dieser Erkenntnis nimmt uns Johannes im Prolog ganz langsam mit.

Wie wird im NT (↗ Mt 1, Einleitung**) insgesamt vom „Wort Gottes" gesprochen?**

Mit Wort Gottes ist zunächst das AT gemeint. Das NT selbst liegt während der Entstehung der Evangelien noch nicht als fertige Bibel vor. Die „Heilige Schrift" Jesu ist das AT. Die Heilige Schrift seiner Jüngerinnen und Jünger, der Apostel und der neutestamentlichen Autoren ist das AT. Sie lesen es ganz neu. Sie können es nur noch von der Erfahrung her lesen, die sie mit Jesus Christus gemacht haben. Eine vielfältige „relecture", ein neues Lesen mit neuem Vorzeichen, beginnt. Johannes zeigt z. B. in der Aufnahme des Christuslieds am Anfang, wie die ersten Christen die Schöpfungsgeschichte noch einmal neu verstanden haben. Sie konnten nicht anders, als Christus von Anfang an mitzulesen.

2. Tim 3,16 Alle Schrift ist von Gott eingegeben"

2. Petr 1,21 Keine Prophetie der Schrift ist ein Werk eigener Deutung. Denn niemals wurde durch menschlichen Willen eine Weissagung hervorgebracht, sondern vom heiligen Geist getragen redeten Menschen von Gott her …

Mit Wort Gottes ist die Verkündigung von Jesus Christus gemeint. Gottes Wort ist die lebendige Predigt der ersten Zeuginnen und Zeugen der Auferweckung von Jesus. Ohne diese umwälzende Erfahrung wäre die Erinnerung an Jesus im Sande verlaufen. Jetzt machte die Erinnerung an seine Worte und Taten Sinn. Die von ihm gelernten Worte und die Gesamtheit der Erinnerungen werden zuerst mündlich weitergegeben.

Seine Worte werden von Anfang an gelernt und gesammelt, weil er mit einer einzigartigen Autorität lehrt (↗ Mt 3; Mt 5,1). Nach der alles verändernden Erfahrung seines Kreuzestodes und seiner Auferweckung durch Gott bekennen seine Jüngerinnen und Jünger: Jesus ist Kyrios, Jesus ist der HERR. Damit bekommt er den Titel, den Gott selbst in der griechischen Übersetzung des AT innehat. Die ältesten Worte des NT sind kurze, zusammenfassende Bekenntnisse des Glaubens an ihn in den Briefen und Evangelien (z. B. Lk 24,34; Rö 1,3 und 1. Kor 8,6) und Anbetungslieder, die ihn feiern (z. B. Phil 2,6–11). Sein endgültiges Kommen wurde sehnsüchtig erwartet. Die Evangelien (↗ Mk 1 Anfang) als Literatur über sein Leben und seine Worte entstanden erst, als dieses endgültige Kommen – sichtbar und spürbar für alle Welt – zu Lebzeiten der Augenzeugen ausblieb.

Paulus, der sich selbst in die Reihe der Apostel einreiht, die den auferstandenen Herrn gesehen haben, hat seine Briefe nicht mit der Absicht geschrieben, „Gottes Wort“ zu verfassen. Vielmehr versucht er, in den verschiedenen Situationen der Gemeinden, die ihm am Herzen liegen, Jesus Christus zu verkünden: die Bedeutung seines Lebens und Sterbens, seiner Auferstehung und seiner Auferstehungswirklichkeit für das ganze Leben der Menschen, die an ihn glauben und glauben werden. Er versteht vielmehr seine **Predigt** als „Gottes Wort“.

1. Thess 2,13 … dass ihr das von uns empfangene Wort der Predigt Gottes aufnahmt, nicht als Menschenwort, sondern als das, was es in Wahrheit ist, als Gottes Wort, das in euch, den Glaubenden, wirkt …

Mit Wort Gottes ist Jesus Christus selbst gemeint – wie hier im Vorwort des Johannesevangeliums. Die Schriften des NT verstehen und bezeichnen sich nicht selbst als Gottes Wort. Wie das AT **bezeugen** sie vielmehr, dass Gott redet, dass Gott sich durch Worte vernehmbar und verstehbar macht. **Die neutestamentlichen Schriften bezeugen, dass Gott sich endgültig und letztgültig (Hebr 1,1 s. u.) in einem Menschen zu Wort gemeldet hat: Jesus Christus.**

In dieser Aussage bündeln sich nachvollziehbare Erfahrungen mit ihm: Die Menschen, die ihm begegnet sind, fühlten sich von ihm in einer Weise angesprochen, dass sie den Eindruck hatten: Hier redet Gott (z. B. „Dir sind deine Sünden vergeben", ↗ Mk 2,5; „Mädchen, steh auf", ↗ Mk 5,41)! „Wort Gottes" waren einzelne Jesusworte.

Eine ganze Situation mit ihm wurde als Eingreifen Gottes verstanden: Schon sein Name ist „Wort Gottes", denn er nimmt das Versprechen Gottes auf, Heiland zu sein. Die Erfahrungen mit ihm verbinden sich mit dem Leben der Glaubenden, die zu Zeuginnen und Zeugen werden.

Heiland
↗ Lk 4

Sein Leben ist insgesamt als Anrede Gottes an uns zu verstehen (↗ auch Joh 1,1–2). Wir haben es hier mit einer ganz besonderen Wahrheit zu tun. Die Wahrheit des christlichen Glaubens ist eine Person-Wahrheit.

Wahrheit
↗ Joh 1,16f;
↗ Joh 14,6

1. Joh 1,1–4 Was von Anfang an war, was wir gehört, was wir mit unseren Augen gesehen … und was unsere Hände betastet haben vom Wort des Lebens …

Hebr 1,1 Nachdem Gott vor Zeiten vielfach und auf mannigfaltige Weise zu den Vätern geredet hat durch die Propheten, hat er letztgültig in diesen Tagen zu uns geredet durch den Sohn …

Kol 1,25f … dass ich das Wort Gottes auf sein volles Maß bringen soll, nämlich das Geheimnis… das verborgen war… nun aber geoffenbart worden ist: Christus in euch, die Hoffnung der Herrlichkeit …

2. Kor 1,20 Denn so viele Gottesverheißungen es gibt, in ihm (Jesus Christus) ist das Ja …

Das bedeutet auch: Es geht um den **Gesamteindruck**. Wir haben keine Video-Aufzeichnungen von Jesus vorliegen. Es ist auch mit historischen Mitteln nicht herauszufiltern, welches ein originales Jesus-Wort ist und welches nicht. Als „Gottes Wort" gilt das gesamte Zeugnis von ihm. Wir haben gedeutete Geschichte vorliegen, die in ihrer gesamten Wirkung als „Gottes Wort" überliefert worden ist. Die Vielstimmigkeit bildet eine Einheit. So ist es die ganze Schriftensammlung des NT, die für Christen wie das AT als Wort Gottes gilt. Dafür gibt es gute Gründe:

Die Zusammenstellung dieser verschiedenen Schriften ist in der Christenheit sehr früh und einmütig geschehen. Schon im 2. Jh. n. Chr. haben wir den Kanon, die Richtschnur, des heutigen NT weitgehend vorliegen. Dabei spielte die Apostolizität – die direkte Augenzeugenschaft der Ereignisse um Jesus von Nazareth bzw. ihre Nähe dazu und ihre Anbindung daran – eine wichtige Rolle. In den frühen Gemeinden waren die Menschen auch ohne technische Kommunikationsmittel bestens persönlich vernetzt. Niemand konnte einfach etwas „dazu erfinden".

2. Petr 1,16 Denn wir sind nicht klug ausgedachten Mythen gefolgt, als wir euch die Kraft und das Kommen unseres Herrn Jesus Christus bekannt gemacht haben, sondern wir sind Augenzeugen seiner Größe geworden …

Das NT als eine Bibliothek und Sammlung von 27 Schriften aus verschiedenen Jahrzehnten (ca. 50–100 n. Chr.) nach dem Auftreten Jesu und unterschiedlichen Verfassern, Anlässen und Adressatengruppen ist als Ganzes als Gottes Wort zu bezeichnen, weil es genau in dieser Vielfalt das eine Wort Gottes – Jesus Christus – bezeugt. Nur in dieser Ganzheit und Vielstimmigkeit von der Ouvertüre (↗ Mt 1) bis zum Schlusschor (Offb 5,11–14) können sich Menschen diesem Person-Geheimnis angemessen nähern.

Die Konzentration des Wortes Gottes auf die Person Jesu bedeutet, dass die Schriften des NT gemeinsam auf eine Mitte verweisen. Auch wenn das NT das „Wort Gottes" **ist, weil** es als Ganzes Jesus Christus **bezeugt**, bleibt die Aufgabe, die darin enthaltenen Aussagen in Beziehung zu dieser Mitte zu setzen. Nicht alle Worte haben das gleiche Gewicht. Das macht sorgfältige Abwägung nötig. „Die Heilige Schrift ist das Wickelband des heiligen Kindes Jesu; löse es auf: so findest du darin deinen Heiland" (Charles H. Spurgeon).

Eben diese Vielstimmigkeit der Zeugnisse bleibt immer auf **Auslegung** angewiesen. Diese Arbeit ist niemals abgeschlossen. Sie bleibt Prozess, der das Zusammenhalten verschiedener Positionen und auch Auseinandersetzung einschließt.

Das NT ist als **von Gottes Geist inspiriert** zu bezeichnen, aber nicht als von Gott diktiert. Die Bibel ist von der historischen Quellenlage her das am besten und zuverlässigsten bezeugte Buch des Altertums. Die Abschriften sind aber in kleinen Abweichungen voneinander erhalten. Das Herausfinden der besten und ursprünglichsten „Lesart" ist wiederum ein beständiger wissenschaftlicher Arbeitsprozess.

Die göttliche Inspiration, die im NT über das AT ausgesagt wird (z. B. 2. Tim 3,16, s. o.) wird gerade im Johannesevangelium auch für das Zeugnis von Jesus Christus geltend gemacht. Der Heilige Geist ist die personale Erinnerungshilfe und Lehrkraft (↗ die Abschiedsreden

Joh 14–17), die Jesus Christus als Auferstandenen gegenwärtig hörbar und erfahrbar macht – so wie Jesus zu Lebzeiten als Lehrer gewirkt hat.

Wenn wir das NT wie das AT, also die Bibel insgesamt, als Wort Gottes bezeichnen, ist **gleichzeitig** zu sagen, dass sie **ganz Wort und Erfahrung von Menschen** ist. Die jeweiligen Autoren sind mit ihrem biographischen Gewordensein, ihrem Charakter, ihrer Bildung, ihrer Kultur bzw. Interkulturalität, ihren finanziellen Möglichkeiten verantwortlich für die Entstehung der Schriften, die wir heute NT nennen.

Arbeit biblischer Autoren
↗ Lk 1,1–4

Da wird „akribisch" geforscht, recherchiert. Da schreiben Autoren gemäß ihrer Bildung und finanziellen Möglichkeiten (Lukas hatte Geld für ein Doppelwerk!). Da schreiben wirkliche Menschen mit ihrer charakterlichen Ausstattung. Man hört Zorn und Enttäuschung des Paulus im Galaterbrief, Lukas verschweigt den Streit zwischen Paulus und Barnabas wegen Markus nicht (Apg 15,37f). Da werden in bestimmten Situationen notwendigerweise Aussagen überspitzt, um sie in einer anderen Situation wieder ausgewogener zu bedenken (z. B. die Aussagen des Paulus über das Gesetz in Gal 3 und Röm 7).

2. Kor 4,7 Wir haben diesen Schatz in irdenen, zerbrechlichen Gefäßen …

Was Paulus über Gottes Wort als die Predigt von Jesus Christus schreibt, gilt auch für die Schrift selbst. Das macht sie faszinierend, lebensnah, offen für historische Forschung genauso wie dafür, den Zeugen zu vertrauen und sich auf ihre Worte einzulassen: ganz Gotteswort, ganz Menschenwort.

So gilt für uns wie für alle Generationen von Christinnen und Christen vor uns und weltweit: im betenden Hören auf das Zeugnis selbst und aufeinander bleiben! Wenn wahr ist, was diese Schriftensammlung bezeugt, dass Jesus auferstandener Herr ist, dann bezeugt er selbst seine Wirklichkeit über und hinter diesem Zeugnis und durch genau dieses NT. Dann ist das NT der Urgrund und maßgebliche Deuterahmen für Gotteserfahrung, für Glaubenserfahrung. Das Ziel des NT ist, den lebendigen Christus als gegenwärtig zu erfahren.

„Der Glaube hängt nicht an toten Buchstaben, sondern an dem lebendigen Herrn, der über allem Zweifel an der Bibel und ihren Geschichten sich gebietend vor uns stellt." (Dietrich Bonhoeffer)

Dass die Zeugnisse dieser Begegnung tatsächlich dienen, war die Erfahrung der frühen Christenheit. Diese Erfahrung mit den von ihnen und offensichtlich vom Geist Gottes ausgewählten Schriften hat sie zu Gottes Wort gemacht. Die erstaunliche Wirkungsgeschichte des biblischen Wortes setzt sich bis heute fort. Im Hören und gegenseitigen Fragen und Erzählen kommen wir ihr auf die Spur. Ganz als Gotteswort und ganz als Menschenwort zielt die Bibel auf den Prozess unserer „Ganzwerdung“: Bibelworte können gegen uns sprechen. Sie lassen uns entdecken, wo wir mit unserem Leben Gottes Liebe widersprechen. Sie sprechen für uns, indem sie uns zurecht rufen. Sie berufen uns dazu, uns selbst und Gott neu zu verstehen. Es sind „fremde“ Worte, weil wir sie uns nicht selbst sagen können. Sie kommen von weiter her. Sie kommen ganz nah, weil sie in die Mitte unserer Existenz zielen. Sie leiten in ein Leben, das Gottes liebender Gegenwart entspricht.

Der Prolog und Gottes Wort in Person Joh 1,1–18

1 Im Anfang (, vor dem Ursprung alles Denkbaren und allen Seins,) war das Wort (griech.: ho logos). Und das Wort war mit seinem ganzen Sein auf Gott (griech.: ho theos, den Gott) hin ausgerichtet, denn Gott (griech.: theos, ein Gott) war das Wort. 2 Dieses Wort war im Anfang bei Gott. 3 Alles ist durch dieses Wort geworden – es gibt wirklich nichts, was ohne es entstanden ist! 4 In ihm war Lebensfülle (griech.: zoä) und das (wahre) Leben war das Licht der Menschen. 5 Und das Licht scheint in der Finsternis, und die Finsternis hat es nicht begriffen (auch: sie konnte das Licht nicht auslöschen).

6 Es gab einen Menschen, von Gott gesandt, mit Namen Johannes (gemeint ist: der Täufer). 7 Dieser kam, um Zeugnis abzulegen von dem Licht, damit alle durch ihn glauben sollten. 8 Jener war nicht selbst das Licht, sondern dessen Zeuge.

9 Es war das wahrhaftige Licht, das alle Menschen erleuchtet, die in diese Welt kommen. 10 Es (gemeint ist: das Wort, der Logos) war in der Welt, und die Welt ist durch es geworden, aber die Welt erkannte es nicht. 11 Es kam in das Seine, und die Seinen nahmen es nicht auf. 12 Wie viele es aber aufnahmen, gab es die Bevollmächtigung, Kinder Gottes zu werden, denen, die an seinen Namen glauben, 13 die weder aus menschlichem Leben (wörtl.: Blut), noch aus menschlichem Willen, noch aus männlichem Willen, sondern aus Gott geboren sind. 14 Und das

Wort wurde (ein Mensch aus) Fleisch (und Blut) und wohnte in unserer Mitte, und wir sahen seine Herrlichkeit, ein Gottes-Gewicht, wie es nur der Einzigartige (griech.: monogenäs) aus dem Vater verkörpert, voll von Gnade und Wahrheit.

15 Johannes zeugt von ihm und ruft: „Dieser war es, von dem ich gesagt habe: Der nach mir kommt, war vor mir da, weil er schon eher existiert hat als ich."

16 Denn aus seiner Fülle haben wir alle Gnade um Gnade empfangen.
17 Denn das Gesetz ist durch Mose gegeben, die Gnade und die Wahr-
heit sind durch Jesus Christus entstanden. 18 Niemand hat Gott jemals
gesehen. Der einzigartig Göttliche, „der Seiende" an der Brust des Vaters, jener hat ihn uns erklärt (wörtl.: exegesiert, ausgelegt).

Joh 1,1–2 Schon von Anfang an mussten sich Christen mit dem Vorwurf auseinandersetzen, an zwei Götter zu glauben, wenn sie Jesus „Kyrios" nannten (s. o.) und zu ihm beteten. Aber es gab einen Weg, der sowohl an dem Bekenntnis zu DEM einen und einzigartigen Gott festhielt –

Dtn 6,5ff Höre, Israel, dein Gott ist EINER …

als auch die Möglichkeit bot, ein eng mit Gott verbundenes göttliches Sein von gleicher Art wie Gott auszusagen. Seit unvordenklicher Zeit ist Reden mit Gott verbunden. Gott gab es nie ohne SEINEN Logos. Diese grundlegende Gewissheit christlicher Theologie, mit der das Johannesevangelium einsetzt, ist zutiefst alttestamentlich. Das Schöpfungswort Gottes (s. o.) ist ein wirkmächtiges Wort.

Jes 55,11 So soll mein Wort auch sein: Es soll nicht leer zu mir zurückkehren, sondern ausrichten, was mir gefällt und durchführen, wozu ich es sende …

Noch einmal: Warum wird Jesus als „Wort Gottes" bezeichnet? (s. o.) Die Menschen erfahren in seinen Worten die Schöpfungsmacht Gottes – z. B. wenn Jesus Menschen heilt.

Mt 8,8 Sprich nur ein Wort, so wird mein Diener gesund werden …

Sie machen die Erfahrung, dass seine Worte tragen, trösten, aufrichten, zurechtbringen, Orientierung schenken, grundlegend sind – einen Grund geben, zu leben! Im AT **macht** Gottes Wort Geschichte. Die

Menschen, die Jesus erlebt haben und dann von seinem Kreuzestod und seiner Auferweckung durch Gott eingeholt wurden, kommen zu der Erkenntnis: In Jesus **wird** das Wort Gottes Geschichte. „Das Wort" ist die Verbindung zwischen den Worten Jesu von Nazareth, in denen Gottes Wirken erfahren wurde und dem Rückschluss auf den Grund seiner Existenz.

Die Möglichkeit, ein eng mit Gott verbundenes Sein auszusagen, ohne das Bekenntnis zu DEM einen Gott, also dem Monotheismus, zu verlassen, findet sich auch im Buch der Sprüche. Dort ist es die Weisheit, die vor aller Zeit „von Ewigkeit her" von Gott eingesetzt ist als Werkmeisterin der Schöpfung und vor Gottes Angesicht spielt.

Spr 8,22–31 Der HERR besaß mich im Anfang SEINER Wege, ehe ER etwas machte, vor aller Zeit. Ich war eingesetzt von Ewigkeit her, vor dem Anfang, dem Ursprung der Erde… als ER den Grund der Erde legte, das stand ich IHM als Werkmeisterin zur Seite und zu SEINEM Entzücken spielte ich Tag für Tag vor IHM allezeit …

Spr 8,35 gipfelt die Rede der Weisheit (griech.: sophia) mit dem Ausruf: „Wer mich findet, findet das Leben und erlangt Gnade …!

So stellt das AT Denkformen bereit, wie die wesenhafte Zugehörigkeit Jesu Christi zu Gott ausgedrückt werden konnte, ohne an zwei Götter zu glauben. „Die Weisheit" und „das wirkmächtige Wort Gottes" werden zu einer Möglichkeit, um das Unmögliche auszudrücken: Einheit in der Unterschiedenheit. Der Logos wird vom EINEN Gott unterschieden (der Logos ist theos, aber nicht ho theos, ↗ Joh 1,1) aber dennoch eng auf DEN Gott bezogen. Im Wort und in der Sophia, der Weisheit, kann jetzt nur noch Jesus Christus selbst anwesend gesehen und geglaubt werden. Am Ende des Prologs (↗ Joh 1,18) wird diese Zusammengehörigkeit Gottes mit Jesus Christus noch einmal bildhaft vorstellbar, wobei die Anschauung sofort wieder verhüllt wird, weil sie in das Wort, in die Erzählung münden wird. Biblische Theologie ist nicht abstrakt, nicht in dogmatische Formeln zu pressen, sondern der Doppelpunkt zu purer Lebendigkeit und Erfahrung mit Jesus Christus.

Diese sogenannte „hohe Christologie", die Gott und Jesus als Christus so eng zusammendenkt, ist nicht erst Ergebnis einer späten theologischen Entwicklung, also des wahrscheinlich um 90 n. Chr. entstandenen Johannesevangeliums, sondern wird bereits von Paulus in den 50er Jahren als Bekenntnis zitiert.

Z.B. 1. Kor 8,6 Einer nur ist Gott, der Vater, von dem her alles ist und wir auf ihn hin, und einer nur ist HERR, Jesus Christus, durch den alles ist und wir durch ihn.

Die **Trinitätslehre** hat ihren Ursprung im biblischen Bekenntnis und ist immer wieder auf das lebendige und erzählende Zeugnis der Bibel zurückzuführen und neu daran zu überprüfen. Christen begegnen dem Einssein Gottes durch Jesus Christus. In den Abschiedsreden des Johannesevangeliums (↗ Joh 14–16) wird dann auch der dritte Zugang über den Heiligen Geist gelegt.

Heiliger Geist
↗ Joh 14

Durch das Wort Logos bleibt aber der, um den es hier eigentlich geht, zunächst noch im Verborgenen. Das macht eine langsame Annäherung mit zunächst einmal vielen Assoziationen möglich. Jesus Christus ist zunächst geheimnisvolles und nicht offensichtliches Subjekt des ganzen Prologs. Sein Name wird erst in Joh 1,17 genannt. Biblische Theologie öffnet in der Konzentration auf Jesus Christus einen weiten Denk-Raum. Im Prolog hat fast jedes Wort Gewicht, das ausgelotet werden muss. Jedes gewichtige Wort dort ist ein inhaltsreiches „Wortmotiv", das im Lauf des Evangeliums weiter Gestalt gewinnt. Nur das Wort **Logos** kommt ausschließlich im Vorwort des Evangeliums vor. Es ermöglicht nicht nur Menschen aus dem hebräischen, alttestamentlichen Denken, Zugang zu Gottes Wesen. Es ist auch ein wichtiges Wort der griechischen Philosophie. Es bedeutet **„Weltvernunft"** in der philosophischen Welt der Stoa, deren Vertreter „Stoiker" genannt werden (seit dem 3. Jh. v. Chr.). Es meint das, was die Welt im Innersten zusammenhält. Der Logos durchwirkt die Welt fast als eine Art unsichtbarer Stoff.

Trotz der Form des Anbetungsliedes wird also nicht nur eine „Insider-Sprache" gesprochen. Denkende Menschen sind eingeladen und können die Verehrung des Logos mit vollziehen. Ab Mitte des 2. Jh. n. Chr. gibt es literarische Nachweise einer großen und sehr populären philosophischen Strömung, die sich u. a. aus Grundgedanken der platonischen Philosophie neu geformt hat und eine Art Erlösungsreligion wurde. Vielleicht sind gegen Ende des 1. Jh. schon die Anfänge davon zu spüren, denn der Prolog scheint auch auf diese Bewegung einzugehen, die so viele Menschen in ihren Bann zog. Man nennt sie **Gnosis (Erkenntnis).** Sie ist in ihrer Bedeutung und Verbreitung, ihrer Vielschichtigkeit und in inhaltlichen Grundzügen vergleichbar mit der Esoterik unserer Zeit. Gnostisches Denken findet sich auch in der Anthroposophie Rudolf Steiners. Trotz der verschiedenen Ausprägungen gibt es gemeinsame Grundgedanken:

Der Mensch ist ursprünglich ewige Lichtseele, in Zeit und Raum „eingesperrt" in einem minderwertigen Körper, der sozusagen nur Hülle ist für den göttlichen Funken, die göttliche Seele. Der Mensch aber hat seinen göttlichen Ursprung vergessen und die Gnosis will den Menschen wieder zur Bewusstwerdung seines eigentlichen Wesens helfen. Der Gott, der die Welt geschaffen hat, ist in der Gnosis eher ein Gott zweiter Klasse, denn die Welt ist eine Art Betriebsunfall, Versagen und Abfall von der Lichtwelt. Der absolute Gott ist von dieser minderwertigen Welt nicht berührt. Die Welt wird negativ bewertet. Das führt zu einer „dualistischen" Weltsicht: In der Welt gibt es zwei gleich starke Kräfte, die gegeneinander kämpfen – Licht und Finsternis, Materie (Fleisch) und Geist. Oben und unten. Erlösung ist notwendig. Das Licht muss wieder in die Heimat zurückkehren. Das geschieht durch Gnosis, durch Erkenntnis. Sie wird „von oben" vermittelt. Es gibt Erlösergestalten, göttliche Menschen, in verschiedenen gnostischen Variationen. Aber die wichtigste Rolle spielt die Bewusstwerdung und Entscheidung der Menschen. Sie müssen sich durch eigene Anstrengung wieder in die Lichtwelt „hinauf"arbeiten. Die letzte Erlösung ist der Tod, der die Seele endgültig befreit. Wie die heutige Esoterik ist es eine Weltanschauung, die religiöse Funktionen erfüllt.

Auch in der **Esoterik** (nach Innen gerichtetes Wissen) gibt es den Dualismus von geistiger und materieller Welt. Der Mensch ist göttlich und kann deshalb sein Ich-Bewusstsein immer mehr erweitern, bis er im kosmischen Bewusstsein aufgeht. Alles ist eins und hängt miteinander zusammen. Alles ist Geist oder Energie. Leben nach dem Tod und Reinkarnation (Wiedergeburt) gehören in die innere Logik dieses Denkens. Die Polarität in der Welt von dunkler, weiblicher und heller, männlicher Kraft (Yin und Yang) gibt allem, was geschieht – auch Bösem und Leid – eine Erklärung. Ziel ist es, diese Kräfte auszubalancieren und wieder eins werden zu lassen. Ziel ist es, dass alles Menschheitswissen und alle Erkenntnis zu einem umfassenden esoterischen Wissen vereinigt werden. Dabei bildet die subjektive Erfahrung und Begegnung mit Meistern und übersinnlichen Wesen eine wichtige Erkenntnisquelle.

Der Prolog spricht die Sprache der Menschen, die die Gemeinschaft mit dem Göttlichen suchen. Er spricht die Sprache der Menschen, die sich nach dem Licht und damit nach dem eigentlichen Leben sehnen. Diese Sehnsucht wird nicht abgetan, sondern aufgenommen. Im Anklingen der Gemeinsamkeiten kann dann entwickelt werden, wie sich das biblische Denken vom esoterischen unterscheidet.

Joh 1,3–5 Für Leben steht hier nicht das griechische Wort „bios“ für biologisches Leben, sondern „zoä“ für Lebensfülle und wahres Leben. Der Logos trägt diese Lebendigkeit in sich. So ist sie das Licht für die Menschen. Alle Menschen sind von diesem Licht berührt, noch bevor sie mit der Finsternis in Kontakt kommen! Hier gerät der Dualismus von zwei gleich starken Kräften – hell und dunkel – in die Schieflage. Denn das Licht hat im Johannesevangelium viel mehr Gewicht. Jeder Mensch hat zuerst Licht gesehen und gehabt. Ja, wer auch immer das Lebenslicht gesehen und gespürt hat, hat Ihn gesehen und wurde von Ihm berührt, dem göttlichen Logos! Der Prolog nimmt jeden Menschen, der sich nach wahrem Leben sehnt, an die Hand und führt ihn oder sie zuerst verborgen und dann offen zu dem Namen, in dem alles Leben und Licht liegt: Jesus. Aber von Anfang an ist seine lebendige und Leben schenkende Gestalt umstritten und umkämpft. Die Finsternis macht sich darüber her. Sie begreift ihn nicht, kann ihn aber auch nicht ergreifen – noch nicht. Wenn die Welt ihren Logos verfehlt, verliert sie ihren Sinn (s. o.; Logos bedeutet Sinn). Leise deutet sich im kosmischen Gesang die Leidensgeschichte Jesu an.

Jesusname
↗ Lk 2,21

Joh 1,6–8 Mit Johannes dem Täufer verbindet Johannes ein weiteres gewichtiges Wortmotiv, das im weiteren Verlauf eine wichtige Rolle spielt und den Prolog mit der Erzählung in Joh 1 verknüpft: Das Zeugnis (s. o.; Joh 1,19). Es meint nachdenkendes und prüfendes Erinnern. Das Erfahrene soll durch das Zeugnis ins Bewusstsein gehoben werden und einleuchten. Das Zeugnis von Jesus Christus beginnt in allen Evangelien mit dem Auftreten Johannes des Täufers. Dem Johannesevangelium ist es wichtig, herauszustellen, dass der Täufer nicht selbst eine Erlösergestalt war.

Joh 1,9–13 Jeder Mensch ist ursprünglich vom göttlichen Licht berührt. Alles, was lebt, ist durch den Logos ins Leben gekommen. Wer so grundsätzlich und tief berührt wurde, muss doch dieses Gegenüber wiedererkennen: In jedem Lichtstrahl, in den Geheimnissen der Schöpfung, in jeder Begegnung, die Leben ins Leben bringt. Und vor allem in der Begegnung und in den Worten des Einen, der wirklich in die Welt kam! Aber das Unbegreifliche geschah und geschieht immer wieder (das legt die Zeitform des Verbes im Griechischen nahe): Er stieß auf Unverständnis und Ablehnung. Er wurde übersehen, zerredet und am

Sünde
↗ Mk 2, 1–12

Ende sogar lächerlich gemacht und aus der Welt geschafft: Die Seinen nahmen ihn nicht auf. Das ist nicht zu erklären. Dass Menschen dieses wunderbare Wort ablehnen, ist eigentlich unmöglich. Wie das AT ringt auch das NT mit dem Phänomen der Sünde, einer „unmöglichen Möglichkeit". Aber es bleibt nicht bei dieser niederschmetternden Bilanz. Bei denen, die ihr Herz diesem Wort öffnen, es an sich heran und in sich hineinlassen, kommt ein neues Leben ans Licht. Kind Gottes werden, wie neugeboren werden, ist kein Automatismus der Schöpfung, sondern ein eigenständiger Vorgang, bei dem nicht die natürliche Elternschaft, sondern Gott die Hauptrolle spielt. Das wird in Joh 3 entwickelt werden.

Joh 1,14 Hier kommt das betende Denken zum Höhepunkt. Der göttliche Logos wird wirklicher Mensch aus Fleisch und Blut: ganz normal und leicht zu übersehen, dem Leben in aller Härte und allem Schmerz ausgesetzt, bedürftig und zerbrechlich, pulsierend lebendig. Die Menschen können das Wort hören, sehen, anfassen, riechen. Es wird leibhaftige Begegnung, die Menschen ganz und gar erfasst. Joh 1,14 ist sozusagen die Weihnachtsgeschichte des Johannesevangeliums. Jetzt wird das gnostische Denken eingeladen, eine Grenze zu überschreiten: Die menschliche Gestalt war nicht nur eine Hülle, die der Logos angenommen hat, um sie rechtzeitig vor seinem erniedrigenden Sterben abzustreifen. So dachten die gnostischen „Doketen": Christus hatte nur einen Scheinleib. Jesus starb am Kreuz, während der kosmische Christus unversehrt wieder in das eigentliche Sein aufstieg. Der Prolog hält dagegen: Sein Menschsein war nicht nur eine minderwertige Verkleidung für das Eigentliche, nämlich die geistige Bewusstseinserweiterung – so denken viele Esoteriker. Nein, der Logos wurde wirklicher Mensch. Das Wort Fleisch, das der griechische Text wählt, unterstreicht den Aspekt der Niedrigkeit und Zerbrechlichkeit. Jesus Christus wird von seinem Leiden für immer gezeichnet sein (↗ Joh 20,27; Offb 5). Er nimmt es in seine Existenz hinein.

Nicht wir müssen uns anstrengen, um wieder „göttlich" zu werden und unser eigentliches Sein wieder zu finden, um es uns dann zu erarbeiten. Das Göttliche wird menschlich und macht den eigenen Anstrengungen ein Ende. Der Erlöser kommt ganz in unser ganzes Leben hinein. Die sprachliche Form wechselt in das staunende Wir der Augenzeugenschaft. Das menschgewordene Wort wohnte unter uns. Hier ist ein griechisches Wort gewählt, das auch mit „zelten" übersetzt werden kann. So knüpft es an ein alttestamentliches Gottesgeschehen an. Das hebräische Wort „schachan" kann wohnen, aber auch zelten heißen. Die Gegenwart Gottes zeigte sich darin, dass sie beim Volk Israel in der Stiftshütte, die eine Art Zelt war, wohnte.

Ex 25,8 „Sie sollen mir ein Heiligtum machen, damit ich mitten unter ihnen wohne." Das ist der Ort, an dem Mensch und Gott zusammenkommen können und an dem Gott reden will.

Ex 25,22 Dort will ich mit dir zusammenkommen und mit dir reden …

Wo Gottes Gegenwart begegnet, wird die Situation der Menschen vollkommen verwandelt. Neue Möglichkeiten ins Leben werden eröffnet. Diese große Gegenwart, die sich im wahrsten Sinne niederlässt, wird Schechina (Betonung auf der letzten Silbe) genannt. Das Wort kommt noch nicht im AT vor, aber im betenden Nach-Denken der jüdischen Theologie ist sie ein zentraler Begriff. Schon im AT ist Gott nicht Begriff oder Idee, sondern erfahrbar. SEINE heilige Gegenwart, SEINE „Herrlichkeit", strahlt ins Leben der Menschen hinein mit einer ungeheuren Ausstrahlungskraft. Sie wandert mit durch die Geschichte. Sie gibt sich in die Hände der Menschen. Darin liegt ihre Verletzlichkeit. Ihre Verwundbarkeit erreicht im Kommen des menschgewordenen Wortes ihren Höhepunkt: In ihm zeltet Gottes Gegenwart bei den Menschen. Sie trägt die Geschichte Gottes mit seinem Volk in sich. Sie wird atemberaubend konkret in dem einen ganz besonderen Menschen Gottes, dem Sohn. Das große Gewicht der Gottesnähe wird mit dem hebräischen Begriff „Kabod" (oder Kavod), **Herrlichkeit**, umschrieben. Im menschgewordenen Wort konzentriert sich nun die Herrlichkeit Gottes.

Ex 33,7 Mose aber nahm die Hütte / das Zelt … und nannte sie ein ‚Übereinkunftszelt', Zelt der Zusammenkunft (hebr.: ohel moed, sprich: mo-ed, ohel schachan – Zelt der Begegnung, Zelt des Wohnens) …

Ex 40,34 Da bedeckte die Wolke das Zeltheiligtum / die Stiftshütte, und die Herrlichkeit des HERRN erfüllte die Wohnung.

Der Kabod Gottes meint im AT die Manifestation SEINER Person und was von ihr ausgeht: Macht und Ehre, Lichtglanz – Klarheit und Pracht, Gewichtigkeit – Bedeutung und Würde. Er bringt die überfließende Fülle SEINER Lebendigkeit ans Licht – vollkommene Lebendigkeit, Ganzheit. Darin ist die Herrlichkeit Gottes eine „freudestrahlende

Kreuzes-erhöhung
↗ Joh 3,11–15

Selbstmitteilung" (Magdalene L. Frettlöh), in der Gott sich sehen lassen kann! Gott leuchtet SEINEN Menschen in SEINEM Kabod ein. Das Johannesevangelium mutet uns zu, den Kabod Gottes, SEINE Herrlichkeit in Schöpfung und Gottes-Geschichte nun sichtbar und konkret an dem Menschen Jesus festzumachen! Es mutet uns zu, die Herrlichkeit Gottes in der Niedrigkeit zu buchstabieren: Jesus wird seinen Freunden die Füße waschen (↗ Joh 13) und am Kreuz sterben. Hier zeigt die Herrlichkeit Gottes ihr wahres Gewicht, ihre Tiefe. Das Johannesevangelium mutet uns von daher aber auch zu, seinen Kreuzestod als Erhöhung zu begreifen. Im Ertragen der letzten Finsternis leuchtet schon der Ertrag auf: die Herrlichkeit beim Vater, an der nun auch die Seinen Anteil bekommen (↗ Joh 17,10).

Das Johannesevangelium schreitet den ganzen Weg ab: Wie der Einzigartige aus der Herrlichkeit Gottes kommt, sie mit hingebender Liebe und Schwere füllt und wieder zum Vater geht, und seine „klarmachende Klarheit" (Wolf Krötke) das Leben der Menschen erhellt. Die Gemeinschaft seiner Freundinnen und Freunde wird der Raum sein, in dem Gott das gebührende Gewicht gegeben wird: Alle Ehre und alles Lob. Denn das ist die Bedeutung des griechischen Begriffs für Herrlichkeit, „doxa": Die Ehre, die jemandem zukommt.

Der Logos trägt die Herrlichkeit des **Eingeborenen**, des einziggezeugten Sohnes in sich, wie das griechische Wort „monogenäs" meistens übersetzt wird. Dieser Würdetitel findet sich nur bei Johannes (Joh 1,14.18). „Gezeugt, nicht geschaffen", wird das später im 4. Jh. das Glaubensbekenntnis von Nizäa-Konstantinopel pointiert herausstellten, um den „eingeborenen Sohn" als „eines Wesens mit dem Vater" zu bekennen. Jesus ist damit unterschieden von allen irdischen und überirdischen Wesen. Das Wort „monogenäs" muss aber nicht vom griechischen Wort „genesthai", geboren, gezeugt, abgeleitet werden. Es kann auch auf die besondere Art hinweisen, sein „genos". Deshalb ist es hier mit **einzigartig** übersetzt. Das betont nicht in erster Linie die Herkunft, sondern seine rettende Bedeutung für uns. Trotzdem ist damit ausgesagt: Jesus ist in die Einzigartigkeit Gottes hineingenommen. So gilt: Dieses einzigartige Verhältnis zu Gott ist seine Herrlichkeit. Und gleichzeitig: In seiner Person konzentriert und konkretisiert sich Gottes Herrlichkeit auf unüberbietbare Weise.

Joh 1,15 So wird auch Johannes der Täufer ein Zeuge, der das wahre Wesen Jesu erkennt und hier schon am Anfang seine „Präexistenz", sein Sein außerhalb aller Zeit, bezeugt.

Joh 1,16–17 Wenn uns Gnade und Wahrheit begegnen, haben sie in Jesus Christus ihren Ursprung! Es geht nicht um eine abstrakte Wahrheit, nicht um Philosophieren, nicht nur um ein denkerisches Erkennen. Der Verstand wird nicht klein gemacht. Aber er ist eingebettet in ein großes Ganzes: Ein Erkennen, das auf das ganze Leben zielt. Es geht nicht nur darum, etwas für wahr zu halten. Das verändert nichts. Wahrheit im biblischen Verständnis spielt sich nicht nur im Verstand ab. Sie greift nach uns als Person. Sie ist so persönlich, dass Jesus im vorletzten Ich-bin-Wort des Johannesevangeliums (↗ Joh 14,6) sich selbst als Wahrheit vorstellt und zu sich einlädt. Der biblische Wahrheitsbegriff ist vom AT geprägt. Das hebräische „Ämuna" können wir nur unzureichend mit Wahrheit übersetzen. Das Wort Amen kommt aus demselben Wortstamm. Es bedeutet im Hebräischen Treue, Zuverlässigkeit, Glauben, Vertrauen. So ist Wahrheit Begegnung mit der bedingungslosen Treue und Zuwendung Gottes. Diese Wahrheit konzentriert sich in einer Person, deren Treue wir vertrauen können. Das will das Evangelium erzählen. Wahrheit meint ein personales Geschehen, das einen Menschen ganz erfasst und in eine Beziehung hineinstellt. Im Vertrauen werden wir wahr.

Joh 1,18 Im letzten Vers des Prologs gibt es zwei Variationen in den griechischen Handschriften. Die eine liest „der einzigartige Sohn" (↗ Joh 1,14), die andere „der einzigartige Gott", im Text mit „der einzigartig Göttliche" wiedergegeben. Dass dieser dann als „der Seiende" bezeichnet wird im Anklang an den heiligen Gottesnamen des AT, könnte für diese schwierigere und anstößigere zweite Textvariante sprechen.

Ex 3,14 Ich bin, DER ich bin – ich werde sein, DER ich sein werde …

Trotz der schwierigen und auch philosophisch anmutenden Begriffe wird uns wie im AT ein sprechendes Bild mitgegeben. Der Göttliche, der Sohn, ist anwesend, nah und berührend dort, wo sich das Gewand bauscht, also an der Brust – im Griechischen dasselbe Wort. Aus innigem Aneinanderschmiegen, kindlicher Geborgenheit, bedingungslosem Vertrauen, mütterlicher Berührung wird Jesus Christus den Vater exegesieren, also auslegen und in die Welt hinein erklären. Nun ist der Doppelpunkt für das Evangelium gesetzt, das in der Erzählung von Jesus Christus diese Auslegung vollzieht und uns in seine Wahrheit verwickeln will.

Fazit: Für Menschen, die aus dem alttestamentlichen Denken kommen, bedeutet der Prolog also: In der Person Jesu haben Menschen das wirkmächtige Schöpfungswort Gottes erfahren. Er verkörpert Gottes Gegenwart bei den Menschen. **Für Menschen, die aus der hellenistischen Kultur kommen, bedeutet er:** Durch Jesus Christus geschieht die ersehnte Erlösung des Kosmos.

Johannes setzt beim Ursprung des Wesens Jesu an, das sich erst nach seinem ganzen Weg erschlossen hat: Aus Liebe wird er wirklicher Mensch. Durch seinen Weg vom Vater her und zum Vater hin werden wir in die göttliche Gemeinschaft mit hineingenommen. Dieses Geschehen wird staunend bezeugt. Dass Johannes der Täufer ein erster und entscheidender menschlicher Zeuge ist, aber nicht selbst ein göttliches Wesen, wird im Prolog vorweggenommen. Nun wird davon erzählt – so, wie nun von allem erzählt wird, was der Prolog anklingen lässt: Licht und Finsternis, Glauben und Unglauben, Leben, Welt, den Seinen, der Geburt aus Gott, Herrlichkeit, Wahrheit, der Sendung des Sohnes und dem Zeugnis von ihm. Die Poesie des Anfangs wird zur Prosa, zur Erzählung des Evangeliums, zu Geschehnissen und Begegnungen. Die weisheitliche Rede und Poesie der Anbetung will nachvollzogen werden im meditativen Nach-Denken, in langen Gesprächen, die durch Missverständnisse und oberflächliches Hören hindurch in die Tiefe des Glaubens führen wollen.

Jesus wirkt vor aller Welt Joh 1–12

Das Evangelium als Zeugnis von Jesus Joh 1

Das indirekte Zeugnis des Täufers von Jesus Joh 1,19–28

19 Und dies ist das Zeugnis (griech.: martyria, Betonung auf dem i) des Johannes, als die Juden aus Jerusalem Priester und Leviten zu ihm schickten, um ihn zu fragen: „Wer bist du?“ **20** Und er legte ein Bekenntnis ab und leugnete nicht und bekannte: „Ich bin nicht der Messias (der Gesalbte, griech.: Christos).“ **21** Und sie fragten ihn: „Wer (bist du denn) nun? Bist du Elia?“ Und er sagt: „Bin ich nicht!“ „Bist du der Prophet?“ Und er antwortete: „Nein!“ **22** Sie sagten nun (wieder) zu ihm: „Wer bist du? – damit wir denen Antwort geben (können), die uns geschickt haben. Was sagst du über dich selbst?“ **23** Er sagte ganz wie der Prophet Jesaja es gesagt hat: „Ich bin Stimme eines Rufers in der Wüste. Macht den Weg des HERRN gerade!“ (Jes 40,3) **24** Und da waren auch Abgesandte der Pharisäer. **25** Und sie fragten ihn und sagten zu ihm: „Warum taufst du überhaupt, wenn du weder der Messias noch Elia noch der Prophet bist?“ **26** Johannes antwortete ihnen und sagt: „Ich taufe mit Wasser. Mitten unter euch steht schon der, den ihr nicht kennt, **27** der nach mir kommt, dessen ich nicht wert bin, (auch nur) die Riemen seiner Sandalen zu lösen.“ **28** Das geschah in Bethanien jenseits des Jordans, wo Johannes war und taufte.

Von Anfang an versteht sich das ganze Evangelium als Zeugnis von Jesus. Im Johannesevangelium ist das Wort **Zeugnis** eine Art Leitmotiv (↗ Joh 1,6–8). Es geht nicht um ein Leistungszeugnis, sondern um ein Lebenszeugnis. Es lädt zum Glauben ein und zeigt: Glaube hat Gründe.

Im ersten Gespräch tritt Johannes der Täufer als Zeuge für Jesus auf, obwohl er nach seiner eigenen Person gefragt wird.

Die Priester und Leviten sind für die Durchführung der Gottesdienste im Tempel zuständig. Die Pharisäer sind dagegen eine theologische

Johannes der Täufer
↗ Mt 3,1–12

Elia-Erwartung
↗ Mk 6,14–29

Laienbewegung (↗ Mk 2,13–17). Zwei Mal gibt Johannes den beiden Gesandtschaften Antwort, so dass zwei Zeugnisse entstehen. Im Rechtswesen Israels muss eine Sache immer von zwei oder drei Zeugen bezeugt und bestätigt werden.

Dtn 19,15 … auf der Aussage von zwei oder drei Zeugen soll jede Sache beruhen …

Die Frage nach „dem Propheten“ nimmt eine Verheißung auf, die Mose ausspricht:

Dtn 18,15 Einen Propheten wie mich wird DER HERR, dein Gott, dir erwecken aus deiner Mitte, aus deinen Brüdern, den sollst du hören!

Das direkte Zeugnis des Täufers von Jesus Joh 1,29–34

29 Am nächsten Tag sieht Johannes, dass Jesus zu ihm kommt. Da
sagt er: „Siehe, das Lamm Gottes, das die Sünde der Welt trägt! 30 Dieser
ist es, von dem ich gesagt habe: ‚Nach mir kommt ein Mann, der vor mir
gewesen ist, denn er hat schon vor mir existiert‘. 31 Und ich kannte ihn
nicht. Aber damit er Israel offenbart würde, darum bin ich gekommen
und taufte mit Wasser.“ 32 Und Johannes legte mit folgenden Worten
Zeugnis ab: „Ich sah, dass der Geist wie eine Taube vom Himmel herabkam und auf ihm blieb. 33 Und ich kannte ihn nicht – aber DER mich
gesandt hat, um mit Wasser zu taufen, DER sprach zu mir: ‚Auf wen du
den Geist herabkommen und auf ihm bleiben siehst, der ist der, der mit
dem Heiligen Geist tauft.‘ 34 Und ich habe es gesehen und mein Zeugnis
lautet: Dieser Mensch ist Gottes Sohn.“

Jesus tritt nicht selbst mit einer Predigt, mit einem Anspruch, auf. Er wird bezeugt, indem zwei Zeugen, Johannes und Gott selbst, in konzentrierter Form auf ihn verweisen: Er ist **das Lamm** Gottes. In dieses Bildwort fließen zwei alttestamentliche Traditionen ein. Jesus ist das Passahlamm.

Ex 12,3ff … ein Lamm für jeden Haushalt … und sie sollen von dem Blut nehmen und die beiden Türpfosten und die obere Schwelle der Häuser damit bestreichen … in Reisekleidung und Aufbruchstimmung sollt ihr es essen … und das Blut soll zum Zeichen dienen an euren Häusern, dass, wenn ich das Blut sehe, ich an euch vorübergehe und euch die Plage nicht widerfährt, mit der ich die Ägypter schlagen werde.

Das Passahlamm ist ein Zeichen der Befreiung aus der Sklaverei. Es ist ein Zeichen für die Bewahrung vor dem Tod. Es ist ein Zeichen des Aufbruchs in neues Leben. Im Johannesevangelium stirbt Jesus, als die Passahlämmer im Tempel geschlachtet werden (↗ Joh 13,1–20). Ihm wird kein Knochen gebrochen (↗ Joh 19,31–37).

Stellvertretung
↗ **Mk 14,22–25**

Das Lamm erinnert auch an das Lied vom leidenden Gottesknecht, das in der Passionsgeschichte der anderen Evangelien im Hintergrund anklingt. Jesu Schicksal wird mit diesen geheimnisvollen Worten aus Jes 53 gedeutet. Er erträgt und trägt Leid, „anstelle von" und „für" andere, um es wegzutragen aus der Gemeinschaft.

Jes 53,7 Wie ein Lamm, das zur Schlachtbank geführt wird.

In dem Wort „nach mir kommt…" klingt auch eine messianische Erwartung an. Er ist **der Kommende.** Er wurde mit der Passahliturgie erbeten und erhofft. Der Messias wurde als der Kommende bezeichnet.

Messianischer Gruß
↗ **Mk 11,1–11**

Ps 118,26 Gelobt sei, der da kommt im Namen des HERRN …

Gleichzeitig ist er im Johannesevangelium der **Präexistente,** der jenseits aller Zeit ist, wie es im Prolog betend bedacht wird. „Präexistenz" bedeutet, dass die Verbindung von Jesus mit Gott so eng ist, dass sie keine Unterbrechung duldet. Präexistenz will vollkommene Einheit mit dem Vater aussagen – und zur Vollkommenheit gehört, dass etwas schon immer war und nicht durch einen Schöpfungsakt unterbrochen wird. Sie ist ein Urgeschehen und ein Grundgeschehen. Nicht im zeitlichen Sinn, sondern auf der Ebene Gottes. Das Existieren auf dieser Ebene steht nicht unter den Gesetzen des Werdens.

Er ist der **Träger des Geistes.** Die Erwartung aus Jes 11,1ff erfüllt sich in ihm (↗ Joh 1,45–50). Der Geist bleibt. Die Taufe Jesu (↗ Mt 3,13–17) wird hier vorausgesetzt und nicht erzählt, denn die Taufe Jesu durch Gott selbst mit dem Geist und nicht die Wassertaufe durch Johannes ist das Entscheidende.

Gottes Sohn
↗ **Mt 3,13–17; Mt 14,22–33**

Er ist **Gottes Sohn.** Er gehört auf einzigartige Weise zu Gott. Das war schon immer so und wird immer so sein. Seine Hoheit wird sich in der Niedrigkeit erweisen.

Die Wirkung des Zeugnisses Joh 1,35–37; 3,22–4,3

35 Am nächsten Tag stand Johannes wieder am gleichen Ort. Zwei
seiner Jünger waren bei ihm. 36 Da ging Jesus vorüber. Johannes sah ihn
an und sagte: „Seht, das Lamm Gottes!“ 37 Als die beiden Jünger das hör-
ten, folgten sie Jesus.

Der Täufer blickt auf Jesus und gibt anderen und dem ganzen Evangelium die Blickrichtung vor. Das Johannesevangelium hält hier die Erinnerung fest, dass Johannes der Täufer und Jesus eine Zeitlang parallel wirkten, Anhänger hatten und dass in diesen Gemeinschaften getauft wurde (↗ Joh 4,2). Die anderen Evangelien legen den Akzent auf das Nacheinander. Was musste das für Johannes bedeutet haben, dass seine Jünger zu Jesus wechselten?! Zu dieser Frage gehört Joh 3,22–4,3:

Joh 3,22 Danach ging Jesus mit seinen Jüngern in das Gebiet von
Judäa. Er verbrachte einige Zeit mit ihnen dort und taufte. 23 Auch Jo-
hannes taufte in Änon, einem Ort in der Nähe von Salim, weil es dort
reichlich Wasser gab. Die Menschen kamen dort zu ihm und ließen sich
taufen. 24 Denn Johannes war noch nicht ins Gefängnis geworfen wor-
den. 25 Eines Tages kam es zwischen den Jüngern des Johannes und
einem jüdischen Mann zu einer Auseinandersetzung über die Reini-
gungsvorschriften. 26 Sie wandten sich deswegen an Johannes. „Rabbi“,
sagten sie, „der, der auf der anderen Seite des Jordans bei dir war und
auf den du die Menschen hingewiesen hast (wörtl.: für den du Zeugnis
abgelegt hast), der tauft jetzt auch, und alle gehen zu ihm!“ 27 Johannes
erwiderte: „Ein Mensch kann sich nicht das Geringste selber nehmen; es
muss ihm vom Himmel her gegeben werden. 28 Ihr selbst könnt bezeu-
gen, dass ich sagte: ‚Ich bin nicht der Messias – ich bin nur vor ihm her
gesandt.‘ 29 Er ist der Bräutigam, denn ihm gehört die Braut. Der Freund
des Bräutigams steht dabei und hört ihm zu und freut sich, seine Stimme
zu hören. Das ist meine Freude – jetzt ist sie vollkommen. 30 Er muss zu-
nehmen (wie das aufgehende Licht), ich aber muss abnehmen (wie der
abnehmende Mond).

31 Der, der von oben kommt, steht über allen. Wer von der Erde ist,
gehört zur Erde und redet aus irdischer Sicht. Der, der vom Himmel
kommt, steht über allen. 32 Er bezeugt das, was er gesehen und gehört
hat, aber niemand nimmt sein Zeugnis an. 33 Doch wer seine Botschaft
annimmt, hat damit bestätigt, dass Gott wahrhaftig ist. 34 Denn der, den
Gott gesandt hat, verkündet Gottes eigene Worte – Gott gibt ihm den

Geist in unbegrenzter Fülle. 35 Der Vater liebt den Sohn und hat alles in
seine Hand gelegt. 36 Wer an den Sohn glaubt, hat das ewige Leben. Wer
dem Sohn nicht gehorcht, wird das Leben nicht sehen – der Zorn Gottes
bleibt auf ihm."

Joh 4,1 Als Jesus erfuhr, dass die Pharisäer gehört hatten, dass er mehr
Menschen zu Jüngern machte und taufte als Johannes 2 – allerdings war
es nicht Jesus selbst, der taufte, sondern seine Jünger –, 3 verließ er Ju-
däa und ging wieder nach Galiläa.

Johannes und Jesus „konkurrieren" miteinander. Im Lateinischen bedeutet das zunächst „zusammen laufen". Es hat keine negative Bedeutung. Die Menschen, die das mitbekommen, machen es durch Gerede zu Konkurrenzdenken. Das Johannesevangelium setzt dem entgegen, dass Johannes die Größe hatte, Menschen nicht an sich selbst zu binden. Er hat von sich weg auf den Einen gezeigt, der mehr tun würde als Menschen mit der Taufe zu reinigen: Er kommt aus der Sphäre Gottes. Er handelt in völliger Übereinstimmung mit Gott. Mit ihm wird ein ganz neues Leben von Gott her möglich. Deswegen hat später die Taufe der Gemeinde Jesu die Johannestaufe abgelöst. Erst nach Jesu Tod und seiner Auferweckung, mit der die Zeit des Geistes beginnt (↗ Joh 14–16), wird die Taufe der Christen auf den Namen des dreieinigen Gottes vollzogen. Der Evangelist Johannes hat die Rede Johannes des Täufers so intensiv ausgestaltet, dass ab Joh 3,31 nicht mehr ganz klar ist, ob hier noch der Täufer spricht oder sich der Evangelist selbst als Redender versteht. Er zeigt: Johannes der Täufer hat nicht nur gehört und verstanden – er lebt auch danach, ge-horcht. Er verwirklicht das, was biblisch „erkennen" bedeutet. So kann Johannes loslassen, Menschen gehen lassen, die ihm lieb waren. Er verzichtet darauf, von der Anerkennung der anderen zu leben. Ein wichtiger Wesenszug Jesu spiegelt sich in ihm: „Ich nehme nicht Ehre von Menschen" (Joh 5,41). Er lebt das, was Jesus seinen Jüngerinnen und Jüngern zusagt: „Wird euch nun der Sohn frei machen, so seid ihr wirklich frei" (Joh 8,36).

Christliche Taufe
↗ Joh 3,11–15

Jesus wird hier als Bräutigam bezeichnet. Seine Braut ist zunächst sein Israel, das er liebt. Aber diese Liebe öffnet sich über die Grenzen Israels hinaus. Schon mit den griechischen Namen Andreas, der hier (anders als in Mt 4,18) noch vor Simon Petrus genannt wird, deutet sich an, was im Evangelium geschieht. Dass Jesus als Bräutigam bezeichnet wird, könnte ein alter Hinweis auf sein Selbstverständnis sein. Wie bei den Propheten des AT Liebe und Ehe zu prophetischen Zeichenhandlungen werden konnten, kann die Ehelosigkeit Jesu ein bewusstes Zeichen für seine Lebensberufung sein (↗ Mk 2,18–22). Sein Leben verwirklicht sich nicht in der Ehe, wie das normalerweise für jeden volljährigen Juden galt, sondern in der Gemeinschaft mit seiner Gemeinde (↗ Joh 17). Joh 3,34–36 wird in Joh 3 erklärt.

Die ersten Begegnungen mit der Beziehungskraft Jesu Joh 1,38–51

Bezeugen erzeugt eine Kettenreaktion. Menschen werden ermutigt, sich selbst zu überzeugen:

38 Als Jesus sich umdrehte, sah er, dass sie ihm folgten. „Was sucht
ihr?", fragte er. „Rabbi", das bedeutet übersetzt Lehrer, erwiderten sie,
„wo wohnst du?" 39 Jesus antwortet: „Kommt und seht!" Da gingen die
beiden mit ihm. Es war etwa vier Uhr nachmittags. Sie sahen, wo er
wohnte und blieben an jenem Tag bei ihm. 40 Einer der beiden Män-
ner, die Jesus gefolgt waren, weil sie gehört hatten, was Johannes über
ihn gesagt hatte, war Andreas, der Bruder von Simon Petrus. 41 Dieser
findet zuerst seinen Bruder Simon. „Wir haben den Messias gefunden!",
sagt er zu ihm. Das bedeutet übersetzt Christus. 42 Er führte ihn zu Jesus.
Jesus sah ihn an und sagte: „Du bist Simon, der Sohn des Johannes. Du
sollst Kephas heißen." Kephas (ist das hebräische Wort für Petrus und)
bedeutet Fels.

Die ersten Worte Jesu im Johannesevangelium sind eine Frage. „Was sucht ihr?" Die Frage kann auf verschiedenen Ebenen verstanden werden. Andreas und der Mann, der inkognito bleibt – er wird vor Petrus berufen – verstehen die Frage zunächst wörtlich. Sie fragen nach der Wohnung von Jesus. Sie suchen einen Ort. Das wird nicht abgewertet. Menschen können aber auch auf einer tieferen Ebene auf der Suche sein: nach Sinn, nach einem erfüllten Leben. Dann ist die Frage Jesu eine Frage nach der Sehnsucht. Es stört Jesus nicht, dass sie nicht sofort tiefer verstehen. „Im Haus meines Vaters sind viele Wohnungen", werden sie erst sehr viel später verstehen (↗ Joh 14,2). Im Johannesevangelium begegnet uns immer wieder das Spiel mit den beiden Möglichkeiten. Etwas kann ganz wörtlich und gegenständlich verstanden werden und auf einer tieferen Ebene, die das eigene Leben, die Existenz betrifft. Jesus lädt sie zu sich ein. Er lädt sie dazu ein, zu ihm nach Hause zu kommen: zu sehen, zu hören, zu erfahren, wer er ist und was sie für sich wollen. Sie machen eine prägende Erfahrung mit ihm. Deshalb ist die „Stunde“ wichtig. Von einschneidenden, lebensentscheidenden Momenten in unserem Leben erinnern wir oft Datum und Uhrzeit. Dass die Begegnungen mit Jesus ins Heute hineinreichen, zeigt die Gegenwart des „findet“ mitten in der Erzählform in der Vergangenheit.

Simon wird von Jesus direkt mit seinem neuen Namen angeredet. Die aramäische Form Kephas für Petrus, den Fels, findet sich sonst nur bei Paulus. Wenn Menschen den Blick auf Jesus richten, finden sie ihre Lebensberufung. Wenn Jesus den Blick auf Menschen richtet, sieht er sie, wie Gott sie gemeint hat. Mit seinem Wort macht er Menschen zu dem, was sie in Wahrheit sind.

43 Jesus wollte am nächsten Tag nach Galiläa aufbrechen. Da findet er Philippus. „Folge mir nach!“, sagte Jesus zu ihm. 44 Philippus stammte aus Bethsaida, der Stadt, aus der auch Andreas und Petrus kamen.

Jesus begegnet Menschen mit einem atemberaubenden Anspruch. Philippus – ob er auf der Suche ist oder nicht – wird gerufen, berufen, Jesus nachzufolgen, mit ihm mitzugehen. Nicht eine Bewerbung oder Aufnahmeprüfung, wie das sonst bei Lehrern üblich war, entscheidet, sondern das Wort Jesu, das aus dem bisherigen Leben ohne Wenn und Aber herausruft. Das Mitgehen mit Jesus damals öffnet sich für eine „Nachfolge“ im geistlichen Sinn ins Heute.

45 Philippus findet Nathanael und sagt zu ihm: „Wir haben den gefunden, über den Mose im Gesetz geschrieben hat und der auch bei den Propheten angekündigt wird! Es ist Jesus, Josefs Sohn aus Nazareth.“ 46 „Aus Nazareth – was kann da Gutes kommen?“, entgegnete Nathanael. Doch Philippus sagte nur: „Komm und sieh!“ 47 Als Jesus Nathanael (zu ihm) kommen sah, sagt er zu ihm: „Seht, ein wahrhaftiger Israelit – einer, der anderen nichts vormacht!“ 48 Nathanael fragt: „Woher kennst du mich?“ Jesus antwortete: „Bevor Philippus dich rief, als du unter dem Feigenbaum warst, sah ich dich.“ 49 Da sagte Nathanael: „Rabbi, du bist der Sohn Gottes, du bist der König Israels!“ 50 Jesus entgegnete ihm: „Du glaubst, weil ich dir gesagt habe, dass ich dich unter dem Feigenbaum gesehen habe? Du wirst noch Größeres als das erleben!“

Jesus begegnet Menschen durch das Zeugnis von Überzeugten. Damit es zu einer eigenen Überzeugung wird, muss es zu einer Begegnung mit Jesus kommen. Wie vielfältig die Möglichkeiten dieser lebensentscheidenden Begegnung sind, zeigt diese Kettenreaktion von Berufungen. Griechische – Andreas und Philippus – und hebräische Namen – Simon und Nathanael – deuten die Zweisprachigkeit an, der Jesus am Nordufer des Sees Genezareth begegnet. Das Miteinander beider Kulturen und das große Interesse am Übersetzen in die griechische Kultur sind prägend für das Johannesevangelium. Grundlegend bleibt dabei aber der alttestamentliche Bezug.

Jesus begegnet Menschen durch ihre Schriftkenntnis. In der Begegnung mit Nathanael wird die Rolle der Heiligen Schrift im Prozess des Erkennens Jesu deutlich. „Mose und die Propheten" bezeichnen nach jüdischer Sprachweise das ganze AT. Nazareth hatte in der damaligen messianischen Erwartung, die sich aus dem AT speiste, keine Bedeutung – Nathanaels Skepsis ist berechtigt. Aber er wird auf eine andere Weise durch seine Schriftkenntnis zur tieferen Erkenntnis Jesu geführt. Er fühlt sich von Jesus erkannt bis in seine tiefsten Beweggründe hinein. Ob bei der Bemerkung Jesu über Nathanaels Aufrichtigkeit leise Ironie im Spiel war und Nathanael gelächelt hat oder sogar befreit über sich lachen konnte? Jedenfalls war die messianische Deutung von Jes 11,1ff damals hochaktuell.

> Jes 11,f Aus dem alten Wurzelstumpf des Königshauses David wird ein Spross (hebr.: nezer) hervorgehen … auf dem wird ruhen der Geist (hebr.: ruach) des HERRN, der Geist der Weisheit und der Einsicht, der Geist des Rats und der Kraft, der Geist der Erkenntnis und der Ehrfurcht vor dem HERRN.

Messias-Erwartung
↗ Mt Einleitung

Dass der Geist bleibend auf ihm ruht, bezeugt der Täufer in Joh 1,32. Als Zeichen des Messias galten richterliche Unabhängigkeit und intuitive Menschenkenntnis, Einsicht in das Wesen der Menschen und „Fernsicht". Dabei geht es aber nicht um eine abstrakte Allwissenheit! Dass Nathanael sich erkannt fühlt, hilft ihm, in der Kombination mit Jes 11,2 Jesus als den Herzenskündiger, den Messias-König aus Nazareth (enthält das Wort „nezer") zu erkennen.

Menschen begegnen Jesus, weil sie selbst auf der Suche sind. Menschen begegnen Jesus, weil andere ihre beeindruckenden Erfahrungen weitergeben. Menschen begegnen Jesus, weil er auf der Suche nach ihnen ist. Sie erkennen ihn durch das Wort, das er spricht, und durch die Heilige Schrift des AT. Lebensverändernde Begegnung mit Jesus geschieht auf vielfältige Weise: Finden und gefunden werden. In die Nachfolge gerufen werden. Erkannt werden und Erkennen.

51 Und weiter sagte er: „Amen, amen (, das könnt ihr mir glauben): Ihr werdet den Himmel offen sehen und die Engel Gottes hinauf- und hinabsteigen über dem Menschensohn."

Der Traum Jakobs von der Himmelsleiter, seine Erfahrung von Bethel, das hebräisch „Haus Gottes" bedeutet, erfüllt sich sichtbar für alle: Jesus ist die Wohnung Gottes (↗ Joh 1,14).

Gen 28,12ff Jakob träumte, und siehe, eine Leiter war auf die Erde gestellt, die berührte mit ihrer Spitze den Himmel, und siehe, die Engel Gottes stiegen daran auf und nieder …

Der Traum wird wahr. Jesus ist der Ort, an dem Himmel und Erde sich berühren. Jesus verkörpert die Kommunikation zwischen Gott und Mensch. Er eröffnet für uns einen regen Kontakt mit der himmlischen Welt – bodenständig und bewegend.

Im ersten Kapitel zeigt sich der Charakter des Johannesevangeliums. Wahrheit geschieht als Begegnung und will uns bis heute ergreifen. Damit geht ein besonderes Verstehen von „Zeit" einher. Diese Theologie der Zeit macht es möglich, dass das Zeugnis von Jesus nach dem Johannesevangelium bis heute nach uns greift.

Der besondere Moment – Ewigkeit in der Zeit
Hochzeit und Passionszeit von Anfang an Joh 2

Im Griechentum gab es zwei Wörter für Zeit. Das, was wir normalerweise unter Zeit verstehen, war der „chronos". Die Griechen ordneten diesen Zeitbegriff einem Gott zu. Er wurde mit dem Gott Kronos ineins gesetzt, der seine Kinder frisst. Das charakterisiert die chronologische Zeit als getrieben von Angst – Angst davor, verdrängt zu werden, zu vergehen. Doch wo Angst Druck macht, scheint die Zeit zwischen den Fingern zu zerrinnen, statt fruchtbar gefüllt zu werden. In unserer westlichen Welt ist der **„Chronos"**– die messbare und chronologisch ablaufende Zeit – bis ins persönliche Leben hinein als Tyrann spürbar. Der zweite Ausdruck für Zeit war im Griechischen der „kairos". Er meint die Gelegenheit, den Vorteil, den richtigen Augenblick. Auch zu diesem Begriff von Zeit gehört bei den Griechen ein Gott. Er trägt einen Haarschopf auf der Stirn. Der Hinterkopf ist kahl. Der Gott Kairos charakterisiert den Augenblick als flüchtig. Man muss die Gelegenheit beim Schopf packen, sonst ist sie vorüber. Man muss dem Kairos begegnen und ihn ergreifen. Er ist der von den Göttern oder dem Schicksal geschenkte Augenblick. Gleichzeitig ist es der Moment, in dem alles auf dem Spiel steht. Es ist ein Moment, in dem Leben sich verdichtet und entscheidet.

Diese Qualitäten von Zeit finden sich auch im Johannesevangelium. Im chronologischen, messbaren Ablauf der Weltzeit gibt es besondere „Stunden". Da wird Zeit ganz dicht erlebt. Da bekommt die Zeit eine besondere Qualität. Im Johannesevangelium wird diese Qualität spürbar. Es ist die Zeit, die durch Begegnung qualifiziert ist. Es ist der **„Kairos"**. Auch die anderen Evangelien kennen diese Verdichtung von Zeit. Wenn Jesus auftritt und sagt: „Die Gottesherrschaft ist nahe herbeigekommen"(↗ Mk 1,15), dann ist das solch ein lebensentscheidender Moment. Sein Wort versetzt in eine große Spannung. Es will bereit machen zum Aufbruch in eine neue Zeit.

Das Johannesevangelium ist das Evangelium der Begegnungen, der besonderen Stunden, der besonderen Momente (z. B. Joh 1,39b; Joh 2,4; Joh 7,6.10). Einzelnen Menschen wird diese besondere Zeit geschenkt, in denen sie dem Leben begegnen. Dieses Leben ist Jesus selbst – der Lebendige. Im AT ist Gott dieser Lebensschenker und Menschen ins Leben Sprechende. Wie der Vater, so der Sohn. Er ist ja aus demselben Wesen und Ursprung. Deshalb ist er das Leben in Person.

Jesus findet Menschen (↗ Joh 1; Joh 4; Joh 5), oder sie treffen mit Jesus zusammen und sorgen dafür, dass auch andere ihm begegnen (↗ Joh 1). Sie suchen ihn auf (↗ Joh 3). Sie streiten sich mit ihm um seine Herkunft (↗ Joh 5; Joh 8; Joh 10). Die Gefahr wird sichtbar, sich vom Leben abzuwenden – das Leben zu verpassen!

Menschen zwischen Licht und Finsternis
↗ Joh 8,12.30–36

Der Kairos ist Entscheidungszeit. Licht und Finsternis sind mögliche Lebensentwürfe. Das Johannesevangelium unterscheidet klar, damit die Entscheidung einsichtig wird. Man kann sich Licht und Finsternis wie Sphären oder Räume vorstellen, in denen sich das Leben abspielt und von denen dann Leben durchdrungen und geprägt ist. Die Finsternis hat sich im Kosmos ausgebreitet, denn „die Menschen liebten die Finsternis mehr als das Licht" (Joh 3,19). Die Entscheidung, in das Licht zu treten, das die Menschen von Anfang an berührt hat, und damit das Leben zu ergreifen, ist im geschenkten Augenblick möglich. Der Kairos als Zeit der Entscheidung ist eine Art „Transitraum". Denn der Mensch ist nicht vollkommen frei. Er kann sich nur deshalb entscheiden, weil er in die Entscheidung gestellt wird. Er kann nicht frei wählen, sondern braucht den besonderen Raum der Begegnung. In diesem geschenkten Zeit-Raum kann er zum Leben finden – weil er schon vom Leben gefunden wurde. Die Entscheidungszeit ist nicht eine eigene Möglichkeit des Menschen wie in der griechischen Mythologie. Sie geschieht in einem Wort-Raum, wenn das Wort Jesu einen Menschen trifft.

Die Begegnungen im Johannesevangelium nehmen uns Menschen in diesen Transitraum hinein. Sie zeigen, wie vielfältig das „Leben in Person" uns Menschen begegnet. Damals wurden sie angesprochen, als sie Jesus begegneten. Heute werden wir in diesen Wort-Raum gestellt – z. B. beim Hören des Johannesevangeliums. In diesen Wort-Räumen und Zeit-Räumen ist eine Entscheidung möglich. Wer spürt, angesprochen zu werden und gemeint zu sein, hat die richtige Zeit gefunden. Dann gilt: Nutze deinen Kairos!

Leben
↗ Joh 1,3–5

Das Leben ergreifen, in die „Krise" (griech.: krisis) bedeutet Entscheidung) kommen, sich entscheiden, zum Glauben kommen, neu geboren werden, von der Finsternis zum Licht durchdringen … Auf vielfältige Weise macht das Johannesevangelium dringlich, wie lebensnotwendig es ist, nicht nur „biologisches Leben", sondern das „wahre Leben" zu haben! „Wer mich findet, der findet das Leben!", ruft die Weisheit im AT (Spr 8,35). Nun konzentriert sich die Weisheit Gottes in der Einladung des Christus. Es ist das erklärte Ziel des Johannesevangeliums (↗ Joh 20,31), Menschen das Leben zu schenken. Und das geschieht wirklich, immer wieder, weil es auf geheimnisvolle Weise Wort des Auferstandenen selbst ist. In diesem Wort und durch dieses Wort ereignet sich Leben. Wer Zeit findet, sich darauf einzulassen, findet Ewigkeit! Achte den Augenblick. Spüre dem Wirken des Wortes in dir nach.

Das **Jetzt der Ewigkeit**, das uns mitten in unserer Zeit begegnet, durchzieht das ganze Evangelium. Man nennt dieses Zeitkonzept auch „präsentische Eschatologie“ (sprich: Es-chatologie). Das, was für das Ende der Zeit erwartet wird (Eschaton, sprich Es-chaton: das Äußerste, Letzte), begegnet Menschen mitten in ihrem Leben.

(↗ Joh 3,17–21, Die große Krise; Joh 5,19–27, Ewiges Leben und Gericht im Hier und Jetzt; Joh 6,44, Entscheidung und Geschenk; Joh 8,30–36, Die befreiende Glaubens-Wahrheit; Joh 11,25, Das fünfte Ich-bin-Wort)

Die Hochzeit in Kana: Gottes Zeit ist da – erkenne den richtigen Augenblick Joh 2,1-12

1 Am dritten Tag (danach) fand in Kana, (einer Ortschaft) in Galiläa,
eine Hochzeit statt. Die Mutter Jesu war dort, 2 und Jesus selbst und sei-
ne Jünger waren auch zur Hochzeit eingeladen. 3 Während des Festes
ging der Wein aus. Da sagte die Mutter Jesu zu ihrem Sohn: „Sie haben
keinen Wein mehr!“ 4 Jesus erwiderte: „Lass mich in Ruhe, Frau! Noch ist
meine Stunde nicht gekommen (wörtl.: Was hat das mit mir und dir zu
tun, Frau? – Diese Redensart bedeutet scharfe Abgrenzung.)!“ 5 Da sag-
te seine Mutter zu den Dienern: „Was immer er euch sagt, das tut!“ 6 In
der Nähe standen sechs steinerne Wasserkrüge, wie sie die Juden für die
vorgeschriebenen Waschungen benutzen. Die Krüge fassten jeder zwi-
schen achtzig und hundertzwanzig Liter. 7 Jesus befahl den Dienern:
„Füllt die Krüge mit Wasser!“ Und sie füllten sie bis zum Rand. 8 Dann
sagte er zu ihnen: „Schöpft nun (etwas davon in ein Gefäß) und bringt es
dem, der für das Festessen verantwortlich ist.“ Sie brachten es ihm. 9 Als
er das Wasser kostete, war es zu Wein geworden. Er konnte sich nicht
erklären (wörtl.: wusste nicht), woher dieser Wein kam – nur die Diener,
die das Wasser gebracht hatten, wussten es. Er rief den Bräutigam 10 und
sagt zu ihm: „Jeder andere setzt seinen Gästen zuerst den besseren Wein
vor, und wenn sie dann reichlich getrunken haben, den weniger guten.
Du aber hast den besseren Wein bis jetzt zurückbehalten!“ 11 Das war
der Anfang der Zeichen, die Jesus in Kana in Galiläa getan hat. Er offen-
barte seine Herrlichkeit, und seine Jünger glaubten an ihn. 12 Danach

ging Jesus mit seiner Mutter, seinen Brüdern und seinen Jüngern nach Kapernaum hinunter. Dort blieben sie nur einige Tage.

Am dritten Tag des Suchens und Findens wird Jesus wie damals üblich mit seinen Jüngern zu einer Hochzeit eingeladen. Die Feier des Lebens steht am Anfang seines Wirkens. Jesu Mutter Maria ist auch dort, ohne Josef. Deshalb nimmt man an, dass Josef nicht mehr lebt. Aber der Sohn! Auf den ist sie stolz, und sie trägt an ihn heran, dass es ein Problem gibt: „Sie haben keinen Wein." Das ist eine mittlere gesellschaftliche Katastrophe. Wein ist Festtagsfreude, Wasser ist Alltag. Jesus hört den Appell: Zeig, wer du wirklich bist! Jesus weist seine Mutter schroff zurück. Vielleicht würde er heute sagen: Von dir lasse ich mich nicht vereinnahmen. Ich bin nicht dazu da, um dir zu gefallen – so gerne ich das möchte. „Meine Stunde ist noch nicht gekommen." Er wartet auf den richtigen Zeitpunkt. Der wird nicht vom Wunsch seiner Mutter bestimmt. Auch nicht von der Situation, in der jemand offensichtlich in Schwierigkeiten steckt. Auch nicht von der Bereitschaft Jesu, anderen zu helfen. Er lässt sich nicht fremdbestimmen. Er lebt „innengesteuert". Die Wirklichkeit der Gottes-Beziehung ist seine innere Uhr. Er hat ein Gespür für richtige Momente. Nicht im Sinne der chronologisch messbaren Zeit, sondern der Gotteszeit. Maria lässt sich nicht verunsichern. Auch sie hat ein Gespür für Gottes Zeit. Sie bereitet die Verantwortlichen darauf vor: „Was immer er euch sagen wird, das tut." Sie ist weise genug zu wissen, dass es hier nicht um sie und um gekränkte Eitelkeit geht. Kurze Zeit später oder sofort? Die feine Einstellung zu Gottes Zeitpunkt greift, und Jesus ergreift die Initiative. Sechs riesige Wasserkrüge fassen 600 Liter für die Waschungen eines jüdischen Haushaltes mit unzähligen Gästen. Am nächsten Tag müssten sie wieder gefüllt werden. Eine Hochzeit dauert mehrere Tage. Als der Küchenchef dann kostet, ist die Überraschung groß. Das ist ja wie in der besonderen Zeit, die die alten Propheten kommen sehen!

Jes 25,6 „Gott wird allen Völkern ein fettes Mahl bereiten" mit alten, hochklassigen Weinen.

Hos 2,24 Gott wird mit SEINEN Menschen, denen ER ihr „Kriegsgerät zerbrochen" hat, ein Verlobungsfest feiern „mit Korn, Most und Öl".

Am 9,13f Wenn Gott SEINE Menschen aus ihren Gefangenschaften befreit, dann werden sie Wein trinken – ihre Arbeit wird sich wieder lohnen und sie können feiern. Diese „Heilszeit" wird auch als die Zeit des Messias verstanden.

Gen 49,11ff Der Kommende aus dem Stamm Juda „wird sein Kleid im Wein waschen und seinen Mantel in Traubenblut" ... So viel Wein gehört zu der Zeit, wenn der Messias kommt!

Ganz zeichenhaft öffnet sich in dieser wundersamen Geschichte die messianische Dimension des Kommens Jesu. Dass Jesus damit für Menschen aus der hellenistischen Kultur dem Weingott Dionysos den Rang abläuft, wird dabei zur Nebensache. Gottes Zeit ist da! Jetzt erfüllt sich die Sehnsucht nach Gottes spürbarer Nähe. In ihm erfüllt sich alles. Deshalb nennt das Johannesevangelium die „Hochzeit zu Kana" das erste von sieben **Zeichen.** Es benutzt für die Wunder Jesu ein anderes Wort als die anderen Evangelien. Zeichen weisen auf eine dahinter liegende Wirklichkeit: Gott handelt hier wie im AT. Gott handelt durch seinen Messias, denn wenn solche Zeichen geschehen, ist die messianische Zeit da. Es geschieht unfassbar Neues in und mit der Schöpfung. Das erste Zeichen entspricht dem letzten Ich-bin-Wort (↗ Joh 15). Beide weisen auf die Fülle des Lebens in der messianischen Zeit und die Erfüllung der Hoffnung des AT. Jesus zeigt damit seine **Herrlichkeit.** Das, was im AT von Gott ausgeht, Menschen zum Strahlen bringt und innerlich erzittern lässt – und das beides gleichzeitig –, das zeigt sich nun durch das Auftreten Jesu, offensichtlich und doch verborgen. „Seine Jünger glaubten an ihn", aber nicht automatisch alle, die auf der Hochzeit getanzt haben. Seine Herrlichkeit ist nie eine Machtdemonstration, die alle in die Knie zwingt und alle Fragen ausräumt. Von Anfang an ist seine Herrlichkeit bedroht. Sie überstrahlt die Realität nicht, sondern bewährt sich in ihr. Deshalb stellt Johannes im Folgenden eine Episode an den Anfang, die die anderen Evangelien an das Ende stellen – denn besondere Momente sind unabhängig vom Chronos der messbaren Zeit.

Herrlichkeit
↗ Joh 1,14

Passion von Anfang an Joh 2,13–25

Die „Tempelreinigung" gehört bei den anderen Evangelien zum Anfang und Auslöser der eigentlichen Passion Jesu (↗ Mk 11,15–19). Auch das Wort vom Abreißen des Tempels gehört bei ihnen in die Passionsgeschichte – als Aussage falscher Zeugen (↗ Mk 14,58) und als Ablästern Schaulustiger bei der Hinrichtung Jesu (↗ Mk 15,29). Johannes zeigt Jesu öffentliches Wirken bei aller Souveränität von Anfang an unter der Perspektive des Kreuzes.

Passion
↗ Lk 22,1–6

13 Kurz vor dem Passahfest der Juden ging Jesus nach Jerusalem hi-
nauf. 14 Im Vorhof des Tempels fand er die Händler (vor), die ihre Rinder,
Schafe und Tauben zum Verkauf anboten, und die Geldwechsler, die (an
ihren Tischen) saßen. 15 Da machte er sich aus Stricken eine Peitsche und
trieb sie alle, auch ihre Schafe und Rinder, aus dem Tempelbezirk hinaus.
Er schüttete das Kleingeld der Wechsler auf den Boden und stieß die Ti-
sche um, 16 und den Taubenverkäufern befahl er: „Schafft das weg von
hier! Macht aus dem Haus meines Vaters kein Kaufhaus!" 17 Seine Jünger
erinnerten sich dabei an die Schriftstelle (aus Ps 69,10): „Der Eifer für dein
Haus wird mich verzehren." 18 Die führenden Männer des jüdischen Vol-
kes stellten Jesus zur Rede: „Kannst du uns mit einem Zeichen beweisen,
dass du so etwas tun darfst?" 19 Jesus gab ihnen zur Antwort: „Reißt die-
sen Tempel ab, und ich werde ihn in drei Tagen wieder aufrichten." 20
Da entgegneten sie: „Sechsundvierzig Jahre lang wurde an diesem Tem-
pel gebaut, und du willst ihn in drei Tagen aufrichten?" 21 Doch er hatte
von dem Tempel seines Leibes gesprochen. 22 Später, als Jesus von den
Toten auferweckt war (wörtl.: aufgerichtet), erinnerten sich seine Jünger
daran, dass er das gesagt hatte, und sie glaubten der Schrift und dem
Wort, das Jesus gesagt hatte. 23 Während des Passafestes war Jesus in
Jerusalem. Viele glaubten an seinen Namen, als sie die Zeichen sahen,
die er tat. 24 Aber Jesus blieb ihnen gegenüber auf Abstand (wörtl.: ver-
traute sich ihnen nicht an), denn er kannte sie alle. 25 Niemand brauchte
ihm etwas darüber zu sagen, wie es im Menschen aussieht – das wusste
er!

Der Tempel mit seinem großen, abgestuften Bezirk ermöglichte verschiedene Zugänge für verschiedene Menschen. In den äußeren Bereich durften auch nichtjüdische Menschen, alle „Heiden", kommen. Die Öffnung für alle Menschen war eine Perspektive der Heiligen Schrift des AT. Denn in der Heilszeit am Ende (s.o.) würden sie von allen Seiten kommen und den einzig wahren Gott anbeten. Viele Gott suchende Menschen kamen jetzt schon. Sie waren fasziniert von dem einzigartigen Gott Israels. Manchen war dieser Glaube sogar den Schmerz der Beschneidung wert. Sie wurden „Proselyten" genannt. Überraschenderweise bietet die Erzählung der Tempelreinigung bei Johannes, der Jesus am stärksten aus der Perspektive seiner göttlichen Herkunft zeigt, den drastischsten Auftritt Jesu. Er benutzt sogar eine Peitsche aus Leinenstricken – allerdings nicht eine von der Art, wie sie bei der Folterung gegen Jesus selbst eingesetzt wurde (↗ Lk 23,32).

Die Geschäftemacher nehmen den suchenden Menschen, die in der Heilszeit in die Gegenwart Gottes strömen, den Platz weg! Das Zitat aus Ps 69,10, das auch für die anderen Evangelien das Verhalten Jesu erklärt, wird bei Johannes ins Futur, die Zeitform der Zukunft, gesetzt. Es ist von Anfang an klar, wo das alles enden wird. Sein passioniertes Leben wird ihn in die Passion führen. (In der Passionsgeschichte Joh 19,28 wird Jesus Ps 69,22 zitieren).

Joh 2,24–25 Jesus wendet sich Menschen zu. Aber er besitzt auch die Fähigkeit, sich abzugrenzen. Er sieht ins Herz (↗ Joh 1,47) und wahrt Distanz, wo Nähe nicht angebracht ist. Wo Menschen nur auf wunderbare Effekte aus sind, ist Vertrauen nicht möglich.

Wirklich leben – lass es geschehen! Joh 3

Hoher Rat
↗ Mk 11,27–33

Das Johannesevangelium ist ein Buch der persönlichen Begegnungen mit der Wahrheit Jesu (↗ Joh 1,17). In Joh 3 und Joh 4 werden zwei dieser Begegnungen im Gespräch entwickelt. In Joh 3 sucht ein namhaftes Mitglied des Hohen Rats, des jüdischen religiösen Leitungsgremiums, Jesus auf. In Joh 4 trifft Jesus eine Frau im für Juden religiös verachteten Samarien. Diese Begegnungen sind regelrecht antithetisch komponiert, also einander gegenübergestellt: ein Mann und eine Frau, einer mit Namen Nikodemus und eine Namenlose, ein Jude und eine Samaritanerin, ein gesellschaftlich Angesehener und eine Außenseiterin, ein Schriftgelehrter, der es wissen will, und eine eher traditionell religiös Interessierte. Begegnung mit Jesus ist nicht von Vorbedingungen abhängig – weder von guten noch von schlechten. Egal, ob Jesus aufgesucht wird wie bei Nikodemus oder ob Jesus „zufällig" jemanden trifft wie die Samaritanerin – diese Begegnungen sind der Kairos (↗ Joh 2) in jedem Menschenleben. Dort entscheidet sich das Leben, egal, aus welcher Tradition jemand kommt oder welche soziale Stellung er oder sie hat. Gemeinsam ist beiden Begegnungen, dass Wasser eine Rolle spielt. Wirklich und echt leben – im Johannesevangelium ist **Wasser** dafür ein Symbolwort. Ein **Symbol** weist über sich hinaus. Es weist über das hinaus, was es bezeichnet, in eine Wirklichkeit, für die es keine angemessene Sprache gibt.

Jesus und Nikodemus – Leben aus Gott ist möglich Joh 3,1–10

1 Da war einer der führenden Männer des jüdischen Volkes, ein Pha-
risäer namens Nikodemus. 2 Der suchte Jesus bei Nacht auf. Er sagte
zu ihm: „Rabbi, wir wissen, dass du ein Lehrer bist, den Gott gesandt
hat. Denn niemand kann solche Zeichen tun wie du, wenn Gott nicht
mit ihm ist." 3 Jesus entgegnete: „Amen, amen (auch: darauf kannst du
dich verlassen), wenn jemand nicht von neuem geboren wird, kann er
das Reich Gottes nicht sehen." 4 „Wie kann ein Mensch noch einmal ge-
boren werden, wenn er alt geworden ist?", wandte Nikodemus ein. „Er
kann doch nicht in den Leib seiner Mutter zurückkehren und ein zwei-
tes Mal geboren werden!" 5 Jesus erwiderte: „Amen, amen, ich sage dir
eins: Wenn jemand nicht aus Wasser und Geist geboren wird, kann er
nicht ins Gottesreich hineinkommen. 6 Was aus natürlichem Leben her-
vorgeht, ist vergängliches Leben. Geistliches Leben wird aus dem Geist
geboren. 7 Darum wundere dich nicht, wenn ich dir sage: Ihr müsst von
neuem geboren werden. 8 Der Wind (auch: Geist) weht, wo er will. Du
hörst zwar sein Rauschen (auch: seine Stimme), aber du weißt nicht, wo-
her er kommt und wohin er geht. So ist es bei jedem, der aus dem Geist
geboren ist." 9 „Wie kann das geschehen?", fragte Nikodemus. 10 „Du bist
ein Lehrer Israels und weißt das nicht?", entgegnete Jesus.

Nikodemus kommt in der Nacht. Es ist die Zeit des Schriftstudiums, Zeit für ein Lehrgespräch mit dem Rabbi, dem Lehrer Jesus. Nacht bezeichnet aber auch symbolisch Unverständnis und Unklarheit. Nikodemus möchte Klarheit über Jesus gewinnen. Er wagt es, im Schutz der Nacht zu Jesus zu gehen. Damit tritt er heraus aus der religiösen Gruppe, in der er bisher zu Hause war. Nikodemus schlägt einen eigenen Weg ein, weil es ihn zu Jesus hinzieht. Sein neuer geistlicher Weg beginnt in der Begegnung mit Jesus und seinem Wort. Nikodemus hat sich anscheinend seine Eröffnungsrede für das Gespräch gut überlegt. Vorsichtig und verdeckt spricht er Jesus als möglichen Messias an. Er hat die Zeichen, die Hinweise auf Gottes Eingreifen, wahrgenommen. Er vermutet dahinter die wahre Identität Jesu, den „Gott mit uns", den „Immanuel". Nikodemus bringt als Pharisäer die Sehnsucht und den Willen mit, die Gebote des AT in der eigenen Lebenspraxis zu verwirklichen. Jesus knüpft an seine Schriftkenntnis an. Er hält sich nicht mit vorsichtigen und verdeckten Anspielungen auf. Er kommt sofort zum Eigentlichen: Zu Gott gehören ist nicht etwas, „das sich gehört". Nicht

Immanuel
↗ Mt 1,18–23

Regeln des Alltags oder eine bestimmte Glaubens- und Wertekultur sichern die Zugehörigkeit. Gott ist nicht in den Griff zu bekommen. ER ist DER, DER uns umgreift und nach uns greift. In Gottes Reich, in SEINE Gegenwart zu gehören, bedeutet eine radikale Erneuerung des ganzen Lebens. So ganz und gar wie Geborenwerden. Johannes wählt diesen Begriff **Gottesreich** oder Gottesherrschaft **nur hier**. Für die anderen Evangelisten ist er das zentrale Wort der Botschaft Jesu. Bei Johannes liegt alles an und in der Person Jesu. Der Zugang zum Reich Gottes ist deshalb persönlich. Er geschieht in der Begegnung mit Jesus, von Person zu Person. Nikodemus versteht die Worte Jesu zunächst auf der wortwörtlichen Ebene (↗ Joh 1,38ff). Vielleicht geht ihm die Antwort Jesu zu schnell zu nah. Da knüpft Jesus noch einmal an das an, was Nikodemus mitbringt. Es ist das theologische Wissen und die Sehnsucht. Das kommt jetzt zusammen in der Geburt aus Wasser und Geist. Das kennt Nikodemus aus der Vision des Propheten Hesekiel.

Gottesreich
↗ Mt 4,12–25; Lk 17,20–21

In Hes 36 stehen Wasser und Geist als endzeitliche Gaben Gottes nebeneinander. Wasser hat hierbei die Funktion der Reinigung.

Hes 36,25–27 Ich will reines Wasser über euch sprengen, dass ihr rein werdet; von all eurer Unreinigkeit und von all euren Götzen will ich euch reinigen. Und ich will euch ein neues Herz geben und einen neuen Geist in euch legen; ich will das steinerne Herz aus eurem Fleisch wegnehmen und euch ein fleischernes Herz geben. Ich will meinen Geist in euch geben und will solche Leute aus euch machen, die in meinen Geboten wandeln …

Jesus setzt darauf, dass Nikodemus als Schriftgelehrter seine Worte in diesen Zusammenhang bringt. Es ist ein Versprechen Gottes für SEINE Menschen in einer kommenden heilvollen, neuen Zeit – in der Gotteszeit, der Zeit des Messias. Das Wasser bedeutet Reinigung. Die verstopften Kanäle des Herzens werden freigespült. Der Zugang zum lebendigen Kreislauf ist wieder möglich, der Direktanschluss an Gott: Du wirst ihn spüren. Die Wegweisung für dein Leben wird von innen kommen. Was du tust, wird sich nicht in Äußerlichkeiten erschöpfen, sondern aus der Tiefe der Liebe Gottes schöpfen. Alles in dir wird sich dort neu finden. Was du geworden bist und warum wird einen neuen Sinn bekommen. Du wirst das „Leben von oben“ an seinen Auswirkungen erspüren. Aber du wirst es nicht erklären können.

Wenn Jesus auf dieses Geschehen anspielt, sagt er die messianische Zeit an. Indem er das tut, verbindet er diese erwartete Zeit mit sich selbst und seinem Kommen. Auf ihn läuft diese Sehnsucht nach Erneuerung der Herzen hin. Von ihm geht dieses Gottesgeschehen nun aus. Nikodemus versteht. Denn er stellt die entscheidende Frage. Wie kann das geschehen?

Der Weg, der dafür nötig ist Joh 3,11–15

11 „Amen, amen, lass dir sagen: Wir reden von dem, was wir kennen,
und das, was wir bezeugen, haben wir gesehen – aber ihr nehmt es nicht
an. 12 Und da ihr mir nicht einmal glaubt, wenn ich zu euch über irdische
Dinge rede, wie werdet ihr mir dann glauben, wenn ich über die himm-
lischen Dinge zu euch rede? 13 Es ist noch nie jemand in den Himmel
hinaufgestiegen – außer dem, der aus dem Himmel herabgestiegen ist –
der Menschensohn.

14 Und wie Mose damals in der Wüste die Schlange erhöht hat, so
muss der Menschensohn erhöht werden, 15 damit jeder, der an ihn
glaubt, ewiges Leben hat.“

Der Weg des Messias beginnt nicht erst hier auf der Erde. Er kommt aus Gottes Geheimnis. Das Kreuz zeigt im Johannesevangelium bereits wieder den Weg zurück in Gottes unsichtbare Welt an. Deshalb kann vom **Kreuz als Erhöhung** gesprochen werden. Der Punkt der tiefsten Erniedrigung ist der Höhepunkt der Rettungsgeschichte Gottes. Der Weg des Glaubens führt zu dem am Kreuz erhöhten Jesus hin. Wer seinen ganzen Weg ansieht, erkennt, dass das Gottes Weg ist, um Herzen zu heilen. Das erschließt der Blick auf die erhöhte Schlange in der Wüste im übertragenen Sinn.

Menschensohn
↗ Mt 16,13–20

Die Schlange aus Bronze ist in Num 21,4–9 das Heilmittel gegen die tödlichen Bisse der Schlangen im Lager der Israeliten. Wer auf die Schlange aus Metall schaut, die Mose oben an einem Stab befestigt, wird leben. Wenn jemand einen tödlichen Biss bekommt, ist dieser Blick das wirksame Gegengift.

Johannes erkennt in diesem alten Geschehen eine Vorabbildung des ganzen Weges Jesu. Gerade im Ende am Kreuz sieht er schon die Heilung für uns alle. Dort ist das Gegengift gegen das Gift der Sünde. Durch das Ende am Kreuz hindurch bewirkt Gott neues Leben – noch tiefer und wirklicher, als das Moses Schlange konnte. Zuerst an Jesus. Er eröffnet den Neuanfang für alle, den Blick weg von sich selbst.

Sünde
↗ Lk 22,14–23

Ist Nikodemus noch dabei? Oder ist er schon leise durch die Hintertür weggeschlichen? Weil er das noch gar nicht verstehen will oder kann und weil der ganze Weg Jesu ja erst im Nachhinein verständlich werden wird? Das Gespräch wird zu einem Monolog. Ob der Evangelist noch Jesus reden lässt oder selbst übernimmt? Jedenfalls weitet sich die Rede aus auf alle, die mitgehört haben, und alle, die später verstehen sollen, wodurch die Geburt aus Gott möglich wird und was sie bedeutet. Das Johannesevangelium gibt Nikodemus den Raum, sich langsam im Glauben an Jesus zu verorten. Nikodemus stellt sich später auf die Seite Jesu (↗ Joh 7,50–52), zumindest mit einer Frage. Ganz am Ende ist er der, der es zusammen mit Joseph von Arimathia wagt, Jesus zu beerdigen (↗ Joh 19,39–40).

Da es in Joh 3,22ff und 4,1–3 (bei Joh 1,35–37) um Johannes den Täufer und die Tauftätigkeit der ersten Jesusanhänger geht, wird der alttestamentliche Hintergrund in der Begegnung mit Nikodemus auch zur Deutung des Taufgeschehens.

Zur christlichen **Taufe**, dem äußeren Geschehen mit Wasser, gehört als inneres Geschehen der Empfang des heiligen, also zu Gott gehörenden Geistes. Die Taufe ist ein geistvolles Geschehen. Dabei ist Gott der Handelnde. Gott schenkt Menschen ein neues Leben, das sich kindlich an IHN hängt. Es geschieht etwas Grundlegendes am Herzen eines Menschen. Dass alles an Gott hängt, dass wir Menschen dabei passiv sind, zeigt besonders die Praxis Säuglingstaufe. Bevor ein Mensch für Gott etwas tun kann, wird er vorbehaltlos geliebt und mit Gott verbunden.

Taufe, Geistempfang und Glaube gehören zusammen. Die Taufe ist ein Geschehen des Glaubens. Dass wir Menschen dabei aktiv sind, zeigt besonders die Praxis der Erwachsenentaufe. Wenn ein Mensch von Gottes Liebe ergriffen wird und nicht mehr nur für sich selbst leben will, sondern für Gott und aus Gott, lässt er oder sie sich taufen. Ein neues Leben beginnt.

Die Taufe zeigt: Der Glaube ist nicht nur eine allgemeine menschliche Lebensbewegung, sondern hat eine konkrete Gestalt. Glaube hängt an der Person Jesu. Er ist Grund, Inhalt und Ermöglicher des Glaubens. Bei der Säuglingstaufe geht es um stellvertretenden Glauben. Die Eltern und Taufpaten versprechen, ihrem Kind die Chance zu geben, in Kontakt mit Jesus Christus zu kommen. Ihr Glaube ist gefragt. Die Gemeinde wird kreativ Kontaktflächen anbieten. Der Geist gibt dem Leben die Richtung an, in die es suchen soll. Die Taufe von älteren Kindern und Erwachsenen ist der äußere Ausdruck einer tiefen inneren Erfahrung, zum Glauben an Jesus Christus gekommen zu sein, zum Leben umzukehren.

In der Taufe gehört alles zusammen: etwas von Gott her an sich geschehen lassen, eine Wiedergeburt, indem sich ein Mensch vor und von anderen untertauchen oder sich mit Wasser übergießen lässt und damit das alte Leben sinnfällig „ertränkt" wird. Das Leben aktiv neu ausrichten und durch die Taufe bekennen, wem das Leben von nun an anvertraut wird. Noch wird heute meistens zuerst getauft, und das innere Geschehen, der Glaube als ganz neue Lebensausrichtung, ereignet sich später. Dass es dazu kommen kann, ruft alle, die an Jesus glauben, in die Verantwortung. Ob Säuglings-, Kinder- oder Erwachsenentaufe – jeder Tag ist ein Abenteuer, das die Gelegenheit gibt, mehr in dieses umfassende Geschehen hinein zu wachsen. Leben wächst im Glauben, und der Glaube an Jesus Christus wächst ins Leben.

Einblick in das Herz Gottes Joh 3,16

16 Denn so sehr hat Gott die Welt (griech.: Kosmos) geliebt, dass er seinen einzigartigen Sohn hingab, damit jeder, der an ihn glaubt, nicht verloren geht, sondern das ewige Leben hat.

Daran hängt alles. Hier wird die tiefste Motivation Gottes offenbar, das Leben mit uns zu wagen, trotz allen Schmerzes, den das für IHN mit sich bringt. In dieser Liebe findet Leben seinen Grund. Die **Welt** ist nicht wie in der gnostischen und esoterischen Sicht (↗ Joh 1,1–2) eine minderwertige Hülle des Geistigen, die die Menschen hinter sich lassen müssen, um in die Sphären des göttlichen Seins aufzusteigen. Die irdische, leibliche Wirklichkeit ist durch und durch geliebt von Gott. Gott gibt ihr das Liebste, was ER hat, gibt es preis. Dieser Liebe zu glauben ist das Wunder, um das sich das ganze Johannesevangelium dreht. Nur darum wurde es aufgeschrieben (↗ Joh 20,31). Der Glaube ist eine Provokation. Provokation bedeutet „Herausrufen". Wir werden herausgerufen aus unseren Vorstellungen von Gott, unseren Vorurteilen, unserem Misstrauen. Aus den menschlichen Möglichkeiten, spirituell zu leben, ruft dieses Wort in Gottes Wirklichkeit.

Es geht nicht darum, die Welt in Gerettete und Verlorene einzuteilen. Es geht um das provozierende Liebeswerben Gottes. Es durchliebt und durchleuchtet die Situation der Menschen in all ihren Tiefen und ruft aus der **Verlorenheit** heraus. Wir geraten manchmal „außer uns", wenn wir Dinge verlieren, die uns wichtig sind. Wir sind am Boden zerstört, wenn wir Menschen verlieren, die uns Halt gegeben haben. Wir bleiben ein Leben lang gezeichnet von dem Verlust eines Menschen, mit dem wir in tiefer Liebe verbunden waren. Von Anfang an wird unser Leben begleitet von der Angst vor Verlust. Verlorenheit im geistlichen Sinn umfasst das alles: nicht bei sich sein, keinen inneren Halt haben. Schmerz fühlen, in dem Endgültigkeit liegt. Hier öffnet sich unser menschliches Fühlen in die Beziehung zu Gott hinein. Gott zu verlieren ist die tiefste Form von Verlorenheit, die Menschen erleiden können. In Gottes Liebe finden wir uns selbst, für immer und ewig. Das ist Leben in tiefster Qualität.

Zorn Gottes
↗ Joh 3,34–36

Den Satz umzukehren in „wer nicht an den Sohn glaubt, ist verloren" dient hier nicht der Intention dieses Satzes. Wen Gottes Liebe nicht beeindruckt, wird auch nicht durch Druck glauben.

Die große Krise Joh 3,17–21

17 „Gott hat seinen Sohn nicht in die Welt gesandt, um sie zu rich-
ten, sondern um die Welt durch ihn zu retten. 18 Wer an ihn glaubt, wird
nicht gerichtet. Wer aber nicht glaubt, ist schon gerichtet, denn der, an
dessen Namen er nicht geglaubt hat, ist Gottes einzigartiger Sohn! 19 So
vollzieht sich das Gericht: Das Licht ist in die Welt gekommen, und die
Menschen liebten die Finsternis mehr als das Licht, weil ihr Tun böse war.
20 Denn jeder, der Böses tut, hasst das Licht und tritt nicht ins Licht, da-
mit sein Tun nicht aufgedeckt wird. 21 Wer jedoch die Wahrheit tut, tritt
ins Licht, und es wird offenbar, dass sein Tun in Gott gegründet ist."

Ein Gott, der sprichwörtlich „kleine Sünden sofort bestraft", ist ein schreckliches Zerrbild des biblischen Gottes. Gott will durch Jesus rettend eingreifen in das Weltgeschehen. Indem ER das durch diesen Menschen tut und nicht mit einer großartigen Machtdemonstration, riskiert Gott, übersehen zu werden. In SEINER Liebe will ER nicht alle Menschen in die Knie zwingen, sondern ER möchte ihr Herz gewinnen – durch SEINEN Sohn. Sein Kommen bringt die Wahrheit über uns ans Licht: Wir rechtfertigen uns gerne selbst. Wir meinen, Gottes zurechtbringende Liebe nicht nötig zu haben. Wie wir wirklich sind, wollen wir lieber nicht so genau wissen. Die Menschen bewirken ihre eigene Krise. Sie „richten" sich selbst: Sie befördern sich ins Abseits. Sie verstricken sich in ihr eigenes Unheil. Sie glauben ihrem eigenen Urteil über sich und andere. Sie fragen nicht nach Gottes Gedanken. Sie gehen über Gottes Einladung hinweg. Sie leben so, als ob es Gott nicht gäbe. Sie machen sich zu Göttern, die die Welt selbst retten wollen. Sie nehmen ihre Bedürftigkeit nicht wahr. Sie nehmen Gott nicht wahr. Bin ich eine oder einer von „ihnen"?

Jesus wirkt begegnend, heilend, vergebend. Wer braucht das? Die Menschen, die ihr eigenes Inneres erkannt haben. Die Menschen, die sich für barmherzigen Umgang miteinander einsetzen, für ein Miteinander über Grenzen hinweg. Die Menschen, die für einen würdevollen Umgang mit Mitgeschöpfen und Schöpfung sorgen. Deren Herzen spüren am ehesten, dass rettendes Eingreifen nötig ist. Dass ihr Einsatz und ihre Arbeit nicht genügen. Dass sonst alles vergeblich bleibt.

Joh 3,18 Das „Gericht" über die Menschen findet nicht erst am Ende statt. Weder am Ende der Welt, noch am Ende des eigenen Lebens. Das ist Gott zu spät. Das Johannesevangelium verkündet die Apokalypse jetzt! (↗ Joh 5,19–27) Es zielt auf uns mitten in unserem Leben. Damit unser Leben gelingt. Damit wir wirklich leben. Damit wir nicht irgendwann sagen: „Das ist nicht zu ändern" oder „alles vergebens" oder „das kann ich nicht mehr gutmachen". Das soll nicht am Ende stehen. In der Mitte und am Ziel unseres Lebens will „Der mit den ausgebreiteten Armen" stehen, dessen Liebe alles gut macht.

Joh 3,19 Der Zielgedanke liegt an dieser Stelle nicht in einer moralischen Beurteilung von Menschen. Das Johannesevangelium ringt hier mit einem tiefen und dunklen Rätsel: Es gibt so viele Menschen, die Gottes Liebe übergehen, die über sie hinweggehen, als wäre sie nichts. Das kann doch nicht sein! Woran liegt das? Nicht nur unsere Gedanken, unser guter Wille, geben unserem Leben Gestalt. Ganz hebräisch und damit wahrhaft menschlich wird hier gedacht. Denken, Reden und Tun sind eine Einheit. Wenn Menschen in einem Lebensstil festgefahren sind, kommen sie kaum mehr in eine andere Lebensrichtung: Andere ausgrenzen, sich nur abgrenzen, hassen und nichts dagegen tun, dunkle Gedanken nähren, lästern, um besser dazustehen und andere kleinmachen, kein gutes Wort für andere haben, aber Häme anonym über andere ausschütten. Das bleibt nicht folgenlos. Das prägt und setzt Taten frei, die nicht rückgängig zu machen sind. Die Kraft des gesamten Lebensstils ist nicht zu unterschätzen. Der Sog der „Finsternis" wird hier benannt und ans Licht gebracht. Das Rätsel, warum Menschen sich gegen Gottes herausrettende Liebe abschotten, wird damit nicht gelöst. Aber ihnen „die Wahrheit“ zu sagen wie das Johannesevangelium, will die Spirale nach unten aufhalten.

Joh 3,21 Die, die im Sinne Gottes in dieser Welt unterwegs sind, auch wenn sie das gar nicht wissen, sind schon in seinem Licht. Die, die retten möchten, was zu retten ist, sind nah an Gottes Herzen.

Noch einmal die Frage, wie wir leben wollen Joh 3,34–36

34 Denn der, den Gott gesandt hat, redet Gottes Worte. Gott gibt ihm
den Geist in unbegrenzter Fülle (wörtl.: nicht nach Maß). 35 Der Vater
liebt den Sohn und hat alles in seine Hand gelegt.

36 Wer an den Sohn glaubt, hat das ewige Leben. Wer dem Sohn nicht
gehorcht, wird das Leben nicht sehen – der Zorn Gottes bleibt auf ihm.“

Der Evangelist Johannes bezeugt hier durch die Rede Johannes des Täufers (↗ bei Joh 1,35–37), wer Jesus ist. Immer wieder geht es darum, dass er einen anderen Ursprung hat als wir Menschen. Er kommt aus dem Wesen Gottes, „von oben“. Er hat als Einziger und Einzigartiger Gott gesehen. Kein Mensch kann das. Selbst die, die im Alten Testament die Wirklichkeit Gottes bezeugen, haben sozusagen nur den Rand SEINER Erscheinung gesehen. Selbst diese Randerscheinung ließ sie ins Innerste erzittern. Jesus hat Gott nicht nur von außen gesehen. Jesus ist ganz vom Geist Gottes ausgefüllt (nicht „abgemessen“, Joh 3,34). So sehr, dass diese Geistesgegenwart aus ihm heraus quillt wie „Ströme lebendigen Wassers“ (↗ Joh 7,38). Auch die Liebe Gottes zu ihm ist so überfließend, dass ER Jesus alles anvertraut. Sogar unsere Zukunft. Wo Jesus erscheint, entscheidet sich unsere Zukunft mitten in unserer Gegenwart. Jesus ist das große Ja Gottes. Er spricht ein Ja, das stärker ist als alle Mächte, die Vertrauen und Liebe verneinen und damit Leben zerstören. Es ist stärker als der Tod. Und doch fällt es anscheinend vielen Menschen schwer, dazu ihr Ja zu sagen. Deshalb zeigt das Johannesevangelium die Alternative klar auf. Denn wir sind zum Leben eingeladen. Dafür steht Jesus mit seinem Leben.

Gottes **Zorn** ist kein Affekt eines cholerischen Vaters. Er bedeutet: Die Mächte, die Vertrauen und Liebe verneinen, haben Gottes großes Nein gegen sich. Wenn ich ihnen in meinem Leben das Sagen lasse, habe ich mit Gottes Nein zu leben. Es geht hier nicht um die Not des Nichtglaubenkönnens! Es geht um die Macht eines Lebensstils. Wer sich der Einladung zum Leben verschließt und gegen das Leben handelt (↗ Joh 3,17–21), kommt irgendwann nicht mehr aus dem selbstgedrehten Sog des eigenmächtigen Lebens heraus. Gibt es wirklich Menschen, die das wollen?!

Durst nach Leben – lass dich erfüllen Joh 4

1 Als Jesus erfuhr, dass die Pharisäer gehört hatten, dass er mehr
Menschen zu Jüngern machte und taufte als Johannes 2 – allerdings war
es nicht Jesus selbst, der taufte, sondern seine Jünger – 3 verließ er Judäa
und ging wieder nach Galiläa.
4 Er musste aber durch Samarien reisen. 5 Sein Weg führte ihn durch
Sychar, eine samaritanische Ortschaft, in deren Nähe das Grundstück lag,
das Jakob einst seinem Sohn Josef gegeben hatte. 6 Dort befand sich der
Jakobsbrunnen. Weil Jesus nun müde von der Reise war, setzte er sich an
den Brunnen. Es war um die Mittagszeit.

Die Verbindung von Joh 3 zu Joh 4 wird mit einer kleinen Notiz zur Tauftätigkeit in der Jesusbewegung hergestellt (↗ Joh 1,35–37). Haben seine Jünger tatsächlich schon vor der Begegnung mit dem auferstandenen Jesus getauft, in der sie eine konkrete Weisung für diese Praxis bekommen haben? Nur das Johannesevangelium weiß davon. Es bleibt eine offene Frage. Jesus ist auf seinem Weg von Judäa nach Galiläa. Das Johannesevangelium erzählt nicht nur sozusagen zusammenfassend von **einer** „Reise nach Jerusalem" wie die anderen Evangelien. Wahrscheinlich war Jesus wie jeder Jude damals zu den großen Festen dort, und dieses Evangelium hält das fest.

Taufbefehl
↗ Mt 28,18–20

„Er musste aber durch **Samaria** reisen." Kein Jude außer ihm „musste" das. Lieber nahm man einen Umweg in Kauf. Dieses Land und seine Bewohnerinnen und Bewohner wurden gemieden. Es galt als „unreines" Land. Im 8. Jh. v. Chr. eroberten die Assyrer das Nordreich Israel und deportierten seine Bevölkerung auf brutale Weise. Sie siedelten dort Fremde an, die auch ihre Götter mitbrachten. Sie wollten die Identität ihrer unterworfenen Gebiete zerstören. Das war ihnen gelungen. Die restlichen Israeliten, die geblieben waren, vermischten sich mit den dort Angesiedelten (so 2. Kö 17,24ff). Die Bewohner des Südreiches mit dem Zentrum Jerusalem wollten sie nicht einmal beim Wiederaufbau des Tempels (5. Jh. v. Chr.) nach der Zerstörung durch die Babylonier (6. Jh. v. Chr.) dabeihaben (Esra 4). Die „Samaritaner" kämpften nun gegen die Wiedererrichtung des Tempels und bauten ein eigenes Heiligtum auf dem Garizim, dem „Segensberg" (Dtn 11,29). Dieser Tempel wurde im 2. Jh. v. Chr. von den Juden zerstört. Die Feindschaft und gegenseitige Verachtung waren seitdem nicht abgeflaut.

Jesus ist dem lebendigen Gott tiefer verpflichtet als alten Traditionen, auch wenn sie in der Schrift stehen. Das „musste" ist ein göttliches Müssen. Sein Weg durch Israel bricht altes Feinddenken auf. Er geht an einen Ort alter Lokaltradition der Samaritaner, an den Jakobsbrunnen. Im Jakobssegen wird der Messias aus Juda geweissagt (s. u.). Die Samaritaner erkennen nur die fünf Bücher Mose als Heilige Schrift an. Aber messianische Hoffnung wird auch dort eröffnet. An diesem Brunnen begegnet der durstige Jesus in der Mittagshitze einer Samaritanerin.

Der Weg hinunter in den „Lebensbrunnen" Joh 4,7–24

7 Da kommt eine samaritanische Frau (zum Brunnen), um Wasser
zu schöpfen. Jesus sagt zu ihr: „(Bitte,) gib mir zu trinken!" 8 Seine Jün-
ger waren (nämlich) in den Ort gegangen, um Lebensmittel zu kaufen.
9 Überrascht fragt die Frau: „Wie kannst du mich um etwas zu trinken
bitten? Du bist doch ein Jude, und ich bin eine Samaritanerin!" Die Ju-
den haben nämlich keinen gesellschaftlichen Umgang mit den Samari-
tanern. 10 Jesus antwortete: „Wenn du wüsstest, worin die Gabe Gottes
besteht und wer der ist, der zu dir sagt: ‚Gib mir zu trinken', dann hättest
du ihn gebeten, und er hätte dir lebendiges Wasser gegeben." 11 „Herr",
sagt die Frau, „du hast doch nichts, womit du Wasser schöpfen kannst,
und der Brunnen ist tief. Wo willst du denn dieses lebendige Wasser her-
nehmen? 12 Bist du etwa größer als unser Stammvater Jakob, der uns
diesen Brunnen gegeben und selbst daraus getrunken hat – er und seine
Söhne und seine Herden?" 13 Jesus gab ihr zur Antwort: „Jeder, der von
diesem Wasser trinkt, wird wieder Durst bekommen. 14 Wer aber von
dem Wasser trinkt, das ich ihm geben werde, wird niemals mehr durstig
sein. Das Wasser, das ich ihm gebe, wird in ihm zu einer Quelle werden,
deren Wasser ins ewige Leben sprudelt." 15 Die Frau sagt zu ihm: „Herr,
gib mir von diesem Wasser, damit ich nie mehr Durst habe und nicht
mehr hierher kommen muss, um Wasser zu holen." 16 „Geh und rufe
deinen Mann!", entgegnet Jesus. „Komm (mit ihm) hierher!" 17 „Ich habe
keinen Mann", sagte die Frau. „Das stimmt", entgegnete Jesus. „Du hast

keinen Mann. 18 Fünf Männer hast du gehabt, und der, den du jetzt hast,
ist nicht dein Mann. Da hast du die Wahrheit gesagt." 19 „Herr, ich sehe,
dass du ein Prophet bist", sagt die Frau. 20 „Unsere Vorfahren haben Gott
auf diesem Berg hier angebetet. Ihr (Juden) dagegen sagt, der (richtige)
Ort, um Gott anzubeten, sei Jerusalem." 21 Jesus erwidert: „Glaube mir,
Frau, es kommt eine Zeit (wörtl.: die Stunde), wo ihr den Vater weder auf
diesem Berg noch in Jerusalem anbeten werdet. 22 Ihr (Samaritaner) be-
tet an, ohne zu wissen, was ihr anbetet. Wir jedoch wissen, was wir an-
beten, denn das Heil (auch: die Rettung) kommt von den Juden. 23 Aber
die Zeit (wörtl.: Stunde) kommt, ja sie ist schon da, wo Menschen Gott als
den Vater anbeten werden, die vom Geist erfüllt sind und die Wahrheit
erkannt haben. Solche Menschen sucht der Vater als seine Anbeter und
Anbeterinnen. 24 Gott ist Geist, und die, die ihn anbeten, müssen ihn im
Geist und in der Wahrheit anbeten."

Normalerweise holen die Frauen in der kühlen Abendzeit Wasser. So ist das auch noch heute in vielen Ländern, dass die Frauen für diese Arbeit zuständig sind. Der Brunnen ist Treffpunkt, ein Mittelpunkt für Gemeinschaft und Austausch miteinander. Diese Frau meidet das offensichtlich. Sie ist alleine. Sie gehört nicht zu den anderen. Das Gespräch, das sich während dieser Begegnung entwickelt, ist genau so überraschend wie das mit Nikodemus. Jesus führt die Frau in die Wahrnehmung ihres Lebensdurstes. Schritt für Schritt steigen sie tiefer in den „Lebensbrunnen" hinab. Dabei entdeckt die Frau das Persongeheimnis Jesu. Kontakt mit Jesus führt Menschen in Kontakt mit sich selbst. Kontakt mit dem eigenen „Lebensbrunnen" führt zu dem, der die Quelle des Lebens in Person ist.

Ps 36,10 Bei dir, Gott, ist die Quelle des Lebens …

Die Begegnung beginnt schlicht damit, dass Jesus Durst hat. Er spricht die Frau bei dem an, was sie zu geben hat. Aber sofort regt er sie dazu an, zu fragen: Frage mich nach „lebendigem Wasser". Es geht um ein Geschenk Gottes in deinem Leben! Aber die Frau möchte erst einmal „an der Oberfläche bleiben", wie Nikodemus (↗ Joh 3) und die ersten Jünger (↗ Joh 1,35ff). Sie möchte zuerst einmal praktische Fragen klären, denn da kennt sie sich aus: Wo ist dein Schöpfgefäß? Jesus bleibt „unter der Oberfläche": Das Wasser dieses Brunnens – Schöpfgefäß hin oder her – löscht keinen tiefen Durst. Aber mein „Wasser" stillt ihn für immer. Es wird dich so erfüllen, dass du überfließt mit Leben. Du wirst an die wahre Lebensquelle angeschlossen. Du wirst etwas zu geben haben.

Vorsichtig geht die Frau mit, aber nicht so schnell so tief: Es wäre schon gut, wenn ich nicht mehr zu diesem Brunnen gehen und spüren müsste, dass ich nicht zu den anderen gehöre ... Da spricht Jesus über ihre Situation. Jetzt sind sie bei der Wahrheit ihres Lebens. Sie hat ihr Leben nach vielen Enttäuschungen selbst in die Hand genommen. Egal, was die anderen denken. Aber so egal ist es dann doch nicht. Ihre Lebensbedingungen haben sie in die Einsamkeit geführt. Die Frau spürt, Jesus kann offensichtlich tiefer sehen als andere. Deshalb möchte sie eine religiöse Frage loswerden: Wo ist der Ort der wahren Anbetung Gottes? Auf unserem Segensberg oder in Jerusalem? Sie hat schon gemerkt, dass Jesus kein Traditionalist ist. Aber jetzt hält er daran fest: „Das Heil kommt von den Juden (V. 22).“ Der Messias kommt aus Juda – das sagt die gemeinsame prophetische Tradition.

Gen 49,10: „Es wird das Zepter nicht von Juda weichen noch der Herrscherstab von seinen Füßen, bis der Friedebringer kommt“, heißt es im prophetischen Segen Jakobs über seine Söhne.

Aber für die Begegnung mit Gott ist nicht der lokale Ort entscheidend. Jesus sagt ihr: Du bist dafür genau am richtigen Ort – bei der Wahrheit über dich. Und du begegnest gerade dem, der den Geist trägt und dich mitnehmen möchte in diesen Geist des Gebets, der innigen Verbindung mit Gott.

Der Weg in das Persongeheimnis Jesu Joh 4,25–42

25 „Ich weiß, dass der Messias kommen wird, der Christus genannt
wird“, entgegnet die Frau. „Wenn er kommt, wird er uns das alles erklä-
ren.“ 26 Da sagt Jesus zu ihr: „Du sprichst mit ihm – **ich bin es.**“

Sie sind „unten“ im Lebensbrunnen angelangt, unten auf dem Grund. Stufe um Stufe ist die Erkenntnis dessen, der ihr begegnet ist, tiefer geworden: „Du, ein Jude“ (Joh 4,9), „größer als unser Vater Jakob“ (Joh 4,22) als zweifelnde Frage, „du ein Prophet“ als Gewissheit (Joh 4,19) und nun „der Messias, der Christus genannt wird“ (Joh 4,25) als vorsichtiges Vortasten. Eine namenlose, sozial ausgegrenzte Frau aus dem von den Juden verachteten Volk derer, die nicht einmal die ganze hebräische Bibel akzeptieren, wird nun von Jesus selbst in das Geheimnis seiner Person eingeweiht. Sie hört das erste „Ich bin-Wort" (↗ Joh 6,30–46) dieses Evangeliums. Welch eine grenzüberschreitende Offenbarung! Dann wird diese Offenbarung auch den Weg zu Menschen heute finden, durch alle Grenzen und Begrenztheiten hindurch. Gottes Offenbarung hat Menschen durch alle Zeiten in ihren Tiefen gehört und gefunden. Sie kann auch mich finden in den Tiefen meines Lebens. Tief unten bei meiner und SEINER Wahrheit erfüllt sich Leben. Und es beginnt zu sprudeln und überzulaufen.

27 Währenddessen kamen seine Jünger zurück. Sie wunderten sich
darüber, dass er mit einer Frau im Gespräch war. Doch keiner (wagte ihn)
zu fragen, was er von ihr wollte oder worüber er mit ihr redete. 28 Da
ließ die Frau ihren Wasserkrug stehen, ging in den Ort zurück und sagt
zu den Leuten: 29 „Kommt und seht – (ich habe) einen Menschen (getrof-
fen), der mir alles gesagt hat, was ich getan habe! Ob er wohl der Chris-
tus ist?" 30 Da machten sich die Leute aus dem Ort auf den Weg zu ihm.

31 In der Zwischenzeit baten ihn die Jünger: „Rabbi, iss (doch etwas)!"
32 Aber Jesus sagte: „Ich lebe von einer Nahrung, von der ihr nichts
wisst." 33 Da fragten sich die Jünger untereinander: „Hat ihm vielleicht
jemand etwas zu essen gebracht?" 34 Jesus sagt zu ihnen: „Meine Nah-
rung ist, dass ich den Willen dessen tue, der mich gesandt hat und sein
Werk vollende. 35 Sagt ihr nicht: ‚Es dauert noch vier Monate, dann be-
ginnt die Ernte'? Nun, ich sage euch: Blickt euch einmal um und seht
euch die Felder an. Sie sind reif für die Ernte! 36 Wer erntet, erhält seinen
Lohn und sammelt Frucht für das ewige Leben. So freuen sich beide zu-
gleich – der, der sät, und der, der erntet. 37 Das Wort ‚Einer sät, und eine
andere erntet.' trifft hier zu. 38 Ich habe euch zum Ernten geschickt, wo-
für ihr vorher nicht gearbeitet habt. Andere haben dafür gearbeitet, und
ihr seid in ihre Arbeit eingetreten."

39 Viele Samaritaner aus jenem Ort glaubten jetzt an Jesus durch das
Wort der Frau, die bezeugt hatte: „Er hat mir alles gesagt, was ich getan
habe." 40 Als nun die Samaritaner zu ihm kamen, baten sie ihn, bei ihnen
zu bleiben. Er blieb zwei Tage dort, 41 und auf sein Wort hin glaubten
noch viel mehr Menschen an ihn. Sie sagten zu der Frau: 42 „Wir glauben
(jetzt) nicht mehr nur aufgrund von dem, was du uns erzählt hast. Wir
haben ihn mit eigenen Ohren gehört und erkannt, dass er wirklich der
Retter der Welt ist."

Die Frau lässt ihr Schöpfgefäß liegen. Sie lässt ihr altes Leben zurück. Sie läuft zu denen, deren Meinung über sie ihr nicht egal war. Jetzt ist ihr nur noch wichtig, was sie über diesen Mann am Brunnen denken. Er weiß die Wahrheit über die Menschen. Er kennt ihre Wahrheit. „Kommt und seht!" Sie spricht die Einladung aus, die Jesus selbst an seine ersten Interessenten in Joh 1,39 richtet: Bildet euch selbst eine Meinung über ihn, ob er der erwartete Messias-Christus ist. Und die Leute hören auf sie! Sie tritt authentisch und glaubwürdig als Missionarin auf. Die Wahrheit über Jesus ist keine abstrakte Behauptung. Es ist zutiefst ihre eigene geworden. Die anderen spüren, dass nicht sie sich wichtigmachen will, sondern dass diese Begegnung ihr jetzt das Wichtigste ist. Ihre Worte lösen eine Bewegung hin zu Jesus aus. Die Feindschaft zwischen ihren Völkern spielt keine Rolle mehr. Jetzt gibt es Wichtigeres als eine alte Tradition!

Die Zeit, bis die Samaritaner kommen, nutzt Jesus für seine Jünger. Immer wieder wird Alltägliches zum Symbol für das, was dahinter und darin verborgen liegt – für die Wirklichkeit Gottes. Auch den Jüngern fällt es nicht leicht, immer wieder „unter die Oberfläche" der Dinge mitzugehen. Jesus bereitet sie darauf vor, dass die alten Grenzen keine Rolle mehr spielen werden. Jetzt geht es um die Wahrheit von Mensch zu Mensch. Und um Jesus als ihre Mitte. Für die Menschen aus Samaria ist die Zeit reif, um Jesus zu begegnen und ihn zu erkennen. Das ist Gottes „Erntezeit". Die Jünger haben nichts dazu beigetragen, aber sie sind dabei, begleiten das Ganze. Das lebensspendende Wasser fließt, und die Menschen sind endlich an der Quelle. Ihre Missionarin war Wegweiserin. Von sich weg zu Christus. Die Menschen aus Samaria wollen Jesus bei sich behalten. Jesus verlängert spontan seinen Aufenthalt. Er lebt im Einklang mit Gott, da kann er sich das leisten. Am Ende steht eine weitere Erkenntnis der Person Jesu: Er ist der Retter der Welt, des ganzen Kosmos (Joh 4,42). Alle zusammen bekennen das. Jesus ist der Messias, der Heiland – aber nicht für sich oder nur die Juden. Es öffnen sich neue Dimensionen der Zugehörigkeit. Und wenn die Samaritaner das sagen können, dann sind wir auch dabei. Ganz bestimmt.

Heil und Heiland
↗ Lk 4

„Fernheilung" durch Jesu Wort
Joh 4,46–54
↗ Mt 8,5–13

Dass sich die Grenzen erweitern, dass der Messias grenzenlos handelt und heilt, davon erzählt die zweite Geschichte in diesem Kapitel. Es ist das zweite „Zeichen" des Evangeliums (↗ Joh 2,11) und führt zurück nach Galiläa, nach Kana, an den Ort, an dem die Zeichen begannen.

Die Geschichte bei Johannes erinnert bis in die Ortsangabe hinein an die Heilung des Dieners des Hauptmanns von Kapernaum. Hier ist es aber von Anfang an eindeutig der Sohn, für den der Vater um Heilung fleht. Gemeinsam ist beiden Überlieferungen das grenzüberschreitende Handeln des Messias und die Wirkung seines Wortes. Bei Matthäus steht der Glaube des heidnischen Mannes im Mittelpunkt. Bei Johannes ist es der besondere Moment des Wortes Jesu, in dem Zeit eine göttliche Qualität gewinnt und die Grenzen des Raums aufgehoben werden.

Die Sabbatheilung in Bethesda und ihr Nachspiel Joh 5,1–18

1 Einige Zeit später war ein jüdisches Fest, und Jesus ging nach Je-
rusalem hinauf. 2 In Jerusalem befindet sich am Schafteich eine Anlage
mit fünf Säulenhallen. Sie wird auf Hebräisch Bethesda genannt. 3 In die-
sen Hallen lagen überall kranke Menschen, Blinde, Gelähmte und Aus-
gezehrte.

(Eine weniger gut bezeugte Lesart fügt hier die Verse 3b und 4 an: Sie warteten darauf, dass das Wasser in Bewegung kam. Denn von Zeit zu Zeit stieg ein Engel des Herrn in den Teich hinunter und rührte das Wasser auf. Wer als Erster in das Wasser hineinstieg, nachdem es in Bewegung geraten war, der wurde gesund, ganz gleich, an welcher Krankheit er litt.)

5 Dort aber war ein Mensch, der seit achtunddreißig Jahren krank
war. 6 Als Jesus ihn dort liegen sah und erkannte, dass er schon eine lan-
ge Zeit (hinter sich) hatte, fragte er ihn: „Willst du gesund werden?“ 7 Der
Kranke antwortete: „Herr, ich habe keinen Menschen, der mich in den
Teich bringt, wenn das Wasser sich bewegt. Und wenn ich dann (allein)
komme, steigt ein anderer vor mir hinein.“ 8 Da sagte Jesus zu ihm: „Steh
auf, nimm deine Matte und geh!“ 9 Und sofort wurde der Mann gesund,
nahm seine Matte und ging.

Jesus heilt vom Wettlauf um den ersten Platz Joh 5,1–9

In Bethesda, dem „Haus der Barmherzigkeit“, lag das ganze versammelte Elend Jerusalems. Fünf Säulenhallen, von denen eine im ersten Stock über den anderen vier Hallen um die trapezförmige Doppelteich-Anlage thronte, waren hier gebaut worden. Denn an diesem Ort gab es eine „intermittierende Quelle“, die gelegentlich aufsprudelte, vor allem in der Regenzeit. Ein späterer Einschub in den Text erklärt, dass die Menschen dort Heilung erwarteten, weil sie glaubten, dass ein Engel das Wasser aufrühren würde. Wer dann als Erstes ins Wasser gelangte, wurde gesund. Jesus hat keinen bedeutenden Auftritt im Tempel, sondern geht nach Bethesda! Mittendrin sieht er den Einen, dessen Krankengeschichte so lange dauert wie die Wüstenwanderung Israels nach Dtn 2,14. Er geht auf den Einen zu. Aber er heilt ihn nicht einfach. Er stellt ihm die Frage: Willst du aus dem Leben heraus, in dem du dich einrichten musstest und eingerichtet hast? Willst du aus der Rolle des Hilflosen und Einsamen heraus? Willst du das bekannte Unglück oder das unbekannte Glück? Der Kranke kann nur eine organisatorische Antwort geben. Und doch spricht sich seine innere Not dadurch aus: Nie hätte ich eine Chance im Wettlauf um den ersten Platz. Er ist darauf festgelegt, Erster sein zu müssen. Es kann für ihn nur diesen Weg zur Heilung geben. Aber der ist ihm nicht möglich. Jesus schafft das Unmögliche. Wie bei der Schöpfung schafft sein Wort eine neue Lebensmöglichkeit: „Steh auf …“ In seinem Wort gibt er diesem Menschen Würde: eigene Initiative, Aufgabe und Auftrag. Das Wunder geschieht. Der Mensch verlässt seine Festlegung und verlässt sich auf Jesu Wort. Indem er tut, was Jesus sagt, realisiert sich dieses Wort.

Heilung braucht Nacharbeit Joh 5, 10–16

Der Tag, an dem das geschah, war ein Sabbat. 10 Deshalb wiesen die
(gesetzeskundigen) jüdischen Männer den Mann, der geheilt worden
war, zurecht: „Heute ist Sabbat! Da ist es dir nicht erlaubt, deine Matte zu
tragen.“ 11 Er entgegnete: „Der, der mich gesund gemacht hat, hat zu mir
gesagt: ‚Nimm deine Matte und geh!‘“ 12 „Und wer ist dieser Mann, der
zu dir gesagt hat: ‚Nimm deine Matte und geh!‘?“ 13 Aber der Geheilte
wusste nicht, wer es war, denn Jesus war (unbemerkt) in der Menschen-
menge verschwunden. 14 Später findet Jesus den Mann im Tempel.
„Schau, du bist jetzt gesund“, sagt er zu ihm. „Sündige nicht mehr, damit
dir nicht (noch) etwas Schlimmeres geschieht.“ 15 Der Geheilte ging zu
den jüdischen Männern zurück und berichtete ihnen, dass es Jesus sei,
der ihn gesund gemacht habe. 16 Von da an verfolgten die (gesetzes-
kundigen) jüdischen Männer Jesus, weil er solche Dinge am Sabbat tat.

Die Freude an der Eigeninitiative währt nicht lange. Es ist Sabbat. Niemand hat an diesem Tag etwas herumzutragen! Darauf wird der geheilte Gelähmte bald hingewiesen. Er macht den dafür verantwortlich, der ihn geheilt hat. Auf die Frage, wer ihn gegen das Sabbatgebot verstoßen ließ, kann er aber keine Antwort geben. Er war viel zu sehr mit sich selbst beschäftigt. Aber jetzt ist das anders. Er geht in das Tempelgelände. Als Gelähmter durfte er nicht hinein. Jesu nachgehende Seelsorge findet ihn wieder. „Sündige ab jetzt nicht mehr!" Das könnte hier heißen: Hör auf, dich wieder in die alten Denkgewohnheiten hinein zu bewegen. Nicht die anderen sind für deinen Platz im Leben verantwortlich – egal, ob es der erste oder der letzte Platz ist. Nimm deine Matte selbst in die Hand. Aber dabei musst du nicht Erster sein. Du bist gesund geworden, obwohl du nicht der Erste warst. Darum geht es im Leben nicht. Sonst wirst du innerlich gelähmt. Das ist schlimmer, als körperlich verkrüppelt zu sein. Du verlierst den Kontakt zu dir selbst, zu deinem inneren Erleben. Und was viel schlimmer ist: Du verlierst auch den Kontakt zu Gott und seinen Möglichkeiten für dein Leben. Der ehemals Gelähmte wird zum zweiten Mal von Jesus gefunden und erkannt bis in die Tiefen seiner Seele. Jetzt kennt er auch Jesus. Er gibt das weiter: Jesu Wort hat heilende Autorität. Er verrät ihn nicht, er bezeugt ihn. Wer in der Begegnung mit Jesus in einen Heilungsprozess gerät, braucht Nacharbeit. Dafür hat Jesus Zeit. Lass dir Zeit.

Skandal am Sabbat Joh 5,17–18

17 Aber Jesus entgegnete ihnen: „Mein Vater wirkt bis jetzt, und so
wirke auch ich." 18 Das brachte sie noch mehr gegen ihn auf – sie wollten
ihn töten. Denn er hatte nicht nur die Sabbatvorschriften aufgehoben,
sondern darüber hinaus Gott seinen Vater genannt und sich damit Gott
gleichgestellt.

Der Sabbat, der siebte Tag der Schöpfung, ist die „Krone der Schöpfung". Auf ihn zielt das Schöpfungskunstwerk Gottes – nicht auf den Menschen, wie das oft behauptet wird, weil man die Schöpfungsgeschichte offensichtlich nicht zu Ende gelesen hat. Nicht um den Menschen mit seiner Leistung dreht sich die Welt, sondern um das Einkehren in die große Ruhe Gottes. Hier steht die Wiege des Menschseins. Hier entsteht Lebensrhythmus: zweckfreies Dasein vor Gott und daraus entspringend Kreativität und sorgfältige Umsetzung.

Über diesen wichtigen Rhythmus wird gewacht. Das ist gut so. Auch im damaligen Judentum wurde diskutiert, wie man den Sabbat am besten ehren konnte. Es gab viele einzelne Vorschriften. Lieber zu viele, als das Sabbatgebot zu brechen! Ob ein Kranker am Sabbat versorgt werden durfte – man musste ja z. B. Feuer machen, um Wasser zu erwärmen, was eigentlich nicht erlaubt war –, ob man ein Tier aus einem Brunnen ziehen durfte, darüber wurde sehr ernsthaft nachgedacht. Die meisten rabbinischen Schulen waren sich einig, dass man in Notfällen helfen durfte. Aber grundsätzlich galt: Arbeit war verboten. Dazu gehörte auch, eine Matte durch die Gegend zu schleppen. In Gen 2 gibt es einen kleinen Hinweis darauf, warum Jesus sich vielleicht oft ausgerechnet den Sabbat aussucht, um Menschen heilend zu begegnen:

Gen 2,2 Gott vollendete sein Werk am siebten Tag und er ruhte von allen seinen Werken.

Jesus identifiziert sich offensichtlich mit dem vollendenden Wirken Gottes. Er bringt zur Erfüllung, was Gott für seine Schöpfung will. Er bringt die erste Schöpfung an ihr Ziel. Sein Wort am Kreuz wird das bestätigen (↗ Joh 19,30).

Jesus lässt sich nicht von Menschen vorschreiben, wann, wo und wie er wirkt. „Mein Vater wirkt bis jetzt, und ich wirke auch!“ Skandalös wird empfunden, dass er Gott exklusiv seinen Vater nennt! Gott hat ganz Israel als „seinen Sohn“, sein Kind, adoptiert. Gott als Vater: Diese Aussage war damals nur im Kollektiv vorstellbar – es sei denn, jemand war König Israels. Da gab es die einzigartige Adoption.

Ps 2,7 … Gott hat zu mir, dem König, gesagt: ‚Du bist mein Sohn. Heute habe ich dich gezeugt.‘

Skandalös ist auch, dass Jesus sein Wirken mit Gottes Wirken gleichsetzt, wenn er es in einem Atemzug nennt! Die anderen Evangelien überliefern, dass Jesus sich „Herr über den Sabbat“ nennt (↗ Mk 2,23–28). Das ist nur Gott! Dass Gott am Sabbat nicht nur ruht, sondern gleichzeitig auch wirkt, indem er für Gerechtigkeit sorgt, weil Gott laut Ps 121 „nicht schläft und schlummert“, haben die Rabbinen damals herausgearbeitet.

„Apokalypse jetzt" und dann Joh 5,19–30

Entscheidung im Jetzt und Hier Joh 5,19–27

19 Daraufhin erklärte Jesus: „Amen, amen (, das ist wirklich so): Der
Sohn kann nichts von sich selbst aus tun – er tut nur, was er den Vater
tun sieht. Was immer jener tut, das tut auch der Sohn. 20 Denn der Vater
hat den Sohn lieb und zeigt ihm alles, was er tut. Er wird ihm noch viel
größere Werke zeigen – ihr werdet euch wundern! 21 Denn wie der Vater
die Toten erweckt und lebendig macht, so gibt auch der Sohn denen
Leben, denen er es geben will. 22 Der Vater richtet niemand – er hat das
gesamte Gericht dem Sohn übergeben, 23 damit alle den Sohn genauso
ehren wie den Vater. Wer den Sohn nicht ehrt, ehrt auch den Vater nicht,
der ihn gesandt hat. 24 Amen, amen (, ich versichere euch): Wer auf mein
Wort hört und dem glaubt, der mich gesandt hat, der hat das ewige
Leben. Er kommt nicht in das Gericht (auch: die Krise, die Verurteilung,
die Entscheidung), er hat den Schritt vom Tod ins Leben schon getan.
25 Amen, amen, ich sage euch: Die Stunde wird kommen, ja sie ist jetzt
schon da, wo die Toten die Stimme des Sohnes Gottes hören werden,
und die sie hören, werden leben. 26 Denn wie der Vater in sich selbst
Leben hat, so hat er auch dem Sohn (die Macht) gegeben, aus sich selbst
(heraus) Leben zu haben. 27 Und er hat ihm die Vollmacht verliehen, Ge-
richt zu halten, denn er ist der Menschensohn."

Die enge Beziehung zwischen Jesus und Gott, die sich in seinem Wirken am Sabbat zeigt, hat tiefe Konsequenzen. Gott gibt Jesus auch an seinem endgültigen Wirken Anteil. Das macht vor dem Tod nicht Halt. Der Tod greift oft schon nach dem Leben, wenn wir uns mittendrin wähnen. Im AT gibt es dafür ein tiefes Gespür: Das Totenreich verbreitet seinen Schrecken auch schon im Leben durch Krankheit und Einsamkeit. Menschen bitten Gott auf bewegende Weise um Hilfe gegen den Tod mitten im Leben. Das Johannesevangelium vertieft diese Erfahrung noch. Es gibt ein „geistliches" Totsein schon vor dem Tod: wenn Menschen sich verlieren (↗ Joh 3,16). Wenn sie sich das Leben selbst erkämpfen. Wenn Menschen nicht vertrauen können. Das Leben ist nur wahres Leben, wenn es mit Gott gelebt wird. Nur dann kommt zur Erfüllung, was Leben eigentlich sein kann.

Auferstehungshoffnung im AT
↗ Joh 11,25

Aber es gibt eine Totenauferstehung! Was am Ende der alttestamentlichen Schriften als Hoffnung aufscheint, wird nicht erst am Ende der Welt geschehen. „Apokalypse jetzt!" (↗ auch Joh 3,17–21) Jesus ruft ins Leben. Sein Wort hat die Macht des Wortes Gottes. Wenn er am Anfang die Welt ins Leben ruft, kann er auch Menschen ins Leben rufen, die am Ende sind. Am Ende damit, ihr Leben selbst zu füllen, zu machen, aufzubauen und zu erkämpfen. Er ruft Menschen ins Leben, die immer gedacht haben, dass sie voll im Leben stehen. Wenn das Wort Jesu uns durch das Johannesevangelium trifft, dann wird plötzlich klar, dass ein Leben ohne Gott nicht „voll das Leben" sein kann. Ohne dieses Wort leben wir weiter und merken es nicht. Aber „der Sohn macht lebendig"! Es gibt ein Leben **vor** dem Tod. Jesus hat die Macht, es in ein Leben hinein zu sprechen. Es geht um eine Lebensentscheidung. „Entscheidung" und „Gericht" werden im Johannesevangelium mit dem griechischen Wort „Krise" wiedergegeben. In Joh 3 wird betont, dass wir selbst für den Ausgang dieses Geschehens verantwortlich sind. „Gericht" können wir selbst, da müssen wir Gott nicht den „schwarzen Peter" des Richters zuspielen. Aber da eine Lebenskrise viele Dimensionen hat, wird hier eine weitere Facette beleuchtet: Gott beauftragt Jesus als „Krisenmanager". Sein machtvolles Wort macht uns so lebendig, dass wir spüren, um was es geht. Dass unser Leben in die Entscheidung des Glaubens gestellt wird. Dass es dabei um alles geht. Um unser ganzes Leben, jetzt und „dann".

Kairos
↗ Joh 2

Die große Krise (↗ Joh 3,17–21) findet jetzt statt. Mitten im Leben. Es ist wichtig, den Moment dafür nicht zu verpassen. Im Griechischen gibt es dafür den Begriff „Kairos". Es ist der alles entscheidende Augenblick. Da gibt es nur eins: ihn ergreifen. Der Krisenbeauftragte des biblischen Gottes sorgt in jedem Leben für eine besondere Zeit, in der ein Mensch das Gewicht der Gottesfrage intensiv spürt. Lass es geschehen. Überlasse dich seinem Wort. Berühre das geschenkte Leben und halte es fest ... Wie neu geboren fühlt sich das an. Nikodemus lässt grüßen. Und das „Gericht", die große Entscheidung, liegt hinter dir.

Glaubensentscheidung
↗ Joh 8,30–36

Apokalypse jetzt! Die sogenannte „präsentische Eschatologie" (sprich: Es-chatologie; ↗ Joh 2, Einleitung), die die Geschehnisse am Ende der Zeit in die Gegenwart verlegt, stellt Menschen in die Glaubensentscheidung. Das prägt die Theologie des Johannesevangeliums.

Was von Gott her geschieht: Alles in Christus! Das „Reich Gottes" wird konzentriert in der Person Jesu selbst (↗ Joh 3,1–10). In Christus, in seinem Wort, liegt das ganze Heil. Die Bedeutung seiner Person für uns Menschen wird in den sieben „Ich-bin-Worten" konzentriert ausgesagt.

Das Gericht, die Krisis, die Entscheidung, findet mitten in der Geschichte statt. Im Kommen Jesu fällt die Entscheidung über die Welt. Über diese Person hinaus gibt es Zukunftserwartung, die in den Wohnungen des Vaters mündet (↗ Joh 14,2). Das letzte Gericht enthüllt die bereits gefallene Entscheidung.

Was mit der Zeit geschieht: Im Chronos geschieht der Kairos (↗ Joh 2, Einleitung). In die endliche Menschenzeit fällt durch Christus die Gotteszeit, die Ewigkeit. Die von Christus gefüllte Zeit hat jetzt schon, vor dem Tod, Ewigkeitscharakter. An Christus entscheidet sich das Leben – wahres, ewiges Leben. Die präsentische, gegenwärtige Gabe des ewigen Lebens verändert jetzt schon die Situation. „Es kommt die Zeit, die Stunde und ist schon jetzt ..." (Joh 4,23; 5,25) verbindet die verschiedenen Dimensionen der Zeit.

Was mit den Menschen geschieht: Durch die Menschwerdung Jesu Christi kann sich der Mensch entscheiden. Im Raum seines Wortes, im Raum der Begegnung mit ihm, öffnet sich die Möglichkeit zur Entscheidung. In diese Entscheidung werden die Menschen gnadenvoll gestellt. Sie geschieht also nicht als Möglichkeit des Menschen. Sie ist eingebettet in das liebevolle „Ziehen" Gottes (↗ Joh 6,44). Es gilt, diesen Kairos der Krisis zu nutzen. Dabei geht es um Licht des Lebens oder Finsternis, Leben oder Tod! Die Menschen dringen durch von der Finsternis zum Licht, vom Tod zum Leben, zu Gnade und Wahrheit – Vergebung und Treue (↗ Joh 1,17; Joh 14,6) und „bleiben" (↗ Joh 15,5). Die Aneignung des Heils in Christus im Jetzt und Hier ist das Zentrum. Dennoch wird die Hoffnung auf die Auferstehung der Toten am Ende der Zeit festgehalten.

Gericht am Ende der Zeiten Joh 5,28–30

28 „Wundert euch nicht: Die Stunde kommt, in der die Toten in ihren
Gräbern seine Stimme hören 29 und herauskommen werden. Die, die ge-
tan haben, was gut ist, werden zum Leben auferstehen – die aber, die
getan haben, was böse ist, werden zum Gericht auferstehen. 30 Von mir
selbst aus kann ich nichts tun. Wenn ich richte, höre ich (auf den Vater).
Und mein Gericht, mein Urteil, ist gerecht, weil es mir nicht um meinen
eigenen Willen geht, sondern um den Willen dessen, der mich gesandt
hat."

Es gibt noch mehr zu hoffen. Gott lässt es sich nicht nehmen, die Welt, SEINEN Kosmos, zu einem guten Ende zu bringen. Wie die „geistlich“ Toten seine Stimme hören werden, so ruft er auch die „physisch“ Toten zu sich. Die große Krise allen Lebens und aller Geschichte wird an den Tag bringen, wie Leben gelebt worden ist. Es ist nicht egal, wie wir leben. Gott sind die Opfer der Geschichte nicht egal. Auch die, die keinen „Kairos“ in ihrem Leben hatten, werden angehört und dürfen und müssen sich verantworten. Das endgültige Machtwort wird der sprechen, der sein Leben hingibt (↗ Joh 10,11), damit andere leben. Allein diese Macht ist würdig, das Gericht am Ende zu entscheiden. Die große Krise der Welt und meine kleine Entscheidung sind bei dem geborgen, der frei ist von jeglicher Selbstherrlichkeit.

Dass nicht nur „Apokalypse jetzt“ echt Johannes ist, sondern auch Worte über die Zukunft Gottes, zeigt z. B. Joh 14,2, wo in ganz johanneischer Sprache vom „Einst“ gesprochen wird: „In meines Vaters Haus sind viele Wohnungen. Ich gehe schon vor, um euch Wohnraum einzurichten.“

Eine Frage der Ehre Joh 5,31–47

31 Wenn ich nur mein eigener Zeuge wäre, dann wäre das, was ich
über mich sage, nicht glaubwürdig. 32 Ein anderer ist mein Zeuge, und
ich weiß, dass das, was er über mich sagt, wahr ist. 33 Ihr habt (eure Leu-
te) zu Johannes geschickt, und er hat euch die Wahrheit klar bezeugt.
34 Nicht, dass ich auf die Aussage eines Menschen angewiesen wäre
(wörtl.: ich aber nehme von keinem Menschen Zeugnis) – ich sage das,
damit ihr gerettet werdet.

35 Johannes war eine Lampe, die brennt und leuchtet – aber ihr woll-
tet euch (nur) eine Zeit lang in ihrem Glanz sonnen. 36 Doch ich habe
etwas, was noch mehr für mich spricht als das, was Johannes über mich
ausgesagt hat (wörtl.: Ich habe ein größeres Zeugnis als das des Johan-
nes): die Werke, die mir der Vater gegeben hat. Die Werke, die ich voll-
bringe, zeugen davon, dass ER es ist, der mich gesandt hat. 37 Und auch
der Vater selbst, der mich gesandt hat, hat als mein Zeuge gesprochen.
Aber ihr habt SEINE Stimme nie gehört und SEINE Gestalt nie gesehen.
38 Und SEIN Wort habt ihr nicht bleibend in euch, denn ihr glaubt dem
nicht, den ER gesandt hat.

39 Ihr forscht in den Schriften, weil ihr meint, in ihnen das ewige Le-
ben zu finden. Aber gerade sie weisen auf mich hin (wörtl.: bezeugen

mich). 40 Und doch wollt ihr nicht zu mir kommen, um das Leben zu fin-
den (wörtl.: zu haben). 41 Ich bin nicht darauf aus, Ehre von Menschen
zu bekommen. 42 Aber ich kenne euch und weiß, dass ihr der Liebe zu
Gott keinen Raum in eurem Leben gebt (wörtl.: die Liebe Gottes nicht
in euch habt). 43 Ich bin im Namen meines Vaters gekommen, und ihr
nehmt mich nicht an. Doch wenn jemand anders in seinem eigenen
Namen kommt, werdet ihr ihn (mit offenen Armen) aufnehmen. 44 Wie
solltet ihr auch glauben können, wenn ihr nur auf Ehre voneinander aus
seid (wörtl.: Ehre voneinander nehmt) – aber die Anerkennung von dem
Einen Gott nicht sucht?! 45 Denkt nicht, dass ich euch beim Vater ankla-
gen werde. Mose wird euch anklagen – er, auf den ihr eure Hoffnung
gesetzt habt. 46 Denn wenn ihr Mose glauben würdet, würdet ihr auch
mir glauben. Er hat ja über mich geschrieben. 47 Wenn ihr aber seinen
Schriften nicht glaubt, wie wollt ihr dann meinen Worten glauben?"

„Wir sahen seine Herrlichkeit" (↗ Joh 1,14). Im Prolog ist dieser Satz Programm für das Leben Jesu und das Leben mit ihm. Immer wieder entfaltet sich, was das für eine Herrlichkeit ist. Hier ist dieses gewichtige Wort mit **Ehre und Anerkennung** übersetzt. Das ist der Akzent des Wortes „doxa", den es im griechischen Denken hat: etwas, was man jemandem entgegenbringt. Eine Ehrung von anderen, die er oder sie verdient hat. Wenn jemand sich verdient gemacht hat mit einer besonderen Leistung, einem besonderen Einsatz für andere, werden Ehrenbriefe überreicht, Einladungen von höchster politischer Stelle ausgesprochen. Fotos in der Presse machen die geehrte Person bekannt. Das vergrößert die Ehre. Leute in ehrenvollen Ämtern oder Positionen sorgen auch selbst dafür, dass sie gesehen und bekannt werden. Auch wenn sie nicht ständig Dinge tun, die der Ehre wert sind. Ehre ist für viele Menschen ein Motiv für ihr Handeln. Manchmal ist das zu spüren. Dann verunsichert das. Sagt sie das jetzt nur, um Ehre zu bekommen? Tut er das, um geehrt zu werden? Da bleibt ein fader Beigeschmack bei allem guten Ergebnis. Und oft genug stellen wir enttäuscht fest: Der Schein (auch eine Übersetzungsmöglichkeit für doxa) trügt! Deshalb ist es so wohltuend, Menschen zu sehen und zu begegnen, die nicht von diesem Motiv getrieben werden und sich trotzdem so verhalten, dass es aller Ehre wert ist! Die Evangelien sind sich einig, dass Jesus solch ein Mensch war.

Das Johannesevangelium arbeitet das in besonderer Weise heraus. Jesus strahlt etwas Wohltuendes aus. Seine Worte haben Gewicht. Was er tut, stimmt mit dem überein, was er ist. Gewicht und Herrlichkeit, Klarheit und Ausstrahlung sind die Bedeutungen von doxa, wenn man vom AT herkommt. Nur jemandem, der auf diese Weise doxa hat, wird doxa entgegengebracht. Sie geht von Gott aus – und jetzt von Jesus! Alles weist darauf hin, obwohl er es nicht darauf anlegt. Zwei mal zwei Zeugen, doppelt hält besser wie in Joh 1, weisen darauf hin:

Johannes der Täufer als lebendige Person. Die Taten Jesu als Wohltaten, die leben helfen. Mose als Person, der hier das lebendige Wort der Schrift verkörpert. Der lebendige Gott selbst in seiner leuchtenden Herrlichkeit. In diesem Abschnitt lässt Johannes alle Scheinwerfer auf Jesus gerichtet sein. Weil er von innen strahlt wie die göttliche Gegenwart am Sinai, wird er angestrahlt, damit ihn niemand übersieht.

Aber genau das geschieht! Unfassbar! Jesus ist immer noch mit **„den Juden“**, den jüdischen Männern (↗ Joh 5,10), im Gespräch, die ihn wegen der Heilung gestellt haben. Die harten Anklagen gegen sie, dass sie die Stimme Gottes nie wirklich gehört haben (V. 37), spiegeln auch die Auseinandersetzung der kleinen christlichen mit der jüdischen Gemeinde zur Zeit der Entstehung des Johannesevangeliums. Dürfen sich die Juden, die Jesus als Messias erkannt haben, auf „die Schriften“, das Wort Gottes, also das AT, berufen? Das wurde den Judenchristen abgesprochen. Von Seiten der jüdischen Gemeinde wurde eine harte und schmerzende Trennung vollzogen. Aber trotzdem bleibt das Johannesevangelium dabei: „Das Heil kommt von den Juden (Joh 4,22)!“

Schon zu seinen Lebzeiten war Jesus am intensivsten mit den „Pharisäern“ im Gespräch (↗ Mk 2,13–17). Er hat auch harte Auseinandersetzung nicht gescheut, weil ihm diese Gruppe so am Herzen lag. Er wollte sie für sich und seine Sendung gewinnen! Er wollte sie damit auch neu für ihren Gott gewinnen, in dessen ganzer Gegenwart Jesus lebte. Aber „die Juden“ stehen auch exemplarisch für alle, die diesen Gott von ganzem Herzen suchen und mit IHM leben möchten. Deshalb wird die Frage der Ehre zur Anfrage an unsere innerste Motivation, aus der wir leben und für die wir leben: „Wie könnt ihr glauben, wenn auf Ehre voneinander aus seid (Joh 5,44)?“

Hunger nach Leben – Jesus macht satt Joh 6

Das vierte und fünfte „Zeichen“ Jesu im Johannesevangelium sind die Brotvermehrung und der Seewandel Jesu. In allen vier Evangelien gibt es trotz der verschiedenen Akzentsetzungen der Evangelisten eine feststehende Größe: die Zahlen 5 – 2 – 5000 – 12 sind fest in der Überlieferung verankert (5 Brote, 2 Fische, 5000 Männer, 12 Körbe Reste). Die Auslegung des Brotwunders und des Seewandels Jesu finden sich bei Mk 6. Hier wird nur auf die besonderen Akzente des Johannesevangeliums eingegangen. Im Johannesevangelium schließt sich wie in Joh 5 auch an diese Zeichen ein großer Redeabschnitt an. Darin befindet sich das erste der sieben „Ich-bin-Worte“.

Jesus macht satt Joh 6,1–13
Aber er ist kein Brotkönig Joh 6,14–15

1 Einige Zeit später fuhr Jesus (mit dem Boot) weg, auf die Ostseite des Sees von Galiläa, des Sees von Tiberias. 2 Es folgten ihm große Menschenmengen dorthin, weil sie die Zeichen sahen, die er an den Kranken tat. 3 Er stieg aber auf einen Berg und setzte sich dort mit seinen Jüngern. 4 Es war kurz vor dem Passah, dem Fest der Juden. 5 Als Jesus aufblickte und die Menschenmenge sah, die zu ihm kam, fragte er Philippus: „Wo können wir Brote kaufen, dass alle diese (Leute) zu essen bekommen?“ 6 Jesus wollte ihn mit dieser Frage auf die Probe stellen – er selbst wusste genau, was er tun wollte. 7 Philippus entgegnete: „Selbst für zweihundert Denare (auch: Tageslöhne) würde man nicht genug Brot bekommen, um jedem auch nur eine Kleinigkeit zu geben.“ 8 Einer seiner anderen Jünger, Andreas, der Bruder von Simon Petrus, sagte zu Jesus: 9 „Hier ist ein Junge, der hat fünf Gerstenbrote und zwei Fische. Aber was ist das schon für so viele (Menschen)?“ 10 Da sagte Jesus: „Sorgt dafür, dass die Leute sich setzen.“ Es gab viel Gras an dem Ort. Als alle sich gesetzt hatten, belief sich die Zahl der Männer auf etwa fünftausend. 11 Da nahm Jesus die Brote, sprach das Dankgebet (griech.: eucharistäsas) und teilte sie unter die Menge aus. Mit den Fischen machte er es genauso – so viel sie wollten. 12 Als sie satt waren, sagte er zu seinen Jüngern: „Sammelt die restlichen Brocken ein, damit nichts verdirbt.“ 13 Die Jünger sammelten die Reste auf und füllten zwölf Körbe mit den Brocken, die von den fünf Gerstenbroten übriggeblieben war, nachdem alle davon gegessen hatten.

Das Johannesevangelium hat nicht wie die anderen Evangelisten Scheu, das vom verhassten Herodes gegründete Tiberias als Ortsangabe für den See Genezareth zu verwenden. Jesus betrat diese Stadt nie. Am Ende des 2. Jh. wurde es dagegen eine berühmte Stätte jüdischer Forschung, Auslegung und Sammlung heiliger Schriften.

Speisung der Fünftausend
↗ Mk 6,30–44

Die wunderbare Brotvermehrung zeigt, dass Jesus in der Tradition des Mose und der Propheten Elia und Elisa handelt. Gleichzeitig ist er mehr als sie. Er ist der Messias! Die Erinnerung an die Versorgung mit Manna durch Mose in der Wüste wird in der „Lebensbrotrede" noch weiter ausgeführt. Johannes setzt wie jeder der Evangelisten als Autor Akzente, die seinen ganz besonderen Blick auf Jesus unterstreichen. Der Hunger der Menschen und die Mitarbeit der Jünger sind nicht im Blick. Der Fokus richtet sich auf Jesus, den schon ganz offensichtlichen Messias-König. Gleichzeitig berichtet nur Johannes von dem Jungen mit seinen Armeleute-Broten und den getrockneten Fischen. Der königliche Jesus verachtet nicht die Kleinigkeiten von kleinen Leuten. Er macht aus dem, was ein kleiner Mensch geben kann, die Fülle. Er ist der Geber des Lebens. Das ist er im materiellen Sinn genauso wie im geistlichen Sinn, der in der Lebensbrotrede entfaltet werden wird. Das eine ist nicht ohne das andere. Bei keiner der vier Erzählungen der Evangelisten liegt der Blick auf der Sensation. Dass Jesus Menschen auf dem grünen Gras lagern lässt wie ein Hirte seine Schafe (wie Mk 6), dass sein Beruf also der eines Hirten ist, wird Joh 10 weiter ausführen. Jesus nimmt das Geschenk des Jungen an wie ein Hausvater das Brot beim Passah. Das griechische Wort, das Johannes für seinen Dank an Gott benutzt, enthält hier das Wort „Eucharistie".

14 Als nun die Menschen sahen, was für ein Zeichen Jesus getan hatte, sagten sie: „Das ist wirklich der Prophet, der in die Welt kommen soll!" (Sie dachten an Dtn 18,15, wo Gott zu Mose sagt: „Einen Propheten wie dich will ich für mein Volk aufstehen lassen …") **15** Als Jesus nun erkannte, dass sie kommen und versuchen würden, ihn mit Gewalt zum König zu machen, zog er sich wieder auf den Berg zurück, er allein!

Versuchung Jesu
↗ Mt 4,1–11

Die Folge des Brotwunders: Die Menschen wollen einen „starken Mann". Der Begeisterung und den Wünschen so vieler Menschen ist Jesus nicht gewachsen. Er ist nicht der König, den die Menschen wollen. Er ist ein König der anderen Art. Das wird in der Passionsgeschichte ganz deutlich werden (↗ Joh 18–19). Jesus muss sich abgrenzen.

Jesus auf dem Wasser Joh 6,16–21

16 Als es aber Abend wurde, gingen die Jünger zum See hinunter,
17 stiegen ins Boot und fuhren auf die andere Seite des Sees zu, Richtung
Kapernaum (sprich: Kaperna-um). Inzwischen war es dunkel geworden,
und Jesus war noch nicht wieder zu ihnen gekommen, 18 und das Was-
ser wurde mehr und mehr aufgewühlt, weil ein heftiger Wind aufkam.
19 Die Jünger waren etwa fünf bis sechs Kilometer weit umhergetrieben,
als sie plötzlich Jesus sahen, wie er auf dem Wasser ging und nahe ans
Boot kam. Da packte sie die Angst. 20 Aber er sagte zu ihnen: „Ich bin's!
Fürchtet euch nicht!" 21 Da wollten sie ihn ins Boot nehmen – und da
waren sie auch schon an dem Ufer, auf das sie zufuhren.

Wenn Jesus auf dem See geht, hat er göttliche Würde. Denn Gott allein geht „auf den Wogen des Meeres" (Hiob 9,8). Für Johannes ist damit alles gesagt. Er kann die Stillung des Sturms weglassen. Auch die Jünger sind jetzt nicht wichtig. Alles, was sie brauchen, ist das Wort Jesu. Dann ist das Boot auf wundersame Weise auch schon am Ufer. Das Wort des Wiedererkennens, das „Ich bin's", ist ein Offenbarungswort. Alle vier Evangelisten überliefern dieses Wort auf dem Wasser, das bei Johannes dann vom Erlebten her präzisiert und ausgeführt wird. Es ist die Grundlage der „Ich-bin-Worte" des Johannesevangeliums (↗ Joh 6,30–46).

Sturmstillung
↗ Mk 6,45–52

Die Leute suchen und wundern sich weiter … Joh 6,22–25

22 Am nächsten Tag sah die Menschenmenge, die auf der anderen
Seite des Sees geblieben war, dass nur ein einziges Boot am Ufer ge-
legen hatte und dass Jesus nicht mit seinen Jüngern ins Boot gestiegen
war, sondern seine Jünger allein weggefahren waren. 23 Inzwischen ka-
men von Tiberias andere Boote herüber und legten in der Nähe der Stel-
le an, wo die Menge nach dem Dankgebet des Herrn das Brot gegessen
hatte. 24 Als die Leute schließlich sahen, dass Jesus nicht mehr da war
und seine Jünger auch nicht, stiegen sie selbst in die Boote und setzten
nach Kapernaum über, um Jesus dort zu suchen. 25 Und auf der anderen
Seite des Sees fanden sie ihn dann auch. Sie fragten ihn: „Rabbi, wann
bist du hierhergekommen?"

… aber: Glaube ist kein Wunderglaube, sondern selbst ein Wunder Joh 6,26–58

26 Jesus antwortete: „Amen, amen, ich will euch sagen, warum ihr
mich sucht: Ihr sucht mich nicht, weil ihr die Zeichen gesehen (und ihre
Botschaft verstanden) habt, sondern weil ihr von den Broten gegessen
habt und satt geworden seid. 27 Statt euch (nur) die vergängliche Nah-
rung zu beschaffen, bemüht euch um die Nahrung, die bleibend ist bis
in das ewige Leben hinein. Diese Nahrung wird euch der Menschensohn
geben, denn ihn hat Gott, der Vater, mit seinem Siegel ausgestattet
(auch: bevollmächtigt)." 28 Da fragten sie ihn: „Was müssen wir tun, um
Werke zu bewirken, die Gottes Willen entsprechen?" 29 Jesus antworte-
te: „Das ist Gottes Werk (, das entspricht seinem Willen), dass ihr an den
glaubt, den er gesandt hat."

Die Menschen wollen einen Messias-König, der ihre materiellen Bedürfnisse befriedigt und ihnen eine heile Welt schafft. Jesus will Menschen, die es ins ewige Leben schaffen! **Wunder** helfen nicht weiter. Kaum sind sie geschehen, müssen neue her! Auch die anderen Evangelien berichten von „Zeichenforderungen", obwohl gerade welche geschehen sind. Wunder können den Glauben begleiten und ermutigen, aber weder erzeugen noch ihm die Grundlage geben. Sie weisen auf den hin und weisen den aus, der „der Richtige" ist und alles Vertrauen verdient im Leben und im Sterben.

Alles, worauf es ankommt, ist, an Jesus zu glauben. Gleichzeitig wird dem Wirken, Bewirken und Schaffen der Menschen hier eine Absage erteilt. Wenn sie etwas „schaffen" wie den Glauben, dann hat das Gott geschafft. Diese Spannung durchzieht das Johannesevangelium und kommt auch in Joh 6,44 wieder zur Sprache.

Glauben
↗ Joh 8,30–36

Die Lebensbrotrede mit dem ersten Ich-bin-Wort Joh 6,30–59

Wer Jesus ist Joh 6,30–46

30 Doch nun sagten sie: „Was tust du denn nun für ein Zeichen, da-
mit wir sehen und dir glauben? Was wirkst du (, wo bleibt der Beweis)?
31 (Damals) in der Wüste haben unsere Vorfahren Manna gegessen, wie
es ja auch in der Schrift heißt: ‚Brot aus dem Himmel gab er ihnen zu
essen' (Ps 78,24)." 32 Jesus erwiderte: „Amen, amen, ich sage euch: Das
Brot aus dem Himmel hat euch nicht Mose gegeben, sondern mein Vater
gibt euch das wahre Brot aus dem Himmel. 33 Denn Gottes Brot ist der,

der vom Himmel herabkommt und der Welt das Leben schenkt." „Herr",
sagten sie da zu ihm, „gib uns immer von diesem Brot!" 35 **Da sagte Je-
sus zu ihnen: „Ich bin das Brot des Lebens. Wer zu mir kommt, wird
nie mehr hungrig sein, und wer an mich glaubt, wird nie mehr Durst
haben.** 36 Aber es ist, wie ich euch schon gesagt habe: Ihr habt mich ge-
sehen und glaubt (trotzdem) nicht. 37 Alle, die der Vater mir gibt, werden
zu mir kommen, und wer zu mir kommt, den werde ich nicht hinaus-
werfen. 38 Denn ich bin nicht vom Himmel herabgekommen, um mei-
nen eigenen Willen zu tun, sondern um den Willen dessen (zu erfüllen),
der mich gesandt hat. 39 Und der Wille dessen, der mich gesandt hat, ist,
dass ich von all denen, die er mir gegeben hat, niemand verloren gehen
lasse, sondern dass ich sie an jenem letzten Tag vom Tod auferwecke.
40 Das ist der Wille meines Vaters, dass jeder, der den Sohn sieht und an
ihn glaubt, das ewige Leben hat – und an jenem letzten Tag werde ich
ihn auferwecken."

41 Die jüdischen Menschen waren empört darüber, dass Jesus gesagt
hatte: „Ich bin das Brot, das vom Himmel herabgekommen ist." 42 „Ist
das nicht Jesus, der Sohn von Josef?", sagten sie. „Wir kennen doch sei-
nen Vater und seine Mutter! Wie kann er da behaupten, er sei vom Him-
mel herabgekommen?" 43 Jesus entgegnete: „Regt euch doch nicht so
auf! 44 Niemand kann zu mir kommen, wenn ihn der Vater, der mich ge-
sandt hat, nicht zieht. Und (wer zu mir kommt,) den werde ich an jenem
letzten Tag auferwecken. 45 Es heißt in der Schrift bei den Propheten:
‚Sie werden alle Gottgelehrte sein' (Jes 54,13). Jeder, der auf das hört, was
der Vater sagt und lernt, kommt zu mir. 46 (Das heißt nun aber) nicht,
dass irgendjemand den Vater gesehen hat. Nur der eine, der von Gott
her ist (griech.: ho ōn), hat den Vater gesehen."

In einer außerbiblischen Schrift, dem syrischen Baruchbuch, wird für die Zeit des Messias erwartet, dass wie in der Mosezeit Brot vom Himmel fällt und die Menschen von den täglichen Mannaspeisungen leben werden. Das Brot vom Himmel ist jetzt eine Person. Der Messias selbst ist dieses Brot! Für Johannes liegt alles daran, dass sich die Beziehung zum Gott Israels auf Jesus konzentriert. Deshalb treten im Johannesevangelium an die Stelle der Gleichnisse vom Gottesreich (↗ Mt 13) die **Ich-bin-Worte.** Es wird nun unmissverständlich deutlich: Die Botschaft ist radikal an den Boten gebunden. Es geht nicht um etwas von ihm oder durch ihn, es geht um ihn! Gottes Welt gibt es nicht ohne ihn. Die für Jesus zentrale Rede vom Reich Gottes (↗ Lk 9, Anfang) tritt bei

Johannes stark zurück (nur in Joh 3,3). Gottesreich und Gottesherrschaft werden im Johannesevangelium einerseits durch das Königsein Jesu ausgedrückt (↗ Joh 1,49; Joh 18,37). Er verkörpert darin die Bedeutung der „Königsherrschaft Gottes" im AT (↗ Mt 4,12–25). Das ist keine andere Botschaft als die der synoptischen Evangelien. Sie ist nur noch eindeutiger. Andererseits zeigt das Johannesevangelium mit den Ich-bin-Worten auch ganz umfassend: In der Person Jesu ist Gottes Gegenwart wirksam. In ihm ist der Charakter der liebenden Gottes-Gegenwart erkennbar und spürbar. Wo er ist, ist Gott selbst anwesend (↗ Joh 1,14).

Auch das „Ich bin's, fürchtet euch nicht!", das alle vier Evangelien beim Seewandel Jesu überliefern, ist ein Offenbarungswort, in dem der Gott Israels, der Gott des AT, wiedererkannt wird. Dieses kurze „Ich bin es" (griech.: ego eimi) durchzieht das Johannesevangelium:

Erhöhung Jesu
↗ Joh 3,14

Joh 4,26 Die samaritanische Frau ist die erste, der sich Jesus so zu erkennen gibt. Joh 8,24.28: „Wenn ihr den Menschensohn erhöht haben werdet, werdet ihr erkennen, dass ich es bin." Joh 8,58: „Bevor Abraham war, bin ich!"

Joh 13,19: „… damit ihr an den glaubt, der ich bin…" Joh 18,5.6.8 Drei mal „Ich bin es" bei der Gefangennahme Jesu.

Im Markusevangelium ist das „Ich bin's" der Höhepunkt des Verhörs vor dem Hohepriester (↗ Mk 14,62). Dahinter ist die Offenbarung des Einen Gottes zu hören. ER gibt SEINEN Namen preis. In der Septuaginta, der griechischen Übersetzung des AT, lautet er in Ex 3,14: „Ego eimi ho ōn". Diese einzigartige Wortkombination, die mit „Ich bin, DER ich bin, der Seiende" wiedergegeben werden kann, offenbart und verhüllt zugleich das Wesen Gottes. Gott bleibt Geheimnis. Dass DIESER Gott nun in Jesus erkannt wird und wie, bleibt bei aller Anspielung an den großen Namen verhüllt. Denn die Doppelung des Namens findet sich nicht im Johannesevangelium („ho ōn" ohne „ego eimi" in Joh 6,46). In Jesus ist Gott wiederzuerkennen. Gleichzeitig bleibt seine Person Geheimnis.

„Der Seiende"
↗ Joh 1,18

Eine zweite Spur, die aus dem AT zu den Ich-bin-Worten führt: Im AT gibt es eine „Person", die in der Ich-Rede auftritt und zu sich einlädt. Sie ist uns bereits im Prolog begegnet: Es ist Sophia, die Weisheit.

Spr 1,23 Siehe, ich will euch meinen Geist sprudeln lassen …
Spr 4,2 Ich habe euch eine gute Lehre gegeben …
Spr 8,23 Ich war (von Gott) eingesetzt von Ewigkeit her, vor dem Anfang …
Spr 8,35 Wer mich findet, der findet das Leben!

In dieses Ich tritt im Prolog der Logos ein. Im Evangelium nimmt Jesus die Redeform der Weisheit für sich in Anspruch.

Eine dritte Bedeutung, die aus dem atl. Denken in die Ich-bin-Worte einfließt, ist die altorientalische Botenformel. Bei der Durchführung seines Auftrags musste ein Gesandter sich vorstellen: „Ich bin …“. Das Motiv der Sendung ist grundlegend für das Johannesevangelium.

Sendung Jesu
↗ Joh 8,13–20

Aber es gibt auch in der ägyptischen Religiosität Selbstprädikationen von Göttern: „Ich bin der Stier des Ostgebirges.“ „Ich bin die Magd der Welt.“ Hier gibt es die Verwendung von Metaphern, die die Gottheiten näher charakterisieren. Jesus lädt inmitten der Götter der Menschen zu sich ein.

Es ist die Einladung zum wahren Leben. Wie sich dieses Leben anfühlt, was es bedeutet und wie Menschen es finden, wird in den Ich-bin-Worten ausgeführt. Die Ich-bin-Worte Jesu benutzen bildhafte Worte, **Metaphern**, um die Bedeutung seiner Person zu erschließen. Die Gleichnisse Jesu (↗ Mt 13) erschließen eine gemeinte Sache durch einen Vergleich. Die Metaphern, die Bilder, die hier gebraucht werden, meinen die Sache selbst. Eine Metapher setzt voraus, dass die gemeinte Sache klar ist – so stehen z. B. die Nachtigall für schönen Gesang und der Löwe für Stärke. Die Bilder sind deshalb verständlich, weil Menschen wissen, wofür dieses Bild bzw. die Sache steht. Das Verstehen kommt aus der Alltagswelt. Das Verstehen kommt aus dem Gefühl für die eigene Seele. Das Verstehen erschießt sich aus dem Kontext, dem jeweiligen Zusammenhang des Johannesevangeliums. Das Verstehen erschließt sich aus dem AT. Das Bild des jeweiligen Ich-bin-Worts ist in eine Art Bildfeld eingebunden, das bei der Klärung zusätzlich hilft. Das Besondere ist, dass diese Worte, die eine Selbstoffenbarung Jesu sind, gleichzeitig aussagen, was seine Person für die Menschen bedeutet, die sich auf das Wort einlassen. In der theologischen Fachsprache kann man sagen: Bei Johannes ist die Christologie, also wer Jesus ist, gleichzeitig immer auch Soteriologie – die Lehre vom „Heil“ der Menschen (↗ Lk 4). Das, was Jesus ist, sagt gleichzeitig das aus, was er für die Menschen bedeutet, was er an ihnen tut. Wer er ist, bedeutet gleichzeitig das, was er für die Glaubenden ist.

Deshalb haben die sieben Ich-bin-Worte eine **dreigliedrige Struktur:** Das „Ich bin“, ein Selbstoffenbarungs- und Sendungswort, das Bildwort (Metapher) und die Einladung, ein bedingtes oder unbedingtes Versprechen. Die Auslegung der sieben Ich-bin-Worte wird im Folgenden immer die gleiche Struktur haben.

Das erste Ich-bin-Wort: Jesus stillt Lebenshunger Joh 6,35

„Ich bin das Brot des Lebens. Wer zu mir kommt, wird nie mehr hungrig sein, und wer an mich glaubt, wird nie mehr Durst haben.“ Joh 6,35

Weitere Variationen dieses Wortes gibt es in Joh 6,41.48.51.

Kontext: Nach dem Brotwunder und dem Seewandel Jesu, der ein einfaches Ich-bin-Wort im Zentrum hat, erschließt die Lebensbrotrede die „Nahrung, die ins ewige Leben bleibt“ (Joh 6,27).

Im **Bildfeld Brot** ist Brot Metapher für die elementare Lebensgrundlage, Lebensnotweniges, Lebensmittel. Satt werden. Leben. Essen und Trinken bedeuten, etwas ganz in sich aufzunehmen und sich ausgefüllt, gesättigt zu fühlen. Das Thema der richtigen Ernährung drückt in unserer Gesellschaft heute die Sehnsucht aus, einen individuellen Lebensstil zu haben, bewusst und nachhaltig zu leben.

Der alttestamentliche Hintergrund:

Ex 16,4 Die ehemaligen Sklaven, denen durch Gottes Wunder der Exodus aus Ägypten ermöglicht wurde, werden von Gott mit Manna, Himmelsbrot, in der Wüste versorgt. Durch Gott wird das tägliche Grundbedürfnis der Menschen im Unterwegssein gestillt.

1. Kö 17 Der Prophet Elia wirkt und erlebt ein Speisungswunder aus den Resten von Mehl und Öl einer Witwe in Zarpat. Sie haben jeden Tag genug zum Überleben. Brotwunder bedeuten Rettung vor dem Tod.

2. Kö 4,42ff Der Prophet Elisa, Nachfolger des Elia, wirkt und erlebt ein Speisungswunder. Zwanzig Gerstenbrote reichen für 100 Männer, und es bleibt übrig. Elisa handelt wie Elia aus Gottes Bevollmächtigung.

Weitere biblische Zusammenhänge: „Der Mensch lebt nicht allein vom Brot, sondern von jedem Wort, das aus Gottes Mund kommt!“ In der Wüste hält Jesus dieses Wort seinem Versucher entgegen (↗ Mt 4,4). Im Johannesevangelium ist er, „logisch“ weitergedacht, selbst das die Seele sättigende Gotteswort.

Beim letzten Abendmahl deutet Jesus das gebrochene Brot auf sich und die Hingabe seines Lebens (↗ Mk 14,22). Jesus wird als der Auferstandene am Brotbrechen von den beiden Jüngern auf dem Weg nach Emmaus erkannt (↗ Lk 24).

Auslegung: Jesus hat Vollmacht von Gott wie die Propheten des AT. Er weist sich als der Messias aus, weil er in ihrer Tradition steht. Gleichzeitig überbietet er deren Bevollmächtigung: Er rettet vor dem Tod in endgültigem Sinn und verkörpert diese Rettung mit seiner Person. Er selbst ist der Lebensspender für uns. Das Lebensbrot Jesus bedeutet: Er versorgt dich mit Leben aus Gottes Wirklichkeit. Mit ihm lebst du ganz bewusst. Dein Leben wird ausgefüllt.

Zusammengefasst: Jesus ist existenziell wichtig. Wer Jesus in sich aufnimmt, hat Leben in göttlicher Qualität.

Lebensfragen: Wovon, womit ernährst du dich? Was nährt deine Seele?

Joh 6,41ff Dass Jesus nicht nur wie die Propheten Brot gibt, sondern selbst Gottes-Brot ist – diese skandalöse Konzentration auf seine Person ist im Johannesevangelium sehr gegenwärtig. Er ist doch ein ganz normaler Mensch mit einer menschlichen Herkunft!

Joh 6,44 **Entscheidung und Geschenk.** Die Grundlage für den Glauben an ihn sind weder Wunder noch die eigene psychische Beschaffenheit nach dem Motto: „Manche können halt glauben, andere nicht." Es ist das Ziehen und Zerren des Vaters! Hier wird dasselbe Wort verwendet wie in

> Jer 31,3 „Mit ewiger Liebe habe ich dich geliebt. Darum habe ich dich zu mir gezogen aus lauter Güte."

Die Selbstoffenbarung Jesu durch das Ich-bin-Wort ist eine eindringliche Einladung zum Vertrauen. Sie ist glaub-würdig. Alles zielt darauf, dass wir diese Einladung annehmen.

Im Glauben kommt Gottes Liebe ans Ziel. Aber wer dieses Werben und Ringen mit Glauben beantwortet, kann sich nicht selbst auf die Schulter klopfen und das Vertrauen als eigene Leistung verbuchen. Alles kommt aus Gott – wie der Messias selbst. Damit wird „Unglaube" der Menschen zu einem tiefen Problem Gottes! ER selbst ist für ihren Glauben verantwortlich – und doch wartet ER sehnsüchtig auf ihr Ja … Diese tiefe Spannung ist nicht „logisch". Sie liegt im Geheimnis SEINER Liebe begründet.

Was das von Jesus Gegebene bewirkt Joh 6,47–59

47 „Amen, amen, ich versichere euch: Wer glaubt, hat das ewige Le-
ben. 48 Ich bin das Brot des Lebens. 49 Eure Vorfahren, die in der Wüste
das Manna gegessen haben, sind gestorben. 50 Hier ist das Brot, das vom
Himmel herabkommt: Wer davon isst, wird nicht sterben. 51 Ich bin das
lebendige Brot, das aus dem Himmel herabgekommen ist. Wenn jemand
von diesem Brot isst, wird er ewig leben. Dieses Brot, das ich ihm geben
werde, ist mein Fleisch – (ich gebe es hin) für das Leben der Welt." 52 Da
stritten sich die Juden untereinander: „Wie kann dieser Mensch uns
sein Fleisch zu essen geben?", fragten sie. 53 Jesus aber sagte zu ihnen:
„Amen, amen, ich versichere euch: Wenn ihr das Fleisch des Menschen-
sohnes nicht esst und sein Blut nicht trinkt, habt ihr das Leben nicht in
euch. 54 Wer mein Fleisch isst und mein Blut trinkt, hat das ewige Le-
ben, und ich werde ihn an jenem letzten Tag auferwecken. 55 Denn mein
Fleisch ist die wahre Nahrung, und mein Blut ist der wahre Trank. 56 Wer
mein Fleisch isst und mein Blut trinkt, der bleibt in mir und ich in ihm.
57 Wie mich der lebendige Vater gesandt hat und ich durch den Vater
lebe, so wird auch der, der mich isst, durch mich leben. 58 Das ist (also)
das Brot, das vom Himmel herabgekommen ist. Bei diesem Brot ist es
nicht wie bei dem, das die Vorfahren gegessen haben. Sie sind gestor-
ben; aber wer dieses Brot isst, wird leben in Ewigkeit." 59 Diese Dinge
sagte Jesus, als er in der Synagoge in Kapernaum lehrte.

Das Sein Jesu will in den Menschen etwas Heilvolles bewirken. Er ist nicht für sich da, sondern für andere. „Fleisch und Blut" sind Lebensträger und beschreiben Jesus selbst. Sie umschreiben das ganze Personsein in seiner konkreten Leiblichkeit und Lebendigkeit. „Ihn essen und trinken" bedeutet: ihn ganz und gar annehmen. Es geht um eine innige, persönliche Aneignung. Wie im Prolog in Joh 1,14 geht es nicht mehr um das Wort Gottes im Allgemeinen. Gottes Wahrheit ist untrennbar mit einer Person verknüpft. Gott wohnt nicht in einem Denksystem, sondern in einem Menschen!

Joh 6,51–58 werden auch die **„johanneischen Abendmahlsworte"** genannt. Das Abendmahl ist aber nur **eine** Möglichkeit, Jesus in sich aufzunehmen. Die Worte hier sind umfassender gemeint. Es geht um ein geistliches Aufnehmen Jesu in das Innerste des Menschen. Das bedeutet zu ihm kommen und glauben.

Trennungen in der Jüngerschaft Joh 6,60–71

60 Viele seiner Jünger sagten daraufhin: „Was er da sagt, ist eine Zu-
mutung! Wie kann man sich so etwas anhören?“ 61 Jesus war sich be-
wusst, dass die Jünger sich über seine Worte aufregten. „Daran nehmt
ihr Anstoß?“ fragte er sie. 62 „Und wenn ihr (erst) den Menschensohn in
den Himmel zurückkehren seht, dorthin, wo er vorher war? 63 Der Geist
ist es, der lebendig macht – das Fleisch (, das menschliche Wesen) ist
dazu nicht fähig. Die Worte, die ich zu euch geredet habe, sind Geist und
sind Leben. 64 Aber es sind einige unter euch, die nicht glauben.“ Jesus
wusste nämlich von Anfang an, wer die sind, die nicht glauben, und wer
ihn ausliefert. 65 Er sagte: „Aus diesem Grund habe ich zu euch gesagt:
Niemand kann (von sich selbst aus) zu mir kommen, wenn es ihm nicht
vom Vater gegeben ist.“ 66 Von da an zogen sich viele seiner Jünger zu-
rück und gingen nicht mehr mit ihm mit.

Einigen reicht es jetzt. Jesus von Nazareth – Wort Gottes, das sie in sich aufnehmen sollen? Das ist dann doch zu konkret und gleichzeitig „zu hoch“.

Noch einmal wird jedes „kannibalistische Missverständnis“ in Bezug auf die Worte vorher (Joh 6,47–59) ausgeräumt. Es geht um ein geistliches Geschehen, um ein Wortgeschehen.

67 Da fragte Jesus die Zwölf: „Wollt ihr etwa auch weggehen?“ 68 Si-
mon Petrus antwortete ihm: „Herr, zu wem sollten wir gehen? Du hast
Worte des ewigen Lebens, 69 und wir haben geglaubt und erkannt, dass
du der Heilige Gottes bist.“ 70 Daraufhin sagte Jesus zu ihnen: „Habe ich
nicht euch alle zwölf erwählt? Und doch ist einer von euch ein Teufel!“
71 Er redete aber von Judas, dem Sohn von Simon Iskariot. Dieser hatte
nämlich vor, ihn zu verraten, obwohl er einer von den Zwölfen war.

Petrus bekennt sich zu Jesus als dem, der ganz zu Gott gehört. Das bedeutet „Heiliger Gottes“. Deshalb hat er in den Worten Jesu sein Zuhause gefunden.

Im Johannesevangelium spielt die Person des Petrus keine hervorgehobene Rolle (↗ Joh 20,3–10). Martha wird in Joh 11 ein noch gehaltvolleres Bekenntnis zu Jesus ablegen.

Petrus-bekenntnis
↗ Mt 16,13-20

Mitten in den Trennungen wird auch über die Tragik des Judas gesprochen (↗ Mk 14,43–52; ↗ Lk 22,47–55).

Denn bei DIR ist die Quelle des Lebens (Ps 36,10a) Joh 7

Jesus in Jerusalem
↗ Joh 2,13; Joh 5,1; Joh 7,10

Das Johannesevangelium hält fest, dass Jesus an den Wallfahrten nach Jerusalem teilnahm wie alle frommen Juden. Während die anderen Evangelien alles auf den einen Gang nach Jerusalem hinlaufen lassen, der Jesus in die Passion führt, zeigt ihn Johannes vorher schon drei Mal in Jerusalem.

Das **Laubhüttenfest** war ein großes Erntedankfest Ende September. Nach Dtn 16,13–16 sollten die Israeliten dieses Fest sieben Tagen lang fröhlich feiern und dazu nach Jerusalem kommen. Aus der Erntefeier in den Weinbergen entstand der Brauch, während der Festwoche in Laubhütten zu wohnen, zu essen und zu schlafen. Diese Festhütten erinnern an die Zeit der Wüstenwanderung und die Durchhilfe Gottes. Die Wüstenzeit der intensiven Gottes-Gegenwart wurde wieder erwartet, wenn die messianische Zeit kommen würde. Deshalb gab es besonders auf diesem Fest Messiaserwartung und Messiasgeraune. Es war das Fest der Lichterfreude und der großen Wasserspende (↗ Joh 7, 37–44). Jerusalem war an den Abenden und Nächten festlich erleuchtet. Fackeltänze wurden aufgeführt. So verbindet dieses Kapitel das Thema des Lebenswassers mit dem nachfolgenden Kapitel, in dem das zweite Ich-bin-Wort vom Licht der Welt ausgesprochen wird. Das Thema „Leben aus Wasser und Geist" (↗ Joh 3) und Jesu Antwort auf Lebensdurst (↗ Joh 4; Joh 6,35) werden wieder aufgenommen und weitergeführt. Auch der besondere Moment (↗ Joh 1,39; Joh 2; Joh 5,19–27) leuchtet in der Begegnung mit den Brüdern Jesu wieder auf. In Joh 7–10 nimmt die sich schon vorher an Begegnungen und Zeichen anschließende Diskussion über die Herkunft, das Wesen und die Bedeutung Jesu noch mehr Raum ein und wird verschärft geführt.

Ps 36,10 Denn bei dir, Gott, ist die Quelle des Lebens, und in deinem Licht sehen wir das Licht.

Die innere Struktur von Joh 7–9 entspricht diesem Psalmwort. Auch durch die Rituale beim Laubhüttenfest entsteht eine innere Verbindung der Motive von Wasser und Licht, überfließendem Leben und tieferem Erkennen.

Jesus lebt in der Gotteszeit – Er lässt sich nicht drängen Joh 7,1–10

1 Danach zog Jesus durch Galiläa. Er wollte nicht in Judäa herum-
laufen, denn dort trachteten ihm die (führenden) Männer des jüdischen
Volkes nach dem Leben. 2 Es war kurz von dem Fest der Juden, dem
Laubhüttenfest. 3 Da sagten seine Brüder zu ihm: „Geh von hier fort, geh
nach Judäa, damit auch (dort) deine Jünger sehen können, was für gro-
ße Dinge du tust. 4 Denn niemand tut etwas im Verborgenen, wenn er
in der Öffentlichkeit stehen will. Wenn du (schon) diese (wundervollen)
Dinge tust, dann zeig dich auch vor aller Welt!" 5 Denn nicht einmal seine
eigenen Brüder glaubten an ihn. 6 Doch Jesus gab ihnen zur Antwort:
„Für mich ist die richtige Zeit (griech.: kairos) noch nicht da. Bei euch ist
immer ‚Kairos'. 7 Euch kann die Welt nicht hassen, mich aber hasst sie,
weil ich darüber Zeugnis ablege, dass ihr Tun böse ist. 8 Geht nur hinauf
zum Fest – ich gehe (noch) nicht hinauf zu diesem Fest. Meine besonde-
re Zeit (, mein Kairos) ist noch nicht vollends da." 9 Nachdem er das ge-
sagt hatte, blieb er in Galiläa. 10 Nachdem jedoch seine Brüder zum Fest
hinaufgegangen waren, ging Jesus selbst auch nach Jerusalem hinauf –
allerdings nicht öffentlich, sondern inkognito (wörtl.: im Verborgenen).

Die Brüder Jesu stehen hier für Menschen, die Herren ihrer eigenen Zeit sind. Was alle tun, was Eindruck macht, was andere sagen, gibt ihnen den Takt an. Jesus hört und fühlt nach innen. Er ist im Kontakt mit Gott. Er tritt erst öffentlich in Erscheinung, als es für ihn „dran" ist. Er lebt in Gottes Zeit, die ihm einen inneren Rhythmus gibt. So bleibt er sich und seiner Sendung treu, auch als er dann ins Kreuzfeuer der Kritik gerät.

Es wird gemunkelt Joh 7,11–13

11 Während des Festes hielten die (führenden) Männer des jüdischen
Volkes nach ihm Ausschau. „Wo ist er nur?", fragten sie. 12 Es gab viel
Getuschel über ihn in der Menge. „Er ist ein guter Mensch", sagten die
einen. Die anderen entgegneten: „Er ist ein Volksverführer!" 13 Aber aus
Furcht vor den (führenden) jüdischen Männern wagte niemand, öffent-
lich seine Meinung über ihn zu äußern.

Jesus ist die meistdiskutierte Persönlichkeit im Land: ein gerechter Mensch oder einer, der die Menschen zum Götzendienst verführt und sie von Gott wegführt? Dass Jesus ein Irrlehrer, Zauberer oder dämonisierter Mensch gewesen sei, sind Vorwürfe, die sich auch im jüdischen Traktat Sanhedrin (43) finden. Im Johannesevangelium spiegeln sich über die Auseinandersetzungen zu den Lebzeiten Jesu hinaus auch die Streitgespräche zwischen der späteren Gemeinde und dem Judentum nach der Zerstörung Jerusalems.

Es wird argumentiert – Meinungsverschiedenheiten und Missverständnisse über die Messianität Jesu Joh 7,14–36

14 Als das Fest schon zur Hälfte vorbei war, ging Jesus zum Tempel
hinauf und lehrte. 15 Da wunderten sich die Juden und sagten: „Woher
kennt der die Schriften? Er ist doch gar nicht darin ausgebildet!" 16 Jesus
nun gab ihnen zur Antwort: „Meine Lehre stammt nicht von mir – es ist
die Lehre dessen, der mich gesandt hat. 17 Wer (wirklich) Gottes Willen
tun will, wird erkennen, ob das, was ich lehre, von Gott ist oder ob ich aus
mir selbst heraus rede. 18 Wer aus sich selbst heraus redet, dem geht es
um seine eigene Ehre. Wem es aber um die Ehre dessen geht, der ihn gesandt hat, der ist wahrhaftig und es ist kein Unrecht in ihm. 19 Hat nicht
Mose euch das Gesetz gegeben? Und niemand von euch setzt das Gesetz ganz um (wörtl.: tut das Gesetz). Wieso (gemeint ist: mit welchem
Recht) wollt ihr mich also töten?"

20 Da antwortete die Menge: „Du hast einen Dämon! Wer will dich
(denn) töten?" 21 Jesus erwiderte: „Wegen der einen Sache, die ich (am
Sabbat) getan habe, seid ihr außer euch. 22 Und doch: Mose hat euch die
Beschneidung gegeben – nicht als ob sie von Mose käme, sondern vielmehr von den Stammvätern – und ihr beschneidet einen Menschen am
Sabbat. 23 Wenn also ein Mensch am Sabbat beschnitten werden darf,
um das Gesetz des Mose nicht zu brechen, warum seid ihr dann so zornig darüber, dass ich am Sabbat einen Menschen am ganzen Körper gesund gemacht habe? 24 Urteilt nicht nach dem äußeren Schein, sondern
fällt ein gerechtes Urteil!" 25 Da sagten einige von den Jerusalemern: „Ist
das nicht der Mann, dem sie nach dem Leben trachten? 26 Aber seht,
er redet in aller Öffentlichkeit, und sie sagen nichts! Sollten unsere führenden Männer etwa tatsächlich erkannt haben, dass er der Messias
(griech.: Christos) ist? 27 Aber bei dem da wissen wir, woher er kommt.
Doch wenn der Messias kommt, weiß niemand, woher er kommt." 28 Da
rief Jesus aus, der im Tempel lehrte: „Ihr kennt mich und wisst, woher ich
komme. Aber ich bin nicht im eigenen Auftrag gekommen. Es gibt einen

Wahrhaftigen, der mich gesandt hat. Doch den kennt ihr nicht. 29 Ich
(dagegen) kenne ihn, denn ich komme (wörtl.: bin) von ihm. Er ist es, der
mich gesandt hat."

30 Nun wollten sie ihn festnehmen, doch keiner legte Hand an ihn,
denn seine Stunde war noch nicht gekommen. 31 Aber viele in der Men-
ge glaubten an ihn und sagten: „Wenn der Messias kommt, wird er dann
etwa mehr Wunder tun, als dieser hier getan hat?"

32 Die Pharisäer hörten, was die Leute über Jesus tuschelten. Darum
schickten die führenden Priester und die Pharisäer Männer der Tempel-
wache zu ihm, um ihn festzunehmen. 33 Da sagte Jesus: „Ich bin nur
noch kurze Zeit bei euch. Dann gehe ich zu dem, der mich gesandt hat.
34 Ihr werdet mich suchen und nicht finden. Wo ich (dann) bin, könnt ihr
nicht hinkommen." 35 Da sagten die Juden (kopfschüttelnd) zueinander:
„Wo will der denn hingehen, dass wir ihn nicht finden können? Will er
etwa in die griechische Diaspora gehen und die Griechen lehren? 36 Was
meint er damit, wenn er sagt: ‚Ihr werdet mich suchen nicht finden –
dorthin, wo ich dann bin, könnt ihr nicht kommen'?"

Bildung
↗ Mt 3

Das erste Argument gegen die Messianität Jesu: Wie will er Lehrautorität haben ohne eine schriftgelehrte Ausbildung über die Grundausbildung aller jüdischen Männer hinaus?! Entgegensetzung: Diese äußeren Kriterien sind bei Jesus nicht wichtig. Wer sich auf seine Lehre einlässt, wird seine Autorität von Gott her erkennen. Und: Wie können sich die Gegner auf Mose berufen und gleichzeitig Jesus töten wollen und damit das Gebot Gottes brechen?! Das zweite Argument gegen die Messianität Jesu: Er habe einen bösen Geist – er sei verrückt. Dagegen steht Jesu Krankenheilung in Joh 5,1–9. Das dritte Argument gegen Jesus als Messias ist wiederum in der letzten Gegenargumentation enthalten: die Sabbatheilung. Hier fordert Jesus dazu auf, nicht mit zweierlei Maß zu messen. Wenn das Gesetz der Beschneidung am achten Tag durchgeführt werden muss und der achte Tag ein Sabbat ist, nehmen die Pharisäer in Anspruch, das Sabbatgebot hinten anzustellen und die Vorhaut trotzdem zu beschneiden. Dann darf doch Jesus erst recht die Heilung des ganzen Menschen durchführen (↗ Joh 5,6)! Das vierte Argument gegen die Messianität Jesu ist wie in Joh 6,42 die allen bekannte irdische Herkunft Jesu. Dagegen wird in V. 27 eine geheimnisvollere „verborgene Herkunft des Messias" ins Feld geführt. Das ist wahrscheinlich eine Tradition aus einer außerbiblischen Schrift des Judentums, aus dem äthiopischen Henochbuch (46,2): Der Messias sei so lange unbekannt, sogar sich selbst, bis der Elia komme und ihn öffentlich einführe. Dann würde er sozusagen mit einem Schlag die Weltherrschaft übernehmen. Dem Johannesevangelium geht es auch um die tiefere Ebene der Identität Jesu. Aber seine menschliche und seine göttliche Herkunft schließen sich eben nicht aus. Beide gehören zum Geheimnis seiner Person!

Überzeugt?! Argumente begleiten und stärken den Glauben, aber sie begründen ihn nicht.

Joh 7,31–36 Gegen die führenden Meinungsmacher haben die „ganz normalen" Menschen ein sicheres Gespür für den Gesamteindruck seiner Person. Sie können Jesu messianische Zeichen als den Ausweis seiner Identität lesen. Jesu eigentliche Herkunft, sein Kommen vom Vater her, ist auch der Ort, an den er zurückgehen wird. In einem erneuten „johanneischen Missverständnis" wird das Weggehen Jesu nur im wörtlichen, oberflächlichen Sinn verstanden. Mit leiser Ironie wird erzählt, wie die pharisäischen Logiker mit ihren Überlegungen in der jüdischen Diaspora – so werden Juden genannt, die im Ausland leben – und bei den Griechen landen. Genau bei denen, für die das Johannesevangelium geschrieben wurde und die tatsächlich zum Glauben an Jesus gekommen sind und kommen werden!

Leben aus der Quelle Joh 7,37–44

37 Am letzten Tag, dem Höhepunkt des Festes, stand Jesus da und
rief laut: „Wer Durst hat, soll zu mir kommen und trinken! 38 Wenn jemand an mich glaubt, wie die Schrift sagt, von seinem Inneren werden
Ströme von lebendigem Wasser fließen." 39 Er sagte das im Hinblick auf
den Geist, den die empfangen sollten, die an Jesus glaubten. Der Geist war zu jenem Zeitpunkt noch nicht gekommen, weil Jesus noch nicht verherrlicht worden war.

Die Freudenveranstaltungen des Laubhüttenfests erreichten in den täglichen Wasserausgießungen um den Altar im Tempel am siebten Tag ihren Höhepunkt. In einer feierlichen Prozession wurde vom Hohepriester Wasser aus der Quelle Siloah geholt und über dem Altar ausgegossen. Die Wasserspenden erinnerten und erhofften das Versprechen Gottes für die Heilszeit, die besondere messianische Zeit:

Jes 12,3 Ihr werdet mit Freuden Wasser schöpfen aus dem Brunnen des Heils …

Da stellt sich Jesus hin und ruft laut wie die Sophia, die Weisheit (↗ Joh 1,1–2), die zu sich einlädt:

Spr 9,3–5 Die Weisheit sandte ihre Mägde aus, um oben auf den Höhen der Stadt zu rufen: Wer noch unverständig ist, komme! … Kommt her, esst von meinem Brot und trinkt von meinem Wein …

Wasser als Metapher, als Verweis auf für den Geist, den Gott ausgießt, findet sich u. a. in

Jes 44,3f Denn ich werde Wasser auf das Durstige gießen und Ströme auf das Dürre. Ich werde meinen Geist auf deine Nachkommen gießen …

In Jes 55,1ff lädt der Gott Israels ein: „Los, ihr Durstigen, kommt her zum Wasser, und die ihr kein Geld habt, kommt her, es gibt Wein und Milch umsonst …"

Jesus tritt hier in die Einladung ein, die Gott selbst ausspricht! Nun ist Jesus diese Adresse. Er stillt allen Lebensdurst. Er erfüllt alle Sehnsucht nach Gottes besonderer Gegenwart der messianischen Zeit. Er lädt dazu ein zu glauben: Aus seinem Inneren fließen lebendige Ströme. Er selbst ist eine überfließende Quelle von Leben. Gleichzeitig ist es auch grammatikalisch möglich, die „Ströme lebendigen Wassers" auf die Glaubenden zu beziehen. Der Glaube an Jesus bewirkt etwas: Die Quelle der Lebendigkeit wird vom Tempel in das Innere der Menschen verlegt. Das überströmende Leben wird ein Bild für das zukünftige Wirken des Heiligen Geistes im Menschen. Sein Lebensstrom schließt einen Menschen an die Ewigkeit an, an das erfüllte Leben mit Gott. Das lässt glaubende Menschen übersprudeln: Sie werden zur Quelle für andere. Dann erfüllt sich

Jes 58,11 Du wirst sein wie eine Wasserquelle, die nie versiegt …

Wieder einmal: Kein Messias aus Galiläa Joh 7,40–44

40 Als sie diese Worte gehört hatten, meinten einige aus der Menge:
„Das ist wirklich der Prophet!" 41 Manche sagten: „Er ist der Messias (, der
Christus)!" Andere entgegneten: „Seit wann kommt denn der Messias aus

Galiläa? 42 Heißt es nicht in der Schrift, dass der Messias ein Nachkomme
Davids sein wird und aus Betlehem kommt, dem Ort, wo David war?" So
kam es seinetwegen zu einer Spaltung im Volk. 44 Einige wollten ihn am
liebsten festnehmen, aber keiner legte Hand an ihn.

Messias aus Nazareth
↗ Joh 1,46

Das Johannesevangelium gibt keinen Hinweis auf die Geburt Jesu in Bethlehem (↗ Mt 2,1 und Lk 2,1–7). Ob der Verfasser diese Überlieferung nicht kannte? Oder ist ihm die „präexistente" Herkunft Jesu (↗ Joh 1,30) wichtiger?

Nikodemus traut sich was Joh 7,45–52

45 Als die Männer der Tempelwache zu den führenden Priestern und
den Pharisäern zurückkamen, fragten diese sie: „Warum habt ihr ihn
nicht hergebracht?" 46 „Noch nie hat ein Mensch so gesprochen wie
dieser Mann", gaben sie zurück. 47 „Habt ihr euch etwa auch (von ihm)
verführen lassen?", entgegneten ihnen die Pharisäer. 48 „Ist denn auch
nur einer von den führenden Männern oder von den Pharisäern an ihn
zum Glauben gekommen? 49 Aber dieses Volk da, das das Gesetz nicht
kennt – verflucht sind die." 50 Aber Nikodemus, der selbst ein Pharisäer
und früher einmal zu Jesus gekommen war, hielt ihnen entgegen: 51"Seit
wann verurteilt unser Gesetz einen Menschen, ohne dass man ihn vorher
anhört und ermittelt, was er tut?" 52 Sie gaben ihm zur Antwort: „Bist
du etwa auch aus Galiläa? Forsche nach und sieh: Aus Galiläa tritt kein
Prophet hervor."

Leiser Humor: Der Gegenbeweis gegen die Messianität Jesu soll sein, dass nur „der Pöbel" auf solch eine Idee kommt, aber keiner von den gebildeten geistlichen Autoritäten. Aber dann spricht sich ausgerechnet einer von dieser Gruppe dafür aus, Jesus fair zu behandeln!

Nikodemus, der in Joh 3 ohne Antwort gegenüber Jesus weggeht, ergreift Partei für ihn. Den „Kairos" nicht zu verpassen bedeutet nicht, keine Zeit zum Nachdenken, Abwägen, Ausprobieren zu haben! Die Begegnung mit Jesus fordert nicht immer zu sofortiger Entscheidung heraus. Innere Prozesse müssen reifen.

Licht und Finsternis – der Mensch in der Glaubensentscheidung Joh 8

Joh 7,53–8,11 ist eine sehr alte Jesusüberlieferung. Sie gehörte aber noch nicht zum ältesten Textbestand des Johannesevangeliums. Die meisten der späteren Handschriften, die diese Geschichte dann bringen, fügen sie an dieser Stelle in das Johannesevangelium ein. Hier zeigt sie, wie das Licht Jesu auf die Menschen fällt: „voller Gnade und Wahrheit“ (↗ Joh 1,14).

Jesus und die Frau, die beim Ehebruch ertappt wurde Joh 8, 1–11

7,53 So ging jeder in sein Haus. 8,1 Jesus aber ging zum Ölberg. 2 Früh
am Morgen kam er wieder in den Tempel, und das ganze Volk kam zu
ihm, und er setzte sich und lehrte sie. 3 Da kommen aber die Schriftge-
lehrten und die Pharisäer mit einer Frau, die beim Ehebruch ertappt wor-
den ist, und stellen sie in die Mitte. 4 Sie sagen zu ihm: „Meister (wörtl.:
Lehrer), diese Frau ist auf frischer Tat beim Ehebruch ertappt worden.
5 Mose hat uns im Gesetz befohlen, solche Frauen zu steinigen. Was
sagst du dazu?“ 6 Mit dieser Frage wollten sie Jesus eine Falle stellen, um
dann Anklage gegen ihn erheben zu können. Aber Jesus beugte sich vor
und schrieb mit dem Finger auf die Erde. 7 Als sie jedoch auf einer Ant-
wort bestanden, richtete er sich auf und sagte zu ihnen: „Wer von euch
ohne Sünde ist, werfe den ersten Stein auf sie.“ 8 Dann beugte er sich
wieder vor und schrieb auf die Erde. 9 Als sie das hörten, verließ einer
nach dem anderen den Platz, angefangen bei den ältesten. Er blieb al-
lein zurück – mit der Frau, die immer noch (da) in der Mitte stand. 10 Er
richtete sich auf und fragte die Frau: „Frau, wo sind sie geblieben? Hat
dich keiner verurteilt?“ 11 Sie aber antwortete: „Niemand, Herr.“ Da sagte
Jesus: „Ich verurteile dich auch nicht. Du darfst gehen. Sündige von jetzt
an nicht mehr!“

Die Pharisäer scheinen „das Gesetz“ auf ihrer Seite zu haben:

Pharisäer
↗ Mk 2,13–17

Dtn 22, 22 Wenn jemand ertappt wird, dass er bei einer verheirateten Frau liegt, so sollen beide sterben.

Aber: Wo ist hier eigentlich der Mann, der nach diesem Gesetz genauso sterben soll? Er hat sich anscheinend „unter Männern" aus der Affäre ziehen können.

Dtn 13,10 gesteht den Zeugen zu, den ersten Stein zu werfen – um jemanden zu töten, der dazu verführt hat, anderen Göttern zu dienen als dem allein wahren und einzigen Gott.

Jesus wird eine **Falle** gestellt, aus der er nicht herauskommen soll: Wenn Jesus sich gegen die Steinigung ausspricht, wendet er sich gegen „das Gesetz", gegen das im AT Gebotene. Dann können ihn seine Gegner zu Recht verklagen. Stimmt er dagegen zu, verleugnet er das, wofür er lebt: die Liebe Gottes zu denen, die aus der Gemeinschaft herausgefallen sind, weil sie nicht so leben, wie es Gott entspricht. Jesus sagt nur einen entscheidenden Satz, bei dem er auch mit seiner Körperhaltung ganz präsent ist. Dann zieht er sich aus der Situation zurück. Er lässt den anderen Raum zur Entscheidung. Es wird ein Raum, um umzukehren – im wahrsten Sinn.

Umkehr
↗ Mk 1,15; Mt 4,17

Vielleicht haben wir es mit einer prophetischen Zeichenhandlung zu tun. Das Schreiben auf die Erde erinnert die „Schriftgelehrten" an:

> Jer 17,13f Alle, die dich verlassen, müssen zuschanden werden – die, die von mir abweichen, werden auf die Erde geschrieben werden, denn sie haben den HERRN verlassen, die Quelle lebendigen Wassers. Heile du mich, HERR, so werde ich heil! …

Gott müsste eigentlich alle Menschen „in den Staub schreiben". In Hes 16 wird ganz Jerusalem als treulose „Ehefrau" Gottes dargestellt, die sich anstatt mit ihrem „Ehemann" mit fremden Völkern und deren Göttern einlässt. Aber am Ende steht das Erbarmen Gottes, der statt Strafe einen neuen Bund schließt,

> Hes 16,63 … damit du daran denkst und dich schämst …, wenn ich dir alles verzeihe, was du getan hast.

Jesus legt mit seiner Antwort ganz schlicht die Situation eines jeden Menschen offen: Niemand ist wirklich „unschuldig". Niemand kann sich von Sünde freisprechen. Jeder und jede ist auf Gottes Erbarmen angewiesen. So setzt niemand dem Wort Jesu etwas entgegen. Die Frau und er bleiben allein übrig. Jesus verurteilt die Frau nicht. Er öffnet ihr einen Weg nach vorne, der aus der Schuld der Vergangenheit herausführt und ihr innere Kraft zutraut. „Gnade und Wahrheit" bedeuten nichts anderes als Vergebung und Treue Gottes.

Das zweite Ich-bin-Wort: Jesus macht die Welt hell Joh 8,12

Als Jesus ein weiteres Mal zu den Leuten sprach, sagte er: *„Ich bin das Licht der Welt. Wer mir nachfolgt, wird nicht mehr in der Finsternis umherirren, sondern wird das Licht des Lebens haben."*

Kontext: Das Johannesevangelium nimmt die Lichtspur auf, die im Prolog gelegt wurde. Joh 1,4f wird hier erinnert und weitergeführt. Das lichtschaffende Schöpferwort aus Gen 1,3 ist der Logos. Er ist das Licht für die Menschen. Er ist Grund aller Lebendigkeit. Diese weltermöglichende kosmische Kraft ist kein anderer als Jesus von Nazareth! Durch das Laubhüttenfest (↗ Joh 7, Einleitung) wird das Motiv des Lichts mit dem des Wassers verbunden. Auch durch den Einschub der alten Jesusgeschichte (s. o.) spricht Jesus dieses Wort im Tempelgelände, im „Vorhof der Frauen". Dort hatten alle aus dem Volk Israel Zutritt. Dort befanden sich die Aufbewahrungskammern für die Tempelschätze und die Kästen für die Kollekten (↗ Joh 8,20). Dort war auch der Ort, an dem während des Laubhüttenfestes eine große nächtliche Lichterfeier stattfand. Es folgt die Heilung des Blinden in Joh 9, dem Jesus die Augen aufgehen lässt.

Das Bildfeld „Licht": Licht ist im wörtlichen Sinn die Grundlage und Voraussetzung für alles Leben. Licht bedeutet Leben. Ohne Licht kann nichts wachsen und gedeihen. So ist es im übertragenen Sinn ein Wort für Lebendigkeit und Lebensfülle.

Licht gibt Orientierung im Dunkel und weist den Weg. So ist es ein Bild für Erleuchtung, Einsicht und Erkenntnis – ein Leben, das im Innern hell und klar und wahr wird. Leben im Licht meint ein Herz, das leuchtet. Ein Leben, das den richtigen Weg findet. Ein Leben, das Sinn macht.

Der alttestamentliche Hintergrund:

Licht ist mit Sehnsucht nach Gott verbunden.

Jes 2,5 „Kommt, … lasst uns wandeln im Licht des Herrn!"

Die Nähe Gottes ist Licht, weil sie rettende Nähe ist.

Ps 27,1 Der Herr ist mein Licht und mein Heil, vor wem sollte ich mich fürchten …?

Gottes heilvolle Nähe bedeutet auch barmherzige Gerechtigkeit:

Jes 51,4 Mein Recht will ich zum Licht der Völker aufrichten …

Licht bedeutet Hoffnung in schwerer Zeit:

Jes 9,1 Das Volk, das im Finstern wandelt, sieht ein großes Licht …

Jes 42,6 Der Gottesknecht wird das Licht der Heiden sein – die Hoffnung für die Nationen …

Wer im Licht Gottes seinen Lebensweg geht, leuchtet für andere:

Spr 4,18 Des Gerechten Pfad glänzt wie das Licht …

Auslegung: Im zweiten Ich-bin-Wort tritt Jesus an die Stelle Gottes, der das Licht ist und gibt. Licht findet sich in Jesus, nicht im Tempelkult. Wie Gott bei der Schöpfung Licht gemacht hat, macht Jesus die Welt hell. Jesus verkörpert Gottes heilvolle Nähe. Wer sich auf seine Person einlässt, erkennt Gott. Durch Jesus geschieht eine Neuschöpfung, die das Herz ausleuchtet. Jesus gibt Orientierung hinein in ein sinnvolles Leben. In der Gemeinschaft mit ihm geschieht geistliches Wachstum.

Die Welt wird hell, wenn immer mehr Menschen dieses Licht in ihr Leben lassen. Das bedeutet „nachfolgen". Es geht dabei um eine erleuchtende Glaubensbeziehung. **Zusammenfassend:** Jesus bringt nicht nur Gottes Licht zu den Menschen, sondern ist es auch. Sein neuschaffendes Licht macht die Welt hell, indem es Menschen ausleuchtet und ihnen einen neuen Blick für die Welt schenkt.

Lebensfragen: Wo finde ich Erleuchtung? Wofür werden mir die Augen geöffnet?

Diese enge Gottesgemeinschaft ist ständig Anfragen ausgesetzt:

Zeugnis und Sendung Joh 8,13–20

13 Da sagten die Pharisäer zu ihm: „Du redest als Zeuge in eigener Sa-
che. Was du sagst, ist nicht wahrhaftig." 14 Jesus erwiderte: „Auch wenn
ich als Zeuge in eigener Sache rede, ist das, was ich sage, wahr. Denn ich
weiß, woher ich gekommen bin und wohin ich gehe. Ihr aber wisst we-
der, woher ich komme, noch, wohin ich gehe. 15 Ihr urteilt nach mensch-
lichem Ermessen – ich urteile über niemanden. 16 Doch wenn ich urteile,
dann ist mein Urteil richtig. Denn ich bin es nicht allein (der das Urteil
spricht), sondern ich und der, der mich gesandt hat, der Vater. 17 Auch in
eurem Gesetz steht: Wenn zwei Zeugen (in ihrer Aussage übereinstim-
men), ist das, was sie sagen, glaubwürdig. 18 Ich bin mein eigener Zeuge,
und mein Vater, der mich gesandt hat, ist ebenfalls mein Zeuge." 19 Da
fragten sie: „Wo ist denn dein Vater?" Jesus entgegnete: „Ihr kennt weder

mich noch meinen Vater. Würdet ihr mich kennen, dann würdet ihr auch
meinen Vater kennen." 20 Als er diese Worte sagte, lehrte er im Tempel
in der Nähe der Schatzkammer. Aber niemand nahm ihn fest, denn seine
Stunde war noch nicht gekommen.

Die doppelte Zeugenschaft wird im Johannesevangelium immer wieder aufgenommen (↗ Joh 1,19ff). Die Wahrheit des Zeugnisses bleibt Vertrauenssache. Sie erschließt sich den Menschen, die den Sprung des Vertrauens in die Zeugenaussage wagen: Der Vater hat Jesus gesandt. Ein weiteres wiederkehrendes Motiv im Johannesevangelium ist die **„Sendung" Jesu.** Von ihr wird in Joh 8,18.26.29.43 in diesem Kapitel gesprochen – und sonst ca. 35 Mal.

Eine derartige Häufung dieser Vokabel gibt es weder in den anderen Evangelien noch sonst im NT. Es gehört zu der besonderen Botschaft des Johannesevangeliums: Jesus ist „der Gesandte". Das rabbinische Judentum hat diesen Gedanken aufgrund des AT prägnant ausgeformt. Zum Rechtsinstitut der „Sendung in Vollmacht" – hebr.: Schaliach (Betonung auf dem i) – gehört ein vertrauenswürdiger Bote oder Gesandter. Er stellt sich ganz zur Verfügung, lässt über sich verfügen, übernimmt volle Verantwortung für den Auftrag. Darum ist der Beauftragte immer Repräsentant des Auftraggebers und vertritt in seiner Person dessen Person und Recht. „Der Abgesandte eines Menschen ist **wie** dieser selbst." Für die Sendung Jesu bedeutet das: Gott erscheint in einer letztgültigen Weise in einem Gesandten, der ihn selbst repräsentiert.

Die tiefere Ebene der Herkunft Jesu Joh 8,21–29

21 Jesus wandte sich von Neuem an sie: „Ich werde fortgehen, und ihr
werdet mich suchen und in eurer Sünde sterben. Wo ich hingehe, könnt
ihr nicht hinkommen." 22 Da sagten die Juden: „Will er sich etwa das
Leben nehmen? Vielleicht sagt er deshalb: ‚Da, wo ich hingehe, könnt
ihr nicht hinkommen.'" 23 Doch Jesus sagte: „Ihr seid von unten, ich bin
(griech.: ego eimi) von oben. Ihr seid von dieser Welt, ich bin nicht von
dieser Welt. 24 Darum habe ich zu euch gesagt, dass ihr in euren Sünden
sterben werdet. Wenn ihr nicht glaubt, dass ich es bin (griech.: ego eimi),
werdet ihr in euren Sünden sterben." 25 Da fragten sie ihn: „Wer bist du
denn?" Jesus antwortete: „Darüber habe ich doch von Anfang an zu
euch gesprochen. 26 Was euch betrifft, hätte ich noch viel zu sagen, und
es gäbe noch vieles, worin ich über euch zu urteilen hätte. Aber der mich

gesandt hat, ist wahrhaftig, und was ich von ihm gehört habe, spreche
ich in die Welt hinein." **27** Sie begriffen nicht, dass Jesus über den Vater
sprach. **28** Deshalb sagte er zu ihnen: „Dann, wenn ihr den Menschen-
sohn erhöht habt, werdet ihr erkennen, dass ich es bin (griech.: ego
eimi), und ihr werdet erkennen, dass ich nichts von mir selbst her tue,
sondern das sage, was mich der Vater gelehrt hat. **29** Und er, der mich
gesandt hat, ist bei mir. Er lässt mich nie allein, denn ich tue immer, was
ihm gefällt."

Gnosis
↗ Joh 1,1–2

Die tiefere Ebene der Herkunft Jesu wird in wie in Joh 3,31 (↗ Joh 1,35) mit „von oben" ausgedrückt. Das ist ein Wort, das auch die Gnostiker, die damaligen Esoteriker, benutzten. „Von oben" oder „von unten" – und aus welcher Sphäre des Seins Jesus wirklich kommt, daraus scheiden sich die Geister. „Sünde" meint hier die Ablehnung seiner Person. Sein Auftreten macht den Riss deutlich, der durch die Welt geht.

Dieses Ans-Licht-Kommen der unterschiedlichen Sichtweisen bringt Klarheit. Unverständnis kann geklärt werden. Jesus wird durch seinen Weg ans Kreuz Klarheit schaffen, woher er kommt: Er ist der Gesandte Gottes (s. o.). Die Sendung findet ihr Ziel am Kreuz. Von der Kreuzigung wird als Erhöhung gesprochen (↗ Joh 3,11–15). Er kommt von oben und wird dorthin zurückgehen.

Die befreiende Glaubens-Wahrheit Joh 8,30–36

30 Als Jesus das sagte, glaubten viele an ihn. **31** Zu den Juden, die
zum Glauben an ihn gekommen waren, sagte Jesus: „Wenn ihr in mei-
nem Wort bleibt, seid ihr wirklich meine Jüngerinnen und Jünger, **32** und
ihr werdet die Wahrheit erkennen, und die Wahrheit wird euch frei ma-
chen." **33** Da entgegneten sie: „Wir sind Nachkommen Abrahams! Wir ha-
ben nie jemand als Sklaven gedient. Wie kannst du da sagen: ‚Ihr müsst
frei werden'?" **34** Jesus antwortete: „Amen, amen, ich sage euch: Jeder,
der sündigt, ist ein Sklave der Sünde. **35** Ein Sklave gehört nur vorüber-
gehend zur Hausgemeinschaft, ein Sohn dagegen für immer. **36** Wenn
nun der Sohn euch frei macht, werdet ihr wirklich frei sein."

Es geht um eine Wahrheit, die die Bundestreue Gottes in Person ist und lebt und durchhält (↗ Joh 1,17). Diese Wahrheit ist eine befreiende Macht-Tat an den Menschen. Sie geschieht in der Begegnung mit Jesus: im Glauben.

Wie kommen Menschen zum Glauben? Indem die Menschen in die Entscheidung gestellt werden! Das ist das Anliegen dieses Evangeliums. Die Situation der Menschen in der Welt wird vom Kommen Jesu erhellt und durch ihn und seine Worte in aller Klarheit sichtbar: Es geht um Licht oder Finsternis.

Entscheidung
↗ Joh 2; 5,19–27

Der Mensch ist ein Geschöpf Gottes und von SEINEM Licht berührt (↗ Joh 1,3–5). Die Finsternis schlägt die Menschen in ihren Bann. Sie merken es gar nicht. Die Lebenslüge (↗ Joh 8,37–47) lässt die Menschen sinnlos im Leben herumtappen. Aber der Mensch bleibt Geschöpf Gottes, auch wenn er oder sie sich vom Lebens-Licht abwendet. **Das Johannesevangelium zeigt die Menschen auf der Suche nach dem wahren Leben.** Sie fragen nach Sinn. Sie sehnen sich nach dem Licht (↗ Joh 8,12), sättigender Nahrung (↗ Joh 6,35) für ihren Lebenshunger und sprudelnder Fülle (↗ Joh 7,37ff) für ihr Leben. **Auch wenn sie sich von Gott abgewendet haben, bleiben sie immer auf IHN bezogen!** Jesu Menschsein und seine Botschaft lassen sich tief auf diese Situation ein. So tief, dass er selbst sich an die Finsternis ausliefern wird, um ihre Macht über die Menschen zu brechen.

Wer sein Wort hört, wird in die Entscheidung gestellt. Im Raum dieses Wortes entsteht ein Machtbereich, der eine Entscheidung des Glaubens überhaupt erst ermöglicht. Der Mensch ist nicht von sich aus in der Lage, den „Herkules am Scheideweg“ der griechischen Mythologie zu geben und die Entscheidung seines oder ihres Lebens zu treffen. So geht es um ein aktives Ja des Menschen zum Glauben an Jesus. Das soll pro-voziert, hervorgerufen werden. Dafür gehen die Streitgespräche alle Argumente für Jesus durch und versuchen, Gegenargumente zu entkräften.

Gleichzeitig wird einem glaubenden Menschen sofort deutlich: Gott hat mich gnädig gezogen und gezerrt (↗ Joh 6,44). Der Wort-Raum Jesu hat meinen Glauben ermöglicht. So sind höchste Aktivität und Bewusstheit beim Glauben gefragt. Gleichzeitig geschieht etwas am Menschen, für das er oder sie sich nicht selbst „auf die Schulter klopfen“ kann.

Es bleibt ein Geheimnis, dass die aktive Glaubensentscheidung des Menschen letztlich immer eine „passive“ Entscheidung ist und Gottes Gnadenaktion nie die eigene Entscheidung der Menschen übergeht. Es ist die Frage der Blickrichtung: Vor der „Tür“ zum Glauben (↗ Joh 10,9) bringt sich die Einladung, hineinzugehen, zu Gehör – z. B. durch die Ich-bin-Worte Jesu. Vor der Tür ist also eine eigene Entscheidung gefragt. Nach dem Eintreten und im Rückblick auf den Gang durch die Tür zum Glauben ist das Geschehen als Gezogen-werden von Gottes Gnade zu erkennen.

Aus welchem Ursprung lebst du? Joh 8,37–47

37 „Ich weiß, dass ihr Nachkommen Abrahams seid. Und trotzdem
trachtet ihr mir nach dem Leben, weil mein Wort keinen Raum bei euch
hat. 38 Ich rede von dem, was ich beim Vater gesehen habe. Und auch
ihr tut, was ihr (von eurem) Vater hört!" 39 Sie gaben zur Antwort: „Un-
ser Vater ist Abraham." Jesus entgegnete: „Wenn ihr (wirklich) Kinder
von Abraham wärt, würdet ihr auch so handeln wie Abraham. 40 Statt-
dessen wollt ihr mich töten – einen Menschen, der euch die Wahrheit
sagt, wie er sie von Gott gehört hat. So etwas hat Abraham nicht getan.
41 Ihr handelt eben genau wie euer Vater." „Wir sind doch keine unehe-
lichen Kinder!", protestierten sie. „Wir haben nur einen Vater, und das ist
Gott." 42 Jesus erwiderte: „Wenn Gott euer Vater wäre, würdet ihr mich
lieben. Denn ich bin von Gott ausgegangen und (zu euch) gekommen.
Ich bin nicht im eigenen Auftrag gekommen, sondern ER hat mich ge-
sandt. 43 Warum ihr mich nicht versteht?! Weil ihr gar nicht fähig seid,
auf mein Wort zu hören: 44 Ihr stammt vom Teufel (griech.: diabolos) –
der ist euer Vater! Und was euer Vater wünscht, das führt ihr bereitwillig
aus. Jener war von Anfang an ein Menschenmörder und stand nie auf
dem Boden der Wahrheit, weil es in ihm keine Wahrheit gibt. Wenn er
lügt, redet er aus seinem ureigensten Wesen, denn er ist ein Lügner, ja
der Vater der Lüge (griech.: pseudos). 45 Weil ich dagegen die Wahrheit
sage, glaubt ihr mir nicht. 46 Wer von euch kann behaupten, ich hätte je
eine Sünde begangen? Wenn ich aber die Wahrheit sage, warum glaubt
ihr mir dann nicht? 47 Wer von Gott stammt (wörtl.: der aus Gott Seiende,
griech.: ho ōn), hört auf das, was Gott sagt. Ihr hört deshalb nicht darauf,
weil ihr nicht von Gott stammt."

Nun begegnen die Juden dem ungeheuren Anspruch Jesu mit dem Hinweis auf ihre Abrahamskindschaft, ihre Abstammung vom Glaubensheld Israels. Aber Jesus geht es hier nicht um eine Volkszugehörigkeit, sondern um geistliche Stimmigkeit. Abraham hat die Boten gastfreundlich aufgenommen und geehrt, die als Gottes Gesandte zu ihm kamen. Das wird in Gen 18 erzählt. Die Gegner Jesu verhalten sich nicht wie er. So treibt Joh 8,41 die Rede Jesu auf die Spitze: Die Juden scheinen einen anderen Vater als Jesus zu haben! Ihr Vater kann weder Gott noch Abraham sein! In ihrem Misstrauen gegen die Worte Jesu bildet sich der Riss ab, der die Welt durchzieht. Die Worte Jesu decken auf, um zu heilen. Die Reden im Johannesevangelium haben hier eine ähnliche Funktion wie die Gleichnisse in Mt 24 und 25. Sie sind provozierend. Sie sollen aus der Unheilsgeschichte dieser Welt in Gottes heilvolle Geschichte rufen. Sie sollen aus einer Frömmigkeit aufschrecken, die sich durch Volkszugehörigkeit bzw. Religionszugehörigkeit von Geburt an in falscher Heilssicherheit wiegt. Geschenkte Glaubens-Gewissheit kommt aus einem anderen Ursprung. Deshalb wird die Gegnerschaft grell ausgeleuchtet. Die Herkunft „von unten" wird als „Teufelskindschaft" benannt. Jesus nennt hier den Teufel „diabolos", den Durcheinanderbringer (↗ Mt 4,1–11; Lk 10,17–20). Jesus will das Licht des Lebens schenken. Der Diabolos bringt die Menschen durcheinander, dass sie keinen Durchblick mehr haben und in ihrem Leben wie in Finsternis herumstolpern. Die Lüge, griechisch „pseudos", ist sein Markenzeichen. Er gibt ein Pseudo-Leben. Am Ende zeigt sich, dass der Teufel nicht Leben schenkt, sondern den Tod bringt.

Jesus vor Abraham Joh 8,48–59

48 Da erwiderten die Juden: „Haben wir nicht Recht? Du bist ein Sa-
maritaner und hast einen Dämon!" 49 Jesus entgegnete: „Ich bin nicht
von einem Dämon besessen, sondern ich ehre meinen Vater. Ihr aber
verletzt meine Ehre. 50 Doch ich suche nicht meine eigene Ehre. Es ist
EINER da, der sie sucht und der urteilt. 51 Amen, amen, ich versichere
euch: Wenn jemand mein Wort bewahrt, wird er niemals den Tod sehen."
52 Da sagten die Juden: „Jetzt sind wir sicher, dass du einen Dämon hast!
Abraham ist gestorben, die Propheten sind gestorben, und du behaup-
test, wenn einer dein Wort bewahre, werde er niemals den Tod schme-
cken. 53 Bist du etwa mehr als unser Vater Abraham und die Propheten,
die alle gestorben sind? Für wen hältst du dich eigentlich?" (wörtl.: Was
machst du aus dir selber?) 54 Jesus erwiderte: „Wenn ich mich selbst ver-
herrlichte, wäre meine Herrlichkeit nichts wert. Aber nun ist es mein Va-
ter, der mich ehrt – er, von dem ihr sagt, er sei euer Gott. 55 Und dabei
habt ihr ihn nie gekannt – ich dagegen kenne ihn. Würde ich behaupten,
ihn nicht zu kennen, dann wäre ich ein Lügner wie ihr. Aber ich kenne ihn
und bewahre sein Wort. 56 Abraham, euer Vater, jubelte, dass er den Tag
meines Kommens (wörtl.: meinen Tag) sehen würde, und sah ihn und

freute sich.“ 57 Da sagten die Juden zu ihm: „Du bist noch keine fünfzig
Jahre alt und willst Abraham gesehen haben?“ 58 Jesus gab ihnen zur
Antwort: „Amen, amen, ich sage euch: Bevor Abraham geboren wurde,
bin ich (griech.: ego eimi).“ 59 Da hoben sie Steine auf, um sie auf ihn zu
werfen. Aber Jesus verbarg sich und verließ den Tempel.

Ehre
↗ Joh 5,41ff

Präexistenz
↗ Joh 1,29–34

Der Vorwurf der Teufelskindschaft wird nun gleichermaßen Jesus gemacht: Die Samaritaner galten als anfällig für Magie und Zauberei. Jesus weist den Vorwurf zurück (↗ auch Mt 12,22–33). Er ist der Gesandte (↗ Joh 8,13–20), deshalb geht es ihm nur um die Ehre des Vaters. Das Motiv der doxa, der Ehre, der Herrlichkeit, wird aus dem Prolog aufgenommen und immer wieder ins Gespräch gebracht. Als Gesandter nimmt Jesus in Anspruch, was nur Gott zusteht: durch sein Wort Leben zu geben.

Das Thema der Abrahamskindschaft wird weitergeführt, indem das Verhältnis zwischen Jesus und Abraham geklärt wird. Es gipfelt in der Aussage Joh 8,58: „Ehe Abraham wurde, bin ich.“ Abraham ist als Mensch vom Werden und Vergehen bestimmt. Jesus dagegen gehört als „präexistenter Gottessohn“ schon immer zu Gott. Das will die vollkommene Einheit mit dem Vater aussagen – und zur Vollkommenheit gehört, dass etwas schon immer war. Nicht im zeitlichen Sinn, sondern auf der Ebene Gottes. Aufgrund dieser gotteslästerlichen Äußerungen wollen die Gegner nun ihn steinigen gemäß Dtn 13,10 (↗ Joh 8,1–11), womit sich der Themenkreis des Kapitels schließt.

In deinem Licht sehen wir das Licht (Ps 36,10b) Joh 9

Sehend werden heißt, zum Glauben an Jesus zu kommen. Glauben heißt, sehend zu werden – aus Finsternis ins Licht kommen. Noch einmal (↗ Joh 8,30–36): Wie kommen Menschen zum Licht? Wie kommen Menschen zum Glauben? Das wird jetzt an einer Heilungsgeschichte deutlich, dem sechsten „Zeichen“ (↗ Joh 2,11).

Die „Sendung“ Jesu (↗ Joh 8,13–20) ist weiter präsent im Namen des Teiches, der bei der folgenden Heilung eine Rolle spielt: **Siloah** oder Schiloach, das bedeutet auf Hebräisch „gesandt“. Schiloach heißt aber auch „Leitung“ und meinte die Wasserleitung durch einen Tunnel, die

Austrittsstelle des Wassers und den Teich, mit dem der König Hiskia im 8. Jh. die Wasserversorgung Jerusalems während der Belagerung durch die Assyrer auf geniale Weise sicherstellte. Dort wurde auch die Wasserspende für das Laubhüttenfest geschöpft. So erinnert Joh 9 wieder an Joh 7 – die Quelle des Lebens.

Jesus heilt einen Menschen, der von Geburt an blind ist Joh 9,1–41

Eine Blindenheilung ist ein Zeichen für die besondere Gottes-Zeit, die messianische Zeit. Wer offen dafür ist, erkennt die Zusammenhänge:

Jes 60,1 Mache dich auf, werde licht, denn dein Licht kommt …

Zu dem geheimnisvollen „Gottesknecht" in Jes 42,6ff spricht Gott: „… ich will dich dem Volk zum Bund geben und den Heiden zum Licht, dass du die Augen der Blinden öffnest …" Diese Stelle wurde auf den Messias und seine Zeit gedeutet.

Die Erfahrung des heilenden Handelns Jesu ermöglicht in der folgenden Heilungsgeschichte einen Prozess des zum Glauben Kommens. Aber es gibt auch Menschen, die sich dem verschließen, weil sie alles schon zu wissen meinen. Und Menschen, die es gar nicht so genau wissen wollen.

Heilungen
↗ Lk 4

1 Unterwegs sah Jesus einen Mann, der von Geburt an blind war. 2 Da
fragten seine Jünger: „Rabbi, wer hat gesündigt – er selbst oder seine
Eltern –, dass er blind geboren ist?" 3 Jesus erwiderte: „Es ist weder sei-
ne Schuld noch die seiner Eltern, sondern an ihm sollen Gottes Werke
aufleuchten. 4 Wir müssen die Werke dessen wirken, der mich gesandt
hat, solange es Tag ist. Die Nacht kommt (gemeint ist wahrscheinlich:
die Nacht meines Todes), in der niemand mehr etwas tun kann. 5 Wann
immer ich in der Welt bin, bin ich das Licht der Welt."

6 Nachdem Jesus das gesagt hatte, spuckte er auf die Erde und mach-
te daraus mit dem Speichel eine weiche Masse und strich den Brei dem
Blinden auf die Augen. 7 Dann sagte er zu ihm: „Geh und wasche dich
im Teich Schiloach, was übersetzt „Gesandter" bedeutet. Der Mann ging
dorthin und wusch sich und kam sehend zurück.

Im biblischen Denken gibt es den Zusammenhang von Krankheit und der Realität einer Schöpfung, die vom Vertrauen zu Gott ins Misstrauen „gefallen“ ist. Die Welt, die ohne Gott sein will, ist nicht mehr „heil“. Jesus weist hier aber klar zurück, daraus eine Erklärung für die Krankheit einzelner Menschen zu machen. Von der Not eines Menschen auf seine persönliche Schuld zu schließen, um Krankheit und Leid zu erklären, wird von Jesus durchkreuzt. Es geht nicht um rückwärts gerichtetes Kreisen um Ursachen, sondern um nach vorne offenes Handeln Jesu: Durch ihn wird Vertrauen möglich – erneuerte Gemeinschaft mit Gott, Glauben. Zum Glauben Kommen beginnt hier mit einer heilenden Berührung durch Jesus. Mit dem Speichel benutzt Jesus ein in der Antike übliches Medikament gegen Augenleiden, das z.B. auch am Heiligtum des griechischen Gottes Asklepios – der bis heute mit dem Symbol der um einen Stab gewundenen Schlange das Symbol der Ärzte ist – eingesetzt wurde. Die Heilerde, die Jesus herstellt, erinnert aber auch an die erste Schöpfung des Menschen als ein „Erdwesen“ durch formbare Erde (Gen 2,7). Jesus handelt handgreiflich am Menschen wie Gott und heilt und erneuert die Schöpfung.

8 Die Nachbarn und die, die ihn bis dahin als Bettler gekannt hatten,
fragten: „Ist das nicht der, der dasaß und bettelte?“ 9 Die einen sagten:
„Er ist es.“ Die anderen sagten: „Nein, er sieht ihm nur ähnlich.“ Er selbst
sagte: „Ich bin's.“ 10 Da fragten sie ihn: „Wie sind dir die Augen geöffnet
worden?“ 11 Jener antwortete: „Da ist dieser Mann, der Jesus heißt. Er hat
einen Brei gemacht und auf meine Augen gestrichen und gesagt: ‚Geh
zum Teich Schiloach und wasch dich!‘ Ich bin dorthin gegangen, und als
ich mich gewaschen hatte – da sah ich!“ 12 Da fragten sie ihn: „Wo ist
dieser Mann?“ „Ich weiß es nicht“, erwiderte er.

13 Sie führen den Mann, der blind gewesen war, zu den Pharisäern.
14 Es war aber Sabbat an dem Tag, an dem Jesus den Brei gemacht und
ihm die Augen geöffnet hatte. 15 Nun fragten ihn die Pharisäer nochmals
aus, wie er sehend geworden sei. Er aber sagte ihnen: „Er hat mir eine
weiche Masse auf die Augen gestrichen, dann habe ich mich gewaschen
und konnte sehen.“ 16 Da sagten einige der Pharisäer: „Dieser Mensch
ist nicht von Gott, weil er den Sabbat nicht hält.“ Andere aber meinten:
„Wie kann ein sündiger Mensch solche Zeichen tun?“ So kam es unter ih-
nen zu einer Spaltung. 17 Sie wandten sich wieder an den ‚Blinden‘: „Was
sagst du über ihn? Er hat dir ja die Augen geöffnet.“ „Er ist ein Prophet“,
antwortete er.

18 Aber die Juden glaubten nicht eher, dass er blind gewesen und
nun sehend geworden war, bis sie die Eltern des Geheilten gerufen

19 und ausgefragt hatten: „Ist das da euer Sohn? Könnt ihr bestätigen, er
sei blind geboren worden? Wie kann er dann jetzt sehen?" 20 Die Eltern
antworteten: „Wir wissen, dass das unser Sohn ist und dass er blind ge-
boren wurde. 21 Aber wie es kommt, dass er jetzt sehen kann, wissen wir
nicht, und wer ihm die Augen geöffnet hat, wissen wir nicht. Fragt ihn
selbst! Er ist alt genug, um über sich Auskunft geben zu können." 22 Sie
gaben ihnen diese Antwort, weil sie Angst vor ihnen hatten. Denn die
Juden hatten bereits vereinbart, jeden aus der Synagoge auszuschlie-
ßen, der sich zu Jesus als dem Messias bekannte. 23 Deshalb sagten seine
Eltern: „Er ist alt genug – fragt ihn doch selbst!"

24 Da riefen sie den Mann, der blind gewesen war, ein zweites Mal.
„Gib Gott die Ehre! (gemeint ist: sag die Wahrheit!)", forderten sie ihn auf.
„Wir wissen, dass jener Mensch ein Sünder ist." 25 „Ob er ein Sünder ist,
weiß ich nicht", erwiderte jener. „Aber eins weiß ich: Ich war blind, und
jetzt kann ich sehen." 26 Da fragten sie ihn: „Was hat er denn mit dir ge-
macht? Wie hat er dir die Augen geöffnet?" 27 „Ich habe es euch doch
schon gesagt", entgegnete er, „aber ihr habt wohl nicht zugehört. War-
um wollt ihr es noch einmal hören? Wollt ihr etwa auch seine Jünger wer-
den?" 28 Da beschimpften sie ihn: „Du bist sein Jünger! Wir dagegen sind
Jünger von Mose. 29 Wir wissen, dass Gott zu Mose geredet hat. Aber
von diesem Menschen hier wissen wir nicht, woher er kommt." 30 Da gab
der Mann zur Antwort: „Das ist doch wirklich erstaunlich! Er hat mir die
Augen geöffnet, und ihr wisst nicht, woher er kommt. 31 Wir alle wissen,
dass Gott nicht auf Sünder hört. Er erhört den, der gottesfürchtig ist und
das tut, was Gott will. 32 Seitdem die Welt besteht, hat man nicht gehört,
dass jemand die Augen eines Blindgeborenen geöffnet hätte. 33 Wenn
dieser Mann nicht von Gott käme, hätte er das nicht tun können." 34 Da-
rauf antworteten sie nur: „Du bist ganz und gar in Sünden geboren und
willst uns belehren?" Und sie warfen ihn hinaus.

35 Jesus hörte, dass sie ihn hinausgeworfen hatten. Als er ihn wie-
der traf, fragte er ihn: „Glaubst du an den Menschensohn?" 36 „Wer ist
es, Herr (griech.: kyrios), (sag es mir), damit ich an ihn glauben kann", er-
widerte er. 37 Jesus sagte zu ihm: „Du siehst ihn vor dir. Es ist der, der mit
dir redet." 38 Da rief der Mann: „Ich glaube, Herr!", und er warf sich vor
ihm nieder.

39 Daraufhin sagte Jesus: „Ich bin zum Gericht in diese Welt gekom-
men: Die, die nicht sehen, werden sehend, und die, die sehen, werden
blind werden." 40 Das hörten einige Pharisäer, die bei ihm waren. „Sind
wir etwa auch blind?", fragten sie. 41 Jesus gab ihnen zur Antwort: „Wenn

ihr blind wärt, hättet ihr keine Sünde. Doch ihr sagt: ‚Wir können sehen.' Darum bleibt eure Sünde bestehen."

Ein ganz und gar Blinder wird ganz und gar sehend. Er sieht „das Licht der Welt" (↗ Joh 8,12). Sein Weg zum Glauben ist ein Prozess wie bei der Samaritanerin am Brunnen (↗ Joh 4). Er erlebt die nachgehende Seelsorge Jesu wie der Gelähmte (↗ Joh 5,1–16). Er wird von Jesus ärztlich behandelt. Er lässt sich zu dem Teich der Tempelanlage senden. Er bezeugt diese Erfahrung. Er stellt sich in der Befragung durch die Nachbarn zu sich und dem, was Jesus an ihm getan hat. Im erneuten Bezeugen und Bekennen wird ihm immer klarer, wer Jesus eigentlich ist. Im ersten Verhör durch die Pharisäer nennt er ihn einen Propheten (Joh 9,17). Bei der zweiten Vernehmung entwickelt er die Erkenntnis, dass Jesus „von Gott" sein muss (Joh 9,33). Sein Glaube kommt zum Ziel, als er Jesus „Herr" nennt und ihn dann ehrt wie Gott (Joh 9,38). Denn er hat erkannt, dass Jesu handgreifliches Heilen (↗ auch Mk 7, 31–37) und sein Sendungswort Gott als Quelle haben.

Denen, die alles zu wissen meinen, bleibt diese Quelle verschlossen. Die, die sich ihrer Frömmigkeit ganz sicher sind, bleiben unberührt. Für die, die sich nicht festlegen wollen – hier die Eltern – bleibt es bei einem bloßen Ereignis einer Heilung. Die, die nach außen alles richtig machen wollen, bringen sich um das, was ein Ereignis zu einer Erfahrung macht. Durch die Deutung, die einem Geschehen im Bezeugen und Bekennen zuwächst, wird es zu einer Erfahrung, die das Leben verwandelt.

Dafür nimmt der Geheilte schwere Nachteile in Kauf. Aber der Ausschluss aus der bisherigen Gemeinschaft bedeutet Zugang zu einer neuen Gemeinschaft, die mit besonderer Führungsqualität geleitet wird. Davon handelt das nächste Kapitel.

In ganzer Hingabe Hirte Joh 10

Durch eine Umstellung der Verse dieses Kapitels wird klarer, dass sich Joh 10,19–26 wahrscheinlich auf Joh 9 zurückbezieht und die Heilung des Blinden abschließt. Dieser Abschnitt ist hier an den Anfang gesetzt, um deutlich zu machen, wo die „Hirtenrede" Jesu ihren Ort hat.

Durch die Versangaben ist es aber auch leicht möglich, das Kapitel in der überlieferten Reihenfolge zu lesen:

19 Wegen dieser Worte kam es erneut zu einer Spaltung unter den Ju-
den. 20 Viele von ihnen sagten: „Er ist von einem Dämon besessen – ein
Wahnsinniger! Warum hört ihr auf ihn?" 21 Andere aber sagten: „Das sind
nicht Worte eines Besessenen. Kann etwa ein Dämon Blinden die Augen
öffnen?" 22 Darauf wurde in Jerusalem das Tempelweihfest (hebr.: Cha-
nukka) gefeiert. Es war Winter. 23 Jesus hielt sich im Tempel in der Halle
Salomos auf (, wo gelehrt wurde). 24 Da umringten ihn die Juden und
sagten: „Wie lange willst du uns hinhalten? Wenn du der Messias bist,
dann sag es uns offen!" 25 Jesus entgegnete: „Ich habe es euch bereits
gesagt, doch ihr glaubt mir nicht. Alles, was ich im Namen meines Vaters
tue, zeugt davon, wer ich bin. 26 Aber ihr glaubt nicht, denn ihr gehört
nicht zu meinen Schafen."

Das **Chanukka**-Fest, das nur das Johannesevangelium erwähnt, wurde eine Woche lang im Dezember gefeiert. Es war und ist bis heute ein Lichterfest. Es erinnert an die Neueinweihung des Tempels im Jahr 164 v. Chr. Der ptolemäische König Antiochus IV., hellenistischer Herrscher auf syrischem Gebiet, ließ sich Epiphanes, der Erleuchtete, nennen – „siegbringender Gott in Menschengestalt". Im Dezember 167 v. Chr. hatte er den „Greuel der Verwüstung" an jüdischem Empfinden angerichtet und ein Götzenbild des Zeus im Tempel aufstellen lassen. Es meinte ihn selbst. Damit war die Grundlage Israels in Frage gestellt, das erste Gebot: „Ich bin der HERR, dein Gott. Du sollst keine anderen Götter neben mir haben." Viele Juden flohen in die Wüste oder starben als Märtyrer, weil sie sich den königlichen Geboten verweigerten. Es gab aber auch eine Widerstandsbewegung, der es unter Judas Makkabäus, dem „Hämmerer" gelang, nach erfolgreichen Gefechten bis Jerusalem vorzudringen und den Tempel dem Dienst am Gott Israels zurückzugeben. Bis heute ist diese Freude im Chanukkafest gegenwärtig. Zum Tempelweihfest gehörte u. a. die Lesung von Hes 34. Auf diesem Hintergrund und in diesem Zusammenhang ist die Hirtenrede Jesu zu verstehen. Der Prophet Hesekiel (sprich: Hese-ki-el, Betonung auf der zweiten Silbe) sprach ursprünglich in die Situation des babylonischen Exils im 6. Jh. v. Chr. Gott stellt sich ihnen als „guter Hirte" vor. Aber Hes 34 beginnt zunächst mit einer Klage über die politische und geistliche Führungsspitze:

Hes 34,2 „Wehe den Hirten Israels, die sich selbst weiden! … 4 Das Schwa-
che stärkt ihr nicht, das Kranke heilt ihr nicht … das Verlorene sucht ihr nicht
…. 6 Auf allen Bergen … gehen meine Schafe in die Irre … niemand ist da, der
nach ihnen fragt oder sie sucht. 10 Siehe, ich will an die Hirten und will meine
Schafe von ihren Händen fordern und will ihrem Schafe-Weiden ein Ende ma-
chen …" 11 So spricht Gott, der HERR: „Siehe, ich selbst will meinen Schafen
nachgehen und sie suchen! 12 Wie ein Hirte seine Herde zusammensucht …,
so will ich meine Schafe suchen … 16 Das Verlorene will ich suchen und das
Verscheuchte zurückholen und das Verwundete verbinden … 23 Ich will ihnen
einen einzigen Hirten erwecken, der sie weiden soll, nämlich meinen Knecht
David, der soll sie weiden und der soll ihr Hirte sein …"

Jesus als „Sohn Davids"
↗ Mk 10,46–52

In diese messianische Verheißung tritt Jesus nun ein und macht Gottes Herzensanliegen zu seinem Lebenswerk:

1 „Amen, amen, ich sage euch: Wer das Schafgehege nicht durch die
Tür betritt, sondern anderswo eindringt, der ist ein Dieb und ein Räuber.
2 Der Hirte geht durch die Tür zu den Schafen. 3 Ihm macht der Wäch-
ter auf, und auf seine Stimme hören die Schafe. Er ruft die Schafe, die ihm
gehören, beim Namen und führt sie hinaus. 4 Wenn er alle Schafe, die
ihm gehören, hinausgelassen hat, geht er vor ihnen her, und seine Scha-
fe folgen ihm, denn sie kennen seine Stimme. 5 Einem Fremden werden
sie nicht folgen, sondern vor ihm davonlaufen, weil sie die Stimme der
Fremden nicht kennen." 6 Diese rätselhafte Rede hielt Jesus ihnen, aber
sie verstanden nicht, was er ihnen sagen wollte. 7 Da sagte Jesus wie-
der zu ihnen: „Amen, amen, ich sage euch: Ich bin die Tür für die Schafe
(auch: die Tür zu den Schafen). 8 Alle, die vor mir gekommen sind, sind
Diebe und Räuber. Aber die Schafe haben nicht auf sie gehört."

Jesus ist auch der Zugang zu „Gottes Herde", zu den Menschen, die sein sorgsames Mitgefühl brauchen:

Das dritte Ich-bin-Wort: Jesus als Zugang zu Gottes Be-Reich Joh 10,9

„Ich bin die Tür. Wer durch mich eintritt, wird Heil (und Heilung) erfahren. Er oder sie wird ein- und ausgehen und Weide finden."

Eine Variation dieses Wortes gibt es in Joh 10,7. Die Tür ist Ein- und Ausgang für den ummauerten Pferch, in dem Schafherden in der

Nacht Schutz finden. Die „Tür der Schafe“ kann zweifach übersetzt werden: Ich bin die Tür „zu den Schafen“, eine Metapher für Zugang. Ich bin die Tür „für die Schafe“, eine Metapher für Aus- und Eingang.

Der Kontext ist das Gespräch mit Pharisäern, denen er vorwirft, den Zugang zu Gott an sich zu reißen und zu kontrollieren. Sie haben den Geheilten, dem die Augen aufgegangen sind (↗ Joh 9), aus der Gemeinschaft ausgeschlossen, weil sie Jesus als „Tür“ zum heilenden Handelns Gottes nicht akzeptieren.

Das Bildfeld „Tür“ kennzeichnet den Übergang zwischen zwei Bereichen. In Märchen ist sie Motiv für Zugang zu Verschlossenem, zu einem Geheimnis. Die geschlossene Tür ist eine Metapher für Begrenzung und Abgrenzung, aber auch für einen geschützten Raum. Die offene Tür ist Bild für Eingang und Ausgang, also für Zugang, Willkommen, Offenheit und Freiheit.

Der alttestamentliche Hintergrund:

Ps 121,8 Der HERR behüte deinen Ausgang und Eingang von nun an bis in Ewigkeit.

Ps 24,9 „Machet die Tore weit und die Türen in der Welt hoch, dass der König der Ehren einziehe ...“ Das „Adventswort“ für die Ankunft Gottes in der Welt erfüllt sich im NT in einem Menschen!

Auslegung: Im AT gehen Menschen durch Türen und Tore des Tempels, um Zugang zu Gott zu haben. Im NT ist Jesus diese Tür. Jesus ist durchlässig für Gottes Gegenwart in der Welt. Gott öffnet durch Jesus die Tür zum Leben, den Zugang zu IHM und SEINER Gemeinde-Herde. Deshalb ist bei Jesus Ort der Geborgenheit und des Schutzes vor Feinden des Lebens. Gleichzeitig ermöglicht er ein freies Kommen in Gottes Gegenwart und Gehen in die Welt unter seiner Anleitung.

Zusammenfassung: Jesus ist Zugang zum Leben in Gottes Gegenwart und Ausgang in ein befreites Leben in der Welt.

Lebensfragen: Weiß ich, woher ich komme und wohin ich gehe? Welche Tür führt zu echtem Leben? Welche Tür möchte ich öffnen?

10 „Der Dieb kommt nur, um (die Schafe) zu stehlen und abzuschlach-
ten und um Verderben zu bringen. **Ich aber bin gekommen, damit sie
das Leben haben – Leben in Fülle.** 11 **Ich bin der gute Hirte. Der gute
Hirte setzt sein Leben für die Schafe ein.** 12 Der Tagelöhner, der nicht
der Hirte ist und dem die Schafe nicht selbst gehören, läuft davon, wenn

er den Wolf kommen sieht, und lässt die Schafe im Stich, und der Wolf fällt über die Schafe her und jagt sie auseinander. 13 Denn er ist eben einer, der es für Lohn macht. Die Schafe liegen ihm nicht am Herzen. 14 Ich bin der gute Hirte. Ich kenne die Meinen und die Meinen kennen mich, 15 genauso, wie der Vater mich kennt und ich den Vater kenne. Und ich gebe mein Leben für die Schafe her. 16 Ich habe auch noch Schafe, die nicht aus diesem Gehege stammen. Auch sie muss ich herführen und sie werden auf meine Stimme hören, und alle werden eine Herde mit einem Hirten sein. 17 Der Vater liebt mich, weil ich mein Leben einsetze. Ich gebe es her, um es wieder zu empfangen. 18 Niemand nimmt es mir, sondern ich gebe es freiwillig her. Ich habe die Vollmacht, es hinzugeben, und ich habe die Vollmacht, es wieder zu empfangen. Das ist der Auftrag, den ich von meinem Vater bekommen habe. 27 Meine Schafe hören auf meine Stimme. Ich kenne sie, und sie folgen mir, 28 und ich gebe ihnen das ewige Leben. Sie werden niemals verlorengehen, und niemand wird sie aus meiner Hand reißen. 29 Mein Vater, der sie mir gegeben hat, ist größer als alles und niemand kann sie aus der Hand des Vaters reißen. 30 **Ich und der Vater sind eins."**

Das vierte Ich-bin-Wort: Jesus leitet in Lebensfülle Joh 10,11

„Ich bin der gute Hirte. Der gute Hirte setzt sein Leben für die Schafe ein."

Hier liegt die Verheißung, die mit dem Ich-bin und der Metapher verbunden ist, in einer Beschreibung des Hirten. Eine Variation des Wortes in Joh 10,14 setzt noch einmal den Akzent der Vertrautheit. Joh 10,27f bringt die Verheißung des Lebens zum Ausdruck.

Im Kontext des Johannesevangeliums wird Joh 3,16 aufgenommen und weitergeführt.

Bei der Speisung und Lagerung auf dem grünen Gras in Joh 6 ist Jesu Beruf als Hirte schon angeklungen. In Joh 21,15ff wird Petrus – und mit ihm alle, die Jesus lieb haben – mit dem Hirtendienst beauftragt: Weide meine Schafe!

Das Bildfeld des Hirten öffnet die Bedeutung von Leitung und Orientierung, Fürsorge und Schutz, Abwehr von Gefahren, Vertrauen und Geborgenheit. Der Schafstall war wie ein Hof am Haus angelegt. Mehrere Herden wurden durch die Stimme des Hirten sortiert. Das Wohlergehen der Schafe hing und hängt von der ganzheitlichen Fürsorge eines Hirten ab. Seine Gegenwart verändert die Schafe völlig. Dass der

Hirte jedes Schaf mit Namen kennt, drückt das tiefgreifende, innige Verhältnis zwischen Schafen und Hirte aus.

Schafe ohne Leitung folgen planlos immer nur den gleichen Pfaden auf abgegrasten Flächen.

Im AT findet das Vertrauen zu Gott im Vergleich mit einem Hirten seinen tiefen Ausdruck:

Ps 23,1 Der HERR ist mein Hirte. Mir wird nichts mangeln. ER weidet mich auf grünen Auen und führt mich zu frischen Wassern. ER erquickt meine Seele …

Wie in Hes 34 (s. o.), wo Gott sich seiner Herde selbst annehmen will wegen der egoistischen menschlichen „Hirten" seines Volkes, wird Gott auch in Jes 40,11 als liebevoller Hirte vorgestellt: „Er wird seine Herde weiden wie ein Hirte; er wird die Lämmer in seinen Arm nehmen und sie an seiner Brust tragen und die Schafmütter wird er sorgsam führen."

Im Alten Orient war der Hirte ein Ehrenprädikat. Das Hirtenamt wurde bevorzugt Familienmitgliedern übertragen. Der Hirtentitel wurde auch für Gottheiten und Herrscher gebraucht. Im AT hat der König ein Hirtenamt, das zum Schutz der Schwachen dienen soll. Zur Zeit des NT galt der Hirtenberuf dagegen als unteres soziales Milieu (↗ Lk 2,8). Die Berufstreue bewährte sich bei der nächtlichen Bewachung der Herde, im Widerstand gegen wilde Tiere und Räuber. Mit den gemieteten Hirten machte man in dieser Hinsicht oft schlechte Erfahrungen.

Auslegung: In Jesus begegnet das Wesen des Gottes aus dem Vertrauenslied Ps 23. Er ist die in Hes 34 verheißene Initiative Gottes, der „endzeitliche", messianische Hirte. Er wird für die Rettung der Seinen alles geben: sich selbst. Der Tod Jesu wird durch das Bild des Hirten als liebende und rettende, stellvertretende Lebenshingabe gedeutet. Im Hirtenbild bündeln sich Leben und Sterben Jesu für uns. In der Alten Kirche war dieses Bild deshalb das vorherrschende Symbol für Jesus Christus, bevor im Mittelalter das Kreuz zentrales Bild seiner Hingabe wurde.

Zusammenfassung: Jesus leitet an zu einem Leben in Fülle und Geborgenheit. Er ist die Rettung vor den Angriffen des Todes.

Lebensfragen: Wo kann ich mich bergen? Wovon lasse ich mich leiten? Wie leite ich andere?

Joh 10, 10b ist der **Schlüsselvers** für alle Ich-bin-Worte: Leben in Fülle, überfließendes Leben.

Joh 10,16 Durch die Lebenshingabe des endzeitlichen Hirten wird das Volk Gottes aus Juden und „Heiden" zusammengeführt.

Heiliger Geist
↗ Joh 14; 16,12–15

Joh 10,27 An der Stimme des Hirten orientieren Schafe aus verschiedenen Herden ihre Zugehörigkeit. Die „Stimme des Hirten hören" geschieht nun durch das Wort der Zeugen – z. B. im Lesen des Johannesevangeliums. Aber es gibt auch im Einklang damit ein „inneres Hören" im Menschen. Der Stellvertreter Jesu bei uns und in uns, der Heilige Geist, wird seine Worte erinnern und immer neu ins Leben sprechen. Wer sein Leben an dieser inneren Leitung orientiert, wird die Gegenwart des Hirten erfahren: behutsam geleitet, beschützt werden und im Kontakt bleiben.

31 Da hoben die Juden wieder Steine auf, um ihn zu steinigen. 32 Je-
sus entgegnete ihnen: „Viele gute Werke habe ich euch aus dem Vater
heraus gezeigt. Für welche dieser Taten wollt ihr mich steinigen?" 33 „Wir
steinigen dich nicht wegen einer guten Tat, sondern wegen Gotteslästerung – weil du, ein Mensch, dich zu Gott machst," gaben die Juden
zur Antwort. 34 Jesus erwiderte: „Steht nicht in eurem Gesetz: ‚Ich habe
gesagt: Ihr seid Götter' (Ps 82,6)? 35 Wenn es also (schon) die, an die das
Wort Gottes gerichtet war, Götter nennt – und die Schrift kann ja nicht
aufgelöst werden –, 36 wie könnt ihr dann dem, den der Vater geheiligt
und in die Welt gesandt hat, Gotteslästerung vorwerfen, weil ich gesagt
habe: ‚Ich bin Gottes Sohn'? 37 Wenn ich die Werke meines Vaters nicht
tue, dann glaubt ihr mir nicht. 38 Wenn ich sie aber tue, so glaubt, wenn
ihr schon mir nicht glaubt, wenigstens meinen Werken, damit ihr erkennt
und erfahrt, dass in mir der Vater ist und ich im Vater bin." 39 Daraufhin
versuchten sie wieder, Jesus festzunehmen, doch er entkam aus ihrer
Hand. 40 Er ging wieder weg, an den Ort an der Ostseite des Jordans, wo
Johannes zuerst getauft hatte. Dort blieb er, 41 und viele Menschen kamen zu ihm. „Johannes hat zwar keine Zeichen getan", sagten sie. „Aber
alles, was er über diesen Mann gesagt hat, hat sich als wahr erwiesen."
42 Und viele kamen dort zum Glauben an ihn (Jesus).

Gottes Sohn
↗ Mt 3,13–17; Mt 14,22–33

Hier wird rabbinisch argumentiert. Eine der Argumentationsarten ist „vom Schwereren zum Leichteren". In Ps 82,6 steht: „Ich habe gesagt: ‚Götter seid ihr.'" Wenn Gott hier im Psalm gewöhnliche menschliche Richter, die Schwache stärken und Armen Recht schaffen sollten, als „Götter" bezeichnet hat – wieviel mehr kann sich Jesus den dagegen sehr zurückhaltenden Titel „Gottes Sohn" geben!

Liebestat und Lebensgefahr Joh 11

Der Tod des Lazarus Joh 11,1–16

1 Nun war da ein Kranker, Lazarus aus Bethanien, aus dem Dorf der
Maria und ihrer Schwester Martha. 2 Maria war die, die (bekanntlich) den
Herrn mit Salböl gesalbt und ihm mit ihrem Haar die Füße getrocknet
hatte. Lazarus, der krank geworden war, war ihr Bruder. 3 Die beiden
Schwestern sandten (jemanden) zu ihm und ließen Jesus ausrichten:
„Herr, sieh, der, den du lieb hast, ist krank." 4 Als Jesus das hörte, sagte
er: „Diese Krankheit führt nicht zum Tod, sondern zur Herrlichkeit Got-
tes. Der Sohn Gottes soll durch sie in seiner Herrlichkeit offenbart wer-
den." 5 Jesus aber liebte Martha und ihre Schwester und auch Lazarus.
6 Als er nun hörte, dass er krank war, blieb er noch zwei Tage an dem
Ort, an dem er war. Dann sagte er zu seinen Jüngern: „Wir wollen wieder
nach Judäa gehen." 8 Da wandten seine Jünger ein: „Rabbi, gerade ha-
ben die Juden dort versucht, dich zu steinigen, und jetzt gehst du wie-
der dahin?" 9 Jesus erwiderte: „Hat der Tag nicht zwölf Stunden? Wer am
Tag unterwegs ist, braucht nicht zu stolpern, weil er das Licht dieser Welt
sieht. 10 Wenn jemand aber in der Nacht unterwegs ist, stößt er sich, weil
das Licht nicht in ihm ist." 11 Nachdem er das gesagt hatte, fuhr er fort:
„Unser Freund Lazarus ist eingeschlafen. Aber ich gehe jetzt hin, um ihn
aufzuwecken." 12 Da sagten die Jünger zu ihm: „Herr, wenn er schläft,
wird er wieder heil." 13 Jesus aber hatte von seinem Tod gesprochen. Die
Jünger dagegen meinten, er rede von der Ruhe des Schlafs. 14 Da sagte
Jesus nun ganz offen zu ihnen: „Lazarus ist gestorben. 15 Aber euretwe-
gen bin ich froh, dass ich nicht dort war, weil ihr auf diese Weise an mich
glauben werdet. Also lasst uns zu ihm gehen!" 16 „Ja, lasst uns gehen,
um mit ihm zu sterben", sagte Thomas, auch Zwilling (griech.: didymus)
genannt, zu den anderen Jüngern.

Die drei Geschwister bilden eine Gemeinschaft von Jesusanhängern. Ihre Namen sind in der Urgemeinde bekannt. Lazarus bedeutet „Gotthilf". In Bethanien bei Jerusalem gab es wahrscheinlich später eine der ersten christlichen Gemeinden.

Joh 11,9–10 Jesu Wort an die Pilgergemeinschaft auf dem Weg nach Bethanien könnte bedeuten: Jetzt ist noch „Tag" – Gott wirkt durch Jesus. Ihm stößt nichts zu. Aber es werden andere Zeiten kommen. Dann ist es für die Menschen gut, sich an das „Licht der Welt" zu halten.

Maria und Martha
↗ Lk 10,38–42

Joh 11,11–16 Hier gibt es wieder das johanneische Missverständnis (↗ Joh 1,38ff). Das Gespräch bereitet mit den beiden Verstehensebenen auf die ungeheuerliche und ungehörige Geschichte vor, die folgen wird. Jesus ist „pietätlos" gegenüber der Totenruhe, greift in den Raum des Todes ein und nimmt ihm die Macht über die Menschen.

Das Bekenntnis der Martha Joh 11, 17–29

17 Als Jesus ankam, fand er ihn schon vier Tage im Grab. 18 Bethanien
lag nahe bei Jerusalem, nur etwa drei Kilometer entfernt. 19 Viele von
den Juden waren zu Martha und Maria gekommen, um ihnen wegen
ihres Bruders Trost zuzusprechen. 20 Als nun Martha hörte, dass Jesus
komme, ging sie ihm entgegen. Maria aber blieb im Haus sitzen. 21 Da
sagte Martha zu Jesus: „Herr, wenn du hier gewesen wärst, wäre mein
Bruder nicht gestorben! 22 Aber auch jetzt weiß ich: Was immer du von
Gott erbittest, wird er dir geben." 23 „Dein Bruder wird auferstehen",
gab Jesus ihr zur Antwort. 24 Martha erwiderte: „Ich weiß, dass er auf-
erstehen wird – bei der Auferstehung am letzten Tag (auch: am Jüngsten
Tag)." 25 **Da sagte Jesus zu ihr: „Ich bin die Auferstehung und das Le-
ben. Wer an mich glaubt, wird leben, auch wenn er stirbt.** 26 Und jeder,
der lebt und an mich glaubt, wird in Ewigkeit nicht sterben. Glaubst du
das?" 27 Sie sagt zu ihm: „Ja, Herr, ich bin zu dem Glauben gekommen,
dass du der Messias bist, der Sohn Gottes, der in die Welt kommen soll."
28 Nachdem sie das gesagt hatte, ging sie weg, um ihre Schwester Maria
zu holen und flüsterte ihr zu: „Der Meister (wörtl.: Lehrer) ist da und ruft
dich!" 29 Als sie das hörte, stand sie schnell auf und lief zu ihm.

Die erste „Ich bin's"-Offenbarung Jesu geschieht vor einer verachteten Frau (↗ Joh 4,26). Ein gehaltvolles theologische Bekenntnis zu Jesus legt nicht zuerst Petrus ab (↗ Joh 6,67–69), sondern Martha. Sie bekennt sich zunächst zur allgemeinen Totenauferweckung am Ende der Zeit, wie sie im AT vorsichtig aufleuchtet (↗ Joh 11,25). Jesus dann als Messias (↗ Mt 16,13–20) und Sohn Gottes (↗ Mt 14,22–33) zu bekennen, erwartet von ihm heilvolles Eingreifen. Die starke Rolle der Frauen in der Urgemeinde wird die Gesellschaft unaufhaltsam verändern, auch wenn diese Impulse unaufhörlich unterdrückt wurden.

Das fünfte Ich-bin-Wort: Jesus ist Dreh- und Angelpunkt von Leben und Tod Joh 11,25

„Ich bin die Auferstehung und das Leben, wer an mich glaubt, wird leben, auch wenn er stirbt. Und jeder, der lebt und an mich glaubt, wird in Ewigkeit nicht sterben."

Das Aufstehen am Morgen wird zu einer Metapher, einem Verweis auf die Auferstehung Jesu aus dem Tod. Die Kraft der Auferstehung definiert nun, was Leben von Gottes Möglichkeiten her bedeutet. An das Ich-bin-Wort schließt sich eine doppelte Verheißung an für die, die an Jesus glauben. Sie übergeht das Sterben müssen mit seinem Schmerz nicht.

Kontext: Jesus führt ein Gespräch mit Martha. In diesem Gespräch kommt es zur Selbstoffenbarung Jesu. Es ist das dritte und bisher theologisch gehaltvollste Bekenntnis zu Jesus im Johannesevangelium (↗ Joh 20,28). In diesem Kapitel kommt das öffentliche Wirken Jesu zum Höhepunkt. Was Jesus für Lazarus tun wird, ist ein Vorzeichen, dass Leben nicht mehr unweigerlich auf den Tod zu läuft. Gleichzeitig bildet es den endgültigen Wendepunkt hin zur Passion. Das siebte und größte Zeichen Jesu an Lazarus wird Anlass für den Todesbeschluss des jüdischen Leitungsgremiums nach sich steigernden Auseinandersetzungen. Weil Jesus einen Toten erweckt, wird sein Tod beschlossen. So beginnt mit dem Weg nach Bethanien der Weg der Passion Jesu.

Im AT wird der **Tod** als letzte Grenze akzeptiert. Unsere Vergänglichkeit macht das Leben kostbar. Das „Totenreich" bedeutet kein „Weiterleben nach dem Tod" wie in anderen Religionen. Es ist nur ein Schatten des Lebens. Spiritistische Versuche, ins Totenreich einzudringen, sind im Glauben an den EINEN Gott tabu.

Gott wird um Hilfe angerufen, wenn der Tod sich nicht auf seine Macht am Ende eines angemessen langen Lebens beschränkt, sondern wenn er durch Krankheit und ungerechtes Leiden schon mitten im Leben zuschlägt:

Ps 16,10 … du wirst meine Seele nicht dem Totenreich überlassen …

Ps 49,16 Gott wird meine Seele / mein Leben aus der Gewalt des Totenreichs erlösen.

Eine Genesung von schwerer Krankheit wird als Rettung vom Tod gefeiert.

In 1. Kö 17,17–24 wird von einer Totenauferweckung mitten im Leben durch den Propheten Elia erzählt. Er holt durch Gebet und Körperkontakt den Sohn der Witwe von Zarpat, die ihn während der Hungersnot beherbergt, ins Leben zurück.

Dass Gott die Menschen, die zu IHM gehören, nicht nur **vor** dem Tod rettet, sondern auch **im** Tod und durch den Tod hindurch nicht loslässt, ist eine geschenkte Einsicht – eine Offenbarung, die erst in den späteren Texten des AT durchbricht:

Ps 73,24 … Du nimmst mich am Ende mit Ehren an.

Ps 22,30 … es werden anbeten alle, die in der Erde schlafen …

Jes 26,19 Deine Toten werden leben …

Dan 12,2 Viele von denen, die im Erdenstaub schlafen, werden aufwachen. Die einen zum ewigen Leben, die anderen zu ewiger Schmach und Schande …

So gibt es zur Zeit Jesu den biblischen Glauben an eine **Totenauferweckung** am „Jüngsten Tag“, am Ende der Zeiten. Weil das keine religiöse „Selbstverständlichkeit“ ist, bleibt eine tiefe Ehrfurcht vor der Zerbrechlichkeit des geschöpflichen Lebens. Alles hängt an Gott, der rettend eingreift. Eine „unsterbliche Seele“, die ohne Gott weiterexistieren könnte, hat der Mensch im biblischen Verständnis nicht! Allein Gott ist HERR über Leben und Tod.

Im **NT** bezeugen auch die synoptischen Evangelien, dass Jesus Tote auferweckt hat.

Mk 5,21ff: Die Tochter des Synagogenvorstehers Jairus wird vom Tod ins Leben gerufen.

Mt 11,5 ergänzt das Zitat aus dem Propheten Jesaja, das als „Personalausweis“ Jesu gelesen werden kann, durch Totenauferweckung: „Blinde sehen, Gelähmte gehen, Aussätzige werden heil, Taube hören, Tote stehen auf …“

Lk 7,11ff: Ein verstorbener junger Mann in Nain, einziger Sohn einer Witwe und somit ihr Versorger, ihr Leben, wird von Jesus wieder ins Leben gesprochen.

Auslegung: Jesus handelt in der Vollmacht des Propheten Elia. Aber seine Macht geht noch weit darüber hinaus. Er ist nicht nur mit Gott im Bunde. Er ist Gottes lebensschaffendes Wort, SEINE Macht in Person! Die Auferweckung des Lazarus ist ein Vor-Zeichen für eine größere Umwälzung: **Tod und Leben erhalten einen neuen Bezugspunkt.** Die biologischen und zeitlichen Kategorien werden aufgehoben. Über den biologischen Tod hinaus gibt es den geistlichen Tod. Über das biologische Leben hinaus ist das geistliche Leben „das Leben“, die Fülle der Lebendigkeit. Leben im Vollsinn ist Gemeinschaft mit Jesus im Glauben. Tod ist, aus dieser Lebensgemeinschaft ausgeschlossen zu sein. Der irdische Tod bleibt keinem Menschen erspart – auch Jesus nicht –, aber die Macht des Todes ist trotz des Sterbenmüssens gebrochen. An Lazarus erweist sich die Macht Jesu über Leben und Tod schon in der Gegenwart.

Zusammenfassend: Gott hat Jesus die Macht über den Tod und das Leben gegeben. Er ist der wahre Lebensspender. Die Auferstehung als Überwindung des Todes und die Gabe des ewigen, wahren Lebens ereignen sich im Glauben an Jesus – mitten im Leben – jetzt. Das trägt Menschen durch das Sterben hindurch.

Lebensfrage: Was ist dein einziger Trost im Leben und im Sterben?

Die Auferweckung des Lazarus Joh 11,30–44

Jesus trägt Gottes lebensschaffende Kraft in sich. Trotzdem ist er angreifbar von Schmerz und Trauer. Die unverbrüchliche Gemeinschaft mit Gott übergeht Gefühle nicht. Die Hoffnung auf Gott, der durch den Tod hindurch ins Leben liebt, bedeutet nicht, dass der Tod „stoisch“ ertragen werden muss. Gotteserfahrung ist Erfahrung unserer ganzen Geschöpflichkeit.

30 Jesus war nämlich noch nicht ins Dorf hineingegangen, sondern
immer noch dort, wo Martha ihm begegnet war. **31** Die Juden, die bei
Maria im Haus waren, um sie zu trösten, sahen, wie sie plötzlich auf-
sprang und hinauseilte. Sie dachten, sie wolle zum Grab gehen, um dort
zu weinen und folgten ihr. **32** Als Maria nun dorthin kam, wo Jesus war
und ihn sah, warf sie sich ihm zu Füßen und rief: „Herr, wenn du hier
gewesen wärst, wäre mein Bruder nicht gestorben!“ **33** Als Jesus sie so
weinen sah und die Juden, die sie begleiteten und mit ihr weinten, wur-
de er von Zorn gepackt und verlor die Fassung. **34** Er fragte: „Wo habt
ihr ihn hingelegt?“ Sie antworteten ihm: „Herr, komm und sieh!“ **35** Jesus
weinte. **36** „Seht, wie lieb er ihn gehabt hat!“, sagten die Juden. **37** Und
einige von ihnen meinten: „Er hat doch den Mann, der blind war, geheilt.
Hätte er da nicht auch machen können, dass dieser hier nicht stirbt?“
38 Während Jesus nun zum Grab ging, überwältigten ihn wieder Zorn

und Schmerz in seinem Inneren. Es war ein Höhlengrab, das mit einem
Stein verschlossen war. 39 „Wälzt den Stein weg!", befahl Jesus. Martha,
die Schwester des Verstorbenen, sagt zu ihm: „Herr, er stinkt schon, denn
er ist doch schon vier Tage tot!" 40 Aber Jesus sagte zu ihr: „Habe ich dir
nicht gesagt: Wenn du glaubst, wirst du die Herrlichkeit Gottes sehen?"
41 Da hoben sie den Stein weg. Jesus richtete den Blick zum Himmel
und sagte: „Vater, ich danke dir, dass du mich erhört hast. 42 Ich wusste
zwar, dass du mich immer erhörst. Aber wegen all der Menschen, die
hier stehen, spreche ich es aus, damit sie glauben, dass du mich gesandt
hast." 43 Danach rief er laut mit starker Stimme: „Lazarus, komm heraus!"
44 Der Verstorbene kam heraus, Füße und Hände mit Grabbinden umwickelt und das Gesicht mit einem Schweißtuch bedeckt. „Löst ihm die Binden und lasst ihn gehen!", befahl Jesus den Umstehenden.

Genau an dem Ort, an dem Jesu Göttlichkeit am machtvollsten aufleuchtet, wird seine Menschlichkeit in den Vordergrund gestellt. Joh 11,35 ist der kürzeste Vers im Johannesevangelium. Der Tod und das Erleiden des Verlusts, den er verursacht, sind herzergreifend. Jesus ist ergriffen. Er steht nicht „darüber". Er, der Beziehungsmensch, ist zornig über die Macht des Todes, der Freunde und Liebende auseinanderreißt. Jesus gibt Einblick in Gottes Herz.

In der Mitte des Johannesevangeliums schafft Jesus Christus, das göttliche Wort, Leben aus dem Nichts des Todes. „Alles ist durch ihn geworden … in ihm war das Leben …" (Joh 1,3f).

Der Todesbeschluss des Hohen Rats Joh 11,45–57

45 Viele von den Juden, die zu Maria gekommen waren und gesehen hatten, was er getan hatte, glaubten an ihn. 46 Einige aber gingen
zu den Pharisäern und berichteten ihnen, was Jesus getan hatte. 47 Die
führenden Priester und die Pharisäer beriefen daraufhin eine Sitzung des
Hohen Rates ein. „Was sollen wir machen?", sagten sie. „Dieser Mann tut
viele Zeichen. 48 Wenn wir ihn so weitermachen lassen, werden alle an
ihn glauben. Dann werden die Römer kommen und uns diesen (heiligen)
Ort und das Volk wegnehmen." 49 Einer von ihnen, ein gewisser Kajafas,
der in jenem Jahr Hohepriester war, sagte zu ihnen: „Ihr versteht überhaupt nichts 50 und bedenkt nicht, dass es euch nützt, wenn ein Mensch
für das Volk stirbt und nicht das ganze Volk umkommt." 51 Kajafas sagte
das nicht aus sich selbst heraus. Er prophezeite, weil er in jenem Jahr

Hohepriester war, dass Jesus für das Volk sterben werde – 52 nicht nur für das (jüdische) Volk, sondern auch, um die verstreuten Kinder Gottes zusammenzuführen und eins zu machen. 53 Von jenem Tag an war es für sie beschlossene Sache, ihn zu töten. 54 Jesus hielt sich von da an nicht mehr öffentlich unter den Juden auf. Er zog sich in die Gegend am Rand der Wüste zurück, in die Stadt Efraim, und dort blieb er mit den Jüngern.

55 Das Passahfest der Juden war nah, und aus der Gegend zogen viele Menschen nach Jerusalem hinauf, um sich nach den Reinigungsvorschriften darauf vorzubereiten. 56 Alle hielten nach Jesus Ausschau. „Was meint ihr?", munkelten die Leute, wenn sie auf dem Tempelplatz beieinanderstanden. „Der wird bestimmt nicht zum Fest kommen." 57 Die führenden Priester und die Pharisäer aber hatten den Befehl erlassen, jeder, der seinen Aufenthaltsort kenne, sei verpflichtet, es zu melden, damit sie ihn festnehmen könnten.

Das größte und letzte der sieben Zeichen ist unglaublich und unerhört. Es hat ein „Nachspiel": Eine Totenauferweckung führt zum Todesbeschluss für Jesus. Der Höhepunkt des Evangeliums ist auch ein Scheitelpunkt. Er bewirkt Scheidung unter der Anhängerschaft und eine Entscheidung des Hohen Rats (↗ Mk 11,27–33). Die Auferweckung des Lazarus ist eine „Krisis-Geschichte".

Krisis
↗ Joh 5,19–27

Johannes zeigt, wie der Hohepriester durch die Kraft seines Amtes sozusagen unfreiwillig den kommenden Tod Jesu deutet. Er versteht diese Deutung allerdings nur auf der oberflächlichen Ebene: Wenn ein Unruhestifter hingerichtet wird, lassen die Römer die anderen in Ruhe. Leser und Leserinnen des Johannesevangeliums lesen es von Joh 10,11 herkommend auf einer tieferen Verstehensebene: Der Lebensspender wird sich an den Tod ausliefern. Aber wenn er sein Leben in den Tod hineingibt, wird das die Macht des Todes brechen.

Der Weg des Weizenkorns Joh 12

Die Salbung in Bethanien Joh 12,1–11

Joh 12 schließt den ersten Teil des Evangeliums ab. Anfang und Ende werden mit einer Gottesrede beglaubigt (↗ Joh 1,33 und Joh 12,28).

Das öffentliche Wirken Jesu endet in Joh 12,36. Danach wirkt er nach innen, vor allem durch seine Reden an Jüngerinnen und Jünger.

1 Sechs Tage vor dem Passafest kam Jesus wieder nach Bethanien,
wo Lazarus wohnte, den er von den Toten auferweckt hatte. 2 Dort wur-
de nun für Jesus ein Festessen gegeben. Martha bediente (griech.: dia-
konei), und Lazarus war unter denen, die mit Jesus zu Tisch lagen. 3 Da
nahm nun Maria einen halben Liter echtes, kostbares Nardenöl, salbte
Jesus damit die Füße und trocknete sie dann mit ihrem Haar. Das Haus
aber wurde mit dem Duft des Salböls erfüllt. 4 Da sagte Judas aus Iska-
riot, einer von seinen Jüngern, der Jesus verraten sollte: 5 „Warum hat
man dieses Öl nicht für dreihundert Denare verkauft und den Armen
gegeben?" 6 Er sagte das nicht etwa, weil ihm die Armen am Herzen la-
gen, sondern weil er ein Dieb war. Er verwaltete die gemeinsame Kasse
und schaffte immer wieder etwas von dem, was hineingelegt wurde,
beiseite. 7 Da sagte Jesus: „Lass sie! Sie hat es für den Tag meines Be-
gräbnisses aufbewahrt. 8 Arme (, um die ihr euch kümmern könnt,) habt
ihr immer bei euch. Mich aber habt ihr nicht immer."

9 Als unter der jüdischen Bevölkerung bekannt wurde, dass er dort
war, strömten die Leute in Scharen dorthin. Sie kamen nicht nur wegen
Jesus, sondern auch, um Lazarus zu sehen, den Jesus von den Toten auf-
erweckt hatte. 10 Da beschlossen die Hohenpriester, auch Lazarus zu
töten, 11 weil seinetwegen so viele Juden hingingen und an Jesus glaub-
ten.

Maria hat verstanden, dass Jesus der Messias-Christus, der Gesalbte Gottes, ist. Sie setzt alles auf eine Karte, um das öffentlich zu machen: ihr Erspartes und ihren guten Ruf. Der Wert des Öls entsprach etwa einem Jahr gutem Arbeitslohn für eine ganze Familie. Sich ohne Kopfbedeckung und mit aufgelöstem Haar vor Männern zu zeigen, gehörte sich nicht für eine geachtete Frau. Das Nardenöl, über dreihundert Gramm, duftet ähnlich wie Lavendel. Das ganze Haus wird vom Geruch kostbarer Lebensqualität erfüllt. Es bildet ein Gegengewicht zum „Geruch des Todes". Vielleicht möchte sie durch ihre Aktion Jesus dazu bewegen, nach Jerusalem zu gehen und endlich für alle sichtbar die Macht zu übernehmen. Auch die Römer sollten seine himmlische Macht zu spüren bekommen. Das entsprach der Messiaserwartung der damaligen Zeit. Jesus wird tatsächlich gehen und von den Festpilgern als „der Kommende", der Messias-König, begrüßt werden. Seine Macht jedoch wird er ganz anders erweisen, als sich Menschen das vorstellen können.

Martha dient, noch bevor Jesus aller Diener wird (↗ Joh 13). Maria gibt, was sie hat, ein Vermögen, so wie Jesus alles geben wird. Der zweite Teil des Evangeliums wird mit diesem Geschehen eröffnet. Nun geht es in die Passion. In den beiden Frauen bildet sich der Weg Jesu ab. Im Anschlagsplan auf Lazarus deutet sich das Schicksal „der Seinen" an.

Jesu Einzug in Jerusalem Joh 12,12–19

12 Am nächsten Tag hörte die große Menge derer, die zum Passafest
gekommen waren, dass Jesus auf dem Weg nach Jerusalem war. 13 Mit
Palmenzweigen in der Hand zogen sie zur Stadt hinaus, um ihn zu empfangen. Sie riefen: „‚Gepriesen sei Gott (hebr.: Hoschia-na)! Gesegnet sei er, der Kommende, im Namen des Herrn' (Ps 118, 25) – der König von Israel!"
14 Jesus aber fand einen jungen Esel und setzte sich auf ihn. In der
Schrift heißt es: 5 „Fürchte dich nicht, Tochter Zion! Siehe, dein König
kommt. Er sitzt auf dem Fohlen einer Eselin (Sach 9,9)." 16 Das verstanden
seine Jünger zunächst noch nicht. Später allerdings, als Jesus in seiner Herrlichkeit offenbart war, erinnerten sie sich daran, dass das über ihn in
der Schrift steht und dass sie das für ihn getan hatten. 17 Die Menschen,
die in großer Zahl dabei gewesen waren, als Jesus Lazarus aus dem Grab gerufen und ihn von den Toten auferweckt hatte, legten Zeugnis für ihn
ab. 18 Deshalb waren ihm so viele Leute entgegenzogen. Sie hatten von
dem Zeichen gehört, das er getan hatte. 19 Da sagten die Pharisäer zueinander: „Ihr seht doch, dass wir so nicht weiterkommen. Alle Welt läuft ihm nach!"

Näheres zum Einzug in Jerusalem ist bei Mk 11,1–10 nachzulesen. Johannes ist wichtig, dass Jesus „**König**" ist (↗ auch Lk 19,38). Deshalb ergänzt er das Zitat aus Ps 118 im Sinne von Sach 9,9. Das wird seine Passionserzählung prägen. Dass „alle Welt" Jesus nachläuft, ist wieder eine unfreiwillig doppeldeutige Feststellung (↗ Joh 11,50). Die zweite Verstehensebene erfüllt sich schon:

Ausblick auf Erhöhung und Verherrlichung Jesu Joh 12,20–36

20 Es waren auch einige Griechen unter den Pilgern, die gekommen
waren, um auf dem Fest anzubeten. 21 Sie wandten sich an Philippus,
der aus Bethsaida in Galiläa stammte, und baten ihn: „Herr, wir möchten
gerne den Jesus sehen." 22 Philippus geht zu Andreas und sagt es ihm,
und Andreas und Philippus gehen (zusammen) zu Jesus und sagen es
ihm. 23 Jesus gab ihnen zur Antwort: „Die Zeit (griech.: die Stunde) ist
gekommen, wo der Menschensohn in seiner Herrlichkeit offenbart wird
(griech.: verherrlicht wird). 24 Amen, amen, ich sage euch: Wenn das Wei-
zenkorn nicht in die Erde fällt und stirbt, bleibt es ein einzelnes Korn.
Wenn es aber stirbt, bringt es viel Frucht. 25 Wem sein eigenes Leben
über alles geht, der verliert es. Wer aber sein Leben in dieser Welt los-
lässt, der wird es für das ewige Leben in Sicherheit bringen. 26 Wenn je-
mand mir dienen will, soll er mir nachfolgen. Und da, wo ich bin, wird
auch mein Diener (wörtl.: mein Diakon) sein. Wer mir dient, den wird der
Vater ehren.

27 Meine Seele ist jetzt tief erschrocken. Soll ich sagen: Vater, rette
mich vor dem, was auf mich zukommt (wörtl.: vor dieser Stunde)? Nein,
denn jetzt ist die Zeit (wörtl.: Stunde), in der das geschieht, wofür ich
gekommen bin. 28 Vater, offenbare die Herrlichkeit deines Namens!" Da
kam eine Stimme aus dem Himmel: „Ich habe ihn verherrlicht und wer-
de ihn wieder verherrlichen." 29 Die Menschen, die dabeistanden und
es hörten, sagten: „Es hat gedonnert." Einige meinten: „Ein Engel hat
zu ihm gesprochen." 30 Da sagte Jesus: „Nicht meinetwegen hat diese
Stimme gesprochen, sondern euretwegen. 31 Jetzt bricht für diese Welt
das Gericht (griech.: krisis) herein – jetzt wird der Herrscher dieser Welt
hinausgeworfen werden. 32 Ich aber, wenn ich über die Erde erhöht wer-
de, werde ich alle zu mir ziehen." 33 Jesus deutete damit an, auf welche
Weise er sterben würde. 34 Die Leute antworteten ihm: „Wir haben aus
dem Gesetz gehört, dass der Messias ewig bleiben wird. Wie kannst du
da behaupten, der Menschensohn müsse erhöht werden? Wer ist über-
haupt dieser Menschensohn?" 35 Jesus erwiderte: „Das Licht ist nur noch
kurze Zeit unter euch. Geht euren Weg im Licht, solange ihr das Licht
habt, damit die Finsternis euch nicht überfällt. Wer in der Finsternis un-
terwegs ist, weiß nicht, wohin er geht. 36 Glaubt an das Licht, solange ihr
das Licht habt, damit ihr zu Kindern des Lichts werdet." Nachdem Jesus
das zu ihnen gesprochen hatte, zog er sich zurück und hielt sich vor ih-
nen verborgen.

Dass „alle Welt ihm nachläuft" (↗ Joh 12,19), macht die kleine Notiz deutlich, die nur Johannes überliefert. „Einige Griechen" suchen den Zugang zu ihm. Seit Alexander dem Großen war der ganze Orient von griechischer Kultur und Sprache geprägt. Deshalb bleibt offen, ob sie aus dem heutigen Griechenland kamen. Die Brücke zwischen ihnen und Jesus bilden die Jünger mit den griechischen Namen. Diese Griechen kommen auch nur am Anfang des Abschnitts in den Blick. Wirkliche Adressaten „des Evangeliums" werden sie erst nach Tod und Auferweckung Jesu. „Jesus sehen" bedeutet, den ganzen Jesus zu sehen mit der ganzen Geschichte und der ganzen reichen Bedeutung von Kreuz und Auferweckung – für uns (↗ auch Mk 14, Einleitung).

Das Weizenkorn-Wort eröffnet eine weitere Dimension des Geschehens am Kreuz. Jesus hat im Gleichnis vom Sämann über das Wachsen der Welt Gottes gesprochen (↗ Mt 13). Nun kommt das Bild in Bezug auf ihn selbst zur Anwendung. Das Korn wird in der Erde begraben, damit der fruchttragende Halm aufwächst. Sein Sterben wird mit einem Geschehen aus der Natur gedeutet. Dass es über das natürliche Gesätwerden hinaus ein bewusster Akt der Hingabe ist, macht Joh 12,25 klar. Das Kommen der Welt Gottes ist unlösbar mit ihm selbst verknüpft. Die Diakonie seiner Nachfolgerinnen und Nachfolger schweißt sie mit ihm zusammen.

Weil im Johannesevangelium schon die Tiefendimension des Todes Jesu geschaut wird, kann sein Tiefpunkt „Erhöhung" und „Verherrlichung" genannt werden. Dennoch: Am Ende seiner öffentlichen Wirksamkeit verliert Jesus hier die Fassung, wie Joh 12,27 auch übersetzt werden kann. Die anderen Evangelien berichten von seiner großen Angst, alleingelassen in Gethsemane (↗ Mk 14,32–42). Hier werden viele Menschen Zeugen davon – aber auch Zeugen dessen, dass Gott den Weg Jesu bestätigt. Durch den bewussten Weg ans Kreuz kommt die alte Welt ans Ende. Es findet ein Herrschaftswechsel statt (↗ auch Lk 10,18). Der, der die Welt mit seiner zerstörerischen Macht regiert, muss vor dieser ganz anderen Macht weichen. Was Jesus tut, hat universale kosmische Wirkung! Wie der erste Teil des Evangeliums mit einer Stimme vom Himmel eröffnet wird (↗ Joh 1,33), schließt er sich nun mit einer Stimme vom Himmel in Joh 12,28.

Joh 12,34 Die „Ewigkeit" des Messias könnte hier den ewigen Bestand des „Hauses David" meinen (↗ Mt 1,1).

Joh 12,32 Wer sich zu Jesus hingezogen fühlt, wird zu ihm gezogen und damit zum Vater – durch das Kreuz, jetzt und für immer.

Kreuzesdeutung bei Johannes:

„Lamm"
↗ Joh 1,29–34
Joh 19,31–37

„Heilmittel"
↗ Joh 3,11–15

Lebenshingabe
↗ Joh 10,11

Stellvertretung
↗ Joh 15,13;
Joh 18,8

Vollendung
↗ Joh 19,28–30

Bilanz der öffentlichen Wirksamkeit Jesu Joh 12,37–50

37 Trotz all der Zeichen, die Jesus vor ihren Augen (wörtl: vor ihnen)
getan hatte, glaubten sie nicht an ihn. 38 Denn es sollte sich erfüllen, was
der Prophet Jesaja vorausgesagt hatte: „Herr, wer hat unserer Botschaft
geglaubt? Und wem konnte sich der Herr mit seinem mächtigen Han-
deln offenbaren (Jes 53,1)?“ 39 An einer anderen Stelle nennt Jesaja den
Grund, warum sie nicht glauben konnten: 40 „Der Herr hat ihre Augen
blind gemacht und ihre Herzen verschlossen (auch: verstockt). ‚Daher
kommt es‘ (, sagt der HERR), ‚dass sie mit ihren Augen nicht sehen und
mit ihrem Herzen nichts verstehen und dass sie nicht umkehren, sodass
ich sie heilen könnte‘ (Jes 6,10 ↗ Mt 13,15).“ 41 Jesaja sagte das, weil er die
Herrlichkeit Jesu gesehen hatte – über ihn hat er geredet. 42 Es gab al-
lerdings sogar unter den führenden Männern viele, die an Jesus glaub-
ten. Aber wegen der Pharisäer bekannten sie sich nicht offen zu ihm, um
nicht aus der Synagogengemeinschaft ausgeschlossen zu werden. Denn
sie liebten die Ehre bei den Menschen mehr als die Ehre (griech.: doxa)
bei Gott.

44 Jesus aber rief laut (wie in Joh 7,37): „Wer an mich glaubt, der glaubt
nicht (nur) an mich, sondern an den, der mich gesandt hat. 45 Und wer
mich sieht, sieht den, der mich gesandt hat. 46 Ich bin als das Licht in die
Welt gekommen, damit jeder, der an mich glaubt, nicht in der Finsternis
bleibt. 47 Wenn jemand meine Rede hört und nicht bewahrt, dann bin
nicht ich es, der ihn richtet. Denn ich bin nicht gekommen, um die Welt
zu richten, sondern um die Welt zu retten. 48 Wer mich ablehnt und das,
was ich sage, nicht annimmt, der hat seinen Richter damit schon gefun-
den: Das Wort, das ich gesprochen habe, wird über ihn an jenem letzten
Tag urteilen (griech.: krinein). 49 Denn ich habe nicht aus mir selbst her-
aus geredet – der Vater, der mich gesandt hat, hat mir den Auftrag gege-
ben, was ich sagen und reden soll. 50 Und ich weiß: Bei seinem Auftrag
geht es um das ewige Leben. Was immer ich rede, sage ich so, wie der
Vater es zu mir gesagt hat.“

Am Ende des ersten Teils gibt es ein Resümee zur Wirkung und Bedeutung Jesu. Die Themen des Johannesevangeliums klingen in Joh 12, 44–50 noch einmal an. Sie konzentrieren sich in der Wortmacht Jesu. Im Licht seiner Worte entscheidet sich unser Leben. Dass es Menschen gibt, die die Worte Jesu ablehnen, ist nicht verstehbar. „Unglaube“ bleibt ein dunkles Rätsel. Ob es eine Art „Verstockung“ ist, die Gott gewirkt hat? Keine andere Macht kann doch sonst endgültig über das Schicksal von Menschen entscheiden!

Aber auch im AT ist diese Verstockung kein endgültiges Urteil Gottes. Sie geschieht immer nur im Zusammenhang mit harten Herzen der Menschen. Gott überlässt sie dann sich selbst. Heilung beginnt im tiefen Erschrecken über die Möglichkeiten der Menschen, die die „Verstockung" sichtbar macht (↗ Mt 13,10–17).

Jesus wirkt nach innen Joh 13–21

Die Überlieferung von dem Jünger, den Jesus liebte (↗ Joh 21,24–25), bildet die Markierungspunkte für den zweiten Teil des Evangeliums.

Das letzte gemeinsame Mahl – Die Fußwaschung Joh 13

Letztes Abendmahl
↗ **Mk 14,12–25**

Ausgerechnet bei Johannes finden wir einen ganz anderen Akzent in der Überlieferung des letzten gemeinsamen Mahls als bei den synoptischen Evangelien. Das Johannesevangelium beginnt mit dem ewigen Wort Gottes, der Herrlichkeit Gottes (↗ Joh 1,14) – verleiblicht in Jesus von Nazareth! Diese Herrlichkeit lässt Jesus hoheitlich auftreten und wird doch immer wieder geerdet (z. B. Jesus weint in Joh 11,35). Ihr Gewicht hat einen Zug nach unten. In Joh 13 wird diese Bewegung begreifbar. Nun wird deutlich, was Joh 3,16 meint. Jesus bindet sich eine Schürze um. Jesus macht Sklavenarbeit. Die Herrlichkeit Gottes ist handgreifliche Diakonie. Das Wort Gottes in Person ist Diakon. **So** hat Gott die Welt geliebt. Die Passion des Königs Jesus ist nun unter diesem Vorzeichen zu verstehen.

Jesus wäscht seinen Jüngern die Füße Joh 13,1–20

1 Es war vor Beginn des Passahfestes. Jesus wusste, dass für ihn die
Zeit (wörtl.: Stunde) gekommen war, aus dieser Welt hinüberzugehen
zum Vater. Er hatte die Seinen, die in der Welt waren, geliebt (griech.:
agapäsas) und liebte sie bis ans Ende (auch: in Vollendung). 2 Das Abend-
essen hatte begonnen. Der Teufel war schon Judas, dem Sohn von Si-
mon Iskariot, ins Herz gefahren, Jesus zu verraten. 3 Jesus aber wusste,
dass der Vater ihm alles in die Hände gegeben hatte und dass er von
Gott gekommen war und wieder zu Gott ging.

4 Er steht vom Mahl auf, legt sein Obergewand ab, nimmt ein Leinen-
tuch und band es sich um. 5 Dann gießt er Wasser in eine Waschschüs-

sel und begann, den Jüngern die Füße zu waschen und mit dem Tuch
abzutrocknen, das er sich umgebunden hatte.
6 So kommt er zu Simon Petrus. Der sagt zu ihm: „Herr, du willst mir
die Füße waschen?" 7 Jesus gab ihm zur Antwort: „Was ich tue, verstehst
du jetzt nicht, aber später wirst du es begreifen." 8 Da sagt Petrus zu ihm:
„Nie und nimmer wäschst du mir die Füße!" Jesus entgegnete: „Wenn ich
sie dir nicht wasche, hast du keine Gemeinschaft mit mir (wörtl.: nicht teil
an mir)." 9 Da sagt Simon Petrus: „Herr, dann (wasche mir) nicht nur die
Füße, (wasch mir) auch die Hände und den Kopf!" 10 Jesus erwidert: „Wer
ein Bad genommen hat, ist ganz rein, er braucht sich später nur noch
die Füße zu waschen. Auch ihr seid rein, allerdings nicht alle." 11 Jesus
wusste, wer ihn verraten würde, deshalb sagte er: ‚Ihr seid nicht alle rein'.
12 Nachdem Jesus (seinen Jüngern) die Füße gewaschen hatte, zog er
sein Obergewand wieder an und kehrte an seinen Platz zurück. „Versteht
ihr, was ich eben getan habe?", fragte er sie. 13 „Ihr nennt mich Meister
(wörtl.: Lehrer) und Herr, und das ist gut so, denn ich bin es. 14 Wenn nun
ich, der Herr und der Meister, euch die Füße gewaschen habe, sollt auch
ihr einander die Füße waschen. 15 Ich habe euch ein Vorbild gegeben,
damit auch ihr so handelt, wie ich an euch gehandelt habe. 16 Amen,
amen, ich sage euch: Ein Sklave ist nicht größer als sein Herr, und ein Ge-
sandter ist nicht größer als der, der ihn gesandt hat. 17 Wenn ihr das jetzt
wisst – glücklich seid ihr zu nennen, wenn ihr es auch so macht.
18 Ich spreche nicht von euch allen. Ich kenne die, die ich erwählt
habe – aber es wird die Schrift erfüllt werden: ‚Der mit mir das Brot isst,
hat sich gegen mich gewandt' (Ps 41,10). 19 Ich sage euch das schon jetzt,
bevor es eintrifft, damit ihr, wenn es dann geschieht, an mich als den
glaubt, der ICH BIN. 20 Amen, amen, ich versichere euch: Wer jeman-
den aufnimmt, den ich sende, nimmt mich auf, und wer mich aufnimmt,
nimmt den auf, der mich gesandt hat."

Agape
↗ Joh 13,31–35

Johannes leitet die Situation mit Worten zur Agape (Betonung auf der zweiten Silbe), der selbstlosen, göttlichen Liebe Jesu ein. In Joh 13,4.5 verändert sich dann sein Stil. Ganz dicht wird hier erzählt und die Szene durch Verben der Bewegung vor Augen gemalt. Ein Rollentausch findet statt. Jesus verrichtet Sklavenarbeit. Jesus wäscht Straßendreck, Exkremente und Schweiß von den Füßen. Zum Füße Waschen waren nicht einmal jüdische Sklaven verpflichtet, sondern nur nichtjüdische. Jesus tut die Arbeit freiwillig und selbstbestimmt. Er ist so frei, dass er dienen kann. Ungewöhnlich ist auch, dass Jesus die Füße nicht wie üb-

Kontrast-gesellschaft
↗ Lk 22,24–30

lich vor dem Mahl wäscht, sondern während des Mahls. Das gibt dieser Handlung zeichenhaftes Gewicht. Die Diakonie gehört mitten in die Gemeinschaft, die dadurch eine Kontrastgesellschaft wird, in der die Herrschaftsverhältnisse der Welt verkehrt werden. Wie schwer uns Menschen das Umdenken fällt, zeigt das Gespräch mit Petrus. Zuerst möchte er den Dienst Jesu nicht annehmen, weil das gegen sein Gefühl von Hierarchie ist. Dann möchte er Jesus sagen, was er zu tun hat. Das Neue, eine Gemeinschaft nach dem Vorbild Jesu, muss erst eingeübt werden.

Das Wort zur Reinigung in Joh 13,10 knüpft an Joh 15,3 an: „Ihr seid schon rein um des Wortes willen, das ich zu euch geredet habe." In dieses Wort einzutauchen, das geschieht in verdichteter Weise in der Taufe – einem „Bad". Dadurch wird ein Leben in diesem Wortraum eröffnet. „Reinheit" ist dann keine moralische Qualität, die der Mensch selbst herstellen kann (↗ Mt 5,8). Es ist etwas, das der Mensch nur empfangen kann, indem er oder sie sich die Diakonie Jesu, die Passion recht sein lässt und für sich annimmt. Hier gilt wie in Joh 3,5, der neuen Geburt aus Wasser und Geist: Lass es geschehen! Immer neu geschieht durch dieses Wort etwas an uns. Jesus an sich heran zu lassen, seine dienende Liebe anzunehmen und weiterzuleiten, wird von den Füßen an, von unten nach oben, das Leben der Menschen umgestalten, die zur Gemeinschaft um Jesus gehören möchten. Die Fußwaschung deutet die Passion als ein Handeln aus Freiheit und hingebender Liebe.

Joh 13,1 Das Johannesevangelium überliefert den **Beginn der Passionsgeschichte** und damit auch den Todestag Jesu in einem anderen Zusammenhang als die synoptischen Evangelien (Synoptiker ↗ Lk 1,1–4): Vor Beginn des Passahfestes … (Passah ↗ Mk 14,12–25)

Die Synoptiker und Johannes überliefern gemeinsam: das Zusammensein am Abend vor der Kreuzigung. Den besonderen Charakter des Mahls. Die Bezeichnung des Verräters. Freitag ist der Sterbetag. Sonntag ist der Auferstehungstag.

Johannes hat nicht: die Vorbereitung des letzten Mahls. Die „Einsetzungsworte" des letzten Abendmahls. Er kennt sie aber (↗ Joh 6,51ff) und setzt das Wissen um das Abschiedsmahl, das den Tod Jesu deutet, voraus.

Folgt man der Überlieferung des **Johannesevangeliums,** stirbt Jesus am Freitagnachmittag, vor Beginn des Passahs am Abend. Er stirbt, als die Passahlämmer im Tempel geschlachtet werden (↗ Joh 19,14 und

Joh 1,29: „Siehe, das Lamm Gottes"). Jesus stirbt am Freitag, dem 14. Nisan, am Tag vor dem Passah, dem sogenannten Rüsttag. Das Abschiedsessen war dann kein Passahmahl, sondern eine Vorausfeier und etwas ganz Eigenes. Auch bei Paulus findet sich in der Abendmahlsüberlieferung kein Hinweis auf ein Passahmahl (1. Kor 11,23–26).

Bei den Synoptikern (↗ Mk 14,12–25; Lk 22,14–20) findet das letzte gemeinsam Essen am Donnerstag eindeutig nach Sonnenuntergang, also nach dem Rüsttag, an dem man das Passahlamm schlachtete, statt. Dieser Abend, die Passahnacht, zählte schon zum neuen Tag. Jesus stirbt nach der Überlieferung der Synoptiker also am ersten Tag des Passahfestes. Aber auch hier gibt Jesus dem Passahmahl einen neuen Akzent (↗ Mk 14,17–21). Es ist auch ein Freitag wie bei Johannes, aber der 15. Nisan.

Beide Überlieferungen haben einen theologischen Gehalt. Bei Johannes ist Jesus das wahre Passahlamm, dessen Blut vor dem Tod rettet und den Auszug, den Exodus ins Leben markiert. Die synoptischen Evangelien sehen im Abendmahl das neue Bundesmahl, das das Passahmahl ablöst. Welche der Überlieferungen nun tatsächlich historisch den Todestag Jesu festhält, muss offenbleiben. Für die Datierung des Johannes spricht aber, dass eine Hinrichtung vor Beginn der Feierlichkeiten, also am Rüsttag, wahrscheinlicher ist. Die Freilassung eines Gefangenen zum Passah (↗ Mk 15,6–15) macht Sinn, wenn dieser am Abend das Passahmahl als Befreiungsmahl mitfeiern kann. Dazu kommt die genaue Beobachtung in Joh 19,31, dass der Samstag ein „großer Sabbat" war, also Beginn des Passah und Sabbat zusammenfielen. Der 14. Nisan fiel unter Pontius Pilatus in den Jahren 30 und 33 n. Chr. auf einen Freitag. Der Monat Nisan im jüdischen Kalender liegt zwischen Mitte März und Mitte April gemäß unserem Kalender.

Der geliebte Jünger und der Verräter Joh 13,21–30

21 Nachdem Jesus das gesagt hatte, verlor er die Fassung und be-
zeugte: „Amen, amen ich sage euch: Einer von euch wird mich verra-
ten." 22 Die Jünger sahen sich an, ratlos, von wem er redete. 23 Es gab
einen Jünger, der an der Brust Jesu lag, den Jesus liebte (griech.: ágapa).
24 Dem nickte Simon Petrus zu, er solle fragen, wer es sei, von dem er
gesprochen habe. 25 Da lehnte sich dieser an die Brust Jesu zurück und
fragte: „Herr, wer ist es?" 26 Jesus antwortete: „Es ist der, dem ich den
Bissen in die Schüssel tauchen und geben werde." Nun tauchte er den

Bissen (Brot in die Schüssel) ein und gibt ihn Judas, dem Sohn von Simon
Iskariot. 27 Und nach diesem Bissen ergriff der Satan Besitz von ihm. Da
sagte Jesus zu Judas: „Was du tust, das tue bald!" 28 Keiner von denen,
die mit am Tisch waren, verstand, wozu er das zu ihm gesagt hatte.
29 Manche meinten, da Judas die gemeinsame Kasse verwaltete, Jesus
habe ihm zu ihm gesagt: ‚Kaufe ein, was wir zum Fest brauchen' oder er
solle den Armen etwas geben. 30 Als er den Bissen gegessen hatte, ging
er sofort hinaus. Es war aber Nacht.

Tragik des Judas
↗ Mk 14,1–11

Hier sind sich der Jünger, den Jesus liebt, und Judas, der ihn verraten wird, gegenüber. Dieser besondere Jünger wird hier zum ersten Mal genannt und bleibt ohne Namen (↗ Joh 21,24f). Auch wenn Judas nun in die Nacht hinausgeht – Jesus hat auch ihm die Füße gewaschen. Die Diakonie Jesu gilt auch für ihn.

Herrlichkeit und Liebe als Motivation für die Passion Joh 13,31–35

31 Nachdem Judas hinausgegangen war, sagt Jesus: „Jetzt ist der
Menschensohn in seiner Herrlichkeit offenbart (auch: verherrlicht) wor-
den, und durch ihn ist Gott in seiner Herrlichkeit offenbart (auch: ver-
herrlicht) worden. 32 Und Gott wird ihn durch sich verherrlichen und
wird ihn bald verherrlichen. 33 Kinder, ich bin nur noch eine kurze Zeit
bei euch. Ihr werdet mich suchen, aber was ich schon den Juden gesagt
habe (Joh 7,34; 8,21), das sage ich jetzt auch euch: Da, wo ich hingehe,
könnt ihr nicht hinkommen. 34 Ein neues Gebot gebe ich euch: Liebt
einander! Ihr sollt einander lieben, wie ich euch geliebt habe. 35 Daran
werden alle erkennen, dass ihr meine Jünger seid, wenn ihr Liebe unter-
einander habt."

36 „Herr", fragte Simon Petrus, „wohin gehst du?" Jesus gab ihm zur
Antwort: „Wo ich hingehe, kannst du jetzt nicht mitkommen – aber spä-
ter wirst du mir (dorthin) folgen." 37 Petrus entgegnet: „Herr, warum
kann ich dir nicht jetzt schon folgen? Mein Leben werde ich für dich hin-
geben!" 38 Jesus antwortet: „Du willst dein Leben für mich hingeben? Ich
sage dir: Noch bevor ein Hahn kräht, wirst du mich dreimal verleugnen."

Herrlichkeit bedeutet im AT die Ausstrahlung Gottes, sein Licht-Glanz, seine Klarheit, sein Gewicht (↗ Joh 1,14 und Joh 17,1–5). Jesus wird in die ursprüngliche Einheit mit Gott zurückkehren, in den Glanz seines Wesens, und ganz darin aufgenommen werden. Die umwerfende Ausstrahlung Gottes wurde durch Jesu Worte und Zeichen gegenwärtig. Wie die Fußwaschung in Joh 13 schon vorweggenommen hat, geht Gottes Herrlichkeit in die Niedrigkeit und macht klar, dass sie Leiden nicht scheut. Deshalb kann im Johannesevangelium der Kreuzestod Jesu mit **Verherrlichung** bezeichnet werden. In der furchtbaren Erniedrigung des Kreuzestodes leuchtet Gottes Gegenwart auf. Die Entmachtung des Todes durch seine tiefe Liebe kann das Johannesevangelium im Rückblick schon am Tiefpunkt des Kreuzes erkennen.

Auch das AT kennt eine Erhöhung des geheimnisvollen „Knechtes" Gottes in Niedrigkeit.

Jes 52,13ff Siehe, mein Knecht wird … erhöht werden und sehr erhaben sein … – gleichzeitig werden die Menschen über ihn erschrecken, weil „sein Angesicht so entstellt" war … so wird er „viele Heiden in Staunen versetzen, und Könige werden vor ihm den Mund halten müssen …"

Wie Joh 13 erzählt, wird die dienende und vergebende Liebe Jesu Grundlage der Gemeinschaft der Seinen werden. Das Wahrzeichen Jesu und seiner Freundinnen und Freunde wird die herrliche **Agape-Liebe:** Das Liebesgebot gründet in der Agape (Betonung auf der zweiten Silbe) Jesu (so auch Joh 15,9). Seine Liebe ist Quelle und Orientierung für unsere Liebe. Liebe, die in sich selbst gründet, scheitert schnell. Das zeigt die direkt sich anschließende Ankündigung der Verleugnung des Petrus. Liebe als Agape bedeutet innige Zuwendung zum geliebten Gegenüber. Sie liebt nicht, um etwas zurückzubekommen. Sie liebt auch das nicht Liebenswerte. Sie schützt und stärkt das Anderssein des oder der Anderen. Sie vereinnahmt nicht. Sie achtet das Geheimnis der Person. Sie unterscheidet sich von der Liebe, die im Griechischen mit Eros wiedergegeben wird. Agape will alles für das geliebte andere Wesen. Erotische Liebe kann einen Menschen ergreifen, wenn er oder sie einem liebeswerten Gegenüber begegnet. Eros will ganz mit dem geliebten Gegenüber zusammen sein. Aber dieser im Menschen angelegte, leidenschaftliche Trieb ist nicht vor Selbstsucht geschützt. Der Eros braucht Orientierung an der Agape, damit er keine zerstörerischen Kräfte entfaltet. Die Agape steht aber auch nicht in völligem Gegensatz zum Eros. Sie ist nicht kühle moralische Selbstlosigkeit, sondern brennt herzlich für den Anderen, für die Andere.

Die Abschiedsreden: Leben im Geist Jesu – Paraklet und Trinität Joh 14

Die sogenannten Abschiedsreden Jesu im Johannesevangelium umfassen Joh 13,31–16,33. Sie werden gerahmt vom Handeln Jesu in Joh 13 und dem Beten Jesu in Joh 17. Wie bei Lk 24,44–49 nimmt sich Johannes, wie in der Antike üblich, die Freiheit zu einer ausführlichen Ausgestaltung dessen, was Jesus den Seinen hinterlässt. Jesus macht sein Testament (wie einst Mose in Dtn 31–34). Er bereitet seine Jünger und Freundinnen auf die Zeit nach seinem Tod vor. Die Reden schauen voraus in die Zukunft, in der Jesus in die Herrlichkeit beim Vater zurückgeht. Gleichzeitig spiegeln sie die Erfahrung mit dem Auferstandenen selbst, der in der Gemeinschaft, in der das Johannesevangelium entstanden ist, lebendig gegenwärtig ist. Deshalb ist der Schrecken seines Todes und unseres Todes überwunden. So werden auch wir darin angeleitet, wie seine Gegenwart erfahrbare Wirklichkeit in unserem Leben wird:

Was bleibt der Gemeinschaft um Jesus, wenn Jesus zu seinem Vater zurück geht?

Er sorgt beim Vater für Wohnungen, wörtlich für eine „Bleibe“, Orte zum Verweilen (➚ Joh 14,2f). Das sechste Ich-bin-Wort (➚ Joh 14,6) spricht vom Weg in diese Zukunft Gottes, der schon jetzt Wahrheit und Leben ist. Das siebte Ich-bin-Wort (➚ Joh 15,5) zeigt, dass das **„Bleiben“** in Jesus das zentrale Wort für die Jüngerschaft im Johannesevangelium ist. Es ergänzt das „Nachfolgen“ der synoptischen Evangelien und des zweiten Ich-bin-Wortes (➚ Joh 8,12). Dieses Bleiben hat ewigen Bestand. Schon jetzt liegt in der Gemeinschaft mit Jesus Ewigkeit. So werden die Jüngerinnen und Freunde Jesu selbst zu „Bleibenden“ (➚ Joh 15,4) in einem geheimnisvollen Beziehungsgeflecht: Ich, Jesus, im Vater – ihr in mir und ich in euch (Joh 14,20). Aber auch: Ich, Jesus, in ihnen, und du, Vater, in mir (Joh 17,23). Liebe untereinander (➚ Joh 13,34; 15,12) und Freundschaft mit Jesus (➚ Joh 15,9–17) werden Wesensmerkmale der Seinen.

Ewigkeit schon jetzt ➚ Joh 5,19–24; Joh 11, 25

Denn die Abschiedsreden geben Einblick in das innere Wesen Gottes:

Gott ist ein liebendes Beziehungsgeschehen. Die Abschiedsworte Jesu zeigen, warum von Gott dreifach geredet werden muss. Die Erkenntnis der „Trinität“ Gottes hat ihren Ursprung nicht erst in späterer kirchlicher Dogmatik, sondern im biblischen Zeugnis. Das innige Beziehungsgeschehen zwischen Vater und Sohn reicht in die Menschenherzen hinein und verbindet sie mit ihm. **Der Heilige Geist** spielt dabei im Johannesevangelium eine besondere Rolle. Das wird unter der Überschrift „Paraklet und Trinität“ entfaltet. (s. u.)

Jesus geht zum Vater Joh 14,1–14

1 Lasst euch euer Herz nicht erschüttern (griech.: „tarasso“ wie 11,33;
12,27). Vertraut auf Gott und vertraut auf mich! 2 Im Haus meines Vaters
gibt es viele Wohnungen. Wenn es nicht so wäre, hätte ich dann etwa zu
euch gesagt, dass ich dorthin gehe (auch: reise), um einen Platz für euch
vorzubereiten? 3 Und wenn ich einen Platz für euch vorbereitet habe,
werde ich wiederkommen und euch zu mir holen, damit auch ihr dort
seid, wo ich bin. 4 Und wo ich hingehe – ihr kennt ja den Weg.“ 5 Thomas
sagt zu ihm: „Herr, wir wissen nicht, wohin du gehst. Wie sollen wir dann
den Weg kennen?“ 6 **Da antwortet ihm Jesus: „Ich bin der Weg und die
Wahrheit und das Leben. Niemand kommt zum Vater außer durch
mich.** 7 Wenn ihr mich erkannt habt, werdet ihr auch meinen Vater erkennen. Ihr kennt ihn schon und habt ihn bereits gesehen.“

7 Da sagt Philippus zu ihm: „Herr, zeig uns den Vater – das genügt
uns.“ 9 Da entgegnet ihm Jesus: „So lange bin ich schon bei euch, und du
hast mich noch nicht erkannt, Philippus? Wer mich gesehen hat, hat den Vater gesehen. Wie kannst du da sagen: ‚Zeig uns den Vater?‘

10 Glaubst du nicht, dass ich im Vater bin und dass der Vater in mir
ist? Was ich euch sage, sage ich nicht aus mir selbst heraus. Der Vater,
der in mir wohnt, tut seine Werke. 11 Glaubt mir, dass ich im Vater bin
und der Vater in mir ist. Wenn (ihr das noch) nicht (könnt), dann glaubt
es doch aufgrund dessen, was durch mich geschieht. 12 Amen, amen, ich
versichere euch: Wer an mich glaubt, wird die Dinge, die ich tue, auch
tun – ja er wird sogar noch größere Dinge tun. Denn ich gehe zum Vater,
13 und alles, worum ihr dann in meinem Namen bittet, werde ich tun, damit durch den Sohn die Herrlichkeit des Vaters offenbart wird. 14 Wenn
ihr mich in meinem Namen um etwas bitten werdet, werde ich es tun.“

Das Lukasevangelium zeichnet den Weg Jesu als Fortsetzung der Gottesgeschichte des AT in die Weltgeschichte ein. Das Johannesevangelium lässt den Weg Jesu in seinem Sein in Gott vor aller Zeit beginnen. Es erzählt einen Weg, der aus der Wirklichkeit Gottes kommt und zurück zum Vater geht. Dieser göttliche Weg übersteigt unsere menschlichen Vorstellungen. Das zeigt die Frage von Thomas. Aber er führt in

Verweilorte, Wohnungen in Gottes Welt, die für die menschliche Vorstellungskraft eine Hilfe sind. Auch das Johannesevanglium verspricht eine Parusie Jesu (Betonung auf der letzten Silbe). Hier liegt der Akzent darauf, dass er die Seinen nach Hause holen wird.

Parusie
↗ Mt 24 und 25; Lk 17,22–27

Jesu Weg in den Tod öffnet den Weg in einen Raum bei Gott für uns über den Tod hinaus. Der Wort-Raum Jesu gibt schon im Unterwegs des Lebens Anschluss an das ewige Zuhause.

Das sechste Ich-bin-Wort: Jesus ist der Direktanschluss an Gott Joh 14,6

„Ich bin der Weg und die Wahrheit und das Leben. Niemand kommt zum Vater außer durch mich."

Der Weg ist eine Metapher für den Lebensweg. Bei näherem Hinhören wird aus ausschließlichem ein verheißungsvoller Klang.

Kontext: Jesus spricht mit den Seinen über seinen Rückweg zum Vater. Er bereitet sie darauf vor, dass sein Weg in den Tod der Weg zum Leben für sie ist. Der Weg, den er nicht nur gehen muss, sondern selbst ist, kann von uns gefunden und gegangen werden, indem wir uns auf dieses Wort einlassen.

Das Bildfeld „Weg": Leben ist immer „auf dem Weg", Unterwegssein. Der Weg ist eine Metapher für das ganze Leben mit allen lebenswichtigen Entscheidungen, die zu treffen sind.

Atl. Hintergrund: In der Bibel bedeutet Leben, Gottes Wege zu gehen. Davon erzählen die vielen Weggeschichten des AT (z.B. Abrams und Sarais Weg ab Gen 12,1). Immer wieder gilt es, nicht „den Weg der anderen Götter" zu gehen, sondern den Weg des HERRN.

2. Sam 22,22 „Denn ich habe die Wege des HERRN bewahrt und bin nicht abgefallen von meinem Gott," bekennt David.

Jes 55,8 Gott spricht: „Meine Wege sind nicht eure Wege …"

Eine Fülle von Wegworten findet sich in den Psalmen.

In Ps 16,11 bekennt David: „Du tust mir kund den Weg zum Leben." Das AT selbst, die Tora, wird dabei als Weg bezeichnet.

Ps 119,1 „Glücklich sind die, deren Weg tadellos ist, die im Gesetz des HERRN wandeln …" Menschen können diesen Weg und damit ihr Leben auch verfehlen.

NT: Die Christen werden zuerst „Anhänger des Weges" genannt (Apg 9,2). Das Motiv des Weges durchzieht das gesamte zweibändige Werk des Lukas (↗ Lk 1,1–4).

Zielgedanke: Jesus geht seinen Weg nicht nur in Übereinstimmung mit Gott, sondern ist dieser Weg Gottes für uns in Person. Wir Menschen müssen keinen langen, anstrengenden Weg durchs Leben zu Gott gehen, sondern haben direkten Zugang durch Jesus.

Dieser Weg wird durch „Wahrheit" und „Leben" näher bestimmt.

Leben
↗ Joh 11,25

Wahrheit vom alttestamentlichen Hintergrund her verstehen: An keinem Wort lässt sich der Unterschied zwischen hebräischem und abendländischem Denken so deutlich erkennen wie an dem Begriff der Wahrheit. Im AT liegt dem Wort Wahrheit das Verb „amen" zugrunde. Es bedeutet fest sein, zuverlässig sein, treu und beständig. Die Entscheidung zwischen Wahrheit und Lüge ist eine Frage der Verlässlichkeit. Wahrheit ist also ein Beziehungswort. Auf wessen Wort kann ich mich so verlassen, dass es mein Leben trägt? So weist das Wort auch in die Zukunft: Was wird sich bewahrheiten?

Ps 91,4 Gott, „deine Wahrheit ist Schirm und Schild."

Wir verbinden Wahrheit oft mit abstraktem Wissen. Wir behandeln sie wie ein Objekt, über das wir entscheiden: Gedanken, die ich für wahr halten kann, die aber mit mir nichts zu tun haben. Wahrheit im alttestamentlich-biblischen Sinn ereignet sich im Raum der personalen Begegnung, in der Ich-Du-Beziehung. Wahrheit hat mit Vertrauen zu tun: Ich erkläre jemanden für vertrauenswürdig. Damit bin ich aber ganz in dieses Beziehungsgeschehen hineingenommen.

NT: Auch das Verständnis von Glauben bei Paulus denkt im hebräischen Wortsinn von „vertrauen, für verlässlich erklären". Auch Paulus fragt nicht nach Wahrheit im Sinne griechischen, abstrakten Denkens, sondern verkündet die Verlässlichkeit Gottes, indem er von einem neuen Erweis SEINER Treue in Jesus Christus spricht.

„Wahrheit" im hellenistischen Denken bedeutet Übereinstimmung mit der wahren Wirklichkeit. Es geht darum, zu erkennen, was mit dem ewigen, göttlichen Sein übereinstimmt.

Zielgedanke: Jesus hat den Anspruch, die Wahrheit in Person zu sein, weil er Gottes Treue zu uns lebt. Jesu Leben stimmt ganz mit der wahren Wirklichkeit, mit Gott, überein.

Auslegung: Auf dem Lebensweg sind lebenswichtige Entscheidungen zu treffen. Dabei steht das Leben immer wieder auf dem Spiel. Menschen suchen nach erfülltem Leben, denn das Leben ist mehr, als zu existieren. Menschen können das wahre Leben verfehlen. Sie können an Gott vorbei leben. So bietet sich Jesus selbst an, denn Gottes Treue und Lebendigkeit sind in ihm. In Jesus haben wir Anschluss an ein Leben, das von Gottes Wirklichkeit geprägt ist. Es ist ein Weg, den wir nicht selbst gehen müssen. Er ist Gottes Weg zu uns. Deshalb kommen wir durch Jesus wirklich bei Gott als Vater an!

Und die anderen Religionen? Christinnen und Christen können keine „Außenperspektive" auf die Wahrheit der verschiedenen Religionen einnehmen. Sie haben die Wahrheit nicht wie einen Besitz, über den sie gedanklich verfügen können. Sie haben sich von der Wahrheit als einer Person ergreifen lassen. Sie können nur aus dieser „Innenperspektive" heraus in tiefem Respekt Gottes liebende Gegenwart in Jesus bezeugen. Denn dass sich diese Wahrheit als wahr erweist, ist Gottes Sache.

Zusammenfassung: Jesus ist der Weg zu Gott, weil er Gottes Weg zu uns verkörpert. Er ist Gottes gelebte Treue. Er hat Gottes Lebendigkeit in sich – ewiges Leben schon jetzt.

Lebensfragen: Welche Wege zu Gott bist du schon gegangen? Wem vertraust du deinen Lebensweg an?

Paraklet und Trinität

Der Weg Jesu führt zurück in die unsichtbare Welt Gottes. Uns bleibt sein göttliches Wort, das ganz persönlichen Charakter annimmt. Wegweisende, lebensschaffende Verbindung zwischen Jesus und den Seinen ist der **Heilige Geist**, der im Johannesevangelium „Paraklet" genannt wird (s. u.). In diesem Beziehungsgeschehen sind sie mit DEM beziehungsreichen Gott verbunden. Obwohl gerade der Heilige Geist Gott erfahrbar macht und somit Gott im Menschen konkret spüren lässt, spielt diese Gotteskraft für viele Menschen im Glauben kaum eine Rolle. Vielleicht liegt das am deutschen Wort „Geist", das in unserer Sprache etwas Immaterielles, Körperloses, von allen Bedürfnissen Losgelöstes meint. Es hat von seiner Wortbedeutung her nichts Dynamisches. Es scheint aller Realität zu entbehren. Eine „geistige Existenz" gilt als ein Bewusstseinszustand, der sich über das Irdische erhebt. Durch Bildung und Gebrauch der Vernunft wird er in der idealistischen Version erreicht – durch Verzicht und Askese in der religiösen Version. Für Menschen, die ums Leben kämpfen, ist der Zustand nicht erreichbar. Für Menschen, die das volle Leben lieben, ist er nicht erstrebenswert.

Bei Gottes Geist, Heiligem Geist, haben wir es im Hebräischen, im AT, mit der „ruach" zu tun. Sie schwebt über dem Anfang der Schöpfung, über den Chaosfluten, und ist bewegende, unterscheidende, ordnende, lebenschaffende Kraft Gottes. Sie durchweht die Schöpfung, ist Atem der Schöpfung, bewegt und bewegend. Sie bewahrt die Schöpfung vor dem immer neu drohenden Chaos. Alles göttliche Handeln ist geistgewirkt. Die ruach wirkt in die Welt hinein, ohne dass die Welt dadurch vergöttlicht wird. Sie bleibt der freie, kreative, inspirierende Geist – göttliche in der geschöpflichen Kraft. Sie ist keine menschliche Qualität, auch wenn Gott durch sie in Menschen eindringt. Sie bleibt ihr Gegenüber.

Im NT steht für Geist das griechische Wort „pneuma". Auch dieses Wort hat Dynamik, bedeutet energiegeladene Bewegung der Luft, Wind und Atemhauch. Die Lehre vom Heiligen Geist heißt „Pneumatologie". In der Bibel selbst ist sie allerdings nicht zu finden. Die Bibel bezeugt auch im NT in ihren verschiedenen Schriften Wesen und Wirkung des Geistes, ohne eine systematische Lehre zu entfalten. Als Vorstellungs- und Erfahrungshilfe gibt es verschiedene Bilder für die Geistkraft Gottes:

Das **Feuer** in Apg 2, das Menschen an Pfingsten entzündet und hinaustreibt aus den vor Angst verschlossenen Räumen. Sie werden bewegt, öffentlich von Tod und Auferweckung Jesu zu erzählen und stecken damit andere an, weil sie von allen verstanden werden. Das Pfingstfeuer ist Initialzündung für den Weg der Jesusbewegung in die Welt.

Der **Wind** (↗ Joh 3,8), der unverfügbar und unsichtbar bleibt, aber dessen Kraft erfahrbar wird wie der Wind in einem Segel. Er ergreift Menschen und bewegt sie in ein neues Leben hinein.

Das **Wasser** (↗ Joh 3,5; Joh 7,38), das reinigt und wegspült, was in einem Leben nicht zu Gott passt. Er zeigt, dass Leben aus Gott übersprudelnd ist und auf andere überfließen will.

Die **Taube** (↗ Joh 1,32; Mk 1,10) als Symbol der Verbindung mit dem Göttlichen und der Einfachheit und Ehrlichkeit des Herzens. Bei der Taufe Jesu ist sie da und zeigt an, dass Gottes Geist nun in besonderer Weise auf ihm ruht. Jesus wird nicht nur für bestimmte Aufgaben vom Geist erfasst wie Menschen im AT. Er wird nicht nur in seiner Geschöpflichkeit durch den Geist begabt wie andere Menschen. Auf ihm bleibt der messianische Geist der „Endzeit", der Gotteszeit.

Es ist der siebenfache Geist der Verheißung aus

Jes 11,2 … auf ihm wird ruhen der Geist des HERRN, der Geist der Weisheit und des Verstehens, der Geist des Rats und der Stärke, der Geist der Erkenntnis und der Ehrfurcht vor dem HERRN …

Geistträger
↗ Lk 4,18

Für alle vier Evangelien ist es klar, dass Jesus in besonderer Weise Träger des Gottesgeistes ist. Deshalb kommen Menschen durch ihn auf besondere Weise mit dem Geist in Kontakt. Im Johannesevangelium wird die Wirkung dieses Geistes im Menschen am intensivsten entfaltet.

Neuschöpfung
↗ Joh 3,5

Im ersten Teil des Johannesevangeliums begegnen wir dem Geist als Gotteskraft der Neuschöpfung. Ihr wichtigstes Werk ist es, im Menschen ein neues Leben aus Gott zu erzeugen. Es kommt „von oben" und richtet Menschen auch dorthin, auf Gott hin, aus. Sie geschieht im Glauben an den erhöhten Jesus und die Taufe in seine Lebenswirklichkeit hinein.

Wie dieser Geist wirkt, zeigt sich am Verhalten Jesu, der sich durstig in menschliches Fragen und menschliche Not hineinbegibt (↗ Joh 4). Im Kontakt mit ihm, im Raum seines Wortes, kommen Menschen zur Wahrheit über sich selbst, auch wenn diese Wahrheit weh tut. Der Geist übergeht nicht einfach das „alte" Leben. Im Wahrwerden sprudelt Neues: Jesus erkennen können und übersprudelnd aus sich herausgehen. Wie das Leben der Frau am Brunnen lebendig in Bewegung kommt wie strömendes Wasser, geht auch Gott in SEINEM Geist aus sich heraus.

Leben aus der Quelle
↗ Joh 7,39

Der Geist strömt von Jesus aus und wird eine lebendige Quelle in seinen Menschen. Die „Quelle lebendigen Wassers" wird in das persönliche Zentrum der Menschen verlegt. Das Innere wird Quellort für das Leben aus Gott. Der Geist ist also mehr als eine unpersönliche, „naturhafte" Kraft.

Das wird im zweiten Teil des Evangeliums unmissverständlich entfaltet: Der Heilige Geist ist ein personales Geschehen. Das zeigen die vielschichtigen Tätigkeitswörter, die sein Wirken beschreiben: bezeugen und überzeugen, lehren, erinnern, kommen, bleiben, leiten. In den Abschiedsreden wird der Geist **„Paraklet"** (Betonung auf der letzten Silbe) genannt. Das griechische Verb „parakalein" bedeutet herbeirufen. Paraklet kann mit Beistand, Anwalt und Fürsprecher übersetzt werden. Diese persönliche Kraft, die die Jüngerinnen und Jünger bekommen werden, wenn Jesus nicht mehr leiblich bei ihnen ist, ist tröstliche Kraft im Verlust, notwendige Unterstützung, gültige Erinnerung und Vergegenwärtigung Jesu. Wie diese parakletische, göttliche Person wirkt und wofür sie sorgt, zeigen die **Worte vom Parakleten** (↗ Joh 14,15–18; Joh 14,26; Joh 15,26–27; Joh 16,7–11; Joh 16,12–15). Sie offenbaren das Wesen des Heiligen Geistes im trinitarischen Zusammenspiel.

Der Heilige Geist und Gottes „trinitarisches" Liebesgeschehen:

Eigenständig und doch innig verbunden in einem gegenseitigen Geschehen werden der Vater, Jesus und der Heilige Geist in einer engen Beziehung vorgestellt. So sagt der Sohn über den Vater:

Joh 14,9 „Wer mich gesehen hat, hat den Vater gesehen."
Joh 14,28 „Der Vater ist größer als ich."
Joh 14,10 „Ich im Vater und der Vater in mir …"
Joh 14,16; 15,26 Der Geist geht sowohl vom Vater aus …
Joh 15,26 …, als auch vom Sohn durch den Vater.
Joh 14,18 Der Geist ist die Anwesenheit des leiblich abwesenden Jesus.
Joh 16,13 Er wird nicht von sich selbst reden …
Joh 15,26 …, sondern Jesus bezeugen, lehren, erinnern.

Gott selbst ist seit dem Weg Jesu als lebendige Beziehung offenbar. Gott ist kein einsamer Allherrscher, kein unverwundbarer Allmächtiger, sondern feinfühliges Beziehungsgeschehen, das in gegenseitiger Hingabe und Ehrerbietung pulsiert. Gott ist in sich selbst Agape (↗ Joh 13,31–35) – ein Liebesgeschehen, das nicht in sich genug ist, sondern in der Liebe zu den Menschen suchend und fühlend unterwegs ist. Wie kein anderes Evangelium geben die Abschiedsreden einen prophetischen Einblick in „das Herz aller Dinge". Gott existiert als Vater, Sohn und Geist. Diese Gemeinschaft wird von Demut und Dienstbereitschaft, von gegenseitiger Ehrerbietung und tiefer Liebe bestimmt. Das Zentrum des Universums ist sich selbst verschenkende Liebe.

Deshalb kann vom Heiligen Geist nicht geredet werden, ohne vom Menschen zu sprechen. Er ist die Auswirkung dieser Beziehungskraft auf die Menschen. In ihm wird Gott für uns Menschen erfahrbar. Ohne den Heiligen Geist gäbe es keinen Glauben und keine Gotteserfahrung, nicht einmal die Sehnsucht danach! Insofern ist diese Kraft Gott konkret für uns.

Wir sind dazu erschaffen, in den Kreislauf der Agape einzutreten und dazu zu gehören:

Joh 14,20 „Ich im Vater, ihr in mir, ich in euch (durch den Geist) …"

Joh 14,21 „Wer mich liebt, wird vom Vater geliebt werden, ich werde ihn lieben und mich ihm offenbaren."

Joh 15,26.27 „Der Geist wird von mir zeugen und auch ihr werdet (mich) bezeugen …"

Jesus ermöglicht seinen Jüngern und Freundinnen wahres Leben in einem göttlichen Beziehungsgeflecht. Jesus bringt die Menschen durch den Heiligen Geist mit dem einzigartigen Gott in Kontakt. Er nimmt sie in eine geistgewirkte Wirklichkeit mit hinein. Sie lernen, was es für sie bedeutet, mit diesem tiefsten Wesen der Welt in Einklang zu kommen und übereinzustimmen.

Das bleibt keine rein persönliche Erfahrung. Der Heilige Geist wirkt immer so, dass er aufeinander bezieht und miteinander verbindet – Menschen mit Gottes Beziehungsreichtum und untereinander. Die heilige Beziehungskraft sorgt dafür, dass Menschen zusammenbleiben können, die sich einander nicht ausgesucht hätten. Das ist das Geheimnis der Gemeinde Jesu. Der Heilige Geist sorgt dafür, dass Gemeinschaften nicht sich selbst genügen. Sein überfließendes Wesen bewirkt, dass ergriffene Menschen anderen von Gott und SEINEM Jesus weitererzählen.

In diesem Beziehungsgeschehen erfüllt sich der Sinn unseres Lebens. Das ist nun im Einzelnen nachzulesen:

Der Heilige Geist ist die Anwesenheit des abwesenden Jesus – und doch etwas Eigenes … Joh 14,15–31

Jesus sagt weiter: 15 „Wenn ihr mich liebt, werdet ihr meine Gebote
halten. 16 Und ich werde den Vater bitten, und er wird euch einen ande-
ren Beistand geben, der für immer bei euch sein wird: 17 den Geist der
Wahrheit, den die Welt nicht bekommen kann, weil sie ihn nicht sieht
und nicht kennt. Aber ihr kennt ihn, denn er bleibt bei euch und wird in
euch sein. 18 Ich werde euch nicht als Waisen zurücklassen – ich komme
zu euch. 19 Nur noch kurze Zeit, dann sieht die Welt mich nicht mehr.
Ihr aber werdet mich sehen, denn ich lebe, und ihr werdet auch leben.
20 An jenem Tag werdet ihr erkennen, dass ich in meinem Vater bin und
ihr in mir und ich in euch. 21 Wer sich an meine Gebote hält und sie be-
folgt, der liebt mich. Und wer mich liebt, der wird von meinem Vater ge-

liebt werden, und auch ich werde ihn lieben und mich ihm offenbaren."
22 Da fragte ihn Judas – der andere Judas, nicht Judas Iskariot: „Herr, wie
kommt es denn, dass du dich uns zu erkennen geben willst und nicht der
Welt?" 23 Jesus gab ihm zur Antwort: „Wenn jemand mich liebt, wird er
sich an mein Wort halten, und mein Vater wird ihn lieben, und wir wer-
den zu ihm kommen und bei ihm wohnen. 24 Wer mich nicht liebt, hält
sich nicht an meine Worte. Und was ich euch sage, ist nicht mein Wort,
sondern das Wort des Vaters, der mich gesandt hat. 25 Diese Dinge habe
ich euch gesagt, solange ich noch bei euch bin."

Jesus lässt keine verwaisten Kinder zurück. Er sorgt dafür, dass seine Menschen wie Kinder durch ihre Eltern Rückhalt und eine tröstliche, unterstützende und leitende, ins Leben tragende Beziehung behalten. Der Heilige Geist ist das, was Jesus selbst als Person ausmacht. Er zeigt ihnen, wie sie ihr Leben in Übereinstimmung mit Gottes Wirklichkeit leben können. Er unterstützt sie, in der von Jesus vorgelebten, begründeten und gebotenen Liebe bleiben zu können. Er macht ihnen die Treue Jesu gewiss. Er hilft ihnen, Jesus mit den Augen des Herzens zu sehen, indem er ihn ihnen vor Augen malt. Durch ihn werden die Seinen mit dem Leben und der Liebe in Person verbunden:

Wahrheit im hellenistischen Sinn
↗ Joh 14,6

26 Der Beistand aber, der Heilige Geist, den der Vater in meinem Na-
men senden wird, der wird euch alles lehren und euch an alles erinnern,
was ich euch gesagt habe.

27 Frieden lasse ich euch zurück: Ich gebe euch meinen Frieden –
einen Frieden, wie ihn die Welt nicht geben kann. Euer Herz erschrecke
nicht und fürchte sich nicht! 28 Ihr habt doch gehört, dass ich zu euch
gesagt habe: ‚Ich gehe weg, und ich komme (wieder) zu euch.' Wenn ihr
mich (wirklich) lieben würdet, würdet ihr euch freuen, dass ich zum Vater
gehe, denn der Vater ist größer als ich. 29 Ich habe es euch nun gesagt,
bevor es eintrifft, damit ihr, wenn es dann geschieht, glaubt. 30 Ich wer-
de nicht mehr viel mit euch reden (können), denn der Herrscher dieser
Welt kommt (gemeint ist: hat sich schon gegen mich aufgemacht). Er hat
zwar nichts an mir (, was ihm Macht über mich gibt), 31 aber die Welt soll
erkennen, dass ich den Vater liebe und so handle, wie der Vater es mir
aufgetragen hat. Steht auf, wir wollen gehen!"

Der Paraklet wirkt als Lehrer und Erinnerungshilfe. Er vergegenwärtigt das, was Jesus gesagt und getan hat. Der Heilige Geist bringt keine neue Offenbarung, die über Jesu Wirken hinausgeht. Aber in der Zukunft nach Tod und Auferweckung Jesu bedeutet das mehr als bloße Wiederholung. So ist auch das Johannesevangelium selbst geistgewirkte Erinnerung und Lehre, die auf neue und erneuernde Gegenwart im Geist Jesu zielt. Im wiederholten Lesen und zu Herzen Nehmen dringen wir damit auch heute immer tiefer in Gottes Lebenswirklichkeit ein und werden in diesen geistvollen Prozess verwickelt.

Die Jünger damals können sich ein Leben ohne ihren Jesus noch nicht vorstellen. Sie haben Angst, ihn zu verlieren. Die Ankündigung des Verrats (↗ Joh 13,21–30) und die Ahnung des kommenden Foltertods versetzen sie in tiefen Schrecken. Jesus fängt sie mit seinem Zuspruch auf. Sie werden nicht ins Nichts fallen, wenn er weg ist. Er wird ihnen Frieden geben (↗ Mt 5,9). Dieser Frieden ist ein unbedingtes Gehaltenwerden. Auch im größten Schrecken wird er die Verbindung zu seinen Jüngern nicht abreißen lassen. Das gilt durch alle Zeiten hindurch (↗ Joh 20,19–23).

Hinter Bedrängnis und Schrecken steht die Macht, die die Welt gerne ganz beherrschen würde. Angesichts des Todes Jesu und aller Gewalt in der Welt scheint sie zu triumphieren. Ihr setzt Jesus seine viel mächtigere Liebe entgegen, die die Macht des Bösen brechen wird. Er bleibt der wahre Herr der Situation.

Frucht und Freundschaft Joh 15

1 „Ich bin der wahrhaftige Weinstock, und mein Vater ist der Winzer.
2 Jede Rebe an mir, die keine Frucht trägt, nimmt er weg (auch: hebt er
hoch), und jede, die Frucht trägt, reinigt er, damit sie mehr Frucht bringt.
3 Ihr seid schon rein wegen des Wortes, das ich zu euch gesagt habe.
4 Bleibt in mir und ich in euch. So wie die Rebe keine Frucht aus sich
selbst bringen kann, wenn sie nicht am Weinstock bleibt, so auch ihr
nicht, wenn ihr nicht in mir bleibt. 5 **Ich bin der Weinstock, ihr seid die
Reben. Wer in mir bleibt und ich in ihm, der und die trägt viel Frucht –
denn ohne mich könnt ihr nichts tun.** 6 Wer nicht in mir bleibt, wird
weggeworfen wie eine Rebe und verdorrt, und man sammelt sie ein und
wirft sie ins Feuer, und sie verbrennen. 7 Wenn ihr in mir bleibt und mei-
ne Worte in euch bleiben – was ihr dann bitten wollt, wird euch (von

Gott her) geschehen. 8 Darin zeigt sich die Herrlichkeit meines Vaters, dass ihr viel Frucht tragt und meine Jüngerinnen und Jünger seid."

Das siebte und letzte Ich-bin-Wort: Jesu Liebe bringt Ertrag Joh 15,5

Ich bin der Weinstock, ihr seid die Reben. Wer in mir bleibt und ich in ihm, der und die trägt viel Frucht – denn ohne mich könnt ihr nichts tun.

Mit Metaphern aus dem Weinbau beginnt der zweite Teil der Abschiedsreden. Die Reben sind das unscheinbare Verbindungsstück zwischen dem Weinstock und den Trauben. **Kontext:** Das siebte Ich-bin-Wort hat eine innere Verbindung zum ersten Zeichen, dem Weinwunder des Johannesevangeliums (↗ Joh 2,1–12). Seine Bedeutung hat sich aus dem AT erschlossen: Die Zeit des Messias ist da. Für den hellenistischen Raum mit seinem Gott des Weins, Dionysos, hat es die klare Ansage, dass in Jesus die wahre göttliche Fülle zu finden ist. Das letzte Ich-bin-Wort steht auch in innerer Verbindung zum ersten (↗ Joh 6,35). Der Zusammenhang von Brot und Wein wird in der Lebensbrotrede schon vorweggenommen (↗ Joh 6,51–58): Das Abendmahl ist eine Form dafür, Jesus im Glauben in sich aufzunehmen. Glauben bedeutet Bleiben in Jesus (Joh 6,56). Das „Bleiben" wird nun in Joh 15 ein zentrales Wort für die Jüngerschaft. Das Fruchtbringen hat mit dem Heiligen Geist zu tun. Deshalb kommt das Wort vom Fruchtbringen nach dem ersten Teil der Abschiedsreden (↗ Joh 14), in dem es um das Wesen und Wirken des Parakleten geht.

Das Bildfeld Wein, Weinberg und Weinstock: Während Brot und Wasser für die alltäglichen Bedürfnisse der Menschen stehen, ist der Wein in allen Kulturen das Symbol der Lebensfülle, der Freude und des Festes. „Reinigung" mit dem Ziel des Fruchtbringens gehört zu den typischen Arbeiten des Winzers. Ab- und Ausschneiden meint im Weinbau das Entfernen der Seitenzweige und das Kürzen des Hauptzweigs. In einem zweiten Rebschnitt nach dem Fruchtansatz werden die unfruchtbaren Zweige entfernt.

Der alttestamentliche Hintergrund: In der alttestamentlichen Hoffnung wird die sehnsüchtig erwartete Zeit der Rettung Gottes, die messianische Zeit, mit dem Bild einer Festtafel beschrieben:

Jes 25,6 Der HERR der Heerscharen wird allen Völkern ein Mahl bereiten von alten Weinen …

Der Weinstock steht für Israels Ursprung in Gott. Aber Israel wird dem nicht gerecht.

In Jes 5,1–7 wird Israel als Weinberg bezeichnet. Gott als Winzer arbeitet schwer, um die Fruchtbarkeit seines Weinbergs zu ermöglichen. Aber er bringt nur saure Trauben: Sie werden in ihrem Miteinander Gottes Liebe, wie sie sich in seinen guten Geboten ausdrückt, nicht gerecht.

Hos 10,1f Israel ist ein rankender Weinstock, der Frucht ansetzt. Je mehr Früchte er brachte, desto mehr Altäre bauten sie, … desto schönere Götzenbilder machten sie …

In Jer 2,21 lässt Gott SEINEM Israel ausrichten: „Ich habe dich gepflanzt als eine edle Rebe von ganz echtem Samen. Wie hast du dich denn in wilde Ranken … verwandeln können?"

Auslegung: Jesus tut das, was sich Gott für seinen Weinberg und Weinstock wünscht. Was Israel – stellvertretend für alle Menschen – nicht hervorgebracht hat, erfüllt nun Jesus. Er bringt Frucht: Er macht sie zu Menschen, die das Gebot der Liebe halten. Das alles erfüllt er zuerst selbst und wird damit der „wahre Weinstock" (↗ Joh 15,1). Aus ihm fließt der „Lebenssaft" in seine Reben, die an ihm hängen und Frucht bringen – durch ein Leben, das Gottes Liebe entspricht und andere anzieht. Gleichzeitig wird das Bild aus der Natur vom Wachsen, ohne selbstverantwortlich zu sein, gesprengt. Das Wort warnt vor dem Verlassen der Kraftquelle. Das „Bleiben" ist nicht nur ein natürlicher Vorgang, sondern Aufgabe der Jüngerinnen und Jünger. Es geschieht durch Jesu Worte, die in ihnen bleiben und in ihnen arbeiten und betend und handelnd verarbeitet werden. Durch diese Worte strömt die Kraft seines Geistes in seine Menschen hinein. Darüber hinaus ermutigt der Zusammenhang des Ich-bin-Wortes, den Reinigungsprozess des göttlichen Winzers geschehen zu lassen, weil er dem Fruchtbringen dient. Auch der geschieht durch dieses Wort, das sichtbar macht und wegnimmt, was nicht aus der Liebe Jesu ist. Das Geheimnis des Fruchtbringens liegt in der engen Gemeinschaft mit Jesus. Der Grund des Fruchtbringens liegt also außerhalb der eigenen Existenz seiner Jüngerinnen und Jünger, außerhalb ihrer Anstrengung, ihres Könnens. Geist und Frucht gehören zusammen.

Gal 5,22 „Die Frucht des Geistes ist Liebe, Freude, Friede, Geduld, Freundlichkeit, Güte, Treue, sich Bewahren."

Zusammenfassung: Weder Israel noch die Kirche, sondern Jesus selbst als Gottes Pflanzung ist der wahre Weinstock. Das entlastet, denn Frucht wächst im Bleiben an ihm durch den Geist. Das ermutigt, denn Reinigung macht aus Verlust Gewinn. Das ermahnt, denn das Bleiben ist die Aufgabe der Freundinnen und Freunde Jesu. Die Frucht zeigt sich in der Agape (↗ Joh 13,31–35).

Lebensfrage: Was feierst du? Erfolg oder Frucht?

Bleiben in der Freundschaft mit Jesus … Joh 15,9–17

9 „Genauso wie mich mein Vater geliebt hat, so habe ich euch ge-
liebt. Bleibt in meiner Agape. 10 Wenn ihr meine Gebote bewahrt, wer-
det ihr in meiner Liebe bleiben, genauso wie ich die Gebote meines
Vaters bewahrt habe und in seiner Liebe bleibe. 11 Das habe ich euch ge-
sagt, damit meine Freude in euch ist und eure Freude in Erfüllung geht.
12 Dies ist mein Gebot, dass ihr einander liebt, wie ich euch geliebt habe.
13 Eine größere Liebe hat niemand, als dass er sein Leben hingibt für sei-
ne Freunde. 14 Ihr seid meine Freundinnen und Freunde, wenn ihr tut,
was ich euch gebiete. 15 Ich nenne euch nicht mehr Diener (wörtl.: Skla-
ven), denn ein Diener weiß nicht, was sein Herr tut. Euch aber habe ich
Freunde genannt, weil ich euch alles mitgeteilt habe, was ich von mei-
nem Vater gehört habe. 16 Nicht ihr habt mich ausgewählt, sondern ich
habe euch ausgewählt (wörtl.: ausgelesen) und dazu bestimmt, dass ihr
hingeht und Frucht tragt und eure Frucht bleibt, damit euch geschenkt
wird, was ihr in meinem Namen vom Vater erbittet. 17 Dazu beauftrage
ich euch: dass ihr einander liebt."

Das Johannesevangelium kennt kein Wort für Kirche bzw. Gemeinde. Dennoch werden im ersten Teil, Joh 1–12, **Kennzeichen von Kirche** deutlich: die anbetende Feier (griech.: leiturgia) des Prologs und das Lebenszeugnis derer, die dem göttlichen Geheimnis begegnet sind (griech.: martyria). Im zweiten Teil, Joh 13–20, sind es die Kennzeichen Diakonie (griech.: diakonia) und Gemeinschaft (griech.: koinonia), die als bleibende Freundschaft inhaltlich gefüllt werden. **Das Wesensmerkmal der „Kirche" ist es, der Freundeskreis Jesu zu sein.** Christsein bedeutet, Jesus zum Freund zu haben, mit Jesus befreundet zu sein. Das ist keine respektlose Anmaßung. Es ist nichts, was zu belächeln wäre. Die Philosophen der Antike denken hoch von Freundschaft. Es ist allerdings immer Freundschaft unter Gleichgestellten, die auf Gegenseitigkeit angelegt ist. Nach diesen Maßstäben müssten die Jünger die Sklaven Jesu sein. Aber Jesus hält sich nicht an die gängigen Maßstäbe. Die Initiative liegt ganz bei ihm: Er erwählt sich seine Freundinnen und Freunde. Er wäscht ihnen die Füße. Er holt sie nach ihrem Versagen in die Freundschaft zurück (↗ Joh 21). Seine „Sympathie", sein Mitgefühl für sie, geht bis zum Äußersten. Der Ernst der Freundschaft Jesu wird besiegelt mit der Hingabe seines Lebens. Im Altertum gibt es keinen höheren Beweis für Freundestreue. Dabei geht es um stellvertretende Hingabe, um Leben zu retten.

Fußwaschung
↗ Joh 13

Passion und Stellvertretung
↗ Mk 14,22–25

In unserer Sprache hat das Wort „Freund", „Freundin" seine Wurzel im mittelalterlichen Wort „der oder die Freie, Liebende", was auch „persönlicher Vertrauter" bedeutete. Der vertraute Umgang mit dem Freund Jesus prägt die Lebensgestaltung und Haltung: in seiner Liebe bleiben und ihr zu entsprechen suchen. Wahre Freundschaft unterstützt das, was dem Freund wichtig ist.

… trotz Feindschaft und Verfolgung Joh 15,18–25

18 „Wenn euch die Welt hasst, so wisst: Mich hat sie vor euch gehasst.
19 Wenn ihr zur Welt gehören würdet, würde euch die Welt als ihr Eigenes liebhaben. Weil ihr aber nicht zur Welt gehört, sondern ich euch aus
der Welt heraus erwählt habe, deshalb hasst euch die Welt. 20 Erinnert
euch an das Wort, das ich euch gesagt habe: Ein Diener ist nicht größer als sein Herr. Wenn sie mich verfolgt haben, werden sie auch euch verfolgen. Wenn sie mein Wort befolgt haben, werden sie auch das Eure befolgen. 21 Aber das alles werden sie euch antun wegen meines Namens,
denn sie kennen den nicht, der mich gesandt hat. 22 Wenn ich nicht gekommen wäre und es ihnen gesagt hätte, hätten sie keine Sünde – nun
aber haben sie keine Ausrede für ihre Sünde. 23 Wer mich hasst, hasst
auch meinen Vater. 24 Hätte ich unter ihnen nicht die Taten getan, die
kein anderer getan hat, so hätten sie keine Sünde. Nun aber haben sie
sie gesehen und sowohl mich als auch meinen Vater gehasst. 25 Aber es
sollte sich das Wort erfüllen, das in ihrem Gesetz geschrieben steht: ‚Sie haben mich ohne Grund gehasst' (Ps 69,5)."

Freundschaft mit einem Füße waschenden Jesus bedeutet, als Kontrastgemeinschaft dem Druck der Gegenwelt ausgesetzt zu werden. So wie diese Freundschaft die neue Welt Gottes prägt, lässt die „alte" Welt die Freundinnen und Freunde ihre „Weltfremdheit" spüren.

Der Paraklet als Motor von Mission Joh 15,26–27

26 „Wenn der Paraklet kommt, den ich euch senden werde vom Vater
her, der Geist der Wahrheit, der vom Vater ausgeht, wird er als mein Zeu-
ge von mir sprechen. 27 Aber auch ihr werdet als Zeuginnen und Zeugen
von mir sprechen, weil ihr von Anfang an bei mir seid."

Geliebte und begeisterte Menschen haben Ausstrahlung. Sie können gar nicht anders, als von dem zu erzählen, der ihnen das Leben neu eröffnet hat – sogar gegenüber denen, die ihr Leben zerstören wollen! Dass „Paraklet" Beistand bedeutet, deutet sich im Kontext von Joh 15,18–25 an. Das wird nun weiter ausgeführt:

Bedrängnis und Beistand Joh 16

Beistand ist nötig! Joh 16,1–6

1 „Ich sage euch diese Dinge, damit ihr euch durch nichts vom Glau-
ben abbringen lasst (wörtl.: damit ihr nicht zu Fall kommt). 2 Man wird
euch aus den Synagogen ausschließen. Ja, es kommt eine Zeit (wörtl.:
die Stunde), wo jeder, der euch tötet, meint, Gott damit einen Dienst zu
erweisen. 3 Das alles werden sie tun, weil sie weder den Vater noch mich
erkannt haben. 4 Das habe ich euch gesagt, damit ihr, wenn es soweit ist
(wörtl.: die Stunde kommt), euch daran erinnert, dass ich es euch gesagt
habe. Das habe ich nicht von Anfang an zu euch gesagt, denn ich war (ja)
bei euch. 5 Aber jetzt gehe ich zu dem, der mich gesandt hat, und keiner
von euch fragt mich: ‚Wohin gehst du?' 6 Sondern weil ich das zu euch
gesagt habe, hat die Trauer euer Herz erfüllt."

Menschen, die die Liebe Jesu leben wollen, werden durch den Hass der Gegenwelt in Gefahr geraten. Sie werden vor Gericht gestellt werden wie Jesus. Sie benötigen die Anwaltschaft des Heiligen Geistes (so auch ↗ Mk 13,11). Jesus wurde wegen Gotteslästerung verurteilt (↗ Mk 14,64). In diesem Sinn wollte auch Paulus mit seiner Verfolgertätigkeit die Ehre Gottes gegen die Menschen verteidigen, die den gekreuzigten Jesus als Gottes Messias verkündigten. Die Apostelgeschichte erzählt, wie Stephanus und Jakobus aus der Urgemeinde den Märtyrertod starben.

Martys, Zeugnis
↗ Joh 1,19–28

Wahrscheinlich wurden die Christen erst um 90 n. Chr. endgültig aus der jüdischen Gemeinschaft ausgeschlossen. Dadurch verloren sie das Privileg, sich nicht an den römischen Kaiseropfern beteiligen zu müssen. Sie konnten noch leichter denunziert werden. Auch in diesen bedrängenden und beängstigenden Situationen werden sie in ihrem Inneren einen Beistand haben, der sie in der Gottesgemeinschaft und vor der Verzweiflung bewahrt:

Der Paraklet als Anwalt Joh 16,7–11

7 „Doch ich sage euch die Wahrheit: Es kommt euch zugute, dass ich
euch verlasse. Denn wenn ich nicht von euch wegginge, käme der An-
walt nicht zu euch – wenn ich aber gehe, werde ich ihn zu euch senden.
8 Und wenn er kommt, wird er die Welt (im Gerichtsverfahren) überfüh-
ren (auch: den Beweis liefern): (Er wird den Menschen die Augen öffnen)
über die Sünde, über die Gerechtigkeit und über das Gericht. 9 Sünde:
dass sie nicht an mich glauben. 10 Gerechtigkeit: dass ich zum Vater gehe
und ihr mich nicht mehr seht. 11 Gericht: dass der Herrscher dieser Welt
verurteilt ist."

Krisis, Gericht
↗ Joh 3,17–21; Joh 5,19–27

Sünde als Misstrauen
↗ Lk 22,14–23

Dass Menschen durch Jesus in die Krise kommen und Krisis Gericht bedeutet, zieht sich als roter Faden durch das Johannesevangelium. Hier wird der Heilige Geist der Welt den Prozess machen. Wer durch den Heiligen Geist mit Gottes tiefer Liebe in Kontakt kommt, erkennt die Wahrheit über sich selbst. Das bedeutet ein inneres „Überführtwerden" durch sein Plädoyer. Moralischer Druck und hohe Erwartungen an andere und sich selbst erzeugen nur Schuldgefühle. Sündenerkenntnis ist etwas anderes. Sie ist ein geistliches Geschehen. Hier ist die Sünde nicht Misstrauen gegen Gott, sondern Misstrauen gegenüber Jesus. Gerechtigkeit, Gottes Bundestreue, ist auf Jesu Weg bezogen. Das Gericht bringt ans Licht, dass der Herrscher der Welt (↗ Joh 14,30) nichts Gültiges über die Menschen zu sagen hat. Sie sind frei. Jesus schaut voraus auf seinen Sieg über die Macht, die Menschen im Misstrauen gegen Gott behaften will.

Der Paraklet als Prophet Joh 16,12–15

12 „Ich hätte euch noch viel zu sagen, aber ihr könnt es jetzt nicht
tragen. 13 Doch wenn der Beistand kommt, der Geist der Wahrheit, wird

er euch zum vollen Verständnis der Wahrheit führen. Denn er wird nicht aus sich selbst heraus reden, sondern er wird das sagen, was er hört und verkündigen, was kommen wird. **14** Er wird mich verherrlichen (auch: zum Leuchten bringen), denn er wird von mir empfangen, was er verkündigen wird. **15** Alles, was der Vater hat, gehört auch mir. Deshalb sage ich: Was er euch verkünden wird, empfängt er von mir."

Das Johannesevangelium ist selbst schriftgewordenes prophetisches Reden des Heiligen Geistes. Prophetie gibt es nicht nur in Bezug auf die Zukunft. Auch die Vergangenheit mit Jesus wird durch den Heiligen Geist gedeutet und vergegenwärtigt – in alle Zukunft der Zeiten hinein.

Daran muss sich „prophetisches Reden" in Gemeinden messen. Es dreht sich um Jesus und damit um Gottes Herzensangelegenheiten, nicht um uns. Die Stimme des Parakleten ist weder das Über-Ich, noch innerer Antreiber, noch das innere Kind und auch nicht die Phantasie. Das als „Verkündigung des Geistes" Gehörte darf und muss deshalb überprüft werden, um die Unterscheidung achtsam wahrzunehmen.

inneres Hören
↗ Joh 10,27

Wahrheit
↗ Joh 14,6

16 „Nur noch kurze Zeit, dann werdet ihr mich nicht mehr sehen. Und noch einmal eine kurze Zeit, dann werdet ihr mich wiedersehen." **17** Da sagten einige seiner Jünger zueinander: „Was meint er damit, wenn er zu uns sagt: ‚Nur noch kurze Zeit, dann werdet ihr mich nicht mehr sehen. Und noch einmal eine kurze Zeit, dann werdet ihr mich wiedersehen?' Und was bedeutet es, wenn er sagt: ‚Ich gehe zum Vater'?" **18** Und sie überlegten: „‚Eine kurze Zeit', hat er gesagt. Was heißt das? Wir wissen nicht, wovon er redet." **19** Jesus merkte, dass sie ihn gern gefragt hätten. Er sagte zu ihnen: „Überlegt ihr miteinander, was ich meinte, als ich sagte: ‚Nur noch kurze Zeit, dann werdet ihr mich nicht mehr sehen. Und noch einmal eine kurze Zeit, dann werdet ihr mich wiedersehen'? **20** Amen, amen, ich sage euch: Ihr werdet weinen und klagen, aber die Welt wird sich freuen. Ihr werdet traurig sein, doch eure Trauer wird zur Freude werden. **21** Wenn eine Frau gebiert, hat sie Schmerzen, weil ihre Stunde gekommen ist. Wenn sie aber das Kind geboren hat, erinnert sie sich nicht mehr an die Not (auch: Drangsal) vor lauter Freude, dass ein Mensch zur Welt gekommen ist. **22** Auch ihr seid jetzt traurig, doch ich werde wieder zu euch kommen. Dann wird euer Herz voll Freude sein, und diese Freude kann euch niemand nehmen. **23** An jenem Tag werdet ihr mich nichts mehr zu fragen brauchen. Amen, amen, ich versichere

euch: Wenn ihr dann den Vater in meinem Namen um etwas bittet, wird
er es euch geben. 24 Bis jetzt habt ihr nichts in meinem Namen erbeten.
Bittet, und ihr werdet empfangen, damit eure Freude vollkommen wird.

25 Das habe ich in Bildern zu euch gesprochen. Aber es kommt eine
Zeit (wörtl.: die Stunde), wo ich nicht mehr in Bildern mit euch reden
werde, frei und direkt werde ich dann über den Vater zu euch sprechen.
26 An jenem Tag werdet ihr ihn in meinem Namen bitten. Ich sage nicht,
dass ich dann den Vater für euch bitten werde. 27 Denn er selbst, der
Vater, hat euch lieb, weil ihr mich liebgewonnen habt und geglaubt habt,
dass ich von Gott gekommen bin. 28 Ich bin vom Vater ausgegangen
und in die Welt gekommen. Und jetzt verlasse ich die Welt und gehe
zum Vater zurück." 29 Da sagen seine Jünger: „Sieh da, jetzt redest du frei
und direkt und nicht mehr in Bildern. 30 Wir wissen jetzt, dass du alles
weißt und es nicht nötig hast, dass dich jemand fragt. Darum glauben
wir, dass du von Gott gekommen bist." 31 Jesus erwiderte: „Jetzt glaubt
ihr? 32 Seht, die Zeit (wörtl.: die Stunde) kommt und ist schon gekommen, wo ihr davonlaufen werdet, jeder an seinen Ort, und mich allein
lasst. Aber ich bin nicht allein, denn der Vater ist bei mir. 33 Das habe ich
euch (alles) gesagt, damit ihr in mir Frieden habt. In der Welt werdet ihr
hart bedrängt. Doch fasst Mut: Ich habe die Welt besiegt."

Die „kurze Zeit“ meint die Zeit der bevorstehenden Passion, auf die Jesus seine Jüngerinnen und Jünger vorbereitet (↗ Joh 18–19). In die Angst und Unsicherheit seiner Freunde hinein vergleicht er das, was auf ihn zukommen wird, mit den überwältigenden Schmerzen bei einer Geburt. Sie werden in geschenktes neues Leben und Freude führen. Das „Wiedersehen“ an „jenem Tag“ meint die kommende Begegnung mit dem Auferstandenen (↗ Joh 20–21). Sie macht eine neue Art der innigen Verbindung möglich: das Bitten im Namen Jesu und das Leben in der Liebe Gottes. Diese Gemeinschaft gibt dem Bitten die Richtung an.

Das hohepriesterliche Gebet – Die Ausstrahlung der Person Jesu Joh 17

Das Vorwort des Johannesevangeliums eröffnet, **woher** Jesus kommt. Das sogenannte hohepriesterliche Gebet offenbart, **wohin** sein Weg führt. Seine Passion wird seine „Verherrlichung“, weil sie den Weg seiner Liebe krönt. In der Niedrigkeit seines Leidens gewinnt die Herrlichkeit Gewicht. In der Übersetzung werden die verschiedenen Bedeutungen des hebräischen Wortes für „Herrlichkeit“ verwendet.

Herrlichkeit
↗ Joh 1,14

1 Das sagte Jesus und hob seine Augen zum Himmel (gemeint ist:
und richtete sich ganz auf Gott aus) und betete: „Vater, die Zeit ist da
(wörtl.: die Stunde ist gekommen). Strahle mit deinem Wesen auf deinen
Sohn aus, damit dein Sohn für dich strahlt: Mach die Herrlichkeit deines
Sohnes klar, damit dein Sohn deine Herrlichkeit verkörpert (wörtl.: ver-
herrliche den Sohn, damit der Sohn dich verherrlicht), 2 wie du ihm ja
die Bevollmächtigung gegeben hast über die gesamte Menschenwelt,
damit er allen, die du ihm gegeben hast, ewiges Leben gebe. 3 Das aber
ist das ewige Leben: dass sie dich, den allein wahren Gott erkennen (und
erfahren) und den, den du gesandt hast, Jesus, den Messias. 4 Ich habe
deine Herrlichkeit auf der Erde ausgestrahlt, indem ich das Werk zum
Ziel gebracht habe (auch: vollbracht), das du mir aufgetragen hast. 5 Und
nun strahle du mich an, Vater, mit der Ausstrahlung, die ich bei dir hat-
te (auch: verherrliche mich mit der Herrlichkeit), bevor die Welt (griech.:
kosmos) durch dich geschaffen wurde.

6 Ich habe deinen Namen den Menschen offenbart, die du mir aus
der Welt gegeben hast. Sie gehörten dir, und du hast sie mir gegeben,
und sie haben sich nach deinem Wort gerichtet. 7 Jetzt wissen sie wirk-
lich, dass alles, was du mir gegeben hast, von dir kommt. 8 Denn die
Worte, die du mir gegeben hast, habe ich ihnen gegeben. Und sie haben
sie angenommen und wirklich erkannt, dass ich von dir gekommen bin,
und sind zur Überzeugung gekommen, dass du mich gesandt hast. 9 Für
sie bete ich. Ich bete nicht für die Welt, sondern für die, die du mir ge-
geben hast, denn sie sind dein Eigentum. 10 Und alles, was mein ist, ist
dein, und das, was dein ist, ist mein, und ich leuchte in ihnen auf (auch:
ich bin es, der durch sie ausstrahlt, wörtl.: ich bin in ihnen verherrlicht).
11 Ich bin (bald) nicht mehr in der Welt, sie aber sind noch in der Welt,
wenn ich zu dir gehe. 12 Als ich bei ihnen war, habe ich sie behütet in
deinem Namen, den du mir gegeben hast, und habe sie beschützt, und

keiner von ihnen ist verlorengegangen außer dem Sohn des Verderbens, damit sich die Schrift erfüllt. 13 Nun aber komme ich zu dir und sage das (noch hier) in der Welt, damit sie meine Freude ganz und gar ausfüllt.

14 Ich habe ihnen dein Wort gegeben, und die Welt hat sie gehasst, weil sie nicht zur Welt gehören, so wie ich nicht zur Welt gehöre. 15 Ich bitte nicht, dass du sie aus der Welt nimmst, sondern dass du sie behütest vor dem Bösen. 16 Sie gehören nicht zur Welt, genauso wie auch ich nicht zur Welt gehöre. 17 Heilige sie in der Wahrheit (gemeint ist: mach sie zu Menschen, die dir ganz wahrhaftig angehören und sich von deiner liebenden Gegenwart durchdringen lassen), dein Wort ist die Wahrheit. 18 Wie du mich in die Welt gesandt hast, so habe auch ich sie in die Welt gesandt. 19 Und ich heilige mich für sie (gemeint ist: ich gebe mich ganz dir hin), damit auch sie ganz zur Wahrheit gehören.

20 Ich bete aber nicht nur für sie, sondern auch für die, die durch ihr Wort an mich glauben werden, 21 damit alle eins seien so wie du, Vater, in mir und ich in dir – damit auch sie in uns seien, damit die Welt glaube, dass du mich gesandt hast. 22 Auch ihnen habe ich die Herrlichkeit (auch: die Ausstrahlung) gegeben, die du mir gegeben hast, damit sie eins seien, wie wir eins sind. 23 Ich in ihnen und du in mir, damit sie zur vollkommenen Einheit gelangen (auch: zu einem Ziel vereint werden): dass die Welt erkennt, dass du mich gesandt hast und du sie geliebt hast, so wie du mich geliebt hast.

24 Vater, ich will, dass die, die du mir gegeben hast, dort sind, wo ich bin, damit sie meine Herrlichkeit sehen, die du mir gegeben hast vor der Grundlegung des Kosmos. 25 Gütiger (wörtl.: gerechter) Vater, auch wenn die Welt dich nicht erkannt hat – ich habe dich erkannt, und diese haben erkannt, dass du mich gesandt hast. 26 Und ich habe ihnen deinen Namen offenbart und werde ihn offenbaren, damit die Liebe, mit der du mich geliebt hast, in ihnen sei und ich in ihnen."

Joh 1,1–18 und Joh 17 meditieren die Herrlichkeit Jesu besonders konzentriert und sind damit Grundpfeiler des besonderen Zeugnisses des Johannesevangeliums von Jesus. Wie der Prolog grundlegende Wortmotive einführt, die dann wie Lichtspuren immer wieder aufleuchten, bündelt dieses Gebet noch einmal zentrale Motive des Wirkens Jesu. Dabei wirkt das Gebet wie ein Prisma. Es blickt voraus auf die Zeit, in der dieses Strahlen gebrochen werden wird. Es sieht schon, wie das Licht Jesu durch die Passion hindurch seine innere Farbkraft entfalten wird. So werden auch die Menschen, die ihn nicht leibhaftig erleben können, das ganze Spektrum seines Wesens und Wirkens erfahren. Das Gebet entfaltet, wie Jesus bis in unsere Gegenwart Menschen mit Gottes Ewigkeit, SEINEM erfüllenden Leben und SEINEM Beziehungsreichtum, verbindet.

Der Hohepriester durfte im Tempel als Einziger stellvertretend das „Allerheiligste“ betreten – den Ort, an dem die Anwesenheit Gottes in der Welt am konzentriertesten versprochen war. Jesus ist nun der, der diesen Ort in seinem Gebet betritt. Gleichzeitig ist er auf geheimnisvolle Weise selbst dieser Ort. Vielleicht hat das Gebet deshalb diesen Namen bekommen, obwohl in diesem Gebet gar nicht von priesterlichem Handeln gesprochen und der Tod Jesu im Johannesevangelium nicht mit Opfer und Sühnehandeln in Verbindung gebracht wird (↗ Joh 12,20–36).

Allerheiligstes
↗ Mk 15,38

In das Geheimnis von Gottesnähe und Gottesgemeinschaft nimmt Jesus die Seinen mit. Er liebt mit Passion in diese Gemeinschaft hinein: tiefe Liebe erfahren, ohne immer wieder am Misstrauen zu scheitern. Für immer aufgehoben sein, trotz Erfahrungen von Einsamkeit.

Die Erfüllung dieser Sehnsucht hat ungeahnte Auswirkungen. Sie einigt die Menschen, die sich in die Ausstrahlung Jesu hineinnehmen lassen – über alle kirchlichen Grenzen und Streitigkeiten hinweg. Was sichtbar wird für die, die noch nicht zu Jesus gehören: glaubwürdige Liebe, die immer mehr Menschen zu spüren bekommen. Einladende Liebe, die immer mehr Menschen zu Gott hinzieht. Je mehr sich Kirchen und Gemeinden heute auf dieses Zentrum konzentrieren, umso belangloser wird die trennende Kraft verschiedener kultureller Prägungen und Akzentsetzungen des Glaubens.

Joh 4,24, den „Vater in Geist und Wahrheit anbeten“, geschieht nun. Jesus betet nicht exklusiv, sondern so, dass wir uns in dieses Beten einreihen können. Das „du in mir und ich in dir“ (Joh 17,21), das Jesus zum Vater sagt, ist durch die Jahrhunderte hindurch ein elementares und grundlegendes Gebetswort der Freundinnen und Freunde Jesu geworden und geblieben. Es eignet sich zum Beten, das sich mit dem Atem verbindet. So wird das Leben in der Gegenwart Gottes gebetet, geatmet, geübt. So pulsiert Gottes Herzschlag in SEINEN Menschen.

Die Leidensgeschichte Jesu – Der König am Kreuz Joh 18–19

Bei Mk 14–15 und Lk 22–23 werden die Texte und Hintergründe der Leidensgeschichte Jesu ausführlich besprochen. Bei der Überlieferung des Johannesevangeliums werden im Folgenden hauptsächlich die ihm eigenen Akzente herausgearbeitet.

Die Verhaftung Joh 18,1–14

1 Nach diesen Worten ging Jesus mit seinen Jüngern hinaus (aus der
Stadt). Sie überquerten den im Winter fließenden Kidronbach. Dort war
ein Garten, und Jesus ging mit seinen Jüngern hinein. 2 Aber auch Judas,
der ihn auslieferte, kannte diesen Ort, denn Jesus war dort oft mit sei-
nen Jüngern zusammen gewesen. 3 Jetzt kam er dorthin, begleitet von
Soldaten und von Männern der Tempelwache, die ihm die (führenden)
Priester und die Pharisäer zur Verfügung gestellt hatten. Sie trugen Fa-
ckeln und Laternen und Waffen. 4 Jesus nun, der alles wusste, was ihm
bevorstand, ging ihnen entgegen und fragte sie: „Wen sucht ihr?“ 5 „Je-
sus von Nazareth“, antworteten sie. Er sagt zu ihnen: **„Ich bin es.“** Judas,
der Verräter, stand dabei. 6 Als er nun zu ihnen sagte: **„Ich bin es“,** wi-
chen sie zurück und fielen zu Boden. 7 Er fragte sie noch einmal: „Wen
sucht ihr?“ Sie antworteten: „Jesus von Nazareth“. 8 „Ich habe euch ge-
sagt, **dass ich es bin“,** antwortete Jesus. „Wenn ihr mich sucht, dann lasst
die anderen gehen.“ 9 So sollte sich das Wort erfüllen, das er gesagt hat-
te: „Von denen, die du mir gegeben hast, habe ich keinen verlorengehen
lassen.“ 10 Da zog Simon Petrus das Schwert, das er bei sich hatte, ging
damit auf den Diener des Hohenpriesters los und schlug ihm das rechte
Ohr ab. Der Name des Dieners war Malchus. 11 Da sagte Jesus zu Petrus:
„Steck das Schwert weg! Soll ich den Kelch, den mir der Vater gegeben
hat, etwa nicht trinken?“ 12 Die Soldaten und ihr Offizier und die Männer
der Tempelwache, die von den Juden geschickt worden waren, nahmen
Jesus nun fest und fesselten ihn 13 und brachten ihn zuerst zu Hannas.
Hannas war nämlich der Schwiegervater von Kajafas, der in jenem Jahr
Hohepriester war. 14 Kajafas war es gewesen, der den Juden den Rat ge-
geben hatte, dass es in ihrem Interesse sei, wenn ein einziger Mensch
statt des Volkes sterbe.

Der besondere Akzent der Gefangennahme Jesu im Johannesevangelium: drei Mal „Ich bin's“. Johannes erzählt nicht von Jesu inneren Kämpfen in Gethsemane (↗ aber Joh 12,27). Er stellt nicht den „Judaskuss“ in den Fokus (↗ Mk 14,43–52), sondern nur Jesus selbst. Er erzählt nicht den Kontrast zwischen dem ohnmächtigen Jesus und denen, die kommen, um ihn zu holen. Er will, dass seine Festnahme „zugunsten“ der Freunde geschieht (V.8). Im Mittelpunkt steht die Selbstoffenbarung Jesu – selbst in dieser Bedrängnis. Diese unscheinbaren „ich bin's“ haben die Wirkung einer „Theophanie“, einer Gotteserscheinung, wie im AT. Selbst Bewaffnete müssen vor Gottes Macht zu Boden sinken. Aber bei aller Überlegenheit Jesu sind die anderen nicht nur als Statisten gezeichnet, sondern Johannes bewahrt als einziger Evangelist den Namen dessen, den Petrus verletzt.

Jesus lebt das Wort seiner Abschiedsreden: „In der Welt werdet ihr hart bedrängt, aber fasst Mut, ich habe die Welt besiegt“ (Joh 16,33). **Von diesem Sieg her zeigt uns Johannes die Passion noch einmal in einem neuen Licht.**

Das Verhör Jesu und die Verleugnung des Petrus Joh 18,15–27

15 Simon Petrus aber folgte Jesus und ein anderer Jünger. Dieser
andere Jünger war mit dem Hohenpriester bekannt und ging mit Jesus
bis in den Innenhof des hohepriesterlichen Palastes mit. 16 Petrus aber
stand draußen vor dem Tor. Da kam der andere Jünger, der Bekannte
des Hohenpriesters, wieder zurück, redete mit der Pförtnerin und führ-
te Petrus hinein. 17 Die junge Frau, die Pförtnerin, fragte Petrus: „Bist du
nicht auch einer von den Jüngern dieses Mannes?“ Jener sagt: **„Ich bin's
nicht!“** 18 Die Diener und die Männer der Tempelwache standen um
ein Kohlenfeuer herum, das sie angemacht hatten, weil es kalt war, und
wärmten sich – und auch Petrus stand bei ihnen und wärmte sich. 19 Der
Hohepriester nun befragte Jesus über seine Jünger und über seine Leh-
re. 20 Jesus antwortete ihm: „Ich habe offen vor aller Welt gesprochen,
ich habe nie im Geheimen gelehrt, sondern immer in der Synagoge und
im Tempel, wo alle Juden zusammenkommen. 21 Warum fragst du mich
also? Frag doch die, die gehört haben, was ich gesagt habe. Siehe, sie
wissen, was ich gesagt habe.“ 22 Als er das sagte, gab einer der Diener,
der dabeistand, Jesus eine Ohrfeige und sagte: „Wie kannst du es wa-
gen, dem Hohenpriester so zu antworten?“ 23 Jesus entgegnete: „Wenn
ich etwas Unrechtes gesagt habe, dann beweise es. Wenn es aber richtig

war, warum schlägst du mich?" 24 Da ließ ihn Hannas gefesselt vor den
Hohenpriester Kajafas bringen.

25 Simon Petrus stand da und wärmte sich. Da wurde er gefragt: „Bist
du nicht auch einer von seinen Jüngern?" Er stritt es ab. **„Ich bin's nicht!"**,
sagte er. 26 Einer der Diener des Hohepriesters, ein Verwandter des Man-
nes, dem Petrus das Ohr abgeschlagen hatte, sagte: „Habe ich dich nicht
im Garten bei ihm gesehen?" 27 Wieder stritt Petrus es ab, und gleich
darauf krähte ein Hahn.

verborgener Verfasser
↗ Joh 21,24–25

Petrus ist (wie in Joh 20,3) in Begleitung eines „anderen Jüngers". Der kommt aus einer Familie mit Beziehungen zu priesterlichen Kreisen. Vielleicht liegt hier ein Hinweis auf den „Lieblingsjünger" vor, der die Überlieferung des Johannesevangeliums begründet hat. Petrus bekommt zum Innenhof des hohepriesterlichen Palasts nur durch ihn Zutritt! Es ist Johannes wichtig zu erzählen, dass nicht nur Petrus Jesus folgte. Johannes erzählt, dass Petrus drei Mal leugnet, zu Jesus zu gehören. Aber die Gegenworte zum Bekenntnis Jesu bei der Verhaftung (s.o.) werden nur zwei Mal genannt. Das dreimalige „Ich bin's" Jesu überstrahlt das Versagen der Seinen. Mit dem Hahnenschrei beginnt der Todestag Jesu.

Selbstoffenbarung Jesu
↗ Mk 14,62

Hannas war nur von 6 v.Chr. –15 n.Chr. Hohepriester, aber den Titel behielt er auf Lebenszeit und seinen Einfluss auch. Hannas und Kajafas handeln einvernehmlich (↗ Joh 11,51.52). Im Johannesevangelium ist allerdings der Hohepriester die Selbstoffenbarung Jesu bei Verhör nicht wert. Sie ist schon geschehen. Er hat sie verpasst.

Jesus vor Pilatus – Was für ein König! Joh 18,28–40

28 Da führten sie Jesus von Kajafas in das Prätorium (, den Amtssitz
des römischen Statthalters). Es war aber früh am Morgen. Sie selbst (die
Oberpriester) betraten das Prätorium nicht, um die Reinheitsvorschriften
nicht zu verletzen, damit sie das Passah essen könnten. 29 Da kam Pila-
tus zu ihnen heraus und sagt: „Was für eine Anklage erhebt ihr gegen
diesen Mann?" 30 Sie erwiderten: „Wenn er kein Verbrechen begangen
hätte, hätten wir ihn dir nicht ausgeliefert." 31 Da sagte Pilatus zu ihnen:
„Nehmt ihr ihn und richtet ihn nach eurem Gesetz!" Die Juden entgegne-
ten ihm: „Wir haben nicht das Recht, jemand hinzurichten." 32 So sollte
sich das Wort erfüllen, mit dem Jesus angedeutet hatte, welchen Todes
er sterben werde (Joh 12,32). 33 Pilatus ging wieder ins Prätorium zurück

und ließ Jesus rufen und sagte zu ihm: „Du bist der König der Juden?"
34 Jesus antwortete: „Sagst du das von dir aus, oder haben andere dir
das über mich gesagt?" 35 „Bin ich etwa ein Jude?", gab Pilatus zurück.
„Dein eigenes Volk und die führenden Priester haben dich mir übergeben.
Was hast du getan?" 36 Jesus antwortete: „Mein Königreich (griech.:
basileia) ist nicht von dieser Welt. Wäre meine Königsherrschaft (griech.:
basileia) von dieser Welt, dann hätten meine Diener für mich gekämpft,
damit ich nicht den Juden in die Hände falle. Nun ist aber mein Königtum
(griech.: basileia) nicht von hier." 37 Da sagte Pilatus zu ihm: „Dann
bist du also doch ein König?" Jesus erwiderte: „Du sagst es – ich bin ein
König. Ich bin dazu geboren und in die Welt gekommen, um Zeuge für
die Wahrheit zu sein. Jeder, der aus der Wahrheit ist, hört auf meine Stimme."
38 Sagt Pilatus zu ihm: „Was ist Wahrheit?" Und nachdem er das gesagt
hatte, ging er wieder zu den Juden hinaus und sagt zu ihnen: „Ich
finde keine Schuld an ihm. 39 Nun gibt es aber den Brauch, dass ich euch
am Passafest jemanden freigebe. Wollt ihr, dass ich euch den König der
Juden freigebe?" 40 Da schrien sie: „Nicht den, sondern Barabbas!" Barabbas
aber war ein Gewalttäter.

Der wahre König wird von höchster Stelle aus Israel ausgestoßen, indem er den Heiden zum Todesurteil und seiner Vollstreckung am Kreuz ausgeliefert wird. Aber Reinheitsvorschriften, um ein Fest feiern zu können, werden peinlich genau eingehalten! Die Häuser von Nichtjuden galten als kultisch unrein. Wer sie betrat, hätte am Abend nicht das Passah feiern können. Typisch für die Arroganz der Mächtigen: Die Tempelpolizisten, die Jesus ins Prätorium hineinbrachten, hatten das Nachsehen. Das Prätorium war vermutlich der Herodespalast, den Pilatus nutzte, wenn er zu den großen Festen in Jerusalem Präsenz zeigte. Durch den Prozess vor Pilatus bekommt die „innerjüdische religiöse Angelegenheit", bei der er es gerne belassen hätte, politischen Charakter. Das Messias-Königtum hat nun eine rein politische Bedeutung als Auflehnung gegen die römische Besatzungsmacht.

Was für ein Kontrast: Zwei Könige stehen sich gegenüber. Das Gegenüber von Pilatus und Jesus ist ein besonderer Akzent der johanneischen Passionsgeschichte. Jesus begegnet Pilatus auf Augenhöhe. Er bekennt sich dazu, „ein Königtum" zu haben. Es ist das Messias-Königtum, das schon Nathanael in Joh 1,49 entdeckt hat. Jesus verkörpert die Macht des Gottesreichs (↗ Mt 4,17). Diese Macht ist leidensbereit. Damit ist sie von grundsätzlich anderer Art als die der Machthaber. Jesus hat die

Macht, Menschen in die Wahrheit über sich selbst und Gott zu führen. Er kommt aus der Wahrheit der Welt Gottes: Er verkörpert Gottes Treue und stimmt mit Gott überein (↗ Joh 14,6). Er macht Menschen „stimmig“. Der Machtmensch Pilatus kann die Stimmigkeit dieser Wahrheit nicht hören. So bleibt seine Frage nach der Wahrheit offen.

Jesus vor Pilatus – Was für ein Mensch! Joh 19,1–16a

1 Da nahm Pilatus Jesus und ließ ihn auspeitschen. 2 Und die Solda-
ten flochten einen Kranz aus Dornenzweigen und setzten ihn auf seinen
Kopf und legten ihm einen purpurfarbenen Mantel um, 3 traten zu ihm
hin und sagten: „Sei gegrüßt, König der Juden“ und gaben ihm Schlä-
ge. 4 Da ging Pilatus noch einmal hinaus und sagte zu ihnen: „Siehe, ich
bringe ihn zu euch hinaus, damit ihr erkennt, dass ich keine Schuld an
ihm finde.“ 5 Da kam Jesus heraus und trug die Dornenkrone und den
purpurfarbenen Mantel. Und er (Pilatus) sagt zu ihnen: „Seht den Men-
schen (in der lateinischen Bibelübersetzung: ecce homo)!“ 6 Als ihn nun
die Oberpriester und die Männer der Tempelwache sahen, schrien sie:
„Kreuzige, kreuzige (ihn)!“ Da sagt ihnen Pilatus: „Nehmt ihr ihn und
kreuzigt ihn. Ich finde keine Schuld an ihm.“ 7 Die Juden antworteten
ihm: „Wir haben ein Gesetz, und nach dem Gesetz muss er sterben, weil
er sich selbst zu Gottes Sohn gemacht hat.“ 8 Als nun Pilatus diese Worte
hörte, fürchtete er sich noch mehr 9 und ging wieder ins Prätorium und
sagt zu Jesus: „Woher bist du?“ Jesus aber gab ihm keine Antwort. 10 Da
sagt Pilatus zu ihm: „Sprichst du nicht mit mir?“ Weißt du denn nicht,
dass ich die Macht habe, dich freizugeben, und die Macht, dich zu kreuzi-
gen?“ 11 Jesus antwortete: „Du hättest keine Macht über mich, wenn sie
dir nicht von oben gegeben wäre. Deshalb hat der, der mich dir ausgelie-
fert hat, größere Sünde.“ 12 Deshalb versuchte Pilatus, ihn freizugeben.
Aber die Juden schrien: „Wenn du den hier freilässt, bist du kein Freund
des Kaisers! Jeder, der sich selbst zum König macht, widersetzt sich dem
Kaiser!“ 13 Als Pilatus diese Worte hörte, ließ er Jesus herausführen und
setzte sich auf den Richterstuhl an eine Stelle, die Lithostroton, Mosaik-
boden, genannt wird, auf Hebräisch Gabbata. 14 Es war der Rüsttag zum
Passahfest, etwa zwischen elf und zwölf Uhr, und er sagt zu den Juden:
„Da seht, euer König!“ 15 Jene schrien nun: „Weg, weg mit ihm, kreuzige
ihn!“ Pilatus sagt zu ihnen: „Euren König soll ich kreuzigen?“ Die Ober-
priester antworteten: „Wir haben keinen König außer dem Kaiser!“ 16 Da
übergab er ihn ihnen zur Kreuzigung.

Der wahrhaftige König Gottes wird als Jammergestalt eines politischen Anführers verspottet. „Wir sahen seine Herrlichkeit" (Joh 1,14): Auch in der tiefsten Erniedrigung leuchtet sie noch auf. Jesus ist **wirklicher Mensch** und erleidet Folter und den damals gängigen soldatischen Antisemitismus. In all dem ist er Gottes **wahrer Mensch**. „Woher bist du?"(V. 9) Diese Frage durchzieht das Johannesevangelium (↗ Joh 7,27; 8,14) und auch die Antwort, dass er „von oben" (↗ Joh 3,31; 8,23) ist, dass er „aus Gott" ist (↗ Joh 8,47). Seine Würde, sein Menschsein können ihm die Gewalttaten der Menschen nicht nehmen. Er bleibt bis zum Ende wahrhaftig. Er lebt Hingabe. So bewahrheitet sich die treue Wahrheit seiner Liebe, in die er seine Menschen hineinliebt.

Pilatus wird von der Angst regiert, seine Macht zu verlieren, wenn ihn die jüdischen Behörden beim Kaiser Tiberius dafür anzeigen, dass er einen jüdischen Aufrührer begünstigt. Ironischerweise musste er sich wenige Jahre später in Rom verantworten. Durch eine Beschwerde der Samaritaner wegen einer Hinrichtung wurde er abgesetzt. Die jüdischen Verantwortlichen lassen sich hier zu dem gotteslästerlichen Satz hinreißen: „Wir haben keinen König als den Kaiser". „Gott ist König" sollte eigentlich ihr Bekenntnis sein (z.B. Ps 93,1; 97,1; 99,1)! Statt für Gottesfurcht, Frieden und Recht zu sorgen, wirken die verantwortlichen Instanzen aus Angst um die eigene Macht und Ehre zusammen gegen einen wahrhaftigen Menschen. Jesus trägt „die Sünde der Welt" (Joh 1,29), indem er sie erträgt. Der König lässt sich kreuzigen.

Die Kreuzigung Joh 19,16b–37

16b Da nahmen sie Jesus mit, 17 und er lud sich den Kreuzesbalken
auf (der senkrechte Pfahl stand schon) und ging hinaus zum sogenann-
ten Schädelplatz, der auf Hebräisch Golgota genannt wird, 18 wo sie ihn
kreuzigten, und mit ihm zwei andere, den einen hier, den anderen da,
neben ihm, **Jesus aber in der Mitte.** 19 Pilatus schrieb aber auch einen
Titel (so wörtlich, auch: Überschrift) und ließ ihn am Kreuz anbringen.
Darauf war geschrieben: „Jesus (von) Nazareth, der König der Juden".
20 Diese Inschrift lasen viele Juden, denn der Ort, an dem man Jesus ge-
kreuzigt hatte, lag nahe an der Stadt. Sie war auf Hebräisch, Lateinisch
und Griechisch verfasst. 21 Da sagten nun die Oberpriester der Juden zu
Pilatus: „Schreibe nicht ‚der König der Juden', sondern dass er behaup-
tet hat ‚ich bin der König der Juden'!" 22 Pilatus antwortete: „Was ich ge-
schrieben habe, habe ich geschrieben." 23 Nachdem die Soldaten Jesus

gekreuzigt hatten, nahmen sie seine Kleider und machten vier Teile da-
raus, für jeden Soldaten ein Teil und auch das Untergewand. Das Unter-
gewand aber war ohne Naht, von oben her ganz durchgewebt. 24 Da
sagten sie zueinander: Lasst uns das nicht zerteilen, sondern darum lo-
sen, wem es gehören soll. So sollte die Schrift in Erfüllung gehen, die
sagt: „Sie haben meine Kleider unter sich geteilt und über mein Gewand
haben sie das Los geworfen" (Ps 22,19). So also machten es die Soldaten.

Jesus ist in der Mitte. Auf ihm liegt alle Aufmerksamkeit. Der Evangelist Johannes blendet alles aus, was die anderen Evangelien erzählen: Wer sein Kreuz mittragen musste, was die beiden Mitgekreuzigten noch gesagt haben. Johannes lässt das alles weg, damit sich alles auf Jesus konzentriert. Der Gekreuzigte auf der Müllhalde vor der Stadt ist das Zentrum der Welt. Das macht auch die Überschrift deutlich, die Pilatus über das Geschehen setzen lässt: Der Mann aus Nazareth ist „König der Juden" – in allen damaligen Weltsprachen ist es aufgeschrieben. Ganz unabsichtlich hat Pilatus damit festgehalten: Er ist der König aller Menschen.

Nazarener als Messias
↗ Joh 1,46–49

Auch Johannes hält den Bezug der Passionsgeschichte auf Ps 22,19 fest (↗ Mk 15,24). Er erzählt ausführlich vom besonderen Untergewand Jesu. Es muss eine Art Designerstück gewesen sein. Man konnte so ein wollenes oder leinenes langes Hemd auch ohne zusätzliche Oberbekleidung tragen. Wäre es ein Hinweis auf das hohepriesterliche Gewand, das aus einem Stück gewebt war, müsste hier vom Obergewand die Rede sein. Aber die Bedeutung ist einfacher. Johannes interessiert sich für dieses Unterhemd, weil es das Wesen Jesu unterstreicht: Er ist „von oben her"(↗ Joh 3,31 bei Joh 1,35–37). Er ist ganz eins – mit sich und Gott. Er ist einfach ganz. Er ist ganz einfach kostbar.

25 Es standen aber beim Kreuz Jesu seine Mutter und die Schwester
seiner Mutter, Maria, die Frau des Klopas, und Maria aus Magdala. 26 Als
Jesus nun seine Mutter sah und den Jünger dabeistehen, den er liebte,
sagte er der Mutter: „Frau, siehe, dein Sohn." 27 Danach sagt er zu dem
Jünger: „Siehe, deine Mutter." Und von diesem Moment an (wörtl.: dieser
Stunde) nahm der Jünger sie zu sich.

Johannes erzählt, wie unter dem Kreuz eine neue Familie entsteht. Den Jünger, den er liebhat, und seine Mutter, die beide ihren lieben Freund, Sohn und Menschen loslassen müssen – diese beiden weist er aneinander: Nehmt euch an wie eine Familie. Passt aufeinander auf. Tragt euch. Steht beieinander und zueinander. **Kirche im Johannesevangelium:** Das sind Freundinnen und Freunde Jesu (↗ Joh 15,9–17). Das ist Familie Gottes (↗ Joh 1,12).

28 Danach, im Wissen, dass schon alles vollendet (auch: **vollbracht**)
war, sagt Jesus, damit die Schrift erfüllt (auch: **vollbracht**) würde: „Mich
dürstet." 29 Ein Gefäß voll Essig stand da. Da hielten sie ihm einen
Schwamm voll Essig, den sie auf einen Ysop-Stock gesteckt hatten, an
den Mund. 30 Nachdem er nun den Essig genommen hatte, sagte Jesus:
„Es ist **vollbracht.**" Er ließ seinen Kopf sinken und starb (wörtl.: gab seinen Geist hin).

Drei Mal wird in diesem Abschnitt das gleiche Wort gebraucht. Es bedeutet „zum Ziel gebracht, vollendet, erfüllt, vollbracht": Jesus hat seine **Sendung** erfüllt (↗ Joh 8,13–20). Jesus hat seinen Auftrag durchgehalten als König – nicht mit Gewehr und Gewalt, nicht mit Prunk und Palast, sondern in Hingabe als der dienende König. Jesus hat **„die Schrift"** erfüllt: Jesus hat bis zuletzt die Erfahrungen der Beterinnen und Beter des AT gelebt.

In diesem Abschnitt ist es Ps 69,22 „Sie taten Galle in meine Speise und tränkten mich mit Essig in meinem Durst." Hier ist der Essigtrank keine Erfrischung oder Schmerzlinderung!

Ysop weist auf den Passahritus: Ex 12,22 „Nehmt einen Büschel Ysop und taucht ihn in das Blut (des Passahlamms) … und bestreicht damit … die Türpfosten …"

„Es ist vollbracht": Auch Ps 22, der mit einer Verlassenheitsklage beginnt, endet in vielen Übersetzungen mit den Worten:

Ps 22,31f Ein Same wird IHM dienen, wird dem HERRN als Generation zugezählt werden. Sie werden kommen und SEINE Gerechtigkeit predigen dem Volk, das geboren wird, dass ER es vollbracht (auch: getan) hat.

Die Markuspassion hält fest, dass Jesus Ps 22,1 gerufen hat. Wer den Anfang aufrief, meinte den ganzen Psalm (↗ Mk 15,16–41). Johannes zeigt die Konsequenz. Psalm 22 endet mit dem Handeln des HERRN. So ist das „Vollbracht" einerseits der Ruf, mit dem Jesus Gottes Handeln durch ihn bezeugt, selbst in tiefstem Leid. Andererseits spricht er hier als HERR, der durch SEINE Liebe endgültig rettendes Eingreifen im Tod ermöglicht.

So hat Jesus das ursprüngliche Ziel der **Schöpfung** erfüllt. Er hat so gelebt, wie Gott sich das wünscht, in ungebrochener Gottesgemeinschaft. Er hat es nicht für sich getan. Er verschenkt sein „vollbracht" an die, die Sehnsucht nach Leben haben: „Ich bin gekommen, damit sie Leben haben – erfülltes Leben!" (Joh 10,10). Wer es geschehen lässt, wird Teil der neuen Schöpfung, „aus Gott geboren" (Joh 3,5). So entsteht unter seinem Kreuz eine neue Familie der Kinder Gottes (↗ Joh 1,12).

31 Weil es Rüsttag war und die Leiber nicht am Sabbat am Kreuz hän-
gen bleiben durften – noch dazu war es ein großer Sabbat (, weil der
Beginn des Passahfestes und Sabbat auf einen Tag fielen) –, baten die
Juden Pilatus, dass sie die Beinknochen zerbrechen (, um mit dieser Fol-
ter den sofortigen Tod herbeizuführen) und (die Leiber) abnehmen dürf-
ten. 32 Da kamen die Soldaten und brachen dem ersten die Beinknochen
und dem anderen mit ihm Gekreuzigten. 33 Als sie aber zu Jesus kamen
und sahen, dass er schon gestorben war, zerbrachen sie ihm die Bein-
knochen nicht, 34 sondern einer der Soldaten stieß mit einer Lanze in
seine Seite, und sogleich floss Blut und Wasser heraus. 35 Und der das
gesehen hat, hat es bezeugt, und sein Zeugnis ist wahr, und er weiß, dass
er die Wahrheit sagt, damit auch ihr glaubt (andere Handschriften: zum
Glauben kommt). 36 Das geschah nämlich, damit sich die Schriftstelle er-
füllte: ‚Keinen Knochen wird man ihm zerbrechen' (Ex 12,46). 37 Und noch
einmal heißt es an einer anderen Schriftstelle: ‚Sie werden auf den se-
hen, den sie durchbohrt haben' (Sach 12,10).

Auch hier bilden alttestamentliche Zitate den Hintergrund zum Verständnis des Textes. Sie wurden von den Erfahrungen mit Jesus her noch einmal mit neuen Augen betrachtet:

Dtn 21,22f Hat jemand eine Sünde an sich, die ein Todesurteil nach sich zieht, und er wird getötet und an ein Holz gehängt, so soll sein Leichnam nicht über Nacht an dem Holz bleiben, sondern du sollst ihn an demselben Tag begraben. Denn ein Gehängter ist von Gott verflucht, und du sollst dein Land nicht verunreinigen, das der HERR, dein Gott, dir zum Erbe gibt.

Ex 12,46 aus der Ordnung des Passah: „Kein Knochen werde ihm (dem Passahlamm) gebrochen!"

Ps 34,21 Er (Gott) bewahrt ihm (dem leidenden Gerechten) alle seine Gebeine, dass nicht eines zerbrochen wird.

Sach 12,10 Aber über das Haus David und über die Einwohner Jerusalems will ich ausgießen den Geist der Gnade und des Gebets, und sie werden auf mich sehen, den sie durchstochen haben, und sie werden um ihn klagen, wie man um ein einziges Kind klagt, und sie werden bitterlich um ihn weinen, wie man bitterlich weint über einen Erstgeborenen. An jenem Tage wird eine große Klage sein in Jerusalem …

Der Austritt von wässriger Lymphflüssigkeit und Blut durch den Lanzenstich zeigt, dass Jesus wirklich tot ist, nicht nur „scheintot". Vielleicht will Johannes hier auch wie so oft auf eine tiefere Bedeutungsebene verweisen. Blut kommt in Joh 6,53–56 als Bild für die Lebenshingabe Jesu vor, im Zusammenhang mit der Brotrede. Sie verweist an dieser Stelle auf Glauben und Abendmahl. Wasser, das lebendig macht, gehört in den Zusammenhang des Wirkens des Geistes (↗ Joh 3,5; 7,38f) und weist auch auf die Taufe hin. Abendmahl und Taufe haben in Jesu Person und Weg ihren Ursprung. Er ist das „Ursakrament". An dieser Stelle wendet sich der Erzähler des Evangeliums (↗ Joh 21,24–25) zum ersten Mal direkt an die Lesenden, um sie zum Glauben einzuladen. Zum Glauben kommen und im Glauben bleiben sind dabei keine Gegensätze. Auch Menschen, die im Glauben leben, brauchen immer neu vertrauenerweckende Impulse.

Die jüdischen Verantwortlichen wollen den Menschen Jesus als Verfluchten präsentieren. **In Wirklichkeit stirbt er in vielstimmigem Einklang mit der Heiligen Schrift als Gerechter, als das wahre Passahlamm** – zu der Zeit, als im Tempel die Passahlämmer geschlachtet werden (↗ Joh 13,1; Joh 1,29). So ermöglicht er einen neuen „Exodus", einen Auszug aus der Sklaverei des Todes.

Kreuzesdeutung bei Johannes
↗ Joh 12,20–36

Das Begräbnis Joh 19,38–42

38 Danach bat Josef von Arimathäa, der ein Jünger Jesu war, aber aus
Furcht vor den Juden heimlich, Pilatus darum, den Leib Jesu abnehmen
zu dürfen. Und Pilatus erlaubte es. Da kam er und nahm seinen Leib he-
rab. 39 Aber auch Nikodemus, der vorher in der Nacht zu ihm gekom-
men war, kam und brachte eine Mischung aus Myrrhe, Harz und Aloe
mit, etwa hundert Pfund. 40 Da nahmen sie den Leib Jesu und wickelten
ihn in Leinenbinden zusammen mit den aromatischen Salben, wie es Sit-

te (griech.: ethos) ist bei jüdischen Begräbnissen. **41** Es war aber an dem
Ort, wo er gekreuzigt worden war, ein Garten, und in dem Garten war
ein neues Grab, in das noch nie jemand gelegt worden war. **42** Wegen
des Rüsttags der Juden und weil das Grab in der Nähe lag, setzten sie
Jesus dort bei.

Zwei reiche, bis dahin heimliche Jesusanhänger wagen es, sich nun zu ihm zu bekennen. Sie sorgen dafür, dass Jesus wie ein König bestattet wird. Die Menge der Salbe aus Harzen (ca. 33 kg), die auch in einem Königslied des AT genannt werden (Ps 45,9), ist eines Königs würdig.

Das leere Grab und drei Erscheinungen des Auferweckten Joh 20

Maria aus Magdala am Grab Joh 20,1–2

1 Am ersten Wochentag aber kommt Maria aus Magdala früh, als es
noch dunkel war, zum Grab und sieht, dass der Stein vom Grab entfernt
ist. **2** Da läuft sie und kommt zu Simon Petrus und zu dem anderen Jün-
ger, den Jesus liebhatte, und sagt zu ihnen: „Sie haben den Herrn aus
dem Grab weggenommen, und wir wissen nicht, wo sie ihn hingelegt
haben."

Wahrheit ereignet sich in der persönlichen Begegnung mit Jesus (↗ Joh 14,6). Die Wahrheit der Auferstehung wird im Johannesevangelium auf drei Szenen der Begegnung konzentriert. Obwohl das Johannesevangelium wie die synoptischen Evangelien weiß, dass bei dem Gang zum Grab mehrere Frauen dabei waren (↗ das „wir" in Joh 20,2), richtet es die Aufmerksamkeit vor allem auf zwei Menschen, denen Jesus als auferstandener Herr begegnet: Maria und Thomas. Diese beiden Begegnungen umschließen die Szene, in der Jesus allen Jüngern erscheint und sie sendet (↗ Joh 20,19–23).

Der gemeinsame Lauf zum Grab Joh 20,3–10

3 Da gingen Petrus und der andere Jünger hinaus und kamen zum
Grab. 4 Sie liefen beide miteinander. Der andere Jünger aber lief voraus,
schneller als Petrus, und kam als Erster ans Grab, 5 und als er sich vor-
beugt, sieht er, dass die Leinenbinden da liegen, ging aber nicht hinein.
6 Da kommt auch Simon Petrus, der ihm gefolgt ist, und ging in das Grab
hinein und sieht die Leinenbinden da liegen 7 und auch das Schweiß-
tuch, das auf seinem Kopf war. Es lag nicht bei den Leinenbinden, son-
dern abseits zusammengewickelt an einem besonderen Ort. 8 Darauf
ging auch der andere Jünger hinein, der zuerst beim Grab angekommen
war, und sah und kam zum Glauben. 9 Denn sie verstanden die Schrift
noch nicht, dass er von den Toten auferstehen muss. 10 Nun gingen die
Jünger wieder nach Hause.

Petrus wird auf dem Weg zum Grab vom „Lieblingsjünger“ (Joh 20,2) flankiert. Wie am Anfang der Jesusbewegung (↗ Joh 3,22–30 bei Joh 1,35–37) laufen auch im letzten Kapitel zwei miteinander, also in „Konkurrenz“ (lateinisch: concurrere, gemeinsam laufen). Der Lieblingsjünger, der der besondere Zeuge des Johannesevangeliums ist (↗ Joh 21,24–25), ist Erster am Grab, überlässt dann aber Petrus den Vortritt. Vielleicht wird damit gesagt: Die Tradition seines Evangeliums hat ihre eigene Würde neben der synoptischen Tradition, in der Petrus eine tragende Rolle spielt. Der andere Jünger sieht tiefer und glaubt …, dass Jesus nicht im Grab geblieben ist, dass er unsichtbar anwesend ist, dass Gott gehandelt hat. Er kann, zurück bei den anderen, noch nicht darüber sprechen. Wirklich verstehender und bezeugender Glaube kommt erst durch wirkliche Begegnungen, die das Geschehen deuten:

Jesus erscheint Maria aus Magdala Joh 20, 11–18

11 Maria aber stand vor dem Grab und weinte. Als sie so weinte,
beugte sie sich ins Grab hinein 12 und sieht zwei Engel in strahlendem
Weiß dasitzen – einer am Kopf und einer an den Füßen, wo der Leib Jesu
gelegen hatte. 13 Und jene sagen zu ihr: „Frau, warum weinst du?“ Sie
sagt zu ihnen: „Sie haben meinen Herrn weggenommen, und ich weiß
nicht, wo sie ihn hingelegt haben.“ 14 Nachdem sie das gesagt hat, dreht
sie sich nach hinten um und sieht Jesus dastehen, aber sie wusste nicht,
dass es Jesus ist. 15 Jesus sagt zu ihr: „Frau, warum weinst du? Wen suchst

du?“ Sie meint, dass es der Gärtner sei, und sagt zu ihm: „Herr, wenn du
ihn weggetragen hast, sag mir, wo du ihn hingelegt hast, so will ich ihn
holen.“ 16 Jesus sagt zu ihr: „Maria!“ Sie dreht sich um und sagt zu ihm
auf Hebräisch: „Rabbuni!“ Das bedeutet „Mein Lehrer“. 17 Jesus sagt zu
ihr: „Halte mich nicht fest (wörtl.: anhaften), denn ich bin noch nicht zu
meinem Vater hinaufgegangen. Aber geh zu meinen Brüdern und sag
ihnen: Ich gehe hinauf zu meinem Vater und zu eurem Vater und zu mei-
nem Gott und zu eurem Gott.“ 18 Da kommt Maria aus Magdala und ver-
kündet den Jüngern: „Ich habe den Herrn gesehen, und das hat er mir
gesagt.“

Die ersten Worte Jesu im Johannesevangelium sind: „Was sucht ihr?“ (↗ Joh 1,38). Jetzt sind das auch Worte des Auferstandenen an Maria. Wieder beginnt mit dieser Frage etwas Neues. Neues Leben wird eröffnet. Sie sucht den toten Jesus. Nun erkennt sie Jesus in der fremden Gestalt. Erkennen geschieht, als Jesus sie beim Namen ruft. Es ist Wiedererkennen. Wie oft er wohl Marias Namen auf eine bestimmte Art gesagt hat, so dass sie ihn wiedererkennen konnte! Hier leuchtet auf, wie vertraut Jesus mit seinen Freundinnen und Freunden umgegangen ist – so, dass sie ihn liebhaben konnten. Der Auferstandene ist kein anderer als der Jesus, den man liebhaben konnte! Zwei Mal muss Maria sich umwenden, um ihn zu erkennen. Einmal weg vom Grab (Joh 20,14) und einmal ganz zu Jesus hin (Joh 20,16). Ob sie ihm anbetend zu Füßen fällt? Es wird im griechischen Text nicht ganz deutlich. Aber sie darf ihn nicht in diesem „Zwischenzustand“ festhalten. Sein Weg zurück zum Vater ist noch nicht vollendet. Ihr liebevolles Wiedererkennen genügt. Er ist ihr Lehrer, der ihr ein Leben als seine Zeugin und Jüngerin ermöglicht – und das als Frau! Das war in der damaligen Gesellschaft revolutionär.

Jesus erscheint den Jüngern – in Abwesenheit des Thomas Joh 20,19–23

19 As es nun Abend war an jenem Tag, dem ersten Wochentag, und
die Türen verschlossen waren, wo die Jünger und Jüngerinnen sich be-
fanden aus Furcht vor den Juden, kam Jesus und trat in die Mitte und
sagte zu ihnen: „Friede sei mit euch!“ 20 Und nachdem er das gesagt
hatte, zeigte er ihnen seine Hände und seine Seite. Da freuten sich die
Jünger, als sie den Herrn sahen. 21 Und Jesus sagte noch einmal zu ih-

nen: „Friede sei mit euch! Wie mich der Vater gesandt hat, so sende ich
euch." 22 Und nachdem er das gesagt hatte, hauchte er sie an und sagt
zu ihnen: „Nehmt den heiligen Geist! 23 Den Menschen, denen ihr die
Sünden vergebt, denen sind sie vergeben, und wem ihr sie festhaltet,
denen sind sie festgehalten."

Die Jünger sind eingeschlossen in ihrer Angst. Von Osterglauben oder Osterbekenntnis ist nicht die Rede. Das Osterereignis geht allein von Jesus aus. Jesus kommt in die Mitte seiner verängstigten Freundinnen und Freunde. Ganz unspektakulär überwindet sein verwandelter Leib die äußeren Hindernisse. Sie erkennen ihn an seinem Wort. Sie erkennen ihn, weil sein Auferstehungsleib die Spuren seiner Geschichte trägt: Der Auferstandene ist tatsächlich Jesus. „Ewiges Leben" existiert nicht unberührt und abgehoben von der Realität!

Jesus verwandelt mit seinem Wort und seiner Gegenwart die Situation von Grund auf. Er bringt seinen Frieden (↗ Joh 14,27; Mt 5,9), und Freude breitet sich aus. „Den Herrn sehen" ist die grundlegende Botschaft von Ostern. Der Gesandte, der seinen Auftrag erfüllt hat, gibt nun seine Sendung weiter. Die Jüngerinnen und Jünger werden beauftragt, suchende Menschen mit Jesus in Kontakt zu bringen. Sie werden beauftragt, zum Glauben an Jesus Christus einzuladen, der die sucht, die sich und Gott verloren haben (↗ Joh 3,16). Die Bevollmächtigung beschränkt sich nicht auf Amtsträger. Aber zu diesem Auftrag gehört eine besondere Befähigung. Wie Gott bei der Schöpfung Lebensatem in den Menschen blies (Gen 2,7), so haucht Jesus seinen Freundinnen und Freunden Leben ein. Aber er schenkt Leben, das der Tod nicht zerstören kann. Das Leben mit dem Geist, den er ihnen in den Abschiedsreden versprochen hat (↗ Joh 14–16), beginnt. So steht die Gemeinschaft, in deren Mitte Jesus kommt, stellvertretend für eine neue Schöpfung. Dass das Ostergeschehen und die Gabe des Geistes in engem, innerem Zusammenhang stehen, entfaltet auch Lukas in seiner Apostelgeschichte (Apg 2). Bei ihm gibt es allerdings zwischen Ostern und Pfingsten eine Wartezeit. Bei Johannes wird alles eins.

Ostern
↗ Lk 24,36–53

Das Leben im Geist ist ein Leben, in dem sich zeigt, was „Sünde" eigentlich ist. Nicht moralische Ansprüche, sondern der Heilige Geist bringt Sünde ans Licht. In diesem Licht ist das Erschrecken über sich selbst immer schon von der Vergebung umfangen. Wer das erfahren hat, kann und soll andere dabei begleiten und Gottes Vergebung wirksam zusprechen und spürbar machen. Darauf liegt das Gewicht dieser

Beauftragung. Die Verantwortung ist groß, auch zu erspüren, wo das (noch) nicht möglich ist: Wenn ein Mensch nicht erkannt und verstanden hat, was ihn oder sie von einem Leben in Gottes Liebe trennt. Oder wenn ein Mensch es erkannt hat, sich selbst aber davon (noch) nicht lösen will. Nicht selbst aus Sünde herauszukönnen ist dagegen kein Hindernis, sondern Voraussetzung dafür, Vergebung zu brauchen, die in der Liebe Jesu ihren Grund hat und nicht im Machen der Menschen.

Jesus erscheint den Jüngern in Gegenwart des Thomas Joh 20,24–29

24 Thomas aber, einer von den Zwölfen, der auch Zwilling (griech.:
Didymos) genannt wird, war nicht bei ihnen, als Jesus kam. 25 Da sagten
die anderen Jünger zu ihm: „Wir haben den Herrn gesehen!“ Er aber sag-
te zu ihnen: „Wenn ich nicht an seinen Händen die Nägelmale sehe und
meinen Finger nicht in den Abdruck der Nägel lege und meine Hand
an seine Seite legen kann, werde ich nicht glauben!“ 26 Und nach acht
Tagen waren seine Jünger wieder drinnen und Thomas mit ihnen. Da
kommt Jesus durch die verschlossenen Türen und trat in die Mitte und
sagte: „Friede sei mit euch!“ 27 Dann sagt er zu Thomas: „Lege deinen
Finger hierher und sieh meine Hände und nimm deine Hand und lege sie
hier an meine Seite und sei nicht ungläubig, sondern gläubig!“ 28 Tho-
mas antwortete ihm: **„Mein** *Herr und* **mein** *Gott.“* 29 Sagt Jesus zu ihm:
„Bist du zum Glauben gekommen, weil du mich gesehen hast? Glücklich
sind die, die ohne zu sehen zum Glauben kommen.“

Die einen haben den Herrn gesehen und sind begeistert. Thomas findet keinen Zugang über ihr Zeugnis. Er fühlt sich „draußen“, aber er bleibt dabei! Wie geht Jesus mit Thomas um? Jesus sorgt dafür, dass der Zweifler dazugehört zu denen, die glauben. Jesus liebt Thomas mit seinen Zweifeln. Er kennt ihn zutiefst in seinem grenzenlosen Mitgefühl für andere (↗ Joh 11,16). Er kennt ihn mit seinen Fragen, die Jesus dazu bringen, auf den Punkt zu kommen (↗ Joh 14,5f). Ein zweifelnder Mensch ist Jesus so wichtig, dass er persönlich erscheint und das Osterereignis wiederholt – für ihn. Er lässt sich sogar auf die Bedingungen des zweifelnden Menschen ein: „Wenn nicht …“ Jesus gibt sich in seine Hand, um ihm ganz nah zu kommen. Anscheinend ist dann die Nähe so dicht und die Begegnung so umfassend, dass Thomas Jesus nicht mehr anfassen muss. Zumindest muss das nicht mehr erzählt werden.

Das Glaubensbekenntnis, das Thomas dann spricht, ist der Höhepunkt der Zeugnisse. Der auferstandene Jesus mit seiner bleibenden Verwundung hat göttliche Macht und Würde. Die anbetende Wesensschau Gottes von Joh 1,1 wird am Ende des Evangeliums persönliches Bekenntnis. Die Wahrheit des Wesens Jesu ist keine abstrakte Wahrheit, sondern gefüllt mit seiner ganzen Geschichte. Sie geschieht als Begegnung. Sie zielt auf das persönliche Bekenntnis: „Mein Herr und mein Gott". In der Person Jesu begegnet Gott selbst uns Menschen. Darin ist das ganze Evangelium noch einmal zusammengefasst. Zur Zeit der ersten Leserinnen und Leser des Johannesevangeliums hat es zugleich politische Brisanz. Es macht dem Absolutheitsanspruch des römischen Kaisers Domitian auf das Leben der Menschen den Rang streitig. Domitian regierte 81–96 n. Chr. und ließ sich „Herr und Gott" nennen.

Der auferstandene Herr öffnet nun dieses Glaubenszeugnis zu uns hin. Wir werden Jesus nicht mehr so erleben wie Thomas. Wir werden seine Gegenwart nur noch mittelbar durch das Lesen des Evangeliums erfahren. Aber dieses Wort wird seine Wirkung tun. Jesus wird sich dadurch so vergegenwärtigen, dass es möglich ist, ihn mit den Augen des Herzens zu sehen und durch die Erfahrung von Thomas hindurch – durch ehrliche Zweifel hindurch – zu glauben.

Der erste Schluss des Evangeliums Joh 20,30–31

30 Noch viele andere Zeichen hat Jesus vor seinen Jüngerinnen und
Jüngern getan, die in diesem Buch nicht aufgezeichnet sind. 31 Die-
se aber sind aufgeschrieben, damit ihr glaubt, dass Jesus der Messias (griech.: christos) ist, der Sohn Gottes, und damit ihr in diesem Glauben Leben habt in seinem Namen.

Die Auswahl und Sammlung der Zeugnisse dieses Evangeliums werden mit dem Bekenntnis des Thomas abgeschlossen. Die Erzählabsicht, Glauben zu wecken, und die christuszentrierte Erzählperspektive werden klar veröffentlicht. Das „Ich bin" Jesu durchzieht das Evangelium. Alle Begegnungen mit ihm sind Einladungen zu ihm.

Nachwort in der Nachsorge Jesu Joh 21

Wie das Johannesevangelium ein Vorwort hat, folgt ein Nachwort, das alle Handschriften als ursprünglich zum Johannesevangelium gehörig überliefern. Nachdem die Zeugnissammlung abgeschlossen ist, werden nun die Zeugen und Autoritäten der Jesusüberlieferung noch einmal in den Blick genommen, in den Blick des Auferstandenen.

Jesus erscheint den Jüngern am See von Tiberias Joh 21,1–14

1 Danach offenbarte sich Jesus seinen Jüngern noch einmal, am See
von Tiberias. Er zeigte sich so: 2 Simon Petrus und Thomas, der ‚Zwilling'
genannt wird, und Nathanael von Kana in Galiläa und die Zebedaiden
(sprich: Zebeda-iden, gemeint sind: Jakobus und Johannes) und zwei
andere von seinen Jüngern waren zusammen. 3 Simon Petrus sagt zu
ihnen: „Ich gehe fischen." Sie sagen zu ihm: „Wir kommen mit." Sie gin-
gen hinaus und stiegen ins Boot – aber in jener Nacht fingen sie nichts.
4 Als es aber schon Morgen wurde, stand Jesus am Ufer. Doch die Jünger
wussten nicht, dass es Jesus war. 5 Da sagt Jesus zu ihnen: „Kinder, ihr
habt nichts auf's Brot?" Sie antworten ihm: „Nein." 6 Da sagte er zu ih-
nen: „Werft das Netz auf der rechten Seite des Bootes aus, so werdet ihr
(etwas) finden." Da warfen sie es aus und konnten es nicht mehr hochzie-
hen wegen der Menge der Fische. 7 Da sagt nun jener Jünger, den Jesus
liebhatte, zu Petrus: „Es ist der Herr!" Als nun Simon Petrus hörte, dass
es der Herr sei, zog er sich das Obergewand an – er war nämlich nackt –
und warf sich in den See. 8 Die anderen Jünger kamen mit dem Boot.
Sie waren nicht weit vom Land entfernt, etwa zweihundert Schritte, und
schleppten (mit dem Boot) das Netz mit den Fischen. 9 Als sie nun an
Land gingen, sahen sie auf dem Boden ein Kohlenfeuer und darauf Fisch
und Brot. 10 Jesus sagt zu ihnen: „Bringt von den Fischen, die ihr gerade
gefangen habt." 11 Da stieg Simon Petrus aus dem Wasser und zog das
Netz an Land, voll großer Fische, hundertdreiundfünfzig. Und obwohl es
so viele waren, zerriss das Netz nicht. 12 Da sagt Jesus zu ihnen: „Kommt
frühstücken!" Aber keiner von den Jüngern wagte es, ihn zu fragen: „Wer
bist du?" Sie wussten, dass es der Herr war. 13 Jesus kommt, nimmt das
Brot und gibt es ihnen, ebenso den Fisch. 14 Das ist schon das dritte Mal,
dass Jesus sich seinen Jüngern offenbarte, nachdem er von den Toten
auferweckt worden war.

Jesus zeigt sich nicht nur am Sonntag, sondern mitten im Berufsalltag. Dass das Fischen auch symbolischen Charakter hat, zeigt die Zahl der ins Netz gegangenen Fische, die für Fülle und Vollkommenheit steht: Menschen aus allen Völkern werden zusammengebracht werden (↗ Joh 11,51f; Joh 10,16). So ist diese Begegnung mit dem Auferstandenen auch eine Geschichte für alle, die sich senden lassen, um „Menschenfischer“ zu sein. Aber dieses Leben funktioniert nicht aus eigener Kraft (↗ Joh 15,5). Das müssen diese Sieben noch lernen.

Jesus erscheint mit dem ersten Morgenlicht. Der Lieblingsjünger, der glaubt, nimmt Jesus wahr und erkennt ihn (V. 7). Dieser Jünger (↗ Joh 21,24) weist bis heute durch das auf seinen Zeugnissen fußende Evangelium den Weg zu ihm. Er hilft auch denen, die schon glauben, sehen zu üben. Petrus will als Erster bei Jesus ankommen und sieht sich für das Missionsnetz verantwortlich. Im Gegensatz zu Lk 5,6 zerreißt jetzt das Netz nicht. Jesus macht Frühstück für „die Kinder“. Die Keimzelle der Gemeinde des Auferstandenen ist eine Familie. Jesus ist ganz handgreiflich erfahrbar wie bei Speisung und Seewandel in Joh 6. Nachdem er sich um den Zweifler gekümmert hat, geht es nun um Petrus, um seine Scham über sich selbst. Das Kohlenfeuer – das Wort kommt nur noch in Joh 18,18 vor –, das Petrus an sein Versagen erinnert, ist jetzt ein Feuer der fürsorglichen Liebe Jesu.

Petrus in der Seelsorge Jesu Joh 21,15–19

15 Als sie nun gefrühstückt hatten, sagt Jesus zu Simon Petrus: „Si-
mon, (Sohn) des Johannes, liebst du mich (griech.: agapas me) mehr als
diese da? Er antwortet: Ja, Herr, du weißt, dass ich dich liebhabe (griech.:
philō se). Er sagt zu ihm: „Weide meine Lämmer.“ 16 Ein zweites Mal fragt
er ihn: „Simon, (Sohn) des Johannes, liebst du mich (griech.: agapas me)?“
Er antwortet ihm: „Ja, Herr, du weißt, dass ich dich liebhabe (griech.: philō
se).“ Er sagt zu ihm: „Führe meine Schafe zur Weide.“ 17 Zum dritten Mal
fragt er ihn: „Simon, (Sohn) des Johannes, hast du mich lieb (phileis me)?“
Petrus wurde traurig, weil er zum dritten Mal fragte: „Hast du mich lieb?“,
und er sagt zu ihm: Herr, du weißt alles, du weißt, dass ich dich liebhabe
(philō se).“ Jesus sagt zu ihm: „Weide meine Schafe. 18 Amen, amen, ich
sage dir, als du jünger warst, hast du dich selbst gegürtet und bist ge-
gangen, wohin du wolltest. Wenn du aber älter wirst, wirst du deine Hän-
de ausstrecken und ein anderer wird dich gürten und führen, wohin du
nicht willst“ (einen Gürtel brauchte man damals, um die langen Gewän-

der so hochzubinden, dass man Beinfreiheit hatte). 19 Mit diesen Worten
wollte er andeuten, mit welchem Tod er Gott verherrlichen sollte. Und
nach diesen Worten sagte er zu ihm: „Folge mir nach."

Schmerzhafte Vergangenheit wird nicht einfach weggewischt. Sie wird noch einmal mit aller Scham durchlebt. Jetzt allerdings in der Gegenwart des Herrn, der wie ein Therapeut arbeitet. Petrus antwortet auf die Frage Jesu nach „Agape" (↗ Joh 13,31–35) nur mit der Beteuerung seiner freundschaftlichen Liebe. Höher wagt er sich nicht mehr hinaus. Bei der dritten Frage benutzt auch Jesus das eher freundschaftliche Wort der Liebe. Er verlangt nicht zu viel. Er spürt, dass die Scham alle falsche Selbsteinschätzung bei Petrus weggebrannt hat. Jesus lässt mit dem erneuernden Feuer seiner Liebe einen Weg nach vorne aufscheinen: Er beauftragt Petrus zum leitenden, versorgenden, behütenden „Hirtendienst". Petrus wird in eine Führungsrolle der Urgemeinde berufen. Gleichzeitig ist es eine Geschichte für alle „Gesandten" Jesu: Erneuerung und Sendung gehören zusammen. Das Ziel ist **eine** Herde (↗ Joh 10,16). Jedes Hirtenamt nach dem Vorbild des Petrus ist ein diakonisches Amt, das der „Ökumene" dient. Petrus kann und wird jetzt sein Versprechen halten, sein Leben hinzugeben (↗ Joh 13,37f). Nach außerbiblischer Überlieferung starb er 64 oder 65 n. Chr. unter dem Kaiser Nero am Kreuz.

20 Als Petrus sich umdreht, sieht er den Jünger, den Jesus liebte,
nachfolgen, der sich beim Mahl an seine Brust gelehnt und gefragt hat-
te: „Herr, wer ist es, der dich verraten wird?" 21 Als Petrus diesen nun sah,
sagt er zu Jesus: „Herr, was ist mit diesem?" 22 Jesus sagt zu ihm: „Wenn
ich will, dass dieser bleibt, bis ich komme, was geht es dich an? Folge
du mir nach." 23 Da entstand nun das Gerede unter den Brüdern: „Jener
Jünger stirbt nicht." Jesus aber hatte nicht gesagt, er werde nicht ster-
ben, sondern: „Wenn ich will, dass er bleibt, bis ich komme, was geht es
dich an?"

Jeder Jünger, jede Jüngerin hat eine unvergleichliche Berufung. Tröstlich, dass es auch in der Urgemeinde vergleichende Blicke, Gerüchte und missverstandene Jesusworte gab. Der geliebte Jünger (s. u.) hat offensichtlich ein hohes Alter erreicht. Aber vor allem bleibt er mit dem Evangelium gegenwärtig, das auf ihn zurückgeht.

Abschlussnotiz – Dem Verfasser auf der Spur Joh 21,24–25

24 Dieser Jünger ist es, der davon zeugt und das geschrieben hat,
und wir wissen, dass sein Zeugnis wahr ist. 25 Es gibt aber noch vieles
andere, was Jesus getan hat. Wenn man es eins nach dem anderen auf-
schreiben würde – ich meine, die Welt würde die Bücher nicht fassen, die
dann zu schreiben wären.

Die Lebensberufung dieses Jüngers war nicht der Hirtendienst, sondern das schriftliche Zeugnis. Das bleibt bis heute ein Fundament der Gemeinde Jesu: das Zeugnis dessen, dem wir das Johannesevangelium verdanken. Der Augenzeuge und Lieblingsjünger, der sich für die Überlieferungen dieses Evangeliums verbürgt, und der Kreis um ihn herum – ein Schülerkreis? – bewahren Begegnungen mit dem Herrn, die für die kommende Kirche Autorität haben. Sein Name tritt hinter seinem Auftrag völlig zurück. „Dieser Jünger“ in Joh 21,24 bezieht sich zurück auf Joh 21,20: „Petrus aber drehte sich um und sieht den Jünger folgen, den Jesus liebte …“

Als **Verfasser** gibt sich also der **„Lieblingsjünger“** zu erkennen und das „Wir“ derer, die seine Zeugnissammlung bestätigen. Der Verfasser war ein Christ, der mit Jesus besonders vertraut war und als Autorität verehrt wurde. Leider gibt das Johannesevangelium selbst seinen Namen nicht preis. Die Überschrift wurde später hinzugefügt. Die Spur dieses Jüngers im Evangelium kann „von hinten nach vorne“ verfolgt werden:

Joh 21,7 Da sagt der Jünger, den Jesus liebte (als sie den auferstandenen Herrn am Ufer stehen sehen), zu Petrus: „Es ist der Herr …“

Joh 20,2 Da läuft Maria aus Magdala fort (vom Grab), kommt zu Simon Petrus und dem anderen Jünger, den Jesus lieb hatte …

Joh 19,26 Jesus nun (als er gekreuzigt war) schaute auf seine Mutter und den Jünger, den er liebte, der bei ihr stand, und sagte zu seiner Mutter: „Frau, sieh, das ist dein Sohn …“

Joh 13,23 Einer von den Jüngern lag an Jesu Brust (als sie am letzten gemeinsamen Abend beim Essen auf den üblichen Polstern lagen) – der, den er liebte …

Aber das Johannesevangelium hält genauso Jesu Liebe zu allen fest, die mit ihm leben. Zu Beginn des letzten Mahls wird betont:

Joh 13,1 Jesus liebte die Seinen in der Welt und liebte sie bis zur Vollendung – er liebte sie ans Ziel …

Wer war der „Jünger, den Jesus liebte"? Der Kirchenvater Papias erwähnt Anfang des 2. Jh. einen Apostel Johannes und einen Presbyter Johannes. Vielleicht ist dieser Presbyter, dieser „Alte", identisch mit dem Verfasser der Johannesbriefe, die von dem „Presbyter" (2. Joh 1,1) geschrieben wurden? Dann wäre das eine Spur, da Evangelium und Briefe von der Sprache und Denkweise her eng zusammenhängen. Der Kirchenvater Irenäus, Bischof von Lyon, setzt dann später, Ende des 2. Jh. den Alten und den Jünger in eins und spricht davon, dass Johannes, der Jünger des Herrn, der an seiner Brust ruhte, das Evangelium in Ephesus herausgab. Irenäus gibt an, noch den Kirchenvater Polykarp gekannt zu haben, der wiederum Johannes, den Jünger des Herrn, kannte und über die Lehren der Augenzeugen berichtete. Irenäus berichtet auch: Johannes blieb bis zu den Zeiten Trajans. Der römische Kaiser Trajan regierte von 98–117 n. Chr.

Johannes Zebedäus
↗ Mk 3,13–21

Der Kanon Muratori, eine Liste der um 180 n. Chr. in Rom im Gottesdienst benutzten Bücher und Grundlage für die Schriftensammlung unseres NT, nennt das Johannesevangelium das vierte und führt es auf Johannes aus dem Jüngerkreis zurück. Ob der Johannes, auf den das Evangelium zurückgeht, aber wirklich Johannes Zebedäus gewesen ist? Diese Meinung hatte sich seit Irenäus durchgesetzt. Die einzige Nennung der „Zebedaiden" geschieht im Nachwort (↗ Joh 21,2). Weil sich der Verfasser hier verbirgt? Verbirgt er sich aber nicht eher in dem ungenannten Jünger, der vor Petrus (!) mit Andreas berufen wird (↗ Joh 1,40), der Petrus Zugang zum Hof des Hohepriesters verschafft (↗ Joh 18,16) und mit ihm zum leeren Grab läuft (↗ Joh 20,3)? Erkennbar ist jedenfalls, dass er im alttestamentlichen, hebräischen Denken verwurzelt ist und für Menschen im hellenistischen Kulturkreis schreibt (↗ Prolog). Übersetzungshilfen durchziehen das Evangelium. Seine Überlieferung wird durch den Geist Jesu (↗ Joh 14), der als Lehrer und Erinnerungskraft erfahren wird, in die Gegenwart hineingesprochen, reflektiert, entwickelt.

„Wir"
↗ Joh 1,14

Darüber hinaus ist es wahrscheinlich, dass dieser Zeuge eine Art Schülerkreis hatte, in dem offensichtlich auch Frauen ihren selbstverständlichen Platz hatten (↗ Joh 11,27; ↗ Joh 20,11–18). Ob das die „Herausgeber" des Evangeliums sind? Ob jemand aus dem „johanneischen Kreis" am Evangelium mitgearbeitet oder es überarbeitet hat? Oder ist dieser Lieblingsjünger nur ein Sinnbild für den idealen Jünger, die ideale Freundin Jesu aller Zeiten – immer ganz nah bei Jesus – und gar keine konkrete Person der Jesusüberlieferung? Dann würde das Gespräch in Joh 21,20–23 allerdings keinen Sinn machen. Der Verfasser ist eine konkrete Person. Trotzdem wird sie ein ideales Vorbild.

Viele Fragen bleiben offen. Wenn wir von „Johannes“ sprechen, meinen wir einen Überlieferungsprozess, der nicht mehr genau erhellt werden kann, aber in die älteste Zeit der Augenzeugen zurück reicht. Abschriften dieses Evangeliums gibt es auf ägyptischen Papyri schon um 130 n. Chr. – das macht eine **Entstehungszeit** zwischen 90 und 100 n. Chr wahrscheinlich. **Ephesus als Entstehungsort**, den Irenäus nennt, wird gestützt durch den Hinweis in der Apostelgeschichte, dass es dort Johannesjünger – also Anhänger des Täufers – gab (Apg 19,1–7). Das fügt sich zu Beobachtungen, dass das Johannesevangelium dem Täufer am deutlichsten seinen Platz als Zeuge des Messias gibt. Ephesus war zudem Umschlagplatz griechischer Philosophie, religiöser Kulte und christlicher Irrlehren (z. B. des Doketismus: der kosmische Christus hat in Jesus nur einen „Scheinleib“ angenommen). In dieser multikulturellen Atmosphäre musste das Evangelium von Jesus, dem Messias, neu durchdacht, durchgesprochen und durchbetet werden.

Das Ergebnis, das Johannesevangelium, wirkt bis heute. Seine Überlieferung wird durch den Geist Jesu, der als Lehrer und Erinnerungskraft erfahren wird, in jede Gegenwart neu hineingesprochen.

Stichwortverzeichnis

Abba Mk 14,36; Lk 11,1–13
Abendmahl Mk 14,12–25; Lk 22,14–23
Advent Lk 17,22–37
Agape Joh 13,31–35
Apokalyptik Mk 13; Lk 17,20–21; Lk 20,22–37; Lk 21,5–36
Apostel Lk 6, Anfang
Aussatz/Unreinheit Mk 1,40–45; Mk 7,1–23
Autoren/Verfasser der Evangelien Mt 9,9–13; Mk 1, Einleitung; Lk 1,1–4; Joh 21,24–25

Barmherzigkeit Mt 5,7
Beelzebul Mt 12,22–32
Besitz ↗ Reichtum
Bildung Mt 3 Einleitung
Böse (der, die das) Mt 6,13

Christus Mk 1,1; Mt 16,13–20
Chanukka Joh 10

Dekapolis Mk 8,1–9
Demut Mt 4,1–11; Mt 5,5
Dualismus Mt 6,13; Mk 1,21–39; Lk 10,17–20; Joh 1, 3–5

Ehre Joh 5,31–47
Engel Lk 1,8–25
Elia Mk 6,14–29; Mt 11,7–15
Ehe Mk 10,1–12
Ehelosigkeit Jesu Mk 2,18–22; Joh 1,35–51
Entscheidung Joh 5,19–27; Joh 8,30–36
Essener Mt 3,1–12
Esoterik Joh 1,1–2
Ethik Mt 5,13–16; Mt 5,43–48; Mk 10,17–31; Lk 6,31–38

Fasten Mt 6,16–18; Mk 2,18–22
Frauen Lk 8,1; Joh 11,17 – 29
Frieden Mt 5,9; Lk 2,8–20; Joh 20,19–23

Geld Lk 12,32–34; Lk 16 9–13
Gemeinde ↗ Kirche
Gerechte Mk 2,13–17
Gerechtigkeit Mt 5,6
Glück Mt 5,2ff
Gottesreich/Gottesherrschaft, ↗ Reich Gottes

Heil, Heilung, Heiland Lk 4
Heilig Lk 11,1–4
Heiliger Geist Joh 14
Hermeneutik / Grundsätzliches zum Bibelverständnis Joh, Anfang
Herr für Jesus Lk 1,43; 2,11; 10,41; Joh 9,36; 11,27; 13,14;14,5; 20,29; 21,7
Herrlichkeit Joh 1,14; 2,1–12; 5,31–47
Herz Mt 5,8; Lk 1,39–56
Hirte Lk 2,8–20; Joh 10
Hölle Mt 22,1–14; Mt 25,46; Mk 9,43
Hohepriester Mk 11,27–33
Hoher Rat Mk 11,27–33

JüngerInnen Mk 3,13–19; Mt 3, Einleitung; Mt 28,16–20

Karfreitag Lk 23,44–49
Kirche Mt 16,13–20; Joh 15; 19,25–27
Kontrastgesellschaft Mk 10,35–44; Lk 22,24–30; Joh 13
Kreuzigung Lk 23,32–38

Laubhüttenfes Joh 7, Einleitung
Leidensansage Mk 8,31–33; 9,30–32
Lobpreis Lk 1,39–56

Menschensohn Mt 16,13–20; 24; Mk 8,31-33; 14,62
Messias Mt 16,13–20; Mk 1,1
Mission, Sendung Mt 10; 28,16–20; Lk 10,1–16

Name Jesusname Mt 1,18–23; Lk 2,21; 10,17
Gottesname Lk 11,1–3
Nachfolge Mt 8,21f; Lk 9,57–62; Joh 1,43–44; 8,12

Oberpriester und Hohepriester Mk 11,27–33;15,38
Ostern Lk 24,36–53

Passah Mk 14,12–25
Passion, Wortbedeutung Lk 22,1–6
Passionsgeschichte Mk 14–15; Lk 22–23; Joh 18–19
Petrus Mt 16,16 ; Mk 3,13–21

Pharisäer Mk 2,13–17;
Theologie Mk 12,28–34
Parusie Mt 24 und 25; Lk 17,22–37

Rabbi Mt 3, Einleitung
Reich Gottes Mt 4,12–25; Mk 1,15; Lk 1,1–4; 9, Anfang; 17,20f; Joh 3,1–10 auch: Gottesreich, Gottesherrschaft, Welt Gottes
Reichtum Mk 10, 17–31; Lk 21,1–4 gibt alle Stellen in Lk an
Reinheit Mk 7,1–23; Lk 11,37–12,3

Sabbat Mk 2,23–28; 5,1–6; Joh 5,17–18
Sadduzäer Mk 12,18–27
Samariter/Samaritaner Joh 4,4
Satan Mt 4,1–11; Mk 1,12–13; Lk 10,17–20
Schema Israel Mk 12,28–34
Schriftgelehrte Mk 12,28–34
Schriftverständnis/Hermeneutik Joh 1,1
Seele Mt 10,28–31; Lk 1,39–56
Sendung Jesu Joh 8,13–20
Sohn Davids Mt 1,1; Mk 10,46–52; 12,35–37
Sohn Gottes Mt 3,13–17; 14,22–33
Stellvertretung, für uns Mk 14,22–25; Lk 22,14–20
Streitgespräche Mk 11,27–12,40
Sühne Mk 15,22; 15,38
Sünde Mt 9,13; Mk 2,1–12; Lk 7,36–50; 22,14–23; Joh 1,9–13
Sündenvergebung, Schuldvergebung Mt 6,9-15; Mk 2,1–12; 10,45; 14,22–25
Synagoge Mk 1,21–22
Synoptiker/synoptische Evangelien ↗ Lk 1,1–4

Taufe
Taufe Jesu Mt 3,13–17;
christliche Taufe Joh 3
Teufel ↗ Satan
Trinität Lk 24,26–53; Joh 1,1–2.14; Joh 14
Trost Lk 2,25–32

Verlorenheit Joh 3,16
Versuchung Mt 4,1–11; Lk 11,1–13

Wahrheit Joh 1,16–17; Joh 14,6
Weihnachten Lk 2,1–7
Welt Gottes ↗ Reich Gottes
Wüste Mt 4,1–11
Wunder Joh 6,26–29

Zebedaiden Mk 3,13–19
Zehn Städte, Dekapolis Mk 8,1–9
Zeloten Mk 12,13–17
Zeugnis Joh 1,19–28; Joh Einleitung, Gottes Wort und die Bibel
Zöllner Mk 2,13–17; Lk 19,1–10

MIX
Papier aus verantwortungsvollen Quellen
FSC® C110508

Bibliografische Information der Deutschen Nationalbibliothek:
Die Deutsche Nationalbibliothek verzeichnet diese Publikation in der Deutschen Nationalbibliografie; detaillierte bibliografische Daten sind im Internet über http://dnb.d-nb.de abrufbar.

Umschlaggestaltung: Magdalene Krumbeck, Wuppertal
Typografie und Satz: Magdalene Krumbeck, Wuppertal
Lektorat: Ekkehard Starke
Verwendete Schrift: Swift LT Std, Myriad Pro
Gesamtherstellung: Westermann Druck Zwickau GmbH
Printed in Germany
ISBN 978-3-920524-88-7

www.neukirchener-verlage.de